泰安市财政志

（2016—2021）

泰安市财政志编纂委员会 编

方志出版社
Publishing House of Local Records

图书在版编目（CIP）数据

泰安市财政志 ：2016—2021 / 泰安市财政志编纂委员会编 .—北京 ：方志出版社，2023.7

ISBN 978-7-5144-5549-6

Ⅰ . ①泰… Ⅱ . ①泰… Ⅲ . ①地方财政—财政史—泰安— 2016-2021 Ⅳ . ① F812.9

中国国家版本馆 CIP 数据核字（2023）第 201978 号

责任编辑：陈菁
责任校对：张玉霞
责任印制：梅中英
出 版 者：方志出版社
地　　址：北京市朝阳区潘家园东里 9 号（国家方志馆 4 层）
邮　　编：100021
网　　址：http://www.zgfzcb.cn
发　　行：方志出版社图书营销中心（010-67110500）
印　　刷：山东黄氏印务有限公司
开　　本：889 毫米 ×1194 毫米　1/16
印　　张：34.5
字　　数：808 千字
版　　次：2023 年 7 月第 1 版
印　　次：2023 年 7 月第 1 次印刷
定　　价：270.00 元

2016年12月29日，泰安市人民政府与山东省财金集团“1+N”战略合作签约仪式举行。中共泰安市委书记、市人大常委会主任王云鹏（左六），省财金集团党委书记、董事长李国健（左七）分别致辞，市委副书记、市政府市长李希信（左四）主持仪式

2021年12月31日，中共泰安市委书记杨洪涛（左三），市委副书记、市政府市长张涛（左一）等看望市财政局工作人员。市财政局党组书记、局长孙磊（左二）等陪同活动

凡　例

一、指导思想。本志以马克思列宁主义、毛泽东思想、邓小平理论、“三个代表”重要思想、科学发展观和习近平新时代中国特色社会主义思想为指导，坚持辩证唯物主义和历史唯物主义的立场、观点和方法，遵循实事求是原则，全面、系统、客观地记述泰安财政发展变化过程，努力反映地方特色、时代特征和专业特点。

二、时限。本志收编事项上自 2016 年 1 月，下迄 2021 年 12 月。为方便查检，并求得内容的完整，部分内容在时间上略有前溯及后延。

三、记述范围。以泰安市 2021 年 12 月底行政区划为准。

四、体例。采取述、记、志、图、表、录诸体并用，以志为主。横排类目，纵写史实，以时间为序。前设序言、凡例、图片、目录。栏目设概述、大事记、第一编财政收入、第二编财政支出、第三编财政管理、第四编机关建设、第五编机构队伍、第六编县（市、区）及功能区财政概况、人物简介、附录等部分。采取编目、章目、节目，结构层次，视情况设子目。后设编后记。

五、记述。采用记述体。按照直书其事、述而不作的原则，寓褒贬于记述之中。

六、称谓。单位名称，第一次出现一般用全称，之后用简称。人名，一般直书姓名，或以第三人称谓之。

七、行文规范。全书以文字记述为主。数字用法、标点符号用法、计量单位分别执行国家标准《出版物上数字用法》(GB /T 15835—2011)、《标点符号用法》（GB /T 15834—2011）、《国际单位制及其应用》(GB 3100—93) 和《有关量、单位和符号的一般原则》(GB 3101—93)。

八、纪年。采用公元纪年，用阿拉伯数字全称书写，数字前省略“公元”两字。

九、本志中的统计资料，主要依据市统计局公布的数据，以及财政系统的统计数据。图片资料，从有关单位及个人收藏中征之。

十、本志所载内容由有关单位确定专人负责，并经单位领导审定。

《泰安市财政志（2016—2021）》编审人员

主　　审： 常绪扩

副 主 审： 李洪洲　田　萌

主　　编： 孙　磊

执行主编： 时峰祥　宋元明

副 主 编： 池庆喜　李　民　陈绪凯　陈祥云　柳克茂　孙　颖　温晓鹏

参编人员：（排名不分先后）

于　亮　万惠孜　马新强　王　璐　王　晓　王启玲　王高建
王慧婷　支晓峰　文　锋　石汝刚　卢　峰　白　雪　司　媛
巩　珂　毕泗新　吕学成　朱　政　任传伟　刘　伟　刘　晨
刘方东　孙一鏷　孙卫臣　孙洪璞　孙晓晓　孙晓蕾　杜　慧
李　政　李　鹏　李　鹤　李纪勇　李呈超　李迎雪　李晓琳
汪　婷　张　宁　张　扬　张　兵　张　洪　张　健　张　涛
张　绪　张　晴　张　皓　张卫波　张艾华　张庆东　张昌军
张洪港　张晓宇　张晓玲　陈士功　陈大鹏　罗文亮　郑　杰
郑金鸣　宗金龄　孟文烁　赵　峰　赵　强　赵　鹏　赵庆印
侯计凯　侯向磊　贾光斌　贾学澍　徐梦娇　高　磊　姬鹏程
崔鹏飞　葛安栋　靳　莉　靳晓伟　燕荣勇

《泰安市财政志（2016—2021）》编纂委员会

名誉主任：常绪扩　刘　斌

主　　任：孙　磊

副 主 任：张焕杰　王庆涛　刘振乾　王　燕　徐西才　李　民
时峰祥　谭　伟　宋元明　池庆喜　陈绪凯　陈祥云

委　　员：（排名不分先后）
于　亮　万　瑞　马　军　马新强　王　东　王　冰
王　乾　王建云　亓永军　文　锋　史金龙　冯　立
冯德庆　吕学成　任　洁　刘　伟　刘方东　刘培亭
刘增富　孙　炎　孙明珍　李　佳　李文峰　李安元
李学珍　李思臣　李清明　李尊良　杨新斌　怀进辉
张　洪　张永刚　张传清　张昌军　张和江　张和勇
武永明　范晓焱　赵　虎　赵　峰　赵同岱　侯　斌
姜世文　秦玉昌　秦海彬　耿化勇　徐军峰　徐衍军
徐爱军　凌德福　高　燕　高卫东　黄海涛　戚永红
龚敬华　梁　宝　韩炳奎　景小莉　解利勇　蔡强生
翟军峰　熊晓华　魏立成

清《云中郡志跋》中讲，“史为古今之朗鉴，志乃薄海之南车”。《泰安市财政志（2016—2021）》尊重历史、客观真实，按项定章、据事设节，依序分陈、史料翔实，既讴歌辉煌，又鞭策未来，把发展与进步、成果与艰辛完整再现，充分展示了2016—2021年新时代泰安财政改革发展的新气象、新面貌、新作为。

历史是过去的现实，现实是未来的历史。只有对历史有深刻的了解，才能做好今天现实的工作，承担起明天新的使命。希望全市各级财政干部要高举习近平新时代中国特色社会主义思想旗帜，认真贯彻落实中共二十大会议精神，以志为鉴，事争一流、唯旗是夺，登高望远、奋力争先，续写泰安财政发展新华章，为新时代现代化强市建设做出新的更大贡献！

《泰安市财政志（2016—2021）》得到了上级领导和中共泰安市委党史研究院（市地方史志研究院）等单位的大力支持和指导，全市各级财政干部也倾注了满腔热忱，积极提供第一手资料，这些都为志书的圆满完成奠定了基础。特别是编纂人员，不畏困难、锲而不舍，默默无闻、乐于奉献，才使这部皇皇巨编，得以如期与大家见面。借此，谨向关心支持本志编纂工作的单位和个人表示衷心的感谢！向辛勤耕耘的编审人员致以诚挚的敬意！

泰安市财政局党组书记、局长：

2022年12月

序

中共二十大报告指出，要“健全宏观经济治理体系，发挥国家发展规划的战略导向作用，加强财政政策和货币政策的协调配合，着力扩大内需，增强消费对经济发展的基础性作用和投资对优化供给结构的关键作用。健全现代预算制度，优化税制结构，完善财政转移支付体系”。在新时代、新征程，上至国家，下到地方，财政职能的发挥对经济社会高质量发展具有举足轻重的作用。

“夫志者纪事之书，实致治之书也。”志书记事，其目的是资治。《泰安市财政志（2016—2021）》是继第一部《泰安市财政志》（2015年前）之后，又一部尊重历史、内容丰富、逻辑严谨的“泰安财政百科全书”。第一部《泰安市财政志》问世后，全市财政系统根据经济社会发展形势的变化，本着对历史、对社会、对人民高度负责的态度，迅速投入了第二部志书续修工作中。这部志书的编辑出版，是全体编写人员历经多年时间、心血和汗水的结晶，更是泰安财政发展史上又一件值得庆贺的大事和喜事。

这部财政志，对6年来特别是进入新时代以来的泰安财政工作进行了系统梳理，回顾总结了泰安财政人紧贴中心、服务大局的累累硕果，生动展现了泰安财政人披荆斩棘、砥砺奋进的历史进程，是泰安财政6年来发展历程的真实记录。这部志书，既客观、系统地记载和反映泰安财政工作在新的历史发展时期走过的轨迹，又体现了鲜明的时代特色和行业特点，为社会各界人士了解研究泰安财政事业的历史和发展，提供了完整系统的信息资料和可靠数据，具有存史、资政、交流的重要价值。

2016—2021年，是泰安财政发展史上极不平凡的6年。全市各级财政部门上下同欲、同轴同向、同频共振，解决了许多长期想解决而没有解决的难题，办成了许多过去想办而没有办成的大事。特别是2017年以来，牵头做好泰山区域山水林田湖草生态保护修复工程全国第二批、全省第一个试点的争取、推进、调度等工作，打造了“泰山样板”。2020年以来，克服财政收支矛盾异常突出的困难，想方设法筹集资金，全力支持打好疫情防控阻击战。2021年，财政局承担的省对市高质量发展考核指标综合成绩位列全省第8，其中政府债务管理居全省第3位，为多年来最好成绩；全面推动预算绩效管理提质增效的做法，荣获全市首届“工作创新奖”一等奖等奖项及荣誉称号，充分彰显了全市各级财政干部讲政治、顾大局，敢担事、能成事，善创新、破难题的情怀和魄力。

中共泰安市委副书记、市政府市长李兰祥（左三）等市领导出席“全市财税工作推进会议”

中共泰安市委常委、市政府副市长常绪扩（前左一）带领市财政局等单位负责人考察企业

2018 年 10 月 11 日，中共中央直属机关工作委员会驻西藏区直机关工委宣传部部长李祥彬（右二）到泰安市财政局调研指导机关党建工作

2019 年 3 月 21 日，财政部离退休干部局副巡视员宋立忠（前左二）一行到泰安市泰山区花园社区考察调研老干部“三化”建设情况

2020 年 7 月 28 日，山东省财政厅党组成员、副厅长袁培全（左四）一行到泰安高新区调研。泰安市财政局党组书记、局长刘斌（左一）等陪同调研

2020 年 10 月 21 日，财政部山东监管局党组书记、局长王振东（左二）一行 11 人，到泰山玻璃纤维有限公司调研核查工作。泰安市财政局党组副书记、副局长孙磊（右一）陪同调研

2021年7月26日，财政部副部长、党组成员朱忠明（中）到泰安调研九女峰项目。泰安市政府市长张涛（左一），市财政局党组副书记、副局长孙磊（右一）等陪同调研

2021年9月28日，山东省财政厅厅长刘兴云（左三），山东省土地发展集团有限公司党委书记、董事长展宝卫（左四）等，调研泰安山水林田湖草生态保护修复工程。泰安高新技术产业开发区党工委书记、管委会主任刘斌（左二），市财政局党组副书记、副局长孙磊（左一）等陪同调研

2016 年 2 月 17 日，泰安市财政局举办“学党章党规 学系列讲话 做合格党员”专题辅导讲座

2017 年 6 月 30 日，泰安市财政局召开庆祝中国共产党成立 96 周年会议

2017 年 9 月 27 日，泰安市财政局机关第七党支部组织党员学习

2018 年 1 月 10 日，泰安市财政局组织干部职工到市主题党日活动中心，开展“走进新时代、踏上新征程、谱写新篇章”主题党日活动

2018 年 3 月 14 日，泰安市财政局组织党员干部和入党积极分子前往新泰市翟镇兴隆屯村，开展“美丽乡村、党旗领航、绿满泰安”主题党日活动

2019 年 5 月 22 日，泰安市财政局党组理论中心组学习

2020年7月1日，泰安市财政局举办“强化政治机关意识 坚决走好第一方阵”专题党课讲座

2020 年 9 月 28 日，泰安市财政局举办“祖国颂·财苑情”诗歌朗诵会

2020 年 9 月 28 日，泰安市财政局干部职工观看“祖国颂·财苑情”诗歌朗诵会

财政业务

2016 年 6 月，泰安市第二批会计领军人才能力提升研修班开班仪式在中央财经大学举办

2017 年 4 月 28 日，全省预算管理制度改革培训班在泰安市举办

2019 年 6 月 17 日，泰安市财政局组织党员干部赴革命圣地延安，开展“不忘初心铸党魂 牢记使命争先锋”主题党日活动

2019 年 7 月 4 日，泰安市财政局组织干部职工参观“岱下清风”廉政文化展览

2021 年 3 月 5 日，泰安市财政局召开党史学习教育动员会议

2021 年 10 月 21 日，泰安市财政局主要领导调整后，局党组中心组进行集中学习

廉政建设

2018 年 4 月 18 日，泰安市财政局召开全市财政系统党风廉政建设工作会议

2018 年 6 月 30 日，市财政局组织党员干部赴徂徕山红色教育基地，开展"不忘初心铸党魂 红色精神永传承"主题党日活动

2018 年 4 月 10 日，泰安市财政局组织副县级以上领导干部和科室、单位主要负责人 60 余人，赴北京高新技术企业参观学习

2018 年 5 月 4 日，泰安市财政局组织干部职工到泰安高新区参观新旧动能转换和新兴产业发展情况

2018 年 8 月 3 日，泰安市财政局召开全市乡镇财政资金管理巡查工作会议

2018 年 8 月 3 日，全市乡镇财政资金管理巡查工作会议分组讨论座谈

2019 年 6 月 14 日，泰安市财政局举办市重点企业财源建设基金暨涉企财政政策新闻发布会

2020 年 12 月 1 日，泰安市预算绩效管理工作现场会召开

2020 年 12 月 12 日，召开全市县（市、区）财政局长工作会议

2021 年 12 月 21 日，召开全市财政工作视频会议

2018年2月12日，泰安市财政局组织党员志愿者到嘉德社区开展的“迎新春·净家园”志愿服务活动

2018年4月4日，泰安市财政局组织党员干部到泰山，开展“森林防火志愿服务”活动

2018年7月24日，泰安市财政局组织党员干部到花园社区育新园小区，开展“泰山先锋”志愿服务行动

2020年1月15日，泰安市财政局主要领导走访慰问困难群众

泰安财政历史陈列室

称物平施，为政以公

泰安财政支持“三农”发展展览

泰安财政制度改革展

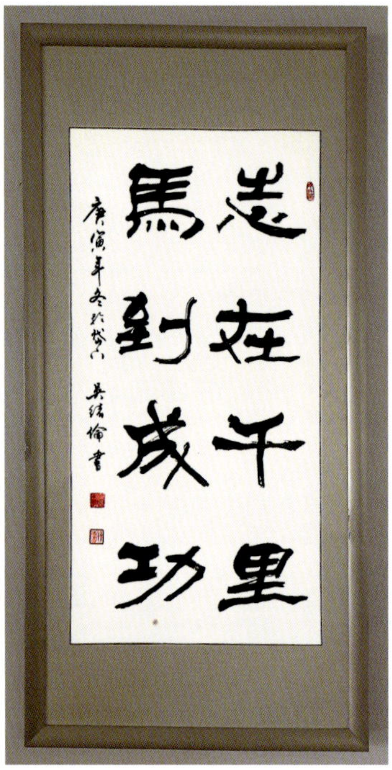

绘画	警示牌	书法
	励志铭	

市财政局文化走廊采撷

大厅宣传栏

泰安市财政局办公楼

2019 年 5 月 16 日，泰安市财政局组织财政干部职工参加市直机关运动会

2021 年 6 月 25 日，泰安市财政局举办“奋进百年正芳华 一心向党续征程——全市财政系统庆祝中国共产党成立 100 周年文艺演出”

荣 誉

市财政局荣获的部分奖杯、奖牌、证书

2020年9月26日，市财政局党组书记、局长、《泰安市财政志（2016—2020）》编委会主任刘斌（左）听取编委会常务副主任时峰祥编辑工作汇报

2021年1月11日，《泰安市财政志（2016—2021）》编纂工作会议召开，编委会常务副主任时峰祥（中）讲话

泰安市财政志编纂人员与出版社责任编辑研究书稿修改问题

2022年8月9日，市财政局党组书记、局长、《泰安市财政志（2016—2021）》编委会主任孙磊（右）听取编纂情况汇报，并提出要求

2022 年 4 月 25 日，《泰安市财政志（2016—2021）》调度会议召开

2022 年 9 月 28 日，《泰安市财政志（2016—2021）》志稿评审会在泰安市东岳山庄举行

参加《泰安市财政志（2016—2021）》志稿评审会人员合影。左起：柳克茂、时峰祥、赵衍杰、王笃银、孙磊、李洪洲、马辉、王云勇、李天义、宋元明、池庆喜

目 录

概　　述

泰安市地处山东省中部，因泰山而得名，寓“国泰民安”之意。辖6个县（市、区）、4个功能区，总面积7762平方公里，人口550万人。既是一座底蕴深厚的历史文化名城，又是一座充满生机活力的现代旅游开放城市。1985年地改市后，泰安市委、市政府带领全市人民与时俱进，开拓进取，取得了显著成就。

2016—2021年，全市各级财政部门在市委、市政府的坚强领导下，坚持以习近平新时代中国特色社会主义思想为指导，全面贯彻落实中共十九大和十九届历次全会精神，团结一心、砥砺奋进，践行高质量发展要求和积极的财政政策，统筹推进稳增长、促改革、调结构、惠民生、防风险、保稳定，有力保障了全市经济社会高质量发展。2021年市财政局主要领导调整后，坚持稳中求进工作总基调，完整、准确、全面贯彻新发展理念，聚焦“位次前移、争创一流”工作目标和市委、市政府确定的新型工业化强市建设等六项重点任务，登高望远、奋力争先，着重提升“七种能力”、做好“七篇文章”（提升“经营财政”能力，做好收入“蛋糕”文章；提升政策调控能力，做好工业税源培植文章；提升民生保障能力，做好为民理财造福文章；提升城乡统筹能力，做好重点支出保障文章；提升管理改革能力，做好财政治理增效文章；提升风险防控能力，做好财政安全运行文章；提升从严治党能力，做好干部队伍建设文章），各项工作不断迈上新台阶。

一

针对复杂多变的经济形势和突出的财政收支矛盾，泰安财政部门始终把增收节支作为工作主题，开源节流、提质增效，促进了收入“蛋糕”不断做大，保障能力持续增强。财政收入实现平稳增长。2016—2021年，在实施大规模减税降费政策的情况下，全市一般公共预算收入累计完成1317.8亿元，年均增长2%。尤其是2021年，全力克服新冠肺炎疫情冲击、经济下行、减税降费等多重因素影响，坚持实事求是抓收入、坚定不移提质量，实现了财政收入量的合理增长、质的稳步提升。2021年，全市一般公共预算收入完成230.5亿元，较上年增长0.6%。其中，税收收入完成173.1亿元，较上年增长4.9%；税收占比达75.1%，较上年提高3.1个百分点，为2010年以来泰安市最好水平。财政支出保持较高强度。2016—2021年，全市一般公共预算支出累计完成2345.1亿元，年均增长4.6%，各项重点领域支出得到保障。同时，牢固树立过“紧日子”的思想，坚决压减一般性支出，仅2021年全市一般性支出就比上年压减4.7亿元，较上年下降11%。其中，“三公”经费压减863.4万元，较上年下降7.9%，腾出财力保民生、促发展。围绕增强财政保障能力，坚持算准算透政策账、体制账、长远账，最大限度争取上级政策、项目和资金支持。尤其是2021年，全市争取各类财政资金247.7亿元，比上年增加38.3亿元，其中争取新增地方政府专项债券89.9亿元，比上年增加25.9亿元，增长 40.5%，增幅居全省第一，有力支持了市政基础设施等重点项目建设，发挥了扩投资、稳增长的重要作用。争取地方银行补充资本金专项债券 9 亿元，支持泰安银行提升综合实力、扩大信贷投放、实现稳健发展。同时，争取泰安市跻身北方地区冬季清洁取暖试点城市，中央三年给予奖补资金 9 亿元。

二

泰安财政部门聚焦聚力“产业兴市”、财税增收，综合运用政策性和市场化手段，着力支持促发展、培财源。强化政策调控。减税降费方面，始终站在讲政治的高度，抓好减税降费政策落实，确保该减的税减到位、该降的费降到位。仅 2021 年，全市新增减税就达到 26.6 亿元，既减轻了企业负担，又有效对冲了疫情影响，激发了市场活力。政策配套方面，围绕新旧动能转换，“六稳”、“六保”，促进高质量发展，“三强”企业发展，“双 50 强”企业培植，民营经济发展，“双招双引”和加快工业经济、开放型经济发展等，先后印发了一系列针对性和操作性强的财政配套政策措施，有力保障了市委、市政府重大决策部署的贯彻落实。强化基金撬动。推行“财政 + 基金 + 金融”模式，帮助企业和项目缓解融资难、融资贵、融资慢问题。2018 年年底，市县财政按 1:1 比例出资，撬动社会资本组建总规模 100 亿元的重点企业财源建设基金，市级采取“无担保、无抵押”方式，优先支持“双 50 强”企业发展。至 2021 年年底，该基金已累计投资 74.6 亿元，支持了 40 家企业的 44 个项目。管好用好总规模 6 亿元的招才引智基金，至 2021 年年底，市级完成投放 2 亿元，保障了人才新政“金十条”的落实。强化平台功能。推进政府投融资平台市场化转型。2017 年，市财政局建议市委、市政府整合泰山投资和东岳金财平台公司资产，组建注册资本 100 亿元的市财金集团，为支持财源建设、实体经济发展和泰城功能品位提升搭建起市场化平台。至 2021 年年底，市财金集团采取融资租赁、融资担保、应急转贷等市场化手段，累计帮助企业融集资金 569.4 亿元。

三

按照中央决策部署和省、市工作安排要求，泰安财政部门充分发挥财政职能作用，着力支持打赢三大攻坚战和疫情防控阻击战。围绕脱贫攻坚，持续加大财政扶贫投入，完善扶贫资金动态监管机制，支持产业扶贫、就业扶贫和易地扶贫搬迁项目等深入实施，有力保障了全市脱贫攻坚战取得全面胜利。2021 年，全市统筹整合涉农资金 37.6 亿元，支持了乡村振兴和高标准农田、水利工程等重点项目建设；其中，落实衔接推进乡村振兴补助资金 3.5 亿元，实现过渡期内稳定投入和政策平稳过渡。围绕污染防治，2016—2021 年，全市节能环保支出累计完成 70.69 亿元，重点用于大气、水、土壤污染防治和生态保护修复等，支持打赢“蓝天、碧水、净土”保卫战。同时，通过整合相关专项资金、引入社会资本、督导责任企业出资和对上争取等方式，多渠道筹集资金，着力保障泰山区域山水林田湖草生态保护修复试点工程实施。至2021年年底，已累计完成投资154.4亿元，工程绩效目标值完成。市工程领导小组办公室被省委、省政府表彰为“‘勇于创新奖’先进集体”。围绕风险防控，严格落实政府债务限额管理、预算管理等制度，健全风险预警、风险防控、应急处置、考核问责等长效机制，规范政府举债融资行为。加大隐性债务压减力度，并将化债成效与新增债务限额、对下转移支付等挂钩，确保了风险可防可控。2018年，泰安市获得省“打好防范化解重大风险攻坚战”单项奖；2020年，全市政府综合债务率控制在省核定目标值之内，在省对下债务管理考核中获得满分。2021年，面对全市专项债券大幅增加（较上年增长40.5%，居全省第一位）、“分子”变大以及综合财力不及预期（收入较年初预算减少51.2亿元）、“分母”变小的实际，通过争取国开行等金融机构书面同意，合法合规核减政府购买服务等隐性债务64.6亿元，努力做小“分子”，并通过开源增收，尽量扩大“分母”，既确保了2021年政府综合债务率止升回落、债务风险可防可控，又为下年度争取更多发债额度、更好保障重点项目建设创造空间。围绕疫情防控，2020年全市拨付资金7.2亿元，专项用于抗疫设备物资购置、医疗救治、人员补助以及市传染病医院扩建、市疾控中心能力提升等，确保不因资金问题而影响医疗救治和疫情防控。同时，快速落实援企稳岗等阶段性政策，为全市1.5万余家企业减免养老、工伤、失业三项社保缴费22.1亿元；为929家符合条件的市场主体减免租金2586万元，发挥了助力企业减负纾困、稳住经济基本盘的重要作用。2021年，适应疫情常态化防控形势，全市投入8.1亿元，保障新冠疫苗免费接种、应检尽检人员核酸检测、防疫物资设备采购、定点医疗救治机构运转等。

四

泰安财政部门牢固树立以人民为中心的发展思想，始终把民生作为财政支出的优先选项。2016—2021年，全市民生支出累计完成1849.7亿元，占同期一般公共预算支出的比重达到78.9%，保障了教育、就业、社保、医疗卫生、农林水、住房等各类民生政策落实。在财政收支异常紧张的情况下，各级咬紧牙关、放大格局，想方设法筹集资金，保障了基本养老、基本医疗、城乡低保以及困难群体救助等政策逐年提标扩围，使改革发展成果更多、更公平地惠及广大群众。同时，大力支持实事建设。通过市场化融资、政府专项债券和预算安排等方式，优先保障市委、市政府确定的民生实事建设。2021年，全市筹集资金26.7亿元，保障了中小学午餐保障及食堂改造提升、社区老年“幸福食堂”建设、老旧小区改造攻坚等“10件实事”落地实施。坚决兜牢“三保”底线。把保基本民生、保工资、保运转作为财政工作的硬任务，坚持财力下移，落实帮扶责任。同年，市财政就落实各类对下转移支付143.4亿元，着力帮助基层缓解收支矛盾，统筹做好“三保”和经济社会发展工作。大力支持城市公用设施建设。通过土地市场化运作、政府专项债券、PPP等方式，多渠道筹措资金保障泰安重点工程建设，促进了城市功能品位不断提升。是年，市级投入21.8亿元，支持双龙路、明堂路改造和迎胜路南延、环山路东延等重点项目建设，畅通了城市路网；投入1亿元，支持岱宗大街等15条道路维修改造、城区13个街角游园及20座公厕改造提升等，优化了城市环境。

五

按照中央和省、市统一部署，市财政部门推进预算管理、税收制度、财政体制等新一轮财税体制改革，现代财政制度框架基本建立。预算管理改革方面，建立健全透明预算制度，每年按时公布政府预算、部门预算及“三公”经费预算和上年度相应决算。完善政府预算体系，市县建立了“四本预算”定位清晰、分工明确、有机衔接、互相补充的“全口径”政府预算体系。深化市级预算管理改革，尤其是优化预算管理职权，将专项资金分配权交给部门、项目确定权交给基层，财政部门聚焦预算编制、支出政策审核和预算绩效管理，提高了行政管理效能和体制运行效率。全面推进预算绩效管理改革，先后以市委、市政府名义印发了《关于全面推进预算绩效管理的实施意见》以及市直部门预算、市对下转移支付2个绩效管理办法，市财政局发布了事前评估、绩效目标、绩效监控、绩效评价、结果应用、信息公开等管理办法，构建起“1+2+6”核心制度框架。市级基本建成“全方位、全过程、全覆盖”的预算绩效管理体系，并在全省率先建立预算绩效指标库、率先印发《泰安市预算绩效信息公开管理办法（试行）》等，首批开展项目全成本绩效管理试点，为全省财政管理改革提供了“泰安经验”。2019年，在省对市预算绩效管理工作考核中泰安市获得第3名。坚持“收入和支出”绩效并重、管控政府债务等风险、推动财政高质量可持续发展的做法，获评全市首届“工作创新奖”一等奖。税制改革方面，按照中央和省部署要求，2016年全面推开了营改增试点，将全市建筑业、房地产业、金融业和生活服务业“四大行业”的2.7万家企业全部纳入改革范围，新旧税制实现平稳过渡。推进收入划分以及资源税从价计征，个人所得税，契税，水资源税和城镇土地使用税等改革，加快建立地方税体系。健全非税收入管理政策体系，有序推进了相关非税收入征管职能划转。财政体制改革方面，健全、完善市区财政管理体制。2017年，结合市高新区、泰山景区管辖范围调整，同步调整了市级收支预算，明确了划转后各区的财政体制。2020年，设立了旅游经济开发区和徂汶景区国库，调整理顺了相关区之间的财政体制。加快市县事权和支出责任划分改革，制定了教育、科技、医疗卫生、公共文化、交通运输、应急救援、自然资源、生态环境领域的改革意见。同时，深化市属国企改革。充分履行资产清查、经费保障等职责，支持加快组建四大市属企业集团。创新土地资源管理机制。借鉴先进地区经验，进一步规范和加强经营性用地储备出让管理，建立统一规划、统一储备、统一出让、统一管理的“四统一”机制，优化土地资源配置。

六

泰安财政部门从基础管理入手，坚持抓常、抓细、抓长，着力提升科学化、规范化理财水平。加强支出管理。认真执行国库集中支付、公务卡、政府采购、财政投资评审等各项制度规定，着力提高财政资金使用效益。其中，2016—2021年，全市通过政府采购累计完成采购额850.2亿元，节约资金48.6亿元，综合节支率5.41%；市直通过财政投资评审共评审项目1571个，评审额374.67亿元，审减额42.78亿元。同时，加大专项资金统筹力度，2020年市级整合设立了产业发展、环境保护、教育发展、科技创新四大专项资金，推行部门“大专项+任务清单”管理模式，握指成拳办大事。加强监督检查。组织开展了预决算公开、会计信息质量、办公用房清理、财政专项扶贫资金落实，以及资产评估行业、财政直达资金、政府债券等专项检查；推进“小金库”治理及财政领域漠视侵害群众利益问题、全市财政财务管理、房地产开发历史遗留问题等专项整治，有力维护了财经纪律，规范了财经秩序。加强会计管理。认真抓好领军人才培养，至2021年年底，市级会计领军人才达到203名；做好会计专业技术人员继续教育、资格考试等工作，进一步夯实了会计管理基础。加强资产管理。印发了市级行政事业单位国有资产处置和绩效评价等一系列管理办法，修订完善了资产配置标准，提高了资产使用效率。大力开展资产清查核实，加快低效闲置资产盘活利用。另外，强化基层财政管理，认真做好农业补贴发放工作，大力支持乡镇数字财政信息化建设；强化财政法治建设，广泛宣传、严格执行预算法及其实施条例、会计法、政府采购法等法律法规，提高了依法行政、依法理财的能力水平。

七

市财政部门牢固树立“抓好党建是本职、不抓党建是失职、抓不好党建是渎职”的理念，狠抓党建工作。市财政局自2016年起，明确把机关党建作为三大主攻方向之一，并专门成立了党建工作领导小组及办公室，推动了全面从严治党不断向纵深发展。市财政局连续10年保持“全国文明单位”称号。抓深思想建设。把学习贯彻中共十九大精神，特别是习近平新时代中国特色社会主义思想作为首要政治任务，认真落实局党组理论学习中心组和党支部“三会一课”、主题党日、周五集中学习日等制度，教育引导全局党员干部自觉用先进理论武装头脑、指导实践、推动工作。局党组先后被表彰为“全省先进县级党委（党组）理论学习中心组”“新时代泰山‘挑山工’先进集体”“市直机关党建示范单位”“全市2019—2020年度先进县级党组理论学习中心组”“民生财政党旗红”“市直机关十大示范党建品牌”等。抓牢组织建设，大力加强机关支部建设，按时进行换届选举，配齐配强支部领导班子。2020年，将机关党支部优化整合为5个。加强阵地建设，重点对党员活动室、荣誉室进行了升级改造，并充分借助中共泰安第一支部展室、徂徕山抗日武装起义展室等党史教育资源，组织党员干部开展现场学习。开展“结对共建”活动，各党支部与8个企业、社区、农村及学校基层党支部进行结对，联合开展组织生活。抓实作风建设。在驰而不息转作风、纠“四风”的基础上，重点围绕担当作为、狠抓落实，自2016年起，按照“工作不漏项、岗位不漏人、项目全覆盖”的原则，在全局大力推行工作项目化、项目目标化、目标责任化、责任绩效化“四化”管理；自2018年起，探索建立“两清单一张表”制度，对全局年度重点工作细化分解，明确牵头领导、责任科室、责任人和完成时限，并与督查督办、“四化”管理考核挂钩，确保了各项年度重点任务有人抓、有人管，有落实、有考核。抓好廉政建设。坚持纪严于法、纪在法前，把纪律和规矩挺在前面，教育引导全局党员干部牢固树立不贪、不懒、不偏、不虚“四不”理念，营造了遵规守纪、干净干事的浓厚氛围。另外，坚持思想建党与制度治党紧密结合，突出重点、聚焦问题，科学谋划党建制度“废改立”工作，构建了科学完备的党建制度体系。

新时代和新征程，在以习近平同志为核心的党中央坚强领导下，高举新时代中国特色社会主义伟大旗帜，坚持以马克思主义中国化时代化最新成果为指导，坚定新时代中国特色社会主义道路自信、理论自信、制度自信、文化自信，不忘初心、牢记使命，以经济建设为中心，以人民为中心，踔厉奋进，勇毅前行，为中华民族伟大复兴而努力奋斗！

大事记

2016年

1月　自1月起，按照推进公共资源交易统一规范管理的要求，泰安市将涉及行政事业国有产权、实物资产、债权的有偿转让，资产有偿租赁以及事业单位所办企业产权等交易事项，全部纳入公共资源交易平台，采取招标、拍卖、挂牌和协议等方式，进行统一交易。

是月　泰安市黄标车淘汰工作提前完成，共计提前淘汰和“黄改绿”黄标车11054辆，发放补贴资金9025.66万元。其中，淘汰黄标车9609辆，发放补贴金额7252.82万元；“黄改绿”黄标车1445辆，发放补贴金额1772.84万元。

3月15日　市财政局制发《泰安市财政投资评审工作流程》，进一步规范财政投资评审流程。

5月1日　零时许，泰安市首张住宿费增值税发票在东岳山庄开出，标志着泰安市全面推开“营改增”试点工作。全面推开“营改增”试点工作后，原缴纳营业税纳税人全部改征增值税，涉及全市建筑业、房地产业、金融业、生活服务业的2.7万余户纳税人。“营改增”全面推开后，建筑业、房地产业适用11%的税率，金融业、生活服务业适用6%的税率，小规模纳税人征收率为3%。相比此前试点，本次试点将建筑业、房地产业、金融业、生活服务业全部纳入“营改增”试点范围，改革涉及范围更广、户数更多、减税效应更大。

5月　市财政局制定印发《关于印发〈泰安市市直机关工作人员差旅住宿费标准明细表〉的通知》，该文件进一步细化差旅住宿费标准，新标准自2016年5月20日起实行。

7月1日　根据国务院工作安排，自该日起，全面推进资源税改革，实施矿产资源税从价计征。为保证实施从价后税负的合理性，泰安市自5月起，按照改革前后税费平移原则，对除煤炭以外的资源品目进行了测算。纳入该次测算的矿产资源品目总体平均税费负担率为4.6%，基本保持了改革前后税费平移的工作原则。

7月　泰安市提高小额贷款保证保险保费财政补贴比例。小额贷款保证保险保费财政补贴比例由30%提高至50%，所需资金省级承担70%（不包括宁阳县），市、县财政按7:3分担30%的部分。省财政直管县宁阳，省级承担90%，县级承担10%，市级不再承担补贴。该政策自2016年7月19日起执行。

10月20日　市财政局率先在全省印发《泰安市政府采购绩效评价暂行办法》，推动政府采购管理从程序导向型向结果导向型转变。

10月24日　市政府下发《泰安市人民政府关于公布2017年度泰安市政府采购目录的通知》，该文件将货物、服务类项目公开招标标准由100万元提高至200万元，赋予采购人更大的自主权。

12月29日　泰安市与山东省财金集团战略合作签约仪式在泰山国际会展中心举行。市委书记、市人大常委会主任王云鹏，省财金集团党委书记、董事长李国健分别致辞，市委副书记、市政府市长李希信主持仪式。市政府副市长展宝卫与省财金集团总经理鲁维签订战略合作协议，市财政局党委书记、局长刘斌与省财金集团签订产业投资基金合作协议。

12月　为贯彻落实《山东省人民政府关于减轻企业税费负担降低财政支出成本的意见》，切实降低企业负担，支持企业加快发展，市财政局、市地税局提出了降低泰安市城镇土地使用税适用税额标准的初步方案，经市政府同意后，报省财政厅审核。根据方案要求，调整拟在现行税额标准的基础上统一降低10%，执行期限为2016—2018年。调整后，降低企业税负达3.2亿元。

2017年

1月21日　市编委批复同意将市财政干部教育中心和市会计研究所合并，成立市财政金融运行评价中心。

1月　按照省财政厅通知，经新泰市财政局、林业局和东平县财政局、林业局核对，泰安市世界银行贷款山东林业资源可持续发展项目债务本金确认为6909454.60美元。其中，新泰市4378052.71美元，东平县2531401.89美元。

2月16—17日　省财政厅教科文处在泰安市召开全省教科文工作座谈会，省财政厅党组成员、副厅长陈祥志参会。

3月13日　省财政厅副厅长高剑锋一行四人检查泰安市铁路沿线综合治理工作。

4月14日　泰安市委办公室、市政府办公室联合印发《关于完善财政科研项目资金管理政策的实施意见》，以完善泰安市财政科研项目资金管理政策。实施意见改革和创新了泰安市科研项目资金使用与管理方式，为全市加快实施创新驱动发展战略提供了有力的政策保障。

4月　泰安市确定肥城市所属4个乡镇、25个村为2017年度扶持村级集体经济发展试点。试点村项目预计共投入资金3961万元。其中，省级资金1750万元，市级资金625万元，县级资金625万元，乡镇自筹资金821万元，吸纳社会企业入股资金140万元。

是月　市财政局会同市委农工办通过对县（市、区）上报美丽乡村示范试点项目进行实地查看和对比筛选，择优选择28个村纳入2017年省级示范试点，50个村纳入市级示范试点。各级财政共计筹集到位资金4300万元，按照省级美丽乡村示范村每村100万元、市级美丽乡村每村30万元标准进行奖补。

是月　根据《山东省人力资源和社会保障厅　山东省财政厅关于阶段性降低失业保险费率有关问题的通知》，自2017年1月起，山东省阶段性降低失业保险费率，个人费率由0.5%降至0.3%。自5月起，市支付中心根据省机关养老保险事业处发函要求，对工资统发系统个人扣缴失业保险进行调整和审核。

6月19日　市财政局制定《关于集中整治“衙门”作风问题专项活动方案》，成立领导小组，强化工作调度，旗帜鲜明、态度坚决地抓好专项整治。

6月　市委决定建立中共泰安市泰山财金投资集团有限公司委员会，秦玉昌任党委书记，范晓焱任党委副书记，邓继胜、张曾彬任泰安市泰山财金投资集团有限公司党委委员。

8月7日　根据市财政局出具的《〈关于增加泰山融资租赁有限公司注册资本的请示〉的批复》、投融资办公室主任办公会纪要及泰山投资董事会决议，拨付泰山融资租赁公司增资扩股款6500万元。

8月14日　由泰安市机构编制委员会办公室、泰安市委组织部、泰安市财政局、泰安市人力资源和社会保障局联合发布的《2017年度市直事业单位绩效考核工作实施方案》，将建立健全内部控制制度作为事业单位考核范围，未按规定建立健全内控制度的事业单位，将在年度考核中失分。

8月　市财政局会同市委组织部、市农业局、市水利局等部门审核、确定了2017年度“强村固基”项目，以促进农村公益事业发展和抓党建、促脱贫为目标，继续强力推进“强村固基”工程。财政部门由综改办牵头，整合一事一议奖补资金、小型农田水利建设资金和土地开发整理资金5700万元，集中下达县（市、区），支持市派第一书记包村工作。

是月　泰安市京杭运河东平湖区段航道工程被列入中央重点交通项目，收到中央资金1亿元。

9月8日　山东泰财健康医疗投资有限公司被颁发全市第一张“五证合一、一照一码”营业执照。

9月11日　市财政局党委书记、局长刘斌，党委委员、副局长孙磊陪同省政府领导和市政府主要领导，在北京市国家第二招待所参加由财政部、国土资源部、环境保护部组织的第二批山水林田湖草生态保护修复工程试点竞争性评审会议。

9月27日　泰安市委办公室、市政府办公室联合印发《泰安市预算公开实施方案》，进一步扩大公开范围，细化公开内容，规范公开程序，提高预算透明度。

10月30日至11月2日　省财政厅国有文化企业资产处在泰安市举办全省财政文化管理培训班，省财政厅党组成员、副厅长孙庆国出席并讲话。

12月　财政部发布《关于下达2017年重点生态保护修复治理专项资金预算的通知》，泰山区域山水林田湖草生态保护修复工程成功获批国家第二批山水林田湖草生态保护修复试点工程。

是月　根据2017年11月4日新修正的《中华人民共和国会计法》，泰安市市直及各县（市、区）财政部门自2018年1月1日起停止受理会计从业资格证书核发、补换发、信息变更和调转登记等业务。

2018年

1月　市山水林田湖草生态保护修复工程领导小组办公室编制完成《泰山区域山水林田湖草生态保护修复工程实施方案》。

3月14日　财政部农业司农村综合改革处处长吕书奇到泰安市调研督导国家农村综合性改革试点试验项目进展情况，省财政厅副厅长姜凝，泰安市财政局党委书记、局长刘斌等陪同。调研组一行先后到里峪村和八楼村实地调研，处长吕书奇对泰安市岱岳区农村综合性改革试点试验项目的推进工作给予肯定。

3月　根据省财政厅《关于印发〈农村综合改革工作考评试行办法〉的通知》，省财政厅对各地2017年农村综合改革工作开展情况进行了综合性考评和量化打分，泰安市以全省第一名161分的优秀成绩被授予2017年度全省农村综合改革工作优秀单位称号，同时获优秀单位奖励资金50万元。

是月　省财政厅、省国土资源厅、省环境保护厅联合下发《关于印发〈山东泰山区域山水林田湖草生态保护修复工程实施方案〉的通知》，对泰安市泰山区域山水林田湖草生态保护修复工程实施方案进行了批复。

4月15日　市财政局、市直机关工委联合印发《泰安市市直机关基层党组织党建活动经费管理办法》，首次对市直机关基层党组织使用财政资金开展党建活动进行了规范。

4月　根据市财政局《关于调整PPP管理职责的通知》要求，市投融资管理办公室新增政府和社会资本合作（PPP）业务的管理职能。

5月11日　市财政局联合市国土资源局和市环境保护局拨付上级补助资金7.5亿元，主要用于泰山区域山水林田湖草生态保护与修复相关工作。此次拨付资金为基础奖补资金，后续奖补资金根据工程实施进度、绩效目标完成情况再拨付。

5月　市财政局会同市委农工办在全市选择25个行政村开展省级美丽乡村示范村创建工作的基础上，市级财政安排预算专项资金2000万元，在全市筛选66个村配合开展了市级示范村创建工作，使绝大部分乡镇都拥有一个既体现共同特色又具备自身优势的示范村作为引领，形成了以点带面推进工作的良好效应。

6月12日　市委办公室、市政府办公室印发《关于成立泰安市泰山区域山水林田湖草生态保护修复工程领导机构的通知》，成立泰安市泰山区域山水林田湖草生态保护修复工程领导小组及其办公室。

6月19日　泰安市人民政府印发《关于推进泰安市泰山区域山水林田湖草生态保护修复工程的实施意见》，着力加快推进泰山区域山水林田湖草生态保护修复工程建设。

6月27日　全省财政法制工作会议在泰安市召开，省财政厅副巡视员钟泽圣出席会议并讲话，各市财政局分管局长、法规科长、法治工作突出的县级财政局分管负责人员参加会议，泰安市从依法行政方面作了典型发言。

8月28日　市委办公室、市政府办公室印发《关于成立泰安市泰山区域山水林田湖草生态保护修复工程指挥部的通知》，确定泰安市泰山区域山水林田湖草生态保护修复工程领导小组作为山水林田湖草生态保护修复工程总指挥部，领导小组办公室作为总指挥部办公室，总指挥部下设山、水、林草、田、东平湖生态保护修复工程分指挥部。市财政局党委书记、局长刘斌任总指挥部办公室主任，局党委委员、副局长孙磊任总指挥部办公室副主任。

8月　台风“温比亚”发生后，市财政局对接各相关部门，争取中央及省级资金2232万元，专项用于受灾群众紧急转移安置、过渡性生活救助、倒损住房恢复重建等救灾支出，有力保障了受灾地区的抢险救灾及灾后重建工作。

是月　泰山投资公司完成账务及档案资料移交工作，彻底实现政企分离。

是月　市财政局对装备制造等先进制造业、研发等现代服务业和电网企业实行增值税期末留抵退税，按期完成1.7亿元退税规模，缓解了企业资金占用压力。

9月1日　市财政局制定《泰安市重点企业财源建设基金管理暂行办法》，办法所称泰安市重点企业财源建设基金是指由市政府出资发起，和各县（市、区）政府共同吸引撬动社会资本设立的专项产业基金。基金总规模100亿元，按照“政府主导、定向发力，便捷高效、保本微利，市场运作、风险可控”的原则运行。

10月16日　市委组织部印发《关于抽调人员到市山水林田湖草生态保护修复工程领导小组办公室工作的通知》，决定抽调25人，其中市财政局8人，抽调人员与原单位工作脱钩，实行集中办公，时间3年。

10月19日　泰安市泰山区域山水林田湖草生态保护修复工程领导小组办公室联合市财政局印发《关于组建泰山区域山水林田湖草生态保护修复建设基金的通知》，基金采取“一县（市、区）一基金”方式，募集总规模60亿元，其中，市级共计出资10亿元，县（市、区）和功能区按1∶0.5配套引导基金出资5亿元，吸引社会资本出资45亿元，主要用于山水林田湖草生态保护修复工程项目的建设实施。

是日　市财政局、市教育局联合印发《关于转发省财政厅、省教育厅〈关于幼儿园生均公用经费财政拨款标准有关问题的通知〉的通知》，自2018年起建立幼儿园生均公用经费财政拨款制度，对公办幼儿园和符合条件的普惠性民办幼儿园给予生均710元的公用经费补助，进一步加大资金支持力度，促进学前教育事业持续健康发展。

11月23日　泰安市人民政府办公室印发《关于成立泰安市重点企业财源建设基金决策委员会的通知》，市政府常务副市长展宝卫任主任，决策委员会办公室设在市财政局，市财政局局长刘斌兼任办公室主任，副局长王庆涛兼任办公室副主任。

11月　根据市政府《关于调整市级重点工程项目财政管理任务分工的通知》要求，市政府投融资管理办公室承担市级重点工程项目财政管理工作。

12月1日　在泰安东岳山庄，组织开展市重点企业财源建设基金（第一批）投资企业签约仪式暨政策发布会。

12月7日　泰安市政府办公室印发《关于实行企业职工基本养老保险基金市级统收统支的通知》，于2019年1月1日起，将全市范围内企业职工基本养老保险基金纳入市级统收统支。

12月26日　根据中共泰安市委《关于刘斌等6名同志职务任免的通知》，撤销中共泰安市财政局委员会，设立泰安市财政局党组。刘斌任市财政局党组书记，孙磊、张焕杰、王庆涛、刘振乾、李玉林（挂职）任市财政局党组成员。

2019年

1月1日　该日起，全市企业职工基本养老保险基金实行市级统收统支。

1月29日　泰安市泰城水生态环境治理工程PPP项目进入财政部PPP项目库。

2月21日　为提高一线环卫工人工作积极性，自2019年起，将其人均月工资标准提高100元，全年共安排一线环卫工人工资经费3976.96万元。

3月1日　泰安宁阳山水林田湖草股权投资基金合伙企业（有限合伙）完成工商登记注册工作。基金总规模9亿元，存续期限5年。

3月7日　泰安新泰山水林田湖草股权投资基金合伙企业（有限合伙）完成工商登记注册工作。基金总规模6亿元，存续期限5年。

3月20—21日　财政部离退休干部局副巡视员宋立忠一行到泰安市考察调研老干部“三化”建设情况。

3月22日　市财政局印发了《泰安市财政局推进深化市直预算管理改革工作方案》《泰安市财政局预算绩效管理内部工作规程（暂行）》《关于成立全面推进预算绩效管理工作领导小组的通知》及《泰安市财政局预算绩效管理改革工作方案》4个文件。

3月27日　市委、市政府成立了泰安市泰山区域山水林田湖草生态保护修复工程城区和农村2个项目指挥部。市财政局党组书记、局长刘斌分别担任2个项目指挥部的副指挥，局党组副书记、副局长孙磊担任城区项目指挥部成员。

4月1日　自该日起，泰安市城乡居民基本养老保险、城乡居民基本医疗保险交由税务机关征收。

4月4日　根据市财政局《关于划转山东泰山财金医疗产业投资发展有限公司股权的通知》要求，财金医疗公司股东由市财政局变更为泰山财金集团。

4月9日　泰山财金集团召开董事会研究决定，同意东岳财富公司作为有限合伙人出资1亿元，组建泰安高新区山水林田湖草股权投资基金，基金规模6亿元，基金管理公司为山东苏盛资产管理公司。

6月13日　泰安市财政局与市政府新闻办召开新闻发布会，全面介绍市重点企业财源建设基金投资情况，并举行市重点企业财源建设基金第二批投资企业和第三批拟投资尽调企业签约仪式。

6月28日　泰安市人民政府印发《关于深化市级预算管理改革的意见》，加快建立与现代财政制度相适应的预算管理制度。

7月6日　泰安市PPP项目合同谈判工作组在东岳山庄，与中国中铁股份有限公司投标联合体就泰城水生态环境治理工程PPP项目合同内容进行了确认谈判，并达成一致意见，签署PPP合同谈判备忘录。

7月8日　中共泰安市委、泰安市人民政府印发《关于全面推进预算绩效管理的实施意见》，加快构建全方位、全过程、全覆盖的预算绩效管理体系，着力提高财政资源配置效率和使用效益。

7月28日　泰安市累计将29400万元耕地保护支持补贴全部发放到位，覆盖全市61万名农户，合计补贴234.8万亩，完成2019年农业支持保护补贴发放工作，发放成功率达到100%。

9月30日　召开市委第二巡察组对市财政局巡察工作动员会议，市委第二巡察组组长田志云作动员讲话，局党组书记、局长、一级调研员刘斌主持会议并作表态发言。

9月　编制完成《泰安市财政局权责清单》，并在市政府和市财政局门户网站上予以公开。

11月29日　泰安市非税收入收缴和财政电子票据管理改革工作成果显著，泰安市委党校、泰山中学、泰安市慈善总会分别成功开出泰安市第一张非税收入通用、资金往来结算和公益事业捐赠电子票据，标志着泰安市非税收入收缴和财政电子票据管理改革工作迈出了关键一步，取得了突破性进展。

是日 泰安市举行“不忘初心、牢记使命，勇做新时代泰山‘挑山工’”演讲比赛，市财政局荣获二等奖。

12月 市财政局《立法引领 梯次推进 泰安市全力打造山水林田湖草生命共同体》典型经验，获得泰安市全面深化改革案例第一名。

2020年

1月23日 中共山东省委、省人民政府印发《关于表彰“攻坚克难奖”“勇于创新奖”先进集体和先进个人的决定》，泰山区域山水林田湖草生态保护修复工程领导小组办公室获评全省“勇于创新奖”先进集体。

1月27日 市财政局印发《关于做好新型冠状病毒感染的肺炎疫情防控应急经费保障工作方案》的通知，积极做好疫情防控应急经费保障工作。

1月28日 市财政局拨付市应急管理局1000万元，专项用于新型冠状病毒感染的肺炎疫情防控工作，满足疫情防控应急支出需要。

1月30日 市财政局印发《关于做好新型冠状病毒感染的肺炎疫情防控生活物资供应财政保障工作方案》的通知，积极做好疫情防控生活物资供应财政保障工作。

2月4日 市政府办公室印发《关于应对新型冠状病毒感染的肺炎疫情支持中小企业渡难关稳发展的实施意见》，明确强化财政支持，帮助中小企业共渡难关、稳定发展。

2月16日 市委新型冠状病毒肺炎疫情处置工作领导小组（指挥部）办公室印发了市财政局起草的《泰安市新冠肺炎疫情防控资金管理暂行办法》，进一步提高了财政资金使用效益。

2月24日 市财政局拨付市应急管理局700万元，专项用于新型冠状病毒感染的肺炎疫情防控应急保障工作。

2月25日 市财政局拨付市环卫处、市园林绿化处资金共534万元，用于购置疫情防控设备。

2月28日 中共泰安市委、泰安市人民政府印发《关于调整泰安市泰山区域山水林田湖草生态保护修复工程领导机构的通知》，对领导小组（总指挥部），以及下设的办公室、5个分指挥部和城区项目指挥部、农村项目指挥部组成人员一并调整。市财政局党组书记、局长刘斌任总指挥部办公室主任，局党组副书记、副局长，市国库集中支付管理办公室主任孙磊任总指挥部办公室副主任。

2月 市财政设立总规模1亿元的应急周转资金池，对短期内资金周转困难企业的还贷、续贷提供“过桥”资金。

3月 新冠疫情发生以来，市财政局本着急事急办、特事特办的原则，自1月27日起，共拨付资金2.2亿元，全力以赴做好资金支付工作，为全市打赢疫情防控阻击战提供了有力的资金支付保障。

4月1日 东岳财富公司与山东云天安全技术有限公司、泰安市泰山投资有限公司、自然人张春光签订《山东云天安全大数据技术有限公司股权投资协议》，以增资扩股的方式直接投资山东云天安全大数据技术有限公司1亿元，按照年利率

7.2%收取固定收益，东岳财富公司第一期实缴出资到位6000万元。

4月8日　市委新型冠状病毒肺炎疫情处置工作领导小组（指挥部）办公室印发《“3·1”疫情防控工作专班专项资金使用管理办法》，进一步明确专项资金使用工作流程，提高专项资金使用效益，确保疫情防控工作顺利进行。

4月13日　市政府办公室印发《建立健全生态文明建设财政奖补机制实施方案》，对设立主要污染物排放调节资金、节能减排奖惩机制、环境质量生态补偿机制、资金使用和管理作出规定。

4月17日　中国证监会核准批复泰安市泰山投资有限公司向合格投资者公开发行20亿元公司债。

4月22日　市政府印发《泰安市养犬管理办法》，自2020年7月1日起实施，对养犬单位和个人收取养犬管理服务费，收入全额上缴财政，纳入财政预算管理。

是日　泰山投资公司认缴出资1亿元（占股30%），与活力（山东）国际酒店管理有限公司合作成立合资公司，在泰安市开展应急转贷、短期融资、投融资咨询等业务。

4月27日　市财政下达各县（市、区）镇街“五小”建设补助资金1040万元，推进关心关爱基层干部政策落实。

是日　市政府办公室印发《关于做好新冠肺炎疫情防控期间支持民办幼儿园平稳健康发展的通知》，通过提前拨付上半年学前教育生均公用经费、鼓励支持减免房屋租金、社会保险减免扶持、提供过桥还贷和基金支持等方式，支持民办幼儿园在疫情防控期间平稳、健康发展。

5月11—15日　财政部组织省、市政府采购监管领导及专家一行14人，在泰安开展政府采购法集中修订工作。

5月12日　市委办公室、市政府办公室印发《市直机关“厉行节约、勤俭办事”专项行动实施方案》，要求在全市组织开展专项行动，市直机关年度经费压减“5个30%、1个50%”（公务接待费、会议费、差旅费、培训费、日常维修维护费等机关运行经费压减不低于30%，出国经费压减50%），为抓“六保”促“六稳”提供坚实支撑和保障。

5月19日　市财政局联合市委统战部、市妇女联合会印发《泰安市市级妇女儿童民族宗教事业发展资金管理暂行办法》，进一步规范和加强泰安市市级妇女儿童民族宗教事业发展资金使用管理，提高资金使用效益。

5月25日　市政府印发《关于实施市级财政资金股权投资改革试点的通知》，进一步创新财政资金投入方式，提高财政资金的使用效益，引导产业高质量发展。

5月　省财政下达泰安市新增政府专项债券12.03亿元，新增再融资专项债券4.65亿元，为泰安市部分重大项目提供资金支撑。

6月5日　泰安市泰城西部热源PPP项目正式签约落地，社会资本方为江苏河海新能源股份有限公司和中国电建集团河北工程有限公司联合体。

6月23日　举办市重点企业财源建设基金（第五批）投资签约仪式，共对11个项目投资19.45亿元。

6月24日　省财政厅下达泰安市抗疫特别国债、特殊转移支付和新增一般债券资金23.75亿元。其中，抗疫特别国债9.85亿元，特殊转移支付12.95亿元，新增一般债券资金9500万元。

7月2日　市财政局印发《关于成立泰安市财政局直达资金监控工作小组的通知》和《关于做好直达资金预算执行和监控工作的通知》，全面加强直达资金管理和监控工作，当日第一批调拨资金1.5亿元全部落实到位。

8月7日　市财政局拨付受灾地区防汛救灾补助资金1500万元，用于受灾困难群众救助、受损房屋修缮、农业生产自救、水利工程维修加固等。

8月13日　市政府印发《关于明确泰安旅游经济开发区财政管理体制的通知》，充分发挥财税政策的支持激励作用，推动旅游经济开发区培植壮大财源、提高财政保障能力。

8月18日　自然资源部国土空间生态修复司副司长王磊、财政部自然资源和生态环境司处长薛红一行，到泰安调研山水林田湖草生态保护修复试点工程情况。

8月24日　市财政局下达国家补助2020年资源型地区转型发展专项中央基建投资4111万元，保障了中央基建7个项目顺利实施。

8月　市财政局印发《泰安市市级行政事业性国有资产管理绩效评价暂行办法》，规范和加强市级行政事业性国有资产监管，进一步促进资产科学配置、有效使用和规范处置。

9月4日　省泰山区域山水林田湖草生态保护修复工程现场推进会在新泰市召开。省财政厅副厅长袁培全、省自然资源厅副厅长马福义、省生态环境厅一级巡视员葛为砚，实地查看新泰市山水林田湖草生态保护修复工程项目现场，并召开座谈会。

10月17日　市财政局会同市交通运输局、市生态环境局、市公安局、市商务局制定《泰安市国三运营柴油货车淘汰工作实施方案》。结合泰安市实际，制定了0.42万～3万元不等的补贴标准，并承担全部补贴资金的40%，为加快全市国三运营柴油货车的淘汰工作提供了强有力的财力保障。

10月21日　财政部山东监管局党组书记、局长王振东一行11人，到泰安开展财政经济运行及2019年以来地方政府债券发行使用情况调研核查工作，并实地调研支柱产业、专项债券、精准脱贫、美丽宜居乡村建设等项目有关情况。

12月9日　广东省韶关市政府常务副市长华旭初一行，考察学习泰安市泰山区域山水林田湖草生态保护修复试点工作。

12月13日　省财政厅党组成员、副厅长姜龙，省自然资源厅党组成员、副厅长马福义一行，对泰安市泰山区域山水林田湖草生态保护修复试点工程进展情况进行专题调研。

12月18日　北京林业大学生态文明研究院院长林震一行，到泰安市考察山水林田湖草生态保护修复系统建设、“两山”理论与实践推进情况。

12月　泰山区域山水林田湖草生态保护修复工程经验被提报到中央改革办。

2021年

1月15日　根据《泰安市财政和国资监督事业单位绩效考核委员会2020年度事业单位绩效考核实施方案》安排，市财政和国资监督事业单位绩效考核委员会对市财政局所属事业单位进行绩效考核。

2月19日、26日　《见证·生态泰安》（上集为《青山可期》，下集为《绿水为鉴》，在CCTV-12《社会与法》频道播出，引起社会热烈反响。

3月19日　市财政局下达2021年市级环境保护专项资金预算指标1697.34万元，专项用于2020年度节能和新能源项目支出散煤清洁化治理推广任务奖励资金、示范片区（村）奖励资金、生物质试点补贴资金、节能项目支持资金等。

3月23日　中央办公厅调研组到山东省开展以黄河流域生态保护和高质量发展为主题的回访调研。中共泰安市委部分领导参加调研座谈，泰安市泰山区域山水林田湖草生态保护修复工程领导小组办公室副主任刘培亭汇报全市泰山区域山水林田湖草生态保护修复工程情况。

4月　财政部、住房和城乡建设部、生态环境部、国家能源局公示了20个北方地区冬季清洁取暖项目城市名单，泰安市成功入选。之后3年，每年获中央奖补资金3亿元，为冬季清洁取暖改造提供了有力资金保障。

6月20日　泰安市成立公务员工资津贴补贴清理规范领导小组和工作专班，由市财政牵头，在全市范围内开展在职公务员和参照公务员管理的事业单位工作人员工资津贴补贴清理规范工作。

7月9日　中央纪委国家监委机关党风政风监督室二级巡视员、纪检监察员、副组长曹书君带领中央调研组赴岱岳区调研，省财政厅党组书记、厅长刘兴云，泰安市委常委、市政府常务副市长宋洪银，市财政局党组副书记、副局长、市国库集中支付中心主任孙磊等陪同调研。

7月23日　国家农业信贷担保联盟公司党委书记、董事长张洪武一行到泰调研农业信贷担保政策实施落地情况，山东省农担公司党委书记、董事长魏华祥，泰安市财政局党组副书记、副局长、市国库集中支付中心主任孙磊等陪同调研。

7月26日　财政部党组成员、副部长朱忠明到泰安市，对全国农村综合改革试点试验和国家现代农业产业园项目开展专题调研。省财政厅党组书记、厅长刘兴云，泰安市委副书记、市政府市长张涛，市财政局党组副书记、副局长、市国库集中支付中心主任孙磊等陪同调研。

8月26日　泰山城投公司办理完成公司法定代表人变更手续。

9月27日　泰山财金集团通过中诚信国际信用评级有限公司评定，获得主体信用等级AA+的评定结果。

10月20日　孙磊任市财政局党组书记、局长。

11月11日　市财政局印发《泰安市预算绩效指标库（2022版）》，通过建立指标库和绩效目标的细化量化、动态调整，令绩效指标设置由“填空题”变为“选择题”，使预算绩效管理标准更科学、程序更规范、方法更合理，推动了绩效目标编制全面提质。

11月29日　为贯彻落实市委、市政府办公室《关于印发〈泰安市市属企业集团组建工作实施意见〉的通知》要求，市财政局召开行政事业资产清查划转工作部署会议，部署市属企业集团组建涉及的污水管网、雨水管道、中水管道、泵站、污水处理厂、湿地、水源水库、制水、中水资源、水资源开发等资源资产清查划转工作。

12月21日　泰安市人民政府印发《关于进一步规范和加强经营性用地储备出让工作实施意见的通知》，促进土地资源高效配置、合理利用。

12月　市财政局“全面推动预算绩效管理提质增效的经验做法”获评2021年度首届“泰安工作创新奖”一等奖。

是月　泰安市“山水林田湖草生态保护修复‘泰山样板’”获评“中国改革2021年度地方全面深化改革典型案例”。

第一编　财政收入

2016—2021 年，在市委、市政府的坚强领导下，各级财政部门以习近平新时代中国特色社会主义思想为指导，以稳步提升收入质量、严格落实减税降费政策为核心，紧密围绕全市经济社会发展大局，坚持把组织收入作为核心任务、头等大事，立足破解收入困局，不断加强调度分析，推进稳增长、均进度、调结构、提质量，依法依规做好征管服务工作，完成年度工作目标，为全市经济社会高质量发展做出了贡献。全市一般公共预算收入累计完成 1317.82 亿元，年均增长 2.2%。从收入项目看，税收收入累计完成 952.44 亿元，年均增长 3.6%。税收占一般公共预算收入的比重均保持 70% 以上，至 2021 年年底，达到 75.1%，较 2016 年提高 4.8 个百分点。从收入完成情况看，收入实现平稳增长，收入质量逐步改善，泰安市财政运行总体平稳。

2016—2021 年泰安市一般预算收入统计表

表 1-1　　单位：万元

项目＼年份	2016	2017	2018	2019	2020	2021
一般公共预算收入合计	2067106	2071396	2195269	2247115	2291859	2305436
一、税收收入	1453681	1467950	1579506	1641831	1650578	1730827
增值税	320118	511744	617636	741993	755465	742937
营业税	219981	5581	6625	—	—	—
企业所得税	120525	118982	134145	165244	189535	215123
个人所得税	49443	63731	78746	44924	57357	53727
资源税	80553	106685	71809	57950	58472	58842
城市维护建设税	69702	77441	97770	103978	107372	116382
房产税	38588	42516	43926	43484	49914	48492
印花税	14600	19154	23305	22760	25507	31896
城镇土地使用税	132681	132565	117060	89740	84125	86369
土地增值税	114802	97252	103270	106008	98449	121197
车船税	21188	26654	27728	29223	27594	31908
耕地占用税	193629	165223	109326	26416	16720	40077
契税	77871	100422	144271	205216	176756	180548
环境保护税	—	—	3889	4892	3261	3264
其他税收收入	—	—	—	3	51	65
二、非税收入	613425	603446	615763	605284	641281	574609
专项收入	92919	99031	115917	102478	105857	102891
行政事业性收费收入	163907	136157	126930	154906	159651	105632
罚没收入	57608	69094	66487	80074	65697	98094
国有资本经营收入	2453	1173	160	—	313	—
国有资源有偿使用收入	250008	264852	286357	243187	281161	236638
捐赠收入	4850	3212	2269	2125	6561	1269
政府住房基金收入	23955	22399	12854	14317	18611	24287
其他收入	17725	7528	4789	8197	3430	5798

第一章 税收收入

泰安市税收收入，包括增值税、消费税、企业所得税、个人所得税、资源税、城市维护建设税、房产税、印花税、城镇土地使用税、土地增值税、车船使用税、车辆购置税、关税、耕地占用税、契税、环境保护税等。2016—2021年，全市实现税收收入1394亿元。

第一节 增值税

2017年7月1日起，简并增值税税率有关政策正式实施，原销售或者进口货物适用13%税率的全部降至11%，该次调整涉及农产品、天然气、食用盐、图书等23类产品。2018年3月28日，国务院常务会议决定从2018年5月1日起，将制造业等行业增值税税率从17%降至16%，将交通运输、建筑、基础电信服务等行业及农产品等货物的增值税税率从11%降至10%。2019年4月1日起，增值税一般纳税人发生增值税应税销售行为或者进口货物的税率、境外旅客购物离境退税物品的退税率等均有不同程度下降。泰安市遵照国家规定执行。2016—2021年，全市实现增值税收入754亿元。

2016—2021年泰安市增值税分产业税收收入统计表

表1-2 单位：万元

项目＼年份	2016	2017	2018	2019	2020	2021
第一产业	260	230	585	1224	865	1418
采矿业	70434	123510	117306	92064	58725	76075
制造业	287462	358011	373109	463007	473277	418775
电力行业	77230	48835	46806	39003	39859	42871
建筑业	50181	131993	223448	299933	365422	456336
批发零售业	97143	115569	159533	193916	194604	221990
交通运输业	12666	12975	19233	98933	34957	19266
住宿餐饮业	2952	6044	4054	5608	1336	1319
信息行业	6935	8737	8436	8944	14435	9294
金融业	32909	73536	65171	65862	74568	89233
房地产业	51475	120596	167699	172501	171197	144096
商务服务业	16674	17454	23435	19975	9172	19427
科研行业	5728	16155	29056	27701	23296	15915

续表 1-2

项目＼年份	2016	2017	2018	2019	2020	2021
其他服务业	5574	11222	14069	12251	12506	11309
教育	146	542	433	1693	2523	955
卫生社会	6	94	100	221	301	459
文娱业	1649	2345	2467	2590	703	1457
公共管理	205	193	1238	704	693	1117
其他	517	600	397	94	—	1

第二节　消费税

泰安市现行消费税的征收范围，主要包括烟、酒、鞭炮、焰火、化妆品、成品油、贵重首饰及珠宝玉石、高尔夫球及球具、高档手表、游艇、木制一次性筷子、实木地板、摩托车、小汽车、电池、涂料等。2016—2021 年，全市实现消费税收入 36 亿元。

2016—2021 年泰安市消费税分产业分行业税收收入统计表

表 1-3　　单位：万元

项目＼年份	2016	2017	2018	2019	2020	2021
制造业	14197	22410	18669	25059	20161	25397
批发零售业	40145	38322	31782	44174	38623	44697
金融业	4	16	20	48	21	20

第三节　企业所得税

泰安市根据《中华人民共和国企业所得税法》及其实施条例、《财政部 税务总局关于实施小微企业普惠性税收减免政策的通知》要求，自 2019 年 1 月 1 日至 2021 年 12 月 31 日，对年应纳税所得额不超过 100 万元的部分，减按 25% 计入应纳税所得额，按 20% 的税率缴纳企业所得税；对年应纳税所得额超过 100 万元但不超过 300 万元的部分，减按 50% 计入应纳税所得额，按 20% 的税率缴纳企业所得税；国家重点扶持的高新技术企业，减按 15% 的税率征收企业所得税。2016—2021 年，全市实现企业所得税收入 236 亿元。

2016—2021 年泰安市企业所得税分产业分行业税收收入统计表

表 1-4 单位：万元

项目＼年份	2016	2017	2018	2019	2020	2021
第一产业	222	153	92	80	90	67
采矿业	4687	10281	29257	16774	6570	9197
制造业	102640	114895	149652	170242	186856	225546
电力行业	70185	13332	11998	14144	19646	19723
建筑业	4618	8253	11215	11641	13028	13214
批发零售业	21025	23156	25461	44405	48694	63470
交通运输业	2430	1874	1133	1221	838	1175
住宿餐饮业	234	297	222	839	1469	187
信息行业	13168	10455	5820	11125	9845	11742
金融业	50731	66844	40203	52093	84345	54459
房地产业	18238	30457	46518	74899	88103	118792
商务服务业	6889	8686	7150	6800	5569	10506
科研行业	1699	1571	2816	5087	4601	4532
其他服务业	3468	4668	1882	1297	2081	606
教育	11	1282	120	245	76	308
卫生社会	3	16	80	123	121	942
文娱业	868	665	613	1040	1238	1502
公共管理	7	49	11	3	9	-4
其他	192	57	36	116	38	—

第四节　个人所得税

2018 年 10 月 20 日，泰安市根据新修订的个税法，计算个税应纳税所得额，在 5000 元基本减除费用扣除和“三险一金”等专项扣除外，还可享受子女教育、继续教育、大病医疗、住房贷款利息或住房租金，以及赡养老人等专项附加扣除。2020 年 7 月 29 日，为进一步支持稳就业、保就业，减轻当年新入职人员个人所得税预扣预缴阶段的税收负担，国家税务总局就完善调整年度中间首次取得工资、薪金所得等人员有关个人所得税预扣预缴方法事项发布《关于完善调整部分纳税人个人所得税预扣预缴方法的公告》。对一个纳税年度内首次取得工资、薪金所得的居民个人，扣缴义务人在预扣预缴个人所得税时，按照 5000 元 / 月乘以纳税人当年至本月月份数计算累计减除费用。2016—2021 年，全市实现个人所得税收入 87 亿元。

2016—2021 年泰安市个人所得税分产业分行业税收收入统计表

表 1-5　　单位：万元

项目＼年份	2016	2017	2018	2019	2020	2021
第一产业	180	442	526	288	535	470
采矿业	1762	5725	7955	3773	4392	3575
制造业	45260	54730	78016	34728	44192	45000
电力行业	8161	5586	5286	2639	2221	3957
建筑业	3262	3997	5167	3689	4470	4727
批发零售业	3790	5152	7133	5805	12678	6661
交通运输业	1160	1981	3566	1441	1567	1408
住宿餐饮业	457	506	524	638	1023	202
信息行业	2385	3248	3860	2408	2421	4433
金融业	18861	25228	24742	19921	27836	20879
房地产业	7428	10517	17651	17330	18473	18991
商务服务业	2533	4617	5867	4485	7942	8370
科研行业	650	1422	4782	3795	3395	4317
其他服务业	11810	13043	8068	3508	4947	2668
教育	3690	4991	2869	1781	2494	2618
卫生社会	4885	9177	8777	3683	3275	5029
文娱业	215	131	232	303	362	325
公共管理	7043	8672	11673	1930	2715	2357
其他	74	2	5	5	—	—

第五节　资源税

泰安市于 2016 年 7 月 1 日实行资源税改革，资源税征收方式由从量征收改为从价征收。实行源泉课征，不论采掘或生产单位是否属于独立核算，资源税均规定在采掘或生产地源泉控制征收。2016—2021 年，全市实现资源税收入 43 亿元。

2016—2021 年泰安市资源税分产业分行业税收收入统计表

表 1-6　　单位：万元

项目＼年份	2016	2017	2018	2019	2020	2021
第一产业	1442	1970	7	21	20	8
采矿业	39922	44062	41244	38754	35056	35391
制造业	10523	12223	8077	6745	6827	8144
电力行业	2	3	4653	6031	7033	6204
建筑业	6301	13986	6528	414	1149	1327

续表 1-6

项目＼年份	2016	2017	2018	2019	2020	2021
批发零售业	11695	19717	10010	5101	5519	4849
交通运输业	3196	3736	20	31	1987	2338
住宿餐饮业	—	—	6	9	6	5
信息行业	632	671	1	1	1	13
金融业	—	—	—	8	3	2
房地产业	325	286	47	10	3	110
商务服务业	370	287	162	457	617	219
科研行业	—	—	1	24	17	11
其他服务业	1498	3927	347	74	59	48
教育	—	—	53	70	17	15
卫生社会	—	—	128	161	93	70
文娱业	—	—	3	1	—	1
公共管理	4646	4917	510	16	25	20

第六节 房产税

泰安市房产税，征税范围是城市、县城、建制镇和工矿区，开征房产税的工矿区须经省、自治区、直辖市人民政府批准，房产税的征收范围不包括农村。2016—2021 年，全市实现房产税收入 27 亿元。

2016—2021 年泰安市房产税分产业分行业税收收入统计表

表 1-7　　单位：万元

项目＼年份	2016	2017	2018	2019	2020	2021
第一产业	316	175	86	103	104	109
采矿业	1327	1196	1275	1558	1762	1777
制造业	14281	17290	17450	18402	18903	22106
电力行业	2402	2630	2875	2881	3046	3978
建筑业	3282	2043	628	685	725	964
批发零售业	3914	4120	3823	3735	2907	3077
交通运输业	451	562	539	587	588	684
住宿餐饮业	945	1141	1430	1713	390	1057
信息行业	534	651	747	941	794	833
金融业	3050	3283	3261	3743	3919	4096
房地产业	4593	5069	5048	5544	6050	6963
商务服务业	1044	1195	3719	1800	1270	1852

续表 1-7

项目＼年份	2016	2017	2018	2019	2020	2021
科研行业	147	217	382	375	231	208
其他服务业	1639	2199	1713	930	8946	502
教育	116	118	146	133	49	60
卫生社会	113	86	70	83	50	54
文娱业	91	86	100	80	74	85
公共管理	190	399	606	180	68	39
其他	152	0	7	—	—	—

第七节　印花税

根据国务院通知，泰安市自 2016 年 1 月 1 日起调整证券交易印花税中央与地方分享比例。将证券交易印花税由现行按中央 97%、地方 3% 比例分享全部调整为中央收入。2016—2021 年，全市实现印花税收入 14 亿元。

2016—2021 年泰安市印花税分产业分行业税收收入统计表

表 1-8　　单位：万元

项目＼年份	2016	2017	2018	2019	2020	2021
第一产业	76	138	138	159	179	208
采矿业	698	1239	2299	1105	1959	1518
制造业	4696	6283	6850	4981	5221	8505
电力行业	539	549	753	604	595	615
建筑业	2161	1922	2717	3415	3783	4229
批发零售业	2188	3358	3808	5319	6278	7529
交通运输业	134	203	277	370	431	626
住宿餐饮业	11	37	33	63	30	40
信息行业	233	150	217	160	141	194
金融业	1327	1659	1563	1549	1816	1606
房地产业	1806	2328	3067	3821	3596	4188
商务服务业	142	329	428	363	480	617
科研行业	67	85	126	244	265	329
其他服务业	155	320	157	76	113	135
教育	36	12	20	3	22	16
卫生社会	69	70	70	30	35	83
文娱业	2	7	18	4	9	18
公共管理	215	406	729	481	482	1045
其他	45	—	1	—	—	—

第八节　城镇土地使用税

泰安市城镇土地使用税以实际占用的土地面积为计税依据，以测定的面积为准；尚未组织测量，但纳税人持有政府部门核发的土地使用证书的，以证书确认的土地面积为准；尚未核发出土地使用证书的，由纳税人申报土地面积，据以纳税，待核发土地使用证以后再作调整。2016—2021年，全市实现城镇土地使用税收入64亿元。

2016—2021 年泰安市城镇土地使用税分产业分行业税收收入统计表

表 1-9　　单位：万元

项目＼年份	2016	2017	2018	2019	2020	2021
第一产业	3982	3498	335	233	203	184
采矿业	4006	7021	6075	6146	8098	6977
制造业	53447	55489	51820	43908	38830	34848
电力行业	3975	4627	5037	4709	4538	4643
建筑业	14188	8635	3352	2897	2263	3171
批发零售业	10365	13409	9001	5875	5803	7363
交通运输业	1776	3640	2017	1381	632	1258
住宿餐饮业	937	2117	1073	672	123	546
信息行业	596	1297	762	859	1622	590
金融业	1422	1440	1644	1867	2093	1895
房地产业	18443	20432	29382	17124	17075	19614
商务服务业	1876	1964	2139	1916	1090	1651
科研行业	565	483	620	475	467	928
其他服务业	11859	4187	3182	1312	1121	1795
教育	130	265	162	109	19	10
卫生社会	19	20	58	50	17	11
文娱业	423	60	99	110	83	175
公共管理	1283	2001	153	50	29	85
其他	3390	—	112	—	—	1

第九节　土地增值税

泰安市土地增值税，主要对境内转让国有土地使用权、地上建筑物及其附着物的单位和个人，以其转让房地产所取得的增值额为课税对象进行征收。只转让国有土地（指按照法律规定属于国家所有的土地）的使用权，才属于土地增值税的征税范围，集体所有的土地在征用后转为国有土地时才转让；只有有偿转让（指出售或以其他方式有偿转让）房地产，才属于征税范围，房地产的继承、赠与等无偿转让行为不属于土地增值税的征税对象。另外，国有土地使用权的出让行为不属于土地增值税的征税对象。2016—2021 年，全市实现土地增值税收入 64 亿元。

2016—2021年泰安市土地增值税分产业分行业税收收入统计表

表1-10　　单位：万元

项目＼年份	2016	2017	2018	2019	2020	2021
第一产业	—	264	—	—	1	70
采矿业	2410	1650	7	148	8	14
制造业	12808	7629	1924	1381	3290	1061
电力行业	373	44	54	51	102	—
建筑业	8071	1692	608	74	1990	2443
批发零售业	8938	1076	763	1463	2029	933
交通运输业	4216	2784	2	592	109	314
住宿餐饮业	1416	298	—	2631	26	104
信息行业	—	—	10	36	82	157
金融业	47	609	1805	451	235	34
房地产业	56656	72940	97429	96531	89865	113614
商务服务业	652	94	128	1670	496	550
科研行业	358	116	23	33	37	7
其他服务业	8109	2690	24	303	98	1716
教育	—	—	3	—	1	—
卫生社会	3	-3	—	—	4	—
文娱业	16	—	1	—	—	56
公共管理	10686	5367	262	643	42	124
其他	43	—	—	—	—	—

第十节　车船税

2018年8月，泰安市贯彻财政部、国家税务总局、工业和信息化部、交通运输部印发的《关于节能新能源车船享受车船税优惠政策的通知》，对符合标准的新能源车船免征车船税，对符合标准的节能汽车减半征收车船税。2016—2021年，全市实现车船税收入16亿元。

2016—2021年泰安市车船税分产业分行业税收收入统计表

表1-11　　单位：万元

项目＼年份	2016	2017	2018	2019	2020	2021
制造业	23	4	8	3	2	1
电力行业	4	3	—	1	1	1
建筑业	—	—	2	2	—	—
批发零售业	3	6	11	3	8	9
交通运输业	68	78	87	40	53	74

续表 1-11

项目＼年份	2016	2017	2018	2019	2020	2021
金融业	21090	26531	27388	28900	27414	31654
房地产业	—	—	1	—	—	—
商务服务业	—	—	2	—	—	—
其他服务业	—	—	1	6	—	—
教育	—	—	1	—	—	—
公共管理	2	32	228	268	116	169

第十一节　车辆购置税

自 2014 年 9 月 1 日至 2017 年年底，泰安市对获得许可在中国境内销售（包括进口）的纯电动以及符合条件的插电式（含增程式）混合动力、燃料电池三类新能源汽车，免征车辆购置税。财政部等 4 个部门于 2017 年 12 月 27 日宣布，自 2018 年 1 月 1 日至 2020 年 12 月 31 日，对购置的新能源汽车免征车辆购置税。泰安市认真落实上述规定。2016—2021 年，全市实现车辆购置税收入 50 亿元。

2016—2021 年泰安市车辆购置税分产业分行业税收收入统计表

表 1-12　　单位：万元

项目＼年份	2016	2017	2018	2019	2020	2021
第一产业	11	53	42	89	182	78
采矿业	4	38	84	75	24	54
制造业	7346	1201	2679	3234	3302	3840
电力行业	59	116	119	113	97	152
建筑业	105	426	920	1234	2117	1984
批发零售业	456	1747	3228	4283	4646	5009
交通运输业	2070	5444	8323	10651	13553	12008
住宿餐饮业	13	15	19	48	37	51
信息行业	13	62	48	128	124	124
金融业	39	70	98	233	344	198
房地产业	38	276	543	530	399	390
商务服务业	40	339	350	899	995	830
科研行业	60	105	474	419	354	483
其他服务业	81	350	346	430	279	282
教育	35	78	83	67	78	147
卫生社会	12	37	56	61	211	184
文娱业	26	40	49	48	36	17
公共管理	20087	2673	365	486	172	234
其他	27296	62909	67382	68647	66311	73350

第十二节　环境保护税

2018 年 1 月 1 日起，泰安市贯彻《中华人民共和国环境保护税法》。依照规定，直接向境内环境排放应税污染物的企业事业单位和其他生产经营者为环境保护税的纳税人，依照规定缴纳环境保护税。应税污染物含“环境保护税税目税额表”“应税污染物和当量值表”规定的大气污染物、水污染物、固体废物和噪声。环保税按季申报缴纳，2018 年 4 月 1—15 日是首个环保税征期。2018—2021 年，全市实现环境保护税收入 1.5 亿元。

2018—2021 年泰安市环境保护税分产业分行业税收收入统计表

表 1-13　单位：万元

项目 \ 年份	2018	2019	2020	2021
第一产业	4	3	5	3
采矿业	157	250	174	168
制造业	2352	2818	1610	1736
电力行业	1366	1792	1365	1267
建筑业	—	—	2	—
批发零售业	1	13	20	—
信息行业	—	—	—	3
金融业	—	—	3	—
房地产业	—	—	68	72
商务服务业	—	—	—	3
科研行业	1	2	—	—
卫生社会	8	14	12	8

第二章　非税收入

泰安市非税收入，主要是各级政府及其所属部门和单位依法利用行政权力、政府信誉、国家资源、国有资产或提供特定公共服务征收、收取、提取、募集的除税收和政府债务收入以外的财政收入。包括水资源费、教育费附加、行政事业性收费收入、国有资本经营收入等。

第一节　水资源费

2008 年，财政部、国家发展改革委、水利部三部门印发《水资源征收使用管理办法》，规定了水资源费的征收主体、征收标准等，对水资源费征收、使用和管理作了具体规定。2016—2017 年，泰安市执行水资源费征收使用管理办法。

2017 年，省政府印发《山东省水资源税改革试点实施办法的通知》规定，水资源税改革试点期间，水资源税收入按照 20:80 的比例在省与市、省财政直接管理县（市）之间分成。其中省级分成部分，预算执行中作为市县财政收入，属地征管、就地缴库，年终通过体制结算办理。2017 年 12 月 1 日起，水资源费征收标准降为零。2018 年，泰安市人民政府印发《关于环境保护税和水资源税收入划分有关问题的通知》，自 2018 年 1 月 1 日起，将所有企事业单位和其他生产经营者缴纳的水资源税收入，统一实行省、市、县（市、区）20%、20%、60% 的比例分成。

2016—2018 年泰安水资源费征收情况统计表

表 1-14　　　　单位：万元

年份＼项目	合计	泰山区	岱岳区	新泰市	肥城市	宁阳县	东平县	市本级
2016	6971	532	1535	664	1729	532	410	1569
2017	7800	109	556	803	2357	920	465	2590
2018	489	—	24	61	73	—	278	53

说明：本表中反映的 2018 年水资源费数据，为清缴以前年度欠费

第二节　教育费附加

泰安市自 1986 年开始征收教育费附加，教育费附加率为 1%，主要留归当地安排使用。1986—1989 年，教育费附加费未纳入预算管理。1990 年 8 月 1 日起，泰安市根据国务院规定将教育费附加率由 1% 提高为 2%，并纳入预算管理。1994 年 1 月 1 日起，教育费附加率调整为 3%，执行至今。

2016—2021 年，泰安市教育费附加收入分别完成 3.05 亿元、3.44 亿元、4.31 亿元、4.64 亿元、4.68 亿元、5.17 亿元，有力支持了泰安市教育事业健康发展。

第三节　探矿权采矿权使用费和价款

泰安市根据《国务院关于印发矿产资源权益金制度改革方案的通知》和有关矿业权出让收益的有关规定，制定有关收费标准。

一、矿业权使用费

矿业权占有。将探矿权、采矿权使用费整合为矿业权占用费。

采矿权。采矿权使用费按照登记面积和年度收费，收费标准为 1000 元 / 平方公里·年（矿区面积或尾数小于等于 0.5 平方公里的按 0.5 平方公里计，大于 0.5 平方公里、小于 1 平方公里按 1 平方公里计），由登记管理机关负责收取。

探矿权。探矿权使用费按照登记面积和年度收费，最高不超过每平方公里每年 500 元（其中，第一个勘查年度至第三个勘查年度，每平方公里每年缴纳 100 元，从第四个勘查年度起每平方公里每年增加 100 元），由登记管理机关负责收取。

2016—2021 年，全市采矿权、探矿权使用费共收取 24.58 万元。

二、矿业权出让收益（价款）

矿业权出让收益分为探矿权出让收益和采矿权出让收益，分别对应原探矿权价款、采矿权价款。2017 年《国务院关于印发矿产资源权益金制度改革方案的通知》印发后，根据通知精神，财政部和国土资源部印发《关于印发矿业权出让收益征收管理暂行办法的通知》，正式开始征收矿业权出让收益，较以往价款，出让收益在收取范围、收取内容和计费标准等方面，进行了一系列调整。之后，山东省矿业权出让收益分成是按照中央、省、市、县分别为 40%、20%、20% 和 20% 的比例，在征缴入库时直接分成。2017 年以来，泰安市认真执行中央、省有关规定。

探矿权出让收益。2017 年矿业权出让收益征收改革以来，泰安市无探矿权出让，无探矿权出让收益入库。

采矿权出让收益。除新出让探矿权之外，征收采矿权出让收益。2016—2021 年，全市共收取采矿权出让收益（价款）9.19 亿元。

第四节　行政事业性收费收入

2016 年后，全市各级财政部门紧紧围绕中心工作，及时了解影响收入增减的各种变化因素，找准收入组织的薄弱环节及增收的突破口，增强工作的预见性和针对性，推进各项非税收入进度。2017 年，贯彻国家、省先后下发的《关于清理规范一批行政事业性收费有关政策的通知》和取消或停征 41 项中央设立的行政事业性收费，将商标注册收费标准降低 50%；减半征收地方水利建设基金，停止征收省级批准的行政事业性收费道路清障费。泰安市多项行政事业性收费项目减税降费成效明显。

2016—2021 年泰安市行政事业性收费收入统计表

表 1-15　　单位：万元

项目＼年份	2016	2017	2018	2019	2020	2021
行政事业性收费收入合计	163907	136157	126930	154906	159651	105632
公安行政事业性收费收入	12306	11922	10579	8953	7679	9659
法院行政事业性收费收入	13651	13110	14581	14004	14652	12670
司法行政事业性收费收入	586	473	447	215	154	163
财政行政事业性收费收入	—	—	—	—	162	52
市场监管行政事业性收费收入	—	—	—	3081	3284	3500
人口和计划生育行政事业性收费收入	2293	1389	1321	—	—	—
质量监督检验检疫行政事业性收费收入	11845	5544	2800	—	—	—
人防办行政事业性收费收入	20915	18466	23278	30294	18110	9256
教育行政事业性收费收入	458	490	631	24	16	14011
自然资源行政事业性收费收入	—	—	—	91184	101746	45551
国土资源行政事业性收费收入	38308	32691	54231	—	—	—
建设行政事业性收费收入	34675	26128	12107	58	5469	146
环保行政事业性收费收入	97	5401	984	—	—	—
交通运输行政事业性收费收入	64	88	67	49	119	26
工业和信息产业行政事业性收费收入	11	6	—	—	—	—
农业行政事业性收费收入	342	335	680	135	15	—
水利行政事业性收费收入	11284	8582	1565	3227	3921	4756
卫生健康行政事业性收费收入	—	—	—	648	860	1965
卫生行政事业性收费收入	2909	1175	398	—	—	—
民政行政事业性收费收入	2366	2135	1470	1111	1095	1129
人力资源和社会保障行政事业性收费收入	1869	1655	1206	1297	1805	1586
仲裁委行政事业性收费收入	—	—	—	—	563	1077
其他各项行政事业性收费收入	9928	6567	585	626	—	85

第五节　国有资本经营收入

2010年12月10日，市政府印发《关于试行国有资本经营预算的意见》，开始试行国有资本经营预算。12月16日，市财政局印发《泰安市市级国有资本经营预算编报试行办法》。12月21日，市财政局联合市国资委印发《泰安市市属企业国有资本收益收缴管理试行办法》，进一步规范国有资本经营预算编报工作和国有资本收益收缴管理有关要求。2020年12月29日，市政府办公室印发《泰安市市级国有资本经营预算管理办法》，从管理职责、收支范围、预算编制等方面对市级国有资本经营预算工作进行规范，明确国有资本经营预算管理由市财政局、市级国资预算单位和市级国资预算企业各司其职，共同履责。

全市国有资本经营收入由2016年的1.92亿元增长至2021年的5.22亿元，年均增长22.14%。

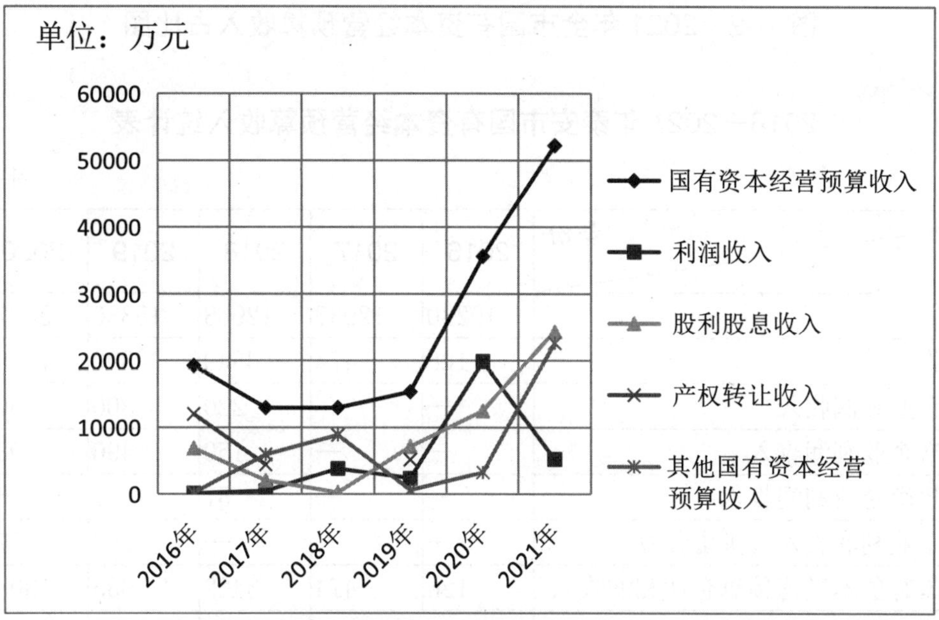

图1-1　2016—2021年国有资本经营预算收入情况图

国有资本经营预算收入，主要包括国有全资企业、企业化管理事业单位按规定应当上交的利润；国有控股、参股企业中国有股权（股份）获得的股利、股息收入；国有全资企业产权转让收入和国有控股、参股企业国有股权（股份）转让收入；国有全资企业清算净收入以及国有控股、参股企业国有股权（股份）分享的清算净收入；其他国有资本经营预算收入。

2021年，全市国有资本经营预算总收入6.39亿元。其中，利润收入0.53亿元，股利股息收入2.43亿元，其他国有资本经营预算收入2.26亿元，上年结余收入0.6亿元，上级补助收入0.57亿元。

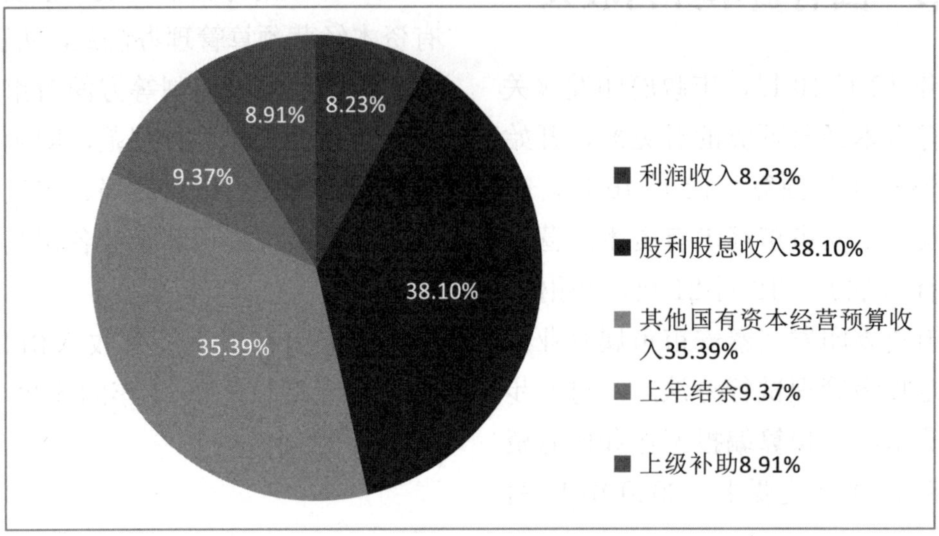

图 1-2　2021 年全市国有资本经营预算收入占比图

2016—2021 年泰安市国有资本经营预算收入统计表

表 1-16　　　　　　　　　　　　　　　　　　　　单位：万元

项目＼年份	2016	2017	2018	2019	2020	2021
本年收入	19230	12937	12968	15330	35615	52216
一、利润收入	126	474	3849	2390	19864	5260
煤炭企业利润收入	—	—	220	800	500	500
房地产企业利润收入	—	—	150	496	989	1853
农林牧渔企业利润收入	—	—	57	1	51	140
金融企业利润收入（国资预算）	—	—	—	158	270	701
其他国有资本经营预算企业利润收入	126	474	3422	935	18054	2066
二、股利、股息收入	6904	2044	237	7142	12501	24342
国有控股公司股利、股息收入	2512	1944	—	—	—	—
国有参股公司股利、股息收入	4392	100	180	7142	12501	22894
其他国有资本经营预算企业股利、股息收入	—	—	57	—	—	1448
三、产权转让收入	12000	4466	—	5198	—	—
四、清算收入	—	—	—	—	—	—
五、其他国有资本经营预算收入	200	5953	8882	600	3250	22614
上年结余收入	60	4655	5131	3506	7075	5983
上级补助收入	15	7056	17	17	2277	5695
收入总计	19305	24648	18116	18853	44967	63894

第六节　政府住房基金收入

2016 年，泰安市住房公积金中心实缴单位 3480 家，新开户单位 350 家，净增单位 329 家；实缴职工 34.64 万人，新开户职工 0.83 万人，净减少职工 4 万人；当年缴存额 29.5 亿元，同比降低 2.93%。至 2016 年年底，缴存总额 198.8 亿元，缴存余额 85.94 亿元，同比分别增长 17.42%、-23.46%。

2017 年，新开户单位 456 家，实缴单位 3896 家，净增单位 416 家；新开户职工 4 万人，实缴职工 42.2 万人，净增职工 7.56 万人；缴存额 33.57 亿元，同比增长 13.8%。2017 年年底，缴存总额 232.38 亿元，同比增长 16.89%；缴存余额 95.1 亿元，同比增长 10.66%。

2018 年，新开户单位 495 家，实缴单位 4946 家，净增单位 1050 家；新开户职工 4.45 万人，实缴职工 44.76 万人，净增职工 2.56 万人；缴存额 48.6 亿元，同比增长 44.77%。2018 年年底，缴存总额 280.98 亿元，同比增长 20.91%；缴存余额 117.86 亿元，同比增长 23.93%。

2019 年，新开户单位 854 家，实缴单位 5756 家，净增单位 810 家；新开户职工 5.41 万人，实缴职工 47.91 万人，净增职工 3.15 万人；缴存额 43.33 亿元，同比下降 10.84%。2019 年年底，缴存总额 324.31 亿元，比上年年底增加 15.42%；缴存余额 130.04 亿元，比上年年末增加 10.33%。

2020 年，新开户单位 1121 家，净增单位 1103 家；新开户职工 5.08 万人，净增职工 2.06 万人；实缴单位 6859 家，实缴职工 49.97 万人，缴存额 52.46 亿元，分别同比增长 19.16%、4.30%、21.07%。2020 年年底，缴存总额 376.76 亿元，比上年年底增加 16.17%；缴存余额 146.57 亿元，同比增长 12.71%。

2021 年，新开户单位 1249 家，净增单位 1114 家；新开户职工 5.27 万人，净增职工 0.19 万人；实缴单位 7973 家，实缴职工 50.79 万人，缴存额 58.86 亿元，分别同比增长 16.24%、1.64%、12.2%。2021 年年底，缴存总额 435.62 亿元，比上年年底增加 15.62%；缴存余额 169.28 亿元，同比增长 15.49%。

第三章 转移性收入

泰安市转移性收入，主要包括返还性收入、一般性转移支付收入、专项转移支付收入、上解收入、上年结余收入、调入资金、债务转贷收入、动用预算稳定调节基金等。

第一节 返还性收入

返还性收入，主要包括所得税基数返还收入、成品油税费改革税收返还收入、增值税税收返还收入、其他返还性收入等。2016 年，泰安市返还性收入 15.2 亿元；2017 年，返还性收入 17 亿元；2018 年，返还性收入 17 亿元；2019 年，返还性收入 17 亿元；2020 年，返还性收入 17 亿元；2021 年，返还性收入 17 亿元。2016—2021 年，泰安市返还性收入共计 100.2 亿元。

2016—2021 年泰安市返还性收入统计表

表 1-17 单位：万元

项目 \ 年份	2016	2017	2018	2019	2020	2021
消费税和增值税税收返还	74920	74920	74920	74920	74920	74920
所得税基数返还	21069	21069	21069	21069	21069	21069
成品油价格和税费改革税收返还	8989	8989	8989	8989	8989	8989
增值税五五分享税收返还	45409	64508	64508	64508	64508	64508
其他税收返还收入	1256	1256	1256	1256	1256	1256

第二节 一般性转移支付收入

2016 年，泰安市一般性转移支付收入 70.3 亿元；2017 年，一般性转移支付收入 71.9 亿元；2018 年，一般性转移支付收入 75.8 亿元；2019 年，一般性转移支付收入 108.9 亿元；2020 年，一般性转移支付收入 123.2 亿元；2021 年，一般性转移支付收入 114.3 亿元。2016—2021 年，泰安市一般性转移支付收入 564.4 亿元。

2016—2021 年泰安市一般性转移支付收入统计表

表 1-18　单位：万元

项目＼年份	2016	2017	2018	2019	2020	2021
均衡性转移支付	25529	25462	36426	47054	47054	73888
县级基本财力保障机制奖补资金	94977	112956	114306	128183	275524	153852
结算补助	—	10469	9929	10906	28305	12540
资源枯竭型城市转移支付补助	—	26734	26434	26434	26308	23841
企业事业单位划分划转补助	—	20848	20848	20848	20848	20848
基层公检法司转移支付	17688	17690	19391	—	—	—
城乡义务教育转移支付	64138	50567	51606	2880	—	—
基本养老金转移支付	126096	64711	76221	—	—	—
城乡居民医疗保险转移支付	114302	87966	93943	—	—	—
农村综合改革转移支付	—	20369	25793	—	—	—
产粮（油）大县奖励资金	—	9128	8889	8297	10558	11491
重点生态功能区转移支付	2563	3563	3563	3563	3563	4892
固定数额补助	72444	72444	72497	72497	72497	72497
革命老区转移支付	—	1600	1800	2200	2700	3256
贫困地区转移支付	—	16292	12200	16511	14655	17326
相关领域共同财政事权转移支付	—	—	—	613758	637877	680462
其他一般性转移支付	—	178460	184501	136089	92069	68420

说明：2016 年部分项目数据为多个项目合并数据，数据为其中数

第三节　专项转移支付收入

2016 年，泰安市专项转移支付收入 35.4 亿元；2017 年，专项转移支付收入 51.3 亿元；2018 年，专项转移支付收入 58.6 亿元；2019 年，专项转移支付收入 36.2 亿元；2020 年，专项转移支付收入 14.6 亿元；2021 年，专项转移支付收入 22.6 亿元。2016—2021 年，泰安市专项转移支付收入共计 218.7 亿元。

2016—2021 年泰安市专项转移支付收入统计表

表 1-19　单位：万元

项目＼年份	2016	2017	2018	2019	2020	2021
合计	353916	512951	586074	361661	145670	225550
一般公共服务	2256	1208	1290	2966	4752	1778
国防	5044	2857	757	1057	722	55
公共安全	—	3376	4879	4593	3874	883
教育	8373	12036	13527	4971	1768	431

续表 1-19

年份 项目	2016	2017	2018	2019	2020	2021
科学技术	6573	5810	4549	16200	2556	60
文化旅游体育与传媒	7126	7315	8847	2268	937	2343
社会保障和就业	12221	9696	13132	3641	3939	3565
卫生健康	7201	10627	10878	8381	7047	5481
节能环保	53767	27702	44480	55757	38382	75841
城乡社区	5481	15577	2369	4575	4354	7052
农林水	138260	146151	191064	30967	25656	21766
交通运输	45966	64211	52112	18785	7976	11123
资源勘探信息等	14625	16941	13848	12308	11236	47532
商业服务业等	14518	7132	9911	7468	6529	6209
金融	255	227	363	327	762	390
自然资源（国土）海洋气象等	3900	116266	20321	79395	3341	5252
住房保障	24733	63069	180609	90075	1660	23195
粮油物资储备	2221	2150	1988	7639	861	—
灾害防治及应急管理	—	—	—	3249	6520	3895
其他	1396	600	11150	7039	12798	8699

第四节　上解收入

泰安市上解收入，包括体制上解收入和专项上解收入。2016年，各县（市、区）、功能区上解市直42.2亿元；2017年，各县（市、区）、功能区上解市直47.5亿元；2018年，各县（市、区）、功能区上解市直59亿元；2019年，各县（市、区）、功能区上解市直71.8亿元；2020年，各县（市、区）、功能区上解市直75.9亿元；2021年，各县（市、区）、功能区上解市直79.4亿元。2016—2021年，泰安市上解收入共计375.8亿元。

2017—2021年泰安市上解收入统计表

表 1-20　　单位：万元

年份 项目	2017	2018	2019	2020	2021
体制上解收入	430130	485767	597426	628436	695701
专项上解收入	44488	103770	120246	126409	97946

第二编　财政支出

2016年后，财政减收与上级收紧资金调度相互叠加，面对日益突出的财政收支矛盾，各级坚持保重点、压一般，不断调整优化支出结构，科学合理调度库款，规范有序安排支出，集中财力和资金保重点、保民生、保运转。在全市上下的共同努力下，坚持开源与节流并重，不断提高库款统筹调控能力，全力保障各项重点事业加快发展。在兜牢“三保”底线、办好民生实事的基础上，重点围绕省对市高质量发展综合绩效考核指标任务，调整优化年度预算，尤其是指导、协调、帮助各个承担考核指标任务的部门，科学精准编制年度预算，确保财政资金向考核“指挥棒”靠拢，向助力全市取得好成绩、好位次使劲。2016—2021年，全市一般公共预算支出累计完成2345.11亿元，年均增长5.3%。其中，民生支出累计完成1849.7亿元，占一般公共预算支出的78.9%。

2016—2021年泰安市财政支出统计表

表2-1　　单位：万元

项目＼年份	2016	2017	2018	2019	2020	2021
一般公共预算支出合计	3305875	3559560	3810385	4145498	4347911	4281902
一、一般公共服务支出	272940	289472	299305	363152	392756	375300
二、国防支出	9393	9742	10348	13706	12968	6537
三、公共安全支出	163434	174259	192999	208036	210797	182454
四、教育支出	663763	690065	748893	819343	870469	918945
五、科学技术支出	34546	39567	32047	42941	35185	37279
六、文化体育与传媒支出	46366	48482	50781	—	—	—
七、文化旅游体育与传媒支出	—	—	—	60679	57747	53479
八、社会保障和就业支出	502870	507146	568074	641077	853583	812840
九、医疗卫生与计划生育支出	381203	408930	427443	—	—	—
十、卫生健康支出	—	—	—	457485	500675	484368
十一、节能环保支出	75302	59465	67725	89444	85309	72491
十二、城乡社区支出	296823	332146	227120	253570	272043	371920
十三、农林水支出	442486	431729	478901	489557	458915	461441
十四、交通运输支出	95660	112003	104614	107059	119816	75856
十五、资源勘探信息等支出	96515	108241	36338	77195	66128	94714
十六、商业服务业等支出	40652	39928	95309	50574	49016	24719
十七、金融支出	958	863	728	1885	2161	963
十八、援助其他地区支出	1472	3520	3798	4193	5697	6376
十九、国土海洋气象等支出	34331	88194	108241	—	—	—
二十、自然资源海洋气象等支出	—	—	—	106060	67567	39585
二十一、住房保障支出	70820	101386	205480	157655	73559	76159
二十二、粮油物资储备支出	5827	5407	7669	13198	14192	3604
二十三、灾害防治及应急管理支出	—	—	—	29803	33773	29614
二十四、国债付息支出	36702	85901	119498	—	—	—
二十五、债务付息支出	—	—	—	126525	128023	130223
二十六、其他支出	33812	23114	25074	32361	37532	23035

第一章　经济建设费支出

泰安市经济建设费支出，主要包括资源勘探开发支出、粮油物资储备支出、灾害防治及应急管理支出、节能环保支出、交通运输支出等。

第一节　资源勘探开发支出

2016年起，国家、省、市印发一系列加强矿政管理、推进地质找矿的政策文件，为泰安市地质找矿工作提供了根本遵循。泰安市共实施市级财政地质勘查项目9个，总投资3943.99万元。其中，2017年实施的山东省泰安市旅游地质资源调查项目，查明了泰安市地质遗迹家底，将泰安市地质遗迹划分为3大类、10类、23亚类，154处地质遗迹，规划建立地质遗迹保护区15处，规划建立地质遗迹保护点24个。整合规划了泰山—徂徕山温泉滑雪场—地下大裂谷—新泰莲花山、泰山—肥城牛山—东平湖等4条旅游地质路线。

2019年实施的山东省泰安市房村地区自然硫矿普查，查明了普查区地层、构造、岩浆岩地质特征，以及矿床开采的水文地质、工程地质、环境地质条件，求得自然硫资源总量5.2亿吨，新增自然硫资源量为2.4亿吨，探求石膏矿资源总量约31亿吨。

2020年实施的山东省泰安市城区城市地质调查（基础性综合地质调查部分），围绕泰安市城区经济社会可持续发展和亟待解决的城市地质问题，在充分收集区内区域地质、水文地质、工程地质、环境地质、矿产资源等资料的基础上，开展以城市地质环境为主的1:25000比例尺基础性综合地质调查，提升城市基础性地质工作程度，系统掌握泰安市城区的地质资源分布和地质环境状况，为地质环境保护与治理、城市建设规划提供科学依据。

2021年实施的山东省泰安市城区城市地质调查（城市地下空间地质调查评价部分），开展城市地下空间开发利用现状调查和地质结构调查，在重点区域开展物探、钻探等地质勘查，查明城市100米以浅三维地质结构。评价城市地下空间开发适宜性，为城市地下空间开发利用提供地质支撑。

2016—2021年泰安市
支持资源勘探开发工作资金统计表

表2-2　　单位：万元

年份	金额
2016	20697
2017	16783
2018	2580
2019	5217
2020	6327
2021	2344
合计	53948

第二节　粮油物资储备支出

粮油物资储备支出反映政府用于粮油物资储备方面的支出，主要包括粮油物资事务、天然气储备、粮油储备等。

一、粮油物资事务

2006年11月16日，泰安市人民政府印发《泰安市地方储备粮管理办法》发布实施。2017年12月27日第一次修订。其中，第16条第二款中的“目前执行每吨每年80元”修改为“目前执行每吨每年100元”；第23条第一款中的“空库时间不得超过3个月”修改为“空库时间不得超过4个月”。2008年12月11日，泰安市人民政府印发《泰安市地方储备油管理办法》。2020年1月17日第二次修订《泰安市地方储备粮管理办法》（以下简称《办法》），其中增加一款，作为第36条第二款：“承储企业违反有关粮食法律、法规、规章规定的，由相关部门依法予以处罚。”

《办法》对收购、储存、轮换、动用、监督管理等内容作了明确规定。在储存环节：地方储备粮的储存费用和贷款利息补贴，由财政部门按季预拨，年度结束后，据实结算。地方储备粮的储存费用补贴标准，目前执行每吨每年100元。补贴标准的调整，按照省有关部门的政策执行。贷款利息补贴，根据财政部门审核确认的地方储备粮实际贷款额和当期农业发展银行贷款利率据实结算。在轮换环节：地方储备粮的轮换费用及价差补贴，目前执行每吨80元标准。补贴标准的调整，按照省有关部门的政策执行。财政部门按轮换计划，对承储企业轮换费用和价差实行包干，超支不补，结余留用。

2016—2021年泰安市
支持粮油物资事务资金统计表

表2-3　单位：万元

年份	金额
2016	5656
2017	4707
2018	6202
2019	10575
2020	4185
2021	1577
合计	32902

二、天然气储备

2019年12月5日，省财政厅印发《关于支持全省天然气应急储气能力建设的函》，明确了省级财政对租赁政府应急储气设施费用进行30%的补助。2020年3月27日，省清洁取暖和天然气产供储销体系建设工作领导小组清洁取暖供应保障办公室印发《关于做好储气设施租赁服务协议签署工作的通知》，明确了泰安市定向租赁山东东明石化集团有限公司LNG调峰站储气能力。按照省财政支持方案要求，泰安市租赁应急储气能力费用为477.75万元（650万立方米×0.735元/立方米＝477.75万元）。其中，省财政资金143.33万元，市级财政资金67万元，其余由县（市、区）承担。

三、粮油储备

2021年，市级地方储备小麦0.8亿公斤，总成本1.41亿元，均价每公斤1.78元。按照《泰安市地方储备粮管理办法》等相关规定的补贴办法和标准，2016—2021年，共拨付储备小麦补贴9079.04万元，其中利息4279.04万元、储存费用4800万元。

同年，市级地方储备豆油 1900 吨，库存总成本 1671.52 万元，均价每吨 8797.48 元。小包装成品粮应急储备 2900 吨。按照《泰安市市级粮油和小包装成品粮储备财政补贴资金管理暂行办法》规定的补贴办法和标准，2016—2021 年，共拨付补贴 1318.65 万元。其中，食用油储备利息 515.65 万元，储存费用 455 万元，小包装成品粮应急储备储存费用 348 万元。

第三节 灾害防治及应急管理支出

泰安市灾害防治及应急管理支出，主要包括：应急管理事务支出、消防事务支出、森林消防事务支出、煤矿安全管理支出、地震事务经费支出、自然灾害救灾及恢复重建支出等。

一、应急管理事务支出

2018 年年底，根据《中共泰安市委 泰安市人民政府关于泰安市市级机构改革的实施意见》，泰安市组建市应急管理局，整合市安全生产监督管理局的职责，原市安全生产监督管理局不再保留。人力资源社会保障部、财政部于 2021 年印发《关于实行安全生产监管监察岗位津贴的通知》，原安监局执法人员享受每月 220 元岗位津贴（煤矿、非煤矿山井下执法人员每月 320 元），机构改革后，应急局执法人员按照该政策执行。至 2020 年，财政统发机关运行费由原每人 6000 元 / 年提升至每人 9200 元 / 年。

为加强森林消防专业队伍建设，全面提高森林火灾防控能力，根据应急管理部《关于山东省泰安航空护林站建设项目可行性研究报告的批复》《关于山东省泰安市泰山区域森林火灾应急能力建设项目可行性研究报告的批复》，自 2020 年，建设泰安航空护林站和泰山区域森林火灾应急能力中心。

为了加强安全生产领域的社会监督，鼓励举报安全生产事故隐患和非法违法行为，及时发现并排除事故隐患，制止和惩处非法违法行为，依据《中华人民共和国安全生产法》和原国家安全生产监管总局、财政部《关于印发〈安全生产领域举报奖励办法〉的通知》等规定，2019 年 5 月 28 日，山东省应急厅、财政厅印发《山东省安全生产举报奖励办法》，泰安市结合实际，参照省级文件要求，市应急局、财政局于 2019 年 8 月 1 日联合印发《泰安市安全生产举报奖励办法》。办法自印发之日起施行，有效期至 2024 年 5 月 27 日。原泰安市安全生产监督管理局、市财政局《关于印发〈泰安市安全生产举报奖励办法〉的通知》同时废止。

2019—2021 年泰安市支持应急管理资金统计表

表 2-4 单位：万元

年份	金额
2019	10843
2020	11712
2021	6850
合计	29405

二、消防事务支出

2016 年 11 月，泰安市贯彻财政部《地方消防经费管理办法》，进一步规范和健全地方消防经费的管理、保障机制。2019

年12月，市政府办公室印发《关于加强政府专职消防队伍经费保障工作的答复意见》，明确自2020年起，政府专职消防员人员经费保障标准提高至7万元/人·年。

2021年2月，根据《国家综合性消防救援队伍工资政策方案》《消防救援干部执行国家综合性消防救援队伍工资政策方案有关问题的答复》《消防员执行国家综合性消防救援队伍工资政策方案有关问题的答复》《国家综合性消防救援队伍经费管理暂行规定》《山东省国家综合性消防救援队伍地方经费管理实施细则》等文件要求，市财政局与市消防救援支队联合印发《做好我市国家综合性消防救援队伍人员经费保障工作的通知》，进一步明确了改革性补贴和奖励性补贴经费的保障方式。

2016—2021年泰安市支持消防事务资金统计表

表2-5　　单位：万元

年份	金额
2016	9060
2017	10276
2018	7237
2019	12000
2020	13641
2021	15675
合计	67889

三、森林消防事务支出

2020年3月，市委编办《关于设立泰安市森林消防大队的批复》，设立泰安市森林消防大队，大队为具有独立法人资格的事业单位，核定员额130名。2020年6月，市财政局下达市森林消防大队经费预算指标的通知，明确市森林消防大队作为独立的一级预算单位。

2020—2021年泰安市支持森林消防事务资金统计表

表2-6　　单位：万元

年份	金额
2020	1405
2021	3568
合计	4973

四、煤矿安全管理支出

“十三五”期间，市级财政不断加大对煤矿安全监管工作的支持力度，每年投入近60万元用于安全监管工作经费。其中，2018年投入冲击地压专项检查资金18万元。

2021年4月12日，市委编办、市安委会联合印发《关于进一步明确部门安全生产职责加强安全生产工作的通知》，将电力行业的安全生产监督管理职责明确由市能源局承担（按照国家相关法律法规规定，国家能源局山东监管办负责山东省范围内的电力安全生产监管工作）。由于能源局电力安全行业管理专业技术力量不足，经申请，通过政府采购方式，聘请第三方安全生产技术服务机构对泰安市安全隐患较大的22台燃煤机组进行了排查及评估，总计费用58万元。

2021年，通过政府采购形式，聘请第三方机构对泰安市18处煤炭安全隐患进行了排查和评估，支出财政资金76万元。

2016—2021 年泰安市支持煤矿安全资金统计表

表 2-7 单位：万元

年份	金额
2016	2849
2017	1800
2018	801
2019	1824
2020	1113
2021	822
合计	9209

五、地震事务经费支出

根据 2005 年 5 月 7 日泰安市人民政府常务会议纪要，市级财政每年列支地震台网运行经费 5 万元。2009 年 9 月，泰安市地震局、泰安市财政局印发关于《转发山东省地震局、山东省财政厅〈关于明确社会地震观测员补助标准的通知〉的通知》。根据文件要求，每年列支地震动物宏观信息观测费为 5 万元。

根据《山东省防震减灾知识普及办法》，市财政每年列支防震减灾宣传教育经费 2 万元。2016 年，根据《中华人民共和国防震减灾法》《中华人民共和国突发事件应对法》《山东省地震应急与救援办法》相关要求，市财政每年列支地震应急救援工作经费 5 万元。2019—2020 年，地震应急避难场所标志牌制作支出共 3 万元。

根据《关于下达泰安市地震局防震减灾市县专项经费的通知》安排，市财政局于 2016 年 12 月收到省财政厅拨付的防震减灾市县专项经费 20 万元，并在 2017 年 12 月将其中的 10 万元拨付至泰山区科技局，用于防震减灾宣教基地建设补助资金。同年 12 月，根据《关于下达泰安市地震局防震减灾市县专项经费的通知》安排，将防震减灾市县专项经费 13.5 万元拨付至泰安市科技馆，用于防震减灾宣教基地建设补助资金。

2016—2021 年泰安市支持地震事务资金统计表

表 2-8 单位：万元

年份	金额
2016	227
2017	315
2018	274
2019	252
2020	191
2021	185
合计	1444

第四节　节能环保支出

一、环境保护管理事务支出

泰安市委、市政府高度重视生态环境保护工作，成立由市委、市政府主要领导任主任的市生态环境保护委员会，下设 12 个专业委员会，各县（市、区）、功能区也成立了生态环境保护委员会，搭建起作战总指挥部，层层压实生态环境保护“一岗双责、党政同责”属地管理责任，全面加强生态环境保护工作组织领导和统筹协调，全市上下形成了重视环保、齐抓共管、推动绿色发展的大格局。推进生态环境系统垂直管理制度改革，制定《泰安市生态环境机构监测监察执法垂直管理制度改革工作方案》，召开全市生态环境系统垂改推进会议，垂直管理改革顺利推进，原泰安市环境监测站上划省生态环境厅，各县级、功能区分局及所属事业单位上划移交市一级，8个县级、功能区分局均如期挂牌运行。统筹考虑全市生态环境系统人员配备和管辖区域，综合运用职务职级并行、分局领导班子调整等措施，有针对性地配齐配强人员力量，为打好打赢污染防治攻坚战提供坚强组织保证和人员保证。

2016年，工业烟气治理、城区小型燃煤炉灶淘汰、机动车污染防治、城市扬尘控制、流域综合治理等工作完成，并印发《泰安市环境空气质量生态补偿暂行办法》，实行生态补偿机制，强化激励和约束作用。

2016年，泰安市人民政府关于印发泰安市落实《水污染防治行动计划》工作方案的通知，加快“水十条”落地。2017年，泰安市生态环境局编制《泰安市落实“水污染防治行动计划”工作方案》和《水体达标方案》，明确全市消除劣Ⅴ类水体的路线图和时间表。市生态环境局制定实施《泰安市企业环境信用评价办法》和《泰安市环境信用红黑榜制度》，引导企业自觉诚信守法。市生态环境局修订完善《泰安市环保局辐射事故应急预案》。

2018年，根据第十三届全国人民代表大会常务委员会文件和山东省人民代表大会常务委员会文件，市生态环境局修订《泰安市空气质量生态补偿办法》《泰安市重污染天气应急预案》，调整扩大泰城高污染燃料禁燃区。市生态环境局编制《泰安市落实水污染防治行动计划工作方案》《泰安市水环境功能区划定方案》，严密监测河湖水质，以“断面优先达标”倒逼控制单元治污进展，督促抓好水污染防治项目实施和工业集聚区污水集中处理。

2019年，市生态环境局编制《泰安市加强污染源头防治推进“四减四增”三年行动方案》《泰安市打赢蓝天保卫战作战方案暨2013—2020年大气污染防治规划三期行动计划（2018—2020年）》《城区环境空气质量改善专项工作方案》等方案。市生态环境局修订《泰安市水污染防治综合督导方案》，及时分析水环境形势，通报水环境质量状况。市发展改革委联合市生态环境局印发《泰安市生态保护优化及勘界定标工作方案》，完成全市生态保护红线优化工作。市政府印发《泰安市打好自然保护区等突出生态问题整治攻坚战作战方案（2018—2020年）》，推进自然保护区攻坚战。

同年，争取中央和省级农村环境综合整治专项资金2236万元，对162个农村开展综合整治，主要实施农村集中式饮用水水源地保护、农村生活污水治理、非规模化畜禽养殖污染防治、农村生活垃圾处置四类项目，受益人口达23万人。

2020年，空气质量综合指数为5.60，位居全省第7；细颗粒物（$PM_{2.5}$）年均浓度53微克/立方米，排名全省第6位；重污染天数同比减少6天，减少幅度位居全省第1。全市地表水国控、省控考核断面均达到考核要求，优良水体占比为83.3%，超额完成目标任务16.6个百分点，水环境质量指数居全省第5位。危废年产生量21.1万吨，实际处置20.7万吨，处置率98.1%，全部以无害化方式处理。其中，医废年产生量0.38万吨，处置率为100%。年内未发生重大以上环境污染事件。主要污染物减排完成了省下达的目标，COD、氨氮、二氧化硫和氮氧化物累计削减9.42%、10.16%、22.3%和21.06%，获得省政府奖励资金300万元。

2021年，国民经济和社会发展计划中生态环境领域8项约束性指标顺利完成，污染物排放持续下降，生态环境质量明显改善。高标准编制完成《泰安市“十四五”生态环境保护规划》及《泰安市“三线一单”生态环境分区管控方案》，科学划定了生态保护红线、环境质量底线、资源利用上线和环境准入清单，提出了“十四五”时期推进泰安生态环境保护一系列重大举措，谋划了一批重大工程、重大项目，对指导泰安未来五年生态环境保护具有纲领性作用。制定打好蓝天、碧水、净土保卫战五年行动方案及新一轮“四减四增”三年行动方案，初步搭建了“十四五”时期生态环境保护工作的“四梁八柱”，明确了生态保护和高质量发展任务目标和实现路径。

坚持把新一轮“四减四增”三年行动作为继续推动新旧动能转化，实现经济社会高质量发展的重要手段，加快调整产业、能源、运输、农业投入与用地结构，清查处置“两高”项目97个，坚决遏制高耗能、高排放项目盲目发展。2021年，全市共立案查处环境违法案件309起，处罚金额1.3亿余元，较上年增长16.4倍，位居全省前列。

泰安市始终把黄河流域生态保护和高质量发展作为加强生态文明建设的重大机遇，系统谋划、整体推进黄河战略落实，成功争取“大汶河、东平湖生态保护修复”等6个重要事项纳入国家规划纲要、50余处泰安元素在省规划中体现。研究编制《泰安市黄河流域生态保护和高质量发展实施规划》，建立黄河战略重点项目库，储备9大类、286个项目，总投资2362亿元。开展东平湖环境治理与生态修复、环湖农村生活污水治理，完善湖区村镇生活污水处理设施及配套管网建设，逐步建立水环境、水生态、水资源“三水统筹”的水生态环境治理体系，不断推动东平湖生态保护和高质量发展取得新突破。2021年，东平湖水质稳定达到地表水三类标准。探索“绿水青山就是金山银山”转化途径，肥城市孙伯镇成功申报命名为第二批省级“绿水青山就是金山银山”实践创新基地。

2016—2021年泰安市支持环境保护事务资金统计表

表2-9 单位：万元

年份	金额
2016	4197
2017	5565
2018	5934
2019	32688
2020	7852
2021	7713
合计	63949

二、污染防治支出

为加快推进全市煤炭清洁高效利用，防控大气污染，保护和改善生态环境，根据《山东省人民政府办公厅关于加快推进全省煤炭清洁高效利用工作的意见》文件精神，《泰安市散煤清洁化治理工作实施方案》工作安排，《泰安市加强污染源头防治推进“四减四增”三年期行动方案（2018—2020）》《泰安市打赢蓝天保卫战作战方案暨2013—2020年大气污染防治规划三期行动计划（2018—2020）》的决策部署，散煤清洁化治理被纳入大气污染防治重要内容。为支持散煤治理工作，根据市煤炭局2016年度散煤清洁化治理工作计划，追加预算资金 300 万元用于泰安市的散煤清洁化治理奖励。2017 年，设立散煤清洁化治理市级奖励资金，制定并印发《泰安市散煤清洁化治理市级奖励资金管理暂行办法》，纳入以后年度预算。

2016—2021 年泰安市支持污染防治资金统计表

表 2-10　　单位：万元

年份	金额
2016	21784
2017	19231
2018	22147
2019	20395
2020	19791
2021	27206
合计	130554

三、自然生态保护支出

2018 年 6 月，全市生态环境保护大会召开。同时成立市生态环境保护委员会，下设 12 个专业委员会。大力发扬担当实干、攻坚克难的作风，全力以赴打好环境污染防治攻坚战和生态文明建设持久战，全面提升生态文明建设水平，推动各项作战任务的落实落地。

2016—2021 年泰安市支持自然生态保护资金统计表

表 2-11　　单位：万元

年份	金额
2016	3215
2017	9202
2018	3197
2019	6096
2020	2773
2021	4540
合计	29023

四、能源节约利用支出

2016—2021 年，泰安市认真贯彻落实国家、省关于节能降耗工作的一系列决策部署，坚决把节能工作作为推进生态泰安建设和倒逼产业转型升级的关键环节来抓，坚持源头严控、过程严管、后果严惩，不断突出重点，强化措施，精准发力，不断强化节能基础管理，推进重点企业提升节能基础管理水平，提高能源利用效率，严格能耗强度和总量“双控”目标考核，压实重点用能单位节能责任。2017 年 3 月，为进一步加强市级节能专项资金的管理和使用，提高资金使用效益，依据《山东省节约能源条例》《关于印发泰安市节能目标责任考核体系实施方案的通知》，修订完善《泰安市市级节能专项资金使用管理办法》，将节能专项资金列入市级财政预算，发挥财政资金的引导和调控作用。“十三五”期间，市财政多方筹措资金 5800 余万元支持节能降耗，节能目标任务得以顺利完成。2016 年、2017 年、2018 年、2019 年，泰安市万元 GDP 能耗分别完成同比下降 6.91%、8.26%、2.28%、7.24%，累计下降 22%，提前一年超额完成省政府下达的目标任务。

2016—2021 年泰安市支持能源节约利用资金统计表

表 2-12　　单位：万元

年份	金额
2016	7663
2017	18754
2018	8718
2019	12432
2020	16750
2021	14283
合计	78600

五、动能转换支出

各级财政坚持“主动作为、精准施策”，坚决贯彻落实财政政策，不断创新工具运用、完善扶持方式，更好地助推新旧动能转换和产业转型升级。特别是强化政策支持，结合省里政策，研究制定了泰安市支持新旧动能转换重大工程财政政策46条，以及“双50强”（工业领军50强、科技创新50强）企业培植、民营经济发展“20条”、人才新政“金十条”和加快工业经济发展12条意见的财政配套措施。强化财政投入，充分发挥财政专项资金的引导作用。2021年，市级筹集5.8亿元，支持国家先进印染技术创新中心建设、骨干企业技改、企业创新能力建设和中小企业高质量发展等。强化基金撬动，在市县域产业直投基金完成6个项目、9.15亿元投资的基础上，2018年组建市重点企业财源建设基金，支持了40家企业的44个项目、协议支持企业发展资金74.6亿元，被投资企业2021年上缴税金同比增长20.2%。同时，组建总规模10亿元的清泰创新引领基金，并申请省新旧动能转换基金出资，组建两支项目基金，实行定向定点、精准扶持。强化平台支撑，2017年整合泰山投资、东岳金财两大平台公司资产，组建注册资本100亿元的市财金集团，为支持财源建设、实体经济发展和泰城功能品位提升搭建起市场化平台。集团自2018年成立以来，通过融资担保、融资租赁、过桥还贷、直接借款等方式，累计帮助企业融资573.2亿元，有力缓解了企业融资难题，助推了产业经济发展。此外，还推进财政金融联合，大力支持开展“财政惠农信贷通”试点，至2021年年底已累计发放贷款6亿元，财政资金平均放大10倍以上，为全市新型农业经营主体发展壮大、农业产业升级、农民增收致富增添了强劲动力；加快推进全市农业信贷担保体系建设，县（市、区）均已设立农担办事处并全部投入实质性运作，产业集群授信金额达到4.9亿元，支农惠农效果明显。

第五节　交通运输支出

一、公路水路运输支出

公路水路运输支出，主要为保障成品油税费改革以来交通人员工资及经费。全市公路总里程14328.9公里，公路密度每百平方公里184.6公里。全市现有旅游航道177.5公里，旅游码头17个。公共交通方面，自2010年公交管理职能归口交通运输部门以来，加快公共基础设施建设，更新运力，加密线网，全市公交步入了城乡统筹、公车公营、多元化发展的新阶段。2016—2021年，市公交公司累计新开通公交线路36条，延伸调整公交线路53条，营运公交车辆共2046辆，清洁能源与新能源公交车占车辆总数的100%。2016—2021年，市级资金安排公交政策性亏损补贴7200万元，老年免费乘车补助8206万元。

2016—2021年泰安市支持公路水路运输资金统计表

表2-13　　单位：万元

年份	金额
2016	77637
2017	74772
2018	83769
2019	83111
2020	98086
2021	66803
合计	484178

二、交通运输补贴支出

泰安市交通运输领域中城市公交、农村道路客运，城市出租车行业，以车辆拥有量并参照实际运营情况及用油量为补贴依据，市财政根据省财政确定的补贴资金发放。

交通运输行业每年享受成品油补贴的城乡道路客运经营者（包括城市公交企业、农村客运公司，出租车公司等），将上年度运营车辆信息、经营情况、用油量、行驶里程等数据报送同级交通部门，由交通部门逐级上报交通运输部。根据交通运输部提供的用油量数据，财政部确定各省补贴资金，切块下达各省（计划单列市）；省财政根据省级行业主管部门提供的统计数据（补贴依据），将资金切块下达至各市（省直管县），市财政根据省下达资金和同级交通部门提供的补贴依据，将资金拨付至交通部门和县（市、区）财政部门。

2016—2021 年泰安市支持成品油价格改革对交通运输补贴资金统计表

表 2-14　　单位：万元

年份	金额
2016	6691
2017	8876
2018	6654
2019	5812
2020	1964
2021	996
合计	30993

三、车辆购置税支出

泰安市车购税资金的支出范围包括：交通运输重点项目、一般公路建设项目、普通国省道灾毁恢复重建项目、公路灾损抢修保通项目、农村老旧渡船报废更新项目、交通运输节能减排项目、公路甩挂运输试点项目、内河航道应急抢通项目、老旧汽车报废更新项目、国务院批准用于交通运输的其他支出。自 2017 年起，车购税资金不再安排内河航道应急抢通项目、农村老旧渡船报废更新项目、交通运输节能减排项目。

2016—2021 年泰安市支持车辆购置税资金统计表

表 2-15　　单位：万元

年份	金额
2016	8804
2017	27149
2018	11606
2019	15988
2020	17691
2021	4886
合计	86124

第二章　农林水支出

泰安市农林水支出主要包括农业（农业农村）支出、林业（林业和草原）支出、水利支出、扶贫支出、农村综合改革支出、普惠金融发展支出等。2016—2021年，全市农林水支出共计2760106万元，为推动乡村振兴提供了有力的资金保障。

第一节　农业（农业农村）支出

泰安市农业（农业农村）支出主要包括财政用于种植业、畜牧业、渔业、种业、兽医、农机、农村产业、农村社会事业等方面的支出。2016—2021年，全市农业（农业农村）支出共计770805万元，支持粮食高产创建、高标准农田建设、优势产业振兴、农业可持续发展、生态文明乡村等农业农村重点任务建设。2021年，全市实现农林牧渔业总产值6360700万元，按可比价增长8.4%，农村人均可支配收入21769元，增长10.6%。农林牧渔增加值3572600万元，增长7.3%。

2016—2021年泰安市农业（农业农村）支出统计表

表2-16　　单位：万元

项目/年份	合计	泰山区	岱岳区	新泰市	肥城市	宁阳县	东平县	市本级
2016	128518	2584	19967	19617	52354	7674	19913	6409
2017	102848	3436	10493	16044	32903	14130	16734	9108
2018	116844	4696	15014	16505	33358	19008	18378	9885
2019	145997	13404	21878	24895	33371	11602	21102	19745
2020	140974	9846	16291	25030	35245	22836	20586	11140
2021	135624	9107	10475	23308	35927	24562	20977	11268

说明：本表中反映的2016—2019年数据为“农业”支出科目，2020—2021年数据为“农业农村”支出科目

第二节　林业（林业和草原）支出

泰安市林业（林业和草原）支出主要包括政府用于林业方面的支出。2016—2021年，全市林业支出共计222270万元，支持实施“绿满泰安”行动，加快推进造林绿化。支持建设“引水上山”“天眼护山”等重点森林防火工程建设。开展美国白蛾、日本松干蚧等重大林业病虫害飞机防控。发展绿色富民产业，提升“六大林业生态工程”，搞好“三级联创”。截至2021年年底，发展特色经济林面积达到173万亩；高档苗木花卉面积达到44.1万亩，面积规模继续保持全省领先。

2016—2021年泰安市林业（林业和草原）支出统计表

表2-17　　单位：万元

项目 年份	合计	泰山区	岱岳区	新泰市	肥城市	宁阳县	东平县	市本级
2016	37178	876	3670	8839	7050	1366	2951	12426
2017	32260	720	1914	8865	7677	1638	2530	8916
2018	37882	799	894	8755	7882	2798	2958	13796
2019	33899	702	1571	7400	7943	2074	2085	12124
2020	40461	560	1075	8142	8616	2858	2042	17168
2021	40590	971	583	6578	8486	4210	1259	18503

说明：本表中反映的2016—2018年数据为“林业”支出科目，2019—2021年数据为“林业和草原”支出科目

第三节　水利支出

泰安市水利支出主要包括政府用于水利方面的支出。2016—2021年，全市水利支出共计672596万元，支持重点水利工程建设，实施5大类、31小类、353个项目。治理水土流失81.68平方公里，省政府“十三五”时期水土保持考核评估泰安市取得“优秀”第一名。完成513段河湖矢量化数据校核、43条河道绿化，创建10条省级美丽幸福示范河湖，127条河湖达到省级美丽幸福河湖标准，完成138座中小型水库、5座水闸的安全鉴定工作及147座小水库管理房建设，绿水青山生态画卷日趋显现。2019—2021年，市财政安排资金12800万元，对全市农村饮水安全提升工程进行奖补，建成宁阳县华龙水业第一水厂等重点工程，改造提升531个村内管网。支持开展市级水质检测，加快补齐农村饮水安全短板，群众饮水安全感、满意度持续提升。

2016—2021 年泰安市水利支出统计表

表 2-18 单位：万元

项目 年份	合计	泰山区	岱岳区	新泰市	肥城市	宁阳县	东平县	市本级
2016	115940	3262	11344	12619	37011	9612	25590	16502
2017	107836	2976	11647	11573	34649	9215	14296	23480
2018	101091	1662	10704	16946	35286	9157	16718	10618
2019	131122	2153	13737	16454	35492	11563	16233	35490
2020	117908	2043	10591	18860	34909	11719	23241	16545
2021	98699	773	3782	28796	27719	7053	19128	11448

第四节 扶贫支出

泰安市扶贫支出主要包括用于农村（包括国有农场、国有林场）扶贫开发方面的支出，2016—2021 年，全市扶贫支出共计 367977 万元，聚焦“两不愁三保障”，持续加大资金投入，坚持把扶贫开发作为优先保障重点，建立健全扶贫资金稳定增长机制，确保资金投入与脱贫攻坚任务相匹配。脱贫期内（2016—2020 年），市级预算安排专项扶贫资金 35600 万元，年均增长 30.99%。全市 71578 户、145437 名建档立卡贫困人口全部实现稳定脱贫。

2016—2021 年泰安市扶贫支出统计表

表 2-19 单位：万元

项目 年份	合计	泰山区	岱岳区	新泰市	肥城市	宁阳县	东平县	市本级
2016	48051	590	3101	3339	29747	2359	8736	179
2017	71046	846	2885	5288	16405	8781	33598	3243
2018	95964	901	2306	3836	17178	5152	61260	5331
2019	57924	1294	2681	5340	17195	9954	16293	5167
2020	49720	1434	2922	6579	17322	5744	10444	5275
2021	45272	2128	856	5785	12985	5568	13857	4093

第五节 农村综合改革支出

泰安市农村综合改革支出主要包括农村综合改革方面的支出，2016—2021 年，全市农村综合改革支出共计 426770 万元，支持一事一议财政奖补，保障村级组织运转，开展“美丽乡村”建设试点，推进“乡村连片治理”和农村无害化卫生厕所改造。2017 年，泰安市岱岳区成功入选山东省全国农村综合性改革试点试验县。

2016—2021 年泰安市农村综合改革支出统计表

表 2-20　单位：万元

年份＼项目	合计	泰山区	岱岳区	新泰市	肥城市	宁阳县	东平县	市本级
2016	65716	5061	10198	14658	12186	9835	12540	1238
2017	78913	4728	11950	18445	15388	9367	12002	7033
2018	88385	3310	15029	20524	17038	10811	12717	8956
2019	69803	4464	7476	14751	14972	10126	12410	5604
2020	63707	3158	5483	16330	12545	9348	12343	4500
2021	60246	3867	5372	14791	13255	7926	9457	5578

第六节　普惠金融发展支出

泰安市普惠金融发展支出，包括支持农村金融机构、涉农贷款增项奖励、农业保险保费补贴、创业担保贷款贴息、补充创业担保贷款基金、其他普惠金融发展支出等。

建立普惠金融服务和保障体系。加强对普惠金融发展专项资金管理，2020 年新冠肺炎疫情防控期间，创业担保个人贷款最高额度提高至 20 万元，小微企业贷款最高额度为 300 万元。2016—2021 年，累计筹集普惠金融专项资金 2.07 亿元，其中创业担保贷款贴息及奖补 1.29 亿元，支付市级担保费 0.11 亿元，累计为 657 家小微企业、10203 人次发放贷款共计 31.52 亿元。

农业保险保费补贴。2016 年以来，泰安市落实农业保险政策，持续加大财政支持力度，全面推动农业保险“增品、扩面、提标”，成效明显。全市围绕乡村振兴战略，以服务“三农”、保障民生为宗旨，不断提高农业保险覆盖面和保障水平，促进农民持续增收。至 2021 年年底，泰安市纳入省级财政以上补贴的农业保险险种 15 个。2016—2021 年，共投入市级以上农业保险保费补贴资金 4.95 亿元。

2016—2021 年泰安市普惠金融发展支出统计表

表 2-21　单位：万元

项目＼年份	2016	2017	2018	2019	2020	2021	合计
普惠金融发展支出	12301.54	11872.68	13232.68	7756.67	10021.94	14963	70148.51

第三章　企业支出

泰安市企业支出，主要包括制造业支出、工业和信息产业监管支出、国有资产监管支出、支持中小企业发展和管理支出等。

第一节　制造业支出

2016年，探索实施转变财政支持工业制造业发展的扶持方式，整合支持实体经济发展的专项资金，发挥财政资金的吸引撬动作用，吸引社会投资，发起设立政府引导产业投资基金，通过市场化投资管理方式，支持有技术、有市场、有核心竞争力的重点工业企业加快发展，并实现财政资金“投资—收益—退出—投资”的良性循环，财政资金由无偿使用变为投资激励，满足了制造业重大项目的投资需求，提升了企业信用等级，对工业企业加快发展、转型升级起到了极大的推进作用。

同年，以市级出资为引导，与各县（市、区）财政共同撬动泰安银行等金融机构出资组建了县域产业直投基金，对县域范围内的“三强”及其他有潜力的企业进行股权投资，直投基金作为企业优先股进入，投资期5年，到期通过回购或第三方转让等方式实现退出。2016—2017年，吸引社会资本5.96亿元，累计投资6个项目，实现投资总额9.15亿元。

2017年，市级发起设立20亿元的风险投资基金，支持“双创”、小微种子和上市后备企业加速发展。

2018年，市财政出资3亿元，吸引社会资本设立6亿元的招才引智基金，充分发挥基金支持人才发展、推进新旧动能转换的重要作用，助力中小企业加快发展。至2021年，累计已兑现1.4亿元，累计投放招才引智基金6515万元，支持人才新政“金十条”落实；累计培养引进国家“万人计划”专家、泰山产业领军人才等“产业顶尖人才”11人，培养引进“外专双百计划”、省急亟紧缺项目引进人才、泰山英才领军人才等“行业领军人才”101人；吸引驻泰高校大学生7000余人留泰安就业，培育高级工、技师、高级技师等“高技能人才”3257人；建设省级以上平台载体361家，其中国家级41家。

2018年起，市级财政对市级“领军50强”“创新50强”企业获得国家和省政府及有关部门颁发、评定、认定的体现企业竞争力的资质或荣誉的品牌、技术中心、院士工作站、一企一技术研发中心等，按照国家级100万元、省级50万元的标准给予奖励；对获得国家和省级认定的“小巨人”“单项冠军”“独角兽企业”“隐形冠军”企业，市财政按照省级奖励资金的50%给予一次性奖励；扶持初创期民营科技型企业发展，自企业获利年度起，三年内对形成地方财力部分全部奖励企业。

2019年，落实支持工业技改升级政策，对工业制造业企业重大技术改造项目给予贷款财政贴息支持，对列入市新旧动能转换重大工程十大产业的工业企业对标国内外同行业先进标准实施的重大技改项目贷款，市县财政按银行一年期贷款市场报价利率的 50%给予贴息补助，最高补贴 3 年。实施“机器换人”技术改造奖补，符合条件企业购置的机器人和智能化制造系统，按企业购置款的 10% 给予奖励；支持安全生产转型升级，对符合条件企业购置的特种机器人，按企业购置款的 10% 给予奖励。

2020 年，市级设立 10 亿元技改投资基金，支持企业技改、机器换人和智能制造解决方案，基金组建市县出资 3 亿元。市级组建 60 亿元工业发展基金，包括 3 支子基金，即 10 亿元的康平纳乐康智造基金，用于 20 万吨筒子纱染色项目；10 亿元的福瑞达医药并购基金和 3 亿元的健通生物基金，用于泰安市生物医药产业发展。

2021 年，在继续管好用好重点企业财源建设基金的基础上，市级财政组建了总规模 10 亿元的清泰创新引领基金、2 亿元的健通生物基金、2 亿元的一藤新材料基金等子基金群，实行定向定点、精准扶持优势工业企业加快发展。

2016—2021 年，市级安排支持制造业专项资金支出分别为 10185.65 万元、11920.95 万元、7965.11 万元、14059.37 万元、16510.3 万元、15300.21 万元。

第二节　工业和信息产业监管支出

2018 年，市级安排“企业上云”专项资金 1000 万元，落实山东省“云服务券”财政补贴政策，引导企业通过高速互联网络，便捷获取运营服务商提供的计算、存储、软件、数据等服务，降低信息化建设成本，促进共享经济发展。同年，泰安市财政局、泰安市工业和信息化委员会联合印发《关于加快推进两化融合管理体系贯标试点工作的通知》，支持工业互联网和信息产业两化融合信息化建设。

2021 年 10 月，印发《泰安市人民政府办公室关于加快推动工业互联网发展的通知》，实施工业互联网创新发展战略，提升工业互联网发展水平，培植壮大经济发展新动能。

2016—2021 年，市级每年安排信息产业发展专项资金 200 万元，落实信息产业发展扶持政策。

2016—2021 年泰安市工业和信息产业资金支出统计表

表 2-22　　单位：万元

年份	金额	备注
2016	60.00	
2017	180.00	
2018	620.00	安排“企业上云”资金 1000 万元
2019	588.00	安排“企业上云”资金 500 万元
2020	956.83	
2021	674.00	

第三节 国有资产监管支出

泰安市国有资产监管支出，主要用于国有资产监管方面，包括行政运行、一般行政管理事务、机关服务及其他国有资产监管支出等。全市国有资产监管支出从2016年的0.13亿元增长至2021年的0.23亿元，年均增长12.09%。

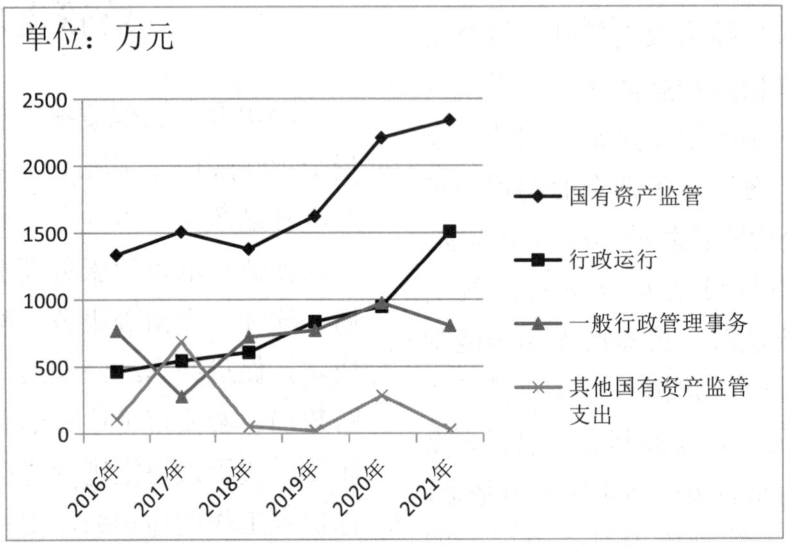

图2-1 2016—2021年国有资产监管支出图

2016—2021年，全市国有资产监管支出合计1.04亿元。其中，行政运行支出0.49亿元，一般行政管理事务支出0.43亿元，其他国有资产监管支出0.12亿元。

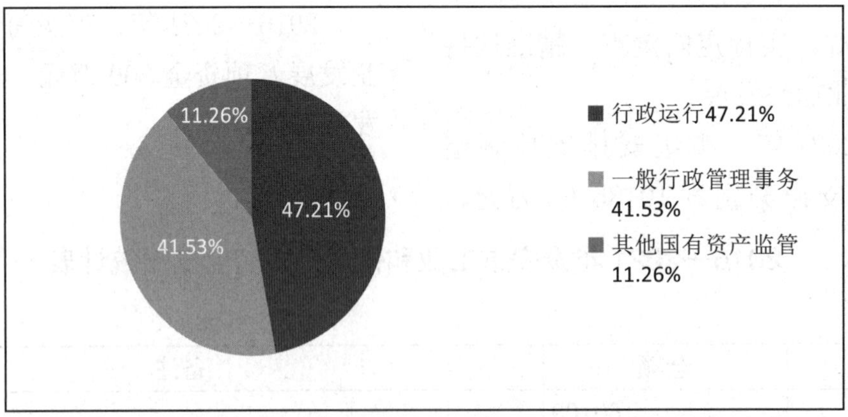

图2-2 2016—2021年国有资产监管支出比例图

2018年，市政府印发《泰安市市属经营性国有资产统一监管实施方案》，对市属73家国有企业分类实施集中统一监管。

2020年3月27日，泰安市国有企业退休人员社会化管理工作会议召开，市委副书记、市政府市长张涛（中）出席会议并讲话

2020年，推进国有企业退休人员社会化管理工作，至年底，泰安市国有企业退休人员社会化管理工作全部完成，共接收国有企业退休人员100009人。其中，中央企业退休人员16530人，省属国有企业退休人员70101人，市属国有企业退休人员13378人。

2020年、2021年分别拨付政府专项债券资金0.17亿元、0.3亿元，专项用于市泰山粮食储备集团鲁中物流等项目。2021年，协助泰安泰山旅游集团申报政府专项债券0.5亿元，用于泰山桃花源森林经营和管护项目；市国信特来电新能源有限公司申报政府专项债券0.13亿元，用于泰安市3公里新能源汽车充电网基础设施建设项目。

2021年，全市国有企业资产总额4167.1亿元，净资产1340亿元，国有资产保值增值率达133.42%。

2016—2021年泰安市国有资产监管支出统计表

表2-23 单位：万元

年份＼项目	国有资产监管	其中		
		行政运行	一般行政管理事务	其他国有资产监管
2016	1335.85	463.97	766.99	104.89
2017	1507.96	544.11	277.33	686.52
2018	1379.15	606.84	721.85	50.46
2019	1623.45	834.70	769.70	19.05
2020	2205.44	947.87	974.47	283.10
2021	2340.00	1509.00	805.00	26.00
合计	10391.85	4906.49	4315.34	1170.02

第四节　支持中小企业发展和管理支出

2016年以来，泰安市委、市政府相继印发《市委办公室关于实施新旧动能转换重大工程若干财政政策的通知》《泰安市人民政府关于支持民营经济高质量发展的实施意见》《泰安市人民政府关于培植工业领军企业50强的实施意见》《泰安市人民政府关于培植科技创新型企业50强的实施意见》《泰安市小微企业治理结构和产业结构“双升四上”战略实施方案》　等政策文件，整合支持竞争性领域的各类专项资金，综合设立财源建设资金、新旧动能转换资金、工业转型发展资金、外经贸发展资金、服务业发展引导资金、信用担保资金、财政股权投资资金等财政专项，按照“大专项+政策清单”运作模式，采取财政贴息、奖励、股权投资等方式，支持中小微企业“专精特新”、标准量化、科技创新、品牌建设、“双升四上”、外经贸发展、服务业发展、信息产业、企业家培训等项目建设，支持省、市新旧动能重点项目、财源建设项目、工业转型发展项目建设，激励引导中小微企业转型升级、加快发展。2016—2021年，市级支持中小微企业发展资金12.53亿元。

2016—2021年泰安市支持中小微企业发展和管理资金统计表

表2-24　　　　单位：万元

年份	金额	备注
2016	12369.14	
2017	7976.75	
2018	12036.63	
2019	48763.74	含峰松物流无车承运项目3.25亿元
2020	28842.31	含泰山玻纤有限公司1.05亿元
2021	15300.21	含中康国创先进印染技术研究院项目1亿元

第四章　外事及港澳事务支出

2016年以来，泰安市财政部门认真履行外事及港澳事务支出业务，促进了对外及港澳合作与交流。2019年，市政府印发《泰安市人民政府关于印发〈泰安市招商引资扶持激励政策〉通知》。2020年，市委印发《市委深化改革创新打造对外开放新高地的实施方案》。同年，市政府印发《泰安市人民政府办公室关于印发泰安市进一步促进外贸稳定增长政策措施的通知》等政策文件，大力支持对外经贸交流合作。

第一节　对外及对港澳合作与交流

2016年以来，通过系列外事及港澳事务活动，对外及对港澳合作交流不断深化。

投资拉动作用有力增强。招商网络不断完善，聘请招商代理、招商专员，组建招商中心。谋划参与重大招商平台活动，强化与国内重点地区及欧美日联络对接，举办参加泰山国际登山节投资合作洽谈会，儒商大会，山东周及北京、上海、深圳、泰安经济合作洽谈会等。拓宽招商引资渠道，扩大投资规模。2016—2021年，境内招商引资项目累计到位市外资金1738.98亿元，其中总投资亿元以上项目2166个，到位市外资金1520.05亿元。

利用外资及港澳投资规模不断扩大。引资方式多样化，除直接利用外资及港澳投资外，股权并购、投资基金、利润再投资、返程投资、跨境人民币投资等引资方式增多。2016—2021年，累计设立外商及港澳投资客商项目321个，实际使用外资30亿美元，年均增长14.2%，其中过千万美元项目84个，实际使用外资19亿美元。

对外贸易平稳发展。创新发展“互联网+外贸”新模式，创新推出“泰山贷”贸易融资业务，指导企业精准开拓市场，与180多个国家和地区开展进出口贸易往来，对“一带一路”沿线国家出口增长较快，外贸新业态增速明显。2016—2021年，累计实现货物贸易进出口834亿元，年均增长8.4%，其中出口636.3亿元、进口197.7亿元，外贸“十百千”工程成效明显，分别达到10家、84家、767家。

对外开放，深度参与“一带一路”建设，大力推动纺织服装、电力设备、煤矿机械等优势产能对外投资合作，岱银马来西亚工业园投入运营。2016—2021年，累计新签对外承包劳务合同额14.93亿美元，完成营业额14.12亿美元，新设立境外企业37家，完成境外实际投资24176.3万美元。

2021年，全市实现货物贸易进出口291.1亿元，同比增长37.2%，增幅高于全省4.8个百分点。其中，出口193.2亿元，增长32.4%；进口97.9亿元，增长47.6%。进出口、出口、进口增幅分列全省第5、第8和第3位。外贸企业队伍持续壮大，有进出口业绩企业907家，其中“十百千”工程企业分别达8家、84家和789家，招引中外运、供塑网等平台企业40余家。新业态带动能力持续增强，海关备案跨境电商企业334家，其中有业绩企业100多家，是2020年的7倍多；完成跨境电商进出口19.3亿元，是2020年4倍多，拉动全市进出口增长7.3个百分点。示范引领作用持续凸显，泰山区被认定为“国家级外贸转型升级基地（纺织服装类）”，填补泰安市货物贸易领域国字号空白；岱岳区被认定为“山东省进口贸易促进创新区”；市智财翻译有限公司被认定为“国家文化出口重点企业”，是泰安市首个服务贸易领域国家级称号。政策推动效应持续发挥，通过“泰山贷”贸易融资机制为企业批复授信9.2亿元，助力进口业务开展。实现对外承包工程营业额19979万美元，同比增长24.1%；新设立境外投资企业6家，中方备案核准额1354.29万美元，完成境外投资中方实际投资6836.9万美元，同比增长23.8%；“一带一路”沿线国家国际产能合作推进，境外项目带动进出口5亿美元，增长381.2%，其中“一带一路”沿线项目带动4.59亿美元，增长473.6%。

第二节　因公出国（境）经费

泰安市因公出国（境）管理按照人数计划管理、经费总量控制的原则，落实《财政部关于进一步加强党政干部因公出国（境）经费管理的通知》要求，严格执行党政机关因公出国（境）经费审核制度，强化预算约束，提高财政资金使用效益。

2016年，市级财政支出因公出国（境）经费91.1万元，因公出国（境）团组14个、共20人次，共涉及23个国家和地区。

2017年，支出因公出国（境）经费118.26万元，因公出国（境）团组17个、共28人次，共涉及22个国家和地区。

2018年，支出因公出国（境）经费104.36万元，因公出国（境）团组15个、共23人次，共涉及26个国家和地区。

2019年，支出因公出国（境）经费73.72万元，因公出国（境）团组10个、共20人次，共涉及15个国家和地区；

2020年，因新冠疫情影响未安排因公出国（境）团组。

2021年，支出因公出国（境）经费7.65万元（商务局2人经费数），因公出国（境）团组1个、共8人，仅涉及澳门1个地区。

第五章　教育支出

2016年以来，泰安市教育支出呈现逐年增长态势，所占财政支出的比重也逐步提高。2021年，约占一般公共预算支出总量的20%左右。全市一般公共预算教育支出从2015年的65.1亿元，提高到2021年的91.9亿元，年均增长5.9%，占一般公共预算支出的20.11%。

第一节　教育管理事务支出

泰安市教育管理事务支出，包括人员经费、日常公用经费、教育管理项目经费等。为支持教师绩效工资改革，2019年，泰安市政府印发《关于全面深化新时代全市教师队伍建设改革的实施意见》，自2019年9月1日起，市直中小学按生均每年110元标准增核绩效工资总量；为保障市直中小学校食堂管理体制机制改革顺利实施，做好学生在校期间的管理工作，充分调动带班教师的工作积极性，自2020年9月1日起，按照每生每年40元标准增核教师绩效工资增量。2016—2021年，全市教育管理事务支出累计9.62亿元，占同期教育支出的2.04%。

2021年3月，财政支持建设的泰安市直机关幼儿园竣工

第二节　普通教育支出

泰安市普通教育支出，包括学前教育、小学教育、初中教育、高中教育、高等教育及其他普通教育支出。2016—2021年，全市普通教育支出累计371.99亿元，占同期教育支出的78.89%。

一、学前教育支出

2010年后，实行“多渠道加大学前教育投入”，各级政府将学前教育列入财政预算。2015—2021年，连续实施泰安市第二期、第三期学前教育三年行动计划，加快推进学前教育健康发展。2018年，泰安市制定实施公办幼儿园生均公用经费拨款标准和普惠性民办幼儿园生均补助标准，支持学前教育加快发展。至2021年，全市各级财政全面落实幼儿园生均公用经费财政拨款政策，按省定生均710元标准安排预算，建立了学前教育经费保障新机制。2020年，为应对新冠肺炎疫情，市政府印发《关于做好新冠肺炎疫情防控期间支持民办幼儿园平稳健康发展的通知》，提出提前发放上半年学前教育生均公用经费、鼓励支持减免房屋租金、提供贷款贴息及融资担保支持、提供过桥还贷和基金支持等财政扶持政策，支持民办幼儿园在疫情防控期间平稳、健康发展。2016—2021年，全市累计学前教育支出13.29亿元，占同期普通教育支出的3.57%。

二、中小学教育支出

中、小学教育支出，主要是各部门举办的小学、初中、高中教育的支出，包括对社会中介组织举办的中小学的资助等。2016—2021年，全市中小学教育支出累计337.11亿元，占同期普通教育支出的90.62%。中、小学教育支出除经常性开支外，重点支持了义务教育经费保障改革与校舍建设。

（一）实施全面改善农村义务教育薄弱学校办学条件计划。2014年，开始实施全面改善农村义务教育学校办学条件计划，按照保基本、补短板、兜网底的原则，全面改善农村义务教育薄弱学校的办学条件。至2018年，全市累计投入20.86亿元，完成项目833个，建设面积完成规划108.9%，设备采购，完成规划109.5%。

（二）实施解决城镇中小学“大班额”问题工程。2015年，开始实施解决城镇普通中小学“大班额”问题工程。至2020年，全市累计投入90.2亿元。其中，财政投入39.6亿元，“大班额”政策性贷款20.8亿元，其他银行融资贷款13.7亿元，其他方式融资16.1亿元。

（三）落实“两免一补”及生均公用经费政策。2016年，统一城乡义务教育生均公用经费，小学、初中分别为810元和1010元，特殊教育生均公用经费为6000元；家庭经济困难寄宿生生活费补助小学、初中分别为1000元和1250元，补助比例由2015年的15%提高到30%。2019年起，特殊教育生均公用经费提高到8000元，新增对家庭经济困难非寄宿生发放每生每年500元、625元生活费补助。2020年起，市直率先将普通高中生均公用经费标准由900元提高到1010元。2021年，全市各级普通高中生均公用经费标准均高于1000元。

三、高等教育支出

泰安市高等教育支出科目主要是安排泰山学院经费。2016—2021年，高等教育支出0.5亿元，用于高校学生资助、政府债务付息等。

第三节　职业教育支出

2016—2021年，泰安市职业教育支出累计47.43亿元，占同期教育支出的10.06%。

一、落实高职院校生均财政拨款综合定额政策

自2015年起，根据山东省建立的以改革和绩效为导向的高职院校生均拨款制度，自2018年起，市财政部门通过调整优化支出结构，盘活各类存量资金，统筹整合相关资金，努力加大高职院校投入力度，确保泰安市泰山职业技术学院、泰山护理职业学院和山东服装职业学院等3所公办高职院校生均财政拨款高于1.2万元。

二、支持职业院校管理体制改革

根据市委编办《关于调整市属高职院校隶属关系和经费形式的通知》精神，结合现有职业院校财政政策规定及运行实际，自2020年起，市财政对泰山职业技术学院、泰山护理职业学院、山东服装职业学院和泰安技师学院4所市属职业院校财政管理体制进行了调整。将山东服装职业学院由泰安高新区管理调整为市政府直接管理，纳入市直管理预算单位。将4所

职业学院全部作为市直一级预算单位管理，并调整划归财政教科文口统一服务，理顺财政管理体制，提高管理服务效能。自2020年起，将市属4所职业院校经费形式统一调整为财政补贴，经费由学院自行管理。

三、支持实施职业教育教学质量提升工程

为贯彻落实山东省和泰安市中长期教育改革和发展2011—2020年规划纲要（行动计划），自2016年起，连续实施两期职业教育教学质量提升计划（2016—2018年、2019—2021年），开展"德技并修"优秀人才培育、"匠心育人"特色课堂、精品资源共享课程、微课、教师教学能力全员达标验收活动等，以提升职业教育教学质量。

第四节　特殊教育支出

泰安市特殊教育支出，主要包括各部门举办的盲童学校、聋哑学校、智力落后儿童学校、其他生理缺陷儿童学校和工读学校的经费支出。2016—2021年，全市特殊教育支出累计2.94亿元，占同期教育支出的0.62%。重点支持泰安市特殊教育中心建设，将原泰安盲人学校、泰山区育才学校和岱岳区聋哑学校3所特殊教育学校合并成立泰安市特殊教育中心，新校于2016年3月年开工建设，2017年底投入使用，总投资1.3亿元。为更好保障特殊教育学生的生活和学习，自2021年起，市直按照每生每天15元标准，补助天数200天，对泰安市特殊教育中心学生进行生活补贴，主要用于对学生的伙食补助。

第五节　进修及培训支出

泰安市进修及培训支出，主要包括党校事业发展和教师培训等经费支出。2016—2021年，全市累计进修及培训支出6.1亿元，占同期教育支出的1.29%。重点支持各级党校培训硬件设施改善、信息化水平提升、主体班次学员培训质量提高等方面建设，特别支持了泰安市委党校学员公寓增建项目。该项目于2019年5月开工建设，2020年8月竣工并正式启用，总投资0.96亿元。

2020年8月，财政支持建设的泰安市委党校新建学员公寓投入使用

第六节　教育费附加安排的支出

2016—2021年，全市教育费附加支出累计21.92亿元，占同期教育支出的4.65%。主要用于中小学、特殊教育和职业教育房屋及基础设施维修改造、教学仪器设备购置、特色化办学等，促进各阶段教育高质量发展。2016年以来，各级财政

统筹教育费附加，不断加大投入力度，支持解决城镇中小学“大班额”问题工程建设，极大改善了泰安市各级教育教学条件，提升了教学质量。

2016—2021 年泰安市教育支出统计表

表 2-25 单位：万元

年份＼项目	合计	教育管理事务	普通教育	职业教育	特殊教育	进修及培训	教育费附加安排的支出	其他教育支出
2016	663763	9750	525684	53443	3507	7367	31389	32593
2017	690065	12560	547346	68630	3117	5257	32965	20170
2018	752892	14115	588039	81328	4745	10194	39108	15363
2019	819343	19283	647197	85332	5041	12890	40114	9486
2020	870469	21472	683293	92526	6993	12116	37665	16150
2021	918945	19034	728303	93043	6017	13224	37923	21197

第六章　科学技术支出

2016年以来，泰安市各级财政部门支持实施创新驱动发展战略，推进科技改革攻坚工作开展。着眼全市优势产业和战略发展布局，着力构建完善的区域科技创新体系，支撑和引领高质量发展成效明显。大力培育以“创新50强”企业、高新技术企业为代表的科技创新型企业，着力提升企业发展的科技实力，持续激发企业创新内生动力。整合科技创新资源，从提高科技综合创新能力入手，建设各类科技创新平台，支撑泰安产业高质量发展。2016—2021年，全市科学技术支出累计22.11亿元，占同期一般公共预算支出的0.94%。

第一节　科学技术管理事务支出

泰安市科学技术管理事务支出，包括泰安市科技局行政运行、机关服务、科学技术管理事务方面的支出。主要用于市科技局机关人员经费发放、机关运行保障、负责管理软科学研究、科技信息、科技宣传工作、归口管理科技外事工作、科技局贯彻执行国家有关科技工作的方针、政策和法律、法规；研究拟定科技创新发展和科技促进经济与社会发展的政策措施，并组织实施。2016—2021年，全市科学技术管理事务支出累计1.75亿元，占同期科学技术支出的7.93%。

第二节　基础研究和应用研究支出

泰安市基础研究支出，是2016年以来无法取得实用价值的应用研究机构的支出。2016—2021年，全市基础研究支出累计1.77亿元，占同期科学技术支出的8.03%。

泰安市应用研究支出，是在基础研究成果上，针对某一特定的实际目的或目标进行的创造性研究工作的支出。主要包括市农业科学技术研究院、泰山林业科学研究院等科研院所及其创新基地运行保障、农作物研究等支出。2016—2021年，全市应用研究支出累计0.9亿元，占同期科学技术支出的4.06%。

第三节　技术研究与开发支出

泰安市技术研究与开发支出，主要包括用于泰安市机构运行、科技成果转化与扩散等方面的支出。2005年起，市财政设立“应用技术研究与开发资金”专项经费，专项用于支持泰安市科学技术发展计划，优先支持具有较强自主研究开发能力，具备较好科研条件的科研机构（包括转制科研机构）、高等院校和企业实施的科技攻关计划、工程技术研究中心计划、重点科技成果推广计划、软科学计划等。市级应用技术研究与开发资金规模从2016年的0.28亿元提高到2021年的0.9亿元，较好支持了泰安市科技事业发展。2016—2021年，全市技术研究与开发支出累计7.34亿元，占同期科学技术支出的33.2%。

2019年1月，财政支持建设的泰山创新谷竣工

第四节 科技条件与服务支出

泰安市科技条件与服务支出，是用于完善科技条件及从事科技标准、计量和检测、科技数据、种质资源、加工处理和服务，科技文献信息资源的采集、保存、加工和服务等为科技活动提供基础性、通用性服务的支出。主要包括泰安市农村科技信息服务进村入户工程、农村科技特派员、基层农业科学技术推广、农技人员培训、农业科研基础条件改善与提升等项目。2016—2021年，全市科技条件与服务支出累计0.3亿元，占同期科学技术支出的1.35%。

第五节 社会科学支出

泰安市社会科学支出，主要包括用于市社会科学界联合会运行和人员经费保障、社会科学优秀成果评选、社科期刊编纂及发行、社会科学研究与普及等社会科学方面的支出。自2008年起，泰安市设立社会科学优秀成果、社会科学界代表大会、社会社科优秀人才评选及奖励经费和社会科学研究与普及专项经费，泰安市社会科学优秀成果每年评选一次，所需经费由市财政统一安排。2016—2021年，全市社会科学支出累计673万元，用于一大批优秀成果奖项目的设立和优秀人才的培养。

第六节 科学技术普及和科技交流与合作支出

泰安市科学技术普及支出，主要用于泰安市学术活动、科学普及活动及科技馆站等方面的支出。2016—2021年，全市科学技术普及支出累计2.06亿元，占同期科学技术支出的9.3%。2010年起，市级财政设立科普活动专项经费，2021年达到315万元，重点支持了科普组织和阵地建设、科普宣传、科普示范、科普培训、学术活动等科普工作。

泰安市科技交流与合作支出，主要包括泰安市国际合作与交流、重大科技合作项目、人才联合培养、校企合作、科研创新平台共建及其他科技交流与合作等支出。2016—2021年，全市科技交流与合作支出累计453万元，较好地支持了泰安市科技交流与合作工作的开展。

第七节　科技重大项目支出

泰安市科技重大项目支出，主要用于科技重大专项和重点研发计划的落实。2016—2021年，全市科技重大项目支出累计2.44亿元，重点支持了泰安市重大科技专项“揭榜挂帅”项目、“创新50强”、泰山“创新谷”、泰安市产业技术研究院、山东省智慧康养共同体、国家先进印染技术创新中心等重大科技创新工程，公益类研发、技术创新引导计划、泰山产业领军人才工程等项目实施。

2016—2021年泰安市科学技术支出统计表

表2-26　　单位：万元

年份＼项目	合计	科学技术管理事务	基础研究	应用研究	技术研究与开发	科技条件与服务	社会科学	科学技术普及	科技交流与合作	科技重大项目	其他科学技术支出
2016	34546	2401	3458	437	17017	164	62	4197	40	1560	5210
2017	39567	3807	4393	368	16454	700	75	1992	45	3912	7821
2018	31621	2876	3788	975	10731	816	143	2660	49	2056	7527
2019	42941	2757	1780	2703	11143	1119	267	2478	215	9694	10785
2020	35185	2694	2193	2188	10506	184	72	4290	32	5373	7653
2021	37256	3004	2136	2306	7560	7	54	4942	72	1795	15380

第七章　文化旅游体育与传媒支出

2016年以来，泰安市各级财政部门不断加大文化旅游体育与传媒机构的设施维修、设施建设和国家制定的惠民补助政策落实等项目投入，为泰安文化旅游体育与传媒事业繁荣与发展做出贡献。2019年，根据机构改革需要，旅游部门与文化部门合并成立文化和旅游部门，旅游事业相关支出科目与原文化体育与传媒支出科目合并设立文化旅游体育与传媒支出类级科目统一反映。2016—2021年，全市文化旅游体育与传媒支出累计34.89亿元，占同期一般公共预算支出的1.49%。

第一节　文化和旅游支出

2016—2021年，全市文化和旅游支出累计16.63亿元，占文化体育与传媒支出的47.66%。

2016年，财政支持建设的泰安文化艺术中心泰山大剧院运营

其间，全市各级财政累计安排0.14亿元，用于文化信息资源共享工程；安排0.42亿元，用于农村电影放映工程；安排0.15亿元，用于农家书屋工程；安排0.27亿元，用于送戏下乡活动开展；安排0.66亿元，用于乡镇综合文化站和基层文化阵地建设；安排0.59亿元，用于“三馆一站”免费开放。自2017年起，每年安排300万元，支持泰安市文化和旅游惠民消费活动季的开展，完善地方公共文化服务体系建设。2017年起，市财政设立0.16亿元旅游发展专项资金，用于支持泰安市旅游业发展。2019—2021年，市财政投入0.12亿元，支持泰安市“慧游泰山”智慧旅游平台建设使用，助推泰安市旅游事业加快发展。2020年，泰安市印发《关于支持文化和旅游企业应对新冠肺炎疫情共渡难关的通知》，市财政局制定有关财政政策对有关文旅企业进行支持。2021年，市财政投入0.14亿元，支持泰安市文化艺术中心泰山大剧院托管运营。

第二节　文物保护支出

2016—2021年，全市文物保护支出累计2.81亿元，占同期文化旅游体育与传媒支出的8.07%，侧重支持泰山古建筑群、冯玉祥墓、白佛山石窟造像、宁阳颜子庙和颜林、齐长城、大汶口古石桥等国家及省级重点文物保护。2018年起，市财政在每年30万元文物保护专项资金的基础上，调整支出结构，统筹安排财政资金，专项资金规模达到230万元，重点支持泰安市文物保护天网工程、文物保护单位“四有”建设、文物资源数字化保护、文物看护巡查和专业人员培训等专项工作开展。

第三节　体育支出

2016—2021年，全市体育支出累计2.27亿元，占同期文化旅游体育与传媒支出的6.52%。同时，统筹体育彩票公益金支持泰安市体育事业健康发展，2016—2021年，全市体彩公益金支出累计3.53亿元，重点支持全民健身公共服务体系建设、泰山国际登山比赛、泰山国际马拉松、泰山国际户外挑战赛、T60环泰山大徒步等特色赛事活动品牌打造、体育场馆建设提升、竞技体育综合实力提升等。2018年，市级投资0.3亿元规划建设市生态绿地健身活动公园，成为城区群众健身休闲娱乐的首选之地。2019年起，高标准规划并启动新体育中心和新体校建设，解决泰安市20多年来大型体育场馆严重不足的困境。2020年，全市各级财政部门通过市场化融资、预算安排等安排资金5.2亿元，支持2020年市委、市政府为民要办实事项目——城乡体育惠民工程实施。2021年，统筹体彩公益金支持打造“体泰心安”全民健身活动品牌，为推动全市体育事业高质量发展做出了贡献。在山东省第二十四届运动会上，泰安市获得41枚金牌、29枚银牌、41枚铜牌，排名金牌榜第7位，取得近四届省运会的最好成绩。

2018年10月，财政支持建设的泰安市生态绿地健身公园投入使用

第四节　广播电视支出

2016—2021年，全市广播电视支出累计10.11亿元，占同期文化旅游体育与传媒支出的28.97%。为更好支持泰安市广播电视事业发展，2018年，市财政争取中央公共文化服务体系建设资金800万元，支持泰安市广播电视台高清设备升级改造暨“泰安之声”融媒体中心建设。自2020年起，对泰安市广播电视台实行财政定额补助，每年补助资金0.3亿元。全市广播电视传播能力进一步增强，4个县级台全部达到一级台标准，6个县（市、区）全部建成融媒体中心，2家单位荣获全省广播电视优秀传播机构称号。

2016—2021年泰安市文化旅游体育与传媒支出统计表

表2-27 单位：万元

项目 年份	合计	文化和旅游	文物	体育	新闻出版电影	广播电视	其他文化旅游体育与传媒支出
2016	55762	25138	5627	3366	727	17207	3697
2017	58290	28777	4349	3813	897	13380	7074
2018	63076	31466	6513	4366	876	16485	3370
2019	60679	26450	4691	4109	927	19717	4785
2020	57747	29647	4192	3799	551	15786	3772
2021	53353	24817	2771	3311	573	18499	2403

第八章　社会保障和就业支出

2016年以来，泰安市各级财政部门，不断加强社会保障和就业方面的支出。更加科学、精准反映预算执行情况，政府收支分类科目也不断调整完善。2016年，在社会保障和就业支出科目中，下设人力资源和社会保障管理事务、民政管理事务、财政对社会保险基金的补助、补充全国社会保障基金、行政事业单位离退休、企业改革补助、就业补助、抚恤、退役安置、社会福利、残疾人事业、自然灾害生活救助、红十字事业、最低生活保障、临时救助、特困人员供养、补充道路交通事故社会救助基金、其他生活救助。2017年，新增"财政对基本养老保险基金的补助、财政对其他社会保险基金的补助"款级科目。2019年，根据机构改革和预算管理的需要，组建退役军人事务局，新增"退役军人管理事务"款级科目。2020年，新增"财政代缴社会保险费支出"款级科目。2016—2021年，泰安市社会保障和就业支出累计387亿元，年平均支出64.5亿元。2021年，全市社会保障和就业支出81.2亿元，占同期一般预算支出的18.9%。

第一节　人力资源和社会保障管理事务支出

泰安市人力资源和社会保障管理事务支出，主要包括行政运行、机关服务、综合业务管理、劳动保障监察、就业管理事务、社会保险业务管理事务、信息化建设、社会保险经办机构、公共就业服务和职业技能鉴定机构、劳动人事争议调解仲裁、人才工作等方面。2016—2021年，泰安市人力资源和社会保障管理事务累计支出10.26亿元。

2016年，中共泰安市委组织部、泰安市人力资源和社会保障局、泰安市经济和信息化委员会、泰安市财政局、泰安市总工会印发的《泰安市高级技能人才评选奖励办法》。对泰安市有突出贡献的技师每月发放政府津贴300元，泰安市技术能手给予一次性奖励1000元。

2018年，中共泰安市委、泰安市人民政府印发《关于做好人才支撑新旧动能转换工作助推泰安建设的十条措施》。对在推介高层次人才到泰安市创新创业中起直接、关键作用的中介机构、社会组织和个人予以最高50万元奖励；对博士后科研工作站在站重点高校博士给予3年最高9万元生活补贴；对企业新引进的全日制博士研究生、硕士研究生以及重点高等学校本科毕业生、普通本科生，分别按照每月2000元、1000元、600元、400元标准发放租房和生活补贴，连补3年。

2019年，中共泰安市委、泰安市人民政府印发《关于加快人力资源服务产业创新发展　助推新旧动能转换的若干措施》《关于实施"泰汶专才"计划　助推新旧动能转换的若干措施》《关于推行终身职业技能培训制度的若干措施》。对新引进并在泰安市企业初次就业或创业的40周岁以下全日制博士研究生、35周岁以下全日制硕士研究生，在泰安市首次购房的，按照总购房款10%的标准给予购房补助，最高分别不超过15万元、10万元。

2020年，新增政府特殊津贴、资助留学回国人员、博士后日常经费、引进人才费用、事业运行支出功能科目。同年，中共泰安市委、泰安市人民政府印发《泰安市加快工业经济发展十二条意见》。对工业企业新引进的普通高校本科以上毕业生，在现有租房和生活补贴基础上，市县财政再给予每人每月200元的人才津贴，连补3年。

2021年，泰安市人力资源和社会保障局、泰安市财政局、国家税务总局泰安市税务局印发《转发〈山东省有关博士后生活补助核定发放办法〉的通知》。对到泰安市博士后科研工作站开展研究的研究人员，符合条件的在站期间可享受每人每年5万元生活补助，最高3年15万元；出站后留泰安且符合条件的可享受15万元一次性生活补助。

2016—2021年泰安市人力资源和社会保障管理事务支出统计表

表2-28　　单位：万元

项目＼年份	2016	2017	2018	2019	2020	2021
人力资源和社会保障管理事务	15989	17027	18968	15863	15864	18857
行政运行	5306	5954	6813	5415	5415	7528
一般行政管理事务	85	44	145	159	159	341
机关服务	—	—	—	—	—	80
综合业务管理	122	113	106	107	107	105
劳动保障监察	23	1	1	62	62	15
就业管理事务	747	1335	1485	1429	1429	1678
社会保险业务管理事务	1872	1562	1858	1029	1029	498
信息化建设	318	469	376	382	382	119
社会保险经办机构	1814	2249	1892	2958	2959	2675
劳动关系和维权	—	—	—	—	—	—
公共就业服务和职业技能鉴定机构	916	771	699	495	495	293
劳动人事争议调解仲裁	124	152	104	136	136	109
政府特殊津贴	—	—	—	—	—	—
资助留学回国人员	—	—	—	—	—	—
博士后日常经费	—	—	—	—	—	54
引进人才费用	—	—	—	—	—	1693
事业运行	—	—	—	—	—	18
其他人力资源社会保障事务支出	4662	4377	5489	3691	3691	3651

第二节　民政管理事务支出

泰安市民政管理事务支出，主要包括行政运行、机关服务、社会组织管理、行政区划和地名管理、基层政权建设和社区治理等方面。2016—2021年，泰安市民政管理事务累计支出6.51亿元。

2018年，中共泰安市委、泰安市人民政府联合印发《关于加强和完善城乡社区治理的实施意见》。城市社区专职工作者工作报酬标准比照当地事业单位同类工作人员工资水平确定，参加企业职工社会保险、缴纳住房公积金，城市社区工作经费原则上按照每千户每年不少于3万元标准核拨，所需资金由市县财政负担。

2019年政府机构改革，减少拥军优属、老龄事务、部队供应支出功能科目。同年，市委组织部、市民政局等4个部门联合印发《关于加强社区工作者管理完善社区工作者薪酬体系的意见》。根据本地经济社会发展水平和财政状况，在当地事业单位新入职人员应发平均工资的0.8～1.2倍，合理确定社区工作者的薪酬待遇起始标准，并根据事业单位工资普调增资情况同步联动调整。

2020年，泰安市民政局、泰安市财政局联合印发《泰安市本级社区治理发展经费管理实施暂行办法》。设立城乡社区治理发展经费，推进城乡社区治理能力和水平持续提升。社区治理发展经费主要对全市加强和完善城乡社区治理、创新城乡社区治理方式中投入较大的事项、重点及难点工作、创新项目、典型培树等进行扶持，重点包括社区服务能力提升、社会工作服务开展、社区志愿服务开展。

同年，泰安市民政局、泰安市财政局联合印发《泰安市本级社会组织发展经费管理实施暂行办法》。设立市级社会组织发展经费，采取奖补资助的形式，专项用于支持社会组织发展。社会组织发展经费使用管理突出公共财政导向，坚持“引导激励、突出重点、公开透明、注重绩效”原则，符合国家、省、市培育发展社会组织规划及政策要求，鼓励县级财政加大资金投入，促进社会组织健康、有序发展。

2021年，泰安市民政局、泰安市财政局联合印发《2021年度困难群众基本生活救助工作绩效评价指标和评价标准》，进一步提高困难群众基本生活救助工作管理服务水平和资金使用效益。

2016—2021年泰安市民政管理事务支出统计表

表2-29　　单位：万元

项目＼年份	2016	2017	2018	2019	2020	2021
民政管理事务	4787	5392	6452	13660	13660	21181
行政运行	3004	3625	4205	4268	4268	3678
一般行政管理事务	17	85	165	162	162	246
机关服务	13	—	—	—	—	—
民间组织管理	609	514	821	77	77	89
行政区划和地名管理	1000	852	1080	83	83	11
基层政权和社区建设	54	79	70	5913	5913	9103
其他民政管理事务支出	90	237	111	3157	3157	8054

第三节 行政事业单位医疗支出

泰安市行政事业单位医疗支出，主要包括财政部门安排的行政和事业单位基本医疗保险缴费经费，未参加医疗保险的行政事业单位的公费医疗经费，按国家规定享受离休人员、红军老战士待遇人员的医疗经费，以及公务员医疗补助经费和其他用于行政事业单位医疗方面的支出等。其中，2019 年根据中共山东省委组织部、中共山东省委老干部局等省五部门联合印发的《关于进一步做好全省离休干部医疗保障工作的通知》，完善离休干部医疗保障资金保障机制。实行离休干部医药费单独统筹的，按照以支定收、收支平衡的原则，合理确定筹资标准。统筹资金由财政负担的，在预算中足额安排；由离休干部原单位负担的，按照有关规定，按时足额缴纳医药费统筹资金，保障离休干部医疗保障机制的正常运转。同年 7 月，市财政将已纳入市级财政保障的离休人员医疗费列入市医保经办机构专项经费支出预算，每年年初拨付市医保经办机构，由市医保经办机构定期与医疗保险定点医疗机构进行资金结算。

2016—2021 年，泰安市行政事业单位医疗累计支出 31.64 亿元。

2016—2021 年泰安市行政事业单位医疗支出统计表

表 2-30 单位：万元

项目＼年份	2016	2017	2018	2019	2020	2021	合计
行政事业单位医疗	43819	56629	49982	58577	51821	55567	316395
行政单位医疗	14713	16977	14978	10848	12192	13717	83425
事业单位医疗	28539	27229	23366	31787	22641	30453	164015
公务员医疗补助	567	90	365	5860	4436	4101	15419
其他行政事业单位医疗支出	—	12333	11273	10082	12552	7296	53536

第四节 就业补助支出

2016—2021 年，泰安市就业补助支出为 5.58 亿元。

2017 年，泰安市人力资源和社会保障局、泰安市财政局印发《关于家政服务从业人员意外伤害保险补贴有关问题的通知》。对家政服务机构为家政服务人员购买意外伤害保险，给予每人每年 60 元补助。

同年，泰安市人力资源和社会保障局、泰安市财政局转发《关于进一步做好扩大失业保险基金支出范围试点工作的通知》。泰安市按照失业保险制度保障失业人员基本生活、预防失业和促进就业的要求，在保障失业人员基本生活的前提下，以预防失业和促进就业为重点，试点失业保险用于符合条件的参加失业保险的人员和单位的职业培训补贴、就业创业服务补助（职业介绍补贴）、职业技能鉴定补贴、社会保险补贴、公益性岗位补贴。

2019年，泰安市人力资源和社会保障局、泰安市财政局印发《泰安市就业补助资金管理使用实施细则》。为切实做好各项就业创业扶持政策的落实，规范就业补助资金管理，提高资金使用效益，按照“注重普惠、重点倾斜，奖补结合、激励相容，易于操作、精准效能，属地管理、强化监管”的原则，结合泰安市实际，制定实施细则。就业补助资金分为对个人和单位的补贴、公共就业服务能力建设补助两类。对个人和单位的补贴资金用于职业培训补贴、职业技能鉴定补贴、社会保险补贴、公益性岗位补贴、就业见习补贴、求职创业补贴、一次性创业补贴、一次性创业岗位开发补贴、创业场所租赁补贴、创业师资培训补贴、家政服务业从业人员意外伤害保险补贴等支出；公共就业服务能力建设补助资金用于就业创业服务补助和高技能人才培养补助等支出。

同年，泰安市人力资源和社会保障局、泰安市财政局印发《泰安市创业带动就业扶持资金管理使用实施细则》。创业带动就业扶持资金，是指根据有关规定，在留足本级支付失业保险待遇的资金和应对失业风险的资金基础上，从失业保险基金滚存结余中安排用于扶持创业带动就业的专项资金。根据泰安市失业保险基金结余状况，2019年起，市政府每年从失业保险基金结余中安排不少于1亿元的创业带动就业扶持专项资金，用于支持创业带动就业。创业带动就业扶持资金主要用于职业培训补贴、一次性创业补贴、一次性创业岗位开发补贴、创业场所租赁补贴、创业师资培训补贴、创业担保贷款贴息及奖补、市级创业创新示范综合体奖补、创业型城市和街道（社区）奖补、创业训练营补助、创业典型人物奖励（创业大赛奖补）、市级创业孵化示范基地（创业示范园区）运营补贴、创业孵化补贴、乡村振兴劳务基地一次性奖补、家庭服务业职业培训市级示范基地奖补、创业服务补助、扶持人力资源服务业发展以及市政府批准的其他支出。

是年，泰安市人民政府办公室印发《关于开展职业技能提升行动的通知》。泰安市从失业保险基金历年滚存结余中提取2.6亿元用于职业技能提升行动。按照“应培尽培”“愿培则培”“需培就培”的原则，坚持需求导向，扩大职业技能培训覆盖面，把具有培训意愿的重点就业人群和产业急需紧缺技能人才全部纳入培训范围。将企业职工、农村转移就业劳动者、城乡未继续升学初高中毕业生、城镇登记失业人员、在校大学生、退役军人、就业困难人员（含残疾人）、建档立卡贫困劳动力（含重庆巫溪来泰就业贫困劳动力，以下简称贫困劳动力）、贫困家庭子女、特别人群（包括采煤塌陷地失地农民、东平湖库区移民、黄河滩区迁建居民）作为培训重点。主要用于免费职业技能培训补贴、企业职工培训补贴、高危行业企业职工安全技能培训补贴和培训期间生活费补贴。

2020年，泰安市人力资源和社会保障局、泰安市财政局印发《泰安市职业技能提升行动（2019—2021年）专账资金管理使用办法》。为规范泰安市职业技能提升行动专账资金管理，提高资金使用效益，印发该办法。该办法进一步规范了申请范围、条件和程序，提高了部分补贴标准。

同年，泰安市人力资源和社会保障局、

泰安市发展和改革委员会、泰安市科学技术局、泰安市财政局印发《泰安市双创示范基地评选办法》。为推进大众创业和万众创新，打造一批具有示范引领作用的创新创业载体，引导和规范创新创业载体的健康发展，对双创示范基地给予补贴。

2021 年，泰安市人力资源和社会保障局、泰安市财政局印发《泰安市新就业形态灵活就业人员意外伤害保险实施细则》。为扶持新业态领域行业健康发展，鼓励新业态行业吸纳就业，对依托电子商务、网约车、外卖、快递等新业态平台灵活就业且办理就业登记人员购买意外伤害保险的，按照购买意外保险费金额 50% 的标准给予补贴，每人每年最高补助 100 元。

同年，泰安市人力资源和社会保障局、泰安市财政局印发《泰安市市级就业风险储备金管理暂行办法》。为应对突发性、规模性失业风险，规范市级就业风险储备金使用管理，泰安市设立泰安市市级就业风险储备金，规模不低于 300 万元。在发生Ⅰ级失业风险和因疫情、贸易摩擦等不可抗力因素引发同时涉及 3 个及以上县（市、区）、功能区规模性失业风险时，可动用市级就业风险储备金，用于以工代训稳岗补贴、临时生活困难补助、有组织吸纳就业补贴或临时性公益性岗位补贴，以及经市政府批准的其他支出。

2016—2021 年泰安市就业补助支出统计表

表 2-31　　单位：万元

项目 \ 年份	2016	2017	2018	2019	2020	2021
就业补助	9346	7415	9868	8873	8919	11352
就业创业服务补贴	522	295	448	363	274	238
职业培训补贴	1628	1798	1021	658	—	—
社会保险补贴	110	209	10	176	115	808
公益性岗位补贴	321	168	308	494	2297	4987
职业技能鉴定补贴	—	76	55	102	122	—
就业见习补贴	74	127	156	358	206	349
高技能人才培养补助	109	98	596	19	23	28
求职创业补贴	—	—	—	—	—	54
其他就业补助支出	6582	4644	7274	6703	5882	4888

第五节　抚恤支出

泰安市抚恤支出，包括各类优抚对象和优抚事业单位的支出。“抚恤”款级科目下设立死亡抚恤、伤残抚恤、在乡复员、退伍军人生活补助、优抚事业单位支出、义务兵优待、农村籍退役士兵老年生活补助、其他优抚支出等项级科目。

部分优抚对象抚恤和生活补助政策主要用于落实残疾军人（含伤残人民警察、伤残国家机关工作人员、伤残民兵民工）的残疾抚恤金和烈属（含因公牺牲军人遗属、病故军人遗属）的定期抚恤金，在乡老复员军人、带病回乡退伍军人、参战人员、参核人员、老年烈士子女、老年农村籍退役士兵等的生活补助待遇。2016—2021 年，泰安市逐年调整部分优抚对象抚恤和生活补助标准。2021 年 9 月 7 日，市退役军人事务局、市委组织部、市财政局联合印发《关于调整部分优抚对象等人员抚恤和生活补助标准的通知》，从 2021 年 8 月 1 日起，调整部分优抚对象等人员抚恤和生活补助标准。

残疾军人（含伤残人民警察、伤残国家机关工作人员、伤残民兵民工）的残疾抚恤金和烈属（含因公牺牲军人遗属、病故军人遗属）的定期抚恤金。残疾抚恤金标准（元 / 年）：一级：因战 106670 元、因公 103300 元、因病 99910 元；二级：因战 96530 元、因公 91450 元、因病 88030 元；三级：因战 84700 元、因公 79600 元、因病 74550 元；四级：因战 69420 元、因公 62670 元、因病 57590 元；五级：因战 54220 元、因公 47410 元、因病 44030 元；六级：因战 42360 元、因公 40080 元、因病 33860 元；七级：因战 32200 元、因公 28820 元；八级：因战 20330 元、因公 18610 元；九级：因战 16890 元、因公 13560 元；十级：因战 11860 元、因公 10140 元。定期抚恤金标准（元 / 年）：烈属 33860 元、因公牺牲军人遗属 29080 元、病故军人遗属 27360 元。

在乡老复员军人生活补助标准：抗战时期入伍的每人每年不低于 26560 元，其他时期入伍的每人每年不低于 26060 元。

带病回乡退伍军人生活补助标准，每人每月不低于 700 元。

在农村的和城镇无工作单位且家庭生活困难的参战退役人员生活补助标准，每人每月达到 750 元。

不符合评残和享受带病回乡退伍军人生活补助条件，但患病或生活困难的农村和城镇无工作单位的原某部队退役人员，以及其他参加核试验军队退役人员（含参与铀矿开采军队退役人员）生活补助标准，每人每月达到 750 元。

居住在农村和城镇无工作单位、18 周岁之前没有享受过定期抚恤金待遇且年满 60 周岁的烈士子女生活补助标准，每人每月达到 590 元。

1954 年 11 月 1 日试行义务兵役制后至《退役士兵安置条例》实施前入伍、年龄在 60 周岁以上、未享受到国家定期抚恤补助的农村籍退役士兵老年生活补助标准，每人每月达到 50 元。

中华人民共和国成立前加入中国共产党的农村老党员和未享受离退休待遇的城镇老党员生活补贴每人每月标准：1937 年 7 月 6 日前入党的达到 870 元，1937 年 7 月 7 日至 1945 年 9 月 2 日入党的达到 810

元，1945 年 9 月 3 日至 1949 年 9 月 30 日入党的达到 730 元。

第六节　退役安置支出

泰安市退役安置支出，包括退役士兵的安置和军队移交政府的离退休人员安置及管理机构的支出。

2017 年 6 月，市退役士兵安置和权益保障政策落实工作领导小组《关于印发〈关于落实全省退役士兵安置和权益保障工作意见的实施意见〉的通知》，设立了退役士兵专项公益性岗位。2019 年 9 月，市退役军人事务局、市委组织部、市财政局、市人力资源和社会保障局联合印发《关于转发〈关于加强和规范退役士兵专项公益性岗位管理的指导意见（试行）〉的通知》，进一步加强和规范了退役士兵专项公益性岗位管理，完善明确岗位性质、申请条件、岗位开发、薪酬待遇、管理考核等内容，指导各级各部门开展退役士兵专项公益性岗位管理工作。

2019 年 7 月，省、市政府共同出资设立退役军人创新创业和困难帮扶基金，为退役军人创业提供保障。基金收益专项用于退役军人创业贷款贴息和不良损失风险补偿、创业带动就业奖励、选树创业典型、困难帮扶等方面支出。全省初期规模 50 亿元（省级 30 亿元、市级 20 亿元），其中泰安市出资 0.78 亿元，2021 年泰安市完成资金筹集上解工作。

2020 年以前，是通过招标方式确定退役军人培训机构。2020 年按照“标准公开、自愿申报、择优确定、社会公示、动态管理”原则确定培训承训机构。2020 年 10 月，市退役军人事务局、市教育局、市人力资源和社会保障局、市财政局联合印发《泰安市退役军人职业技能培训承训机构评估管理实施办法（试行）》，明确了申报范围、评估程序、管理考核等内容。经评估，全市确定了 31 家培训承训机构。

第七节　社会福利支出

泰安市社会福利支出，包括儿童福利、老年福利、康复辅具、殡葬、社会福利事业单位和养老服务等。

一、儿童福利

2016 年，泰安市民政局、泰安市财政局联合印发《关于进一步规范孤儿基本生活费发放工作的通知》。为进一步保障孤儿生活，泰安市建立了孤儿基本生活保障制度，并发放了孤儿基本生活费。为进一步规范孤儿基本生活费发放工作，切实维护孤儿的合法权益，泰安市孤儿基本生活费按照社会散居孤儿每人每月不低于 720 元、福利机构供养孤儿每人每月不低于 1200 元的标准发放。有条件的县（市、区）根据实际情况，适当提高孤儿基本生活费标准，并建立孤儿基本生活费标准自然增长机制。因父母重度残疾或服刑等事实上无人抚养儿童以及受艾滋病影响儿童，参照社会散居孤儿标准享受基本生活费。

2019 年，泰安市民政局、泰安市财政局联合印发《关于提高孤儿和重点困境儿童基本生活费标准的通知》。为进一步改善孤儿和重点困境儿童基本生活，泰安市将社会散居孤儿基本生活费标准由每人每月不低于 720 元提高至不低于 920 元，福利机构集中养育的孤儿基本生活费标准由每人每月不低于 1200 元提高至不低于 1400 元，重点困境儿童基本生活费标准由每人每月不低于 300 元提高至不低于 500 元。

2020 年，泰安市民政局、泰安市财政局联合印发《关于提高困难群众救助保障水平的通知》。2020 年 1—4 季度机构养育孤儿基本生活费分别达到每人每月 1534 元、1552 元、1567 元、1770 元；社会散居孤儿基本生活费分别达到每人每月 1111 元、1124 元、1140 元、1410 元，事实无人抚养、受艾滋病影响儿童参照社会散居孤儿保障水平执行；重点困境儿童基本生活费分别达到每人每月 684 元、690 元、710 元、990 元。

2021 年，泰安市民政局、泰安市财政局联合印发《关于提高困难群众救助保障水平的通知》。自 2021 年 1 月起，机构养育孤儿基本生活费提高至每人每月 1947 元，社会散居孤儿基本生活费提高至每人每月 1551 元，事实无人抚养、受艾滋病影响儿童参照社会散居孤儿保障水平执行，重点困境儿童基本生活费提高至每人每月 1089 元。

二、老年福利

2018 年，泰安市民政局、泰安市财政局联合印发《关于完善经济困难老年人补贴制度的通知》。将低保老年人分类施保、高龄津贴、护理补贴、服务补贴等统筹合并，建立困难老年人补贴制度。对 60 ～ 79 周岁、80 ～ 89 周岁、90 ～ 99 周岁低保老年人每人每月分别补助 80 元、100 元、200 元；在此基础上，对生活长期不能自理、能力等级为 2 ～ 3［《老年人能力评估》(MZ/T 039—2013) 评定标准］的，以及智力、精神和肢体重度残疾的低保老年人，每人每月增发 80 元。增发补贴部分不能与重度残疾人护理补贴重复享受，可择高领取其一。

三、殡葬

2020 年，泰安市民政局、泰安市财政局联合印发《泰安市本级绿色公益性公墓建设补助经费管理暂行办法》。为加快公益性安葬（放）设施建设，泰安市设立市级绿色公益性公墓建设补助经费，对规定期限内完成节地生态绿色公益性公墓建设任务成效显著的县（市、区）、功能区给予补助，鼓励各地加强绿色公益性公墓服务供给。

四、社会福利事业单位

2017 年，根据山东省民政厅、山东省财政厅联合印发的《关于调整优抚社会福利事业单位开支标准的通知》，泰安市将社会福利院、精神病人福利院收养人员伙食费由每人每月 590 元提高至 710 元，服装费由每人每月 125 元提高至 150 元，零用金由每人每月 115 元提高至 140 元，医疗费由每人每月 680 元提高至 820 元。

五、养老服务

2016 年，泰安市人民政府办公室印发《关于印发泰安市养老服务业转型升级实施方案的通知》。“十三五”期间，市级根据养老服务业发展需要，安排发展养老服务业专项资金，并向社区、居家和农村养老机构倾斜。继续按《泰安市人民政府关于加快发展养老服务业的意见》文件规定，对养老机构建设、城市社区日间照料中心和农村幸福院建设及运营等给予扶持，并调整完善财政补助政策。

自 2016 年起，加大护理型（医养结合型）养老机构扶持力度，在养老机构建设补助标准基础上，将新建、改扩建护理型养老机构建设补助标准提高 20%。

符合条件的民办和公建民营养老机构运营补贴标准，根据实际入住机构的自理、半自理、完全不能自理老年人数量进行补贴，补贴标准分别提高至每人每年 300 元、400 元、600 元。

加大对社区居家养老的支持力度。推动社区日间照料中心向社区养老服务中心转型发展，对具备日间照料、失能老年人托护、居家养老服务功能，由专业机构和服务组织托管运营的社区日间照料中心、农村幸福院，经当地民政部门或其委托的第三方专业机构评估确认，给予一定经费奖补。

加强养老人才培养。对院校设立老年（养老）服务与管理专业、大中专毕业生入职养老服务、获得养老护理员职业资格、养老服务与管理人员培训等给予补助。

2020 年，泰安市人民政府印发《关于支持养老服务发展的实施意见》。为全面建成以居家为基础、社区为依托、机构为补充、医养相结合，功能完善、规模适度、覆盖城乡的养老服务体系，泰安市进一步完善养老服务发展财政补助政策。

实施养老服务发展专项补助。各级政府将地方留成的福利彩票公益金 55% 以上用于支持养老服务发展。

实施养老设施星级创建补助。支持县（市、区）、功能区开展养老服务设施星级创建活动。按照养老服务设施等级划分与评定标准，对养老机构、社区日间照料中心、农村幸福院进行等级评定，评定周期原则上为 3 年。评定为三星级、四星级、五星级的养老机构和社区日间照料中心，评定周期内分别一次性补助 10 万元、15 万元、20 万元；评定为一星级、二星级、三星级的农村幸福院，评定周期内分别一次性补助 3 万元、4 万元、6 万元。

实施失能特困人员集中照护补助。支持县（市、区）、功能区实施失能特困人员集中照护。对开展失能特困人员集中照护的县（市、区）、功能区，综合考虑集中照护规模和支出等因素，每年分别给予 20 万元、40 万元、60 万元的补助。

实施社区养老服务运营配套补助。由专业机构和服务组织托管运营的社区养老服务设施，在享受省级经费补助的基础上，市级对建筑面积在 300 ～ 1084 平方米、1085 ～ 1559 平方米、1600 平方米及以上的社区养老服务设施，每年分别补助运营主体 2 万元、3 万元、4 万元。养老设施星级创建补助、失能特困人员集中照护补助、社区养老服务运营配套补助时限暂定为 3 年。

同年，泰安市养老服务体系建设领导小组办公室印发《泰安市居家和社区养老服务改革试点工作实施方案》。为全面提升居家和社区养老服务综合能力，满足老年人多层次、多样化养老服务需求，增加老年人的获得感、幸福感、安全感，打造具有泰安特色的“养老泰安·养生泰山”养老服务品牌，泰安市开展居家和社区养老服务改革试点工作。通过财政补助、政府购买服务、提供场地、运营补贴等方式，引导社会力量广泛参与居家社区养老服务，扶持一批居家社区养老服务机构，加强养老人才培养，探索智慧化养老。

2021 年，泰安市民政局、泰安市发展和改革委员会等 7 个部门联合印发《泰安市社区老年“幸福食堂”建设指导意见》。进一步明确了社区老年“幸福食堂”建设目标、原则、标准和具体扶持政策。市级对达到标准的城乡社区老年“幸福食堂”分别给予5万元、2万元的建设奖补。要求县（市、区）、功能区要制定针对不同类型、不同年龄老年人的阶梯型就餐补助政策，建立可持续运营的工作机制。市级对县（市、区）、功能区幸福食堂运营效果突出的给予适当奖补。

同年，泰安市民政局、泰安市财政局联合印发《泰安市市级养老服务专项资金补助项目实施方案》。自2021年6月29日起，在医养结合方面，对护理型养老机构和新增护理型床位的特困人员供养设施（敬老院）给予每张护理型床位4700～14000元一次性建设补助；在养老服务机构运营方面，对收住失能、半失能老年人的民办和公办民营养老服务机构给予每年每处2560～6120元运营奖补，对城市社区老年人日间照料中心和农村幸福院给予每年每处8000～18000元运营奖补；在养老服务人才培养方面，对大中专毕业生入职养老服务给予每人15000～30000元一次性奖补，对养老护理员取得职业技能等级给予每人4500～7500元一次性奖补，对“泰山敬老使者”在管理期内发放每人每年7200元市政府津贴，对符合条件的养老服务培训项目发放职业技能提升补贴；在提升养老服务质量方面，对参加养老设施星级创建的养老机构和社区日间照料中心给予10万～20万元一次性奖补，对开展失能特困人员集中照护服务的养老机构给予每年每处20万～60万元奖补。

2016—2021年，泰安市社会福利累计支出为8.05亿元。

2016—2021年泰安市社会福利支出统计表

表2-32　　单位：万元

项目＼年份	2016	2017	2018	2019	2020	2021
社会福利	19606	10964	10593	12629	13589	13088
儿童福利	1049	798	1246	979	2058	3027
老年福利	10838	4643	5021	7135	6624	5317
康复辅具	—	—	—	—	—	4
殡葬	2650	3460	2344	2626	2954	2508
社会福利事业单位	3048	1929	1313	1528	1752	1572
养老服务	—	—	—	—	128	461
其他社会福利支出	2021	134	669	361	73	199

第八节　残疾人事业支出

泰安市残疾人事业支出，包括行政运行、一般行政管理事务、机关服务、残疾人康复、残疾人就业、残疾人体育、残疾人生活和护理补贴和其他残疾人事业支出等。2016—2021年，全市残疾人事业支出累计8.66亿元，占同期社会保障与就业支出的2.7%。

一、残疾人补贴

2016年，泰安市民政局、泰安市财政局、泰安市残疾人联合会印发《关于做好困难残疾人生活补贴和重度残疾人护理补贴发放工作的通知》。自2016年起，困难残疾人生活补贴标准为每人每月82元，重度残疾人护理补贴标准为每人每月80元。根据经济发展水平、物价指数以及残疾人生活保障需求等因素，对补贴标准进行适时调整。

2017年，新增残疾人生活和护理补贴支出功能科目。

2018年，泰安市民政局、泰安市财政局、泰安市残疾人联合会印发《关于调整残疾人两项补贴标准的通知》。享有困难残疾人生活补贴的一、二级残疾人，补贴标准由每人每月82元提高至每人每月100元，其他等级的困难残疾人生活补贴标准为每人每月82元。享有重度残疾人护理补贴的一级残疾人，补贴标准由每人每月80元提高至每人每月100元，其他等级的重度残疾人护理补贴标准为每人每月80元。

2020年，泰安市民政局、泰安市财政局印发《关于提高困难群众救助保障水平的通知》。一、二级困难残疾人生活补贴综合保障水平由每人每月100元提高至140元，三、四级困难残疾人生活补贴综合保障水平由每人每月82元提高至114元；一级重度残疾人护理补贴综合保障水平由每人每月100元提高至140元，二级重度残疾人护理补贴综合保障水平由每人每月80元提高至114元。

2021年，泰安市民政局、泰安市财政局印发《关于提高困难群众救助保障水平的通知》。一、二级困难残疾人生活补贴由每人每月140元提高至154元，三、四级困难残疾人生活补贴由每人每月114元提高至126元；一级重度残疾人护理补贴由每人每月140元提高至154元，二级重度残疾人护理补贴由每人每月114元提高至126元。

二、残疾人事业

2016年，泰安市举办首届泰山国际福祉暨康复设备博览会与泰山国际残疾人论坛，以“推动康复产业发展，促进辅具服务保障”为主题，主要展示残疾人、老年人衣食住行、医疗康复、学习用具、娱乐用品等设施设备，加强辅具设备的科技成果交流，推进辅具器具产业发展。市财政拨付经费120万元，用于博览会与论坛支出。

2017年，开展贫困残疾人基本型辅助器具适配和家庭无障碍改造，从各级残疾人就业保障金、中央专项转移支付、省级公益事业扶贫资金、县（市、区）彩票公益金中统筹解决。

2018年，为进一步推动残疾人就业创业，促进残疾人通过就业创业稳定增收，市财政局印发《“共享阳光·残疾人就业创业工程”推进实施方案》，采取政府奖励、补贴的办法，开展适合残疾人就业创业的岗位和增收项目。

2019 年，市财政联合市税务局、市残联印发《关于进一步明确泰安市残疾人就业保障金征收管理有关工作的通知》，明确残疾人就业保障金由用人单位所在地税务部门负责征收，实行属地征缴，按规定比例就地分成缴入相应级次国库。

2021 年，拨付资金 1172 万元，支持残疾儿童抢救性康复，落实残疾儿童基本康复服务目录和残疾儿童康复救助补助标准，鼓励符合条件的医疗卫生机构等开展残疾儿童康复训练。支持残疾人精准康复服务，继续实施“共享阳光·残疾人就业创业工程”，做好残疾人就业创业和辅助性就业工作。同年，拨付资金 4197 万元，支持推进市康复中心二期建设项目顺利开展。

2016—2021 年泰安市残疾人事业支出统计表

表 2-33 单位：万元

项目 \ 年份	2016	2017	2018	2019	2020	2021
残疾人事业	7869	11944	13990	11206	19232	22372
行政运行	1080	1214	1121	1373	1512	1521
一般行政管理事务	80	1	115	69	123	77
机关服务	—	—	—	—	—	—
残疾人康复	1667	1701	1945	2288	2094	2480
残疾人就业	832	452	472	582	507	667
残疾人体育	35	—	4	57	—	—
残疾人生活和护理补贴	—	6876	9063	5732	13028	15742
其他残疾人事业支出	4175	1700	1270	1105	1968	1885

第九节 最低生活保障

泰安市最低生活保障支出，包括城市最低生活保障金支出和农村最低生活保障金支出。2016—2021 年，泰安市最低生活保障累计支出 17.19 亿元。

2016 年，泰安市人民政府办公室印发《关于提高全市城乡居民最低生活保障标准和农村五保供养标准的通知》。自 2016 年 1 月起，各县（市、区）、泰安高新区、泰山景区城市居民最低生活保障标准继续执行 2015 年标准（泰安高新区每人每月 550 元，泰山区、岱岳区、泰山景区、新泰市、肥城市每人每月 500 元，宁阳县、东平县每人每月 470 元）。城市居民最低生活保障月人均补助水平要达到月标准的 60% 以上，且比 2015 年增长 5% 以上；泰山区、岱岳区、泰安高新区、泰山景区、新泰市、肥城市农村低保标准提高至每人每月 300 元；宁阳县、东平县农村低保标准提高至每人每月 287.5 元。农村居民最低生活保障月人均补助水平要达到月标准的 60% 以上，且比 2015 年增长 8% 以上。

2017 年，泰安市人民政府办公室印发《关于提高城乡居民最低生活保障标准和农村特困人员救助供养标准的通知》。自

2017年1月起，各县（市、区）、泰安高新区、泰山景区城市居民最低生活保障标准继续执行上年标准；泰山区、岱岳区、新泰市、肥城市、泰安高新区、泰山景区农村低保标准提高至每人每月317元；宁阳县、东平县农村低保标准提高至每人每月304元。

2018年，泰安市人民政府办公室印发《关于提高城乡居民最低生活保障标准和农村特困人员救助供养标准的通知》。自2018年10月起，各县（市、区）、泰山景区城市居民最低生活保障标准提高至每人每月550元，泰安高新区仍按原标准执行（每人每月550元）；各县（市、区）、泰安高新区、泰山景区农村居民最低生活保障标准提高至每人每月390元。

2019年，泰安市人民政府办公室印发《关于提高城乡居民最低生活保障标准和城乡特困人员救助供养标准的通知》。自2019年10月起，各县（市、区）、泰安高新区、泰山景区、徂汶景区城市居民最低生活保障标准统一提高至每人每月580元。城市居民最低生活保障月人均补助水平要达到月标准的65%以上；各县（市、区）、泰安高新区、泰山景区、徂汶景区农村居民最低生活保障标准提高至每人每月430元。农村居民最低生活保障月人均补助水平要达到月标准的60%以上。

2020年，泰安市民政局、泰安市财政局联合印发《关于提高困难群众救助保障水平的通知》。2020年1—4季度城市低保标准要分别达到每人每月635元、652元、665元、719元，农村低保标准要分别达到每人每月458元、473元、487元、537元。

2021年，泰安市民政局、泰安市财政局联合印发《关于提高困难群众救助保障水平的通知》。自2021年1月起，各县（市、区）、功能区城市居民最低生活保障标准提高至每人每月791元，农村居民最低生活保障标准提高至每人每月593元。

2016—2021年泰安市最低生活保障支出统计表

表2-34 单位：万元

项目＼年份	2016	2017	2018	2019	2020	2021
最低生活保障	34431	26227	22463	17027	33283	38453
城市最低生活保障金支出	7862	4748	2799	2812	2482	4455
农村最低生活保障金支出	26569	21479	19664	14215	30801	33998

第十节　临时救助支出

泰安市临时救助支出，包括临时救助支出、流浪乞讨人员救助支出等。2016—2021年，泰安市临时救助支出3.52亿元。

一、困难群众价格临时补贴

2016年，印发《泰安市人民政府关于发放价格临时补贴的批复》。根据泰安市月低收入居民基本生活价格指数（SCPI）单月同比涨幅或居民消费价格指数（CPI）中的食品价格单月同比涨幅和当地低保标准、失业保险金标准测算后确定，测算价格不足10元的按10元计算。

2020年，印发《转发山东省发改委等七部门〈关于做好发放阶段性价格临时补贴工作的通知〉的通知》。为缓解新冠肺炎疫情防控期间困难群众生活困难，阶段性扩大价格补贴联动机制保障范围和执行时间，将孤儿、事实无人抚养儿童，以及领取失业补助金人员，纳入联动机制保障范围，同时将补贴标准提高1倍。执行期限为2020年3月至6月。

2021年，印发《转发山东省发改委等七部门〈关于进一步健全社会救助和保障标准与物价上涨挂钩联动机制的通知〉的通知》，保障对象扩大为城乡低保对象、特困人员、领取失业保险金人员、享受国家定期抚恤补助的优抚对象，以及孤儿、事实无人抚养儿童、受艾滋病影响儿童。满足居民消费价格指数（CPI）单月同比涨幅达到3.5%、居民消费价格指数（CPI）中的食品价格单月同比涨幅达到6%、城镇低收入居民基本生活费用价格指数（SCPI）单月同比涨幅达到5%时，启动联动机制。价格临时补贴按月计算、按月发放，具体标准根据泰安市月低收入居民基本生活价格指数（SCPI）单月同比涨幅和当地低保标准（低保、特困、优抚、孤儿等）、失业保险金标准（领取失业保险金人员）测算后确定，测算结果四舍五入取整，不足20元的按20元计算。

二、临时救助和流浪乞讨人员救助

2017年，印发《泰安市城乡困难居民临时救助办法》。各县（市、区）根据所在地的经济社会发展水平和造成家庭基本生活难以维持的临时性、突发性的困难类型来确定当地的救助标准。救助金额根据救助对象的困难程度大小和自救能力强弱确定，原则上每户全年累计救助不超过2次，累计救助金额不超过8000元。在严重自然灾害、突发事故及其他突发紧急事件导致群众遭遇严重困难的情况下，直接为困难群众发放一次性临时困难救助金和生活物资，每户总金额不超过3000元。

2017年，根据山东省民政厅、山东省财政厅联合印发的《关于调整优抚社会福利事业单位开支标准的通知》，泰安市将救助管理站被救助人员伙食费由每人每月15元提高至20元。

2019年，在加强和改进临时救助工作方面，采取支出型临时救助。对重特大疾病患者家庭，视相关医疗保险补偿和医疗救助后个人自负费用给予救助，各县（市、区）按照个人自负费用分段、分档进行救助，每人救助标准原则是控制在城市低保月标准的3～12倍；对因子女自负教育费用负担过重造成生活困难的家庭，每人救助标准原则上控制在城市低保月标准的3～6倍，其中，低保家庭本科新生入学救助标准不低于4000元；急难型临时救助，对于符合急难型对象条件、困难程度较轻的，根据救助对象困难情形，及时给予1000元以下的临时救助。对于困难程度较重、救助金额较大的，参照支出型临时救助标准确定救助金额；对于各种原因造成重大生活困难的，按照一事一议的方式和适度提高救助额度的原则，县级民政部门牵头制定综合救助方案和救助标准。

2016—2021年泰安市临时救助支出统计表

表2-35 单位：万元

项目＼年份	2016	2017	2018	2019	2020	2021
临时救助	6365	5740	3596	5347	8419	5705
临时救助支出	5347	4403	2313	4225	7135	4402
流浪乞讨人员救助支出	1018	1337	1283	1122	1284	1303

第十一节　特困人员救助供养支出

泰安市特困人员救助供养支出，包括城市特困人员救助供养支出和农村特困人员救助供养支出。2016—2021年，泰安市特困人员供养支出7.33亿元。

2016年，泰安市人民政府办公室印发《关于提高全市城乡居民最低生活保障标准和农村五保供养标准的通知》。自2016年1月起，泰山区、新泰市、肥城市、泰安高新区、泰山景区集中供养标准每人每月542元，分散供养标准每人每月433元；岱岳区集中供养标准每人每月517元，分散供养标准每人每月417元；宁阳县、东平县集中供养标准每人每月475元，分散供养标准每人每月392元。

2017年，泰安市人民政府办公室印发《关于提高城乡居民最低生活保障标准和农村特困人员救助供养标准的通知》。农村特困人员救助供养标准包括基本生活标准和照料护理标准。自2017年7月起，各县（市、区）、泰安高新区、泰山景区农村特困人员基本生活标准为每人每月433元。根据特困人员生活自理能力和服务需求，农村特困人员照料护理标准分为三档：一档为完全丧失生活自理能力的，照料护理标准为每人每月360元；二档为部分丧失生活自理能力的，照料护理标准为每人每月180元；三档为具备生活自理能力的，照料护理标准为每人每月100元。

2018年，泰安市人民政府办公室印发《关于提高城乡居民最低生活保障标准和农村特困人员救助供养标准的通知》。自2018年10月起，各县（市、区）、泰安高新区、泰山景区城市特困人员救助供养标准执行每人每月825元，照料护理标准参照农村特困人员护理标准执行；各县（市、区）、泰安高新区、泰山景区农村特困人员基本生活标准提高至每人每月507元。根据特困人员生活自理能力和服务需求，农村特困人员照料护理标准分为三档：一档为完全丧失生活自理能力的，照料护理标准为每人每月 360 元；二档为部分丧失生活自理能力的，照料护理标准为每人每月 180 元；三档为具备生活自理能力的，照料护理标准为每人每月 100 元。

2019 年，泰安市人民政府办公室印发《关于提高城乡居民最低生活保障标准和城乡特困人员救助供养标准的通知》。自 2019 年 10 月起，各县（市、区）、泰安高新区、泰山景区、徂汶景区城市特困人员基本生活标准继续执行上年度标准，照料护理标准参照 2019 年农村特困人员照料护理标准执行；各县（市、区）、泰安高新区、泰山景区、徂汶景区农村特困人员基本生活标准提高到每人每月 570 元。根据特困人员生活自理能力和服务需求，农村特困人员照料护理标准分为三档：一档为完全丧失生活自理能力的，照料护理标准为每人每月 560 元；二档为部分丧失生活自理能力的，照料护理标准为每人每月 280 元；三档为具备生活自理能力的，照料护理标准继续执行上年度标准。

2020 年，泰安市民政局、泰安市财政局联合印发《关于提高困难群众救助保障水平的通知》。2020 年 1—4 季度城市特困基本生活标准分别达到每人每月 889 元、913 元、931 元、1007 元；农村特困人员综合供养保障标准（综合供养保障水平＝当期特困人员资金支出总额 / 当期特困人员数）分别达到每人每月 786 元、788 元、791 元、960 元，农村特困基本生活标准分别达到每人每月 636 元、638 元、691 元、760 元。

2021 年，泰安市民政局、泰安市财政局联合印发《关于提高困难群众救助保障水平的通知》。自 2021 年 1 月起，各县（市、区）、功能区城市特困人员基本生活标准提高至每人每月 1108 元，农村特困人员基本生活标准提高至每人每月 836 元；完全丧失生活自理能力特困人员照料护理标准、部分丧失生活自理能力特困人员照料护理标准、具备生活自理能力特困人员照料护理标准，分别提高至每人每月 616 元、308 元、182 元。

2016—2021 年泰安市特困人员供养支出统计表

表 2-36　　单位：万元

项目 \ 年份	2016	2017	2018	2019	2020	2021
特困人员供养	6336	6445	8708	9465	18322	23980
城市特困人员供养支出	1098	—	—	38	30	508
农村五保供养支出	5238	6445	8708	9427	18292	23472

第十二节　其他生活救助支出

其他生活救助支出，除最低生活保障、临时救助、特困人员救助供养外，用于城乡生活困难居民生活救助的其他支出。包括其他城市生活救助和其他农村生活救助。2016—2021 年，泰安市其他生活救助支出 0.87 亿元。

2016 年以来，根据《山东省物价局 山东省民政厅 山东省财政厅关于做好居民阶梯电价全省城乡“低保户”和农村“五保户”免费电量款发放工作的通知》，泰安市为城乡低保户、特困人员每月设置 15 千瓦时免费用电基数，以免费电量款方式随低保金和特困人员救助供养金定期发放。

2016—2021 年，根据泰安市民族与宗教事务局、泰安市财政局《关于做好我市低收入宗教教职人员生活补助费发放工作的通知》，泰安市对伊斯兰教教职人员、天主教修女等低收入宗教教职人员发放生活补助费，按照每人每月 900 元的标准给予补贴，其中，省级每人每月补助 300 元，剩余 600 元由市、县两级按 1:1 比例进行配套，两级每人每月各配套 300 元。

2021 年，泰安市民政局、泰安市发展和改革委员会等 4 部门联合印发《关于对城乡困难群众发放冬季一次性取暖补贴的通知》。发放标准为，城市低保对象、城市分散供养特困人员按每户不低于 600 元的标准发放；农村低保对象、农村分散供养特困人员、脱贫享受政策人口和即时帮扶人口按每户不低于 300 元的标准发放，对同时符合两种身份的人员，不重复发放。城乡社会散居孤儿、事实无人抚养儿童、重点困境儿童、受艾滋病影响儿童按每人不低于 300 元的标准单独发放。

2016—2021 年泰安市其他生活救助支出统计表

表 2-37　　　　单位：万元

项目＼年份	2016	2017	2018	2019	2020	2021
其他生活救助	857	1486	907	963	1971	2511
其他城市生活救助	382	727	668	395	531	437
其他农村生活救助	475	759	239	568	1440	2074

第十三节　财政对基本养老保险基金的补助支出

2016—2021 年，泰安市财政对基本养老保险基金的补助支出 169.26 亿元。

2016 年，为进一步完善居民基本养老保险财政保障机制，山东省财政厅、山东省人力资源和社会保障厅印发《关于修订山东省居民基本养老保险省级财政补助资金拨付办法的通知》。自 2016 年 7 月 1 日起，泰安市居民基本养老保险基础养老金最低标准提高至每人每月 100 元。省财政按照基础养老金每人每月 100 元的标准，对泰安市给予 60% 的补助，其中，省财政对宁阳县（省财政直管县）的补助标准为每人每月 80 元，省对宁阳县的补助从省对泰安市的补助总额中扣除。在省级补助的基础上，市级财政对泰山区、泰山景区、市高新区按照每人每月8元的标准给予补助；对新泰市、肥城市按照每人每月7元的标准给予补助；对岱岳区、东平县按照每人每月9元的标准给予补助。市级以上财政补助后，剩余部分由各县（市、区）承担。宁阳县属财政省直管县，市级财政不予补助。

2018年，山东省人力资源和社会保障厅、山东省财政厅印发《关于提高全省居民基本养老保险基础养老金最低标准的通知》，自2018年1月1日起，泰安市居民基本养老保险基础养老金最低标准提高至每人每月118元。同年，山东省人力资源和社会保障厅、山东省财政厅印发《关于建立居民基本养老保险待遇确定和基础养老金正常调整机制的实施意见》，对65周岁及以上参保城乡居民予以适当倾斜。其中，65～74周岁、75周岁（含）以上的待遇领取人员，其基础养老金每人每月分别高于最低基础养老金标准5元、10元，所需资金由市、县（市、区）政府承担。为鼓励引导居民早参保、长缴费、不断保，参加居民基本养老保险缴费满15年后（不含补缴年限），每多缴一年，在领取居民基本养老保险待遇时，每月加发基础养老金1元，所需资金由市、县（市、区）政府承担。为引导城乡居民选择高档次标准缴费，对选择较高档次缴费的人员适当增加缴费补贴。对选择300元标准缴费的，补贴标准为每人每年30元；对选择500元、600元标准缴费的，补贴标准为每人每年60元；对选择800元及以上标准缴费的，补贴标准为每人每年80元。

2020年，山东省人力资源和社会保障厅、山东省财政厅印发《关于提高全省居民基本养老保险基础养老金最低标准的通知》，自2020年7月1日起，泰安市居民基本养老保险基础养老金最低标准提高至每人每月142元。根据山东省人民政府《关于深化省以下财政管理体制改革的实施意见》，城乡居民基本养老保险省级对泰安市补助比例为60%，对宁阳县、东平县省财政直管县补助比例为80%。在省级补助的基础上，市级财政对泰山区、岱岳区、新泰市、肥城市、高新区、景区、徂汶景区在原补助基数的基础上对提标部分补助10%，对东平县、宁阳县不予补助。市级以上财政补助后，剩余部分由各县（市、区）承担。宁阳县是省财政直管县，市级财政不予补助。东平县新设省财政直管县，市级按照2019年确定的基数补助。

2021年，山东省人力资源和社会保障厅、山东省财政厅印发《关于提高全省居民基本养老保险基础养老金最低标准的通知》，自2021年7月1日起，泰安市居民基本养老保险基础养老金最低标准提高至每人每月150元。省市补助政策同2020年。

2016—2021 年泰安市财政对基本养老保险的财政补助支出统计表

表 2-38　　单位：万元

项目＼年份	2016	2017	2018	2019	2020	2021	合计
财政对机关事业单位基本养老保险基金的补助	—	110494	108152	152336	265268	230042	866292
财政对城乡居民基本养老保险基金的补助	103827	109252	130280	142487	161696	178791	826333
合计	103827	219746	238432	294823	426964	408833	1692625

第十四节　退役军人管理事务支出

2018 年 11 月，市委、市政府印发《关于组建市退役军人事务局各级退役军人事务部门组建的通知》，组建市退役军人事务局。2019 年，政府收支分类科目新增“退役军人管理事务”款级科目，下设行政运行、一般行政管理事务、机关服务、拥军优属、部队供应、事业运行、其他退役军人事务管理支出，主要反映退役军人事务管理支出，其中“拥军优属、部队供应”项级科目从“民政管理事务”款级科目调整至“退役军人管理事务”款级科目。2018 年以来，泰安市各级财政部门为退役军人事务工作积极提供经费保障。2020 年 10 月，泰安市第七次荣获“全国双拥模范城”称号。

第九章　卫生健康支出

2016年以来，泰安市各级财政部门为卫生健康事业支出提供保障。在医疗卫生与计划生育支出科目中，下设医疗卫生与计划生育管理事务、公立医院、基层医疗卫生机构、公共卫生、医疗保障、中医药、计划生育事务、食品和药品监督管理事务以及其他医疗卫生与计划生育支出。2017年，新增行政事业单位医疗、财政对基本医疗保险基金的补助、医疗救助、优抚对象医疗款级科目。2019年，组建卫生健康委员会，将“医疗卫生与计划生育支出”科目下所有“卫生与计划生育”“卫生和计划生育”的表述统一修改为“卫生健康”。增设“老龄卫生健康事务”款级科目。2016—2021年，泰安市卫生健康财政支出累计266亿元，年平均支出44.3亿元。2021年，全市卫生健康支出48.4亿元，占同期一般预算支出的11.3%。

第一节　卫生健康管理事务支出

卫生健康管理事务支出反映卫生健康、中医等管理方面的支出，包括行政单位（包括参公事业单位）的行政运行、一般行政管理事务及机关服务。

2016—2021年，全市卫生健康管理事务财政支出累计2.94亿元，年平均支出0.49亿元，占同期卫生健康支出的1.8%。

2016—2021年泰安市卫生健康管理事务支出统计表

表2-39　　单位：万元

项目＼年份	2016	2017	2018	2019	2020	2021
卫生健康管理事务	6502	2121	1686	1257	9125	8687
行政运行	5853	1420	1297	1152	8256	8021
一般行政管理事务	17	16	18	—	31	49
其他卫生健康管理事务支出	632	685	371	105	838	617

第二节　公立医院支出

公立医院支出，是对卫生健康部门所属综合医院、中医（民族）医院、传染病医院、职业病防治医院、精神病医院、妇幼保健医院、儿童医院、其他专科医院、福利医院和行业医院的补助支出，以及处理医疗欠费、康复医院和其他公立医院支出。

2016年，按照《市委办公室　市政府办公室印发〈关于进一步深化医药卫生体制改革的实施意见〉的通知》要求，全面推进公立医院综合改革。2016年6月底前，全面启动城市公立医院综合改革，巩固和深化县级公立医院综合改革，初步建立现代医院管理制度。公立医院因取消药品加成所减少的收入，通过调整医疗服务价格补偿80%，政府补偿不低于10%，其余部分通过医院加强核算、节约成本的方式解决。2016年，市财政拨付资金3500万元，其中省级1500万元、市级2000万元，专项用于支持城市公立医院综合改革试点工作。

2017年，根据《关于印发〈中共泰安市委常委会2017年工作要点分工方案〉的通知》文件精神，研究制定财政部门深化医药卫生体制改革的重大政策措施、重要工作方案、重点实施计划，研究利用市场化手段，推进医疗健康产业发展，"以营养改、以改立公"，统筹协调解决财政部门深化医药卫生体制改革的重大问题。

2018年，投资1661万元，以健康泰安资金结算监管平台建设为载体，推动市直8家公立医院财务一体化，实现对绩效、资金、预算的监督和管控，将会计科目、数据分类规范、薪资项设置、预算样表、财务报表进行统一；实现了对市直8家城市公立医院资金实时监控、人数的实时监控、预算由上至下的管控、预算调整的管控、财务报表的实时察看、加强了医院及上级单位的沟通、医院报表数据的自动采集，实现了医院经济运行的实时监管和数据共享，为提供全方位全周期的大健康资金监管奠定了坚实的基础，公立医院全面预算信息化管理走在全省前列。

2020年，为加快补齐重大疫情防控救助体系短板，按照"各市要依托现有资源设立一所达到三级标准的市级传染病医院"的明确要求，2020年，拨付抗疫特别国债资金1.2亿元，支持泰安市中心医院分院(市传染病医院)病房楼扩建工程建设。

2021年，市财政拨付专项债券资金6900万元，继续支持市中心医院分院传染病房楼建设和发热门诊建设；拨付专项债券资金1.23亿元，支持市中医医院门诊医技综合楼（市中医诊疗中心）项目建设。

2016—2021年，全市公立医院支出累计8.4亿元，2021年，持续受新冠肺炎疫情影响，投入力度大，累计投入资金1.8亿元，占当年卫生健康支出的3.8%。

2016—2021年泰安市公立医院支出统计表

表2-40 单位：万元

项目 \ 年份	2016	2017	2018	2019	2020	2021
公立医院	16540	12372	11476	7579	17948	18374
综合医院	2018	1706	2450	1537	2442	4040
中医（民族）医院	1361	960	1032	1209	1472	941
传染病医院	1127	1347	1323	1371	1736	6487
职业病防治医院	—	—	150	18	—	—
精神病医院	702	622	927	888	888	938
妇幼保健医院	—	—	70	—	563	223
其他专科医院	345	636	814	635	770	794
康复医院	10987	7101	4710	1921	—	—
其他公立医院支出	16540	12372	11476	7579	10077	4951

第三节　基层医疗卫生机构支出

泰安市基层医疗卫生机构支出，包括城市社区卫生机构、乡镇卫生院以及其他基层医疗卫生机构支出等。

2017年，市财政局配合卫生健康部门印发《泰安市基层医疗卫生机构标准化建设三年规划方案（2017—2019年）》，按照“保基本、补短板、创示范、提能力”的思路，重点加强基层医疗卫生机构设施设备改善和人才队伍建设，切实加强运行管理，提升基层医疗卫生服务能力与质量。2019年，乡镇卫生院（社区卫生服务中心）建设工程列入市委、市政府为民要办10件实事之一，全市共筹措资金8399万元，其中财政投入1185万元，新（改、扩）建设施6.87万余平方米，购置各类设备982台（件），全市乡镇卫生院（社区卫生服务中心）标准化建设达标率达到97.7%。

2018年，为推进基层医疗卫生机构标准化与特色科室建设，市财政拨付140万元，专项用于培养和扶持一批适合基层医疗卫生机构开展的特色服务项目，完善基层服务功能，加快薄弱服务领域建设步伐，提升了泰安市基层医疗卫生机构服务水平。

2019年，为保障基层医疗卫生机构平稳运行，提高基本医疗卫生服务质量和效率，加快建立维护公益性、调动积极性、保障持续性的运行新机制，转发《关于进一步落实基层医疗卫生机构投入政策的通知》，完善财政对基层医疗卫生机构的补助政策。

2020年，提高基本公共卫生服务经费保障标准，从每人每年69元提高到74元。2021年，继续提高基本公共卫生服务经费标准，从每人每年74元提高到79元。支持全面实施农村适龄妇女“两癌”筛查、新生儿遗传代谢性疾病免费筛查、产前筛查等重点民生项目，让城乡居民切实享受到均等化公共卫生服务。

2016—2021年，全市基层医疗卫生机构支出累计5.65亿元，占同期卫生健康支出的2.7%。

2016—2021年泰安市基层医疗卫生机构支出统计表

表2-41　单位：万元

项目＼年份	2016	2017	2018	2019	2020	2021
基层医疗卫生机构	18366	593	388	1301	22695	13199
城市社区卫生机构	111	—	—	—	25	127
乡镇卫生院	4434	216	218	112	3650	3600
其他基层医疗卫生机构支出	13821	377	170	1189	19020	9672

第四节　公共卫生支出

泰安市公共卫生支出包括疾病预防控制机构、卫生监督机构、妇幼保健机构、精神卫生机构、应急救治机构、采供血机构、其他专业公共卫生机构、基本公共卫生服务、重大公共卫生服务、突发公共卫生事件应急处理以及其他公共卫生支出等。

“十三五”期间，泰安市不断提高基本公共卫生服务人均补助标准，全市各级财政累计拨付资金15.4亿元，从2016年人均补助标准由每人每年45元提高至2020年的65元，基本公共卫生服务覆盖至全市城乡居民。

2017年起，泰安市先后出台免费产前筛查、农村妇女“两癌”、无创DNA检测等一系列惠民利民政策。2018年，强化疾病预防控制和卫生应急工作，狠抓H7N9禽流感、手足口病、艾滋病、结核病等重点传染病疫情防控工作。2020年，面对新冠肺炎疫情，市财政加大财政投入力度，拨付抗疫特别国债资金2660万元，专项用于市疾控中心能力提升改造。2021年，市财政拨付资金2630万元，继续支持市疾控中心能力提升项目开展。

2016—2021年，全市公共卫生支出累计27.2亿元，占同期卫生健康支出的17%。

2016—2021年泰安市公共卫生支出统计表

表2-42　　　　单位：万元

项目＼年份	2016	2017	2018	2019	2020	2021
公共卫生	46345	11919	13416	13860	104143	82438
疾病预防控制机构	7560	2954	2895	2709	12244	10562
卫生监督机构	878	943	948	991	1185	952
妇幼保健机构	2650	478	389	463	5074	4578
精神卫生机构	—	—	—	—	60	160
应急救治机构	494	325	292	343	358	311
采供血机构	3432	3347	4153	3662	3852	4111
其他专业公共卫生机构	—	—	—	—	—	380
基本公共卫生服务	25753	2066	2972	4223	44327	43808
重大公共卫生服务	5221	1644	1688	911	3693	1904
突发公共卫生事件应急处理	100	100	30	8	26288	12742
其他公共卫生支出	257	62	49	550	7062	2930

第五节　中医药支出

中医药支出，用于中医（民族医）药专项及其他中医药支出。

2016年以来，市财政加大对中医政策的扶持力度，配合市医保部门，进一步完善医保政策，并将中药自制制剂纳入医保报销；中草药按照医保甲类药品目录管理，无个人首先自付部分；在总额控制管理中对中医医院进行倾斜，总额分配指标时，中医床位按照1.2以上系数增加。

2018—2020年，市财政累计拨付市中医医院资金5395万元，主要用于特色专科建设及中医药服务能力提升、医改补助及工资福利支出等。2021年，加强资源统筹和资金保障，支持市中医医院门诊医技综合楼（市中医诊疗中心）项目建设，确保实事项目办好办实。

2016—2021年，全市中医药支出累计1790万元，占同期卫生健康支出的0.1%。

2016—2021年泰安市中医药支出统计表

表2-43　　单位：万元

项目 \ 年份	2016	2017	2018	2019	2020	2021
中医药	50	593	388	44	387	328
中医（民族医）药专项	—	—	—	44	227	242
其他中医药支出	50	216	218	—	160	86

第六节　计划生育事务支出

泰安市计划生育事务支出，下设计划生育机构、计划生育服务、其他计划生育事务支出3个项级科目。

2016年以来，市财政局调整财政支出结构，加大对农村部分计划生育家庭奖励扶助、特别扶助以及免费孕前优生健康检查项目等投入，保障了计划生育政策落实到位。

2020年1月1日起，按照计划生育家庭特别扶助标准动态调整机制工作要求，调整泰安市计划生育家庭特别扶助标准，独生子女死亡家庭特别扶助金标准由每人每月610元提高到每人每月750元，独生子女伤残家庭特别扶助金标准由每人每月480元提高到每人每月600元。

2021年，市财政拨付资金6101万元，提高计划生育家庭特别扶助标准，落实农村部分计生家庭奖励扶助、省属困难企业退休职工独生子女父母一次性养老补助等重点政策。

2016—2021年，全市计划生育事务支出累计10.46亿元，占同期卫生健康支出的6.2%。

2016—2021 年泰安市计划生育事务支出统计表

表 2-44 单位：万元

项目＼年份	2016	2017	2018	2019	2020	2021
计划生育事务	35054	4338	1630	4958	28382	30210
计划生育机构	10430	1137	229	511	4479	3655
计划生育服务	14478	2415	449	3635	19638	21581
其他计划生育事务支出	10146	786	952	812	4265	4974

第七节　基本医疗保险基金补助支出

2016 年，根据《关于修订山东省居民基本医疗保险省级财政补助资金拨付办法的通知》精神，各级政府对参保居民的补助标准提高到每人每年不低于 420 元。在省级补助基础上，市级财政对泰山区、泰山景区、市高新区补助标准为每人每年 90 元；对岱岳区、东平县补助标准为每人每年 109 元；对新泰市、肥城市补助标准为每人每年 46 元；对宁阳县市级补助标准按照 2010 年转移支付基数补助。剩余资金由县（市、区）级财政予以补足。市县财政补助资金在每年 8 月底前全部到位。

2017 年，根据《关于印发泰安市居民基本医疗保险办法的通知》精神，居民基本医疗保险实行个人缴费和政府补助相结合的筹资方式，建立居民基本医疗保险基金。政府补助按照国家规定的标准执行，由各级财政按规定共同承担，按年度列入财政预算，确保及时、足额拨付到位。各级政府对参保居民的补助标准提高到每人每年 450 元。

2018 年，各级政府对参保居民的补助标准提高到每人每年 490 元。

2019 年，各级政府对参保居民的补助标准提高到每人每年 520 元。当年，省财政修改城乡居民基本医疗保险省级补助办法，根据《关于印发山东省医疗保障和救助资金管理暂行办法的通知》，城乡居民基本医疗保险“省级按照各市及省财政直管县（市）参保人数、当年确定的政府补助标准、鲁政发〔2019〕2 号规定的补助比例对各市及省财政直管县（市）分类补助”。省级对泰安市补助比例为 60%，对宁阳县、东平县省财政直管县补助比例为 80%。在省级补助基础上，市级财政对居民基本医疗保险政府补助在上一年补助基数上，新增部分（除省财政直管县外），市级财政按照 10% 比例对县（市、区）进行补助。

2020 年，各级政府对参保居民的补助标准提高到每人每年 550 元。

2021 年，各级政府对参保居民的补助标准提高到每人每年 580 元。当年，财政部、国家医保局修订了《中央财政城乡居民基本医疗保险补助资金管理办法》，对拨付流程、申报审核和监督检查部分进行了完善。

2016—2021 年，市财政对居民基本医疗保险财政补助累计支出 110.35 亿元。

2016—2021 年泰安市对居民基本医疗保险基金的补助支出统计表

表 2-45　　单位：万元

项目 \ 年份	2016	2017	2018	2019	2020	2021
对居民基本医疗保险基金的补助	10049	192914	198249	225902	232701	243675

第八节　医疗救助支出

2017 年，根据市政府《关于印发泰安市居民基本医疗保险办法的通知》，对农村五保供养对象、城乡最低生活保障对象以及因病造成生活特别困难并经当地政府批准的其他人员，参加居民基本医疗保险的个人缴费部分，通过城乡医疗救助等渠道予以资助；全面落实资助贫困人员参保政策，对建档立卡贫困人口、低保对象、特困人员等困难群体参加居民基本医疗保险个人缴费部分由县（市、区）财政按一档标准全额给予补贴；抚恤定补优抚对象、重度残疾人参加居民基本医疗保险的个人缴费部分，按照相关规定执行。

2018 年 9 月 1 日，泰安市医疗救助“一站式”即时结算系统开始运行，对城乡最低生活保障对象和农村五保供养对象，应在定点医院设立的“一站式”即时结算服务平台，实行医疗救助费用即时结算，为困难群众减轻医疗费用负担、减少审批跑腿的压力起到了较大作用。

2020 年，新修订《泰安市医疗救助办法》，按照脱贫攻坚要求，建档立卡贫困人口医疗救助 100% 全覆盖，将原来未享受低保特困的建档立卡贫困户纳入医疗救助范围。增加了需要救助的特殊疾病患者或病种（苯丙酮尿酸症患者），完善了医疗机构优惠减免。

2016—2021 年，泰安市城乡医疗救助累计支出 3.46 亿元。

2016—2021 年泰安市城乡医疗救助支出统计表

表 2-46　　单位：万元

项目 \ 年份	2016	2017	2018	2019	2020	2021
城乡医疗救助支出	3970	2646	4781	5350	8115	9772

第九节 优抚对象医疗支出

优抚对象医疗主要用于符合条件抚恤定补优抚对象参加基本医疗保险缴费补助、医疗费用补助等支出。抚恤定补优抚对象是指具有泰安市城乡居民户籍且在泰安市行政区域内领取定期抚恤金或定期定量补助人员，包含退出现役的残疾军人、烈士遗属、因公牺牲军人遗属、病故军人遗属、复员军人、带病回乡退伍军人、1954 年 11 月 1 日后入伍的部分参战退役人员。

2017 年，政府收支分类科目对“优抚对象医疗”科目进行调整，从“医疗保障”款级下的项级科目调整为款级科目。优抚对象医疗下设优抚对象医疗补助、其他优抚对象医疗支出。

2016—2021 年泰安市优抚对象医疗支出统计表

表 2-47 单位：万元

项目 年份	合计	优抚对象医疗补助	其他优抚对象医疗支出
2016	1162	1162	—
2017	833	833	—
2018	1259	1259	—
2019	1800	1800	—
2020	1336	1320	16
2021	1742	1736	6
合计	8132	8110	22

第十节 医疗保障管理事务支出

2019 年，成立市医疗保障局，加强对医保基金监管。每年安排医保稽查稽核及政策宣传经费 24 万元，组织开展医保基金稽查稽核和打击欺诈骗保专项治理。医保局成立后，共安排信息化建设经费 500 余万元，建立并完善了慢病处方流转平台、医保综合柜员系统、公共服务系统、医保智能监管系统、信用评价管理系统、特药“一站式”式联网结算系统，开展医保经办网上服务，持续扩大异地就医联网结算覆盖面；创新医保防贫工作模式，实现贫困人员就医“一站式”结算，医保电子凭证平台和市直离休干部医疗保障联网结算系统建设等信息化项目。

深入推进医疗服务价格改革，完善医疗服务价格体系。成立泰安市公立医疗机构药品（医用耗材）采购联合体。制定和落实相关配套措施及政策，确保了集中带量采购工作有序推进。国家组织 3 批、112 种集采药品、国家组织冠脉支架、京津冀及黑吉蒙晋辽鲁联盟医用耗材（人工晶体）、全省首批省级集采 39 种药品和五类高值医用耗材带量采购成果顺利落地实施。

2019—2021 年，泰安市医疗保障管理事务累计支出 9586 万元。

第十一节　老龄卫生健康事务支出

老龄卫生健康事务支出，反映老龄卫生健康事务方面的支出。

2016 年以来，推进“银龄安康工程”稳步实施，全市有 29 万名老年人参保，对 3909 名失能高风险贫困老年人开展照护工作，对 3758 名 65 周岁及以上老年人进行心理关爱健康状况干预。

2016—2021 年，全市累计为 20245 位 90 ～ 99 周岁老年人发放高龄补贴 7540 万元，为 294 位百岁以上老人发放高龄补贴 529.2 万元。2016—2021 年，全市老龄卫生健康事务支出累计 5673 万元，占同期卫生健康支出的 0.1%。

2016—2021 年泰安市老龄卫生健康事务支出统计表

表 2-48　　单位：万元

项目＼年份	2016	2017	2018	2019	2020	2021
老龄卫生健康事务支出	1000	852	1080	339	2150	252

第十章　行政管理费支出

2016年以来，泰安市行政管理费支出，包括市人大、政协、政府办公室及相关机构事务、统计信息事务、财政事务、审计事务、纪检监察事务、民族事务、港澳台事务、民主党派及工商联事务、群众团体事务、党委办公室及相关机构事务、组织事务、统战事务、其他共产党事务支出、市场监督管理事务、其他一般公共服务等方面的支出，以及保障机构正常运转、完成日常和特定工作任务或事业发展目标的支出。

2019年，泰安市各级财政部门根据机构改革方案，调整相关科目。增设“市场监督管理事务”科目及相关项级科目，相应删除“工商行政管理事务”“质量技术监督与检验检疫事务”科目及其项级科目。在“统战事务”科目下增设“宗教事务”（项）、“华侨事务”（项）科目，删除“宗教事务”（款）、“华侨事务”（项）科目，将“港澳台侨事务”款修改为“港澳台事务”，将“其他港澳台侨事务支出”修改为“其他港澳台事务支出”。

2021年，泰安市各级财政部门根据部门职能调整，原列“人力资源事务”科目的机构编制相关支出列入“组织事务”科目。将“专项业务活动”科目名称修改为“专项业务及机关事务管理”。

第一节　人大经费

泰安市人大经费，指市人民代表大会（以下简称人大）的经费。具体包括行政单位（含实行公务员管理的事业单位）的基本支出、一般行政管理事务支出；人大会议，人大召开人民代表大会等专门会议的支出；人大立法，人大立法方面的支出；人大监督，人大开展监督工作的支出；人大代表履职能力提升，人大为提高代表履职能力所发生的各项支出；代表工作，人大代表开展各类视察等方面的支出；人大信访工作，人大处理来信来访工作的支出；市人大其他事务支出等。

2016—2021年，泰安市本级人大经费累计支出1.73亿元。

第二节　政府机关经费

泰安市政府机关经费，指市政府办公室及相关机构的经费（不含公安、安全、司法行政机关）。具体包括行政单位（含实行公务员管理的事业单位）的基本支出、一般行政管理事务支出；专项业务活动，各类重大活动、召开重要会议等支出；政务公开审批，各级政府政务公开审批方面的支出；信访事务，政府用于接待群众来信来访方面的支出；市政府办公室及相关机构事务支出等。

2016—2021年，市本级政府办公室及相关机构事务支出12.09亿元。

第三节　政协经费

泰安市政协经费，指政治协商会议（以下简称政协）的支出。具体包括行政单位（含实行公务员管理的事业单位）的基本支出、一般行政管理事务支出；政协会议，政协召开政治协商会议等专门会议的支出；委员视察，政协委员开展各类视察的支出；参政议政，政协为参政议政进行调研、检查等方面的支出；市政协其他事务支出等。

2016—2021 年，泰安市本级政协经费累计支出 1.36 亿元。

第四节　民主党派经费

泰安市民主党派机关经费，指各民主党派（包括民革、民盟、民建、民进、农工党、致工党、九三学社等）及办事机构的支出。具体包括行政单位（含实行公务员管理的事业单位）的基本支出、一般行政管理事务支出；参政议政，各民主党派为参政议政进行的调研、会议、检查等方面的支出；民主党派其他事务支出等。

2016—2021 年，泰安市本级党派经费累计支出 0.36 亿元。

第五节　群众团体机关经费

泰安市群众团体机关经费，包括人民团体、社会团体、群众团体以及共青团组织、妇女联合会等方面的经费开支。具体包括行政单位（含实行公务员管理的事业单位）的基本支出、一般行政管理事务支出；工会事务；社会团体其他事务支出等。

2019 年，根据预算管理需要，在“群众团体事务”科目下增设“工会事务”。

2016—2021 年，泰安市本级群众团体机关经费累计支出 1.16 亿元。

2016—2021 年泰安市本级一般公共服务支出统计表

表 2-49　　单位：万元

项目/年份	一般公共服务支出					
	合计	人大经费	政协经费	政府办公室及相关机构事务	民主党派机关经费	群众团体机关经费
2016	19903	2360	1448	14501	498	1096
2017	23945	2527	2212	17083	517	1606
2018	29860	2860	2134	22378	535	1953
2019	30130	3031	2508	22165	610	1816
2020	29477	3198	2675	20488	717	2399
2021	33703	3371	2625	24280	677	2750

第十一章　公共安全支出

泰安市公共安全支出，包括武装警察部队、公安、国家安全、检察、法院、司法、监狱、强制隔离戒毒、国家保密、缉私警察、其他公共安全等方面的支出。2016年以来，随着经济社会发展，维护社会稳定的任务日渐重要，党和政府对政法部门工作的重视程度不断提高，财政投入也不断加大。2016—2021年，泰安市本级公共安全累计支出54亿元。

第一节　武装警察部队支出

2019年，根据武警部队领导管理体制改革方案，修改相关支出科目。将“武装警察”科目修改为“武装警察部队”，将“内卫”科目修改为“武装警察部队”，将“其他武装警察支出”修改为“其他武装警察部队支出”，删除“消防”“警卫”等科目。

2016—2021年，市本级对武装警察部队共支出1.46亿元。

第二节　公安支出

泰安市公安支出，包括行政单位（含实行公务员管理的事业单位）的基本支出、一般行政管理事务支出；信息化建设，用于非涉密的信息网络建设和运行维护费相关支出；执法办案，从事行政执法、刑事司法及侦查办案支出；特别业务；特勤业务，开展特勤工作、执行安全保卫任务支出；移民事务，公民出入境管理、外国人管理、公安其他支出等。

2019年，根据机构改革和预算管理需要，增设“执法办案”“特别业务”科目，相应删除“治安管理”“国内安全保卫”“刑事侦查”“经济犯罪侦查”“出入境管理”“行动技术管理”“防范和处理邪教犯罪”“禁毒管理”“道路交通管理”“反恐怖”“居民身份证管理”“网络运行及维护”“拘押收教场所管理”“警犬繁育及训练”等科目。

2020年，根据机构职能调整和预算管理需要，在“公安”科目下增设“特勤业务”和“移民事务”科目。

2016—2021年，泰安市本级公安累计支出为42.12亿元。

第三节　检察支出

泰安市检察支出，包括行政单位（含实行公务员管理的事业单位）的基本支出、一般行政管理事务支出；“两房”建设，办案用房和专业技术用房及附属设施的建设和修缮支出；检察监督，检察机关开展法律监督工作支出，包括侦查监督、公诉、审判监督、执行监督、民事行政监督、公益诉讼、控告申诉等；检察其他支出等。

2019年，根据监察体制改革和预算管理需要，增设“检察监督”科目，相应删除“查办和预防职务犯罪”“公诉和审判监督”“侦查监督”“执行监督”“控告申诉”等科目。

2016—2021年，泰安市本级检察累计支出为4.77亿元。

第四节　法院支出

泰安市法院支出，包括行政单位（含实行公务员管理的事业单位）的基本支出、一般行政管理事务支出；案件审判，人民法院对刑事、民事、行政、涉外等案件审判活动的支出；案件执行，人民法院对刑事、民事、行政、涉外等案件执行活动和对各种非诉执行活动的支出；“两庭”建设，审判用房、人民法庭用房、刑场建设维修和设备购置，以及审判庭安全监控设备购置及运行管理等支出；法院其他支出等。

2016—2021年，泰安市本级法院累计支出为4.56亿元。

第五节　司法支出

泰安市司法支出，包括行政单位（含实行公务员管理的事业单位）的基本支出、一般行政管理事务支出；基层司法业务，司法行政部门用于基层业务的支出，包括基层工作指导费、调解费、安置帮教费、司法所经费和公共法律服务平台相关支出、人民陪审员选任管理费用、人民监督员选任管理费用等支出；普法宣传，用于组织各种媒体的宣传、普法装备与设施、宣传资料、对外宣传、法制作品的审读评审等方面的支出；律师公证管理，指导律师公证工作的支出。法律援助；国家统一法律职业资格考试，举办国家统一法律职业资格考试所需的支出；仲裁；社区矫正；司法鉴定；法制建设；信息化建设；司法其他支出等。

2019年，根据机构改革方案，在“司法”科目下增设“法制建设”“信息化建设”科目，相应删除“法制建设”科目。修改“基层司法业务”科目说明，将“司法统一考试”科目修改为“国家统一法律职业资格考试”。

2021年，修订“司法”科目下的项级科目，将“律师公证管理”科目名称修改为“律师管理”，将“法律援助”科目名称修改为“公共法律服务”，相应修改上述科目的说明；修改“国家统一法律职业资格考试”“社区矫正”和“其他司法支出”科目的说明；删除“仲裁”“司法鉴定”科目。

2016—2021年，泰安市本级司法累计支出为1.14亿元。

第十二章　金融支出

泰安市金融支出，主要包括金融部门行政支出、金融部门监管支出、金融发展支出、金融调控支出和其他金融支出。2016—2021年，全市金融支出共计0.2亿元，主要用于金融部门监管支出、金融发展支出和其他金融支出。

第一节　金融部门监管支出

泰安市金融部门监管支出，包括货币发行、金融服务、反假币、重点金融机构监管、金融稽查与案件处理、金融行业电子化建设、从业人员资格考试、金融部门其他监管支出。2016—2021年，全市金融部门监管支出累计0.05亿元。

2016—2021年泰安市金融部门监管支出统计表

表2-50　单位：万元

项目 \ 年份	2016	2017	2018	2019	2020	2021
金融部门监管支出	—	—	—	280	260	—

第二节　金融发展支出

泰安市金融发展支出，包括政策性银行亏损补贴、利息费用补贴支出、补充资本金、风险基金补助、其他金融发展支出。2016—2021年，全市金融发展支出累计0.05亿元。

为缓解全市小微企业融资难、融资贵问题，扩大小微企业、涉农贷款信贷规模，推进保证保险业务开展，2016年起，泰安市按照省财政厅工作安排，落实了财政、银行和保险公司联合风险分担机制，建立了以政府扶持小微企业发展为导向，以银行贷款投入为基础，以保证保险为保障的“政银保”业务合作贷款体系，为进一步解决融资难问题构筑了平台。市财政局会同市地方金融监管局等9个部门联合转发并执行《山东省“政银保”贷款保证保险补贴资金管理暂行办法》，推动了财政金融政策融合创新，促进了放大保险增信对扩大信贷投放的作用。该政策已于2020年9月停止执行。2017—2021年，全市共为企业提供担保贷款0.32亿元，市级财政累计筹集省、市级补贴资金0.03亿元，用于保障“政银保”业务开展。

2016—2021 年泰安市金融发展支出统计表

表 2-51　　单位：万元

项目＼年份	2016	2017	2018	2019	2020	2021
金融发展支出	200	0.63	200.91	102.39	17.18	-10.06

第三节　其他金融支出

泰安市其他金融支出，包括重点企业贷款贴息，在新冠肺炎疫情防控期间卫生防疫、医药产品、医用器材等疫情防控重点保障企业以及疫情防控工作突出的其他企业有关贷款提供的贴息资金。2016—2021 年，全市其他金融支出累计 0.1 亿元。

2016 年以来，泰安市向省财政厅申报省金融创新发展引导资金、“齐鲁金融之星”、新设金融机构总部奖励、多层次资本市场补助、直接债务融资奖励、市场化债转股奖励、地方普惠金融发展奖励资金等。

2020 年疫情防控期间，为支持疫情防控重点保障企业扩大产能，保障疫情防控相关重要医用物资、生活必需品平稳有序供给，按照中央及省工作安排，泰安市财政局会同市发改委、市工业和信息化局、人行泰安中心支行组织纳入中央和省级疫情防控重点保障名单的企业申报贷款贴息。全市共有 16 家企业申报贷款贴息，贷款总额 2.3 亿元，报经财政部山东监管局和省财政厅审核，泰安市符合中央和省级贴息条件的企业 13 家，享受贴息资金 0.03 亿元。

2016—2021 年泰安市其他金融支出统计表

表 2-52　　单位：万元

项目＼年份	2016	2017	2018	2019	2020	2021
其他金融支出	—	225	63.1	162	322.6	190

第十三章　转移性支付支出

泰安市转移性支付支出，包括返还性支出、一般性转移支付支出、专项转移支付支出、上解支出、调出资金、年终结余、债务转贷支出、动用预算稳定调节基金等。

第一节　返还性支出

泰安市返还性支出，包括所得税基数返还、成品油税费改革税收返还、增值税税收返还等。2016 年，市直返还性支出 11.3 亿元；2017 年，市直返还性支出 12.6 亿元；2018 年，市直返还性支出 12.6 亿元；2019 年，市直返还性支出 12.6 亿元；2020 年，市直返还性支出 12.6 亿元；2021 年，市直返还性支出 12.6 亿元。2016—2021 年，泰安市返还性支出共计 74.3 亿元。

2017—2021 年泰安市市直返还性支出统计表

表 2-53　　单位：万元

项目＼年份	2017	2018	2019	2020	2021
合计	126465	126465	126465	126465	126465
所得税基数返还支出	15708	15708	15708	15708	15708
成品油价格和税费改革税收返还支出	5878	5878	5878	5878	5878
增值税税收返还支出	55082	55082	55082	55082	55082
消费税税收返还支出	1896	1896	1896	1896	1896
增值税五五分享税收返还支出	46125	46125	46125	46125	46125
其他税收返还收入	1776	1776	1776	1776	1776

第二节　一般性转移支付支出

泰安市一般性转移支付支出，包括体制补助支出、均衡性转移支付支出、县级基本财力保障机制奖补资金支出、资源枯竭型城市转移支付补助支出、革命老区转移支付支出以及相关领域共同财政事权转移支付支出等。2016 年，市直一般性转移支付支出 76.1 亿元；2017 年，市直一般性转移支付支出 78 亿元；2018 年，市直一般性转移支付支出 73.4 亿元；2019 年，市直一般性转移支付支出 97 亿元；2020 年，市直一般性转移支付支出 109.6 亿元（其中特殊转移支付 13 亿元）；2021 年，市直一般性转移支付支出 95.6 亿元。2016—2021 年，泰安市一般性转移支付支出共计 529.7 亿元。

2017—2021 年泰安市市直一般性转移支付支出统计表

表 2-54　单位：万元

项目 \ 年份	2017	2018	2019	2020	2021
合计	779579	733981	970261	1095641	956250
体制补助支出	1038	1038	1038	1038	1038
均衡性转移支付支出	27262	36991	44478	46842	70666
县级基本财力保障机制奖补资金支出	121380	122539	138976	286888	158676
结算补助支出	9745	8582	9572	19063	3869
资源枯竭型城市转移支付补助支出	26734	26434	26434	26308	23841
企业事业单位划转补助支出	17527	17527	19328	20714	13363
基层公检法司转移支付支出	12094	12084	—	—	—
城乡义务教育转移支付支出	52257	50143	2520	—	—
基本养老金转移支付支出	85316	86496	-58	—	—
城乡居民医疗保险转移支付支出	97883	30879	—	—	—
农村综合改革转移支付支出	33577	42043	671	—	—
产粮（油）大县奖励资金支出	9128	8889	8297	10558	10853
重点生态功能区转移支付支出	3563	3563	3563	3563	4892
固定数额补助支出	67401	67404	67424	70353	67454
革命老区转移支付支出	1600	1800	2200	2700	3256
贫困地区转移支付支出	21728	12097	26191	24487	17326
相关领域共同财政事权转移支付支出	—	—	467304	482041	492989
其他一般性转移支付支出	191346	205472	152323	101086	88027

第三节　专项转移支付支出

泰安市专项转移支付支出，包括一般公共服务、外交、国防、教育、科学技术、社会保障和就业、卫生健康、节能环保、城乡社区、交通运输、资源勘探信息等、商业服务业等、金融、自然资源海洋气象等、住房保障、粮油物资储备等方面的支出。2016 年，市直专项转移支付支出 33.3 亿元；2017 年，市直专项转移支付支出 43.1 亿元；2018 年，市直专项转移支付支出 56.8 亿元；2019 年，市直专项转移支付支出 40.3 亿元；2020 年，市直专项转移支付支出 18.9 亿元；2021 年，市直专项转移支付支出 27 亿元。2016—2021 年，泰安市专项转移支付支出共计 219.4 亿元。

2017—2021 年泰安市市直专项转移支付支出统计表

表 2-55 单位：万元

项目 \ 年份	2017	2018	2019	2020	2021
合计	431393	567576	403422	188540	270402
一般公共服务	1109	2501	1709	1705	2523
国防	385	347	1818	2127	545
公共安全	2536	1897	2152	2716	538
教育	11883	13586	5999	2817	534
科学技术	6105	6565	18028	5892	3260
文化旅游体育与传媒	7417	7357	2874	978	1959
社会保障和就业	8469	11407	3497	4197	2529
卫生健康	5329	5986	7757	5339	4894
节能环保	22633	44720	54226	25243	75962
城乡社区	22212	1547	5912	9600	6206
农林水	145956	195997	36902	33029	62849
交通运输	45198	43303	22108	21204	5083
资源勘探信息等	19094	13318	52251	18681	54545
商业服务业等	5845	17822	10403	9680	8774
金融	228	364	329	478	356
自然资源（国土）海洋气象等	60191	32314	79395	10086	4565
住房保障	61134	148407	71319	4099	23195
粮油物资储备	1800	1829	6700	763	—
灾害防治及应急管理	—	—	—	3059	1180
其他	3869	18309	20043	26847	10905

第四节 上解支出

泰安市上解支出，包括体制上解支出、专项上解支出等。2016 年，上解支出 17.3 亿元；2017 年，上解支出 16.9 亿元；2018 年，上解支出 19.2 亿元；2019 年，上解支出 28.8 亿元；2020 年，上解支出 33.6 亿元；2021 年，上解支出 32.5 亿元。2016—2021 年，泰安市上解支出共计 148.3 亿元。

2017—2021年泰安市上解支出统计表

表2-56　　单位：万元

项目 \ 年份	2017	2018	2019	2020	2021
合计	168626	191575	287638	336397	325386
体制上解支出	129934	152814	239738	250245	258727
专项上解支出	38692	38761	47900	86152	66659

一般公共预算年终结余，反映一般公共预算收支形成的结余，年终全部转入预算稳定调节基金。2016年，年终结余9.5亿元；2017年，年终结余15.5亿元；2018年，年终结余14.2亿元；2019年，年终结余11.6亿元；2020年，年终结余11.9亿元；2021年，年终结余31.2亿元。

第十四章　住房保障支出

泰安市住房保障支出，主要包括保障性安居工程支出、老旧小区改造支出等。

第一节　保障性安居工程支出

2016 年，全市保障性安居工程财政支出 46559 万元，支持棚户区改造 24400 套；安排市级资金 9041 万元，用于公共租赁住房建设，其中支出 6215 万元，购买 200 套公共租赁住房；2826 万元支持县（市、区）公共租赁住房建设；支出 3941 万元，完成农村危房改造 1750 户；支出 7981.2 万元，完成 177.81 万平方米、21536 户老旧小区改造任务。

2017 年，全市保障性安居工程财政支出 60833 万元，支持棚户区改造 34039 套；安排市级资金 7124.8 万元，支持公共租赁住房建设；支出 5206 万元，完成农村危房改造 3147 户；支出 3102 万元，完成 142.9 万平方米、14486 户老旧小区改造任务。

2018 年，全市保障性安居工程财政支出 106166 万元，支持棚户区改造 57569 套；安排市级资金 2197.7 万元，支持公共租赁住房建设；支出 4883 万元，完成农村危房改造 2377 户；支出 3984 万元，完成 90.5 万平方米、8416 户老旧小区改造任务；安排 800 万元资金用于为既有住宅增设电梯。

2019 年，全市保障性安居工程财政支出 33368 万元，支持棚户区改造 13396 套；安排市级资金 1562 万元，支持公共租赁住房建设；支出 2917 万元，完成农村危房改造 1117 户；支出 1654 万元，完成 25.18 万平方米、2560 户老旧小区改造任务；安排 800 万元资金用于既有住宅增设电梯。

2020 年，全市保障性安居工程财政支出 3763 万元，支持棚户区改造 4062 套；安排市级资金 2439 万元，支持全市公共租赁住房建设；支出 1427.8 万元，完成农村危房改造 833 户；支出 2151 万元，完成 48.4 万平方米、4535 户老旧小区改造任务；安排 800 万元资金用于为既有住宅增设电梯；支出 500 万元采取以奖代补形式支持小区物业管理。

2021 年，全市保障性安居工程财政支出 2922 万元，支持棚户区改造 2148 套；支出 1449 万元，完成农村危房改造 449 户；支出 7961 万元，完成 199.4 万平方米、22626 户老旧小区改造任务；安排 532.5 万元资金用于为既有住宅增设电梯；支出 500 万元采取以奖代补形式支持小区物业管理。

第二节　老旧小区改造支出

2016 年始，泰安市各级财政部门认真落实党中央、省委和省政府、市委和市政府有关惠民政策，把省、市提出的老旧小区改造工程作为重点工作，为确保项目顺利实施，根据市房管理部门提报的资金需求，最大限度争取上级奖补资金。累计收到中央下达项目建设奖补资金8637万元、省级下达项目建设奖补资金6686万元。2016—2021年，全市累计支出资金11510.2万元，完成面积684.19万平方米、74159户老旧小区改造任务。

第三编　财政管理

第一章　财政管理体制

2016年以来，泰安市围绕深化财税体制改革，根据省、市安排部署，市、县财政部门相继开展了财税改革深化年、财税改革落实年、财税金融改革攻坚行动等，着力深化各领域改革，取得了显著成效。

第一节　新时期财政体制改革

一、预算管理改革

完善综合预算体系。2016年起，市、县两级全面建立“全口径”政府预算体系，将“四本”预算收支全部纳入政府预算管理，一并提交同级人代会审议。特别是强化预算统筹，加大政府性基金预算、国有资本经营预算调入一般公共预算力度，并按要求划转国有资本充实社保基金，进一步提升财政运筹能力。建立跨年度预算平衡机制，自2014年起，市级设立了预算稳定调节基金，2021年补充6.6亿元，充分发挥以丰补歉作用。实施中期财政规划管理，自2016年起，对市直一般公共预算和政府性基金预算实行中期财政规划管理，进一步延长预算编制周期，提高预算安排的科学性和可持续性。

推进预算公开。制定印发预算公开实施方案、市级财政专项资金信息公开办法等制度文件，每年度组织开展预决算公开专项检查，督促各级各部门进一步扩大公开范围、细化公开内容，切实提高预决算信息的透明度。全市各级财政部门及各部门、单位，均在法定时限内分别在门户网站和财政预决算公开平台上公开了本级政府预决算和部门预决算信息。

强化预算约束。进一步规范预算编制，自2014年起，市级单列了部门公务接待费预算，适当调整了车辆燃修费定额标准和住房公积金、养老保险财政负担比例；2019年，进一步调整完善了市直部门预算公用经费定额标准体系，提高了年初预算到位率、准确性。硬化预算约束，严格执行新《中华人民共和国预算法》和上级有关规定，从2015年起，除救济救灾等应急支出通过动支预备费解决外，一般不再出台当年增支政策；必须出台的，通过依法调整预算或以后年度预算安排。加大对部门预算执行情况的监督检查力度，严肃查处违规问题，切实维护预算的严肃性和约束力。

深化新一轮预算管理改革。按照财政部、省财政厅最新要求，推进新一轮预算管理改革，2019年，印发深化市级预算管理改革意见，按照“两放权、两统筹、两转变、两规范”等要求，加快构建权责清晰、协同高效、运行规范的预算管理新格局。尤其是优化预算管理职权，推进“放管服”改革，将专项资金分配权交给部门、项目确定权交给基层，切实提高行政管理效能和体制运行效率。

二、财政体制改革

市以下收入划分改革。根据省级收入

划分方案，研究制定了市以下收入划分改革方案，将不属于省级收入的增值税和改征增值税全部下划县级，实行中央和县级5∶5分享。进一步健全市区财政管理体制，设立旅游经济开发区和徂汶景区国库，调整理顺了相关区之间的财政体制。

开展事权与支出责任划分改革。2017年，市政府制定印发推进市以下财政事权和支出责任划分改革的实施意见，并结合省里推进情况，研究制定了教育、科技、医疗卫生、自然资源、生态环境等领域的市与县财政事权和支出责任划分改革实施方案，进一步理顺市县财政事权和支出责任，落实分级支出保障责任，推动全市公共服务保障水平稳步提高。

强化转移支付管理。从严控制专项转移支付，新设立专项资金须提交市政府常务会研究批准。控制专项资金规模，对国家和省、市有明确要求确需加大投入的，新增支出主要通过调整专项资金解决。健全财政转移支付同农业转移人口市民化挂钩机制，印发支持农业转移人口市民化若干财政政策，加快推进农业转移人口市民化。

三、税收制度改革

2016年以来，泰安市财政部门根据上级税收改革要求，结合泰安市实际，认真分析测算，提前做好准备，争取工作主动，确保税制改革推进。

完成“营改增”改革。市、县两级及时成立“营改增”工作领导小组，构建起“政府主导、财税主抓、部门配合”的工作体系，按照中央、省统一部署，2016年5月1日起，“营改增”改革试点全面推开，并逐步实现全覆盖。

推进其他税改革。推进资源税从价计征改革，根据省改革方案，2016年7月1日起，全市实施了资源税从价计征改革。经测算，平均税费负担率为4.6%，基本实现了税费平移的改革目标。推进水资源税和环境保护税改革，构建工作协作机制，牵头建立财政、税务、环保、水利、住建、自来水公司等部门参加的联席会议制度，及时掌握和分析研究收入征管过程中出现的新情况、新问题，确保两税改革平稳运行。

继续完善税收保障机制。市政府印发深化税收保障工作的实施意见，以整合部门力量、强化协税护税为核心，推进涉税信息共享、社区综合治税，进一步提升保障水平、提高征管效率。同时，市财政联合税务部门，积极探索、认真组织发票摇奖活动，既激发了消费者索要发票的热情，又强化了对零散税源的管控，促进了零售、餐饮等行业税收的快速增长。

坚决落实减税降费政策。认真贯彻落实上级出台的各项减税降费政策，并制定政府性收费目录清单、减税降费政策指南等手册，组织开展“送政策上门服务企业”等活动，最大限度确保政策惠企利民。特别是在2020年的特殊时期，针对新冠肺炎疫情影响，从严从细抓政策落实，全市新增减税16亿元；快速落实援企稳岗等阶段性政策，为全市1.5万余家企业减免养老、工伤、失业3项社保缴费22.1亿元，为929家符合条件的市场主体减免租金0.26亿元，发挥了助力企业减负纾困、稳住经济基本盘的重要作用。

四、支出管理改革

压减结转结余资金。2015年，建立了

结转结余定期清理机制，连续两年未用完的一般公共预算结转资金，用于补充预算稳定调节基金；对当年未支出的市级资金，于12月20日前收回总预算，需继续安排的支出项目，列入下年度预算。尤其是2021年，市直通过开展专项行动盘活结余结转资金8.9亿元。强化源头控制，规范审批流程，全面清理财政暂付款规模，最大限度盘活财政存量资金。

压减一般性支出。坚决树牢过“紧日子”思想，认真贯彻厉行节约各项规定，制定了厉行节约、反对浪费实施细则，以及部门差旅费、会议费、接待费、出国经费和行政事业资产管理等多项制度办法，组织开展了“厉行节约、勤俭办事”专项行动，大力压减行政运行成本。2021年，全市一般性支出较上年压减4.7亿元。其中，“三公”经费压减863.4万元，腾出财力保民生、促发展。

推进专项资金整合。加快推进涉农专项资金整合，在全省率先印发整合意见等制度性文件，2019年正式启动以来，按照“能整则整、应整尽整”的原则，共整合涉农资金132亿元，支持了乡村振兴。2020年，对市级产业、环保、教育和科技领域的全部既有专项资金进行系统梳理，整合设立产业发展、环境保护、教育发展、科技创新四大专项资金，推行“大专项+任务清单”管理模式，握指成拳办大事。

强化民生保障。始终把民生作为财政支出的优先选项，2016年以来，全市民生支出累计1849.8亿元，占比稳定在80%左右，基本养老、基本医疗、城乡低保、基本公共卫生等政策逐年提标扩围，使改革发展成果更多更公平地惠及广大群众。特别是坚决兜牢“三保”底线，仅2021年市财政就落实各类对下转移支付143.4亿元，帮助基层缓解收支矛盾，增强“三保”能力；健全常态化财政资金直达机制，全市各级分配落实直达资金74亿元，直接惠及企业1279家、群众1382万人次。另外，还筹措资金，支持了“三大攻坚战”、疫情防控、乡村振兴、城市基础设施改造提升等重点事业发展。

五、预算绩效管理改革

2021年4月，泰安市财政局成立预算绩效管理科，各县（市、区）也克服编制限制，通过设立绩效评价中心或者与其他科室合署办公形式，组建预算绩效管理机构，安排专职工作人员，确保了工作有序推进。加强制度建设，以市委、市政府名义印发《关于全面推进预算绩效管理的实施意见》，以及市直部门预算、市对下转移支付、政府专项债券项目三个绩效管理办法，发布了事前评估、绩效目标、绩效监控、绩效评价、结果应用、信息公开等管理办法，构建起“1+3+6”核心制度框架。特别是狠抓源头管控，在省内率先探索建立预算绩效指标库，使绩效指标设置由“填空题”变为“选择题”，解决了预算部门单位绩效目标不会“编”“编”不准等问题；在省内率先印发《泰安市预算绩效信息公开办法（试行）》，将公开透明作为最好的约束，自觉接受人大和社会各界监督，倒逼预算部门单位自觉强化绩效约束。强化工作考核，印发县级财政部门预算绩效管理工作考核办法，并设立专项改革经费，将绩效考核结果作为分配经费的重要依据，进一步提升了县级财政部门的工作积极性；2019年起，又纳入对市直部门的经济社会发展综合考核，并将考核结果与部门主要负责人考核等次、工作人员优秀等次比例挂钩，切实突出了预算绩效管理的重要作用。加强信息化建设，2018年市级建成预算绩效管理信息系统，2019年6个县（市、区）预算绩效管理信息系统实现了全覆盖。在此基础上，进一步扩大预算绩效管理范围、开展绩效评价、加强绩效信息公开、强化绩效结果运用，全面提升了预算绩效管理水平。

第二节　市与功能区财政体制

2016年后，结合“营改增”改革，根据省级收入划分方案，泰安市财政局研究制定了市以下收入划分改革方案，将不属于省级收入的增值税和改征增值税全部下划县级，实行中央和县级5:5分享。

2017年，根据市委《关于调整泰安高新技术产业开发区和泰山风景名胜区管辖范围有关事宜的通知》要求，确定适当扩大泰安高新技术产业开发区和泰山风景名胜区管辖范围。根据市政府2017年17号专题会议纪要，进一步调整理顺市以下财政体制。管辖范围调整后，对划入泰安高新区和泰山景区的乡镇，自2017年起，以2016年决算数为基数，设定3年宽限期，市级不分享划入乡镇的工商税收；自2020年起，市级按照对泰安高新区和泰山景区的工商税收分享体制，分享划入乡镇以2016年决算数为基数的新增工商税收。市级分享徂徕山（含徂徕山林场、徂徕山国家森林公园）门票收入的50%，用于偿还政府债务。市级分享徂徕山林场和徂汶景区片区（108平方公里）范围内工商税收的55%。

2020年，市政府印发《关于明确泰安市徂徕山汶河风景名胜区财政管理体制的通知》，根据省、市开发区体制机制改革精神，确定徂汶景区实行准一级财政管理，设立国库，同时对市与徂汶景区财政收入划分及财力分配机制、徂汶景区支出范围、财政预决算管理，以及完善税收征缴体制、设立相关银行账户、基数等数额核定等内容作出明确规定。

2020年，为合理确定市与旅游经济开发区的财政分配关系，市政府印发《关于明确泰安旅游经济开发区财政管理体制的通知》，根据省、市开发区体制机制改革精神，确定旅游经济开发区实行准一级财政管理，设立国库，并对泰安旅游经济开发区收入范围及划分、支出范围及划分、财政预决算管理，以及完善税收征缴体制、设立相关银行账户、2020年相关财力划转等内容作出明确规定。

第二章　财源建设

2016年起，为落实市委、市政府“产业兴市”的战略部署，为巩固、提升财源建设，进一步支持实体经济高质量发展、培植壮大财源，市财政从体制机制入手，整合财政资源，发起组建政府引导产业投资基金和市场化投融资平台，打造重点企业财源建设基金和泰安市泰山财金投资有限公司两大综合政策载体，为重点财源建设项目提供综合性、全方位的投融资支持。

第一节　泰安市重点企业财源建设基金

2016年起，为破解重点企业融资难、融资贵的发展瓶颈，助力企业加大投资、加快发展、壮大财源，市财政采取“财政+基金+金融”模式，发挥财政资金引导撬动作用，发起设立了以政府为主导、社会资本注入、市场化手段管理的“泰安市重点企业财源建设基金”，用于支持“工业领军企业50强”“科技创新型企业50强”等重点骨干财源企业加快发展。

2018年11月26日，市政府召开专题会议，研究市重点企业财源建设基金相关工作，确定由市财政牵头设立“市重点企业财源建设基金”，基金总规模100亿元，主要投向有资金需求的“双50强”企业及规模以上重点企业。

2018年12月，泰安市财政局出资设立了泰安市财源建设投资有限公司，作为市重点企业财源建设基金的市级引导基金公司。同月，与泰安市东岳金财投资有限公司、泰安市泰山城市建设投资有限公司、北航长鹰资本管理（北京）有限公司共同组建泰安市泰鹰财建股权投资基金合伙企业（有限合伙），基金总规模100亿元，首批规模20亿元。

2020年5月27日，泰山财金集团召开2020年度全面从严治党暨党风廉政建设工作会议。市纪委第四监督检查室主任杜伯岑（左五），市财政局党组成员、副局长王庆涛（右四），泰山财金集团党委书记、董事长秦玉昌（左四）等出席会议

2018年12月1日，召开市重点企业财源建设基金（第一批）投资企业签约仪式暨政策发布会。会议共四项议程，即宣布市重点企业财源建设基金相关政策，及第一批被投企业和第二批拟投资尽调企业代表名单；市财源建设基金管理公司与第一批6家被投资企业签订投资协议；被投资2家企业代表发言；市委领导讲话。

2018年12月28日，市政府办公室印发《关于印发〈泰安市重点企业财源建设基金管理暂行办法〉的通知》，对基金投资的管理机制、实施程序、基金退出等作出具体规定。

2019年4月3日，市财政局印发《关于印发〈泰安市重点企业财源建设基金工作流程〉的通知》，对基金投资的投资申报、投资尽调、投资策略、投资到位、投资退出、投后监管作了进一步规定。

2019年6月14日，召开泰安市重点企业财源建设基金暨涉企财政政策新闻发布会。市财政局党组书记、局长，市重点企业财源建设基金决策委员会办公室主任刘斌；市财政局党组成员、副局长，市重点企业财源建设基金决策委员会办公室副主任王庆涛；市泰山财金投资集团有限公司党委书记、董事长秦玉昌担任发布人。刘斌介绍市财政落实市委、市政府推进新旧动能转换、支持企业发展、加强财源建设相关决策部署情况；王庆涛介绍市重点企业财源建设基金政策、工作流程及相关涉企财政政策；秦玉昌宣布第二批拟投资企业及第三批拟尽调企业名单。由泰鹰财建基金管理公司与第二批6家企业（山东路德新材料股份有限公司、山东润通齿轮集团有限公司、泰安瑞泰纤维素有限公司、山东天源服装股份有限公司、山东九鑫集团有限公司、普瑞特机械制造股份有限公司）签订投资协议。与拟投资尽调企业代表山东宝来利来生物工程股份有限公司签订尽职调查协议。

2019年7月26日，基金总规模扩充至100亿元。

2020年4月10日，基金新增有限合伙人山东省新动能基金管理有限公司，占基金总份额10%，标志着省级引导基金正式参与泰安市重点企业财源建设基金投资。

同年6月23日，举行泰安市重点企业财源建设基金（第五批）投资企业签约仪式，市领导张涛等出席活动，市政府各有关部门、县（市、区）、功能区负责人及驻泰安各银行机构参加签约仪式，仪式由市政府市长张涛主持，共4项议程：市委常委、市政府副市长宋洪银宣布投资企业和基金名单；北航长鹰资本管理有限公司与12家企业（公司）签订协议；投资项目代表发言；市委领导讲话。

是年12月21日，举行市重点企业财源建设基金（第六批）投资签约仪式，市领导张涛、宋洪银、成丽、常绪扩等出席活动，市政府各有关部门、县（市、区）、功能区负责人及驻泰各银行机构参加签约仪式。仪式由市委常委、市政府副市长宋洪银主持，共4项议程：市委常委、市政府副市长宋洪银宣布投资企业和基金名单；北航长鹰资本管理有限公司与6家被投资企业代表签订协议；投资项目代表发言；市政府市长张涛讲话。

2018—2020年，基金投资项目有：

重点企业财源建设基金共支持了40家企业的44个项目，累计支持企业发展资金达到74.6亿元。基金对被投资企业的发展起到了较好的推动作用，从纳税总体趋势来看，2019年较2020年纳税总体增长4.67亿元，增幅20.29%，基金投资效果显著。

基金累计对6批28家企业的30个项目进行了直接投资。泰山区11家企业，投资总额13.9亿元；岱岳区2家企业，投资总额2.5亿元；新泰市5家企业，投资总额7.4亿元；肥城市2家企业，投资总额4.3亿元；宁阳县3家企业，投资总额4.8亿元；东平县3家企业，投资总额7.9亿元；高新区2家企业，投资总额8亿元。

基金完成10批次重点招商引资项目投资，包括：投资泰安市东岳财富股权投资基金有限公司出资文旅产业园区建设基金3.1亿元、泰安市北盛康安股权投资基金1亿元、泰安市东岳金财投资有限公司出资中垠（泰安）融资租赁公司增资项目1.78亿元、山东鲁锦进出口公司合作项目4000万元、兖矿集团合作东平港项目3000万元、深圳市优必选科技股份有限公司4180.8万元、北京云汉通航科技有限公司4000万元、山东医工健康科技有限公司5000万元、北京眸视科技有限公司3500万元、山东岱佑医药科技有限公司3000万元。

基金出资组建3支市场化专项基金，支持企业并购重组，投资新旧动能转换重大项目，出资2.5亿元组建福瑞达并购基金（总规模10亿元，返投泰安市3.75亿元），出资1亿元组建康平纳乐康智造（泰安）新旧动能转换股权投资基金（总规模10亿元，全部投向康平纳新泰项目），出资4500万元组建健通生物新旧动能转换股权投资基金（总规模3亿元，全部投向健通生物项目）。

第二节　财金投资管理

2017年，为推进政府投融资体制改革和政府债务管控政策调整，发挥好政府投资引导、带动、示范作用，市委、市政府决定整合重组泰安市泰山投资有限公司、泰安市东岳金财投资有限公司等权属企业，并新设部分专业性权属企业，组建泰安市泰山财金投资集团有限公司（以下简称泰山财金集团或集团）。2017年8月，注册成立泰山财金投资公司。2018年6月，完成泰山财金集团注册变更。作为市管国有企业，由市财政局代市政府履行出资人职责并管理，注册资本100亿元。泰山财金集团主要承担市政府授权管理的股权投资、国有资产及市级政府基金出资业务；对全市经济社会发展重点领域及关键行业进行投资开发，开展资本运营；对城乡基础设施和公共服务建设项目开展投资运营；依法开展投融资业务。

2019年，泰安市财金集团投资建设的岱银集团生产车间

一、财金投资

按照市委、市政府和市财政局决策部署要求，根据集团还本付息及市重点工作支出需求情况，科学谋划、狠抓落实，认真做好融资、基金出资、股权投资、双招双引工作。

（一）融资。2018年，集团全年融集到位资金22亿元。资产总额达到1097亿元，净资产357亿元。

2019年，集团全年融集到位资金83亿元，累计还本付息20.95亿元。资产总额达到1273亿元，净资产397亿元。

2020年，集团全年融集到位资金124.4亿元（含外资2.1亿美元），累计还本付息61.45亿元。资产总额达到1439亿元，净资产452亿元。

是年，市场化融资取得“三个首次”突破。首次成功发行美元债1.2亿美元（约7.82亿元人民币）；首次成功发行公司债30亿元；首次融资过百亿。

2021年，集团全年融集到位资金89.68亿元（含外资3亿美元），累计还本付息42.98亿元。资产总额达到1427亿元，净资产456亿元。首次成功发行公募美元债3亿美元（约19亿元人民币）；集团获得境内AA+评级；首次以集团为载体成功开展直接融资，获批额度30亿元置换基金债；参与全域垃圾分类体系建设项目，配合做国开行政策性贷款争取工作，将泰安市在国开行的授信额度由37亿元提升至53亿元。

（二）基金出资。2017年，按照市委、市政府大力培植“三强”企业工业强市战略部署，通过“财政+基金+金融”的创新模式，出资组建总规模50亿元的产业直投基金，当年基金完成投资7.5亿元。

2018年，参与组建了100亿元重点企业财源建设基金，当年完成出资额4.2亿元；设立总规模6亿元的招才引智基金，支持全市人才新政。

2019年，完成重点企业财源建设基金出资任务，当年完成出资额15.83亿元，累计出资额20.03亿元；招才引智基金本年拨付0.62亿元，累计拨付0.65亿元；参与山水林田湖草基金组建，配合各县（市、区）完成了总规模51亿元山水林田湖草基金组建工作；出资组建东岳数智股权投资基金、北盛康安股权投资基金。

2020年，完成重点企业财源建设基金出资任务，当年完成出资额5.18亿元，累计出资额25.21亿元；招才引智基金本年拨付扶持资金390笔，合计0.49亿元，累计拨付1.14亿元；推进山水林田湖草基金组建运营，配合各县（市、区）完成山水林田湖草基金工商注册备案工作，协议认缴8.5亿元，累计实缴出资0.94亿元，累计完成投资5.34亿元；配合组建山东省鲁疆新旧动能转换股权投资基金、清泰创新引领投资基金等多支市场化基金；产业直投基金顺利完成第一批被投企业投资回收工作，各基金共计回收1.1亿元。

2021年，完成重点企业财源建设基金出资任务，当年完成出资额3.85亿元，累计出资额29.06亿元；招才引智基金全年扶持资金585笔、0.57亿元，累计拨付1.71亿元；推进山水林田湖草基金组建运营，累计实缴出资1.05亿元，基金对外投资5.64亿元，全年实现收益633万元，累计实现收益0.13亿元；出资到位清泰创新引领投资基金0.45亿元，累计到位

0.48亿元；完成省财金创投基金实缴工作；重点企业财源建设基金实现收益1.45亿元，累计实现收益3.45亿元；对产业直投基金投资企业进行投后检查，全年实现投资收益325万元；参与组建的北盛康安基金到位收益325万元。

（三）股权投资。2017年，保障直接管理的重点工程项目稳步推进，完成市第四污水处理厂、市纪委“两规”办案基地等市重工程建设并投入使用。

2018年，规范开展投资业务，履行出资人职责，审慎参与参股企业（基金）运营决策或监督管理。

2019年，与皇氏数智公司、山东鲁锦进出口集团公司、兖矿集团等单位成立合资公司，支持文旅、人工智能、进出口贸易等项目建设；与山东康平纳集团有限公司等单位组建合资公司，成功申报国家先进印染技术创新中心。

2020年，向御座酒店、中垠（泰安）融资租赁公司、山东云天安全大数据公司等公司增资，与北京天航长鹰科技有限公司、岱岳新城科技创新投资有限公司成立合资公司，支持了全市相关产业发展。

2021年，做好出资监督管理，当年收到投资收益1.33亿元；参与省会都市圈投融资平台组建工作；参与泰安市一体化综合指挥平台项目等工作；成立山东泰山博物院有限公司，参与博物院项目建设。

（四）双招双引。2017年，与兖矿集团合作设立中垠（泰安）融资租赁公司；与新华社经济参考报社等单位多次对接，培育打造网络安全高地。

2018年，围绕建设高起点的泰山云安智能产业园，与北京邮电大学、360企业安全集团、山东云天安全技术有限公司等单位对接并签订战略合作协议；加大与兖矿集团合作力度，兖矿集团对中垠（泰安）融资租赁有限公司增资人民币4.15亿元（6000万美元）。

2019年，有序推进“双招双引”工作。山东云天安全大数据技术有限公司建设的云安数梦空间投入运营，公安部授衔的网防G01挂牌，北航云安学院等项目建成；泰安北航科技园信息科技有限公司注册成立，六大科研中心通过项目立项评审；与鑫一诺集团投资有限公司合作成立山东泰山财金融资租赁有限公司，引进2.39亿港币。

2020年，持续做好“双招双引”工作。通过美元债返程投资、与皇氏集团合作等方式，实现引进外资2.1亿美元；与正威集团合作设立泰安鲁威新材料科技有限公司；与活力生物有限公司（香港）合作设立山东慧商应急转贷基金有限公司；山东云天安全大数据技术有限公司母公司山东云天安全技术公司，被山东省工信厅评为2020年度山东省瞪羚企业。

二、城市建设投资

泰安市泰山城市建设投资有限公司成立于1999年，为泰安市泰山财金投资集团有限公司全资国有企业。公司主要经营范围：城市基础设施、公用事业项目投资；房地产开发与经营。公司注册资本1.56亿元。至2021年年底，资产总额122.21亿元，累计开发面积129万平方米，正式职工63人，正式党员18人，下设办公室、财务部、审计监督室、技术部、工程部、销售部、资产部五部两室。公司自2016起至2020年，连续被评为“市级文明单位”，2021年荣获“省级文明单位”称号。

（一）项目建设。2016—2021年，城市建设项目主要以政府代建项目、城市基础设施，商业住宅开发为主，先后建设泰安市残疾人康复中心、泰安市特殊教育中心、泰汶文化旅游经济带基础设施建设运营项目（博阳路提升改造项目）、康平御园住宅小区、嘉和新城二期住宅小区、印象泰山·湖语墅项目、五环小区续建项目、泰师附校虎山校区，总建筑面积约35.95万平方米，城市道路基础设施总长10.4公里，完成项目总投资30.77亿元。多个项目被评为“山东省建筑结构优质工程”“泰安市十佳安全文明工地”“山东省建筑施工安全文明标准化示范工地”，其中，泰安市特殊教育中心工程荣获“2018年度山东省建筑质量‘泰山杯’工程”，泰汶文化旅游经济带基础设施建设运营项目荣获“2019年度山东省建筑质量‘泰山杯’工程”。

2018年12月，泰安市财金集团参与投资建设的博阳路正式通车

（二）土地收储。2020年10月21日，泰安市泰山城市建设投资有限公司竞得玻纤公司附近186.5亩的国有建设用地使用权；2020年12月25日，竞得博阳路以东、环山路以南307亩建设用地使用权；2021年10月28日，竞得黄前镇92.21亩土地的建设用地使用权。

（三）对外投资。2016—2021年，先后成立（含合作、持股）公司10家，分别为泰安泰汶工程建设有限公司、泰安市东城金财投资有限公司、泰安市泰鹰财建股权投资基金合伙企业（有限合伙）、泰安慧通工程管理服务有限公司、泰安市城投城区置业有限公司、山东省财金城市开发投资有限公司、山东财金科技企业孵化器有限公司、泰安市嘉源置业有限公司、泰安市城投教育投资有限公司、泰安市方泽投资建设有限公司，累计对外投资总额5.4亿元。

三、融资担保

泰安弘泽融资担保有限公司（以下简称弘泽担保公司）成立于2005年11月，是经泰安市政府、山东省地方金融监管局批准成立的混合制国有控股融资性担保公司，注册资本14.7亿元，共有20家股东，国有股份占比88.7%。公司坚持“服务中小微企业、服务三农、服务地方经济”的市场定位，主营为地方中小微企业、“三农”提供融资担保服务；面向泰安市内融资担保机构开展融资再担保业务；承接泰安市泰山科技创业资金、市财政应急周转资金的运营管理。至2021年年底，公司总资产24.41亿元，净资产17.39亿元，累计实现融资担保金额近240亿元。

弘泽担保公司是经山东省财政厅和山东省地方金融监管局确认，列入“政府性融资担保机构”名单的泰安市首家融资担保公司，也是泰安市首家获得融资再担保资质、与山东省投融资担保集团签署战略业务合作协议及山东省财金齐银融资担保股权投资基金合伙企业出资入股的现代化融资担保机构。至2021年，公司为“山东省融资担保企业协会理事单位”“泰安市地方金融组织协会副会长单位”，先后获得“银保合作信得过单位”“金融服务中小企业奖”“泰安市级文明单位”等称号。

弘泽担保公司紧紧围绕市委、市政府经济发展战略部署，坚守服务实体经济定位，主动融入地方经济发展大局，确保目标不变、方向不变、力度不减，不断强化对经济社会发展的服务、保障、支持、引导作用。通过扩大融资担保半径、增加担保额度、降低担保费率、提供资金周转等方式，对有信贷担保需求的企业按照“应担尽担、能降尽降、应续尽续”原则，2016—2021年，公司累计完成新增担保金额159亿元，通过“减、快、缓、增、容”等一系列组合拳，化解企业增信难、担保难、转贷难等问题，确保将各项优惠资金和支持政策落到实处，为助力夺取新冠肺炎疫情防控和经济社会发展“双胜利”做出了贡献。

2020年2月，为支持中小企业在疫情防控期间渡难关稳发展，市财政发起设立总规模1亿元的应急周转资金池，资金专项用于支持短期内资金周转困难的中小企业续贷还贷。根据市财政局的决策部署，公司承担应急周转资金运营的工作职责，迅速对疫情防控期间金融服务保障工作进行了动员安排，建立应急周转资金审批“绿色通道”，加大资金支持力度。按照“市场化”原则，持续提高资金配置效率，重点支持受疫情影响暂时处于困难状态、发展前景较好的企业资金周转。2020—2021年，公司共为近100家企业办理了219笔、24亿元低成本、高效率、普惠性的应急周转资金支持，为全市中小微企业走出生产经营资金困境、缓解贷款到期压力注入“强心针”，实现了资金投放精准、运营高效的工作目标。

四、金财投资

泰安市东岳金财投资有限公司成立于2012年6月，自2014年以来，为配合市财政局投融资工作转型发展，公司出资人先后变更为市财政局和泰安市泰山财金投资集团有限公司，注册资本5亿元。至2021年，有泰安传媒集团有限公司、山东泰山智能制造研究院有限公司和泰安泰山城乡建设发展有限公司3家全资及控股子公司。公司内设综合管理部、投资管理部、项目管理部、融资业务部、财务管理部5个部室，有正式职工35人。主要履行以股权投资、出资组建基金等方式扶持全市实体经济发展，以及部分泰安市重点项目建设主体职责。至2021年年底，公司总资产51.98亿元，净资产5.41亿元。

泰安市东岳财富股权投资基金有限公司成立于2017年3月，注册资本25亿元，主要承担基金出资及管理职责，开展对未上市企业股权投资、上市企业非公开发行股票投资业务及相关咨询服务，与东岳金财公司一体化管理。至2021年年底，公司总资产8.94亿元，净资产3.12亿元。

2016年以来，公司先后参与出资组建各类基金22支，总规模250.44亿元，协议出资102.81亿元，实缴到位40.55亿元；对外共参股投资企业12家，协议出资13.33亿元，实缴到位11.12亿元，为全市新旧动能转换、泰山区域山水林田湖草治理、招商引资、招才引智、外资引进和外贸进出口等重大战略及政策实施提供智力与资金支持，助力全市实体经济发展和财源培植。累计为泰安传媒集团、泰山城乡建设发展公司、泰安新华锦公司和东岳山庄等企业提供担保11.8亿元，为泰安金控集团、泰山城乡发展建设公司、泰安泰山控股公司等企业提供借款支持8.84亿元，全力帮助企业纾困解难。此外，配合做好项目建设工作，累计拨付市纪委“两规”办案基地、市第四污水处理厂及配套管网工程、金山写字楼维修改造工程、山东服装职业学院校舍建设、市纪委监委留置场所等项目建设资金和投资款4.15亿元，稳妥推进原市委院落房产修缮改造项目建设。公司先后荣获2017—2018年度市直机关工人先锋号和2021年度市级文明单位等称号，1人获评2021年度泰安市劳动模范。

五、融资租赁

泰山融资租赁有限公司（以下简称泰山融资租赁公司）是经国家工商总局核准，山东省商务厅批准的泰安市首家中外合资融资租赁企业，于2013年9月27日经山东省工商局注册成立，隶属泰安市财政局，注册资本6.35亿元。经营范围：融资租赁业务、租赁业务、向国内外购买租赁财产、租赁财产的残值处理及维修、租赁交易咨询和担保；兼营与主营业务有关的商业保理业务。

公司成立以来，在泰安市财政局的正确领导下，搭建银政企合作桥梁、创新合作服务新模式，发挥融资租赁和商业保理资质，利用国际国内资源，助推政府融资和实体经济发展，各项工作取得了长足进步。公司以服务实体企业和民生工程、基础设施建设发展为宗旨，充分利用自身行业优势，瞄准泰安市财政局制定的财源建设、政府投融资工作两大主攻方向，科学谋划业务经营范围，加大了对“三强”“50强”企业和全市重点项目建设的支持力度。自2014年开展业务以来，已累计扶持项目企业100余家，投放资金100多亿元，上缴税金2.3亿元，资产总额达49.7亿元，实现经济效益和社会效益同步发展，成为山东省融资租赁行业的标杆企业之一。自2016年起，公司连续4年荣获泰安高新区“跨越发展先进企业”称号。2017年，入围全市纳税100强企业和全市地方税收收入100强企业。2018年3月，公司入选全市67家“三强”企业名单，在现代金融服务业中成为全市唯一一家入围企业。2018年，公司董事长吕昌军获得泰安市“高层次人才”称号。2021年6月，公司在山东省融资租赁行业协会第二届会员大会上，被推选为副会长单位，吕昌军任副会长。2021年12月，公司在山东省财政厅2021年地方金融企业绩效评价工作中被评定为优秀（AA）等级。

2019年7月，汇添富资本—中泰证券—泰山租赁一期资产支持专项计划成功发行。该期资产证券化业务发行金额3.8亿元，是泰安市融资租赁行业开展的首单ABS业务。此项业务的运作，打开了公司在资本市场直接融资的新渠道，缓解了公司资金压力，提升了企业的知名度和品牌形象。2021年10月，五矿证券—泰山租赁一期资产支持专项计划（以下简称ABS）成功发行，此次ABS是泰山租赁成功发行的第二笔，总规模6.81亿元，加权平均利率4.01%，创年内山东省租赁ABS发行价格新低，全场认购倍数约4倍，得到了公开市场投资人的高度认可。

2018年7月22日，泰山融资租赁公司重点支持国家首批智能制造示范试点项目——新泰市康平纳智能染色有限公司“20万吨筒子纱染色智能工厂项目奠基仪式”开工

2020年12月，公司获得国家版权局计算机软件著作权登记证书，软件名称为“融资租赁综合服务平台”。该软件由公司与山东旗帜信息有限公司开发完成，其著作权受国家法律保护。2021年6月，公司二代人行征信数据系统已通过人民银行征信中心测试环境的验收，处于全省领先水平，进一步筑牢了风险屏障，确保国有资产保值增值。

第三章　预算管理

2016 年以来，泰安市预算管理工作，紧紧围绕市委、市政府决策部署和市财政局工作安排，不断加强政府资产资源统筹，增强对重大战略和扩内需稳增长的财力保障；坚持政府过“紧日子”，调整优化财政支出结构，加大重点支出保障力度；坚持底线思维，坚决防范化解地方政府债务风险；坚持改革创新，深化财税体制改革，强化预算约束和绩效管理，提高财政资金使用效益，为新时代社会主义现代化强市建设提供坚强保障。2021 年 4 月，根据中共泰安市委机构编制委员会办公室《关于印发“泰安市财政运行保障中心机构职能编制规定”的通知》，设立政府债务科。预算科与政府债务科合署办公。

第一节　预算

一、推进预算管理改革

坚持把建立“全面规范、公开透明、约束有力”的现代预算制度，作为强化预算约束、实施有效监督、规范政府行为、提升治理能力的重大改革举措。

完善综合预算体系。2016 年起，市、县两级全面建立“全口径”政府预算体系，将“四本”预算收支全部纳入政府预算管理，一并提交同级人代会审议。特别是强化预算统筹，加大政府性基金预算、国有资本经营预算调入一般公共预算力度，并按要求划转国有资本充实社保基金，进一步提升财政运筹能力。

深化新一轮预算管理改革。按照财政部、省财政厅要求，推进新一轮预算管理改革，2019 年，市政府印发《关于深化市级预算管理改革的意见》，按照“两放权、两统筹、两转变、两规范”等要求，加快构建权责清晰、协同高效、运行规范的预算管理新格局。尤其是优化预算管理职权，推进“放管服”改革，将专项资金分配权交给部门、项目确定权交给基层，切实提高行政管理效能和体制运行效率。

推行预算管理一体化系统。2021 年，为进一步提升预算管理的规范化水平，根据省统一部署，印发《泰安市预算管理一体化系统部署实施工作方案》《关于成立泰安市财政局预算管理一体化系统建设工作组的通知》，组织各县（市、区）、功能区及市局相关业务科室开展系列专题培训，完善基础信息，并在 2022 年预算编制中，全面启动实施预算管理一体化系统。

二、加强财政预算管理

2016 年以来，市财政在全面提升预算编制、预算执行的基础上，突出抓好以下重点工作。

强化支出管理。牢固树立“节支也是增收”的理念，严格落实相关经费压减规定，全市一般性及“三公”经费支出均连续保持下降。特别是在 2021 年预算编制中，市直部门会议、差旅、培训、公务接待和因公出国（境）经费，较 2020 年预算压减不低于30%，公务用车运行维护（修）费继续维持“零增长”；业务类项目除有合同约定、需据实结算的支出外，压减不低于10%；严控办公用房维修（维护）、租赁、公务用车和单位资产配置更新等支出。全市一般性支出较上年压减4.7亿元，腾出财力保民生、促发展。

强化资金统筹。强化政府预算统筹，坚持“四本预算”和政府债务收支计划同步编制、统筹管理，集中财力保重点、办大事。大力盘活财政存量资金，建立健全存量资金定期核查和清理回收机制，进一步夯实了财政可持续运行基础。

推进预算公开。制定印发预算公开实施方案、市级财政专项资金信息公开办法等制度文件，每年度组织开展预决算公开专项检查，督促各级各部门进一步扩大公开范围、细化公开内容，切实提高预决算信息的透明度。全市各级财政部门及各部门、单位，均在法定时限内分别在门户网站和财政预决算公开平台上公开本级政府预决算和部门预决算信息。

三、抓好各项重大决策落实

2016年以来，围绕更好地助力高质量发展，牵头抓好各项政策落实。

突出抓好对上争取。不断加强政策研究和沟通对接，主动向上级汇报反映泰安市情况，全力以赴做好对上争取，有力缓解了财政困难局面，较好地保障了基层“三保”等各项支出。

落实财政政策。认真贯彻落实中央、省关于“六稳”“六保”等方面的政策，细化工作分工、明确工作责任，定期调度进展情况，确保政策落实到位。尤其是结合新旧动能转换各项政策推进，研究制定46条财政政策，加快推进泰安市经济结构转型升级。

全力抓好基层保基本民生、保工资、保运转“三保”工作。根据财政部、省财政厅工作要求，按月调度“三保”运行情况，不断强化工作督导和财力保障，大力支持基层兜牢“三保”底线。

四、抓好各项考核和检查

2016年以来，市财政局按照上级要求，认真做好考核和迎检等工作。考核方面：牵头抓好省对市高质量发展考核涉及财政指标，定期调度、按时汇报进展情况，并切实抓好负责的暂付款清理、政府债务管理等指标的调度分析，力争取得较好成绩。迎检方面：牵头迎接国务院大督查、主要领导离任审计，以及中央、省级、市级预算执行和财政收支问题专项审计等检查，迎接市人大各项专题调研、审查检查等活动，并切实抓好问题整改，进一步规范财政管理、提升预算执行水平。

第二节　政府债务

2021年，中共泰安市委机构编制委员会印发《泰安市国库集中支付中心机构职能编制规定》，成立政府债务科。承担全市政府债务限额、债券发行、外债转贷以及还本付息、政府隐性债务管理等服务工作。

突出抓好政府债务风险防控。严格落实中央坚决打赢风险防范攻坚战决策部署和省、市工作要求，引导各级各部门把防范化解政府债务风险作为一项重要政治纪律和政治规矩，强化风险意识，坚持红线思维，进一步规范政府举债行为，严肃查处和坚决制止各类政府违规举债、担保行为，对相关责任人“终身问责、倒查责任”，坚决守住不发生系统性风险的底线，泰安市政府债务始终控制在省下达限额以内。

着力强化政府专项债券管理。加强债券争取，按照“资金跟着项目走”原则，与发改部门一道，建立健全债券项目部门联合申报机制，努力争取专项债券支持。2020—2021年，全市分别争取专项债券64亿元、89.9亿元。加快债券拨付，专项债券发行后，财政部门第一时间将债券资金拨付到项目单位，并督促项目单位加快开工建设进度，尽快形成实物工作量。强化监督管理，及时编制债券支出预算调整方案，按规定程序报人大常委会审批，全面推进债务信息公开和预算绩效管理，不断提高债券管理水平。市财政局印发《关于建立新增专项债券资金支出进度专报等“三项机制”的通知》《关于在政府债务管理领域实行负面清单制度的通知》等文件，在全省率先建立“三项机制”“负面清单”管理机制，发挥了专项债券带动扩大有效投资、保持经济平稳运行的重要作用。

扎实做好政府债务化解工作。严格落实中央、省、市要求，坚持“分类施策、分类化解”原则，积极稳妥抓实抓好债务化解工作。尤其是建立健全化债工作台账，加强督导考核，引导各级各部门多措并举合法合规化解隐性债务，对化债工作进展不力以及隐性债务高风险地区，及时进行提醒和通报约谈；坚持激励与约束并重，建立完善奖惩机制，将化债工作绩效与新增债务限额分配、对下转移支付等事项挂钩，确保以督导促落实、以考核促规范。密切关注平台风险，加快推进政府融资平台转型升级，提升服务实体经济的能力和水平。

第四章　国库管理

2016年以来，面对复杂多变的财政经济形势和艰巨繁重的改革发展任务，市财政局紧紧围绕财政中心工作，突出组织收入、国库管理、资金保障和队伍建设主体地位，抓作风、建制度，推改革、促发展，努力推动全市财政国库工作健康发展。

第一节　调度分析

泰安市国库管理工作，自2016年起，始终坚持把组织收入作为核心任务、头等大事，立足破解收入困局，不断加强调度分析，推进稳增长、均进度、调结构、提质量。强化协调配合，主动加强与各级各有关部门联系沟通，密切关注收入形势变化，努力提高预判能力，确保每月完成收入任务；会同税务部门完善税收保障机制，加快搭建“智慧财税”平台，进一步健全财政、税务、部门之间的信息联动机制，不断提高税源信息获取和利用效率。支持税务部门开展纳税评估、税务稽查和信息治税等工作。市国库科负责指导县（市、区）适时开展收入检查，推进以查促管、以查促收。同时，做好资源资产文章，强化非税收入征管，增加各级可用财力和资金。优化调度分析，分产业、分行业、分企业做好收入分析工作，全面、准确、客观反映全市财政收入形势、分析组织收入特点、查找财政工作不足；加强横向对比，围绕领导关心的财税指标，加强与各兄弟市的联系沟通，做好泰安市与全省各市的对比分析，为领导决策当好参谋、做好助手。

第二节　国库改革

泰安市国库管理工作，以提升国库现代管理水平为核心，不断拓宽改革范围、加快改革步伐，逐步形成全面覆盖、职责清晰、运转高效的现代国库体系。

持续深化国库集中支付制度改革。2016年后，按照市、区财政体制改革要求，协助市旅游经济开发区和徂汶景区单独设立国库，并建立完善财政总预算会计和财政专户体系，确保两区国库有效运行。结合市、区财政体制和上下级往来情况，重新调整市、区库款分成办法，将分成范围扩大至全部税收收入，并将岱岳区、市旅游经济开发区、徂汶景区纳入范围。

推进市政大楼财务管理体制改革。2016年以来，针对市委第二巡察组提出的部分单位尚未开设集中支付和银行存款账户问题，联合预算科和市直财务结算中心，研究印发《部分市直部门（单位）财务管理方式调整工作实施方案》，所有市政大楼集中核算单位开设零余额账户，并选取部分单位开展财务独立核算试点。至2020年年底，市政大楼集中核算单位已开设完成零余额账户，试点单位也于2021年1月1日起实行财务独立核算。

推动政府财务报告全面化。2019年，

政府财务报告既是由试点转为正式编制的第一年，也是首次按照政府会计制度编制，更叠加了新冠肺炎疫情因素，编制难度增加。对此，全市各级各部门统筹做好疫情防控和报告编制，齐心协力、攻坚克难，高质量地完成了政府财务报告编报工作，实现了市、县两级全覆盖。

第三节　资金保障

2016年以来，泰安市国库管理工作，坚持把保障重点支出特别是“三保”支出放在突出重要的位置，不断调整优化支出结构，科学合理调度库款，规范有序安排支出，做到优先保重点、保民生、保运转。

强化直达资金监控。坚持把直达资金作为防控疫情、支持经济的重要抓手，围绕“直达基层、惠企利民”，抓好资金调拨。2021年，共调拨中央级直达资金19批，省级8批，市级3批，资金总额43.2亿元；不断加强监控管理，严格落实“日监控、旬调度、月通报”制度，做到指标及时下达、预警迅速处理；加快支付进度，立足直达资金支付到位并形成实物工作量。市财政局国库科对各县（市、区）、功能区进行督促指导，年底前全部资金支付到位；建立健全资金台账，分项目、分资金、分地区记录资金分配下达和支出情况，为做好直达资金执行分析奠定坚实基础。

加强库款统筹调度。针对库款紧张局面，不断强化对上争取，争取省级调度资金支持。市财政局国库科科学合理调度资金，综合考虑财政体制状况、基层实际困难和支出保障压力等因素，科学测算、合理调度库款，支持保障重点支出。同时，做好对下指导工作，督促县级优化支出结构，合理支出顺序，保证资金用在刀刃上，优先保障重点支出。

切实兜牢“三保”底线。严格落实工资专户制度，财政困难县和省财政直管县必须使用工资专户，其他县（市、区）鼓励使用工资专户，不断夯实保工资底线，确保基层工资按时足额发放。对政府债券以及疫情防控、民生保障等政治性、时效性强的重点支出，实行“点对点”调度，确保资金第一时间到位，兜牢“三保”底线。

提高库款保障水平。持续健全库款运行监测报告制度，密切关注各级库款保障水平。特别是每月末，市财政局国库科对月度库款保障水平达不到0.1倍警戒线的县（市、区）及时给予库款支持。

第五章　法规税政管理

2016年以来，泰安市法规税政管理工作，认真贯彻新发展理念，不断深化税制改革，持续推进减税降费，将法治建设摆在财政工作的突出位置，坚持依法行政、依法理财，推进法治财政建设向纵深发展。

第一节　税政

一、深化税制改革

推进“营改增”全面扩围工作。按照中央、省统一部署，自2016年5月1日起，泰安市实行税制改革，全面推开营改增试点，将建筑业、房地产业、金融业、生活服务业纳入试点范围，并将企业新增不动产所含增值税纳入抵扣范围，紧紧围绕“5月1日能开票，6月1日能申报”的总体要求，以财政牵头抓总、税务具体落实的模式推进，确保改革顺利实施。

顺利完成资源税从价计征改革前期测算工作。根据国务院工作安排，从2016年7月1日起，泰安市全面推进资源税改革，实施矿产资源税从价计征，为做好改革准备工作，按照省财政厅部署要求，市财政局联合市地税局，对全市各资源品目实施从价计征进行了税率测算。经测算，纳入本次改革的矿产资源品目总体平均税费负担率为4.6%，基本保持了改革前后税费平移的工作原则。

调整城镇土地使用税税额标准。为贯彻落实好《关于减轻企业税费负担降低财务支出成本的意见》精神，市财政局联合市地税局在充分论证的基础上，提出将泰安市城镇土地使用税税额标准在原基础上下调1元，调整后，泰安市市区一级、二级土地税额标准由14元、12元分别降为13元、11元。

做好公益性捐赠税前扣除资格认定工作。市财政局会同税务、民政部门对全市公益性社会组织税前扣除资格进行了组织申报，本次申报共涉及公益性社会组织25家，其中，泰安市慈善事业促进会等10家公益性社会组织获得公益性捐赠税前扣除资格，并通过门户网站进行对外公布。

把法治思维和法治方式融入财税改革管理实践全过程。泰安市认真贯彻落实新《中华人民共和国预算法》，推进财税体制改革，形成“1+41”的财税改革制度框架体系，财政预算公开力度不断加大，财政透明度有效提升；制定印发省以下财政事权和支出责任划分改革意见，优化财政支出结构，着力支持供给侧结构性改革、新旧动能转换、乡村振兴等重点工作；配合中央、省做好房地产税、环境保护税、政府采购、预算法实施条例等立法调研工作。

推进水资源税改革工作。为加强水资源保护，建立健全调控合理、规范公平、征管高效的水资源税制度，市财政局联合市水利局、市税务局建立水资源税改革领导小组和联席会议机制，并印发《泰安市水资源税远程在线监控管理改革方案》，加强上下联动、做好横向互动、强化协调配合、落实工作责任，同时确定部署启动阶段、组织实施阶段和上线运行阶段完成时间，全力保障水资源税远程在线监控管理改革工作持续推进，全市水资源税改革合计投入资金共计1301万元，新建取水口与改造取水口数量总计1055个，计划2022年3月底全部完成安装任务。

二、深化税收保障

完善税收保障机制。泰安市密切财税配合，全面推行社区综合治税，开展纳税评估、税收稽查和专项清查等工作。综合运用大数据等手段，加快推进信息共享共用，强化税源管控，做到应收尽收，以税收收入的较快增长支撑财政收入稳增长、调结构、提质量。

加强财政大数据的综合运用。泰安市逐步构建科学规范的税收综合分析体系，通过税收综合分析系统梳理研究税收征管入库情况，分析收入增长点和税收结构的变化规律，更好地为领导决策服务，提升财政管理水平；同时依托全市电子政务信息共享平台，基于全市财政大数据平台建设，完善税收综合分析体系，通过信息共享、采集、加工、利用，打通财政内部、系统上下、财政与部门之间的“信息孤岛”。通过对涉税信息分析、比对，促使涉税疑点信息转化为入库税收，充分发挥税源管控对应收尽收的助推作用。

借助发票摇奖活动协税护税。市财政局会同市税务局、市广播电视台开展发票摇奖活动，活动启动以来已连续推出32期，2019年累计参与455672人次；按照省财政厅部署，自2019年7月起，参与全省有奖发票活动，通过两项活动的叠加效应推动，相关批发零售业实现税收16.8亿元，同比增长25.6%，住宿餐饮业实现税收1.2亿元，同比增长63.1%；同时，通过泰安电视台网络、电视直播、录播以及泰安市广播电视台全媒体的宣传报道，有力宣传了财税工作及政策法规，提高了消费者索取发票意识，规范了税收征管秩序。

加强税收收入分析的数据应用。重点对全市分产业、分行业、分税种税收收入情况、纳税200强企业纳税情况和重点财源建设基金扶持企业情况等，从纳税规模、税收增长点、增减变化因素等方面进行统计分析，梳理研究其中存在的优势和劣势，为作出扶持企业发展的决策提供依据。

重点企业税源调查快报工作。市财政局按照财政部和省财政厅有关要求，克服时间紧、任务重、抓手少等困难，认真组织开展快报调查工作，按时完成调查任务。数据报送及时高效，数据准确性稳步提高，得到了省财政厅的充分肯定，被评为全省重点企业税源调查快报工作先进单位。

开展调研服务领导决策。市财政局根据上级部署和工作开展需要，先后组织完成了个人所得税专项附加扣除及小微企业普惠性税收减免政策落实情况调研、耕地占用税法实施准备工作调研、在建高速公路税收缴纳情况和增加值统计核算情况调研、财政部减税降费专项调研等多项调研工作，详细掌握政策执行和工作开展中的成效、问题，广泛听取各方意见建议，并在收集相关数据进行分析的基础上，高质量形成调研报告，为上级科学决策提供了第一手资料。

三、坚持五个精准

宣传方式精准，让减负强劲有力。市财政局在门户网站设立“减税降费政策专栏”及时公示政策文件；充分发挥媒体宣传的力度和广度，鼓励广大纳税人主动学习了解减税降费政策，进一步提升政策知晓度；在宪法宣传月、“12·4”宪法日、主题党日、发票摇奖等活动期间，主动走进企业、走进社区，宣传解读财税优惠政策，发放《重点税费政策汇编》，努力帮助纳税人享受政策红利。

梳理政策精准，让减负简便易行。市财政局严格按照收费基金动态更新、常态调整的要求，印发《泰安市市直行政事业收费和政府性基金目录手册》，同时印制发放行政事业性收费、政府性基金以及涉企收费目录二维码卡片，通过手机扫码可直接链接相应收费目录；全面梳理了国家、省和市印发的支持疫情防控和经济社会发展财税政策、重点税费政策，汇总形成《小微企业和个体工商户税费减免政策指南》《支持疫情防控和经济社会发展财税政策落实操作指南》等，并多渠道发放到相关单位、企业和个体工商户，极大方便个人和企业了解相关政策。

政策落实精准，让减负助推发展。市财政局印发“送政策上门服务企业”活动实施方案，成立市财税系统“送政策上门服务企业”工作专班，加强工作统筹和协作配合，让企业在“家门口”就能享受到政策红利；在局门户网站置顶公开减税降费投诉和咨询电话；落实“涉企财税政策监察员”制度，从社会各界，特别是人大代表、政协委员中聘请财税政策落实监察员，便于企业反映问题和诉求；聘任部分会计领军人才担任涉企税费双向“监察员”，不定期开展座谈。

评估效果精准，让减负富有成效。市财政局联合市税务局印发《“重点工作攻坚年”减税降费政策绩效评价工作实施方案》，制定减税降费政策绩效评价指标体系，采取委托第三方机构，对全市减税降费政策的落实情况进行全面梳理排查，深挖政策落地过程中出现的新情况、新问题；组织县（市、区）、功能区开展政策评估，并对接“12345”、智慧城市服务中心和市网信办，通过检索“税”“费”等关键字查找是否有乱收费、乱罚款以及乱摊派等问题线索，梳理形成问题线索台账并交相关单位及时进行排查整改。

结果反馈精准，让减负持续发力。市财政局全面汇总全市减税降费政策具体落实情况，查摆落实中存在的问题，并根据第三方机构评估结果及企业问卷反馈情况，梳理企业减税降费政策的享受情况、效果执行情况以及相关问题建议，为上级主管部门对新冠肺炎疫情防控期间政策实施是否调整提供了数据支持。此外，市财政局负责人赴泰山玻纤、山东岱银等企业开展实地走访，了解企业经营情况、税费缴纳情况，开展契税、关税以及支持高新技术企业发展有关财税政策的调研，为国家和省出台支持企业发展的新政策提供了参考。

第二节　法规

一、普法教育

顺利完成财政“七五”普法。市财政局成立由局长任组长的“七五”普法领导小组，并于其后四年，多次调整小组成员，确保了组织健全、领导有力；及时印发了《泰安市财政法治宣传教育第七个五年规划（2016—2020年）》，作为普法工作的行动纲领，并对五年规划进行细化分解，确保普法工作抓在手上、落到实处。

落实“谁执法谁普法”责任制。结合财政职能及服务对象特点，市财政局组织编制《泰安市财政局普法工作计划》，按照“谁执法谁普法、谁主管谁普法”的原则，在各级财政部门内部进行普法的同时，引导各相关职能科室面向社会公众广泛开展法治宣传教育等普法工作。

加大普法宣传力度。在“12·4”宪法宣传日，市财政局组织局相关科室人员及志愿者20余人，设置6个展板、印制发放3000份宣传材料、为群众面对面提供法律咨询等方式，对《中华人民共和国预算法》《中华人民共和国政府采购法》《中华人民共和国会计法》等进行了集中宣传；及时收集制作法治宣传图版、课件、图片、视频等资料，通过局门户网站、二楼大厅的电子显示屏、财政微信群等载体宣传宪法、监察法及财政业务相关的法律法规知识；组织全局干部职工参加网上法律知识考试；组织全市各级财政部门参与第十一届全国百家网站微信公众号法律知识竞赛活动及全国法治动漫微电影征集展播（映）活动。

参与法律“六进”活动。市财政局与泰山区财政局组成联合宣传组，到基层开展“财政法规政策进社区”活动，宣传组将搜集整理的个人所得税法、财政民生政策汇编、涉企政策法规汇编、内控制度等10余种、上百本书籍送到社区居民手中。并与社区居民、驻地企事业单位进行互动交流，宣传财税法律法规，得到社区广大群众和企事业单位的热烈欢迎和广泛认同。

加大财政干部职工普法力度。开展干部职工普法教育活动，引导财政干部牢固树立法治思维和用法习惯，为局机关各科室、局属各单位订购《中华人民共和国预算法实施条例》《中华人民共和国民法典》等图书，做到人手一本；充分利用微信、QQ群等平台，采取“线上线下”相结合的方式，组织开展预算单位财务人员学习培训；围绕新修订的《中华人民共和国预算法实施条例》和新出台的《中华人民共和国民法典》，举办专题讲座4期，将法治培训与业务专题相结合融入其中，促进普法、学法常态化。

二、法治财政建设

强化法治决策。市财政局党组及党组成员带头推进决策科学化、民主化、法治化，严格执行党组会议议事规则，将重大资金分配纳入党组议事范围，落实重大决策合法性审查机制，尤其是对事关经济社会发展和群众切身利益的重大行政决策事项，通过专家论证和风险评估，强化财政权力运行的制约和监督，保证财政重大决策的合法有效。

做好依法行政工作。印发《泰安市财政局重大行政执法决定法制审核办法》《泰安市财政局执法全过程记录办法》和《泰安市财政局财政执法信息公示办法》，以制度规范全局干部职工依法行政；做好行政执法主体资格审查工作，明确监督检查处作为市财政局内设的行政执法机构。

严格行政执法人员持证上岗制度。市财政局严格落实行政执法人员持证上岗有关要求，认真做好局机关执法证件年审和新进执法人员培训考试等工作，特别是将年审考试与普法宣传相结合，对年审人员和新进人员均发放学习资料，并聘请市政府法制办专家进行辅导讲座，在全局营造出学考并重、以考促学的浓厚氛围。

做好公共信用信息工作。根据市公共信用信息办公室要求，市财政局开展公共信用信息目录编制、信息归集、信息报送等基础性工作，并在市财政局门户网站设立公共信用信息公示专区，落实信用办各项工作要求。

充分发挥法律顾问作用。市财政局修订法律顾问管理办法，并制定了法律顾问绩效考核办法，充分调动法律顾问服务积极性；会同法律顾问对市财政局重大财政管理行为、涉法涉诉案件以及与政府采购事项有关的重大法律事宜提供法律意见；对市财政局制定规范性文件和签订合同等环节进行合法性审核，不断提升市财政局依法行政和处理法律事务的能力和水平。

参加法治评选活动。市财政局参评全市“十大法治人物”评选工作，通过上报材料、微信投票、专家评审等系列环节，市财政局于2019年首次当选“十大法治人物”先进集体。

开展法治政府建设示范创建。市财政局成立领导小组和工作专班，建立“一竿子”到底的统一指挥机制，制定《泰安市财政局法治政府示范创建工作方案》，将各项任务细化到具体科室单位，明确责任、细化分工、挂图作战、实时调度，确保各项工作任务落实，进一步激发创建工作的积极性和主动性。

三、营商环境

全力推进财政职能转变。市财政局坚持“法无授权不可为，法定职责必须为”，先后四次清理市财政局权责清单，结合新三定方案，再次按下“放管服”改革快进键；在明确界定财政部门5大类行政职权的基础上，共认领权责事项34项，做到“清单之外无职权”。

做好优化营商环境工作。根据市财政局在优化营商环境工作中的职能，印发《泰安市财政局优化营商环境工作实施方案》，将各项任务明确到相关科室及具体工作人员，及时调整完善任务分工，坚持每周一调度，每月一总结，完成财政部门承担的工作任务。

开展“双随机、一公开”监管及政策标准化梳理工作。印发《泰安市财政局“双随机、一公开”监管工作实施方案》，编制监管事项清单，将会计信息质量检查、财政票据监督检查等列入双随机抽查事项范围，构建以“双随机、一公开”为基本手段、以重点监管为补充、以信用监管为基础的新型财政监管机制；认真开展政策标准化梳理工作，2021年，共填报发布文件31件、发布政策31条，为建立“全省政策中央厨房管理平台”探索经验，完成率达到100%。

第六章　行政政法财政财务管理

2016年以来，泰安市行政政法财政财务管理工作，紧紧围绕市财政中心任务，牢固树立勤俭节约、“过紧日子”思想，大力压减一般性支出，优化支出结构，全面实施预算绩效管理，全力做好新形势下行政政法财政财务管理工作。

第一节　制度建设

泰安市认真抓好贯彻落实中央、省厉行节约反对浪费的一系列指示要求，根据市委、市政府制定下发的《泰安市党政机关厉行节约反对浪费实施细则》《泰安市党政机关国内公务接待管理办法》《泰安市市直机关会议费管理办法》等文件精神，市财政局先后印发《泰安市市直机关培训费管理办法》《泰安市市直机关差旅费管理办法》《泰安市党政机关外宾接待经费管理办法》等管理制度，对会议费、培训费、差旅费、公务接待、因公出国支出等，细化开支标准，作出明确规定。2016年以来，结合制度执行情况，对差旅费管理办法进行了补充，规范了差旅伙食费和市内交通费收交管理，并试行短途出差交通费包干，即在包干区域内公务出差当天往返的，可以按差旅费规定据实报销城市间交通费，也可以按出差审批单批准的出发地至目的地的公共交通相应等级票价金额包干城市间交通费。同时，结合放管服工作，进一步修订培训费管理办法，停止执行培训年度计划备案及执行情况报告制度；配合机关事务部门印发提高公务用车使用效率的相关规定，泰安市厉行节约制度体系建设逐步完善。

第二节　预算执行

2016年以来，泰安市行政政法管理工作，不断强化预算执行。

严控一般性支出。牢固树立“过紧日子”思想，严控“三公”经费、会议、培训等一般性支出，严控支出规模，努力降低行政成本。

强化预算刚性约束。规范部门“有预算不超支、无预算不开支”，严格控制年度新增支出，对执行中确需增加的临时性、应急性业务支出，主要通过调剂部门预算、盘活存量资金等方式统筹解决。

加快预算执行进度。指导归口部门合理编制预算执行计划，并按照计划和预算管理有关要求开展预算执行。特别是需要进行政府采购的项目，引导部门强化前期准备工作，确保预算批复后尽快按程序开展工作，规范财务管理，加快资金支出进度。

强化结转结余资金管理。定期清理结转结余资金，除在建工程等跨年流动项目外，结转一年以上的财政资金全部收回财政统筹安排。对项目执行完毕的结余资金一律收回，严禁部门调剂用于其他项目，进一步盘活资金，把有限的财政资金用在稳增长、促改革、调结构、惠民生等方面。

第三节　预算绩效管理

2016年以来，泰安市行政政法管理工作，不断加强预算绩效管理。

实行花钱问效，无效问责。全力推进归口部门预算绩效管理，增强部门主体责任意识和当家理财观念。加强对归口部门预算绩效目标实施情况的督导，及时发现资金使用和项目管理中存在的问题和绩效目标执行中的偏差，确保绩效目标顺利实现。

强化绩效评价。按照“全方位、全过程、全覆盖”的要求，将绩效评价由项目支出拓展到部门整体支出和政策、制度、管理等方面，确保财政资金安全高效。

2019年8月16日，市财政局行政政法科与市公安局相关人员座谈经费保障事宜

制定内部控制制度。指导归口部门按照新的预算管理职责定位，结合预算管理需要和支出事项，制定内部财务管理规章制度和各项资金分配使用的具体办法，进一步健全完善内控制度，强化内控制度执行。

第四节　配合推进相关改革

2016年以来，市财政局按照上级有关指示精神，不断推进相关改革。根据省、市机构改革的实施意见及部门单位管理职责，调整工商质监、外办、民宗、台办、法制办等单位经费保障方式，顺利完成机构改革相关工作。

支持党政机关事业单位公车改革。按照省、市要求，配合市公车办完成泰安市党政机关、事业单位公务用车制度改革任务。根据省车改办《关于将执法执勤用车纳入公务用车平台管理的通知》要求，依托机关事务服务中心公务用车管理平台，将泰安市符合规定的执法执勤用车纳入公务用车平台管理，实现与省公务用车管理平台的对接，确保“全省一张网”建设工作按期完成。

支持监察体制改革。按照上级要求，结合泰安市情况，做好监察体制改革相关经费保障及执法用车、特种专业技术用车配备等后勤保障工作。

支持司法公证体制改革。按照上级《关于推进公证体制改革机制创新工作的意见》，做好市公证处由行政体制公证机构转为事业体制，调整为公益三类事业单位各项工作。严格落实相关经费要求，确保政法委机关工作津贴、人民警察法定工作日之外加班补贴等政策落到实处。

第七章　教科文财政财务管理

2016年以来，泰安市教科文财政财务管理工作立足全局工作重点，紧紧围绕全市财政经济中心工作，坚持保障民生、保障重点、服务大局，不断拓宽工作思路，创新工作方法，健全完善教育、科技、文化旅游体育与传媒投入体系，大力提升财政教科文服务能力，推动全市教科文事业持续健康快速发展。

第一节　重点教育项目

一、保障教育政策落实

自2016年春季学期开始，统一城乡义务教育学校生均公用经费基准定额，泰安市为小学每生每年810元、初中每生每年1010元，均高于省平均标准100元；自2017年春季学期开始，在落实好农村学生“两免一补”和城市学生免除学杂费政策的同时，向城市学生免费提供教科书并推行部分教科书循环使用制度，对城市家庭经济困难寄宿生给予生活费补助；自2019年秋季学期开始，增加向城乡家庭经济困难非寄宿生给予生活费补助。自2019年起，特殊教育生均公用经费提高至8000元。支持全面落实教育资助政策，帮助家庭经济困难学生顺利完成学业，从2019年起，增加高职院校国家奖学金名额，将高职院校国家励志奖学金、国家助学金补助标准提高10%，将普通本科学生国家助学金平均补助标准提高10%，新设立中等职业教育国家奖学金。2020年起，市直率先将普通高中生均公用经费标准由900元提高到1010元。2021年起，市县普通高中生均公用经费标准均提高到1000元以上。

2017年9月，泰安财政支持建设的泰安一中新校启用

二、支持办学水平提高

市财政累计投入90.2亿元，支持解决“大班额”问题项目建设，特别是投入6.1亿元，历时4年建成泰安一中新校区，2017年秋季开学正式投入使用；投入1.3亿元，整合泰安市盲人学校、泰山区育才学校、岱岳区聋哑学校，建成泰安市特殊教育中心；泰安市解决“大班额”问题项目学校累计完成411所，新增学位25.43万个，全市中小学“大班额”比例由2015年的53.55%下降到8.38%，“超大班额”已于2018年全部消除。累计投入20.86亿元，支持实施“全面改薄”工程及能力提升，全市累计完成项目833个，建设面积完成规划108.9%，设备采购完成规划109.5%，全面完成改薄工作任务。支持学

前教育健康发展，自2020年起，市县两级均按省定生均710元标准全面落实幼儿园生均公用经费财政拨款政策。支持教育信息化建设，保障市直“班班通”项目顺利实施，投入0.13亿元购置现代化教学设备，对原有设备进行更换，提升教育现代化管理水平，助推教育高质量发展。支持实施标准化考点建设，2020年，市财政安排447万元，支持市直各学校标准化考场建设，切实保障教育考试安全。2021年，各级财政安排0.68亿元，支持中小学校开展人工智能与机器人教育试点。

三、支持市政府为民办实事

2019年，全市各级财政部门累计投入0.99亿元，支持2019年市委、市政府为民要办的实事——城镇小区配套幼儿园综合整治提升工程实施，全市新建、改扩建幼儿园99所，新增学位1.6万个，整改幼儿园22所，全市普惠性幼儿园比例提升至93.01%；2020年，全市各级财政部门通过市场化融资、预算安排等安排资金4.1亿元，支持2020年市委、市政府实事项目——学前教育和城区小学教育扩容工程实施；2021年，全市各级财政投入0.63亿元，支持2021年市委、市政府为民要办的实事——实施中小学午餐保障及食堂改造提升工程。

四、支持职业教育发展

落实中职教育免学费政策，支持中职教育健康发展；落实公办高职院校生均财政拨款1.2万元省定标准政策，努力改善办学条件，提高办学质量；自2020年起，调整市属职业院校财政保障体制，将市属4所职业院校经费形式统一调整为财政补贴，经费由学院自行管理，更好推进院校高水平建设。

五、支持教师相关政策改革

深化中小学绩效工资制度改革，建立教师绩效工资增量机制。根据市委办公室印发《关于全面深化新时代全市教师队伍建设改革的实施意见》精神，自2019年9月1日起，市直中小学按生均每年110元标准增核绩效工资总量；为保障市直中小学校食堂管理体制机制改革顺利实施，做好学生在校期间的管理工作，充分调动带班教师的工作积极性，自2020年9月1日起，按照每生每年40元标准增核教师绩效工资增量。调整提高班主任津贴，将绩效工资中的中小学班主任津贴标准调整为小学每班每人300元，初中每班每人400元，高中每班每人500元，提高了班主任工作热情。深化校长职级制改革，认真落实《泰安市中小学校长职级制改革实施办法（试行）》，安排经费保障市直学校校长职级制薪酬发放，推动了改革顺利开展。同时，市财政局制定《教育领域市与县财政事权和支出责任划分改革实施方案》《泰安市市级教育发展资金管理暂行办法》《泰安市中等职业学校国家助学金管理办法》《泰安市普通高中国家助学金管理办法》《关于做好新冠肺炎疫情防控期间支持民办幼儿园平稳健康发展的通知》等制度办法，加强和规范教育资金管理，助推教育事业健康发展。

第二节　科技创新驱动

一、泰山科技创业资金

2018年，市财政将“泰山科技创业资金”规模增加到0.35亿元，将创业担保金贷款担保额度由2017年的300万元提高至500万元，通过对企业实施银行贷款担保和贴息，支持企业科技创业和科技成果转化，解决了科技型中小企业贷款难的问题。

二、科技平台建设

2016年以来，认真落实市政府《关于构建泰安特色塔型科技创新体系的意见》等精神，多方筹集资金，支持泰安特色塔型科技创新平台建设，全市科技创新平台总量达到480家。其中，国家级、省级平台分别达到4家、105家。为推动泰安市科技合作、企业科技发展将起到积极作用；支持泰安创新谷产业技术创新研究院共建、智慧康养创新共同体建设、专业孵化器提升、企业研发补助等，助推科技创新加快发展。2021年，市财政安排0.47亿元，支持推进泰安市产业技术创新研究院建设，着力构建完善的区域科技创新体系；市财政投入0.4亿元，保障“揭榜挂帅”引才机制落实，撬动全市研发投入7.1亿元，重点支持了输变电、高端装备和职能制造、新材料等重点产业关键核心技术攻关方面的37个项目。自2021年起，市财政每年投入500万元，支持“科创中国”试点市建设，对创新服务平台、高端学术活动、决策咨询给予支持，促进企业与科技供给有效衔接。

三、人才政策落实

2016年以来，认真落实各项人才政策。其中，设立总规模6亿元的市级招才引智基金，制定印发《泰安市招才引智基金工作流程》，并启用了泰安市招才引智基金管理委员会办公室印章，规范了招才引智基金的拨付、管理和回收（退出）程序，明确了各部门职责，为基金健康持续滚动发展、“金十条”政策快速落地、及时兑现，提供了政策保障；累计兑现人才新政“金十条”奖励扶持资金2亿元，支持了新旧动能转换重点产业领域高层次人才创业项目实施、成果转化平台载体建设等，为到泰安各类人才发挥才干实现梦想提供了全方位支持。同时，认真落实支持新旧动能转换、“双50强”企业、民营经济及应对新冠肺炎疫情支持中小企业渡难关稳发展等财政政策，强化财政资金和政策保障，助推实体经济高质量发展；支持“科创中国”创建，泰安市成为全国首批22个“科创中国”试点单位之一，吸引高端创新资源向泰安市集聚，进一步助力泰安市高质量发展。同时，市财政局制定《科技领域市与县财政事权和支出责任划分改革实施方案》《泰安市企业研究开发财政补助资金管理暂行办法》《泰安市市级科技创新发展资金管理暂行办法》等制度办法，加强和规范科技资金管理，助推科技事业健康发展。

第三节　文化旅游体育事业

一、公共文化服务体系建设

2016—2021年，全市累计投入2.3亿元，支持地方文化信息资源共享、农村电影放映、送戏下乡、乡镇综合文化站和基层文化阵地建设、“三馆一站”免费开放等公共文化服务体系建设，市、县、乡、村四级基础设施网络建设基本完成、公共文化活动品牌效应不断扩大。

二、设立文化事业产业专项经费

自2016年起，市财政将文化事业发

展专项资金提高至0.2亿元，支持文化事业产业加快发展。自2017年起，每年安排300万元，支持泰安市文化惠民消费季活动开展，进一步推动文化消费升级，丰富人民群众文化生活。自2018年起，市财政在之前每年安排30万元文物保护专项资金的基础上，加大资金统筹力度，专项资金规模达到230万元，重点支持泰安市文物保护天网工程、文物保护单位“四有”建设、文物资源数字化保护、文物看护巡查和专业人员培训等工作开展，为泰安市文物管理工作提供了有力保障。

三、支持旅游事业发展

自2017年起，市财政设立1600万元旅游发展专项资金，重点支持全域旅游建设、旅游厕所改造、旅游宣传等，全力推进泰安市全域旅游发展战略实施；2019—2020年，市财政投入0.12亿元，支持泰安市“慧游泰山”智慧旅游平台建设使用，助推泰安市旅游事业加快发展；2020年，推动印发泰安市《关于支持文化和旅游企业应对新冠肺炎疫情共渡难关的通知》，制定有关财政政策对有关文旅企业进行支持。

四、支持体育事业发展

加大一般公共预算资金和体彩公益金的统筹力度，重点支持全民健身公共服务体系建设、泰山国际登山比赛、泰山国际马拉松、泰山国际户外挑战赛、T60环泰山大徒步等特色赛事活动品牌打造、体育场馆建设提升、竞技体育综合实力提升等。2018年，市级投资0.3亿元规划建设市生态绿地健身活动公园，成为城区群众健身休闲娱乐的首选之地。2019年起，高标准规划并启动新体育中心和新体校建设，弥补了泰安市20多年来大型体育场馆严重不足的困境。2020年，全市各级财政部门通过市场化融资、预算安排等安排资金5.2亿元，支持2020年市委市政府为民要办实事项目——城乡体育惠民工程实施。在山东省第二十四届运动会，泰安市获得41枚金牌、29枚银牌、41枚铜牌，排名金牌榜第七位。

第四节　推进重点事项进度

一、保障央视春晚泰安分会场工作开展

市财政局牵头抽调人员与市审计局组成财务审计组，并制定《2018年央视春晚泰安分会场筹备工作财务审计方案》，明确工作原则、工作程序和运行机制；加快办理进度，按照实施项目的必要性和可行性及财政投资评审、政府采购、审计的要求，加快审核力度；及时拨付资金，保障了项目实施资金需要；加强资产管理，严格资产购置审批，按规定程序进行政府采购。累计投入资金近1亿元，完成各项保障任务。

二、保障全国文明城市创建工作开展

2020年是三年创建周期的决战之年，按照市委、市政府确保2020年全国文明城市创建夺牌的工作目标，市财政局充分发挥牵头科室职责，进一步完善工作机制，强化与市创城办和部门单位的对接沟通，加快事项办理进度，全力做好文明城市创建服务保障工作。三年来累计安排专项创建资金1.4亿元，助力泰安市获评第六届全国文明城市称号。

第八章　农业农村财政财务管理

2016年以来，泰安市农业财政财务管理工作，按照中央、省、市决策部署，坚持稳中求进工作总基调，牢固树立新发展理念，落实高质量发展要求，紧紧围绕农业农村现代化总目标，发挥财政支农职能作用，加大投入力度，完善政策体系，创新体制机制，狠抓工作落实，为全市农业农村发展注入了新动力，为推动实现乡村振兴提供了有力支撑。

第一节　涉农资金统筹整合

2018年，泰安市在全省范围内率先制定印发《关于加快推进市级涉农资金统筹整合的实施意见（试行）》。按照市委关于推动乡村振兴的“1+5+1”要求，市财政局编制《推动乡村振兴投入保障工作方案》，成立乡村振兴战略财政保障专项工作组，分析研究乡村振兴财政保障重大问题。定期召开乡村振兴财政保障工作会议，就对接政策、分解任务、督导调度等进行安排部署，为各项工作顺利推进提供了组织保障。一方面，“财政＋撬动”做大投入总量。泰安市于2019年启动涉农资金统筹整合工作，当年全市涉农资金整合规模达到39亿元。市级按照“能整则整、应整尽整”的原则，加大涉农资金整合力度，整合农业、林业、水利、畜牧、扶贫、农业综合开发、农村综合改革、一事一议财政奖补、乡村连片治理、美丽乡村、农村厕所改造等29项涉农资金共计4.4亿元，各县（市、区）整合13.7亿元。2020年，市级整合4.8亿元，较上年增长8.7%。创新资金筹集渠道，特别是自2015年9月开展“财政惠农信贷通”试点以来，发挥财政资金的引导作用，加强财政金融政策融合互动，扩大资金支持总量，取得了较好成效，为全市新型农业经营主体发展壮大、农业产业升级、农民增收致富增添了强劲动力。至2021年，“财政惠农信贷通”财政担保金达到2030万元，700多个新型农业经营主体获得授信，累计发放贷款6亿元，财政资金平均放大近30倍。加快推进全市农业信贷担保体系建设，县（市、区）均已设立农担办事处并全部投入实质性运作，产业集群授信金额达到4.9亿元，支农惠农效果明显。另一方面，“管理＋考核”提高资金绩效。坚持“先建制度，后分资金”。

第二节　脱贫攻坚战

一、加强制度建设

坚持“先建制度，后分资金”，扎紧制度的“笼子”，用好扶贫资金资源，确保每一分“救命钱”都用到贫困群众身上。市财政局与市扶贫办联合制定下发各年度《关于加强年度财政专项扶贫资金使用监管的意见》，对中央、省、市级财政专项扶贫资金项目的立项审批、资金拨付、监督管理、项目验收等工作程序，以及后续跟踪、审计问责、督查考核等提出了明确要求。在严格落实责任、权力、资金、任务“四到县”制度要求的同时，履行监督责任，指导各县（市、区）依法依规做好项目资金安排、使用和监管工作，在保证资金安全的基础上，不断提高资金使用效益。加大对制度落实情况的督促检查，对违反制度规定的坚决查处，坚决纠正有令不行、有禁不止、无视制度的问题，充分发挥制度的刚性约束作用。针对扶贫领域的不正之风和腐败问题，加大监督管理力度，将不正之风和腐败问题解决在萌芽状态。2016 年以来，起草、转发扶贫资金管理使用的制度性文件 30 余个，为确保扶贫资金安全高效使用提供了制度性保障。

二、加大资金投入

进一步聚焦精准扶贫、精准脱贫，优化财政支出结构，市财政局建立健全扶贫资金稳定增长机制，确保资金投入与脱贫攻坚任务相匹配。坚持“奖励先进、突出重点、填平补齐、适度平衡”的原则，严格按照因素法切块下达县（市、区），既考虑各县（市、区）贫困人口规模、人均纯收入、县级财力等因素，又兼顾绩效考核结果，实行奖优罚劣，激发各级做好扶贫开发工作的积极性，推动资金向用得好的地区、用得好的项目相对集中，最大限度地提高扶贫资金使用效益。2016年以来，全市累计安排各级财政专项扶贫资金 13.3 亿元。其中，中央资金 1.26 亿元，省级资金 5.76 亿元，市级资金 3.56 亿元，县级资金 2.72 亿元。

三、推动机制创新

市财政局认真贯彻落实财政部、省财政厅关于加强扶贫资金动态监控的工作部署，对财政扶贫资金实行动态监控管理，运用“制度+科技”模式，对各级各类财政扶贫资金分配、下达、支付及项目资金绩效目标执行等情况进行逐环节全流程监控，实现财政扶贫资金运行过程可记录、风险可预警、责任可追溯、绩效可跟踪。

第三节 乡村产业振兴

一、保障国家粮食安全

市财政局把保障粮食安全作为实施乡村振兴战略的首要任务，实施“藏粮于地、藏粮于技”战略，真正把粮食安全责任落到实处。

大力支持高标准农田建设。2020 年，市财政把高标准农田建设纳入涉农资金统筹整合范围，按建设任务、投资标准和分担比例确定资金预算，予以重点保障。资金按任务占比和因素切块分配到县，由县（市、区）负责将各级资金按工程进度拨付到项目。统筹整合 2.1 亿元用于高标准农田建设，其中省以上资金 2 亿元、市级资金 848.76 万元，有力支持了全市高标准农田建设。同时，结合本地实际，探索完善建后维修管护机制，确保工程“建得成、管得住、用得好”。

完善耕地地力保护补贴制度。市财政局不断加强耕地地力保护补贴资金管理，将政策不折不扣地落实到位，维护好农民群众的切身利益。至 2021 年，县级已按照每亩补贴标准不低于 137 元的标准将补贴发放至农户“一本通”账户。同时，加强对“一本通”系统使用管理工作的监督、检查和指导，确保数据采集、信息公示、身份核查、账号提取、数据审核和资金发放等各个环节数据信息真实、准确，杜绝虚报冒领、挤占挪用等违规违纪问题，进一步完善制度，堵塞漏洞，确保“一本通”

系统安全规范高效运行。

提升农业机械化水平。2016—2019年，全市共落实国家农机购置补贴资金3.46亿元，补贴各类机具3.2万余台（套），受益农户2.1万多家，极大地提高了装备水平。落实农业机械作业补贴资金5445万元，完成土地深松整地作业357万亩，全面完成农机深松整地作业任务，其中，作业补助152万亩。通过补贴政策的实施，进一步提高了土地蓄水保墒和抗旱除涝的能力，促进了农业增产农民增收。另外，2020年，安排粮食生产“十统一”奖补2000万元，支持开展粮食生产“十统一”，转变粮食产业发展方式，提高粮食生产专业化、组织化程度，提升农业机械化、产业化水平，推进粮食生产现代化进程，按照实施面积、每亩20元的补助标准，切块下达到各县（市、区）。

二、推动乡村产业发展

2016年以来，市财政局坚持以培育农业“新六产”为总抓手，加大政策资金支持力度，推进农业供给侧结构性改革，扶持培育现代农业产业园、农业公园等新业态及农业“新六产”发展主体。泰山区入选第二批国家级现代农业产业园，新泰市、肥城市、宁阳县入选省级现代农业产业园。筹集资金保障实施泰安高新区农村一、二、三产业融合发展项目，推动凸显现代农业“新六产”叠加效应。保障实施农村产业融合发展“百县千乡万村”试点示范工程，支持产业兴村强县行动、农产品产地初加工，立足资源和区位优势，促进一、二、三产业深度融合发展，实现产业链相加、价值链相乘、供应链相通“三链重构”，打造泰安农业产业化“升级版”。

三、推动农林水绿色发展

2016年以来，市财政局强化绿色生态支农导向，推动农业绿色发展。

支持水资源节约保护。2016年以来，投入6300万元，用于支持水资源监控能力建设等水资源节约与保护工作开展。投入1.1亿元，用于支持开展水土保持工作。同时，进一步强化河湖管理保护政策措施，调整优化支出结构，集中资金用于河湖管理保护，为全面实行“河长制”“湖长制”提供强有力的资金保障和政策支持。

支持农业生态保护。筹集3000万元，用于支持落实农产品质量安全；落实资金1亿元，用于加快转变畜牧业发展方式、落实耕地保护与质量提升和化肥减量增效、秸秆综合利用和畜禽粪污资源化利用、非洲猪瘟防控等，重点解决农业突出环境治理和农业废弃物综合利用问题，不断加大农业资源保护修复力度。

支持林业改革发展。落实1亿元，用于支持植树造林、森林资源培育、林业防灾减灾、林业生态恢复，加大森林生态效益补偿力度，加强林区建设与管理。

第四节　乡村组织发展

一、强化村级组织运转保障

按照各级关于加强村级组织运转经费保障工作要求，市财政局起草制定了全市村级组织运转经费保障实施办法，对财政补助村级组织运转经费保障的范围、重点及标准等作了进一步的细化安排。自2017年起，每3年调整一次财政补助村级组织运转最低保障标准，2020年每村每年达到10.5万元。

二、发展壮大村级集体经济

按照建立稳定经费保障制度、加强基

层服务型党组织建设的要求，市财政局会同组织、农业、国土部门，着眼壮大村集体经济实力，稳步实施“强村固基”工程。2016年以来，通过整合一事一议奖补、小型农田水利建设和土地开发整理资金，市级每年安排5700万元，助力基层抓党建、促脱贫。按照市派“第一书记”帮包贫困村、市直机关事业单位派驻薄弱村任实职书记村每村20万元标准，培树乡村组织振兴示范村每村30万元标准，集中测算分配下达县（市、区），集中力量办大事，优先支持保障村民基本生活所需的建设项目，以及能够促进村集体持续增收的经营性项目及配套基础设施项目建设，帮助扶贫工作重点村、软弱涣散村打牢乡村振兴基础，一大批重点领域问题和老百姓急需解决的问题得到集中解决，进一步提振了薄弱村赶超先进、集中精力谋发展的信心和决心，为打赢脱贫攻坚战奠定了坚实的基础。2019年以来，该项资金纳入统筹整合范围，切块下达县（市、区）。

三、推进农村综合改革试点试验

2017年，财政部启动农村综合性改革试验试点，主要通过综合集成政策措施，建立健全村级集体经济发展机制、乡村治理机制、农民持续增收机制和农村生态文明发展机制“四个机制”。泰安市岱岳区被列为首批试点试验区，并初步探索出现代农业农村的发展样本。《关于岱岳区农村综合性改革试点试验情况的调查》在省委《调查与研究》刊登，《试点试验多点突破机制完善齐头并进　岱岳区积极推进农村综合改革》《当好改革的“试验田”和“样板区”泰安市岱岳区探索农村综合性改革试点试验纪实》在《大众日报》《农村大众》发表，九女峰示范片区获得了2019年10月18日在杭州举办的2019年世界休闲发展高峰论坛“中国文旅融合示范奖”。2019年10月14日，山东省委副书记杨东奇在《践行“两山”理论，破题乡村振兴》上批示：“九女峰的乡村振兴工作很有典型意义，请省委农办做好调研总结工作，并协调新闻单位予以宣传，供各地学习借鉴。”

第五节　乡村振兴示范样板

市财政局认真落实《泰安市乡村振兴战略规划（2018—2022年）》，充分对接各有关部门，提出指导性意见。各县（市、区）按照本地乡村振兴规划，精心编制涉农资金统筹整合实施方案，规划融合和资金整合，重点保障乡村振兴齐鲁样板泰安十大示范区等重点项目，从源头上解决规划不衔接、资金碎片化等问题，做到“谋划一项、干成一项，规划一片、建成一片”。为打造乡村振兴齐鲁样板，贡献泰安财政力量。

市财政局还制定了《泰安市乡村振兴示范区建设财政奖补办法》，支持打造乡村振兴齐鲁样板泰安示范区，集中部分财力优先支持示范区建设。2019年以来，安排资金1.5亿元，对全市21个示范区开展财政奖补。2021年，全市衔接推进乡村振兴补助资金投入3.45亿元。其中，争取上级衔接资金1.73亿元，市级安排1亿元，县级投入7207亿元，确保过渡期内稳定投入和政策平稳过渡。

2021年10月，在全省财政支农工作会议上，泰安市作了题为“发展壮大村级集体经济凝聚起推动乡村振兴的强大力量”的书面发言。

第九章　社会保障财政财务管理

2016年以来，泰安市社会保障财政财务管理工作，认真落实党中央、省市委有关文件精神，进一步完善社会保障制度，加强社会保障资金管理，落实各项重点民生政策，不断推动财政社会保障工作再上新水平。

第一节　医药卫生体制改革

健全完善基本公共卫生服务保障机制。2016—2021年，投入资金26.8亿元，将基本公共卫生服务人均经费补助标准从每人每年50元提高至79元，服务项目由9大类增加至12大类、45项，支持全面实施农村适龄妇女“两癌”筛查、新生儿遗传代谢性疾病免费筛查、产前筛查等重点民生项目，让城乡居民切实享受到均等化公共卫生服务。

加强公立医院全面预算管理。以健康泰安资金结算监管平台建设为载体，推动实现了市直8家公立医院财务信息化管理一体化，实现了对医院经济运行的实时监管和数据共享，做到了让信息“多跑路”、让群众“少跑腿”，节约了成本，提高了效率，为提供全方位全周期的大健康资金监管奠定了坚实的基础。

提升社保基金信息化管理水平。为加强社保基金预算管理，提升工作效能，市级社保基金预算管理系统正式上线运行。该系统以基金支出预算管理为切入点，将基金支出项目全部纳入信息系统进行管理，年度项目支出预算逐条列入管理系统，所有项目均按照年初预算执行，清晰反映预算编制与执行结果的契合度，倒逼预算单位加强支出管理、规范支出行为，增强了基金预算的约束力，基金管理的科学化、规范化和精细化水平得到大幅提升。

强化社保资金预算执行和绩效管理。进一步强化社会保障预算执行，通过加强预算执行管理意识、落实预算指标限时下达制度、采取预算支出通报等手段，着力提高预算执行效率。同时，加快构建社会保障资金全方位、全过程、全覆盖的预算绩效管理体系，着力提高财政资源配置效率和使用效益。管理范围拓展到社会保险基金预算，重点关注政策效果、基金管理、精算平衡及运行风险等。

做好绩效考核评价工作。2019年度，基本公共卫生服务省级考核中获得全省第一名，获得上级奖补417万元。强化评价结果运用，做到“用钱必问效、无效必问责”。对就业、基本公共卫生服务、城乡低保等重点专项资金项目实施绩效考评，完善重点项目“事前论证、事中监控、事后考评”的全程绩效管理机制，不断提高“投入产出”效益。

持续加大医药卫生体制改革投入。2021年，累计拨付市直公立医院资金1.28亿元，用于符合区域卫生规划的公立医院基本建设、设备购置、重点学科发展、人才培养，以及符合国家规定的离退休人员费用和政策性亏损补贴等。

第二节　疫情防控经费保障

2020年，市财政部门坚持把人民生命健康放在首位，做好新冠肺炎疫情防控资金保障工作。市财政局联合市卫生健康委员会印发《关于转发国家和省财政、卫生健康部门关于新型冠状病毒感染肺炎疫情防控有关经费保障政策的通知》，按照“特事特办、急事急办”的原则，加快资金拨付使用，确保疫情防控资金及时到位。在市委新冠肺炎疫情防控处置领导办公室指导下，成立了由市财政牵头，审计、卫健委、民政、应急等单位组成的资金管理组，及时研究在执行中反映的资金保障及监管问题，协调推进解决。先后制定印发《泰安市新冠肺炎疫情防控资金管理暂行办法》《“3·1”疫情防控工作专班专项资金使用管理办法》等文件，对疫情防控资金需求及资金分配，严格按照资金管理办法规定执行，确保了疫情防控资金筹集分配有序规范。建立疫情防控财政工作日报制度，及时、准确、全面掌握全市疫情防控经费保障等情况，做好沟通联络、情况调度、信息推送等工作。为落实好资金直达市县基层，直接惠企利民，市财政局社保科全体人员严格按照上级要求和工作部署，在规定的时限内，及时科学合理分配直达资金，及时录入直达资金监控系统，确保了财力下沉到基层，提高基层财政保障能力。

2021年，进一步增强“疫情就是命令、防控就是责任”的意识，把疫情防控需要作为财政保障重中之重，全力做好资金、政策、服务保障，确保市委、市政府决策部署不折不扣落实到位。至2021年年底，全市各级财政部门累计拨付资金10亿元，切实保障了疫情防控物资设备采购、核酸检测试剂耗材、定点医疗救治机构人员经费及日常运转等必要支出。

保障新冠病毒疫苗免费接种。市财政按照实际接种疫苗及接种费用的30%对医保基金给予补助，并进一步明确了市县财政补助政策，即市财政结合省以上财政补助政策，对各县（市、区）及功能区按照55%进行补助，市以上财政补助后，剩余45%部分由各县（市、区）及功能区负担。按照国家和省统一部署安排，市财政局努力克服收支矛盾，优先做好新冠病毒疫苗接种经费保障工作，在拨付821万元用于重点人群紧急接种新冠病毒疫苗的基础上，从泰安市医保基金中足额上解省级5.4亿元、拨付疫苗免费接种专项资金0.45亿元，确保了全市新冠疫苗免费接种工作顺利开展。

立足长远支持公共卫生体系建设。立足长远长效，加强资源统筹和资金保障，全力补齐公共卫生短板弱项，加快疾病预防控制和重大传染病救治等重点项目建设进度，防范和应对重大疫情挑战。2021年，市财政拨付专项债券资金0.69亿元，支持市中心医院分院传染病房楼建设和发热门诊建设；拨付资金0.26亿元，支持市疾控中心能力提升项目开展；拨付专项债券资金1.23亿元，支持市中医医院门诊医技综合楼（市中医诊疗中心）项目建设，确保实事项目办好办实。

第三节　就业创业

2016—2021年，泰安市促进就业创业投入力度不断加大，政策体系不断完善，促进就业创业工作持续健康发展。据统计，全市一般公共预算用于促进就业创业支出达到5.58亿元。至2021年年底，全市累计实现城镇新增就业再就业23.69万人，失业人员再就业15.73万人，登记失业人员期末实有人数21.2万人，期末城镇登记失业率为2.0%，低于3.5%的规划控制目标。高校毕业生总体就业率达98%以上，引领大学生自主创业5897人。全市共有省级创业示范平台5家，市级创业示范平台34家，创业型街道（乡镇）48个，创业型社区120个，共发放一次性奖补5704.7万元。

开展大众创业，加强困难人员就业。市财政局不断完善基层创业服务平台，加大就业创业培训力度。认真贯彻落实职业技能提升行动部署要求，共培训18.3万人次，支出培训补贴2.79亿元。至2021年年底，泰安市共有55家社区被认定为省级“四型就业社区”，新泰市、肥城市被省评定为省级创业型城市，有10个乡镇被评为省级创业型乡镇。启动了“泰山创客训练营”项目，共举办“泰山创客训练营”活动15期，参与营员1012人。累计为5801名困难人员提供公益性岗位安置。

第四节　社会救助和社会福利

2016—2021年，泰安市社会福利和社会救助保障水平大幅提升。据统计，全市一般公共预算用于社会福利和社会救助支出达到42亿元。2021年，城乡低保标准，分别达到每人每月791元、593元，较2015年分别增长68%、122%；城乡特困人员基本生活标准，分别达到每人每月1108元、836元，较2015年分别增长122%、113%，失能、半失能、自理特困人员照护标准，分别达到每人每月616元、308元、182元；机构养育孤儿、社会散居孤儿、重点困境儿童基本生活保障标准，分别达到每人每月1947元、1551和1089元，较2015年分别增长95%、115%、263%；残疾人两项补贴高低两档标准，分别达到每人每月154元、126元，2015年分别增长157%、110%；经济困难老年人生活补贴和护理补贴四档标准，分别达到每人每月160元、180元、280元、380元，较2015年分别增长167%、200%、367%、533%；临时救助制度全面建立，年均发放临时救助金2000余万元，救助困难群众9000余人次；养老服务质量显著改善。累计建成城市社区老年人日间照料中心139处、农村幸福院1005处，泰山医养中心正式投入运营，全市养老机构达到110家，各类养老床位达到4万张，比2015年增加1万张，养老服务质量持续提升。以改造敬老院卫生间、厨房及餐厅、医疗服务、文体娱乐设施，以及定期组织老人外出观光为主要内容的“四改一定”实事工程全面完成。

第五节　退役军人事务

一、制定优惠政策

2019年，市财政局配合市双拥办印发《关于实施现役军人免费乘坐市内公共交通工具的通知》，明确现役军人凭有效证件免费乘坐市内公共交通工具。2020年，市财政局配合市退役军人事务局以泰安市人民政府办公室名义印发《泰安市人民政府办公室关于全市退役军人免费乘坐市内公交车和免门票费游览旅游景区的通知》，明确优抚对象范围及优待内容。优抚对象条件是泰安市行政区域内且经退役军人事务部门完成信息采集的退役军人。为优抚对象办理“泰安拥军卡”，持卡人可免费乘坐市内公交车（不包括城乡公交），免收泰安市范围内部分A级旅游景区入园门票。2021年，市财政局配合市退役军人事务局等16个部门联合印发《关于印发泰安市军人军属、退役军人和其他优抚对象基本优待目录实施细则的通知》，制定军人军属、退役军人和其他优抚对象基本优待目录清单。

二、保障退役士兵合法权益

2017年以来，市财政局全力做好退役士兵安置和权益保障工作。强化组织领导，明确工作职责。组织召开专题会议，成立由市财政局副局长任组长，市人社、民政、财政部门工作人员为成员的财政保障组，制定工作方案，明确工作职责，形成“主要领导亲自抓、分工领导靠上抓、业务科室主动抓”的工作格局。迅速谋划部署，做好财力保障。对上争取，强化经费保障。通过协调和对上沟通，省财政厅预拨资金对泰安市困难县区进行补助。市财政按照“急事急办、特事特办”原则，立即将补助资金1357万元（含宁阳县）全部拨付到位。同时，市级安排资金2000万元，用于退役士兵安置和权益保障各项政策落实。通过统筹调度，安排办公场所和33万元工作经费，保障了专项工作组集中办公用房及设施需要，为工作的顺利开展创造了条件。至2021年，全市落实1.7亿元，为1.1余万人缴纳社会保险，解决了部分退役士兵因各种原因导致的无法享受社会保险待遇问题，维护了部分退役士兵的切身利益。

2019年7月，财政支持建设的泰安市退役军人服务大厅

三、建立退役军人创新创业和困难帮扶机制

2019年，省、市政府共同出资设立退役军人创新创业和困难帮扶基金，用于退役军人创业贷款贴息和不良损失风险补偿、创业带动就业奖励、选树创业典型、困难帮扶等方面支出。至2021年年底，在市财政部门帮助下，政策带动银行累计发放创业扶持贷款3.9亿元，帮助1639名退役军人圆了“创业梦”。解决了退役军人创业者普遍面临缺少启动资金、生产经营中流动资金周转的瓶颈，激发了退役军人创业热情，为全力推进新时代退役军人就业创业营造了良好的社会环境。累计发放困难帮扶资金678万元，为2110个退役军人家庭纾难解困。

四、开展县级以下烈士纪念设施管理保护专项行动

2021年专项行动开展以来，市财政局配合市退役军人事务局转发了《退役军人事务部 中央宣传部 财政部关于印发〈全国县级以下英雄烈士纪念设施整修工程实施方案〉的通知》，翻印《财政部 退役军人部 中央军委国防动员部关于做好义务兵家庭优待金中央财政补助经费管理有关问题的通知》，并下发各县（市、区），抓好贯彻落实有关经费管理要求。全市各级落实资金856万元，在整修工程中共建设县级以下烈士陵园看护房18个（合计244平方米），描红墓碑674个，新立墓碑206个，新建墓穴190个，墓区硬化、绿化面积约18102.6平方米，修建围墙约5356.82平方米，修建纪念广场约6905平方米，修筑道路约10209.54平方米，设立宣传版面70个。

五、支持退役军人服务体系建设

按照“有机构、有编制、有人员、有经费、有保障”的要求，全面健全完善泰安市退役军人服务保障体系。2016—2021年，累计落实资金741万元，用于烈士纪念设施改造维护及智慧陵园建设等经费支出。

第六节　医疗保障

一、完善政策体系

2016年以来，基本医疗保险覆盖面进一步提高，参保覆盖面稳定在96%以上。提升城乡居民医保保障能力，居民医保财政补助标准由2018年的490元提高至2021年的580元。完善城乡居民高血压糖尿病门诊用药保障机制，报销比例达到60%以上。调整完善职工、居民大病保险合规费用范围和医保支付政策，提高特殊疗效药品报销比例和支付限额，将参保职工政策范围内住院个人负担费用纳入职工大病保险支付范围。抓好医疗保险市级统筹，完善配套政策措施，实现待遇保障、基金管理等“六统一”。

二、助力打赢疫情防控阻击战

2016年以来，认真做好救治费用医保基金保障工作，将泰安市确定的定点救治医院全部纳入医保定点范围，确保定点医院不因医保基金问题影响患者救治。严格落实患者救治费用补助政策，对新冠肺炎患者使用的药品和医疗服务项目，全部纳入医保基金支付范围。全力做好新冠病毒疫苗及接种费用保障工作，上解预算资金5.4亿元，拨付全市各疫苗接种点疫苗接种费用4481万元，按时足额完成目标任务。2021年年底，拨付对基金的补助资金8132万元，足额落实财政对基金的补助政策。

三、医保脱贫攻坚战

2016—2020年，着力抓好应保尽保，建立建档立卡贫困人口动态管理机制，精准确定贫困人口参保数据，全市建档立卡贫困人口等四类人员的基本医保、大病保险、医疗救助三个100%全覆盖。贫困人口参加居民基本医疗保险个人缴费部分由县（市、区）财政按一档标准全额给予补贴。严格待遇落实，对符合认定条件的建档立卡人员在医保系统、医疗救助“一站式”即时结算平台中逐一进行了标识，确保贫困人员及时享受到基本医保、大病保险、医疗救助等政策。落实大病保险倾斜政策，起付标准降低到5000元，最低段报销提高至65%，最高段达到85%，并取消封顶线。推进重特大疾病再救助“一站式”结算系统运行，完善医疗救助“一站式”即时结算平台系统，实现困难群众基本医疗、医疗救助“一站式”办结。

四、“互联网＋医保＋医疗＋医药”慢病管理模式

2016年以来，泰安市以门诊慢病管理为切入点，以信息化建设为手段，建立慢性病互联网医院。2020年疫情期间，开出

了全国第一张互联网医保结算单，签订了全国第一个互联网医院医保服务协议，创新“互联网＋医保＋医疗＋医药”慢病管理新模式，实现了慢性病医疗健康管理服务水平提升、慢性病人群健康指数提升、慢性病患者医疗费用负担下降“两升、一降”目标。“互联网＋医保＋医疗＋医药”慢病服务新模式，在新冠肺炎疫情防控关键时期，方便了广大慢病患者就医购药，减少了人群聚集和交叉感染风险，受到了群众普遍欢迎。加快推进支付方式改革，经过争取，泰安市被列入区域点数法总额预算和按病种分值付费（DIP）改革国家试点。完成病种目录分值、医院等级系数测算、确定基层病种目录，印发DIP付费管理办法及7个配套政策文件，构建起泰安市按病种分值付费工作制度体系，2021年11月试运行，12月实现实际支付，完成了国家试点任务。

五、药品采购改革

全力做好国家组织药品集中采购成果落地实施。2019年12月1日、2020年4月15日、2020年11月16日、2021年5月21日，2021年10月15日，国家一至五批药品集中带量采购成果相继在泰安市落地。广大群众第一时间按照集中采购价格在全市120多家公立医疗机构和解放军第960医院泰安医疗区购买中选药品。国家组织一至五批中选药品覆盖218个品种，平均降幅均超过52%，最高降幅超过98%。做好全省首批省级集采药品中选结果落地实施，首批39个中选药品平均降价67.3%，最大降幅98.6%。做好全省首批5类高值医用耗材集中带量采购中选结果落地实施，平均降幅82.59%，最大降幅95.6%。启动实施医保公立医疗机构药品和医用耗材货款医保基金与药企直接结算工作，持续优化营商环境，降低企业交易成本。

第七节　社保基金管理

市财政加大财政补助力度，支持社会保险制度体系建设取得重大进展。坚持广覆盖、保基本、多层次、可持续方针，加快推进覆盖城乡居民的社会保险制度体系建设和社会保险体制机制不断健全完善，社会保险统筹层次和待遇水平稳步提高，社保基金风险防控力度持续加大，社保基金运行总体上呈现安全可持续的良好态势，较好发挥了社会保险“安全网”“稳定器”作用。2016—2021年，全市共投入财政补助资金82.89亿元，将人均基础养老金补助标准从每人每月100元提高至150元；投入资金127.03亿元，将居民医疗财政补助标准从每人每年420元提高至580元。至2021年年底，企业职工养老保险和工伤保险已实行省级统筹，职工基本医疗保险、居民基本医疗保险和失业保险实行市级统筹，逐步建立健全全市统一的筹资政策、支付政策和相互衔接政策，统一缴费基数和缴费比例，统一统筹项目、支付标准和增长机制；全市共征缴养老保险、医疗保险、失业保险、工伤保险费95.39亿元，发放社会保险待遇147.1亿元，期末累计结余145.83亿元。

第十章　会计管理

2016年以来，泰安市会计管理工作以会计领军人才选拔培养工作为重点，大力推进财政部《行政事业单位内部控制规范》《政府会计制度准则》贯彻实施，开展珠心算实验、会计优秀论文征集评选活动，全市会计代理记账机构、资产评估机构备案管理，会计专业技术人员继续教育，会计人员信息采集，会计专业技术资格报名、考试和高级会计专业技术资格初审等工作，不断提高会计人员素质。

第一节　泰安市会计领军人才选拔培养

2016年2月，市财政局、市委组织部、市人力资源和社会保障局、市经信委等部门联合下发了《关于印发泰安市第二批会计领军人才选拔培养实施方案的通知》，组织实施全市第二批会计领军人才选拔培养工作。经过考试，选拔出50名培养人选（其中，行政事业类10名，企业类30名，注册会计师类10名）。6月13—19日，在中央财经大学举办了泰安市第二批会计领军人才能力提升研修班，培训课程有当前宏观经济政策、企业预算管理与内部控制等。培训期间，组织学员到北京现代企业集团观摩学习。培训结束后，学员撰写了论文，市财政局编辑出版了《承载梦想扬帆起航——泰安市第二批会计领军人才中央财经大学学习体会集锦》。

2017年4月23—29日，在江西财经大学举办了泰安市第二批会计领军人才能力提升研修班，培训课程有政府绩效评估、营改增纳税筹划及会计核算应用、资本运营等。

在两次培训的基础上，第二批会计领军人才申报28个会计研究课题，紧紧围绕会计行业重点、难点、热点问题开展研究。11月，市财政局与市社科联及高校联合组成专家组，对课题进行了评审，评出一等奖5篇、二等奖10篇、三等奖13篇，并编辑出版《筑梦领军——泰安市第二批会计领军人才课题研究成果集》。

12月1日，市财政局印发了第二批会计领军人才文件，表扬了10名优秀学员，泰安市第二批领军人才培养工作结束。

2018年4月，市财政局、市委组织部、市人社局、市经信委部门联合印发《关于印发〈泰安市第三批会计领军人才选拔培养实施方案〉的通知》，启动了泰安市第三批会计领军人才选拔培养工作。通过笔试和考察，择优确定50名培养对象。8月17—24日，在山东财经大学举办了泰安市第三批会计领军人才综合素质提升班，培训课程有当前宏观经济政策、管理会计发展模式、公司治理问题研究、政府会计制度改革热点问题解析、财务转型升级、团队建设等。培训结束后，编纂了《奋进新时代——泰安市第三批会计领军人才山东财经大学学习体会集锦》。

2019 年 4 月，在山东财经大学组织第 3 批会计领军人才培训

2019 年 4 月 16—21 日，在山东财经大学举办了第三批会计领军人才综合素质提升班，培训课程有财务风险案例分析及应用、税制改革政策解读，新旧动能转换给会计人员带来新机遇等。同时，组织了第三批会计领军人才会计课题研究工作，完成会计课题 32 篇，编辑印发了《会计领军新探索——泰安市第三批会计领军人才研究成果集》。同年年底，省财政厅给泰安市财政局发了表扬信，信中指出：泰安市“在会计领军人才培养方面成绩显著，为推动全省会计事业发展做出了突出贡献”。

2020 年 4 月 10 日，市财政局、市委组织部、市人社局、市工信局联合印发《关于印发〈泰安市第四批会计领军人才选拔培养实施方案〉的通知》，启动泰安市第四批会计领军人才选拔培养工作。经过个人申报、资格审查、笔试、考察等环节筛选，确定 50 名会计领军人才培养对象（企业类 40 名，行政事业类 10 名）。11 月 16—20 日，在山东科技大学继续教育学院举办了泰安市第四批会计领军人才能力提升研修班。培训课程有新时代税制改革解读、营运资本管理和资本效率、管理会计体系建设与创新、基于风险管控视角提升财会能力对策、企业内部控制监督与评价、区域金融风险防范与供应链金融等。

2016—2021 年泰安市会计领军人才培训统计表

表 3-1

时间	培训班名称	培训人数（人）	培训地点	培训体会成果	课题成果
2016 年	泰安市第二批会计领军人才能力提升研修班	50	中央财经大学	《承载梦想扬帆起航——泰安市第二批会计领军人才中央财经大学学习体会集锦》	
2017 年	泰安市第二批会计领军人才能力提升研修班	50	江西财经大学		《筑梦领军——泰安市第二批会计领军人才课题研究成果集》

续表 3-1

时间	培训班名称	培训人数（人）	培训地点	培训体会成果	课题成果
2018 年	泰安市第三批会计领军人才综合素质提升班	50	山东财经大学	《奋进新时代——泰安市第三批会计领军人才山东财经大学学习体会集锦》	
2019 年	泰安市第三批会计领军人才综合素质提升班	50	山东财经大学		《会计领军新探索——泰安市第三批会计领军人才研究成果集》
2020 年	泰安市第四批会计领军人才能力提升研修班	50	山东科技大学继续教育学院	《不忘初心——泰安市第四批会计领军人才山东科技大学学习体会集锦》	

说明：2020 年后，因新冠肺炎疫情影响，改为每二年举办一期

第二节　行政事业单位内部控制建设

为促进《财政部关于全面推进行政事业单位内部控制建设的指导意见》贯彻落实，2016 年 7 月 28 日，市财政局印发《关于开展行政事业单位内部控制基础性评价工作的通知》，在全市部署开展行政事业单位内部控制基础性评价工作。通过开展评价，及时发现单位内部控制基础的不足之处和薄弱环节，“以评促建”，有针对性地建立健全单位内部控制体系，取得了良好实效。全市有市教育局等 500 余个单位开展了内部控制建设工作。11 月 16 日，省财政厅、省审计厅召开了全省行政事业单位内部控制建设经验交流会，泰安市教育局在大会上作了典型发言。

2017 年 5 月 11 日，组织召开了全市行政事业单位内部控制建设经验交流会，市直各行政事业单位财务、审计分工负责人、财务科科长，各县（市、区）财政局、审计局分管负责人共 300 余人参加了会议。市教育局、市社会福利院、肥城市财政局等 12 个单位分别介绍了各自的做法。

行政事业单位内部控制报告编报工作。为掌握行政事业单位内部控制建设与实施情况，根据财政部、省财政厅关于开展行政事业单位内部控制报告编报工作的通知要求，自 2016 年开始，泰安市组织开展了行政事业单位内部控制报告编报工作。按照要求完成编报任务，实行应报尽报。采取专家指导、中介机构主动服务等措施，引导督促行政事业单位对照以前年度内控建设情况，进一步完善内控制度，深化流程梳理再造，不断推进行政事业单位内部控制建设。

第三节　落实政府会计准则制度

2017年10月24日，财政部印发《政府会计制度——行政事业单位会计科目和报表》，明确自2019年1月1日起正式施行，这标志着具有中国特色的政府会计标准体系初步建成。泰安市财政局组织干部职工认真进行了学习。

2018年6月29日，泰安市举办了政府会计准则制度专题讲座，邀请专家对政府会计改革知识、业务进行了详细解读，对市财政局120多名干部进行了专题培训。7月3—6日，举办了泰安市政府会计准则制度动员会议暨培训班。分两期对县（市、区）财政局分管负责人、会计科长以及市直各部门、单位相关财会人员等共计500多人进行了系统培训。

第四节　会计代理记账机构、资产评估行业监管

按照省财政厅要求，泰安市开展一年一度的代理记账机构、资产评估机构备案工作。至2021年年底，全市共有代理记账机构215家，管理规范，运转正常。自2016年5月起，使用“全国代理记账机构管理系统”开展相关工作，泰安市及时转发了财政部和省财政厅通知，对县（市、区）提出了明确要求，代理记账机构全部上线。

按照山东省财政厅关于开展代理记账机构检查工作的通知要求，泰安市于2020年、2021年部署代理记账机构检查工作。对辖区内的代理记账机构按照不低于20%的比例，对其代理记账资格条件、业务开展情况和机构制度建设等情况进行了系统性检查。

2020年11月20日，山东省财政厅印发关于《山东省资产评估行业财政监督管理实施办法》，自2021年1月1日起施行。泰安市财政局对本行政区域内资产评估行业实施监督管理。

第五节　会计专业技术人员继续教育

2018年，会计人员继续教育转变为会计专业技术人员继续教育。这是自新《中华人民共和国会计法》施行（2017 年11月5日起）以来，取消会计从业资格认定后继续教育的重新启动。泰安市按照财政部、省财政厅要求，及时部署。按照统一规划、分级管理的原则，组织全市会计专业技术人员参加网络教育培训。另外，每年举办一期全市大中型企业财务负责人素质提升班（或继续教育示范培训班），培训财务负责人、总会计师60余人。至2021年年底，全市会计专业技术人员继续教育共计37682人次。

第六节　会计人员信息采集

为了更好地服务广大会计人员，为会计职称考试、评审、继续教育等工作提供信息支持，实现会计资格考试报名和继续教育等“零跑腿”服务，2019年4月15日，按照省财政厅要求，泰安市发布《关于开

展会计人员信息采集工作的通知》，部署开展会计人员信息采集工作。采集对象包括具有会计专业技术（含初级、中级、高级、正高级）资格的人员以及不具有会计专业技术资格但从事会计工作的人员。2019 年 4 月 20 日至 6 月 30 日，进行集中采集。之后，新增会计人员应在从事会计工作 1 个月内进行信息采集。会计人员登陆山东省财政厅网站 “会计人员信息采集”入口注册并填报相关信息，各级财政部门会计管理人员登陆会计人员信息采集系统管理端进行审核。至 2021 年年底，参加泰安市信息采集人数共计 36518 人。

第七节　会计专业技术资格考试

2016 年以来，泰安市成立了以市财政局党委书记、局长刘斌为组长，分管副局长为副组长，各相关科室负责人为成员的泰安考区领导小组，设考试工作办公室，下设综合组、考务组、巡视组，切实做到工作到组、责任到人。认真做好考场考察确定和机器设备测试工作，确保考试运行万无一失。

2016—2021 年泰安市会计专业技术资格考试统计表

表 3-2

年度	初级	中级	高级
2016	6330 人 12660 科	2985 人 7377 科	89 人
2017	7608 人 15216 科	3448 人 8585 科	32 人
2018	13317 人 26634 科	3592 人 9961 科	243 人
2019	15684 人 14791 人 29582 科	4103 人 10273 科	243 人
2020	21352 人 44746 科	4524 人 11293 科	203 人
2021	15405 人 30810 科	5420 人 13729 科	194 人

2016 年，从业资格考试共 22939 人、68817 科，累计考试近百天，1310 场（之后，会计从业资格证书考试终止）；注册会计师考试（10 月 15—16 日）报考 2017 人，共 5034 科（自 2017 年起，注册会计师考试工作交由山东天元同泰会计师事务所泰安分所管理）。

第八节　机关事业单位财会人员入职资质检查

为进一步加强行政事业单位财务管理，2016年5月，按照市财政局、市编办、市人社局、市审计局《关于贯彻落实〈关于规范机关事业单位财会人员入职资质提高财会人员素质的意见〉的通知》及《关于组织开展机关事业单位财会人员入职资质检查工作的通知》要求，市财政局组成检查组，对市直部分行政事业单位进行了抽查。通过检查，掌握了有关单位会计机构设置、会计人员配备、会计持证情况、学历结构、职称结构、会计机构负责人任职情况等，并向存在问题单位提出了健全会计机构、充实合格会计人员、强化会计人员培训等整改意见。各县（市、区）也认真开展了该项工作。

第十一章　国有资产管理

2016 年以来，泰安市国有资产管理工作，以制度建设、流程再造、绩效管理为重点，完善资产管理制度体系、强化国有资本经营预算管理、推进资产管理流程再造，着力提升国有资产使用绩效，构建“权责清晰、配置科学、使用高效、处置规范、监督有力”的国有资产管理体系，全市国有资产管理工作取得显著成效。

第一节　制度建设

2016 年以来，市财政局不断健全完善制度建设，强化制度管理和约束，分解落实资产管理责任，全面提升资产管理工作的科学化规范化水平，促进资产管理各项工作规范有序。先后制定印发《泰安市市直行政事业单位国有资产配置管理办法（试行）》《脱钩后行业协会商会资产管理暂行办法》《泰安市市直行政事业单位房产出租管理办法（试行）》《泰安市市直行政事业单位部门通用资产配置标准（2019）》《泰安市市级行政事业性国有资产管理绩效评价暂行办法》《泰安市市级行政事业单位国有资产处置管理办法》《泰安市市级国有资本经营预算管理办法》等文件。

第二节　资产绩效管理

一、制定国有资产管理绩效评价制度

2020 年，市财政局印发《泰安市市级行政事业性国有资产管理绩效评价暂行办法》。根据年度工作重点动态更新评价指标体系，确保评价结果真实反映资产管理成效。2021 年，市财政局印发《关于开展 2020 年市级行政事业性国有资产管理绩效评价工作的通知》，在市级行政事业单位开展国有资产管理绩效评价工作，通过单位自评、部门审核、财政复核的方式，对市级行政事业单位国有资产制度建设、资产配置、资产使用情况进行全面绩效评价，将行政事业性国有资产绩效评价工作作为市直机关预算绩效管理综合评价的重要内容，纳入市直机关考核。财政部门的资产管理工作重心由重管理向制定政策、开展绩效评价转变，充分发挥考核的“指挥棒”作用，通过明确导向，强化指导，督促各部门、单位按照考核指标和考核导向进一步加强资产的科学管理、规范管理，提升资产管理水平和资产使用效益。

二、行政事业单位资产清查核实

按照财政部统一部署，泰安市于 2016 年 4—8 月在全市范围内开展行政事业单位资产清查工作。市财政局制定《泰安市行政事业单位国有资产清查工作方案》，印发了专项审计通知，聘请政府采购入围的财务审计类 13 家中介机构安排注册会计师、高级会计师、会计师等具有清查资质的人员 150 余人，对全市行政事业单位资产清查结果进行专项审计。2021 年，为进一步加强行政事业性国有资产管理，把

好资产管理“关口”，市政府办公室印发《泰安市市级行政事业性国有资产管理改革实施方案》，对市级行政事业单位开展资产清查核实。根据资产核定情况，提出分类处置建议，报经市政府批准后实施。通过资产管理改革全面摸清资产底数，完成市级资产标准确认、资产配置、资产处置、市场运营、共享调剂和绩效评价等改革任务。通过变现、调剂、开发等方式盘活现有闲置资产，初步构建起职责清晰、配置合理、运转高效、约束有力的资产管理运行机制。

三、办公用房清理

2017年，为认真贯彻落实全市“重效率、勇担当、做表率”主题活动要求，按照《全市正风肃纪专项行动实施方案》和《市财政局正风肃纪专项行动实施方案》精神，制定《全市办公用房超标问题专项整治工作方案》，推进全市办公用房超标整治工作。2018年，按照市委《关于开展违反中央八项规定精神突出问题集中整治工作的实施方案》要求，市财政局牵头开展了党政机关严管办公用房集中整治工作。

四、市级单位改革资产管理

为贯彻落实《泰安市机构改革方案》《关于泰安市市级机构改革的实施意见》《泰安市深化事业单位改革试点实施方案》及《关于深化市级事业单位改革试点实施方案》，2020年，市财政局先后印发《关于做好市级机构改革中经费资产划转管理工作的通知》《关于做好深化市级事业单位改革试点经费资产管理工作的意见》，及时办理市级行政事业单位改革中资产交接、账务处理、变更权属及山东省行政事业资产管理系统账户开设、注销和变更手续，确保账账相符、账实相符，达到国有资产安全完整。

五、行政事业资产管理

2019年10月30日，为贯彻中共中央《关于建立国务院向全国人大常委会报告国有资产管理情况制度的意见》，在市十七届人大常委会第二十一次会议上，市财政局党组书记、局长刘斌作《2018年度全市及市级行政事业性国有资产管理情况专项报告》，市人大常委会对该专项报告进行审议并通过。2020年和2021年，市财政局分别向市人大常委会提交《2019年度全市及市级行政事业性国有资产管理情况专项报告》和《2020年度全市及市级行政事业性国有资产管理情况专项报告》的书面报告。

六、疫情防控期间资产管理

2020年，面对突如其来的新冠肺炎疫情，市财政局根据有关工作要求，及时转发财政部、省财政厅《关于做好新冠肺炎疫情防控资产保障工作的通知》，充分发挥资产管理工作的职能作用，加强与卫生健康、应急管理等有关部门的对接联动，采取有力措施协助做好防控工作，确保新冠肺炎疫情防控资产的配置、管理、调配，保障相关工作顺利、高效推进。为进一步落实新冠肺炎疫情期间国有资产房租减免政策，支持企业经济发展，根据有关工作要求，市财政局联合市国资委印发《关于做好疫情防控期间减免房产租金相关工作的通知》。要求凡出租房产的各级行政事业单位和各级各类国有企业尽快排查承租房产的企业、个体工商户情况，切实摸清底数，对符合房租减免政策的，与承租方沟通协商减免事宜，凡符合减免资格的，按规定直接办理减免手续，确保“应免尽免、应减尽减、应退尽退”。2020年，全市共为929家符合减免政策的市场主体减免租金0.26亿元，其中市级减免304家，减免租金0.15亿元。

第三节　国资改革

一、兑付改制企业职工权益

准确把握相关政策，充分了解破产改制企业工作进展情况，及时跟进拨付资金，兑付破产改制企业职工权益。做好“三供一业”（供水、供电、供热和物业管理）移交、国有企业办职教幼教、国有企业退休人员社会化管理、泰山华侨大厦改制职工权益、5～6级工伤及遗属标准提高部分、光明机器厂退休医务人员和退休教师住房、物业补贴及取暖费、市属破产改制企业退休职工中独生子女父母养老补助等改革改制资金保障工作。

二、国有企业退休人员社会化管理

泰安市将国有企业退休人员社会化管理工作作为减轻国有企业负担、提质增效的重要措施，作为“重点工作攻坚年”的重要内容。2020年，市财政局制定了《泰安市市级以上国有企业退休人员社会化管理补助资金管理暂行办法》，准确掌握退休人员的人数、保障内容和保障标准，摸透情况，算透账目。严格按照“阶段支出、分级负担”的原则，将乡镇街道和社区实行国有企业退休人员社会化管理服务经费足额纳入本级财政预算予以足额保障，推进国有企业退休人员社会化管理工作顺利完成。至2021年年底，共拨付中央及省级补助资金4078万元，市级补助资金365万元，提前下达2022年中央补助资金1715万元。

三、划转国有资本充实社保基金

2020年，按照财政部《关于全面推开划转部分国有资本充实社保基金工作的通知》，市财政局组织各县（市、区）、功能区及各相关职能部门对照政策全面梳理，准确界定纳入划转范围的国有企业名单，提出所监管企业拟划转国有股权建议方案。经省级审核，泰安市3家国有企业上划10%的股权，共计划转国家资本1.15亿元。

四、市属企业组建资产评估

2021年，按照市委办公室、市政府办公室《泰安市市属企业集团组建工作实施意见》，为全力做好拟划转行政事业资产清查评估工作，市财政局印发《行政事业资产清查划转方案》，对拟划转行政事业资产开展资产清查评估，形成数据全面详实、价值评估科学合理的评估报告，为市委、市政府决策提供可靠数据支撑。清查范围为泰安城区（包括泰山区、岱岳区、泰安高新区、泰山景区、泰安旅游经济开发区、徂汶景区）管网（含污水管网、雨水管道、中水管道）、泵站、污水处理厂、湿地、中水资源、水库资源资产。清查评估资产价值共计82.2亿元。其中，管网资产29.67亿元，泵站资产0.15亿元，水库水资源资产28.54亿元，污水处理厂、湿地、中水资源资产23.85亿元。

第十二章　财政监督管理

2016年以来，泰安市财政监督管理工作，围绕财政工作中心，在改革中创新发展，认真履行财政监督职责，强化监督检查手段，不断改进工作作风，开展监督检查工作，完成了任务。2016—2021年，全市共对1010个部门、单位进行检查，查出各种违法违规问题金额14.5亿元，补缴各类税款4亿元，在维护财经秩序、深化财政改革、强化财政管理、促进经济社会发展等方面发挥了作用。

第一节　内部控制和内部审计

一、内部审计工作

市财政局对局属科室、单位重点围绕工作规范，财政收支及政策执行，预算执行、资产管理和财务管理，内控操作规程执行等情况进行内部审计，并对以前审计或外部审计发现问题的整改情况进行审计跟踪。在立查立改的基础上，加强整改落实，突出问题导向，建立长效机制，达到规范财务管理、严肃财经纪律的目的，极大地提升了财政财务管理水平。各县（市、区）也不同程度地开展了内审工作，使全市内审工作得到扩展、提升和加强。

二、内部控制制度

市财政局自2015年启动财政内部控制工作以来，经过几年的建设，设立了由内控领导小组、内控办、牵头单位和各单位内控联络员组成的内控管理机构，完善内控制度建设，健全实施由内控风险事件应对、内控考核评价和内控结果运用等工作组成的内控执行体系，形成了以制约财政核心权力为目标，以强化流程控制为手段，业务风险与廉政风险防控相结合，自我约束和监督制衡并重的财政内控机制。

2021年10月21日，泰安市财政局举办内控制度建设专题辅导讲座

第二节　财政监督

2016年以来，为贯彻党中央、省、市委的指示精神，市财政局采取有力措施，切实维护财经纪律的严肃性，充分发挥财政监督职能作用，选择财政改革发展的目标任务、税收政策执行情况和重点民生领域专项资金开展调研和检查，保障重大财税政策的贯彻执行。

2016年，在市直部门开展贯彻执行中央八项规定情况、设置“小金库”情况专项检查工作、扎实做好中央巡视组“回头看”反馈意见整改落实工作等。2017年，组织开展“小金库”专项清理、正风肃纪专项检查、非税收入收缴情况专项检查、市直部门财经纪律执行情况检查等。2018年，组织开展严肃财经纪律和小金库专项整治工作，开展违规配备使用公车、滥发津补贴、违规公款吃喝、违规收送礼品礼金专项治理工作等。2019年，大力开展严肃财经纪律专项整治工作、全市减税降费政策措施实施效果专项检查工作、财政专项资金整治工作，认真做好中央巡视组巡视山东反馈政府债务问题整改落实“回头看”工作等。2020年，组织开展了新冠肺炎疫情防控财税政策落实和财政资金监管、财政直达资金常态化监督工作、政府专项债券及财政直达资金专项检查、漠视侵害群众利益问题财政领域专项整治、全市财政财务专项治理等。2021年，继续组织开展新冠肺炎疫情防控财税政策落实和财政资金监管、财政直达资金常态化监督工作等专项检查。

在财政监督执法检查中，市财政局始终坚持依法行政、依法检查，防范执法风险，建立处理处罚决定跟踪整改机制，强化法治思维和法治方式运用，严格规范执法，树立了财政监督部门的良好形象。

第三节　会计监督

2016年以来，泰安市认真研究把握财政会计监督工作的规律特点，坚持“以查促收、以查促管”的原则，按照“每年突出一个重点、检查一批企业、增加一块税收、规范一片领域”的思路，加大对重点行业、重点领域的监督检查力度，努力做到检查一批、规范一批、提升一批，形成一套行之有效的工作思路和方法，取得了良好的监督成效。2016年，组织县（市、区）检查企事业单位59家，查出违法违规问题金额合计6338.96万元。其中，会计科目使用不当、会计核算不正确金额3773.58万元、违规多征虚收财政收入问题金额84万元、坐支滞留财政资金484.9万元、截留挪用财政资金69.3万元，其他财政违法违规问题金额1927.18万元。2017年，围绕使用2016年市级新兴产业和重点行业专项资金的企业开展检查，共检查企事业单位26家，共查出违法违规问题金额1507.7万元。2018年，围绕部分房地产企业、专项资金涉及企事业单位开展检查，共检查企事业单位183家，查出会计核算不实金额10.46亿元，应缴税费3.41亿元（税款2.53亿元，非税收入8848.39万元），已补缴税费2.05亿元（税款1.55亿元，非税收入5055.45万元）。2019年，围绕部分房地产企业、部分新旧动能转换十强产业中非国有、小微企业等其他重点行业开展检查，全市共检查企事业单位249家，参与检查人员85人，检查发现违法违规问题金额1.64亿元，补缴税款6267.63万元，处以罚款57.52万元。2020年，围绕政府投融资平台、金融机构及房地产企业开展检查，全市共检查单位35家，补缴税款399.87万元。2021年，主要选取政府投融资平台、行政事业单位、学校等行业开展检查，全市共检查单位59家，参与检查人员63人，其中聘用专业人员48人、财政部门投入人员15人，补缴税款1484万元。针对检查中发现的问题，依据《中华人民共和国会计法》和中华人民共和国国务院《财政违法行为处罚处分条例》等有关法律法规，对违法违规单位下达处理处罚决定书，提出整改意见，并对违法违规事实责令限期整改。

第四节　预决算公开

泰安市始终高度重视预决算公开工作，深入贯彻执行《中华人民共和国预算法》《中华人民共和国预算法实施条例》等各项法律法规，强化预算约束、规范政府行为、实施有效监督，把权力关进制度笼子。自2016年以来，每年都在全市范围内认真开展部门预决算公开情况检查工作，进一步规范财政财务收支行为。特别是2021年，对全市所有县（市、区）2019、2020年度政府和部门单位预决算公开情况开展专项检查，共计检查部门1539家、单位474家，对检查出来的问题督促进行立查立改，全力打造新时代阳光型预、决算，推动预算管理制度改革向纵深发展。

第十三章　企业财务管理

2016年以来，泰安市企业扶持工作，认真贯彻落实“四不”理念和“四化”管理要求，扛好“财源建设施工队”和“服务企业工作队”的牵头责任，紧盯发展目标，创新政策措施、整合财政资金、搭建服务平台、规范基金运作，制定、落实财政企业扶持政策，支持、引导工业、商贸企业高质量发展。

第一节　支持工业转型发展

为落实市级工业转型发展规划，整合市级服务实体经济的各类专项资金，2016年，泰安市设立1亿元的市级工业转型发展资金。按照“大专项+项目清单”运作模式，支持省市工业转型发展、新旧动能转换的战略任务、重点领域、产业规划、重点工程和重点项目，落实市委、市政府支持工业发展的扶持政策。协调建立专项资金绿色审核通道，加快资金审核进度，及时拨付资金，落实资金绩效评价，强化评价结果运用，确保财政资金使用效益。

第二节　政府引导基金管理

创新财政支持企业发展方式，实施“财政+基金”模式。2016年以来，市财政局整合财政资源，发挥财政资金的激励引导作用，吸引社会资本组建政府投资产业基金，引进专业基金管理机构，以市场化方式对重点工业企业及项目实施股权投资支持，建立完善基金投资、运作、退出机制，变财政对企业的无偿支持为市场化基金投资，提高基金投资效益。2016—2021年，市级已建立并成功运作的产业基金包括：总规模100亿元的泰安市重点企业财源建设基金、6亿元的招财引智基金、10亿元规模的康平纳乐康智造基金、10亿元的福瑞达医药并购基金、10亿元规模的创新引领基金和2亿元的健通生物基金、2亿元的一滕新材料项目等市场化基金。

发挥基金招商功能，创新基金“项目+基金”模式。为支持招商引资项目落地，2021年，市财政投资0.85亿元，引进北航医工交叉、北京眸视专用机器人等高科技项目。有序推进市场化基金设立工作，分别与洪泰基金、盈科资本、青岛中晟等国内知名优质基金管理公司开展合作对接，发起设立市场化产业基金，投向符合泰安市产业链发展规划的优势产业和新兴产业，为泰安市产业发展注入强劲动力。

第三节　融资服务平台

2017年，为整合财政资源，组建泰安市泰山财金投资集团有限公司。为发展壮大市泰山财金投资集团，通过直接借款、融资担保、融资租赁、商业保理等市场化金融服务手段，帮助企业提升融资投资能力、降低融资成本，抓住机遇快速发展。

2016—2021 年，集团累计帮助企业融资 156.3 亿元。

构建政府性融资担保体系。市县财政出资 2 亿元入股省融资担保集团，正式纳入国家和省政府性融资担保体系，国家、省、市、县和金融机构对担保风险各分担 20%，将进一步缓解中小企业融资难、融资贵的问题。

建立应急周转资金。市级设立总规模 1 亿元的应急周转资金，委托国有泰安弘泽融资担保公司作为资金运作平台，提供绿色、便捷服务通道，为新冠病毒疫情防控期间短期内资金周转困难的企业还贷、续贷提供过桥资金支持，至 2021 年 12 月，公司累计已为 160 家企业提供 47 亿元过桥资金支持。

第十四章　经济建设财政财务管理

2016年以来，泰安市经济建设财政财务管理工作，围绕财政局“四大”主攻方向，树立“四不”理念，增强“四种意识”，认真执行“四化”管理，科学理财，使资金发挥最大的财政效益，统筹做好各项财政经建工作。累计争取上级资金110.3亿元，重点用于保障性安居工程、农村民生工程、基础设施、医疗卫生、生态建设、区域战略发展、污染防治、安全生产和应急管理、城市管理等多个领域，充分体现了财政保障和引导作用。

第一节　保障重点支出

一、污染防治攻坚战

2016年起，全面贯彻习近平生态文明思想及国家和省市生态环境保护精神，围绕加强污染源头防治推进“四减四增”工作，加强对空气、水、土壤、采煤塌陷地、矿山地质环境等污染治理。

支持环境污染防治。2017年以来，泰安市累计投入资金57.03亿元，其中争取中央补助资金24.8亿元、省级补助资金12.81亿元、市级投入19.42亿元，重点对空气、水、土壤、采煤塌陷地、矿山地质环境等污染治理，为打好“蓝天、碧水、净土”保卫战提供了强有力的财力保障。认真贯彻落实上级决策部署，保障山水林田湖草生态保护修复工程，累计争取到位资金20.43亿元，为项目顺利完工提供资金保障。

加强资金监管。定期调度县（市、区）和市直单位资金拨付使用情况，督促加快支出，配合项目办，顺利通过审计署和财政部山东监管局专项审计，充分发挥资金使用效益。

二、乡村振兴

市财政局经济建设科配合农业农村科做好涉农资金拨付工作，及时提供资金分配方案，确保资金及时下达，完成农村“四好公路”（安全、畅通、舒适、美观）三年攻坚战；保障农村道路“三通”（通路、通电、通水）工程。2019年，泰安市印发《农村道路“三通”工程建设实施意见》，连续两年列入为民办实事。2019年9月，制定并印发《泰安市农村道路“三通”工程建设市级奖补资金管理办法》，市财政三年内，对符合意见建设范围，达到农村道路“三通”标准的行政村给予财政资金奖补。2020年12月，制定并印发《泰安市农村道路“三通”工程建设市级奖补资金管理办法补充规定》，对提前完成全部建设任务的县（市、区）、功能区，达到市级综合验收标准的，予以一次性资金奖励。三年来，市级财政设立4.5亿元奖补资金用于“三通”工程建设。至2021年，4.5亿元“三通”奖补资金已全部拨付到位。充分发挥了财政资金激励引导作用，全市2787个行政村全部实现通户道路硬化。

加大对口支援扶贫资金支持力度。按

照每年10%的递增比例，全市累计拨付到位9779.4万元（其中，市级3260.6万元）保障泰安市对口协作援助重庆巫溪县工作。

三、应急管理

2016年以来，累计筹集资金1.74亿元，用于安全生产重点领域隐患、双重推进城市安全监管和应急管理发展、全力支持抢险救灾、物资储备等工作。牵头对上争取，落实省级抢险救灾资金，用于因强降雨、台风等天气造成的灾害应急救助等抢险救灾支出；落实中央自然灾害救灾资金，用于冬春临时生活困难救助和救灾支出。2020年，市财政局配合市应急局累计争取上级资金6340万元，支持山东省泰安航空护林站建设项目和泰安市泰山区域森林火灾应急能力建设项目。

四、粮食购销补贴

积极完成地方性粮食收储任务，筹集资金，按规定及时足额拨付市发改委相关补贴资金，再由市发改委拨付到各承储企业。2016—2021年，累计拨付市本级地方储备粮和储备面粉补贴资金1.01亿元。按照上级要求，认真履行部门职责，完成项目建设。2016年以来，累计安排专项经费1829万元，用于发改委履行购销职责的粮食行政执法、质量检测等工作经费和监督检查经费。争取上级专项资金，拨付上级奖励资金3.6亿元，用于优质粮食工程、产粮（油）大县和商品粮大省奖励等。

五、城市管理

2016年以来，累计投入资金17.24亿元，用于城市环卫保洁、垃圾污水处理、园林绿化美化等工程，支持垃圾分类全国试点工作开展，保障道路桥梁、路灯设施、排水管网等基础设施维护，提高城市管理精细化水平，推进“智能城管”向“智慧城管”发展。2019年以来，全力支持创建全国文明城市工作，市财政局经济建设科配合教科文科，落实归口管理部门资金需求，及时拨付到位1230万元，确保创城工作顺利完成。

六、自然资源优化

2016年以来，累计安排规划编制费1.42亿元，重点支持编印《泰安市国土空间规划》《东平湖生态保护和高质量发展专项规划》《泰安市东部新城战略规划》《村庄布局专项规划》《快速路发展研究》等。统筹国土空间布局，规划体系日益完善，为推动全市经济社会发展提供了有力的规划保障。与此同时，累计投入1507.96万元，主要开展了国土空间规划“一张图”实施监督系统、土地二级市场平台建设、不动产移动登记系统和社会化服务平台完善建设项目、泰安市不动产登记系统跨网迁移及信息共享项目、建设用地审批系统5个项目。

七、政务服务

2016年以来，泰安市财政累计投入1636.59万元，主要支持政务服务平台建设、“泰好办”自助服务机开发部署、“泰好办”微信公众号上线运行以及“一业一证”“绿卡”等业务系统开发，大大提升了政务服务信息化、便利化水平。至2021年，逐步实现互联网端、移动端、自助终端“三端融合”的政务服务新格局，企业群众可根据实际情况自主选择最便捷的服务方式，最大限度满足办事需求。

八、消防建设

2016年以来，在收支矛盾突出、各方面支出压力普遍较大的情况下，协调筹措资金3.26亿元保障消防队伍、消防装备器材、消防基础设施等建设任务，提高了全市消防建设水平。进一步完善消防经费保障体系，2017年以来，累计安排人员经费7511.2万元，为全市消防救援队伍改革转隶提供了有力保障。协调省级专项资金1200万元完成市级森林消防队伍组建工作，并将市森林消防大队列为财政一级预算单位，每年安排1500余万元保障经费，创出了全省森林消防经费保障的“泰安经验”。支持消防装备建设，累计筹集消防装备建设资金9700余万元用于消防装备提档升级，进一步提高全市消防整体装备水平。协调推进消防基础设施建设，安排资金1999.26万元，保障省森林火灾应急救援中心建设。至2021年年底，2个消防基本建设项目稳步推进，市财政为消防基础设施建设提供了保障。

九、为民办实事

2016—2021年，泰安市分批购置新能源公交车共958辆，安排2.4亿元购置468辆。其中，2020年根据《市委、市政府2020年为民要办10件实事》工作任务，为提升泰安市城市形象，投入1.23亿元，采取预采购方式的200辆新型新能源公交车已全部到位。

第二节　专项资金安排

设立城市管理奖励资金。2016—2021年，泰安市每年安排专项资金3200万元，累计规模1.12亿元，用于城区8个街道（办事处）城市管理工作考核奖励，充分发挥激励引导作用，进一步推进城市管理重心下移。

设立安全生产专项资金。累计安排资金3650万元，统筹用于支持全市安全生产、应急救援、自然灾害风险防治等项目。

设立节能专项资金和散煤清洁化治理市级奖补资金。累计安排规模1.46亿元，用于支持节能技改和产业化项目、生物质能源推广和新能源深度开发利用，促进资源节约清洁高效循环利用。特别是2019年，全市实现了劣质散煤“清零”，是全省首个也是唯一一个地市。

第三节　财政奖补政策

2020年，市财政局印发了泰安市《建立健全生态文明建设财政奖补机制实施方案》。市财政局会同市自然资源和规划局、市生态环境局、市应急局、市交通运输局制定印发《自然资源领域市与县财政事权和支出责任划分改革实施方案》《生态环境领域市与县财政事权和支出责任划分改革方案》《应急救援领域市与县财政事权和支出责任划分改革方案》《交通运输领域市与县财政事权和支出责任划分改革方案》等。

第十五章　金融资本管理

2016年以来，泰安市财政金融工作认真贯彻中央和省、市决策部署，以落实各项农业保险补贴和普惠金融财政政策为核心，以推进财政金融融合充分发挥金融机构资源优势为着力点，为推进财政金融管理发挥了应有的职能作用。市财政局金融科全体人员以抓学习、强管理、转作风、促效果为抓手，学习贯彻习近平新时代中国特色社会主义思想，强化政治理论学习，深化思想政治教育，大力弘扬新时代泰山“挑山工”精神，财政金融管理工作迈上新台阶。

第一节　农业保险

2020年，为推动泰安市农业保险高质量发展，市财政局会同市发展改革委、市农业农村局、市林业局、市地方金融监管局、市畜牧兽医局、银保监泰安分局等部门，结合实际，联合印发《关于加快泰安市农业保险高质量发展的实施方案》。方案提出到2022年、2030年泰安市农业保险完成的总体目标，明确部门工作责任和任务，标志着泰安市农业保险发展步入新阶段，对加快泰安市建立“多层次、广覆盖、可持续”的农业保险保障体系提供了政策支持。

规范遴选政策性农业保险承保机构，提升泰安市农业保险服务质量。为切实优化农业保险市场秩序和布局，按照省级工作安排和要求，2021年，市财政局会同市发改委、市农业农村局、市林业局、市畜牧兽医事业服务中心，研究制定印发《泰安市政策性农业保险承保机构遴选工作实施方案》，按照客观公正、公平竞争、诚实信用的原则，委托代理机构开展了泰安市2021—2023年度政策性农业保险承保机构公开遴选。经过专家评审、结果公示等程序，共有人保财险、人寿财险、中华联合财险等8家保险机构获得泰安市政策性农业保险承保资格。此次遴选工作，对发挥农业保险服务“三农”稳定器作用、提升承保机构服务能力、形成泰安市规范有序的农业保险市场发挥了作用。

第二节　创业担保贷款

2016年起，泰安市小额担保贷款政策调整为创业担保贷款政策。明确了贷款对象范围、统一贷款额度、调整贷款期限、合理确定贷款利率，进一步发挥好小微企业和创业人员促进就业创业的辐射拉动作用。至2021年年底，创业担保个人贷款最高额度已提高至20万元，小微企业贷款最高额度为300万元。对新发放的10万元以下的个人创业担保贷款以及全国创业孵化示范基地或信用社区（乡村）推荐的创业项目等5类情况，取消反担保要求。2021 年，市财政局配合市人社部门主动梳理泰安市创业担保贷款各环节中的难点、堵点，在外出学习借鉴先进地市经验的基础上，对泰安市创业担保贷款相关工作作了调整：首先调整了业务办理事项。取消市级贷款业务办理，按照“就近办、简化办、方便办”的原则，统一由各所在地县（市、区）、功能区的公共就业机构办理。其次调整担保基金使用管理。为发挥担保基金的倍数效应，按照各县（市、区）、功能区创业工作开展、人口数量、经济规模等情况，将市财政代管的0.8亿元创业担保基金划拨到各县（市、区）、功能区进行管理使用，缓解了县（市、区）、功能区因创业担保基金不足导致业务受限问题。

2016—2021 年，累计发放创业担保贷款 11809 笔、31.52 亿元。其中，个人贷款 10203 人次、14.42 亿元，小微企业贷款 657 笔、17.1 亿元。市财政局金融科所在泰安市国库集中支付管理办公室被省委表彰为山东省就业创业工作先进集体。

第三节 “政银保”

为缓解全市小微企业融资难、融资贵问题，扩大小微企业、涉农贷款信贷规模，推进保证保险业务开展，2016 年起，泰安市按照省财政厅工作安排，落实财政、银行和保险公司联合风险分担机制，建立了以政府扶持小微企业发展为导向，以银行贷款投入为基础，以保证保险为保障的“政银保”业务合作贷款体系，为进一步解决融资难问题构筑了平台。此项政策推动了财政金融政策融合创新，促进了放大保险增信对扩大信贷投放的作用，此项政策于 2020 年 9 月结束。全市共为企业提供担保贷款 0.32 亿元。

第四节 灾害民生综合保险

为充分发挥保险机制在减灾救灾工作中的作用，转变传统单一的政府救灾救助模式，山东省自 2019 年起在全省开展灾害民生综合保险工作。泰安市以市区为投保主体，保险机构按照市场化机制运行，省、市、县三级财政分担的模式，实行统一基本保障范围、额度、保险条款，以及统一承保机构准入标准和统一定期调整基准费率。至 2021 年年底，泰安市执行保费为 2 元 / 人、2 元 / 家。2019—2021 年，累计拨付资金 0.24 亿元用于泰安市灾害民生综合保险保费补贴。共计赔付 743 笔，合计赔付金额 0.22 亿元。

第五节 政府性融资担保体系建设

2020 年，泰安市认真贯彻省政府办公厅《关于印发推动政府性融资担保机构支持小微企业和“三农”发展的实施意见》。按照对全省政府性融资担保机构实行名单制管理的方案，根据省财政厅、省地方金融监督管理局的工作要求，推动县域融资担保机构加入政府性融资担保机构名单，将市级担保集团和县级担保机构同步规划、同步建设，逐步形成市县政府性融资担保机构强强合作的政府性融资担保体系。至2021年年底，泰安市共有9家融资担保机构，其中，政府性融资担保机构3家，在县（市、区）推荐的基础上，报经市政府同意并获得省财政厅批准纳入省级名单管理的2家，分别是泰安弘泽融资担保有限公司、宁阳县山东迪润融资担保有限公司。纳入省级名单管理后，为加快政府性融资体系建设，支持实体经济发展、防范金融风险起到积极作用。

第十六章　基层财政管理

2016年以来，泰安市基层财政管理工作，按照“深化财政管理改革，规范财政运行机制，提高科学理财水平”的基层财政总体要求，以及“抓基层、打基础、管长远”原则，深入基层，调查研究，认真做好基层财政管理工作。

第一节　基层数字财政信息化建设

2016年以来，围绕财政改革与发展大局，按照基层数字财政管理系统建设试点要求，完成基层数字财政管理系统的联网、安装、升级、改造及运行推广工作，实现全市乡镇财政资金无缝隙全覆盖监管。增强财政资金规范性、安全性、有效性，提高乡镇财政资金监控能力，全面推进平台建设及推广应用工作，将主体业务应用纳入一体化管理，实现信息资源共享，增加行政透明度，降低成本，提高工作效率，更好地为广大人民群众提供优质便捷的服务。至2019年12月31日，泰安市8个县（市、区）（功能区）、88个乡镇财政基层数字系统安全封闭运行近5年。该系统的推广使用，促进了泰安市实现乡镇财政业务的电算化操作及财政信息的互动、互联、共享。尤其是在“乡财县管”管理模式方面，积累了一定的经验，为全市财政部门下一步“预算管理一体化系统”上线运行，打下了坚实的基础。

第二节　财政补贴

2016年以来，为了进一步理顺涉农补贴资金管理，参照财政部有关涉农补贴管理职责调整意见，根据山东省财政厅有关文件要求，泰安市财政局对调整有关涉农补贴管理职责进行认真研究，完成了职责划转工作。泰安市财政局与市农业部门合作，积极做好农业支持保护工作。2016年，发放耕地保护补贴3.2亿元；2017年，发放耕地保护补贴3.14亿元；2018年，发放耕地保护补贴3.39亿元。2019年，按照泰安市编办有关文件，耕地保护补贴和棉花价格改革补贴发放工作职能由市财政局基层财政科转到农业农村科负责。

为搞好财政补贴工作，泰安市财政局强化组织领导，建立健全工作机制，明确部门职责分工，加强沟通，确保工作任务和具体责任落实到位。加强资金监管，严格执行两级公示制度，确保小麦和棉花种植面积“真实可靠、有据可查”。严格执行财政补贴资金专户管理制度，确保补贴资金封闭运行、专款专用。对骗取、套取、贪污、挤占、挪用，或违规发放农业“三项补贴”资金的，依法依规严肃处理。财政补贴的足额及时发放，进一步提升了广大农民群众的幸福指数。

第三节 乡镇财政人员培训

2016年以来，根据《山东省基层财政培训管理工作考评办法（试行）》和《财政部关于开展乡镇财政干部培训工作的通知》要求，市财政局基层财政科制定规划和实施方案，以思想政治教育为核心，以政策业务培训、岗位技能培训、更新知识培训和骨干人员培养为重点，按计划、分类别、分层次、有针对性地组织开展各类培训，并定期开展了业务技能比赛。2016—2021年，累计对全市700多名乡镇财政干部和部分村干部进行了轮训，提高了全市乡镇财政人员和村干部的政治素质和业务水平。培训内容主要有：新行政事业单位会计制度、财政支农政策、党建和廉政教育、心理健康辅导等。特别是创新开展了财政干部上讲堂活动，邀请市泰山区域山水林田湖草项目领导小组办公室负责人解读有关项目内容，宣传了财政扶持方向；邀请市医疗改革办对财政支农社保政策进行了解读；培训人员还现场参观了市财政扶持的美丽乡村建设现场、财政包村点党员活动室和乡村道路建设等项目工程。由于受新冠肺炎疫情影响，泰安市各级基层财政部门虽然减少了培训班次和规模，但培训质量没有降低。培训方式采取线上与线下相结合，培训内容也由政策型向实用技能型转变，将培训与实训相结合，特别是加强财政支农项目账务处理，从而有力提升了泰安市乡镇财政人员和村干部工作水平。

第四节 “一本通”系统使用管理

2016年以来，根据山东省财政厅关于加强“一本通”系统的要求，市财政局不断创新涉农补贴资金发放方式，将直接补贴给农民的资金全部纳入“一本通”系统发放范围，对已纳入系统发放的补贴项目，做到应发尽发。

在落实过程中，泰安市不断加强惠农补贴“一本通”的管理，认真落实惠农补贴“一本通”的各项政策。并按照省财政厅下发的财政涉农补贴基础信息核实工作通知的要求，积极开展“一本通”基础信息核查工作。市财政局基层财政科人员深入县（市、区）、乡镇开展调查研究，统一政策要求，解决实际问题，积极补充惠农补贴“一本通”纳入内容。至2018年年底，由于各县（市、区）条件不同，有12～15项惠农补贴纳入了“一本通”管理。并充实了“一本通”管理内容，有力地促进了惠农补贴“一本通”工作的开展。各县（市、区）也根据实际情况，采取有效措施，将直接发放到人（户）的惠民补贴也纳入“一本通”系统发放，不断扩大补贴发放范围，最大限度地发挥“一本通”系统的经济和社会效益，每个项目资金都按时足额地发放到每个农户手中。

第十七章　财政对外公共服务管理

泰安市财政对外公共服务管理工作，围绕工作计划及绩效考核，不断创新工作思路，提高工作质量，使政务服务热线答复质量和群众满意度不断提高，提升了财政工作透明度，赢得了办事人员的好评。

第一节　内部工作制度

2020年9月，泰安市财政局成立财政对外公共服务科。为进一步推动全局政务公开、政务服务热线工作，切实提高工作效率，根据工作职责和对外服务工作的特殊性，2021年7月，制定印发《市财政局政务公开、政务服务热线联络员工作制度》，明确了联络员的工作职责，强化了联络员工作意识，提高了科室之间工作协调联动水平。通过制度的建设，搭建了主管科室与业务科室工作桥梁，达到了各科室的政务公开、政务服务热线工作有人管、有人问的目的，从而使政务公开内容增加，政策解读内容丰富。

2020年11月，市财政局财政对外公共服务科工作人员在窗口办公

第二节　政务服务热线工单

2021年，政务服务热线管理工作，采取“分析工单是否属于财政职责、分类限时办理、提高答复质量”等措施，切实提高群众满意度。据12月31日统计，累计接受服务热线工单93件。其中，办理工单52件，退回工单41件。从政务服务热线管理系统反馈满意度来看，办理52件工单的答复，群众满意度100%、群众合理诉求满意率100%、回复群众100%、按期答复率100%。从热线管理部门反馈的意见看，办理工单满意度、完成时限和组织民生面对面等政务服务热线工作，得到了热线管理部门领导充分肯定。

一、提升群众满意度

为提高政务服务热线工单的答复质量和办理时限，针对不同类型热线工单问题确定了办理时限。其中，对群众咨询类1天答复，对群众求助类一般问题2天答复，对企业求助政府采购复杂问题4天内答复。市政府办公室2021年1—12月通报中，市财政局办理工单平均时间为2.02天，比规定时间提前3天完成。在缩短办理时限同时，对外公共服务科会同相关科室提高了热线工单办理的质量，针对群众和企业反映的问题，按照文件政策和实际情况，进行打电话详细解答和书面准确答复。通过不断提高工作质量和工作效率，得到群众高度评价。如原光明小学退休教师反映发放取暖补助的问题，资产管理科收到工单后实施了即时详细答复，退休教师十分满意，以热线工单方式要求部门给予通报表扬。

二、热线工单处理

为提高服务热线问题答复的准确性，对外公共服务工作人员按照市财政局职责答复的问题，必须高质量答复好；不是市财政局职责答复的问题，第一时间做退单处理。接受工单后，对明显不属于财政职责的问题和含糊不清的问题，及时与来电人详细咨询，科室工作人员首先对问题作出判断，与相关科室对接财政职责范围，对不属于财政答复的工单，提出详细理由作退单处理。据2021年12月31日统计，市财政局累计退回热线管理部门工单41件，占全部接受工单的44%。同时，在退单时及时与热线管理部门电话沟通，提出退单理由和建议转相关部门意见。通过与热线管理部门沟通，得到了热线管理部门对市财政局工作的肯定。

三、政务服务面对面

2021年6月初，为进一步畅通与群众互动沟通的渠道，切实解决好群众反映的热点难点问题，市财政局党组副书记、副局长孙磊和有关科室、单位负责人参加市政务服务热线管理中心主办的“服务民生面对面”栏目，现场接听12345政务服务便民热线，与市民对话交流，就市民关心的低保标准、创业担保贷款贴息、住房补贴等方面问题进行一一解答。会后，根据市政务服务热线管理中心要求，市财政局对外公共服务科及时写出书面总结报告，报告中提出所有问题均现场答复，未有线下答复事项。报送市政务服务热线管理中心总结同时，与热线管理中心负责人沟通，至6月2日，市财政局是唯一一家市直部门没有线下答复的单位。

第三节　财政工作透明度

2021年，根据《中华人民共和国政府信息公开条例》有关规定，继续坚持“以公开为常态，不公开为例外的原则”，会同相关科室、单位精心梳理每条政务信息，将政务信息上传财政官网“信息公开栏目”，全面提高财政工作透明度。据12月31日统计，市财政局累计主动公开信息961条，比上年增加151条，其中，预决算公开395条、预算收支月报及解读14条；依申请信息12条，比上年增加6条。其中，申请预决算、政府债务数据8条，占全年总数的67%。通过提升工作创新能力，增加财政信息公开的数量、质量，得到市政府有关领导充分肯定。

一、明确责任

为贯彻落实《中华人民共和国政府信息公开条例》，根据国务院、省、市《关于做好2021年政务公开工作的通知》，市财政局结合工作实际，于2021年6月印发《关于做好新形势下财政工作政务公开的通知》。通过文件形式，明确五大项工作任务，即不断加大主动公开力度；夯实政务公开工作基础；加强政策解读和回应；推动政务公开工作创新发展；建立政务公开联络员培训机制。明确了科室责任，将本年度工作任务分解到科室、单位，明确责任到人。通过下发文件方式，市财政局形成“一盘棋”，达到了全局科室、单位按时间、节点向办公室和对外公共服务科报送最新财政政策、预决算数据、办事程序更新等主动公开事项，保证了财政政策和工作动向及时、准确地向社会公开。

二、规范工作流程

2021年，继续坚持以公开促落实、以公开促规范、以公开促效率的工作原则，不断调整和变化工作流程。根据工作流程再造工作要求，结合工作实际，不断调整和完善全局政务公开工作流程，并制定了运行流程图，明确市财政局工作主管科室和业务科室工作责任，确定了主动公开和依申请公开办理的时间节点。通过不断调整和完善工作流程，推进了市财政局官网信息公开平台内容及时更新，提高了工作效率。

三、信息公开

2021年，为提高信息公开质量，保证信息公开后不留后遗症，采取相关措施，加强了信息审查力度。

对从财政官网上主动公开的信息，实施信息保密审查工作，采取审查单方式，由市财政局办公室和局分管负责人签字确认后，形成最终信息上传财政政务信息栏目。

政府信息依申请公开工作是省政府考核市政府重要组成部分，若单位不依法答复，申请人对答复不满意，采取法院诉讼，单位败诉，将在全省、全市通报，单位在政务公开年终评先树优中“一票否决”。市财政局针对该项工作，采取科室形成答复意见后，法律顾问审查，局分管负责人审阅签字，对外公共服务科形成正式文件发送相关申请人及单位。

四、人员培训

2021年12月1日，为进一步提升全局工作人员政务公开水平，市财政局邀请市政府政务公开专家，就如何做好新形势下政务公开工作，从上级工作要求、第三方评估以及财政部门考核注意事项进行了全方位讲述。通过本次培训，市财政局财政干部进一步加深了对政务公开的认识和理解，提高了工作能力和水平。

第四节　信访接访

2021年，市财政局收到信访事项4件，其中，通过“阳光财政服务平台”接待2个上访事项，通过邮寄收到2封信访事项。对外公共服务工作人员采取应对措施，实行分类答复。对市财政局来访人员，按照工作流程引导至信访会议室，及时与业务科室对接，会同业务科室依据相关政策进行耐心答复，得到信访人对财政工作高度评价；对邮寄信访人员，按照工作流程会同业务科室按照相关政策形成了答复意见，并按照时间、节点以邮寄方式进行了回信。同时，按照市信访局工作要求，认真梳理了2年前的信访案件，并形成汇报材料上报市信访局。

第五节　阳光财政

“阳光财政服务平台”运行以来，市财政局阳光财政窗口工作人员认真遵守各项工作纪律、服务热情，高质量完成平台服务工作和局里安排的各项工作。在工作纪律方面：严格执行上下班工作制度，上班时间提前20分钟，下班时间延后20分钟，工作时间未出现工作纪律违规、群众投诉现象。在接待办事人员方面：据统计，平台累计接待办事人员880人。其中，接待领取会计专业技术资格证书751人。窗口工作人员通过首问服务、延时上下班、贴心代办等工作，为办事人员提供了优质服务，赢得办事人员一致好评。在服务评议方面：通过电话回访和当场咨询办事人员，大家对窗口服务人员工作态度和办事效率给予认可。

在推进阳光、透明、开放、服务型政府建设中，为让人民群众了解财政职能、知晓财政业务，进一步打造“透明预算”和“阳光财政”。2021年12月23日，市财政局第一次以“阳光财政 惠企利民”为主题，开展政府开放日活动。活动邀请了市人大代表、市政协委员、专家、学者、基层群众和职工代表。代表们通过观摩财政展板、服务窗口、荣誉展室等，更为直观地提高了对财政职能定位、机构设置和有关方面工作的认识。座谈会上，市财政局党组成员、二级调研员张焕杰介绍了惠企利民相关情况。同时，市财政局四级调研员时峰祥等会同相关科室负责人围绕财源建设政策、民生实事建设、资金使用效益等方面与代表们进行了交流，认真听取了代表们对财政工作的意见和建议，详细解答了代表们的问题。通过这次政府开放日活动，更好地构筑起了与群众沟通的桥梁，提升了群众满意度，进一步增强了群众对财政工作的认同感。

第六节 对外服务

2021年，市财政局进一步加大政务服务信息宣传工作力度，提高对外服务水平。

每月围绕政务公开工作，全面总结梳理撰写1～2篇信息，报送市政府政务信息公开办公室。每季度围绕市财政局主动公开的新政策和群众反映的问题，及时采取一问一答的方式形成信息，报送市政务服务便民热线管理中心。针对市民反映较多的难点问题进行梳理分析，制定《财政民生政策公开手册》，手册分教育文化体育、医疗卫生、社会保险等七大类民生政策内容，所有政策内容在市财政局政务公开栏目发布。同时，通过阳光财政平台和进社区方式向市民免费发放，方便市民及时了解财政政策、用好政策。通过线上线下结合、制作政务信息公开展板等方式，进行机构信息公开，让信息更加直接、简便地向社会公开，让公开更为彻底。通过了解财政部、省财政厅信息主动公开栏目建设，财政重点领域信息发布的格式、内容，市财政局对照查找自身问题，加快政务信息公开栏目建设工作，进一步提高了泰安财政政务信息对外公开的质量和影响力。

第十八章　预算绩效管理

2016年以来，泰安市预算绩效管理工作，主要建立以支出结果为导向的预算管理模式，全面实施预算绩效管理，逐步推进财政治理体系和治理能力现代化，深化财税体制改革，建立健全现代财政管理制度，不断优化财政资源配置，进一步提升公共服务质量。

第一节　制度体系建设

一、制度建设

为深入贯彻落实中共中央、国务院关于全面实施预算绩效管理的决策部署和省委、省政府工作要求，自2018年起，泰安市先后印发多个制度办法，构建“1+2+6”的预算绩效核心制度框架。“1”即市委、市政府印发的《关于全面推进预算绩效管理的实施意见》；“2”即市政府办公室印发的《泰安市市级部门单位预算绩效管理办法》和《泰安市市对下转移支付资金预算绩效管理办法》；“6”即预算绩效管理的事前绩效评估、绩效目标管理、绩效运行监控、绩效评价、结果应用和绩效信息公开的管理办法。通过核心制度框架的构建，确保了泰安市预算绩效管理工作开展有章可循，有规可依。

二、绩效管理体系

在“1+2+6”的预算绩效核心制度框架基础上，不断丰富完善预算绩效管理制度体系。2021年，市财政局对内印发《泰安市财政局预算绩效管理内部工作规程（试行）》，建立健全了局内部各科室预算绩效管理工作组织协调机制，明确了职责分工，规范了工作流程；对外印发了部门整体绩效管理、市对县绩效管理工作考核及市直部门考核等办法或细则，填补了预算绩效管理制度空白，进一步强化了市直部门、单位及各县（市、区）财政部门主体责任，提高履职效能，形成了横向拓展到市直部门、纵向延伸到县级财政部门的工作格局。

三、创新工作方法

在泰安市预算绩效管理工作推进过程中，不断创新工作方法，拓宽工作思路，补齐短板弱项。

2021年，编制预算绩效指标库。在省内率先探索建立预算绩效指标库，包含共性、分行业分领域2套绩效指标和标准体系，共2490条指标。通过指标库的建立和绩效指标的细化量化，强化源头管控，推动了绩效目标编制全面提质。

同年，编制市级部门整体绩效管理资料汇编。将全市85个一级预算部门、单位的绩效目标和评价指标体系编印成册，发放至各部门、单位，互相借鉴学习，提高了全市部门整体绩效管理水平。

第二节　全过程预算绩效管理

一、事前绩效评估

市财政局严格开展事前绩效评估工作，优化财政资源配置。2021 年 1 月，市财政局对拟列入当年预算的 15 个新增重大政策项目开展事前绩效评估，评估金额 1.11 亿元；同年 11 月，对拟列入 2022 年预算的 26 个新增重大政策项目开展事前绩效评估，评估金额 7.91 亿元。

二、绩效目标管理

2018 年，市本级建成预算绩效管理信息系统。自 2019 年开始，6 个县（市、区）预算绩效管理信息系统实现了全覆盖，所有项目支出绩效目标通过系统上报、审核和批复，提升了项目支出绩效目标管理信息化水平。同时，市财政局明确要求各部门、单位对所有使用财政资金的项目支出实行绩效目标管理，合理设置绩效指标及目标值，按规定编报绩效目标，把绩效目标设置作为申请预算的前置条件，强化对绩效目标的完整性、相关性、可行性审核，实现了项目支出绩效目标管理全覆盖。

三、绩效运行监控

在预算执行过程中，市财政局组织市直部门单位对所有实行绩效目标管理的项目支出开展绩效目标实现程度和预算执行进度“双监控”。2019 年，监控项目支出 1617 个、预算资金 40.5 亿元；2020 年，监控项目支出 1149 个、预算资金 92.61 亿元；2021 年，监控项目支出 1171 个、预算资金 84.97 亿元。通过开展绩效运行监控工作，及时将监控结果反馈至部门、单位，督促其分析问题、查找原因，确保项目支出绩效目标如期实现。

四、绩效评价

市财政局依据设定的绩效目标，对项目支出的经济性、效率性、效益性和公平性进行客观公正的测量、分析和评判。

实现单位自评全覆盖。自 2019 年开始，将市级所有项目支出纳入绩效自评管理范围，组织预算部门和所属单位对上年度项目支出开展自评工作，预算绩效科加强抽查，确保自评质量。

持续推动部门评价工作。要求业务主管部门根据工作需要，优先选择部门履职的重大改革发展项目，随机选择一般性项目，原则上以 5 年为周期，实现部门评价重点项目全覆盖。

2020 年 9 月 24 日，全市预算绩效管理专题培训会举办，泰安市政府副市长成丽（右）主持培训会，省财政厅预算绩效管理处处长韩志毅（左）授课

做好财政重点绩效评价工作。2020 年，经逐级筛选和科室会商，确定对 2019 年的 61 个项目开展重点绩效评价，项目类别包含财政政策、项目支出（含财政专项资金）和政府财政运行综合绩效评价；2021 年，在原有基础上进一步扩大重点绩效评价类别范围，对 2020 年的 44 个项目开展重点绩效评价，项目类别包含财政政策、项目支出（含财政专项资金）、政府

财政运行综合绩效评价、政府债务项目、转移支付等，提升了财政资源配置效率。

五、结果应用

市财政局通过对事前绩效评估、绩效目标管理、绩效运行监控以及绩效评价工作中形成的结果加以分析利用，进一步强化预算绩效管理实施效果。

事前绩效评估结果应用。把事前绩效评估结果作为新增重大政策和项目入库的必备条件，2021 年开始，对拟纳入预算的 15 个新增项目，事前评估总额 1.11 亿元，经评估，审减资金 0.14 亿元，对拟纳入 2022 年预算的 26 个新增项目进行评估，评估总额 7.91 亿元，经评估，审减资金 4.22 亿元，根据项目具体情况向相关部门、单位提出建议 65 条，提高了项目单位预算绩效管理水平。

项目支出绩效目标管理结果应用。把绩效目标设置作为预算安排的前置条件，强化绩效目标约束，对所有项目支出实现绩效目标管理全覆盖，通过“三级审核”强化绩效目标质量。2021 年，组织专班对部门、单位编报的绩效目标质量进行抽查，建议退回修改完善项目 234 个，涉及部门、单位 58 个。同时，引导市财政局各资金科室加强对年中追加项目支出和对下转移支付项目的绩效目标管理，未按要求设置绩效目标或审核未通过的项目，不予安排预算。

绩效运行监控结果应用。自 2019 年开始，对所有实行绩效目标管理的项目支出，开展绩效目标实现程度和预算执行进度“双监控”，发现预算执行或绩效目标预计无法完成的项目采取暂缓、停止拨款或收回资金等方式予以纠偏。2021 年，通过开展“双监控”工作，收回低效预算指标 10.8 亿元，提高了资金使用效益。

绩效评价结果应用。逐步扩大财政重点评价范围，强化评价结果应用。在 2020 年部门预算编制过程中，根据绩效评价结果，取消或调整专项资金 8 项，压减预算资金 1.08 亿元；2021 年，通过对上年度 44 个项目开展财政重点绩效评价，向被评价单位下达市级财政评价结果和问题整改意见的通知，要求在规定时限内完成整改。根据评价结果，完善制度办法 41 项，调整政策 2 项，整改问题 144 项，压减预算 0.1 亿元。

六、预算绩效信息公开

按照真实、完整、及时、合法的原则，以公开为常态、不公开为例外，市财政局做好预算绩效信息公开工作，畅通信息公开渠道。2019 年，在门户网站设立了“预算绩效信息公开”专栏，集中公开重点项目绩效目标和财政评价结果，按照规定时间，组织部门、单位将绩效目标随预算公开，将绩效评价结果随决算公开，主动接受社会公众监督。

第三节　创新试点工作

一、四本预算绩效管理

2021 年，在实现一般公共预算、政府性基金预算绩效管理的基础上，市财政局将预算绩效管理的范围拓展到国有资本经营预算和社会保险基金（职工基本医疗保险）预算，并将涉及一般公共预算等财政资金的政府引导基金、政府和社会资本合作（PPP）、政府采购、政府购买服务、政府债务等项目也全部纳入预算绩效管理体系中，在全省范围内较早实现了“哪里有财政资金和政府公共资源，哪里就有绩效管理”的全领域覆盖。

二、政府财政运行综合绩效评价

2018年开始，市财政局每年选择一个县（市、区）开展县级政府财政运行综合绩效评价试点，至2021年年底，完成泰山区、岱岳区、肥城市、宁阳县4个县级政府财政运行综合绩效评价，同时，督导各县（市、区）对10个乡镇政府财政运行综合绩效评价试点，形成市、县、乡三级联动共同实现政府财政运行综合绩效评价全覆盖的管理机制。

三、市直部门整体绩效管理

市财政局不断拓展部门整体绩效管理范围，提高部门整体绩效管理效率。2018年，选择10个市直部门开展部门整体绩效管理试点；2019年，试点范围扩大到26个市直部门；2020年，试点范围扩大到47个市直部门；2021年，印发《泰安市市级部门和单位整体绩效管理暂行办法》，进一步规范市级部门整体绩效管理，强化了部门整体绩效管理主体责任，实现对市直85个一级预算部门、单位整体预算绩效管理全覆盖。

四、全成本预算绩效管理

2021年，按照成本与服务标准相匹配、成本与产出效益激励相容的原则，围绕“事前核成本、事中控成本、事后讲成本”的成本绩效管理主线，经省财政厅审查备案，市财政局对市城区热力公司、市公交公司、市保障房及直管公房3个财政补贴项目探索开展全成本绩效管理。针对市城区热力公司财政补贴数额，经成本核算后，确定2021年度补贴额4834.5万元，较上年度节省财政资金217.5万元；针对市公交公司政策性亏损补贴项目和市保障房及直管公房维护管理费项目，分别提出整合升级业务系统及成本规制，建立租金动态调整机制、夯实基础数据等合理建议，提高了项目单位管理运营水平。

第四节　体制机制改革

一、建立推进机制

市财政局与市人大有关部门建立工作协同推进机制。联合推动预算绩效管理重点工作开展，进一步健全绩效信息向市人大报告机制。2019年，首次将152个重点项目支出绩效目标提交市人代会参阅，涉及预算资金16.5亿元；2020年，将重点项目绩效目标和财政绩效评价报告，提交市十七届人大五次会议参阅；2021年，进一步扩大绩效信息报送范围，选取42个重点项目绩效目标（涉及预算资金10.38亿元）、20个市级部门整体绩效目标及部门整体自评表、财政重点评价报告、单位自评情况等绩效信息提交市十七届人大六次会议参阅。

市财政局与市审计局建立财审协同联动机制。2021年，印发《财政审计协同联动推进全面预算绩效管理实施方案》，立足职能、协同联动，发挥财政、审计部门各自监管优势，进一步规范财政管理、维护财经纪律、提高财政资金绩效。

二、强化督导

2019年及2020年，市委、市政府将预算绩效管理工作纳入对市直部门、单位和对县（市、区）的经济社会发展综合考核，将考核结果与主要负责人考核等次、工作人员优秀等次挂钩，进一步突出了预算绩效管理的重要作用，提高了市直部门、单位及县（市、区）做好预算绩效工作的积极性。2021年，市委、市政府将预算绩效管理工作纳入对市直部门、单位和对县（市、区）的高质量发展绩效考核，加强对市直部门、单位及县（市、区）责任约束，进一步强化主体责任，倒逼市直部门、单位及各县（市、区）有力推动预算绩效管理工作开展。

三、宣传培训

2020年，市财政局组织举办全市预算绩效管理工作座谈会、全市预算绩效管理专题培训会、全市财政改革发展专题培训班，通过开展多层次培训学习，扩大了预算绩效管理影响范围，营造了良好的工作氛围。2021年，举办全市部门整体绩效管理专题培训会，邀请知名专家、省财政厅领导讲解理论政策和操作实务，把整体绩效管理的理念和方法传达到每一个部门、单位；组织开展“部门负责人谈绩效”活动，在《泰安日报》开设专栏，开展市直部门负责人和县（市、区）财政局局长谈预算绩效活动，压实部门、单位及县（市、区）财政局主体责任，进一步树牢绩效理念，强化绩效思维，向社会宣传预算绩效管理工作开展情况及先进经验，充分展示了泰安市财政改革成果。

至2021年年底，市级基本建成“全方位、全过程、全覆盖”的预算绩效管理体系，实现预算管理和绩效管理深度融合，提升了财政资源配置效率和使用效益，为全市高质量发展提供了有力保障。市财政局预算绩效管理工作，在2021年度全市首届“工作创新奖”评选中荣获全市一等奖。2022年1月，省财政厅在发给市委、市政府的《感谢信》中，对泰安市预算绩效管理工作给予高度评价：“泰安市推进预算绩效管理改革，在全省率先建立预算绩效指标库，为全省财政管理改革和财政可持续发展提供了‘泰安经验’”。

第十九章　非税收入管理

2016年以来，泰安市非税收入管理工作，围绕“推进富民强市建设幸福泰安”奋斗目标，按照市财政局提出的“四不”“四化”要求，围绕新常态下财政中心工作，立足财政职能，有效开展工作。

第一节　非税收入征管

2016年以来，市财政局围绕“抓征管、促增收”这条主线，督促调度促增收、挖掘潜力促增收、加大清欠促增收，确保了非税收入应收尽收。坚持“加减法”一起做，保增长促增收，一方面在经济下行压力下，进一步强化征管，将依法依规予以保留的非税收入足额征收，最大限度缓解税收短收情况下的财政收支压力，努力挖掘土地、彩票、索道门票等资源性收入的增收潜力，补充壮大财政实力；另一方面严格落实国家简政放权、减税清费的要求，全面清理规范涉企收费，深化放管服改革、加快新旧动能转换，以政府收入的“减法”，换取企业效益的“加法”和市场活力的“乘法”。

第二节　电子票据管理

一、电子票据管理改革试点

市财政局主动与相关单位对接，制定相关政策，并对各县（市、区）财政部门改革工作进行安排部署，2016年以来，所有用票单位均在规定时限内完成用票单位的信息采集工作，322家单位顺利完成财政电子票据改革试点工作。

二、电子票据管理

新流程将原先缴款人先到执收单位领取纸质票据、再到银行办理缴费、最后返回执收单位盖章确认的“分散式”流程，调整为缴款人根据执收单位推送的电子缴款告知单，自主选择银行柜面、自助、网上、掌上等线上线下多种便捷渠道缴费，线上领取电子票据的“一体化”流程，变“群众跑腿”为“信息跑路”，缴款人足不出户即可获取电子票据，为缴款人提供最大便利。同时，财政票据管理实现以电子票据代替纸质票据，实现缴费、开票、告知、查验等环节信息同步、无缝链接。以电子载体代替实物仓储，变“储存实物”为“储存数据”。

第三节　重点改革

一、推进“五小”场所建设

为落实省委、省政府关心关爱基层的政策，2019年，成立工作专班，建立工作机制，加大对上争取力度。及时将省级和市级补助资金共0.21亿元，分配下达到县（市、区）。并建立月督促、季调度、半年通报督查机制，督促加快建设进度，确保资金早投入、早见效，提升资金使用实效。至2021年，全市88个镇街已全部完成建设任务，实现全市镇街机关“五小”（小食堂、小澡堂、小卫生间、小阅览室、小文体活动室）设施全覆盖，大大提升了基层干部的工作生活条件，为广大基层干部干事创业、攻坚克难创造良好环境。

2020年7月，市财政局党组成员、副局长王燕（右）在徂汶景区督导“五小”建设进度

二、支持事业单位改革

按照市统一部署和工作专班要求，研究拟定财政支持事业单位分类改革相关配套政策措施，改变财政支持方式，探索通过政府购买服务等方式，优化和完善财政保障机制，由“花钱养人”向“花钱办事”转变。

三、牵头处理市区房地产开发历史遗留问题

2019年，市财政局召开专题会，研究制定了工作方案，建立税费征缴专项行动工作机制，明确工作任务，细化职责分工，强化工作措施，确定时间节点，加强部门联动、实行“六个一”工作方法，定人、定项目、定进度，分块负责、分块把关，压实工作责任，分项目建立税费征缴台账，推进专项整治行动有序开展。至2021年，共征缴入库2.16亿元。其中，土地出让金1.83亿元，税款0.22亿元，城市基础设施配套费0.11亿元。

第四节　津贴补贴

2016年以来，市财政局联合有关部门研究制定各项工资津贴补贴政策，为机关事业单位工作人员加强保障。

市财政局配合组织、人社等部门，研究提高乡镇工作补贴标准的政策措施，逐步推动实现乡镇机关事业单位工作人员收入高于县直同职级人员20%以上；落实乡镇编制工作人员公务交通补贴政策。

市财政局配合组织、人社等相关部门，研究制定了泰安市机关事业单位绩效考核奖励相关制度和《关于进一步落实事业单位高层次人才收入分配激励机制完善绩效工资管理的实施办法》等办法，将有关政策落实到位。

第二十章　住房资金管理

2016年以来，泰安市住房资金管理工作，围绕泰安市中心工作，以保障民生安居工程建设为己任，积极筹措资金，全力支持全市各项保障性住房项目顺利实施。2021年4月，市财政局住房资金管理科撤销，其工作职能并入综合改革科。

第一节　保障性住房工程

保障性安居工程建设。对上争取专项资金，支持棚户区改造项目建设，2016—2021年，累计争取上级保障性安居工程专项补助资金25.36亿元，完成棚户区项目建设135614套。支持公租房项目建设，2016—2021年，市级财政筹措资金2.24亿元，用于支持市、县（市、区）公租房建设。认真落实城镇住房保障家庭租赁补贴政策，市财政局为确保补贴工作的顺利发放，在配合市房管、民政等部门开展城镇低收入家庭住房情况和住房困难家庭建档工作的基础上，结合实有补贴人数和标准，筹集资金2651万元，用于租赁住房补贴发放。

2020年7月，国务院办公厅印发《国务院办公厅关于全面推进城镇老旧小区改造工作的指导意见》。泰安市按照上级决策部署，全面推进城镇老旧小区改造工作，帮助一大批老旧小区居民改善了居住条件和生活环境，解决了不少群众急难愁盼问题。2016—2021年，全市累计支出资金1.15亿元，完成684.19万平方米，74159户老旧小区改造任务。其中，泰山区2021年启动了新一轮老旧小区改造，重点改造2000年前建成的老旧小区，面积共832万平方米。通过进行老旧小区改造，既满足了人民群众美好生活需要，推动惠民生扩内需，又推进了城市更新和开发建设方式转型，促进经济高质量发展。

支持农村危房改造。2016年以来，市财政局会同市住建、民政等部门，坚持群众自愿自主原则、坚持公开原则、坚持补助经济最困难和住房最危险家庭原则，以满足最基本住房要求为目标，积极筹措资金，确保了危房改造项目的顺利实施。2016—2021年，累计对上争取资金1.98亿元；2016—2017年，市级财政连续两年投入2000万元，用于全市农村危房改造。

既有住宅电梯奖补。为进一步推动泰安市市区既有住宅增设电梯试点工作，按照《泰安市城区既有住宅增设电梯试点方案》要求，2018—2021年，市级财政每年安排800万元用于支持各功能区开展增设电梯工作。

红色物业。2020年，市委、市政府将小区物业管理攻坚工程列入为民要办实事之一，开展“宜居泰安”暖心工程。小区物业管理水平关系到城市基层治理体系建设和治理能力提升，为提升城市基层治理体系和治理能力现代化水平，2020—2021年，市级每年安排资金500万元，采取以奖代补支持物业企业开展工作，提高服务质量，从而增强了居民群众的获得感、幸福感、安全感。

民兵训练基地改造。为进一步提高泰安市民兵基地建设，促进全市国防后备力量、地方应急力量训练提升和军民融合职能拓展，2020 年，市财政筹措资金 3089 万元用于民兵训练基地改造项目，有力地保障了项目的顺利实施。

清洁取暖工程。2021 年 8 月，泰安市被列入全国清洁取暖工作试点城市。泰安各级财政部门高度重视，积极作为，加大资金投入。为确保项目顺利实施，2021 年，争取上级专项补助资金 2.4 亿元。收到指标资金文件后，市财政局及时与市住建部门进行对接，并依据各县（市、区）改造户数制定了资金分配方案，并在规定时限内将资金下达到相关县（市、区）。市级安排 1 亿元，用于清洁取暖项目建设。

第二节 住房保障资金

住房公积金管理。根据财政部《关于加强住房公积金财政监督管理的通知》规定，2016—2021 年，泰安市每年年初委托第三方中介机构对市住房公积金管理中心上年度住房公积金年度决算和管理费用年度决算进行专项审计。通过审计，查找和发现在财务管理方面存在的问题，并及时进行纠正和整改，以增强防范风险意识，避免不必要损失的发生。

专项资金管理。从 2016 年开始，市财政把对专项资金的监督管理作为住房保障工作的重中之重，不断强化措施，确保各项专项资金安全高效运行。

专项资金支出。2016 年以来，市财政局连续印发通知，要求县（市、区）财政部门履行好专项资金支出管理主体责任，最大限度减少专项资金在财政部门的滞留时间，减少年末结余结转专项资金的发生。同时，对项目专项资金的管理和使用进行全过程、全方位的监督，对发现的问题进行及时纠正，确保专项资金专款专用，充分发挥专项资金的使用效益。

第二十一章　政府采购管理

2016年以来，泰安市政府采购管理工作，围绕深化“放管服”改革，着眼于优化政府采购营商环境，致力于推动全市经济高质量发展，充分发挥财政职能作用，聚焦聚力构建有利于结果导向和“物有所值”的政府采购制度体系、政策体系、诚信体系，采购规模持续扩大、制度体系不断健全、政策功能更加明显、改革实效更为显著。在全省连续两年开展的营商环境评价中，泰安市政府采购评价指标由2019年第五名提高至2020年第三名。

第一节　简政放权

市级工程及相关货物服务公开招标数额标准，由2016年的200万元、100万元、50万元提高至2020年的400万元、200万元、100万元，相应扩大了采购人对非招标方式的选择使用权。2021年，中小企业在全市政府采购规模中获得的合同份额达到63.6%。这些政府采购政策实践，丰富了财政调控的方式和手段，促进了政府采购政策功能落实。

市级工程及相关货物服务公开招标数额标准

表3-3　单位：万元

年度	货物	服务	工程
2016	100	50	200
2020	200	100	400

第二节　简化工作流程

为进一步简化工作流程，提高服务效率，自2019年起，对政府采购业务流程从简化、优化、细化和全流程电子化4个方面进行梳理再造。业务流程简化，将集中采购目录内品目逐年压减，2020年减至26项，进一步提高部门、单位采购自主权。业务流程优化，调整单一来源采购方式审核流程，减少因初审不通过而导致的重复公示。建立标准化参考文本，以标准化促进采购管理规范化。业务流程细化，市财政局编制《政府采购管理业务流程图》《政府采购和政府购买服务组织执行流程图》《政府采购供应商投诉指引》等，指导采购人、采购代理机构依法依规组织实施政府采购和政府购买服务活动，指引供应商依法依规获取救济服务。全流程电子化，促进“互联网+政府采购”深度融合，加快实施“从编制部门预算，到政府采购交易，到采购结果运用”的全流程电子化规范管理，电子化的实施提高了采购效率，实现了让供应商“少跑路”，甚至“零跑路”。

第三节　信息化平台

加大政府采购信息化建设力度，为各采购参与主体提供便利。自2019年1月起，泰安市政府采购监管平台与省政府采购信息公开平台实现对接，市级政府采购“网上商城”上线运行，基本实现了采购效率高、采购价格低、采购服务好的设计目标。2021 年，全市通过网上商城实施定点采购、批量集中采购和超市采购总金额达到 2950.23 万元；全市各级政府采购监管部门实现了信息统计实时完成、准确可靠。

第四节　强化监管

采购人内控管理。市财政局对采购人政府采购内控制度建设提出明确要求，督促其形成“全面管控与突出重点并举、分工制衡与提升效能并重、权责对等与依法惩处并行”的内控管理体系。同时，不断完善政府购买服务指导性目录，进一步规范政府购买服务行为。科学界定政府购买服务的内容和边界，2021 年印发《政府购买服务指导性目录（2021 年版）》（一级目录2项、二级目录34项、三级目录232项），将部分应当由政府提供且适合采取市场化方式提供、社会力量能够承担的服务事项纳入指导性目录，为部门编制政府购买服务预算及组织实施提供重要依据和参考。

评审专家动态管理。构建从专家事前选聘培训、事中抽取使用到事后履职评价的完整政策体系，为强化专家管理奠定坚实基础。

代理机构管理。每年组织开展政府采购代理机构年度监督检查，2021 年按照“双随机、一公开”的要求，采取随机抽取检查对象、自愿参加评价、随机选派工作人员对检查评价任务进行分配，并根据既定程序分阶段开展检查评价工作。检查评价历时 4 个月，对 30 家代理机构所代理的 150 个政府采购项目进行检查，项目总金额 3.8 亿元，发现违规问题 88 个，涉及的项目 59 个，涉及的项目总金额 1.83 亿元。按责任主体划分，代理机构责任问题 83 个，采购人责任问题 5 个，监管部门依据法律法规分别作出处理，对责任主体进行责令整改处理的问题 75 个，告知自行整改的问题 13 个，处理结果在山东省政府采购网等相关官方网站公开。自愿参加评价的代理机构 7 家，评价分值最高为 95 分，最低为 83 分。

第五节　优化政府采购营商环境

供应商救济。按照《山东省政府采购质疑与投诉实施办法》的要求，规范质疑投诉行为，畅通供应商救济渠道。2021 年，全市共收到供应商投诉 4 件，均依法依规处理，无一例行政复议或行政诉讼的败诉案件。

信用管理。明确在政府采购活动中记录查询参与政府采购活动的供应商、采购代理机构及评审专家的信用行为（公布政府采购负面清单），实行守信激励、失信约束，降低政府采购市场运行成本、改善营商环境。

交易成本。从 2019 年 7 月起，取消信用良好供应商的投标保证金，优化了履约保证金的收取和退还，切实降低供应商参与政府采购活动的制度性交易成本，减少供应商资金占用。

公平竞争。清理政府采购领域妨碍公平竞争的规定和做法，依法保障各类市场主体平等参与政府采购活动的权利，增强市场主体的活力，打造优良营商环境。

第二十二章　资金支付监控管理

2016年以来，泰安市资金支付工作，以提高集中支付工作规范化、科学化、精细化管理水平为目标，按照“保资金安全、创高效服务、抓科学管理”的总体思路，不断完善资金支付流程、强化财政资金动态监控管理，实现资金支付安全高效，工资发放准确及时、工资调整平稳有序，服务效能全面提升。

第一节　资金支付与动态监控

一、内部控制机制

市财政局根据业务流程和岗位设置，进一步规范岗位职责，修订工作守则，细化中心内部分工，强化按法规办理、按程序运转、按规定操作的规矩意识。坚持问题导向，针对工作中发现的问题，举一反三，全面排查行政管理和业务工作方面存在的问题和漏洞，深刻剖析问题成因。通过相关科室之间的业务交流，多方征求意见，及时对以前的内部管理制度进行修订、补充和完善，通过制度来管人、管事，建立“环环相扣、相互制衡、有始有终”的内控机制。

二、预算执行动态监控

2016年，市财政局制定印发《关于进一步加强市级财政支出预算执行管理的通知》，提出提高财政资金安全性、规范性和有效性的意见。根据文件要求，进一步明确监控主体、适用对象、监控范围、监控内容、核查方式等事项，为动态监控高效运行提供制度保障，真正将监控政策和要求落实到规则之中，逐步构建“预警为主、拦截为辅、查纠结合”的动态监控管理机制，增强动态监控的针对性、精准性、全面性，促进监控管理工作制度化、规范化。为打好脱贫攻坚战，2019年，制定《泰安市财政局财政扶贫资金动态监控工作规程》，按照要求承担扶贫资金动态监控平台的日常管理工作，指导县（市、区）财政局结合当地实际，制定区域监控工作规程，确保了事有人管、表有人填、关有人把、责有人负。在市本级层面上，市财政局资金支付科根据责任分工，与相关科室沟通，严格落实“日监控、旬调度、月通报”制度，按时向局脱贫攻坚领导小组和相关科室反馈监控预警信息和资金的分配、支出进度。至2020年年底，共监控各类财政扶贫资金3.16亿元，资金分配进度99.6%，支出进度98.77%，处理各类预警信息113条，整改率达到100%，泰安市财政扶贫资金监管工作始终处于全省前列。在工作中，坚持以预算执行动态监控系统为依托，加强支付信息日常监管。2021年，处理拦截违规资金14.2亿元，纠正率达到100%。有力发挥动态监控系统务实重效作用，确保财政资金支付更加规范、高效、透明。

三、资金支付

随着国库集中支付改革的推进，市财政局坚持规范管理，建立健全国库集中支付制度，优化支付程序、完善支付系统、改进服务方式，全面提升支付工作的规范化、标准化、精细化和信息化水平，支付效率得到进一步提高。2021年，市级通过国库集中支付系统共办理资金支付业务14.41万笔，支付资金171.67亿元。同时，为应对新冠肺炎疫情等因素造成的财政库款紧张的局面，加强了对预算单位大额资金支出管理，在用款计划环节增加审核权限，对预算单位每日200万元的支出进行监控冻结和核实处置，严格约束超限支出，做到“压一般、保重点”，促进“六保六稳”（保居民就业、保基本民生、保市场主体、保粮食能源安全、保产业链供应链稳定、保基层运转，稳就业、稳金融、稳外贸、稳外资、稳投资、稳预期）工作任务得到落实。市财政局支付中心全体人员以认真负责的工作态度和吃苦善战的工作作风，确保每一笔财政资金安全规范，每一项财政业务有序高效。特别是在2020年春节后新冠肺炎疫情防控形势最严峻的时刻，中心全体人员一直坚守工作岗位，严格落实局党组的工作部署，本着急事急办、特事特办的原则，积极行动，主动作为，充分发挥国库集中支付的职能作用，切实保障疫情防控期间财政资金及时、高效支付。2020年1月27日至3月10日，共完成支付业务5976笔，拨付资金11.32亿元，为打赢疫情防控阻击战提供了有力的资金保障。

第二节 工资发放和个税调整

一、工资发放

为规范工资统发系统审核流程，2016年3月，市财政局增加了资金管理科室资金审核环节，人员经费由资金管理科室审核核定，科室和预算单位预算执行力明显增强，为部门编制基本支出预算提供了准确翔实的人员数据资料；2017年和2018年，泰安市根据国务院办公厅转发人力资源社会保障部、财政部《关于调整机关事业单位工作人员基本工资标准和增加机关事业单位离休人员离休费三个实施方案的通知》，进行了调资，克服工资调整时间紧，涉及单位多、工作量大和科室人手少等困难，面对调资时间跨度长，期间人员职务变动、转正定级、录用、退休、调入、调出等比较复杂的情况，工资调整做到稳妥到位，实现了统发工作的不断规范和精准，保障了干部职工的切身利益。至2021年年底，市级工资统发单位265个，统发人员12313人，统发人次144129人次，工资发放总额13.95亿元。

二、个税调整

根据《中华人民共和国个人所得税法》的实施要求，2016年8月实现了财政代发工资人员个人所得税全员全额明细申报，为个人需要开所得税证明提供了方便。2018年10月1日后，个税起征点由原来的3500元调整为5000元；2019年年初，为贯彻落实新修改的《中华人民共和国个人所得税法》和国家税务总局制定的《个人所得税专项附加扣除操作办法（试行）》的尽快实施，市财政局迅速行动，与税务部门联系，多次座谈沟通，加强协调配合，推进信息共享，2019年个税扣缴金额449万元，与上年同期同比减少68%，确保了新税法的政策落实到位，并切实让大家感受到了改革带来的红利。

三、社会保险费

2019年，泰安市财政局与市税务局印发《进一步规范机关事业单位社会保险费征缴流程的通知》要求，根据要求，市财政局支付中心会同相关资金管理科室与人社、税务部门配合，对工资统发系统软件进行调整，将统发系统中个人代扣的养老、医疗、失业保险指标生成授权支付额度后返还资金管理科室，资金管理科室再返回单位零余额账户由税务部门进行扣划，财政、人社、税务与预算单位密切配合，保障了保险入库工作的顺利实施。

第三节　提升效能

一、岗位责任制

市财政局按照岗位设置要求，从事集中支付工作人员和财政统发工资工作人员实行AB、BC、CA循环式补位工作制，做到岗位既能轮换，又能互补。由于工作方式和工作流程的不断完善，不但锻炼了业务能力而且提高了办事效率。

二、规范工资统发

2020年，市财政局与市人社局、市税务局、市医保局、市住房公积金管理中心等单位对接，按照工作需要举办了“市直机关事业单位工资统发业务交流座谈会”，邀请具有较高理论水平和丰富实践经验的专家和主管部门的业务骨干，通过问答形式共同探讨个税扣缴、社保缴费、住房公积金缴存等方面的相关政策和操作流程，就工作中存在的一些难点、堵点等问题进行了交流，使工资统发单位对这些业务有了更深的理解，对做好本职工作、服务好干部职工，奠定了坚实基础。

三、服务基层

根据基层业务开展的需要，市财政局主动联系县（市、区）财政局通过微信互动交流等方式以多种渠道搭建市、县交流平台，针对县（市、区）支付中心在资金支付和工资统发业务等方面遇到的难点、疑点问题开展业务交流，加强对下工作的指导，逐步建立上下业务贯通、信息交流及时的联动互动机制。

第二十三章 财政信息化建设管理

2016年以来，泰安市财政信息化建设管理工作以服务财政改革和发展，全面支撑财政科学化、精细化管理为目标，坚持统筹规划、整合资源、数据共享、深化大数据应用和确保信息系统安全为原则，不断推进财政信息化建设。

第一节 建设应用财政核心业务平台

2017年，泰安市财政局作为山东省试点，完成了平台2.0升级任务和财政大数据平台、财政百科系统的部署应用。2017年9月24日，全省财政信息化工作座谈会在泰安召开，市财政局党委书记、局长刘斌作典型发言。之后，试点经验在全省推广。2018年1月，基于平台2.0的财政综合业务系统全市正式上线。2020年，省财政厅统一开发了预算管理一体化系统，2021年5月，泰安市完成了系统部署工作，开始测试运行。财政核心业务系统部署由市级大集中完成省级大集中的转变。7月，部署实施支付电子化模块，并开展系统测试。11月，通过预算管理一体化系统编制2022年度部门预算。

第二节 财政应用系统技术支持

办公自动化系统建设。为进一步提升办公效率，结合流程再造工作，市财政局规划设计了“智慧财政”平台及相应的App，将全局行政办公类工作和内部管理类事务全部纳入。并将独立办公类系统全部进行整合，线下内部审批事务全部线上化处理。开发公文管理等7个办公类模块，经多次测试和试运行，完成功能改进工作，2021年3月正式上线运行。通过山东通部署，实现了App移动办公。

财政业务系统。2016年以来，市财政局先后完成部门决算网络版和政府综合财务报告的系统部署、网络调试，“四化”管理系统、督察督办系统等功能升级，资产系统升级资产配置等工作。2020年7月，将惠民补贴一本通系统迁移至省政务云平台。2021年5月，将资产系统迁移至省政务云平台，进一步提升了系统运行安全可靠性。市财政局有关科室和各县（市、区）财政局，认真做好扶贫资金和直达资金动态监控系统的部署应用工作，开发财政综合业务系统接口，实现了集中支付数据自动同步到直达资金系统，减轻了操作人员的负担，提高了系统录入效率和数据真实性。并完成省统一采购信息发布平台切换上线工作，以及财政电子票据系统上线应用工作。采用大集中模式建设财政医疗单位电子票据管理平台，为泰安市各级医疗单位节约了建设资金和时间成本，有力推进了泰安市财政电子票据改革工作。

第三节　基础设施管理和网络安全工作

市财政局在基础设施和信息系统安全建设方面，加强数据中心基础设施维护。开展中心机房配电、空调、UPS、防火系统的日常维护和定期巡检，确保运行稳定。加强网络设备、服务器等核心设备的维护管理。严格落实数据备份机制，保障泰安市各级财政业务系统数据安全。贯彻落实网络安全工作责任制各项要求，加强信息系统安全管理，开展网络安全等级保护测评，根据测评结果开展整改工作。按照财政部工作部署，开展全市财政终端管理系统升级，开启实名注册、准入控制、外联管理等策略，严禁内外网互联、U盘交叉混用等行为。开展日常网络安全监测和定期检查，及时消除全市财政系统内网络风险和漏洞，不断提升财政网络安全防护能力。

第四节　政务信息资源整合共享

按照各科室、单位工作职责，汇总整理市财政局政务信息资源目录，均为可共享、可开放数据资源。对政务信息资源目录和权力清单中信息进行数据汇集。财政视频会议系统线路转为行政服务域进行传输，推广应用山东省综合视频会议系统。完成电子政务外网公共服务域接入。2019年4月，将局官方网站迁移至市统一网站平台上线开放。2021年10月，按要求重新进行网站备案。推广应用山东省公务邮系统，按科室、单位进行组织机构设置，汇总干部职工邮箱信息进行导入设立账号，并做好操作指导和咨询答疑工作。

第五节　技术支持和技术服务

市财政局每年制作预算报告解读手机版，制作适配移动终端的解读图片和二维码。为做好支持企业发展“政策包”发布工作，制作手机版页面和生成二维码。对外部做好全市范围内财政一体化平台、基层数字财政管理系统、一本通系统、非税收入管理系统的系统维护、问题答疑等工作。对内部做好办公自动化系统、“四化”管理系统、督察督办系统、财政内部资料库、财政信息报送系统日常维护，操作人员技术指导等工作。做好视频会议系统的管理，新增泰山景区、泰安旅游经济开发区视频会议点位。加强对各县（市、区）财政局技术指导，保障各类视频会议的顺利召开。做好会议设备管理和摄影工作。2016—2021年，共拍摄会议、集体活动720次，拍摄照片41401张。

第二十四章　政府投资评审管理

2016 年以来，泰安市政府投资评审管理工作，围绕财政中心工作，秉承“不唯减、不唯增、只唯实”评审理念，强化措施跟进，充分发挥财政评审定量基础和技术支撑作用，不断提升财政资源配置效率和资金使用效益。

第一节　财政投资评审

2016—2021 年，市直通过财政投资评审项目 1571 个，评审额 374.67 亿元，审减额 42.78 亿元，审减率 11.42%。

一、抓实项目预算评审工作

综合运用专业技术手段，开展项目预算评审工作，为强化预算编制、节支增效提供有力支撑。抓部门项目预算评审工作。严格执行各项政策规定，优化项目支出预算实施方案，审减项目预算中不合理支出。2016—2021 年，共完成评审部门预算项目 826 个，评审额 56.38 亿元，审减额 7.65 亿元，审减率 13.75%。抓重点建设项目预算控制价评审工作。针对项目投资金额大、标准要求高、评审时间紧的特点，严格把控时间节点，有力推进项目建设进程。与此同时，共完成评审城建重点建设项目 592 个，评审额 194.23 亿元，审减额 29 亿元，审减率 14.93%。抓泰城水生态环境治理工程 PPP 项目复核评审工作。借助中介机构及相关专家力量，完成泰城水生态环境治理工程 PPP 项目建设工程、费用、征地拆迁等复核金额 56.03 亿元。做好其他项目审查复核工作。充分发挥专业优势，为项目建设资金审核把关，提出优化方案，引导项目单位严格落实政策规定，提高资金效益，防范建设风险，评审建议得到相关单位的充分认可。

二、完善预算评审制度建设

按照上级部署要求，泰安市认真贯彻落实预算法实施条例对财政评审管理的规定，开展项目支出预算评审相关制度研究和制定工作。在市级层面，修改拟定《泰安市政府投资项目预算评审管理办法》，进一步加强政府投资项目预算评审管理，促进政府投资项目建设规范运行。在单位层面，优化完善并印发《泰安市财政投资评审工作流程》，对资料准备、科室初审、评审时效等细化明确，进一步从源头上规范财政投资项目预算评审流程，提高工作效率，提升评审质量。在内部控制上，进一步优化内部工作规程，从项目受理、任务分解、督促落实、出具建议到总结归档，严格把握评审工作中的关键节点，全过程规范评审行为。

三、强化预算评审能力提升

坚持强化措施跟进，压缩项目评审时间，加快项目建设进程，强化评审技能提升，提高评审质量，财政评审服务效能显著提升。简化评审要件，实行容缺受理评审、模块化压茬评审，加快了评审进度。优化项目预算评审要素清单使用，对评审项目资料一次性告知，压缩评审环节等待补充资料时间，提高了提报资料质量。建立联席会商机制，强化财政评审关键环节或重要事项的沟通协调，提升了预算评审效能。注重评审能力积累，组织评审人员多次开展集中培训学习、评审案例剖析，提升评审人员政策分析、业务组织、专业技能等方面的能力。强化行业专家把关指导，针对项目金额大、内容复杂、技术难度高等事项组织行业专家开展论证、征求意见，解决评审过程中遇到的新问题、新情况，提升评审工作的客观性和公正性。

市财政资产管理中心与中车集团山东公司负责人对接泰山疗养院接收事宜。市财政局党组成员、二级调研员张焕杰（后排左二），财政资产管理中心主任亓永军（后排左三）、市财政局财政监督处副处长李思臣（后排左一）参加会议

第二节　财政资产管理

一、盘活行政事业资产

做好部分行政事业单位国有资产调拨工作，确保资产安全完整。在工作中调拨的闲置房地产，普遍存在房屋建设早、闲置时间长、房地产权属不清、证书不齐全、办公院落与职工宿舍用地未分割、图纸证件等档案资料不完整且有丢失现象等，历史遗留问题较多。同时，在不动产证书的办理和资产移交过程中，也需要多次协调原产权单位、主管部门配合，争取泰安市地税局、国土局、房管局、不动产登记管理中心等部门、单位支持帮助。对此，市财政资产管理服务中心面对这一崭新的工作，在局领导的关怀支持和有关科室的大力帮助下，以高度负责的精神，攻坚克难，创新探索，认真做好每一项工作，确保了资产调拨工作开展。2016 年，泰安市食品药品检验检测中心搬迁至新址办公后，土地、房产和部分设备处于闲置状态，中心按照市政府专题会议纪要精神和局处置意见，及时办理了房产土地调拨和资产移交工作。对办公院落内的职工宿舍用地，进行了土地分割，办理了不动产证。对正在使用的空调、变电器等资产进行了移交，保持了办公楼完整和设备继续使用状态。对检验检测专用设备督促按规定拆除，消除安全隐患。对于办公楼和家属院共用消防通道、传达室等公共设施使用问题，广泛听取意见，多次现场办公，提出合理化处理意见，较好地处理了集体与职工个人之间的利益关系，化解了矛盾。至 2021 年 4 月，中心已办理完成了原泰安日报社、原泰安市劳动就业培训中心、原泰安市司法局、原泰安市粮食局经营用房、原泰安市粮食局直属分局经营用房、原泰安市食品药品检验检测中心、原泰安市科协（市图书馆）、原泰安市环保局、原泰山干部休养院、原泰安市建工局通天街 3 号营业房、原泰安市盲童学校及康复校区、原泰安市育才学校、原泰安市聋哑学校、原泰安市艺术学校西校、原泰星楼、原农大树木园以及原林校操场 17 处办公院落房产、土地的划转调拨工作，取得不动产证，共

调拨土地10万余平方米、房产7万余平方米，账面价值0.3亿元。以上土地、房产调拨完成后，为政府储备一批不动产资源，及国有资产整合利用、增加财政收入、节约财政支出、实现政府效益最大化做出贡献。

盘活利用调拨资产，实现良好的经济效益和社会效益。市直闲置或置换以及经营性房产、土地调拨至市财政资产管理服务中心后，中心对每一块资产都进行认真研究，拿出合理的盘活利用方案，向市政府和市财政局汇报。

作价出资。完成了泰安日报社等首批7个部门单位部分行政事业性土地房屋的统一权属登记工作后，将其中评估价值1.8亿元的5宗资产作价出资至东岳金财公司。同时，为支持泰山传媒集团增加资产规模、融集传媒广场项目建设资金，便于产权归属和使用管理一致，按照泰安市政府要求，以注资形式，将原泰安日报社办公区土地房屋产权划转至泰安传媒集团。至2016年11月30日，合并报表后的东岳金财公司总资产152.1亿元，净资产38.13亿元，两项指标比2012年公司成立之初分别增加了151.09亿元和37.12亿元。2016年，东岳金财公司累计为权属子公司提供融资信用支持0.7亿元、对外提供融资支持0.53亿元。2019年，为支持泰安市财金集团与兖州矿业集团合资的中垠（泰安）融资有限公司发展，按照市政府要求，将原泰安市艺术学校西校区以0.57亿元的价格作价出资至泰安市财金集团作为其办公用房使用。

出租出借。对原司法局办公楼进行了出租，共收取房屋租赁费500余万元；按照中央、省委要求，泰安市委对全市退役士兵安置和权益保障工作进行调查摸底统计，从泰安市民政局、人社局等多个单位抽调人员组成临时工作组开展这项工作。该项工作共持续7个多月，按中介机构对外出租每天每平方米1.1元的评估价格计算，可节约财政租房支出近40万元。该项工作结束后，中心立即按程序收回该房产，并经市公共资源交易中心网上公开招租，实现年租金84万元。2020年年底，实现年租金收入200余万元；原泰安市环保局出借给泰安市邮政管理局使用；原泰安市劳动就业培训中心办公楼按照泰安市政府要求，办理对外出租手续；为解决泰安师范附属学校和泰安市东岳中学“大班额”问题，按照市政府2018年第32期会议纪要要求，将原盲童学校康复中心校区以每年20万元的价格定向出租给泰安市东岳中学使用，租期3年；将原泰安市聋哑学校部分校区定向出借给泰安师范附属学校使用，租期3年，按照中介机构对外出租每天每平方米1.1元的评估价格计算，每年可节约财政租房支出70余万元，3年累计节约210余万元。

依法依规做好资产管理和盘活利用工作。2021年，共完成公物仓资产流转20余次、1500余件、价值235万元；盘活闲置资产，擂鼓石大街中段重点项目回迁安置剩余房产公开拍卖顺利启动，拍卖成交后可增加市级财力近3亿元。

至2021年年底，市财政资产管理服务中心代管的这部分闲置或置换以及经营性房产，共计取得房屋租赁费700余万元、节约财政租房资金250余万元、处置收入240余万元、作价出资2.26亿元，提高了资产的使用效益，确保了国有资产的保值增值。

二、政府公物仓建设

调查研究。对市直行政事业单位资产现状及管理存在问题，提出加强管理、建立政府公物仓制度的建议、措施，撰写了《对做好新形势下行政事业单位资产管理的探索》等调研报告。同时，结合局重点工作和寻标对标工作安排，市财政资产管理服务中心与嘉兴市财政局进行对接，制定了寻标对标目标任务，到青岛市进行实地考察学习，提高中心公物仓管理水平。

加强制度建设。2022 年，研究制定了《泰安市市直政府公物仓管理办法(试行)》，对一般通用办公设备物资进出库管理制定了工作流程，明确了交接、验收、出库、清查等环节具体管理办法，使公物仓制度建设和运行一开始便走上规范化轨道。

协调运行机制。在市财政局的指导下，有关科室相互配合，形成工作协调机制。做好与全市资产信息管理网络连接运用工作，逐步将公物仓实物资产纳入网络管理，实现网上资产资源信息共享共用、数据动态管理。

建立实物公物仓。将原市育才学校东附属楼和局办公大楼一楼及地下部分房间作为临时政府公物仓库，专门用于一般通用办公设备物资的保管、存放。及时将全市退役士兵安置和权益保障工作临时工作组、局资产管理科代管政府公物仓物资、泰安一中超标购置的通用设备、创促会、原市环保科研中心闲置的通用设备以及其他纳入公物仓管理的共计 4500 余台（件），价值 500 余万元交接入库，进一步充实了公物仓仓储资产，为此后统一调拨使用打好基础。上述资产中，按照市政府和市财政局要求，先后将部分通用设备借于推进政府职能转变领导小组办公室、卫生城市迎审领导小组办公室、市退役军人管理局、山水林田湖草办公室、农村振兴小组、泰安市委寻标对标办公室、泰安“挑山工”基地指挥部、泰安市新旧动能转换重大工程推进办公室、泰安一中新校等部门和临时机构使用。至 2021 年，已办理政府公物仓存储、借出一般通用办公设备物资 4000 多台套，价值 480 余万元。同时，设置专账，做好会计核算工作，确保政府公物仓物资账账相符、账表相符、账实相符。

三、节约资金

中车泰山疗养院资产移交。市财政局与中车集团山东公司就疗养院处置交接事宜沟通对接，据理力争，及时纠正对方评估时政策错误。经过努力，评估价格由最初的 9800 多万元降至 4860 多万元。

丽景酒店搬迁补偿。市财政局与丽景酒店方沟通，评估价格由最初的 7000 多万元降至 380 万元。评估报告已经被丽景酒店方认可，市政府也已经通过会议纪要形式明确处理途径。

推进擂鼓石大街中段重点项目回迁安置剩余房产的处置工作。2021 年 10 月 26 日，受市委常委、市政府副市长宋洪银委托，市财政局召开工作专班会，就擂鼓石大街回迁安置剩余房产处置工作有关事项落实情况进行交流讨论，有力地推动了该项工作的进一步开展。

前两项工作共计降价 1.15 亿元，极大地节约了财政资金，第三项工作实现近 3 个亿的收入，缓解了财政支出的压力。

第二十五章　政府投融资（财政绩效评价）管理

2016年以来，泰安市政府投融资（财政绩效评价）管理工作，主要开展了财政政策性投融资管理、政府与社会资本合作（PPP）管理、政府投资项目财政管理、清洁发展基金管理等工作，组织县（市、区）开展相关业务；探索了财政绩效评价改革赋能工作。

第一节　政府投融资管理

一、投融资平台管理

2016年，紧跟政策变化，创新融资模式，全年共融集资金177.5亿元（其中，政府债券置换资金103.9亿元，省开行棚户区及水利贷款41.6亿元，收回本息18.3亿元）；累计还本付息122.4亿元，累计向市重点工程拨付及借款77.3亿元。到年底，泰山投资公司汇总报表的企业达到64家，资产总额达587.2亿元，信用评级继续保持AA＋。参股企业63家。

2017年，在投融资面临转型发展、融资形势严峻的情况下，规范运作，用足用活融资政策，全年共融集资金127亿元，完成年度财政融资计划的132%；拨付重点工程等资金129亿元。其中，全年共争取省财政厅批复棚改融资需求63.04亿元，当年到位资金33.19亿元。泰山投资公司汇总报表企业达到63家，资产总额达740亿元，信用评级继续保持AA＋。在全省投融资管理工作绩效考核中名列前茅。

2018年，严格按照政策规定，筹措资金，到5月底累计融通到位资金23.78亿元，拨付资金38.5亿元，保障了还本付息和重点工程建设资金需求。组织完成融资平台公司2017年度财务决算、对外公告、公司AA+信用评级等工作。完成平台公司划转泰山财金集团的审计工作。

二、棚改贷款报账提款管理

按照省财政厅、国开行棚改贷款发放范围、条件及支付流程，认真做好提款业务审核工作，及时办理资金发放申请。泰安市累计通过省级统筹运作方式签订借款合同191.45亿元，至2018年年底累计发放贷款资金余额156.39亿元；2019年度发放贷款资金13.64亿元；2020年度发放贷款资金13.91亿元；2021年度发放贷款资金13.92亿元，至年底累计贷款余额160.73亿元，用于支持了全市53个棚改项目、34105家拆迁安置工作，为棚户区改造工作顺利实施提供了有力的资金保障。

第二节　政府和社会资本合作（PPP）

2018年，投融资管理办公室全面接管政府和社会资本合作（PPP）工作之后，坚持规范与发展并重，大力推广PPP运作模式，撬动了社会资本参与项目建设，缓解了财政资金压力。是年，认真贯彻落实省财政厅开展的PPP“规范管理年”活动，推动PPP业务开展，到年底，泰安市储备并纳入全国PPP综合信息平台的项目共62个、总投资980.6亿元，年内净增项目5个、总投资50.24亿元，涉及交通运输、水利、生态建设和环境保护、农业、保障性安居工程、医疗卫生、养老、教育、文化、体育、市政工程、基础设施、城镇综合开发、旅游、社会保障等政府公共服务领域。进入实际运作阶段、纳入管理库项目19个、总投资128.43亿元，其中，签约落地项目12个、总投资83亿元，项目落地率63%；开工建设项目10个、总投资59.39亿元，签约项目开工率高达83%；完工项目9个、总投资56.69亿元，开工项目完工率高达90%；入选国家级示范项目4个、总投资32.85亿元，省级示范项目7个、总投资40.14亿元。

2019年，认真贯彻落实省财政厅开展的绩效管理年活动，加大重点项目推进力度，在生态环境和公共服务领域推进政府和社会资本合作，重点支持山水林田湖草和泰城西部热源等项目建设，当年纳入项目库4个，同时加大规范清理退库工作，至年底，全市累计PPP项目17个，总投资167亿元。其中，已签约项目12个，占管理库项目个数的70%，已开工项目10个，占已签约项目的83%。

2020年，坚持新冠疫情防控与项目推动两手抓，贯彻省财政厅PPP“高质量发展年”有关活动，大力推广PPP运作模式，全年共有3个新项目通过财政部审核并纳入PPP管理库，至年底，泰安市纳入财政部PPP管理库项目共20个，总投资186.16亿元，撬动了社会资本参与项目建设，缓解了财政资金压力。5篇信息稿件被《泰安政务信息》《泰安日报》《大众日报》等媒体采用发布，张皓荣获省《大众日报》优秀通讯员称号。

2021年，大力推进PPP高质量发展，贯彻省财政厅关于推动政府和社会资本合作（PPP）规范发展的意见等有关活动，强化规范意识、红线意识、绩效意识、信息公开意识，努力提高财政资金和社会资源配置效益，提升公共服务质量和效率，推动全市PPP高质量发展。年内，全市经财政部审核纳入PPP管理项目库项目2个，投资额8.7亿元；至年底，全市累计入库项目21个，总投资193.63亿元，已签约落地项目19个，投资额184.97亿元，占入库项目的91%，开工建设项目18个，投资额166.58亿元，占已落地项目95%。

第三节　政府投资项目财政管理

2018年11月，市级重点工程管理工作转由投融资办承担后，探索计划管理，安排投资项目48个，安排资金18.6亿元，年内累计拨付资金7.79亿元。优化审核流程，加强局内科室联动，加快资金审核拨付，拨付资金2.8亿元。

2019年，以规范资金管理为重点，制定了政府投资项目资金管理规程。编制政府投资项目53个，统筹资金55.9亿元；发行政府专项债券10亿元，缓解了资金支出压力。探索北上高大街等3条道路建设与地块捆绑筹集资金新思路，解决了建设资金问题。全年累计拨付重点工程建设资金 17.3 亿元，保障了市政府为民兴办十件实事中环山路东延、擂鼓石大街中段贯通、学院路改造工程，以及岱庙文化广场、公交港湾等重点工程项目的建设，缓解了泰城交通拥堵压力，方便了群众。

2020 年，统筹规划，认真编制政府投资项目财政筹资计划，确定项目 73 个，投资估算 194 亿元，年内资金需求 114 亿元。推动计划筹资方案的落实，主要通过捆绑土地收益等渠道解决市重点项目建设资金，全年累计筹集拨付项目资金 16.1 亿元。其中，国有土地出让收入安排 6 亿元、城市基础设施配套费 2 亿元、政府专项债券 4.57 亿元、生态修复专项资金 1.77 亿元、其他 1.77 亿元。主要解决了迎胜路南延等新建项目和岱庙文化广场等续建项目资金需要以及农民工工资，保障了市委、市政府为民实事和“绿卡”项目的顺利实施，确保了 7 条城区道路顺利通车。

2020 年 11 月 13 日，市政府投融资管理办公室人员现场调研迎胜路南延工程建设推进情况

2021 年，超前谋划，统筹编制市政重点工程资金筹集计划，确定项目 78 个，投资估算 154 亿元，年内资金需求计划 47.5 亿元，并科学合理拟定了工程项目筹资方案。通过优化流程、规范运作，强化服务意识，加快项目资金支付进度，拨付迎胜路南延等重点项目建设资金 14.77 亿元（含债券资金 1.45 亿元），优先保障了农民工工资。

第四节　清洁发展基金管理

2019 年 11 月接管清洁发展基金管理工作后，及时转发省财政厅《清洁基金绿色创新投资业务流程》，积极参加省厅组织的系列推广活动，助力泰安市企业争取更多中央优惠绿色金融支持。

2020 年，加大政策研究和业务推广力度，将有关政策纳入本地涉企“政策包”，并认真组织项目筛选申报，累计上报项目 12 个，总投资 54.88 亿元，申请清洁基金 6.25 亿元；累计获得财政部批复放款项目 2 个，项目总投资 3.36 亿元，申请清洁基金 1.08 亿元，为泰安市企业绿色低碳节能发展增添了“绿色动力”。

2021 年，加强存量项目资金风险监测，按照省财政厅要求，及时调度存量项目资金情况，保证按时还款。截至年底，2 个项目已按期还款完毕。

第二十六章　预算执行管理服务

泰安市预算执行管理服务中心，认真贯彻市委、市政府和局党组关于财政工作要求，承担有关财税法规政策宣传，做好市级预算执行动态监控、效益分析以及数据整理分析利用，绩效评价，教育培训等工作。

第一节　财政金融运行评价

2017 年 1 月至 2021 年 4 月，泰安市财政金融运行评价中心，负责拟订全市财政金融政策实施监测工作规划；参与拟订全市财政资金预算绩效管理有关制度办法和措施，承担市级预算绩效管理财政重点项目绩效评估、绩效运行监控、绩效评价等工作；负责财税金融政策相互配合使用的路径探索；从事财税改革、政府间财权和事权划分的理论研究；负责对财政经济运行进行监测分析；承担全市财政干部、会计人员知识更新、短期培训工作。

组织管理。召开专题会议，明确工作职责，细化工作措施，成立 3 个绩效评价工作小组，具体责任落实到人。2020 年，市财政金融运行评价中心研究制定《市级财政重点绩效评价工作方案》《财政重点绩效评价报告质量评审工作方案》等制度，规范工作流程，提升绩效评价质量。

专业学习。2019 年，开展绩效评价专业理论和业务实操学习 10 余次，组织学习国家、省、市制定的相关制度文件及

2020 年 6 月 10 日，市财政金融运行评价中心书记刘振乾（左二）、主任黄海涛（左一）到徂徕镇南上庄村进行工作调研

先进绩效评价案例，邀请山东财经大学教授开展预算绩效评价专题讲座，并有针对性地组织人员外出学习。2020 年，参加全市预算绩效管理专题培训、全省财经讲坛视频会议，学习绩效评价操作实例解析、预算管理及绩效管理改革相关理论知识和财政、税务、金融、法律及岗位知识等内容。举办“坚持党建引领 开展业务练兵”活动，5 人交流绩效评价工作经验和实践心得。

绩效评价工作。2019 年，完成 9 项市直财政重点绩效评价任务，并撰写绩效评价报告，其中财政项目支出 6 项、部门整体支出 1 项、财政政策支出 2 项。2020 年，完成 45 个绩效评价报告的质量评审工作；

完成10项市直财政重点绩效评价任务，并撰写绩效评价报告，其中财政项目支出5项、部门整体支出2项、财政政策支出3项。

第二节 预算执行管理服务

2021年4月以来，泰安市预算执行管理服务中心，主要承担贯彻执行预算管理相关政策规定，配合做好有关体系建设和制度设计；承担财税法规政策宣传；配合做好市级预算执行动态监控、效益分析以及数据整理分析利用；协助做好财政相关预决算的汇总编制和公开；协助做好市直部门单位预算收支管理、会计信息质量检查以及财税法规政策的监督；承担全市财政干部、会计人员教育培训等工作。

按照市财政局要求，协助完成了预算资金的分配、大额支出事项报备工作；协助做好债券分配下达、债务监测工作，及时上报债务增减变化情况，助力防范化解债务风险；按要求及时上报各类月报资料。

2021年，市预算执行管理服务中心顺利通过省级文明单位复审。积极开展“新春慰问老干部浓浓关怀暖人心”“绿色有我 携手共促乡村振兴”等志愿服务活动，弘扬志愿精神，凝聚向善力量；组织观看《学习王尽美革命事迹》《榜样5》等专题节目，坚持以先进为标杆，向榜样看齐；组织开展“赓续红色血脉 践行初心使命”“结对共建 情浓粽香”等主题活动，弘扬优秀传统文化。

第三节 财政干部教育培训

2016—2021年，在财政干部教育培训方面，坚持“为财政事业科学发展服务，为财政干部健康成长服务”的培训方针，成果显著，多次被省财政厅评为全省财政系统干部教育培训工作先进单位。

2016年，以“两学一做”学习教育活动为抓手，强化政治理论学习，提振干事创业精气神。根据财政改革发展要求，加大对“营改增”、《中华人民共和国预算法》、行政事业单位会计制度等专业知识的培训力度。组织举办全市基层财政业务技能培训班、全市财政支农政策业务培训班、全市大中型企业财务负责人素质提升班等共14期，培训学员869人。承办会计从业资格考试，历时75天，共涉及68817门科目、22939名考生；承办全市会计领军人才选拔考试，共150名考生；承办市委组织部、市纪委组织的派驻机构选调人员选拔考试。还招收培养山东财经大学在校函授生90人。

2017年，继续加强财政干部教育培训工作，新增部分培训内容，包括“两学一做”、党性修养、《行政事业单位会计制度》解读、当前中国经济金融问题、公务礼仪等，增强了培训的实效性。举办全市财政所长业务技能强化班、全市基层财政干部业务技能培训班、全市财政支农政策培训班、全市大中型企业财务负责人素质提升班等共5期，培训学员261人。

2018年，注重提升财政政策理论与业务实操技能培训力度，举办全市财政系统综合能力培训班、全市乡镇财政业务技能培训班、全市乡镇财政业务技能竞赛强化班、全市财政支农政策培训班等 6 期，培训学员 256 人。

2019 年，结合财政支农政策、党性教育、财政改革发展形势及政府会计制度改革等诸多热点专题，采用专题讲座、现场体验和考察实践等方式，对最新案例进行重点解读，帮助财政干部丰富专业知识、提升专业能力，共举办教育培训班 4 期，培训学员 209 人。

2020 年 11 月 16 日，在山东科技大学泰安校区举办泰安市第四批会计领军人才能力提升研修班

2020 年，在经费紧张、新冠肺炎疫情防控等压力下，严格执行《泰安市市直机关培训费管理办法》，按照上级新冠肺炎疫情防控要求，结合各培训班实际，个性化制定《疫情防控工作方案和应急预案》，确保培训安全。成功举办 3 期培训班，涵盖财务会计能力提升与风险应对、党性教育、基层财政管理等内容，培训学员 169 人。

2021 年，本着目标明确、务求实效的原则，按照新冠肺炎疫情防控要求，制定并严格执行《疫情防控工作方案与应急预案》，注重线上线下、集体学习与自学相结合，开展 3 期财政干部教育培训班，涵盖党性修养、廉政教育、网络安全等内容，助力财政干部服务水平再提升。10 月 15 日，举办财政干部综合能力提升班，市财政局全体干部职工参加，培训内容为增强财政干部网络安全意识、提高网络安全防护技能。10 月 22 日，为进一步提高财政干部综合能力素质，加强财政系统党风廉政建设工作，举办财政干部能力提升班，市财政局全体人员参加。

第二十七章　山水林田湖草生态保护修复管理

2017年12月，泰山区域山水林田湖草生态保护修复工程入选国家第二批试点，并被省委、省政府列入加快黄河流域生态保护和高质量发展、全省新旧动能转换的重大工程。2020年1月，市山水林田湖草生态保护修复工程领导小组办公室被省委、省政府表彰为2019年度全省“勇于创新奖”先进集体。2020年7月，泰安市生态工程经验做法成功入选省委组织部《贯彻落实习近平新时代中国特色社会主义思想改革攻坚教学案例》。

第一节　创新保障机制

组织保障机制。构建“1+5+3+2”的组织领导和协调保障体系。2018年年初，成立了由中共泰安市委书记、市政府市长任双组长的领导小组，下设领导小组办公室；建立了山、水、林草、田和东平湖5个分指挥部，追责问责、政法稳定、财政审计3个保障工作组，城区和农村2个项目指挥部。各指挥部办公室采取实体化运作，实行“挂图作战”“标旗推进”。规划引领机制。2019—2021年，组织编制《泰

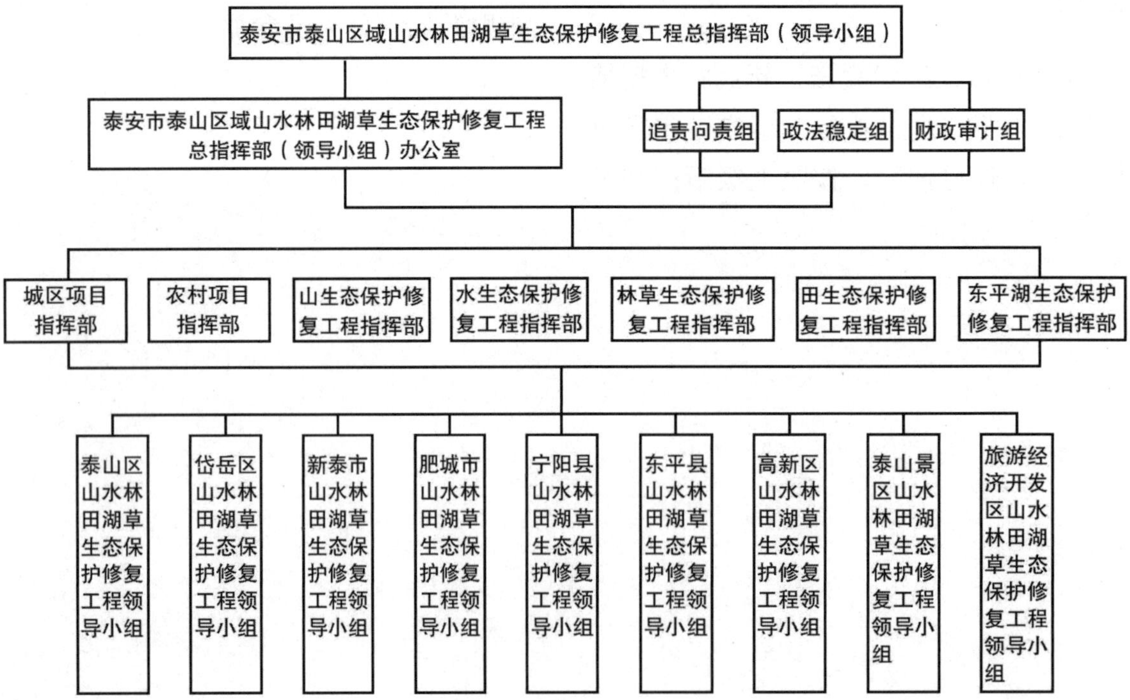

图3-1　泰安市泰山区域山水林田湖草生态保护修复工程组织架构图

安市山水林田湖草生态保护修复专项规划》，并取得了市领导和相关部门的认可。打造全市生态管控和生态建设体系，特聘42名自然资源和规划、生态环境等方面专家，对工程建设实行全过程科学研判、把脉问诊，确保高标准、高质量推进。

资金筹措机制。采取多渠道、多方式，破解筹资难题。“对下督”：按照“谁污染、谁治理”“谁破坏、谁治理”的原则，督导责任企业出资治理。“对内整”：整合土地整治、水利等方面专项资金，助力山水林田湖草项目建设。“对外引”：成立专项建设基金，集中用于县域项目建设；并组建城区PPP项目，推进泰城水生态环境治理。

2021年10月19日，中共泰安市委书记杨洪涛（前右二），市委常委、市委秘书长李灿玉（前右一）调研泰安市城区河道治理工程

第二节　创新修复机制

围绕大汶河—东平湖区域“一河清水往西流，保障东平湖水质稳定达标”这一任务，泰安市统筹自然生态各要素，采取了标本兼制、系统修复的方式，修山截污、净水复绿，全方位、一体化推进生态修复工程实施。城区修山截污，解决源头污染问题。加强泰山石保护，从市场源头出发，关闭取缔大型石头存放和交易场所，236家经营业户、10193块大型石头，统一封存、收回保护。开展引水上山工程，满足护林防火、生产生活、旅游服务等多重需求。建立污水处理站，集中处理旅游景区生活污水，补充消防用水。建成“泰山古树健康监测系统”，动态保护古树名木18000余株。开展造林绿化工程，新增造林面积32000余亩，对55000余亩森林实施了质量提升，增加树种丰富度。通过山体修复，涵养山区水源，改善山区水质，丰富了树种的多样性。城域净水复绿，解决点源、面源污染问题。坚持“全流域”一齐抓，对大汶河流域河道全面进行截污清淤，同步建设污水处理厂和配套人工湿地，按照污水先经污水处理厂处理后，进入配套潜流湿地净化，再进入河道表流湿地净化的模式，充分发挥湿地最大净化功能，改善大汶河流域水质。湖区全方位保护，确保“一湖清水”稳定达标。东平湖是国家南水北调工程的最后一个天然蓄水湖泊，涉及26项水质检测指标，水质是否达标直接决定了南水北调东线工程的成败，影响着沿线4000余万名群众的饮用水安全。在保障东平湖上游来水安全的同时，对县域河道截污清淤，建设污水厂配套湿地，并对湖区开展整治净化，建设生态隔离带，全方位保护，阻隔外来污染源，提高绿植覆盖面积，恢复沿湖植被和水生生物，实现水清、岸绿的自然生态系统，东平湖Ⅲ类水质达标稳定性显著提高。同时，做好湖区水质在线监测，确保实时监控，及时根据水质变化作出应对措施。

第三节　生态成效

2020年8月，自然资源部、财政部专题调研泰安市生态保护修复试点工程情况；9月，全省泰山区域山水林田湖草生态保护修复试点工程现场推进会在泰安市召开。经过全方位、全地域、全过程的生态保护修复，绿色发展理念深入人心，保护生态环境、建设美丽泰安、实现永续发展逐步成为党政干部和人民群众的自觉行动。同时，泰安市生态保护修复工程的生态效益、社会效益和经济效益逐步显现，生态系统格局持续优化，生态系统质量改善，城市综合竞争力不断提升，绿水青山、秀美河湖建设格局初步形成。

至2021年年底，泰安市山水林田湖草生态保护修复工程67个项目、326个子项目主体工程基本完工，其中已完工项目63个、子项目320个。完成项目总投资154.42亿元，占计划的92.8%。其中，中央财政资金22.82亿元（山水林田湖草补助资金13.79亿元），省级财政资金15.12亿元（山水林田湖草补助资金6.14亿元），市、县财政投入资金11.61亿元，PPP投入工程39.77亿元，企业自筹54.78亿元，其他资金10.33亿元。试点确定的绩效目标基本完成。其中，完成采煤塌陷地治理面积9295.8公顷，占计划的102.3%；矿山生态修复面积1584.5公顷，占计划的147.3%；地质灾害防治工程6项（15处），占计划的100%；地质公园及地质遗迹保护244.9平方千米，占计划的101.4%；土地整治面积26968.4公顷，占计划的104.2%；新增耕地面积4558.5公顷，占计划的171.5%；新增湿地面积712.76公顷，占计划的113.1%；城镇集中式饮用水源地水质达标率100%，城市建成区无黑臭水体，国控断面水质优良比例100%，东平湖湖南、湖北和大汶河王台大桥3个国控断面水质稳定达到Ⅲ类标准。

通过修山、治污、整地、增绿、扩湿等措施，基本实现山青、水绿、林郁、田沃、湖美的生态美景。

第四编　机关建设

第一章　党的建设

2016—2021年，泰安市各级财政部门认真贯彻落实党要管党、全面从严治党要求，开展机关党建规范化标准化建设，坚定不移推进全面从严治党向纵深发展，为推动财政事业高质量发展提供了坚强的政治和组织保证。市财政局先后荣获全国巾帼建功先进集体；山东省先进县级党委（党组）理论学习中心组、山东省第四次经济普查先进集体、山东省第五届全民阅读书香机关、山东省庆祝中华人民共和国成立70周年知识竞赛优秀组织奖等省级称号；被表彰为全市全面从严治党考核先进单位、新时代泰山“挑山工”先进集体、全市全国文明城市创建工作先进集体、市直机关党建示范单位、市直机关先进基层党组织等，“民生财政党旗红”被评为市直机关“十佳党建品牌”，“勤廉理财、情系民生”被评为市直机关“示范性服务品牌”，机关第三党支部、政府投融资管理办公室机关党支部等被表彰为市直机关红旗党支部；40多名党员干部受到国家、省、市委表彰（表扬）奖励。

第一节　机关党建

一、党建组织领导

完善体制机制。为统筹整合党建工作力量，2017年5月，市财政局成立了党建工作领导小组，由党委书记、局长刘斌任组长，其他党组班子成员任副组长，从全局抽调专职党务干部4人，专门成立了党建工作组，较好地解决了机关党建工作任务重、压力大的情况下有人干事的问题。领导小组下设党建工作组、经济社会发展综合考核组、“四化管理”工作组，实现党建工作和业务工作一起谋划、一起部署、一起考核，为推进全面从严治党向纵深发展提供了强大的动力。2019年9月，市委办公室、市政府办公室下发《泰安市财政局职能配置、内设机构和人员编制规定》，设立机关党委，加挂党建办公室牌子，负责局机关及所属单位党的建设、群团工作，负责局机关精神文明建设工作。

坚持以上率下。市财政局党组牢固树立抓好党建是本职、不抓党建是失职、抓不好党建是渎职的理念，始终把机关党建工作作为全局四大主攻方向（机关党建、财源建设、政府投融资转型升级、财税改革）之首，牢牢扛在肩上，紧紧抓在手上。每年年初制定《党建工作要点》，签订全面从严治党责任书，定期召开党组会议、党建工作领导小组会议，研究重点工作，解决突出问题，确保各项党建任务落到实处。

从严传导压力。市财政局党组把落实“一岗双责四联”评定机制作为健全党建责任体系的重要抓手，立足党组书记、机关党委书记、党支部书记、普通党员四个层面，结合全年党建目标和业务目标，认真承诺践诺，切实将压力和动力层层传递到每一个支部、每一名党员身上。特别是强化结果运用，认真组织开展年底党组织书记述职评议，严格进行考核，评定结果作为局“四化”考核和评先树优、提拔任用的重要依据，把导向树起来，把评定结果用好。2017年8月16日，市直机关“‘重效率、勇担当、作表率’暨建设过硬党支部工作座谈会”在市财政局召开，局党组以《一诺重千金 担当作表率》为题作了典型发言，市委常委、市委秘书长宋洪银和市委常委、组织部部长高尚山出席会议，并对市财政局工作给予充分肯定。

严格落实意识形态责任制。2020年3月，市财政局党组印发《局党组意识形态工作责任制实施细则》，认真做好市委意识形态专项检查整改落实，加强意识形态阵地的建设和管理，确保意识形态各项工作任务落到实处。

二、机关党建工作

按照市直机关工委有关要求，市财政局开展“争创模范机关、深化党组织规范化标准化建设”“奋进‘十四五’、机关走前列”等主题活动，精准发力、稳步推进，不断推动机关党建工作水平稳步提升。

持续深化理论武装。坚持把学懂弄通做实习近平新时代中国特色社会主义思想作为首要政治任务，充分发挥党组中心组的示范带动作用，每年年初制定《党组中心组理论学习安排意见》，每月至少开展1次集体学习。2018年、2020年，市财政局先后被表彰为全省先进县级党委（党组）理论学习中心组、全市先进县级党委（党组）理论学习中心组。充分发挥支部主体作用，持续跟进学习习近平总书记最新重要讲话和指示批示精神，坚决用党的创新理论武装头脑、指导实践、推动工作，每年平均开展支部学习100余次。利用基层党建大讲堂、专题辅导讲座、专题研讨等形式，邀请专家进行解疑释惑。2016年以来，围绕中共十九大精神、《中国共产党纪律处分条例》、十九届六中全会精神等专题，多次邀请市委党校教授等到市财政局作辅导报告，帮助党员领导干部把握形势政策、提高理论素养。把讲党课、上党课融入日常、做在经常，党员领导干部带头讲好示范党课，普通党员讲好“微党课”，推动学习贯彻习近平新时代中国特色社会主义思想往深里走、往实里走。2019年、2020年，局党组书记、局长刘斌先后以“大力弘扬新时代泰山‘挑山工’精神，努力推动财政改革发展再上新台阶”“强化政治机关意识，坚决走好第一方阵”为题，为党员干部讲了党课。2021年，党组书记、局长孙磊以《深刻领悟党旗下的财政征程，扎实推进新时代财政事业高质量发展》为题，为大家上了专题党课。充分利用“学习强国”学习平台、“灯塔——党建在线”等信息化平台，督促党员干部每日主动学习，营造良好学习氛围。

着力夯实基层基础。按照“便于开展活动、便于加强管理、便于发挥作用”的原则，不断调整优化党支部和党小组设置。2018年，调整了3名机关党委委员、2名党支部书记、7名支部委员，新成立了机关纪律检查委员会，支部书记、支部委员均由政治素质高、业务知识精的科室负责人担任，推动党建工作和业务工作有机融合。2019年，完成了2个党总支、1个党支部的换届选举。2020年，把局机关7个党支部优化整合为5个。着力加强党建阵地建设，对党员活动室、荣誉室进行了升级改造，做到有场所、有设施、有氛围、有特色。

不断激发支部活力。以提升组织力为重点，2017年制定下发了《关于严格落实党的组织生活制度的实施意见》，严格执行“三会一课”、民主评议党员、领导干部双重组织生活等制度，确定每个月第一周周五为“党费日”，确保支部组织生活的政治性、科学性、创新性。抓实主题党日活动，进一步强化党性教育、规范组织生活、密切群众联系，增强党支部的组织力、创新力、凝聚力和战斗力。2017年以来，开展主题党日活动400余次，共有30余项主题党日活动被市直机关工委评为月度优秀。加强党务干部培训，2017年10月，组织全市各级财政部门57名党务干部赴革命圣地井冈山寻找革命初心，牢记党的使命，凝聚发展动力。2018年，组织副县级以上领导干部和科室、单位主要负责人60余人赴北京高新技术企业参观学习。2019年，赴革命圣地延安举办了财政干部党性教育培训班，培训党员干部60余人次。2020年、2021年，在局内组织举办了党性教育培训班，邀请专家作辅导报告。

三、党建工作创新

为使党建工作更好地体现时代性、把握规律性、富于创造性，市财政局结合财政工作特点和实际，探索机关党建工作途径，不断提升党建工作质量。

加强党建考核。2017年以来，围绕建设过硬党支部、做合格党员，在全局创新开展“灯塔”党支部、“践行合格党员”竞赛活动，实行量化积分管理，将“软约束”改为“硬指标”，由“评先进”改为“量先进”，党员干部先锋模范作用和党支部战斗堡垒作用得到充分发挥。2021年，开展党支部层级跨越行动，研究制定实施方案，实行党支部评星定级管理，引领各党支部从规范做起，逐级向过硬、先锋党支部迈进。全局共确定4星级党支部15个，向市直机关工委推荐5星级党支部2个。

抓好品牌建设。大力塑造“民生财政党旗红”党建品牌和“勤廉理财、情系民生”服务品牌，引导全局党员干部树牢理财为民的工作理念，把品牌意识贯穿到日常工作中，进一步转作风、提效能、树形象。“民生财政党旗红”被评为市直机关十大示范党建品牌、“齐鲁印初心”山东优秀党建品牌，“勤廉理财、情系民生”被评为市直机关示范性服务品牌。

完善党建制度。认真做好党建制度“废改立”工作，努力构建上下衔接、左右呼应、相互支撑、配套齐全的党建制度体系。2018年，共清理党建类制度40余个，其中修订4个、废止16个、新建5个。

强化典型引领。2017年，召开庆祝中国共产党成立96周年大会；2019年，召开庆祝中国共产党成立98周年表彰会议；2021年，召开庆祝中国共产党成立100周年表扬会议，对先进基层党组织、优秀共产党员、优秀党务工作者进行了表扬，营造学习先进、争当先进的良好氛围。

推动结对共建。市财政局党组在做好自身党建工作的基础上，加强与有关基层党支部的沟通联系。2018年以来，按照资源整合、优势互补、双向互动、共建共赢的原则，市财政局开展了“结对共建筑堡垒　携手共进促发展”活动，局机关、局属单位各党支部与8个企业、社区、农村、学校基层党支部进行结对，共同加强党员教育、联合开展组织生活、联合解决发展难题、联合推动文明建设，凝聚起了推动发展的强大合力。2021 年，该活动被评为市直机关党建“十佳”创新案例。

第二节　主题教育

一、“不忘初心、牢记使命”主题教育

2019 年 9 月至 2020 年 1 月，市财政局按照中央部署和省委、市委要求，组织开展“不忘初心、牢记使命”主题教育。主题教育的总要求是“守初心、担使命，找差距、抓落实”；根本任务是学习贯彻习近平新时代中国特色社会主义思想，锤炼忠诚干净担当的政治品格，团结带领全国各族人民为实现伟大梦想共同奋斗；具体目标是理论学习有收获，思想政治受洗礼，干事创业敢担当，为民服务解难题，清正廉洁作表率。市财政局参加的是第二批，其间不划阶段、不分环节，把学习教育、调查研究、检视问题、整改落实贯穿主题教育全过程。

2019 年 9 月 12 日，市财政局召开“不忘初心、牢记使命”主题教育工作会议。市委第八巡回指导组组长宗希富（左三），局党组书记、局长、一级调研员刘斌（右三），局党组副书记、副局长、市国库集中支付管理办公室主任孙磊（左二）等出席会议

组织领导，强化责任落实。自“不忘初心、牢记使命”主题教育开展以来，市财政局党组结合自身实际，第一时间召开局党组会，传达学习中央和省、市委“不忘初心、牢记使命”主题教育工作会议精神，牢牢把握“守初心、担使命、找差距、抓落实”总要求和“理论学习有收获、思想政治受洗礼、干事创业敢担当、为民服务解难题、清正廉洁作表率”5 个具体目标，制定印发《关于在全局开展“不忘初心、牢记使命”主题教育实施方案》，成立了以局主要负责人任组长，其他党组成员为副组长，相关科室、单位和各党支部书记为成员的主题教育领导小组。领导小组下设办公室，负责全局“不忘初心、牢记使命”主题教育日常工作。2019 年 9 月 12 日，市财政局召开“不忘初心、牢记使命”主题教育工作会议，对全局开展主题教育进行安排部署。党组书记、局长刘斌作动员讲话，市委第八巡回指导组组长宗希富就落实主题教育各项任务提出指导意见。主题教育开展以来，局党组认真履行主体责任，党组书记担负起“第一责任人”职责，带头领学促学、检视问题、开展调查研究、讲专题党课、抓整改落实；党组成员履行“一岗双责”，坚持学在先、走在前，既以身作则带好头，又靠前指挥抓到位，形成上下联动抓教育的良好局面，推动了主题教育走深走实。

学习教育。市财政局党组成员切实发挥“头雁作用”，带头开展自学，带头学习研讨，参加了市委举办的主题教育读书班和党的十九届四中全会精神学习班，完成了 8 个专题的集中研讨。组织全局党员干部通读精读《习近平关于“不忘初心、

牢记使命”重要论述选编》《习近平关于“不忘初心、牢记使命”重要论述摘编》，编印了《习近平总书记关于财政工作的重要论述》，及时跟进学习习近平总书记在主题教育期间发表的重要讲话精神，学习贯彻中共十九届四中全会精神，推动理论学习往实里走。主题教育期间，各党支部开展集中学习研讨80余次、主题党日活动30余次。同时，抓实活动载体，组织赴陆房革命纪念馆开展革命传统教育、组织“祖国颂、财政情、守初心、担使命”演讲比赛开展形势政策教育、组织庆祝中华人民共和国成立70周年升国旗仪式并集中组织观看阅兵式开展爱国主义教育、组织观看泰山《挑山工》《榜样4》等专题教育片开展先进典型教育、组织赴市廉政教育展厅现场参观开展廉政教育，进一步拓宽学习渠道，增强学习教育感染力。编发主题教育开展情况简报16期，营造浓厚学习氛围，提升学习实效。

2019年9月19日，市财政局组织党员干部到陆房革命纪念馆开展“不忘初心、牢记使命”革命传统教育主题党日活动

破解难题。主题教育期间，市财政局聚焦山水林田湖草生态保护修复工程、财源建设、新旧动能转换、支持保障乡村振兴、减税降费政策落实等热点难点工作，深入县（市、区）、项目一线、企业、镇村社区开展调研60余次，形成专题调研报告21篇，提出了一系列补齐短板、防控风险、服务发展的创新思路和管用举措。在前期调研的基础上，局党组召开了调研成果交流会，针对调研中存在的突出问题，分析产生问题的根源和症结所在，研究提出解决问题、改进工作的30余条建议与措施。为进一步将调研成果迅速转化为解决问题的具体行动，对调研中发现的问题进行分类梳理，形成问题台账，明确责任科室及单位、责任人和整改时限，着力把调研成果转化为解决群众反映突出的热点难点问题的有效举措，转化为应对和化解各类挑战的有效举措。根据主题教育统一部署，2019年11月1日，局党组书记、局长刘斌以《牢记初心使命，勇于担当作为，为泰安高质量发展提供坚实财政保障》为题，带头为全局党员干部上党课。党组班子成员、党支部书记分别结合学习调研情况讲专题党课22次。

听取意见。市财政局通过发放征求意见表、召开座谈会、设立意见箱等方式，分别征求市直部门、各县（市、区）财政局、党员群众，以及局机关各科室、单位的意见建议40多条。按照习近平总书记“四个对照”“四个找一找”的要求，全面梳理、深刻检视，建立了局党组和班子成员检视问题清单、上下联动整改清单、即知即改问题清单，确定各类问题39条，并逐条明确了整改目标、整改措施、整改时限和责任单位。2019年11月12日，市财政局召开了对照党章党规找差距专题会议，局党组班子成员围绕18个“是否”，逐条对照党章党规查找问题，切实做到见人见事见思想，党组成员对照检查后，局党组书记对党组成员进行逐一点评。12月10日，局党组召开专题民主生活会，局党组书记、局长刘斌代表局党组作检视剖析，局党组成员逐一进行检视剖析，开展批评和自我批评。自我批评开门见山、直奔主题，相互批评一针见血、充满“辣味”。同时，制定印发《关于召开基层党组织专题组织生活会和开展民主评议党员的通知》，全局各基层党组织按要求召开了专题组织生活会17次，组织开展民主评议党员202人，其中优秀党员68人、合格党员134人。

专项整治。按照市委主题教育领导小组的要求和2019年《关于在全市“不忘初心、牢记使命”主题教育中开展专项整治的工作方案》的通知精神，市财政局紧密联系自身工作实际，将“财政改革重部署轻落实”“资金绩效还不够高、对财政资金管理不够精细”等问题纳入专项整治任务，制定印发了《中共泰安市财政局党组“不忘初心、牢记使命”主题教育专项整治工作方案》，将专项整治细化为44项具体任务，制定整改措施，明确完成时限、责任单位，做到立行立改、持续整改。市财政局纳入第一批重点整改事项的“《问政山东》节目曝光省内部分地区生猪补贴政策落实不到位问题”，以及纳入第二批重点整改事项的“市直机关差旅伙食费和市内交通费及车改后短途出差有关规定尚不健全的问题”，均提前整改完毕。市委确定由市财政局牵头整改的“涉农资金统筹整合信息化监控能力弱”“有些评审专家被围猎，影响政府采购结果”2项上下联动整改事项，均整改完毕。

为民理财。主题教育开展过程中，市财政局党组围绕“为民服务解难题”目标，坚持为民办实事办好事。为切实保障困难群众基本生活，国庆节前夕拨付困难群众一次性节日生活补助0.13亿元，让困难群众感受到党和政府的温暖，过好欢乐、祥和、安定的节日；全力做好泰城供暖经费保障工作，及时拨付到位1.44亿元，用于泰城供热管网、换热站等供暖设施建设，进一步提升了供热保障能力，安排企业供热补贴0.51亿元，采暖天然气补贴0.17亿元，保障冬天天然气供应，确保40余万户居民温暖过冬，增强了群众的获得感、幸福感、安全感。面对经济下行压力加大与减税降费政策相互交织、相互影响的复杂局面，市财政局始终把保障改善民生作为财政支出的优先选项，不断加大民生投入力度，全力支持各项民生政策落实。2019年，全市一般公共预算支出完成414.5亿元，其中用于民生的支出达到321.6亿元，占一般公共预算支出的比重为77.6%，确保了各项民生政策落实。

2020年1月15日，市财政局召开“不忘初心、牢记使命”主题教育总结大会，回顾总结全局主题教育开展情况，对巩固和拓展主题教育成果进行安排部署。市委第八巡回指导组副组长玄冬梅，市财政局党组书记、局长刘斌出席会议并讲话。刘斌指出，市财政局作为第二批主题教育参加单位，从2019年9月启动以来，在市委第八巡回指导组的有力指导下，紧紧围绕“不忘初心、牢记使命”，认真贯彻“守初心、担使命，找差距、抓落实”的总要求，一体推进学习教育、调查研究、检视问题、整改落实四项重点措施，达到了预期目的，取得了显著成效。

二、党史学习教育

2021年3月至2022年1月，市财政局组织开展党史学习教育。活动开展以来，全局广大党员干部认真学习党史，学习习近平总书记关于党的历史重要论述和党史学习教育重要指示要求，按照“学史明理、学史增信、学史崇德、学史力行”要求，落实各项任务，党员干部普遍受到了一次政治教育、思想淬炼和精神洗礼，达到了学党史、悟思想、办实事、开新局的目的。

加强组织领导。中央作出部署后，市财政局党组第一时间传达学习习近平总书记动员讲话精神，提高思想认识。成立了市财政局党史学习教育领导小组，局党组书记、局长刘斌任组长，下设综合、宣传、督导3个工作小组，为开展学习教育提供了有力组织保障。

制定学习方案。市委党史学习教育方案下发后，市财政局迅速组织学习，制定落实方案，明确了党史学习教育的总体要求、重点内容和具体任务。3月5日，召开党史学习教育动员大会进行部署。局党组认真履行主体责任，带头学习研讨、带头深入基层，既以身作则带好头，又靠前指挥抓到位。局机关党委定期组织、调度支部学习情况，按时向市委巡回指导组报送各类总结、半月报、月报、实事进度等材料，确保了党史学习教育始终认真开展、扎实推进。

党组成员带头学。建立市财政局党组中心组学习制度，认真参加市委举办的专题读书班，潜心读原著、学原文、悟原理，带头参加学习研讨、撰写心得体会。2021年，共开展党组理论中心组学习13次，其中，专题学习研讨4次。局党组成员自觉当好学习“排头兵”，严格落实第一议题、党组中心组学习制度，认真落实“我来讲党课”要求。局党组副书记、副局长孙磊以《深刻领悟党旗下的财政征程，扎实推进新时代财政事业高质量发展》为题上了专题党课，党员领导干部和支部书记累计讲党史党课30余次。

坚持“三会一课”制度。紧紧围绕“学史明理、学史增信、学史崇德、学史力行”4个专题，市财政局党组充分发挥支部“三会一课”、周五集体学习、主题党日等“主阵地”作用，学习习近平总书记《论中国共产党历史》等指定书目，认真开展研讨交流。2021年，各支部累计开展党史学习240余次、主题党日活动90余次。

2021年6月25日，市财政局举办“颂歌献给党、永远跟党走”歌咏比赛

召开民主生活会。市财政局党组多次召开民主生活会，进行对照检查，批评和自我批评。各党支部紧扣“学党史、悟思想、办实事、开新局”的主题，认真学习指定学习材料，及时抓好问题整改。先后到徂徕山党性教育基地、新泰龙廷革命史纪念馆等参观学习，组织观看了党史教育电影《红旗漫卷西风》等，传承红色基因，

激励奋斗精神。开展了“颂歌献给党 永远跟党走”歌咏比赛，开通了“百年党史红色传承”党史学习教育专栏，从而达到了统一思想、提升境界、团结鼓劲、凝心聚力的效果。

坚持为民办实事。在党史学习教育过程中，市财政局注重理论与实践相结合、思想与行动相统一，自觉把学习收获转化为工作动力。坚持人民利益至上，切实改善民生福祉。把增进民生福祉作为财政工作的根本出发点和落脚点，全力打造“民生财政党旗红”党建品牌，切实做到理财为民、服务为民。2021 年，全市民生支出完成 339.2 亿元，占一般公共预算支出的 79.2%，有力保障了各项民生政策的落实。坚持保障重点项目，切实办好民生实事。对列入全市“我为群众办实事”重点项目，全局牢固树立责任意识和攻坚意识，压实责任、积极推进，确保好事办好、实事办实。特别是农业科、教科文科、社保科、住房办等科室，全力推进全市层面的“我为群众办实事”项目，按月及时报送工作进展情况，受到了市委督导组的好评。是年，市财政安排经费 1000 万元，对市直义务教育阶段就餐学生进行午餐补贴；拨付资金 670 万元，完成全市国有林场、重点林区“天眼护山”森林防火监测预警系统项目；安排资金 800 万元，推动住宅小区完成增设电梯 56 部；筹集资金 7700 万元，着力提升养老服务质量；足额安排补助资金 3.3 亿元，将居民医保财政补助标准提高到每人每年 580 元。

2022 年 1 月 17 日，市财政局召开党史学习教育总结会议，认真贯彻落实中央及省、市党史学习教育总结会议精神，全面总结全局党史学习教育开展情况，巩固拓展学习教育成果，把学习宣传贯彻中共十九届六中全会精神进一步引向深入。市财政局党组书记、局长孙磊作了总结讲话，局党组班子成员，局机关、局属单位全体党员干部，财金集团党委班子成员参加了会议。之后，党史学习教育进入常态化。

三、争做新时代泰山“挑山工”

2019 年 2 月，为贯彻落实全市“担当作为、狠抓落实”工作动员大会暨勇做新时代泰山“挑山工”主题实践活动工作部署会议精神，市财政局认真开展了“担当作为、狠抓落实”工作暨勇做新时代泰山“挑山工”主题实践活动。

建立组织。成立了领导小组，市财政局党组书记、局长刘斌任组长，孙磊、张焕杰、王庆涛、刘振乾任成员。领导小组下设办公室，办公室设在局人事科，刘振乾兼任办公室主任。局人事科、办公室、党建工作组各负其责。局人事科主要负责主题活动的综合协调及考核奖惩工作，局办公室主要负责主题活动工作落实的督查督办及宣传报道工作，局党建工作组主要负责主题活动的组织开展工作。各党支部，各科室、单位主要负责人认真履行第一责任人职责。

组织学习。市财政局组织党员干部认真贯彻落实习近平总书记关于泰山“挑山工”精神的重要论述，以及省委“担当作为、狠抓落实”工作部署，对照市委勇做新时代泰山“挑山工”的具体要求，着力解决全局各级党组织和党员干部在思想、作风和工作等方面存在的与新时代泰山“挑山工”精神不符合、不适应、不到位的突出问题，激励全局广大党员干部以永不懈怠的精神状态和一往无前的奋斗姿态，倡树一流标准，锤炼一流作风，锻造一流队伍，营造一流环境，争创一流业绩，凝聚起奋进新时代、建设新泰安的磅礴力量，为实现“位次前移、走在前列”目标定位，为推动财政工作持续健康发展提供强大动力和坚强保证。

对照检查。市财政局在学习过程中，把新时代泰山“挑山工”精神作为一面镜子，对照习近平总书记重要指示精神，对照省委、市委部署要求，对照新时代泰山“挑山工”精神特质，在思想、作风和工作等方面进行了一次大排查、大起底、大检修。着力解决思想分岔、作风不硬的问题，工作思路跟不上趟、执行能力弱化的问题，小成即满、出工不出力的问题，形而上学、自以为是的问题，面上应付、我行我素的问题，圈子不破、心气不顺的问题等。每个科室（单位）、每位同志通过查摆分别找出深刻具体个性的差距 4 ～ 5 条。

与工作相结合。市财政局根据年度重点工作，结合实际，拉出重点任务及预期成效清单，对各项任务分别列出时间表、路线图、责任链，把位次前移、走在前列作为衡量工作的标准，从而激励全局干部职工勇做新时代泰山“挑山工”。同时，将主题实践活动与工作有机结合，做到了两促进，两不误。围绕 2019 年市委市政府为民办的 10 件实事（城区道路建设、老旧小区改造、农贸市场建设、高铁站改造、棚户区改造、敬老院建设、农村饮水安全、提高居民医保补助、幼儿园建设、乡镇卫生院建设）及其他民生事项，对接协调，全力做好保障工作。

建立督查考核机制。市财政局认真贯彻落实党中央决策部署，以及省委、省政府和市委、市政府工作要求，建立督查检查考核激励机制。正确使用“问责”手段，不搞“泛化问责”，不用问责代替管理、以问责推卸责任，对被问责的干部，不是“一棍子打死”。正确区别对待大胆干事出的问题和推诿扯皮不干事出的问题，保护支持前者，严厉问责后者。对告状信、检举信，经核实没有发现问题的，及时为被检举人进行澄清、公开正名。对个别蓄意诬告陷害他人的，进行严肃处理。

四、“四化”管理

2016 年，为创新完善工作责任体系，促进全体干部职工进一步改进工作作风，不断提升履职效能，确保全局各项工作规范高效运行，市财政局在全局开展了工作项目化、项目目标化、目标责任化、责任绩效化“四化”管理工作。

建立领导小组。为加强“四化”管理工作，成立了市财政局“四化”领导小组。局党委书记、局长刘斌任组长，其他局负责人任副组长，各科室、单位主要负责人为成员。领导小组下设办公室，由局分管负责人任办公室主任，局办公室、人事科、财政监督处、机关党委、信息中心、预算科、企业科等为成员单位，负责“四化”管理工作的日常组织协调。

制定工作方案。2017 年 7 月 17 日，印发《泰安市财政局“四化”管理绩效考核办法（试行）》。经过在工作中摸索实践，对“四化”管理绩效考核办法进行修订，颁发《泰安市财政局“四化”管理绩效考评试行办法》。自 2020 年 5 月 1 日起，正式实行。

2020 年 10 月 16 日，市财政局又印发了《关于继续深入开展“四化”管理工作的意见》。按照“四化”管理原则，将全局各项工作有机分解成独立具体的项目，设定目标标准，进行任务分解，落实工作责任，规定完成时限，实施考评奖惩，以此推动各项工作的落实。“四化”管理范围涵盖党务、政务、群团和机关自身建设等“三定”方案确定的各项工作职责，管理对象涵盖局机关各科室、单位全体在职干部职工（包括经局党组研究批准的一年以上长期借调的局属独立法人事业单位人员，不含聘雇人员）。

项目内容。在分类和标准方面，纳入“四化”管理的项目采取二级分类法。其中，一级分类，根据工作项目的重要程度、难易程度、影响程度等，分为重大工作项目、重点工作项目、常规工作项目三类；二级分类，根据工作项目目标能否量化考评，分为定量考评工作项目和定性考评工作项目。原则上，各科室、单位纳入“四化”管理的项目，以定量考评项目为主。

督导机制。对常规工作项目，由市财政局各主办或主管科室、单位负责做好督促办理和监督检查；对重大和重点工作项目，由局项目组负责定期或不定期督促检查。对未达到季度进度目标要求的项目，局分管负责人对主办和协办科室、单位进行警示提醒，并督促及时整改；未达到半年进度目标要求的，局主要负责人对主办和协办科室、单位主要负责人进行集体约谈，提出工作要求。

实行公众监督机制。在局内网“四化管理系统”公开各科室、单位工作项目任务目标、责任体系、进度计划、进展情况等，主动接受全体干部职工的监督评议。并采取分级验收和考评方式。对重大和重点工作项目，由项目组组织验收、项目办考评组组织验收和考评；对常规工作项目，由主办或主管科室、单位组织验收和考评。2020年，在“四化”管理绩效考核中，市财政局办公室陈祥云获得最高分124.5分。

通过实行“四化”管理，共完成全局年度重大重点工作项目认定和验收工作546项，促进了全局履职效能的不断提升。

第二章　财政保障服务工作

2016年以来，泰安市各级财政部门紧紧围绕财政中心任务，充分发挥统筹协调、团结协作、务实担当、勤勉作为、服务上下等职能作用，积极做好财政保障服务工作，有力促进了财政工作的高效运转。

第一节　办公室

市财政局全面做好文稿起草、办文办会和机要保密、印鉴管理及信访等工作，提供更高质量、更高标准、更高效率的政务保障。

一、政务保障

当好参谋助手。2016—2021年，市财政局办公室累计起草各类领导讲话、工作总结、情况汇报、典型发言、考察报告、形势分析、先进事迹等综合文稿820多篇，参与修改文稿540余篇。特别是2021年，配合相关科室撰写的2021年度全市“首届工作创新奖”申报材料《全面推动预算绩效管理提质增效的经验做法》，获得全市一等奖；参与撰写的《山水林田湖草生态保护修复“泰山样板”》案例材料入围“中国改革2021年度地方全面深化改革典型案例”。

精心办文办会。公文处理方面，突出抓好程序化、规范化管理。2016—2021年，市财政局办公室累计收发各类文件63400多件，其中会签文件1422件、市政府转办件1230件、市长及市领导批示件375件、征求意见稿3095件、“12345”热线转办367件，全部做到有接收、有安排、有落实、有反馈。在全面完成OA系统（办公自动化系统）改造升级的基础上，配合信息中心加快“智慧财政”平台建设，借助信息技术不断降低公文处理人力成本、时间成本和财务成本；自动实时统计各科室单位公文接收情况，每月通报接收率，增强了办文的主动性、时效性。会务工作方面，2016—2021年，累计落实各项会议通知6000余项。特别是突出会前准备、会中服务、会后督查等环节，严谨细致、持之以恒做好全市财税工作会议、财政工作会议、县（市、区）财政局长座谈会议，以及全局工作总结会议、局长办公会议等各类会务服务工作，促进了办会水平不断提升。

2021年12月28日，市财政局党组成员、二级调研员张焕杰（前排左三）、办公室主任、四级调研员李民（前排右一）到泰山区邱家店镇刘家疃村参加局机关一、三、四党支部“党建互联互动、共促乡村振兴”主题党日活动

细心规范管理。2016—2021 年，市财政局办公室累计接收密级文件 2161 件。在市委办公室检查中，连续多年获得“优秀”等次。严格执行印鉴管理规定，确保了用章安全。2021 年，登记用印事项 2000 余项。抓实抓细档案管理，特别是对 4.6 万份文件进行分类整理和扫描挂接，方便了查询。不断强化文印管理，均做到按时保质保量完成。其中，2021 年累计排版文件 1900 余份，打印复印文件 25 万余份，装订数量 3600 余套。

二、政务督查

重点督查。做好《政府工作报告》、经济工作会议等确定的重点工作任务督查，按季度调度进展情况并向市委、市政府督查室报送，确保了考核不失分。认真做好提案办理工作，2016—2021 年，市财政局办公室累计办理人大代表建议、政协委员提案 425 件，办结率、面复率、满意率均达到 100%。

常规督查。对全局重点工作细化，年初制定全局重点督查事项，根据局长办公会、碰头会、专题会等会议要求进行动态添加，明确牵头科室和完成时限，通过日常监督提醒、月度汇总通报、季度重点询问等方式，督促各项工作落到实处。2021 年，市财政局办公室共办理市委、市政府督查督办事项 81 件，分解落实年度督查事项 107 项、阶段性督查事项 119 项，纳入公文台账 2039 件，确保了各项重点工作有序推进。

三、统筹协调

坚持把统筹协调贯穿于办公室工作全过程，站在全局的高度、领导的角度、发展的深度，按照“主动超前、优质高效、规范有序”的要求，统筹规划、科学协调，形成工作合力。

统筹重点事项。市财政局办公室牵头推进规章制度“废改立”，2019 年梳理政务管理类、党群类、业务类制度文件 698 件。其中，468 项保留，34 项需修改完善，196 项作废止或失效处理。牵头抓好政风行风评议工作，确保在全市考核中继续保持先进位次。

统筹改革创新。市财政局办公室认真履行“四化”管理工作组职责，修订完善“四化”管理实施意见和考核办法。研究提出“5+X”流程再造体系，牵头推进机关运转流程再造工作。牵头修订科室单位职责范围、工作关系划分 2 个暂行规定。

统筹对内协调。加强综合协调，注重沟通各方面信息，理顺各方面关系，处理好相关问题，促进了全局日常工作开展。2021 年，市财政局办公室每天更新局领导公务活动安排，报送局领导外出报备事项 20 次，累计落实会议通知 1100 余项，并确保通知到人、按时反馈；累计接打值班电话 11000 余条，日均接听值班电话 50 余次，配合相关科室为群众、部门等解答业务咨询。

认真组织财政学会换届，完成人员推选、报告起草、章程修订等工作。

第二节　政策研究室

市财政局办公室和政策研究室合署办公。政策研究室充分发挥信息宣传、科研调研在宣传工作、交流经验、提升形象等方面的重要作用，不断完善工作机制、创新工作方式、提升内容质量，引导社会各界关心财政、理解财政、支持财政。

一、政务信息

市财政局建立健全以市局办公室为枢纽，各科室、单位为两翼，基层财政部门为纵深的信息网络体系，通过落实“月度统计、季度通报、半年讲评”制度，促进信息报送数量、质量实现“双提升”。2016—2021年，累计编发《财政工作》314期，为展示财政工作亮点、交流先进经验提供了平台。紧扣政策热点和上级关注点，全方位、多角度、深层次挖掘和报送信息，2016—2021年累计报送信息稿件2100余篇，内容涉及“六稳六保”、新旧动能转换、财政运行、财源建设、脱贫攻坚、疫情防控和创业创新等领域，既反映成绩，又突出问题，努力为上级提供了第一手资料，在省财政厅和市政府年度考核中均位居前列。其中，2021年累计向上级报送各类信息稿件300余篇/次，高质量完成上级约稿稿件160余篇/次，并有5篇稿件得到国务院或省领导签批。

二、对外宣传

创新与《大众日报》、大众网、《泰安日报》等主流媒体的合作方式，2016—2021年累计在市级以上各类媒体、网站刊登稿件1000余篇。尤其是对“财政设立创业扶贫担保贷款”“开通地力保护补贴查询系统”等民生政策，均实现了报刊、电视、微博、网站等媒体的“全覆盖”推介。

三、科研调研

带头开展调查研究，认真撰写调研报告，发挥调研谋事之基、成事之道的作用。其中，牵头撰写的2016年《健全完善政府投融资体制机制调研报告》和2020年《关于实施山水林田湖草生态保护修复工程助推乡村振兴的调研报告》，被省政府研究室评为“全省政府系统优秀调研成果一等奖”；2021年《关于市级国有资产资源管理使用现状的调查研究》，被省政府研究室评为“全省政府系统优秀调研成果三等奖”。同时，采取领导点题与科室申报相结合的方式，2016—2021年编制和组织实施全局财政调研课题计划，累计立项调研课题368个；研究制定优秀调研成果评选办法，2016—2021年累计评选一等奖30篇、二等奖60篇、三等奖127篇。另外，及时搜集国内外重要财经要闻、改革动态、专家观点等政策信息，2016—2021年累计编发《财经快讯》1500期，做到了工作日“一日一期、期期不落”，既为领导把握大局、科学决策提供了重要参考，也为干部职工拓宽视野、促进工作提供了经验介绍。

第三节　后勤保障

2016年以来，市财政局认真搞好后勤保障工作，在后勤服务、公务接待、公车管理、物业管理、维修维护、安全管理、节能节约、疫情防控、创城迎审、内部管理等方面，创新机制，搞好服务，促进了财政工作的发展。

一、办公楼管理

合理调配办公用房。根据机构调整、人员变动和办公用房标准的变化情况，合理调配办公用房，保障市财政局机关科室、单位业务需要及各级审计、监督检查等工作的正常开展。2020年，对地下一层24个房间进行了全面清理，投入资金开展防水防渗和地面、墙面、灯光、通风系统改造，用作资料室使用，进一步盘活现有房产资源。

办公楼节能。2017年，经过与热力公司多次协调、全力争取，对办公区域空调进行了升级改造，改造后不仅大大提高热能效率，而且每年可节约电费6万余元。日常工作中，把空调、计算机用电，卫生、绿化用水等作为重点，加强对重点部位监测，在科室设置节能联络员，负责检查办公区电器、灯具、冷（暖）气关闭情况。物业人员定时对办公楼水电使用情况进行检查，坚决杜绝长明灯、长流水。

办公用房维修维护。对办公楼墙体、地面和水、电、暖、管道等公共设施定期检修，发现问题及时处理，为干部职工创造良好办公环境。2017年，对办公楼外墙大理石进行了维修维护，彻底解决了多年的渗水漏雨问题；2019年，对办公楼内的部分上下水管道进行了更换和粉刷，保证上下水畅通；2020年，对地下一层防渗漏问题进行了论证，出具了施工方案，彻底解决地下一层多点渗水无法使用的问题。

二、公务接待

落实中央八项规定精神。泰安市财政局严格规范公务接待行为，坚持“无公函不接待”底线，自觉遵守《泰安市党政机关国内公务接待管理办法》，把勤俭节约理念始终放在首位，公务接待费支出持续压减。

规范公务接待结算流程。根据2019年市委巡察组反馈的市财政局机关公务接待和会议费要做到“一次一结账”“一会一结算”问题，结合建立“5+X”流程优化再造工作体系，市财政局印发了《关于规范公务接待和会议活动结算程序的通知》，进行了整改。

保障重要会议召开。每年都有涉及全市财政工作内容的会议在市财政局召开，市财政局事务管理科人员密切配合办公室和会议活动主办科室，做好重要会议活动的联络对接、场地安排、住宿用餐管理、会场布置等服务工作。

公车使用。2016年5月，全面完成机关公车制度改革，只保留2部公务用车。2018年7月，完成事业单位公车制度改革。科学合理调度车辆，确保公车高效运行。2020年，印发《市财政局公务活动用车管理暂行规定》，对公务用车使用作出新规定，运转效能进一步提升。

三、物业管理

物业服务社会化。泰安市各级财政部门根据上级文件精神，实行物业管理社会化措施。市财政局对2015年至2016年4月在老宿舍区居住、已领取物业补贴但仍由单位承担的个人住宅物业费进行了催收，全部缴入指定帐户。此后，在永福路南宿院、岱道庵路东、西宿舍院和干教中心宿舍院实行完全社会化物业管理。2016年5月，成立了业主委员会，并召开业主大会，按程序选择确定了物业管理机构。将各宿舍区按照行政区划，交由所在社区管理。

第四节　财务管理

2016年以来，泰安市各级财政部门认真落实各项财务规章制度，不断强化工作人员思想作风和业务本领建设，营造开拓创新、勤奋工作、热情服务的浓厚氛围。

规范日常财务管理。从票据、原始凭证、审批单、公函、清单、底单的真实性、完整性等细节做起，不符合制度要求的一律不予报销，保证了会计凭证手续齐备、规范合法。高标准、严要求执行预算，把控支出，为保证局机关各项工作正常运转提供了强有力的支持。

强化财务管理措施。市财政局认真落实“政府会计制度—行政事业单位会计科目和报表”，构建“财务会计与预算会计适度分离并相互衔接”的核算模式。2020年，印发《泰安市财政局落实“厉行节约、勤俭办事”专项行动方案》，严格落实了“泰安市财政局勤俭节约十项规定”要求，把厉行节约、降低行政成本贯穿财务管理全过程，督促和培养了优良工作习惯，降低了行政运行成本。

认真执行政府采购预算，发挥财政资金使用效益。严格按照政府采购操作规程，在监督下干事，在约束中工作，加强对采购资金的管理，合理利用资源。

强化国有资产管理平台信息梳理，全面开展市财政局机关资产清查，并利用“电子标签”对局固定资产进行精细化、科学化管理，确保每台设备责任到人，确保账实相符。

做好局机关代管账户管理工作，严格按照财务要求规范党费、工会费及代管资金使用的审批手续及出纳程序，以网上银行结算对账、以账务电算化核算收支、以会计档案管理要求规范管理会计信息。

第三章　人事管理

泰安市各级财政部门人事管理工作，认真贯彻落实上级关于加强干部队伍建设部署要求，围绕中心，服务大局，严格管理，监督考核，为完成财政工作任务提供组织保障。

第一节　落实主体责任

强化管党治党。将全面从严治党纳入财政工作整体布局，制定印发《全面从严治党工作要点》《全市财政系统党风廉政建设和反腐败工作实施意见》，建立局党组及其成员落实全面从严治党责任清单制度，在全局层层签订《落实全面从严治党主体责任责任书》，形成了层层负责、层层把关、层层落实的责任体系。

强化廉政建设。坚持把廉政教育作为基础工作和治本之策，认真组织党员干部学习《中国共产党廉洁自律准则》《中国共产党纪律处分条例》《“四风”问题负面清单》等，采取集中观看警示教育专题片、举办廉政专题讲座等形式，组织开展任前谈话、“面对面”廉政谈话，做到警示教育常态化、教育对象的全覆盖，筑牢党员干部拒腐防变的思想防线。

强化作风建设。紧盯“四风”问题新表现、新动向，坚持从严、从紧、从细抓作风、促整改。认真落实《关于持续解决形式主义问题切实减轻基层负担的十项措施》，严格核定培训计划并落实经费压减30% 的目标，重点加强对各类报表资料和使用的政务App进行梳理排查及清理工作。

强化巡察整改。制定《泰安市财政局党组关于落实市委第二巡察组反馈意见整改方案》，组织召开局党组巡察整改专题民主生活会，压实责任、整改措施和完成时限，实行问题整改台账式销号管理。在局内部开展巡视巡察反馈问题整改“回头看”专项行动，重点围绕上级巡视、巡察、审计等反馈意见，进一步梳理反馈问题整改情况，有力确保整改到位。

第二节　严格管理

严明政治规矩。严格落实“第一议题”制度，认真学习习近平总书记系列重要讲话和重要指示批示精神，领会精神实质、指导工作实践。认真落实民主集中制，制定印发《中共泰安市财政局党组会议议事规则（试行）》，明确议事范围和议事程序，确保党组会议和局长办公会议议事边界清晰，切实推进科学决策、民主决策、依法决策。

严格组织纪律。严格执行领导干部个人事项报告制度，通过集中进行培训学习，明确填报要求，落实填报责任，提升填报质量。严格落实因私出国（境）管理，实行证照台账管理和全程监控。从严规范党员干部操办婚丧喜庆备案制度，教育提醒党员干部时刻绷紧纪律之弦，促进党员干部和公职人员廉洁自律，杜绝违规违纪问题发生。

加强考核管理。制定印发《泰安市财政局平时考核工作方案》，修改完善《泰安市财政局年度绩效考评办法（试行）》，将“四化”考核、平时考核和年度绩效考核进行高度融合，健全完善考核体系和奖惩机制。严格落实《关于进一步严明有关纪律的通知》，落实局领导带队巡查制度，不定期对干部职工遵守工作纪律情况进行了监督检查，有力推动了机关作风转变和工作效率提升。

抓实监督实效。认真落实谈心谈话制度，在全局范围内开展党员干部履职谈话和廉政谈话。开展党员干部廉政活页夹更新维护，及时加压提醒，加强权力运行监督制约。始终盯牢和抓住逢年节假重要时间节点，抓实廉政规定贯彻落实，营造了廉洁从政的良好氛围。

第三节　提升队伍素质

科学制定规划。市财政局着眼财政事业发展和干部队伍建设需要，制定印发《关于贯彻〈2019—2023年全国党政领导班子建设规划纲要〉的实施意见》和《关于加强年轻干部队伍建设的实施方案》，明确目标任务、工作措施和组织保障，为加强财政干部队伍建设奠定坚实制度保障。

严格选人用人。认真贯彻全国、全省、全市组织工作会议精神，严格执行《党政领导干部选拔任用工作条例》等政策法规，坚持新时代好干部标准，大力倡树“实干出干部、提拔看业绩、混日子没出路”的选人用人导向，着重加强政治素质考核，做到充分酝酿、公开透明、程序完备、群众公认。

加强干部培养。印发《干部教育培训管理暂行办法》，着重加强干部综合能力培训。坚持“引、育、管、用”相结合，不断改善和优化财政干部队伍结构。积极开展青年优秀人才推荐培养工作，先后推荐8人成功入选全省财政青年优秀人才库。

强化实践锻炼。按照省委、市委“四进”攻坚行动部署要求，市财政局选派5名党员干部组成“四进”工作组，深入基层，帮助解决脱贫攻坚、民生保障中的实际困难。认真落实第一书记和万名干部下基层工作，认真做好第一书记选派和万名干部下基层工作，激励广大干部到基层去担当作为、狠抓落实。

第四节　离退休干部管理

2016年以来，市各级财政部门认真做好老干部工作，助力泰安财政工作健康有序发展。

老有所学。泰安市财政局组织老干部加强政治学习。学习中共十八大、十九大会议精神，以及党中央对离退休老干部工作的指示，通过召开座谈会等形式，使老同志们在思想上、言行上与党中央和省、市委及局党委始终保持高度一致。2018年，市财政局制定《离退休干部管理规定》，秉承精细化服务的宗旨，广泛开展健康向上的主题党日和文体活动，不断增强老干部党支部的凝聚力、战斗力、影响力，让老干部充满“归属感，荣誉感、成就感”。并组织离退休干部赴徂徕山等红色教育基地参观学习。

日常服务管理。认真落实各项涉老惠老政策，做好老干部政治、生活待遇落实，“九九”老人节、元旦、春节走访慰问、年终情况通报等各项工作。同时，发动老干部参与志愿服务活动，引导老干部发挥特长，在建设和谐家园、关心下一代等方面发挥作用。还实行“四个一”亲情服务管理模式。为市财政局离退休人员逐一制作了“亲情服务卡”，建立了信息台账。即“一人一卡”，畅通联系渠道；“一人一档”，建立信息台账；“一人一簿”，记录联系日志；“一人一策”，细致精准服务。同时，通过采取网上云报告、公众号知识分享等形式，向老干部传递温暖关怀和正能量。通过提供多层次的服务，为老同志解除了后顾之忧。

第四章　群团组织

泰安市各级财政部门群团组织，紧紧围绕党的中心工作，卓有成效地开展工作。市财政局群团组织包括：市财政局机关工会委员会、共青团泰安市财政局委员会、市财政局妇委会等。各群团组织按照章程适时换届，不断充实新鲜血液。群团工作围绕市财政局党组（党委）中心工作开展，均取得一定成绩。

第一节　工会

2020 年 1 月 14 日，市财政局机关工会严格按照程序进行了换届选举，产生了新一届机关工会委员会。至 2021 年年底，机关工会共有会员 132 人。

工会主席：池庆喜

工会委员会委员：池庆喜、赵同岱、戚永红、陈绪凯、徐衍军

经费审查委员会：

主任：赵同岱

委员：赵同岱、赵虎、罗文亮

女职工委员会：

主任：戚永红

委员：戚永红、熊晓华、单杉

抓好工会财务管理。设立了市财政局机关工会委员会账户，督促机关工会会员按时交纳工会会费，按照规定及时向市总工会上交工会经费。加强工会财务人员培训，组织参加全市工会财务人员业务基层竞赛，推动财务岗位练兵常态化，提升财务人员服务保障能力。

组织各类活动。充分发挥干部职工自身优势，组织各类工会活动，先后组织开展了“祖国颂·财苑情”诗歌朗诵会、“颂歌献给党·永远跟党走”歌咏比赛、青年干部大讲堂、泰晟环卫工人节篮球邀请赛等活动，充分调动了干部职工工作积极性和主动性，增强了凝聚力、向心力和感召力。其中，在泰晟环卫工人节篮球邀请赛中，市财政局荣获第一名。认真贯彻落实习近平总书记对制止餐饮浪费行为作出的重要指示精神，印发“制止餐饮浪费、倡树节俭之风”倡议书，引导干部职工带头制止餐饮浪费，进一步弘扬节俭风尚。

保障职工正常待遇。按照上级有关标准要求，在春节、中秋节等节日发放米、面等节日慰问品，落实干部职工福利待遇。春节期间，根据市总工会安排，市财政局机关工会负责人到困难家庭进行走访慰问。

第二节　团委

2017 年 5 月 2 日，召开了共青团泰安市财政局委员会换届选举大会，产生了新一届团委班子。

书　　记：秦海彬

副 书 记：王　冰

学习委员：张　绪

组织委员：张玲玉

宣传委员：张　扬

2016—2021年，市财政局团委以走在前列为目标，团结带领财政青年干部，发扬党的优良传统，按照“五四红旗团委”的标准，强化组织建设，加强学习，提高青年干部综合能力，开展丰富多彩的活动，特别是在众志成城抗击新冠肺炎疫情防控一线上，青年干部按照疫情就是命令、防控就是责任的要求，战斗在前、冲锋在前，让青春在一线绽放。

班子建设。大力加强团组织自身建设。按照团的选举规则规定，2017年5月对局团委班子进行了换届，选好、配好团干部，遴选政治素质高、业务能力强、具有管理能力的团员青年充实到支部班子，在团员青年中形成了强有力的感召力和影响力。建立党建带团建工作机制。始终坚持局党组对团工作的领导，实施《泰安市财政局党建带团建工作实施意见》，推进基层党建带团建工作制度化、规范化、科学化。健全各项工作制度。建立完善例会制度，支委会定期或不定期召开会议，研究部署团的工作，并制定团干部的培训制度。

队伍建设。始终牢牢抓住思想建设这个中心，围绕财政中心任务，不断提高青年干部的政治业务素质。抓学习提素质。把学习作为强本领、提素质的根本途径，在广大团员青年中大力倡树全员学习、终身学习理念，结合建设学习型机关、争创创新型人才活动，以素质培养和能力提升为核心，组织开展读书会活动，利用局域网、阅览室、购买书籍等方式，定期向全体团员青年推荐优秀图书，持之以恒地抓好理论素养、政策法规、业务技能等方面的学习培训。抓作风提效能。牢固树立服务就是竞争力、效能就是执行力的观念，围绕“提速、提效、提质”，在广大青年干部中大力倡树雷厉风行、立竿见影的作风，做到该办的立即办，能办的就办好，不能办的说清楚；大力倡树理论联系实际、密切联系基层的作风，引领广大青年干部与企业、社区、基层建立联系，到一线调查研究，做到问题在一线发现、答案在一线寻找、办法在一线制定、决策在一线检验，全面提高财政精细化管理水平。抓文化促和谐。注重用先进文化引领财政风尚，组织开展“争做全国文明单位文明使者”等活动，调动青年干部为泰安市经济和社会事业建设做贡献的积极性。同时，在广大青年干部中大力加强行为文化、制度文化、精神文化、廉政文化建设，设立机关学习专栏，用鲜明的财政文化引导人、教育人、激励人、塑造人，进一步增强团员青年的凝聚力、向心力和战斗力。

文明建设。文明创建是财政工作健康发展的强大精神动力和思想政治保证。开展主题实践活动，按照“以人为本、服务社会、贡献和谐”的工作要求，组织参加局党委开展的“提升道德素养，人人奉献爱心”活动，成立了80余名青年干部职工参加的市财政局青年志愿者服务队，并组织到泰安市儿童福利院进行志愿服务，引导团员青年关心、关爱社会弱势群体，培养社会责任感。组织开展丰富多彩的文体活动，选拔青年干部参加市直机关组织的运动会；选派年轻干部参加市直机关青年歌手大赛、演讲比赛等活动；组织开展慈善捐款活动。面对突如其来的新冠肺炎疫情，广大财政青年按照局党组的部署安排，发扬无私奉献精神，舍小我顾大我，任劳任怨，连续奋战在工作岗位上，在抗击疫情中贡献了财政青年力量，先后有4名青年干部被局党组树立为先进典型。

第三节　妇委会

2020年1月，市财政局机关妇委会换届，产生了新一届机关妇委会。至2021年年底，机关共有妇委会成员63人。

主任：戚永红

委员：熊晓华、单杉

认真宣传、贯彻《中华人民共和国妇女权益保障法》，运用法律武器，维护妇女儿童合法权益。落实泰安妇女代表大会精神，完成上级妇联组织布置的工作。提高女性整体素质，组织开展各类培训、交流和研讨活动，弘扬社会公德、家庭美德和职业道德，提高妇女育人意识、综合素质、知识水平和工作能力。动员妇女参加社会公益活动，以各种形式开展“四有”教育，发挥妇女“半边天”作用。为妇女办实事、好事，关心妇女儿童的生活健康，充分利用辖区内幼儿园、学校等载体优势，因地制宜开展各类活动和形式多样的服务工作，解决妇女的后顾之忧，提高妇女儿童的生活质量。推动并参与有关妇女发展政策的制定和落实，向有关部门反映和反馈妇女的意见、建议和要求，解决妇女的实际困难。经广大妇女的共同努力，妇女工作取得一定成效。先后获得全国巾帼建功先进集体、泰安市妇女儿童工作先进集体、市直机关先进妇委会等称号。

第五章　学（协）会

市财政局学（协）会包括泰安市财政学会、泰安市会计学会、泰安市珠算协会、泰安市注册会计师行业党委等。各学（协）会围绕市财政局党组（党委）中心工作进行，均取得一定成绩。

第一节　泰安市财政学会

2018 年 6 月 12 日，泰安市财政学会召开第三届会员代表大会。会议由学会秘书长于秀玲主持，市财政局、山东科技大学泰安校区、各县（市、区）财政局等 33 家会员单位的 83 名会员代表参加会议。会议共有五项议程：由孙磊代表第二届理事会作工作报告；审议并通过了《泰安市财政学会章程（修订案）》；选举新一届执行机构、监督机构和负责人；表决通过了《泰安市财政学会会费标准》；新任会长孙磊发表了就职演说。大会采用无记名投票的方式，选举 85 人组成泰安市财政学会第三届理事会；选举 13 名常务理事组成常务理事会。选举 3 人组成监事会。

会　长：孙磊

副会长：张仁安、王鹏程

秘书长：于秀玲

监事长：张皓

2018 年 8 月 30 日，根据中央和省、市组织部门关于进一步规范党政领导干部在企业、社会团体兼职（任职）问题有关规定，对党政机关领导干部在泰安市财政学会理事会兼职情况作进一步梳理和调整。确定：属党政机关副县级以上领导干部兼任理事、常务理事，且未在市委组织部备案的，一律不再兼任理事、常务理事。党政机关科级干部在市财政学会兼任理事、常务理事的，须经本单位党委（党组）研究同意。各县（市、区）、泰安高新区、泰山景区、泰安旅游经济开发区财政局主要负责人不再兼任市财政学会理事，由分管财政科研工作的局负责人兼任。

在省、市社科联和财政部门的正确领导以及有关部门的关心支持下，泰安市财政学会始终坚持为中心服务、为现实服务的“双为”方针，团结带领各会员单位和广大财经理论工作者，围绕泰安市财政经济改革发展的重大问题，认真开展研讨交流活动，形成了一批高质量的研究成果，促进了理财水平的提升。特别是面对错综复杂的国内外经济形势、艰巨繁重的改革发展任务，泰安市财政学会以助推高质量发展为主题，坚持把“稳增长、促改革、调结构、惠民生、防风险”作为贯穿财政经济理论研究的主线，大力加强政策性、对策性、前瞻性、协作性“四项研究”，提升服务大局、解决问题、改革创新、联合攻关“四种能力”，使研究成果更好地服务于领导决策、实际工作、政策创新和体制保障，有利促进了全市财政事业的发展。

第二节　泰安市会计学会

2019年11月12日，泰安市会计学会完成换届工作。泰安市会计学会第四届理事会领导机构成员是：

会　长：袁建华

副会长：马望民、袁君

秘书长：万惠孜

副秘书长：高新华、陈绍龙

理　事：96人

泰安市会计学会大力宣传党和国家有关财会方面的方针、政策、法规、制度，向本市有关部门及时反映贯彻执行中的问题和本会会员对改进会计工作的意见与建议。组织本会会员从事会计学术研究，举办学术研讨会、报告会、讲座等。不断总结本市会计工作实践经验和会计理论研究成果，调查研究会计改革的新情况、新问题，反映会计工作的意见、建议和要求，探索解决问题的方法和途径，推进会计理论和会计实践，更好地为经济社会发展服务；充分发挥会计学会智力优势和人才优势，配合有关部门做好各项会计管理工作，拓展会计培训、咨询等服务业务。组织指导全体会员开展会计学术交流和考察活动，并组织全市会计优秀科研成果的评选活动。

2016年，市财政局与市社科联、市会计学会联合开展了会计优秀论文征集评选活动。共评出一等奖5名、二等奖15名、三等奖20名、优秀奖25名，对获奖者颁发荣誉证书，并给予奖励。

2017年、2019年、2021年，市财政局、市会计学会联合市社科联，分别对泰安市第二、三、四批会计领军人才课题研究成果进行了评审，并编辑出版了会计领军人才课题成果集。

第三节　泰安市珠算协会

2019年11月12日，泰安市珠算协会完成换届工作。泰安市珠算协会第七届理事会领导机构成员是：

会长：米为民

副会长：杨美丽、刘胜利

秘书长：张传清

副秘书长：张爱超

理事：62人

泰安市珠算协会组织开展珠算、珠心算理论研究，进行学术交流。开展珠算、珠心算技术宣传教育，普及珠算、珠心算科学技术知识。加强珠算、珠心算教育，培训珠算、珠心算人才，进行珠算、珠心算技术等级鉴定。组织珠算、珠心算技术比赛，举办有利于珠算、珠心算事业发展的各项活动。推广先进的珠算、珠心算技术，组织推广先进算具。组织评议珠算、珠心算科研成果，表彰奖励优秀作品。编辑出版珠算、珠心算书籍、报刊、资料、软件和音像制品，提供珠算、珠心算科技咨询和算具、题册等服务。市珠算协会还经常与市外珠算、珠心算组织进行联系，并开展友好合作活动。

为推广珠心算教学，泰安市从专项彩票公益金中申请部分资金专门用于支持素质教育珠心算项目，2016年支出32万元、2017年支出34万元、2018年支出34万元。

2016年，泰安市珠心算定点实验学校达到18家，比上年增加8家。

为传承与发展中华传统文化精粹——珠算，由中国珠心算协会、台湾省商业会联合举办海峡两岸珠心算通信赛。

2016 年，泰安市组织 130 名选手参加第二十五届海峡两岸珠心算通信赛。

2017 年，泰安市组织 11 所珠心算实验学校，共计 532 名选手，参加了第二十六届海峡两岸珠心算通信赛，获省一等奖，共有 80 位选手荣获优胜奖。同年，泰安市组织 37 名选手参加了山东省第九届珠心算比赛，3 名选手获一等奖，34 名选手获二等奖，分别获选手组团体二等奖和总团体二等奖。

2018 年，泰安市组织 11 所珠心算实验学校，共计 1627 名选手，参加了第二十七届海峡两岸珠心算通信赛。同年，泰安市组织 9 名选手参加第五届全国珠心算比赛，获组织推广一等奖。

2019 年，泰安市组织 638 名选手参加了第二十八届海峡两岸珠心算通信赛，77 名选手获“优秀选手”称号，5 名教练员获“优秀教练”称号，泰安市获组织推广二等奖。

2021 年，泰安市组织 634 名选手参加第二十九届海峡两岸珠心算通信赛，96 名选手获优秀奖，10 名教练员获“优秀教练”称号，泰安市获组织推广奖二等奖。

第四节　泰安市注册会计师行业党委

一、机构建设

2016 年 7 月 13 日，中国共产党泰安市注册会计师行业委员会完成换届选举工作。新一届中国共产党泰安市注册会计师行业委员会由 13 人组成。

党委书记：王燕

常务副书记：池庆喜

副书记：赵虎、侯强、张峰

党委委员：万惠孜、朱胜平、王西栋、许玉恒、宋现军、张庆泰、张兴国、苏咸道

2020 年 11 月 18 日，中国共产党泰安市注册会计师行业委员会完成换届选举工作。新一届中国共产党泰安市注册会计师行业委员会由 13 人组成。

党委书记：时峰祥

常务副书记：李佳

副书记：池庆喜、万惠孜、侯强、张峰

党委委员：朱胜平、王西栋、李国、宋现军、张庆泰、苏咸道、许玉恒

2020 年 8 月 6 日，市财政局召开泰安市会计领军人才企业经济形势调研座谈会

二、主要工作

2016 年 5 月 14 日，印发《泰安市人民政府办公室关于印发泰安市培植发展做大做强注册会计师行业实施方案的通知》。该方案就行业发展的总体目标、重点工作与路径措施以及就着眼行业规模升级做大做强、优化行业结构、拓宽服务领域、促

进市场融合、业务融通，促进行业信息化建设、加快人才培养、推动行业市场综合治理、优化行业发展环境等提出了一系列意见和措施。6月，印发《〈关于在我市注册会计师行业开展“学党章党规、学系列讲话，做合格党员”学习教育实施方案〉的通知》，组织行业全体党员开展集中学习、讨论。

2017年1月，转发《关于利用中国注册会计师行业党建网组织学习党的十八届六中全会精神的通知》，全面学习中共十八届六中全会精神。

2018年，组织学习中共十九大精神和习近平新时代中国特色社会主义思想，以及《习近平谈治国理政》第二卷等，在政治上同党中央保持高度一致。

2019年6月28日，行业党委在泰山文化大厦隆重举办了“中国梦·注会情”——庆祝中国共产党成立98周年文艺汇演。全市26个会计师事务所选送了18个精彩节目，受到市委组织部、市直机关工委领导的肯定。为庆祝中国共产党成立98周年，市注册会计师行业党委在全市组织开展了先进基层党组织、优秀共产党员、优秀党务工作者评选活动，授予山东泰安东岳联合会计师事务所党支部等5家会计师事务所党支部为泰安市注册会计师行业“先进基层党组织”称号；授予王西栋等20人“优秀共产党员”称号；授予侯强等16人“优秀党务工作者”称号。9月，组织开展了“不忘初心、牢记使命”主题教育。成立主题教育领导小组，印发《泰安市会计师事务所“不忘初心、牢记使命”主题教育实施方案》。9月12日，在市财政局视频会议室组织观看了全省会计师事务所、资产评估机构主题教育动员部署会。各会计师事务所密切联系业务特点和工作实际，整合各会计师事务所与社区等，联合组织开展了形式多样、内容丰富的主题党日活动，提高了主题教育效果。行业党委以“不忘初心、牢记使命”主题教育为契机，通过抓支部党员学习，进一步促进“三会一课”制度、党费收缴制度、入党积极分子培养和党员发展等基础性工作的完善，纠正了基层党组织“软弱涣散”等短板弱项。

2020年，推行“党建灯塔在线”全辐射管理。确立基层党建突破项目，制定《泰安市注册会计师行业党建规范化建设实施方案》。开展基层党支部“灯塔党建在线”建设工作自查自纠。对6个会计师事务所“党建灯塔在线”建设进行整改补录，党员组织关系应转尽转，从而实现了“灯塔党建在线”建设全覆盖，无遗漏，基层支部、党员管理全上线的工作目标，进一步巩固了市、县“分层管理”“条块结合”的注册会计师行业党建工作管理体制机制。

2021年4月，行业党委印发《泰安市注册会计师资产评估行业党史学习教育实施方案》，对全市会计师事务所、资产评估机构党史学习教育实施部署，并组织学习。6月18日，行业党委印发《关于突出“永远跟党走”主题深化“我们的节日”活动的通知》，指导会计师事务所、资产评估机构围绕节日节点开展党建活动。7月2日，根据《山东省注册会计师行业党委理论学习中心组2021年学习计划》，结合实际，印发《泰安市注册会计师行业党委理论学习中心组2021年度理论学习计划》，对学习内容、学习重点篇目等进行了周密安排。7月6日，行业党委在泰山文化大厦举办了“学党史、感党恩、跟党走”——庆祝中国共产党成立100周年文艺汇演，充分展示了泰安市注册会计师、资产评估行业党员、员工健康向上的精神风貌。

2021年，行业党委主动谋划，改进行业党建体制机制。鉴于泰安市注册会计师基层党组织属地管理相对分散的状况，主动与市直机关工委协商，将泰城所有会计师事务所、资产评估机构统一纳入了行业党委直接管理。突出工作重点、切实加强基层党组织建设。制定《泰安市注册会计师行业党建规范化建设实施方案》，较好地解决了行业党建“条块管理”中的突出矛盾和问题，按照地域相邻、行业相近、规模适当、便于管理的原则，成立泰安注册会计师第一、第二2个联合支部，进一步促进了全市注册会计师事务所党建工作和组织全覆盖。做好入党积极分子培养和党员发展工作，认真落实“双培工程”，把业务骨干培养成党员，把党员培养成业务骨干，将党员教育、纳新工作列入重要工作日程，形成工作机制。2013—2021年，行业党委共发展党员49人。创新活动形式，党组织主题党日活动丰富多彩。通过开展组织生活会、主题党日等方式，引导行业党员悟初心、守初心，讲党性、重品行，塑诚信、谋发展。每年春节前夕，行业党委印发通知，动员各会计师事务所、资产评估机构广泛开展了春节期间访贫问苦送温暖活动，注入真情爱心，履行社会责任，树立良好形象，取得了良好实效。

至2021年年底，泰安市有会计师事务所30家，资产评估机构17家，共有会计从业人员759人，其中党员168名，共有15个独立党支部、3个联合党支部、1个党总支部（下设4个党支部）。

第五编　机构队伍

第一章　机构

2016 年，根据泰安市机构编制委员会文件，泰安市财政局设 15 个职能科（处）室和 7 个所属事业单位。至 2021 年年底，经调整后，设置 14 个职能科处室和 5 个所属事业单位，并代管 1 个市属国有企业。县（市、区）及功能区财政局科室（单位）及财政管理中心所辖科室（单位）不等。

第一节　泰安市财政局组织机构

根据《泰安市人民政府关于做好市属中等职业学校布局结构调整工作的通知》《关于成立泰安市财政投资评审中心的批复》《泰安市人民政府办公室关于印发泰安市财政局主要职责内设机构和人员编制规定的通知》《关于市国库集中支付管理办公室内部机构设置的批复》《泰安市机构编制委员会关于市经济开发投资公司更名的批复》《泰安市机构编制委员会关于市政府投融资管理中心更名的批复》《泰安市机构编制委员会关于设立泰安市财政信息中心的批复》等文件，2016 年，市财政局设办公室（挂信息中心牌子）、人事科、预算科、国库科、税政科（挂法规科牌子）、行政政法科、教科文科、农业科、社会保障科、基层财政管理科、会计科、行政事业资产科（挂市清产核资办公室牌子）、市农村综合改革办公室、监督检查处、离退休干部科和市国库集中支付管理办公室、市政府投融资管理办公室、市财政投资评审中心、市财政信息中心、市财政会计研究所、市财政资产管理中心（挂泰安市政府与社会资本合作管理办公室牌子）、市财政干部教育中心。

2017 年 1 月，根据泰安市机构编制委员会《关于设立市财政金融运行评价中心的批复》，设立泰安市财政金融运行评价中心，为财政局所属副县级财政拨款事业单位，同时撤销市财政干部教育中心、市财政会计研究所，人员整建制划转到市财政金融运行评价中心。同年 6 月，根据《泰安市机构编制委员会办公室关于市财政金融运行评价中心内部机构设置的批复》，市财政金融运行评价中心设立综合科、政策研究科、绩效评价科、运行监测科、科研组织科、教育培训科、学术交流科 7 个科室。

2018 年 2 月，根据泰安市机构编制委员会办公室《关于设立泰安市财政科研中心的批复》，将财政科研工作从市财政金融运行评价中心分离，设立泰安市财政科研中心，隶属财政局管理，为正科级财政拨款事业单位。

2019 年 6 月，根据中共泰安市委机构编制委员会办公室《关于市财政局部分事业单位调整内部机构的批复》，市政府投融资管理办公室增设绩效管理科。市财政投资评审中心增设综合科、评审三科。市国库集中支付管理办公室增设基层财政管理科、离退休干部科、政府债务管理科、预算绩效管理科，更名13个内设机构，调整后内设20个科室：事务管理科、离退休干部科、企业科、经济建设科、金融科、基层财政管理科、财政对外公共服务科、资本监管科、政府债务管理科、预算绩效管理科、政府引导基金管理科、综合改革科、财政票据管理科、住房资金管理科、政府采购管理科、政府购买服务管理科、政府采购监督评价科、资金支付一科、资金支付二科、资金支付监管科。

2019年9月，根据中共泰安市委办公室、泰安市人民政府办公室《关于印发〈泰安市财政局职能配置、内设机构和人员编制规定〉》，内设办公室、人事科、政策研究室、预算科、国库科、法规税政科、行政政法科、教科文科、农业农村科、社会保障科、会计科、资产管理科、财政监督处及机关党委（加挂党建办公室牌子）。

2021年4月，根据中共泰安市委机构编制委员会《关于印发〈泰安市国库集中支付中心机构职能编制规定〉等的通知》，泰安市国库集中支付管理办公室更名为泰安市国库集中支付中心，为市财政局所属正县级公益一类事业单位，设18个内设机构，包括综合事务科、财务科、离退休干部科、企业科、经济建设科、自然资源和生态环境科、金融科、基层财政科、财政对外公共服务科、国有资本科、政府债务科、预算绩效科、政府引导基金科、综合改革科、财政票据科、政府采购科、政府购买服务科、资金支付科。泰安市政府投融资管理办公室更名为泰安市财政绩效评价中心，为市财政局所属公益一类事业单位，挂泰安市政府投融资管理服务中心牌子，设8个内设机构，包括综合科、绩效评价一科、绩效评价二科、绩效评价三科、绩效评价四科、重点工程资金保障科、投融资服务科、政府与社会资本合作（PPP）科。整合泰安市财政资产管理中心（泰安市政府与社会资本合作管理办公室）、泰安市财政投资评审中心，重新组建泰安市财政投资评审中心，为市财政局所属副县级公益一类事业单位，挂泰安市财政资产管理服务中心牌子，设6个内设机构，包括综合科、评审一科、评审二科、评审三科、资产科、公物仓服务科。将泰安市审计教育中心、泰安市供销培训中心并入泰安市财政金融运行评价中心，泰安市财政金融运行评价中心更名为市预算执行管理服务中心，为市财政所属副县级公益一类事业单位，设9个内设机构，包括办公室、党建科、事务科、服务一科、服务二科、服务三科、服务四科、服务五科、教育培训科。

根据中共泰安市委机构编制委员会办公室《关于印发〈泰安市财政运行保障中心机构职能编制规定〉的通知》，整合泰安市财政科研中心、泰安市财政信息中心，组建泰安市财政运行保障中心，为市财政局所属正科级公益一类事业单位。

至2021年年底，辖科室单位有：办公室、人事科、政策研究室、预算科、国库科、法规税政科、行政政法科、教科文科、农业农村科、社会保障科、会计科、资产管理科、财政监督处、机关党委和市国库集中支付中心、市财政绩效评价中心（市政府投融资管理服务中心）、市财政投资评审中心（市财政资产管理服务中心）、市预算执行管理服务中心、市财政运行保障中心，代管市财金集团。

中共泰安市财政局党委班子一览表

表 5-1

职　务	姓　名	任职时间
书　记	刘　斌	2015.6—2018.12
党委委员	孙　磊	2008.12—2018.12
	张焕杰	2012.11—2018.12
	王庆涛	2014.1—2018.12
	刘振乾	2014.1—2018.12
	辛海明	2002.3—2017.1
	张道民	2010.1—2018.3
	殷锡瑞	2010.1—2016.11
	李玉林	2018.9—2018.12（挂职）

中共泰安市财政局党组班子（2018 年 12 月局党委改党组）一览表

表 5-2

职　务	姓　名	任职时间
书　记	刘　斌	2018.12—2021.10
	孙　磊	2021.10—
副书记	孙　磊	2019.2—2021.10
党组成员	孙　磊	2018.12—2019.2
	张焕杰	2018.12—
	王庆涛	2018.12—
	刘振乾	2018.12—
	王　燕	2019.2—
	李玉林	2018.12—2020.9（挂职）

行政组织负责人一览表

表 5-3

职　务	姓　名	任职时间
局长	刘　斌	2015.8—2021.10
	孙　磊	2021.10—
副局长	孙　磊	2008.12—2021.10
	张焕杰	2015.12—2019.2
	王庆涛	2017.2—
	王　燕	2019.2—
	辛海明	2005.7—2017.1
	殷锡瑞	2010.1—2016.11
	李玉林	2018.9—2020.9（挂职）

续表 5-3

职 务	姓 名	任职时间
总会计师	王 燕	2016.1—2020.4
	李尊良	2020.4—
调研员	李天义	2013.6—2018.8
	刘兴强	2014.6—2019.6
	张焕杰	2019.2—2019.6
副调研员	顾汉松	2005.7—2016.12
	王庆涛	2009.9—2017.2
	赵衍杰	2011.10—2016.10
	刘丽珍	2015.12—2019.2
	时峰祥	2012.11—2019.6
	谭 伟	2018.12 — 2019.6
	徐西才	2019.2—2019.6
二级调研员	张焕杰	2019.6—
四级调研员	时峰祥	2019.6—
	谭 伟	2019.6—
	徐西才	2019.6—
	李尊良	2020.6—
	李 民	2020.6—

第二节 县（市、区）财政机构

一、泰山区财政局

泰山区财政局认真贯彻党中央关于财经和地方金融工作的方针政策和决策部署，落实省委、市委、区委工作要求，在履行职责过程中坚持和加强党对财政与地方金融工作的统一领导。是负责区级各项财政收支管理、财税政策执行、全面实施预算绩效管理、非税收入管理、参与国有资产管理等工作的正科级区政府工作部门。2016—2021 年，泰山区财政局按照全区机构改革方案，着力改革机构设置，进一步优化职能配置，提高行政效能，构建起系统完备、科学规范、运行高效的财政机构体系。2021 年事业单位改革中，泰山区收费管理局合并到泰山区政府投融资管理服务中心，更名为综合改革科；泰山区处镇管理中心更名为泰山区基层财政管理服务中心；原投资评审中心（股级科室）更名为投资评审科。

至 2021 年年底，泰山区共有区级、乡镇（街道、园区）两级财政机构 10 个。其中，区级财政机构 1 个，乡镇（街道、园区）财政机构 9 个。泰山区财政局加挂泰山区地方金融监督管理局牌子，代管泰山区政府投融资管理服务中心、泰山区金融发展服务中心、泰山区财税服务中心和泰山区财政资产管理服务中心4个泰山区人民政府直属事业单位，下设泰山区基层财政管理服务中心、泰山区国库集中支付中心、泰山区政府采购服务中心和泰山区财政绩效评价中心4个科级事业单位。局机关内设10个股级科室，分别是办公室、人事科、预算科、国库科、法规税政科、行政政法科、教科文科、农业农村科、社会保障科、财政监督科，另设机关党委（加挂党建办公室牌子）。

2016—2021年泰山区财政局领导班子成员一览表

表5-4

单位名称	职务		姓名	任职时间
	党内	行政		
泰山区财政局	党组书记	局长	范玉文	2016.1—2017.11
			冯　立	2017.11—
	党组成员	副局长	商志刚	2016.1—
			孟宪业	2016.1—
		区政府投融资管理中心主任	刘绍峰	2016.1—
		副科级干部	王　军	2019.1—
		二级主任科员	夏崇国	2016.1—2021.1
			梁蕴茜	2016.1—2021.1
		区国库支付中心主任	刘　军	2021.1—
	党组成员，区金融发展服务中心党组书记	区金融发展服务中心主任	侯胜民	2019.1—

二、岱岳区财政局

1985年建市划区后，泰安市郊区人民政府设立财政局。2000年5月，郊区财政局更名为岱岳区财政局，是区政府正科级工作部门。2019年，按照《泰安市岱岳区机构改革方案》《中共泰安市岱岳区委　泰安市岱岳区人民政府关于泰安市岱岳区区级机构改革的实施意见》，对岱岳区财政局部分工作职责和下属事业单位进行调整。

机构改革后，岱岳区财政局加挂区地方金融监督管理局牌子，主要负责贯彻中央关于财经工作、地方金融工作的方针政策和决策部署，落实市委、区委工作要求，在履行职责过程中坚持和加强党对财政工作、地方金融工作的集中统一领导。核定内设机构10个，机关行政编制22名，设局长1名、副局长3名。按照深化区级事业单位改革试点实施方案，整合泰安市岱岳区基层财政管理服务中心、泰安市岱岳区财政管理服务中心、泰安市岱岳区农财所，重新组建泰安市岱岳区基层财政管理服务中心；泰安市岱岳区政府非税收入管理中心更名为泰安市岱岳区财政绩效评价中心；泰安市岱岳区财政投资评审中心更名为泰安市岱岳区财政运行保障中心；整合泰安市岱岳区政府和社会资本合作中心（泰安市岱岳区政府投融资管理服务中心）、泰安市岱岳区财政事务服务中心，组建泰安市岱岳区政府投融资管理服务中心。

至2021年年底，岱岳区共有区级、乡镇（街道、园区）两级财政机构14个。其中，区级财政机构1个，乡镇（街道、园区）财政机构13个。岱岳区财政局局机关内设10个机构，分别是办公室（挂政策研究室牌子）、人事科、预算科、国库科、法规税政科（挂会计科牌子）、行政政法科（挂教科文科牌子）、农业农村科、经济建设科、社会保障科、企业科（挂金融管理科牌子）。按照区委、区政府安排部署，推进事业单位改革，至2021年年底，区财政局共有下属事业单位4家，分别为区基层财政管理服务中心（正科级）、区国库集中支付中心（正科级）、区财政绩效评价中心（副科级）、区财政运行保障中心（副科级）；区政府直属、区财政局代管正科级公益一类事业单位2家，分别为区政府投融资管理服务中心、区金融发展服务中心。

2016—2021年岱岳区财政局领导班子一览表

表5-5

<table>
<tr><th rowspan="2">单位名称</th><th colspan="2">职务</th><th rowspan="2">姓名</th><th rowspan="2">任职时间</th></tr>
<tr><th>党内</th><th>行政</th></tr>
<tr><td rowspan="13">岱岳区财政局</td><td rowspan="2">党委书记</td><td rowspan="2">局长</td><td>李　侠</td><td>2016.1—2016.12</td></tr>
<tr><td>钱振华</td><td>2016.12—2019.1</td></tr>
<tr><td>党组书记</td><td></td><td>钱振华</td><td>2019.1—2021.4（2019年1月，局党委改党组）</td></tr>
<tr><td></td><td>局长</td><td>钱振华</td><td>2019.1—2020.12</td></tr>
<tr><td>党组书记</td><td></td><td>张和江</td><td>2021.4—</td></tr>
<tr><td></td><td>局长</td><td>张和江</td><td>2020.12—</td></tr>
<tr><td>党组书记</td><td>局长、一级主任科员</td><td>张和江</td><td>2020.12—</td></tr>
<tr><td>党组成员</td><td>副局长、一级主任科员</td><td>彭永强</td><td>2016.1—</td></tr>
<tr><td>党组成员，区城建旅游发展服务中心党组书记</td><td>区城建旅游发展服务中心主任</td><td>李学明</td><td>2016.1—</td></tr>
<tr><td rowspan="2">党组成员</td><td>区基层财政管理服务中心主任，二级主任科员</td><td>宋洪岩</td><td>2016.1—</td></tr>
<tr><td>区国库集中支付中心主任</td><td>周　刚</td><td>2016.1—</td></tr>
<tr><td>党组成员，区金融发展服务中心党组书记</td><td>区金融发展服务中心主任</td><td>张海铭</td><td>2021.7—</td></tr>
</table>

三、新泰市财政局

新泰市财政局是主管新泰市财政收支的主要经济部门，是新泰市人民政府组成单位，为一级行政局。2019—2021 年，新泰市财政局按照新泰市委、市政府关于推进机关事业单位改革部署安排，局机关及下属事业单位开展机构改革工作。2019 年 1 月 10 日，按照《中共新泰市委 新泰市人民政府关于新泰市市级机构改革的实施意见》，新泰市财政局加挂新泰市地方金融监管局牌子。2020 年 7 月 31 日，按照《中共新泰市委办公室 新泰市人民政府办公室关于印发〈新泰市财政局职能配置、内设机构和人员编制规定〉的通知》，重新核定市财政局工作职责、内设机构和领导职数。其中，核定内设机构 10 个，设局长 1 名、副局长 3 名；正股级职数 11 名（含机关党委专职副书记 1 名），副股级职数 4 名。2021 年 5 月，市财政局下属事业单位完成更名、合并事项。至 2021 年年底，新泰市财政局机关共有 10 个内设机构：办公室（挂政工科牌子）、预算科、国库科、法规税政科（挂财政监督科、会计科牌子）、行政政法科、教科文科、地方金融监管科（挂经济建设科牌子）、国有资产管理科（挂企业科牌子）、农业农村科、社会保障科。1 个机关党委。2 个一级事业单位：新泰市政府投融资管理服务中心、新泰市财政绩效评价中心（市国库集中支付中心）。2 个二级事业单位：新泰市政府采购服务中心、新泰市财政研究和教育中心。还设有 20 个乡镇财政所及开发区财政审计部。

2016—2021 年新泰市财政局领导班子一览表

表 5-6

<table>
<tr><th rowspan="2">单位名称</th><th colspan="2">职务</th><th rowspan="2">姓名</th><th rowspan="2">任职时间</th></tr>
<tr><th>党内</th><th>行政</th></tr>
<tr><td rowspan="11">新泰市财政局</td><td rowspan="2">党组书记</td><td rowspan="2">局长</td><td>王子孝</td><td>2016.1—2019.3</td></tr>
<tr><td>杨新斌</td><td>2019.3—</td></tr>
<tr><td rowspan="5">党组成员</td><td>副局长、四级调研员</td><td>崔登斌</td><td>2016.1—</td></tr>
<tr><td>副局长、一级主任科员</td><td>张 东</td><td>2019.12—</td></tr>
<tr><td>市金融服务发展中心主任</td><td>朱文静（女）</td><td>2018.3—</td></tr>
<tr><td>市国有资本运营中心主任</td><td>娄 霞（女）</td><td>2021.3—</td></tr>
<tr><td>副局长</td><td>刘 波</td><td>2020.5—</td></tr>
<tr><td rowspan="3"></td><td>四级调研员</td><td>张富强</td><td>2016.12—</td></tr>
<tr><td rowspan="2">四级主任科员</td><td>李威海</td><td>2016.12—</td></tr>
<tr><td>伊 烈（女）</td><td>2020.12—</td></tr>
</table>

四、肥城市财政局

肥城市财政局是肥城市政府综合经济管理部门。2019年1月，机构改革后，加挂肥城市地方金融监督管理局牌子，承担贯彻执行国家财政、税收管理的方针政策和法律法规，研究拟定肥城市财政税收的发展战略及改革方案，参与制定有关宏观经济措施，编制市级财政预算草案并组织执行，管理市级财政收入、非税收入资金，管理财政公共支出和各项专款，汇总肥城市财政决算，并对财税方针政策、法律法规的执行情况进行监督管理等任务。至2021年年底，肥城市财政局有党组书记、局长1名，党组副书记1名，副局长1名，党组成员3名；内设12个业务科室，纳入预算管理的二级单位5个，包括3个正科级单位（政府投融资管理服务中心、财政绩效评价中心、国有资产运营中心）、2个副科级单位（国库集中支付中心、财政事务服务中心）。还设有12个乡镇财政中心及高新区财务部、开发区财务部。

2016—2021年肥城市财政局领导班子一览表

表5-7

单位名称	职务		姓名	任职时间
	党内	行政		
肥城市财政局	党组书记	局长	陈正一	2014.2—2020.3
			姜世文	2020.3—
	党组副书记		梁新玲	2021.5—2021.8
			张新利	2021.5—
	党组成员	副局长、市政府采购管理办公室主任	张衍明	2004.4—2017.9
		副局长、市政府投融资管理中心主任	张继勇	2007.5—2017.9
		市乡镇财政管理服务中心主任	梁新玲	2008.9—2021.5
		副局长、市经济开发投资公司经理	张新利	2013.3—2021.5
		市国库管理中心主任	宫华（女）	2013.3—2017.9
		市农业综合开发办公室主任	田　涛	2015.10—2017.2
		副局长（挂职2年）	韩　旭	2016.10—2018.10
		市农业综合开发办公室主任	陈位生	2017.2—2019.1
		市国有资产运营中心主任	刘太盟	2017.8—2021.5
		市财政绩效评价中心主任	乔洪晓	2017.9—2021.5
		市政府投融资管理服务中心主任	杨泽春	2017.9—
			尹逊东	2021.5—
		副局长	姚　勇	2021.5—
		四级主任科员	王燕（女）	2021.5—

五、宁阳县财政局

宁阳县财政局是负责全县财政收支管理、财税政策执行、参与国有资产管理的县政府组成部门。2016—2021 年，宁阳县借助市、县机构改革契机，着力改革县乡财政机构设置，进一步优化职能配置，提高行政效能，构建起系统完备、科学规范、运行高效的县乡财政机构体系。至 2021 年年底，宁阳县共有县级、乡镇（街道、园区）两级财政机构 16 个。其中，县级财政机构 1 个，乡镇（街道、园区）财政机构 15 个。宁阳县财政局加挂宁阳县地方金融监督管理局牌子，局机关内设 10 个股级科室，分别是办公室、组织人事科（挂研究督查室牌子）、预算科（挂法规税政科牌子）、国库科（挂金融科牌子）、行政政法科（挂政府债务管理办公室牌子）、教科文科（挂政府引导基金管理办公室牌子）、农业农村科、社会保障科、经济建设科（挂预算绩效管理科牌子）、企业科（挂会计科牌子）。至 2021 年年底，宁阳县财政局代管宁阳县国有资产运营中心、宁阳县金融发展服务中心 2 个宁阳县人民政府直属事业单位，下设宁阳县政府投融资管理服务中心、宁阳县国库集中支付中心、宁阳县财政投资评审中心、宁阳县财政绩效评价中心（挂宁阳县企业信用担保中心牌子）4 个正科级事业单位。

2016—2021 年宁阳县财政局领导班子一览表

表 5-8

单位名称	职务		姓名	任职时间
	党内	行政		
宁阳县财政局	党委书记	局长	武启军	2016.1—2017.5
	党委书记、县国有资产管理局党委书记			2017.5—2019.1
	党组书记、县国有资产运营中心党委书记			2019.1—2020.3
	县政府党组成员、县财政局党组书记、县国有资产运营中心党委书记			2020.3—2020.5
	县政府党组成员、县财政局党组书记、县国有资产运营中心党委书记	县政府副县长、财政局局长		2020.5—2020.12
	县政府党组成员、县财政局党组书记、县国有资产运营中心党委书记	县政府副县长		2020.12—2021.12
	党组副书记		高卫东	2020.10—2020.12
		局长		2020.12—
	党委副书记	副局长	刘延宁	2016.1—2019.1
	党组副书记			2019.1—
		县政协副主席、财政局副局长	连桂荣	2016.1—

续表 5-8

单位名称	职务		姓名	任职时间
	党内	行政		
	党委委员	县政府投融资管理中心主任	颜　剑	2016.1—2019.1
	党组成员			2019.1—2021.7
	党组成员	县政府投融资管理服务中心主任		2021.7—
	党委委员	县国库集中支付中心主任	鞠敏红	2016.1—2019.1
	党组成员			2019.1—2021.6
	党委委员	县政府非税收入管理中心主任	濮　华	2016.1—2019.1
	党组成员	副科级干部		2019.1—
	党委委员	县政府投资评审中心主任	孔凡友	2016.1—2017.6
	党组成员	县财政投资评审中心主任	陈长方	2020.6—
	党委委员	县农业综合开发办公室主任	吕荣金	2016.1—2017.1
	党委委员	县农业综合开发办公室主任	韩长海	2017.5—2019.1
	党委委员、县国有资产管理局党委副书记	县国有资产管理局局长	赵　刚	2016.1—2017.5
	党委委员	县国有资产管理局局长	李红旗	2017.5—2019.1
	党组成员、县国有资产运营中心党委副书记	县国有资产运营中心主任		2019.1—
	党组成员、县金融发展服务中心党组书记	县金融发展服务中心主任	张之合	2019.2—

六、东平县财政局

东平县财政局是负责全县财政收支管理、财税政策执行，参与国有资产管理的县政府组成部门，加挂东平县地方金融监督管理局牌子。2016—2021年，东平县借助市、县机构改革契机，着力改革县乡财政机构设置，进一步优化职能配置，提高行政效能，构建起系统完备、科学规范、运行高效的县乡财政机构体系。至2021年年底，东平县共有县级、乡镇（街道、开发区）两级财政机构16个。其中，县级财政机构1个，乡镇（街道、开发区）财政机构15个。

东平县财政局内设10个科室，分别是办公室（加挂人事科、政策研究室牌子）、预算科（加挂政府债务科、预算绩效管理科牌子）、国库科（加挂地方金融监督科牌子）、税政科、行政政法科（加挂资产管理科牌子）、教科文科、农业农村科、社会保障科、经济建设科（加挂企业科牌子）、财政监督科（加挂政府采购监督管理科、会计科牌子）；下属4个事业单位，分别是县财政国库支付中心、县财政绩效评价中心、县直机关财务结算中心（以上为正科级单位）、县政府投融资管理服务中心（副科级单位）。

2016—2021 年东平县财政局领导班子一览表

表 5-9

<table>
<tr><th rowspan="2">单位名称</th><th colspan="2">职务</th><th rowspan="2">姓名</th><th rowspan="2">任职时间</th></tr>
<tr><th>党内</th><th>行政</th></tr>
<tr><td rowspan="18">东平县财政局</td><td>党委书记</td><td>局长</td><td>蔡绪卿</td><td>2016.1—2019.1</td></tr>
<tr><td>党组书记</td><td></td><td>赵黛芳</td><td>2019.1—</td></tr>
<tr><td rowspan="2">党组副书记</td><td rowspan="2">局长</td><td>蔡绪卿</td><td>2019.1—2021.8</td></tr>
<tr><td>王　乾</td><td>2021.8—</td></tr>
<tr><td>党委成员</td><td rowspan="2">副局长</td><td rowspan="2">马启金</td><td>2016.1—2019.1</td></tr>
<tr><td>党组成员</td><td>2019.1—2021.5</td></tr>
<tr><td>党委成员</td><td rowspan="2">县国库收付中心主任</td><td rowspan="2">张　斌</td><td>2016.1—2019.1</td></tr>
<tr><td>党组成员</td><td>2019.1—</td></tr>
<tr><td rowspan="2">党委成员</td><td>县农业开发办公室主任</td><td rowspan="2">井胜利</td><td>2016.1—2019.1</td></tr>
<tr><td>正局级干部</td><td>2019.1—</td></tr>
<tr><td>党委成员</td><td rowspan="2">副局长</td><td rowspan="2">魏宏斌</td><td>2017.4—2019.3</td></tr>
<tr><td>党组成员</td><td>2020.1—2021.8</td></tr>
<tr><td rowspan="2">党委成员</td><td>副局长</td><td rowspan="3">李友民</td><td>2016.1—2017.4</td></tr>
<tr><td rowspan="2">县投融资管理中心主任</td><td>2017.4—2019.1</td></tr>
<tr><td>党组成员</td><td>2019.1—2020.1</td></tr>
<tr><td rowspan="2">党委成员</td><td>县预算外局局长</td><td rowspan="3">冯　剑</td><td>2016.1—2016.2</td></tr>
<tr><td rowspan="2">副局长</td><td>2016.2—2019.1</td></tr>
<tr><td>党组成员</td><td>2019.1—</td></tr>
</table>

第三节　功能区财政机构

一、泰安高新技术产业开发区财政局

1994 年 5 月，泰安高新区下设财政税务局。1997 年 10 月，成立高新区财政局。2019 年 9 月，高新区体制机制改革，将管辖范围调整为代管北集坡街道（不含规划快速路、梳洗河以东的 12 个村及原泰山区省庄镇、邱家店镇划转的 11 个村）、良庄镇、房村镇；改革管理体系，实行“党工委（管委会）+ 公司”管理架构；改革人事管理，实施全员岗位聘任。2020 年 1 月，高新区财政局改为高新区财政财务管理部，对外仍称高新区财政局。高新区财政财务管理部作为高新区体制机制改革后成立的管委会内设机构之一，具有整合原高新区财政局和投融资管理中心（金融办）的职能，主要承担财政管理、国有资产管理、金融管理三大方面职责。至 2021 年年底，下设 28 个科室、3 个乡镇财政所。

2016—2021 年泰安高新技术产业开发区财政局领导班子一览表

表 5-10

单位名称	职务		姓名	任职时间
	党内	行政		
高新区财政局	中共泰安高新技术产业开发区财政财务管理部支部书记	局长	裴明清	2016.1—2020.1
			韩炳奎	2020.1—
	中共泰安高新技术产业开发区财政财务管理部支部委员	副局长	张晓婉	2016.1—
			王　浩	2016.1—
			韩春明	2020.1—

二、泰山风景名胜区财政局

泰山风景名胜区财政局成立于 2005 年 1 月，是泰山景区机关 15 个内设局室之一。2019 年以来，为实施“二次创业”、提升经济社会效益，全力推行“管委会 + 公司”改革，泰山景区机关 15 个局室重组为 8 个部和纪工委监工委；重新组建泰山旅游集团，履行开发、经营等职能；组建市政府直属机构景区社会事务服务中心，统一管理所属乡镇的经济社会事务；双重管理公安、税务、市场监管、自然资源和规划、司法、生态环境等派驻部门。2020 年 4 月，市委常委会同意在泰山景区实施相对集中行政许可权。2020 年，泰山风景名胜区体制机制改革完成，景区财政局调整为景区计划财务部（对外仍称景区财政局），为副县级。至 2021 年年底，下设 7 个科室、3 个乡镇财政所及村街管理中心。

2016—2021 年泰山景区财政局领导班子一览表

表 5-11

单位名称	职务		姓名	任职时间
	党内	行政		
泰山景区财政局	中共泰安市泰山风景名胜区工作委员会机关委员会第一支部委员会党支部书记	局长	李　峰	2009.12—2020.3
	中共泰安市泰山风景名胜区工作委员会机关委员会第四支部委员会党支部书记		高　燕	2020.4—
	中共泰安市泰山风景名胜区工作委员会机关委员会第四支部委员	副局长	李学胜	2020.4—

三、泰安旅游经济开发区财政局

2002年8月，经泰安市委、市政府批准设立泰安旅游经济开发区党工委、管委会。2004年5月，设立计划财务处，2011年4月，计划财务处更名为财政局。2017年年初，泰安市委、市政府提出“依托西部高铁，改造提升西部新城”的目标，推进原旅游经济开发区与高铁新区相互促进、整合发展，实行“两个党委、两套班子，统一领导、合署办公”的管理机制。2019年年底，为进一步加快开发区升级转型，根据省、市开发区体制机制改革的有关精神，旅游经济开发区深化体制机制改革，整合原旅游经济开发区党工委、管委会机关，高铁新区建设发展中心、旅游经济开发区旅游和服务业发展中心内部科室，实行“党工委（管委会）+公司”的管理架构，管委会下设泰安旅游经济开发区管委会财务部，加挂财政局牌子，设局长1人、副局长2人，负责开发区财政工作。设立国库，实行准一级财政管理，2021年8月底，国库正式运行。

2016—2021年泰安旅游经济开发区财政局领导班子一览表

表5-12

单位名称	职务		姓名	任职时间
	党内	行政		
泰安旅游经济开发区财政局		局长	吕泰柱	2013.2-2019.12
			李安元	2019.12—
		副局长	谢　彬	2013.2-2019.12
			李晓琳	2019.12—
			刘亚军	2019.12—

四、徂汶景区财政局

2019年9月，成立徂汶景区财政财务管理部。同年12月，加挂徂汶景区财政局牌子。2020年2月，泰安市人民政府印发《关于明确泰安市徂徕山汶河风景名胜区财政管理体制的通知》，确定徂汶景区实行准一级财政管理，设立国库，负责徂汶景区范围内财政收支和预决算管理。下设13个科室、3个乡镇财政所及滨河片区财政所。

2019—2021年徂汶景区财政局领导班子一览表

表5-13

单位名称	职务		姓名	任职时间
	党内	行政		
徂汶景区财政局	中共泰安市徂徕山汶河风景名胜区管理委员会党工委委员	管委会副主任主持工作	赵　新	2019.12—2021.2
	中共泰安市徂徕山汶河风景名胜区机关第二支部委员会组织委员	局　长	解利勇	2021.2—
		副科级干部	姬长岳	2021.12—

第二章　队伍

2016年，泰安市财政局在职干部职工199人。至2021年年底，泰安市财政局在职干部职工共189人。县（市、区）及功能区财政局科室（单位）及财政管理中心人员数量不等。

第一节　泰安市财政局队伍

2016—2021年，泰安市财政局通过事业单位人员招考、遴选、人才引进、军转干部安置、录用选调生等多种形式，12人进入市财政局工作。

市财政局始终认真贯彻落实《党政领导干部选拔任用工作条例》，按照公平、公开、竞争、择优的原则，坚持干部“四化”标准和“德才兼备、任人唯贤”的原则，建立能上能下、科学轮岗的用人机制，认真落实新时代党的组织路线，牢牢把握激励担当作为关键，紧紧围绕财政中心工作，提高站位、放大格局，找准短板、精准发力，坚持以人为本，全力推动财政干部人事工作高质量发展。

局科室负责人任职情况一览表

表5-14

科室（单位）名称	职务	姓名	任职时间	备注
办公室	主任	李　民	2016.1—	
政策研究室	主持工作	陈祥云	2019.9—	
人事科	科长	李尊良	2016.1—2020.4	
		赵　虎	2020.4—	
预算科	科长	徐西才	2016.1—2019.10	
		赵　新	2019.10—2019.12	
		戚永红	2020.4—	
国库科	科长	赵　新	2012.11—2019.10	
		徐衍军	2020.6—	
法规税政科	科长	李学珍	2016.1—2018.3	
	主持工作	徐衍军	2018.3—2019.10	
	科长	怀进辉	2019.10—2020.4	
	主持工作	万　瑞	2020.4—	
行政政法科	科长	戚永红	2012.11—2020.4	
		李学珍	2020.4—	

续表 5-14

科室（单位）名称	职务	姓名	任职时间	备注
教科文科	科长	李思臣	2016.1—2018.3	
		孙明珍	2018.3—	
农业农村科	科长	魏立成	2016.1—	
社会保障科	科长	孙明珍	2016.1—2018.3	
		李学珍	2018.3—2020.4	
		怀进辉	2020.4—	
会计科	科长	池庆喜	2016.1—2020.4	
		李　佳	2020.4—	
行政事业资产科	科长	刘增富	2010.6—2016.1	
资产管理科	科长	李　佳	2016.9—2020.4	
财政监督处	处长	亓永军	2005.1—2018.12	
	副处长（主持工作）	赵同岱	2019.2—	
机关党委（党建办公室）	专职副书记	赵　虎	2016.1—2020.4	
		池庆喜	2020.4—	
市国库集中支付中心	主任	辛海明	2011.5—2017.1	主持全面工作
		孙　磊	2019.2—	
	副主任	王　燕	2012.11—2019.2	
	副主任	李清明	2011.5—2019.2	
	二级调研员		2019.2—	
	副主任	张永刚	2021.12—	
综合事务科	科长	侯　斌	2017.4—2020.4	
		文　锋	2020.4—	
离退休干部科	科长	陈绪凯	2016.1—	
企业科	科　长	姜汉卿	2012.11—2020.1	
	副科长（主持工作）	秦海彬	2020.1—2020.4	
	科　长	秦海彬	2020.4—	
资本监管科	科　长	张传清	2019.10—	
国有资本科	主持工作	秦海彬	2021.4—	兼
政府引导基金科	主持工作	秦海彬	2021.4—	兼
经济建设科	科长	刘增富	2016.1—	
	主持工作	龚敬华	2018.10—	原市政府投融资管理办公室投资管理科科长

续表 5-14

科室（单位）名称	职务	姓名	任职时间	备注
金融科	科长	刘　华	2016.1—2020.4	
		徐爱军	2020.4—	
基层财政科	科长	李　佳	2016.1—2016.9	
		赵　峰	2016.9—	
财政对外公共服务科	科长	吕学成	2019.10—	
预算绩效科	科长	刘方东	2020.4—	
综合改革科	科长	万　瑞	2019.10—	
	主持工作	任　洁	2020.4—	
集中支付监管科	科长	吕修霞	2016.1—2016.12	集中支付监管科科长
	主持工作	孙洪璞	2016.12—2017.4	原支付中心副主任
	科长	王　东	2017.4—	集中支付监管科科长
市国库集中支付管理办公室（泰安市政府采购管理办公室）	副主任（分管）	邓继胜	2016.1—2017.7	
	市政府投融资管理办公室副主任（主持政府采购管理工作）	凌德福	2016.1—2021.5	
	市财政绩效评价中心（泰安市政府投融资管理服务中心）副主任（主持政府采购管理工作）	凌德福	2021.5—	
住房资金管理科（挂市住房资金管理办公室牌子）	科长	赵　峰	2016.1—2016.9	
		徐爱军	2016.9—2020.4	
住房资金管理科	科长	侯　斌	2020.4—	
市财政绩效评价中心（市政府投融资管理服务中心）	主任	刘丽珍	2021.5—2021.9	
	副县级干部	孙　炎	2021.5—	2021 年 9 月主持工作
	副主任	徐军锋	2021.5—	
		凌德福	2021.5—	
市政府投融资管理办公室	主任	文学松	2016.1—2017.2	
		刘丽珍	2019.2—2021.5	
	副主任	范晓炎	2016.1—2017.7	
	总经济师	孙　炎	2016.1—2021.5	2018.5—2019.2 主持工作
	副主任	徐军锋	2016.1—2021.5	
		凌德福	2016.1—2021.5	

续表 5-14

科室（单位）名称	职务	姓名	任职时间	备注
财政投资评审中心	主任	周美德	2016.1—2019.8	
	副主任（主持工作）	贾连顺	2019.8—2021.5	
	主任	亓永军	2021.5—	
市财政资产管理中心	副主任（主持工作）	冯德庆	2016.1—2019.2	
	主　任	亓永军	2019.2—2021.5	
市预算执行管理服务中心	党总支书记 主　任	黄海涛	2021.5—	
市财政金融运行评价中心	党支部书记	刘振乾	2019.4—2021.5	
	主　任	黄海涛	2019.4—2021.5	
市财政干部教育中心	党支部书记	刘振乾	2016.1—2019.4	
	主　任	黄海涛	2016.1—2019.4	
市财政运行保障中心	主持工作	蔡强生	2016.1—	
市财政科研中心	主任	王　冰	2019.10—	
	副主任	司　媛	2019.11—	
		张玲玉	2019.11—	

泰山区域山水林田湖草生态保护办公室负责人情况一览表

表 5-15

科室名称	职务	姓名	任职时间
泰安市泰山区域山水林田湖草生态保护修复工程领导小组办公室	主任	刘　斌	2018.9—
	副主任	刘培亭	2018.3—
		孙　磊	2018.3—
	项目组组长	李钦雨	2018.3—
	资本运作组组长	徐军锋	2018.3—
	综合组组长	刘增富	2018.3—
	规划和绩效评价组组长	李钦雨	2018.3—
	信息宣传组组长	怀进辉	2018.9—

财金集团系统负责人情况一览表

泰山财金集团

表 5-16

<table>
<tr><th>科室名称</th><th>职务</th><th>姓 名</th><th>任职时间</th></tr>
<tr><td rowspan="7">泰山财金集团</td><td>党委书记、董事长</td><td>秦玉昌</td><td>2017.7—</td></tr>
<tr><td>党委副书记、董事、总经理</td><td>范晓焱</td><td>2017.7—</td></tr>
<tr><td>党委委员、监事长</td><td>邓继胜</td><td>2017.7—</td></tr>
<tr><td rowspan="2">党委委员、副总经理</td><td>张曾彬</td><td>2017.7—</td></tr>
<tr><td>林 楠</td><td>2019.12—</td></tr>
<tr><td>党委委员、纪委书记、
监察专员</td><td>张 霞</td><td>2019.12—</td></tr>
<tr><td>党委委员、副总经理</td><td>姜汉卿</td><td>2019.12—</td></tr>
</table>

泰山城投公司

表 5-17

<table>
<tr><th>科室名称</th><th>职务</th><th>姓名</th><th>任职时间</th></tr>
<tr><td rowspan="6">泰山城投公司</td><td rowspan="2">党支部书记、董事长</td><td>郭传利</td><td>2010.7—2021.7</td></tr>
<tr><td>林 楠</td><td>2021.7—</td></tr>
<tr><td rowspan="3">副总经理</td><td>陈 涛</td><td>2010.7—</td></tr>
<tr><td>王正国</td><td>2011.8—</td></tr>
<tr><td>孙玉斌</td><td>2011.8—</td></tr>
<tr><td>总工程师</td><td>王凤廷</td><td>2011.8—</td></tr>
</table>

弘泽担保公司

表 5-18

<table>
<tr><th>科室名称</th><th>职务</th><th>姓名</th><th>任职时间</th></tr>
<tr><td rowspan="2">弘泽担保公司</td><td>党支部书记、董事长</td><td>刘兆瑞</td><td>2010.7—</td></tr>
<tr><td>党支部委员
副总经理</td><td>秦玉清</td><td>2009.2—</td></tr>
</table>

泰山融资租赁公司

表 5-19

<table>
<tr><th>科室名称</th><th>职务</th><th>姓名</th><th>任职时间</th></tr>
<tr><td rowspan="2">泰山融资
租赁公司</td><td>董事长兼总经理</td><td>吕昌军</td><td>2015.8—</td></tr>
<tr><td>党支部书记、董事长
兼总经理</td><td>吕昌军</td><td>2019.12—</td></tr>
</table>

东岳金财公司

表 5-20

科室名称	职务	姓名	任职时间	备注
东岳金财公司	董事长	汪　炎	2015.8—	
	党支部书记、董事长		2016.6—	
	总经理	刘钦刚	2015.8—	2018 年 7 月 1 日调入集团后兼职不取酬
	副总经理	吴庆勇	2015.8—	
	监事会主席	王　珂	2015.8—	

第二节　县（市、区）财政队伍

一、泰山区财政局

2016—2021 年，泰山区财政局通过事业单位人员招考以及人才引进等多种方式，招录 12 名本科毕业生进入单位工作。至 2021 年年底，泰山区财政局机关核定行政编制 13 名，其中在编在岗 12 人；局属事业单位事业编制 70 名，其中在编在岗 56 人；退休职工 20 人。在职人员中，初中学历 1 人，中专学历 2 人，大专学历 4 人，大学学历 54 人，研究生学历 7 人，全部为汉族。

至 2021 年年底，县乡两级财政机构在职干部职工共 97 人，其中高级技术职称 8 人、中级技术职称 17 人、工勤技术岗位 4 人。认真贯彻落实《党政领导干部选拔任用工作条例》，按照公平、公开、竞争、择优的原则，坚持干部“四化”标准和“德才兼备、任人唯贤”的原则，建立能上能下、科学轮岗的用人机制。2016—2021 年，通过班子讨论推荐、机关干部民主投票和组织谈话的方式，公开选拔或重用 8 名乡科级副职及以上领导干部，公开晋升 10 名公务员职务职级，使财政干部队伍年轻化，提高干事创业的积极性。

二、岱岳区财政局

2016—2021 年，岱岳区财政局通过公务员、事业单位人员招考以及主动引进人才方式，共有 15 人进入财政局工作。至 2021 年年底，岱岳区财政局机关核定行政编制 22 名，其中在编在岗 18 人；局属事业单位事业编制 99 名，其中在编在岗 87 名。局机关人员中，拥有高级职称资格人员 6 人、中级职称资格 18 人、初级职称资格 7 人。硕士研究生学历 8 人，本科学历 83 人，本科学历及以上人员占比达 84.26%。另有离退休人员 69 人。全区乡镇（街道、园区）全部建立起了财政管理机构，共有在职人员 75 人。其中，具有中级职称资格 11 人，初级职称资格 2 人；硕士研究生学历人员 4 人，本科学历 54 人，本科学历及以上人员占比达 77.3%。干部素质整体不断提高，高学历层次人才数量逐年增加，队伍逐渐向高学历、高素质、专业化方向转变。

三、新泰市财政局

至 2021 年年底，新泰市财政系统共有在职在编人员 194 人。其中，从性别构成看，男性 105 人，女性 89 人；从人员分布看，局机关 91 人，乡镇街道 103 人；从编制性质看，行政编制 33 人，事业编制 161 人；从行政级别看，科级以上干部 34 人，一般干部 160 人；从技术职称看，专业技术人员 130 人，高级职称 24 人，中级职称 73 人，初级及以下 33 人；从学历素质看，研究生及以上学历 13 人，本科学历 131 人，大专学历 75 人，中专及以下学历 5 人；从党员数量看，中共党员 150 人，民革党员 1 人；从年龄结构看，年龄在 35 周岁及以下 52 人，36 ～ 45 周岁 47 人，46 周岁及以上 95 人。

四、肥城市财政局

至 2021 年年底，肥城市财政系统共有在职职工 176 人。其中，从性别构成看，男性 88 人，女性 88 人；从人员分布看，局机关 90 人，乡镇街道 86 人；从编制性质看，行政编制 39 人，事业编制 137 人；从技术职称看，高级职称 21 人，中级职称 53 人，初级职称 22 人，专业技术人员共计 96 人；从学历素质看，研究生及以上学历 13 人，本科学历 141 人，大专学历 15 人，中专及以下学历 7 人；从政治面貌看，中共党员 154 人，共青团员 12 人，九三学社社员 1 人；从年龄结构看，年龄在 35 周岁及以下 56 周人，36 ～ 45 周岁 37 人，46 周岁及以上 83 人。

五、宁阳县财政局

2016—2021 年，宁阳县财政局通过公务员、事业单位人员招考以及主动引进人才，补充财政新鲜血液，共有 5 名本科毕业生和 1 名硕士研究生进入财政局工作。至 2021 年年底，宁阳县财政局机关核定行政编制 19 名，其中在编在岗 20 人；局属事业单位事业编制 77 名，其中在编在岗 56 名。县、乡两级财政机构在职干部职工 138 人，其中具有高级技术职称的 18 人、中级技术职称的 24 人。认真贯彻落实《党政领导干部选拔任用工作条例》，按照公平、公开、竞争、择优的原则，坚持干部“四化”标准和“德才兼备、任人唯贤”的原则，建立能上能下、科学轮岗的用人机制。2016—2021 年，通过班子讨论推荐、机关干部投票的方式，公开选拔了 6 名乡科级副职及以上干部，为财政干部队伍注入新的活力。

六、东平县财政局

2021 年年底，东平县财政系统共有在职在编人员 137 人。其中，从性别构成看，男性 65 人，女性 72 人；从人员分布看，局机关 69 人，乡镇（街道）68 人；从编制性质看，行政编制 15 人，事业编制 122 人；从行政级别看，科级以上干部 17 人，一般干部 120 人；从技术职称看，专业技术人员 46 人，高级职称 6 人，中级职称 26 人；从学历素质看，研究生及以上学历 3 人，本科学历 95 人，大专学历 37 人，中专及以下学历 2 人；从政治面貌看，中共党员 120 人，共青团员 3 人；从年龄结构看，年龄在 35 周岁及以下 29 人，36 ～ 45 周岁 54 人，46 周岁及以上 54 人。

第三节　功能区财政队伍

一、泰安高新技术产业开发区财政局

至2021年年底，高新区财政局共有在职在编人员21人。其中，从性别构成看，男性8人，女性13人；从行政级别看，副县级干部1名，正科干部3名，副科干部14名，一般干部3名，从技术职称看，专业技术人员6人，高级职称4人，中级职称2人。从年龄结构看，年龄在35周岁及以下6人，36～45周岁7人，46周岁及以上8人。

二、泰山景区财政局

至2021年年底，泰山景区财政局（景区计划财务部）共有在职在编人员24人。其中，从性别构成看，男性14人，女性10人；从人员分布看，局机关10人，乡镇（村街）14人；从行政级别看，副县级干部1名，正科干部1名，副科干部3名，一般干部19名；从技术职称看，拥有中级职称资格7人，初级职称资格3人；从学历素质看，拥有本科学历20人，本科学历人员占比达83.3%；从政治面貌看，中共党员22人，共青团员2人；从年龄结构看，年龄在35周岁及以下6人，36～45周岁12人，46周岁及以上6人。

三、泰安旅游经济开发区财政局

至2021年年底，泰安旅游经济开发区财政局实有人员10人。从行政级别看，局长1人，副局长2人，副部长1人，职员6人；从性别构成看，男性3人，女性7人；从学历素质看，本科学历8人，大专学历2人；从专业技术职称上看，中级会计师2人，初级会计师1人；从年龄构成看，年龄在35周岁及以下8人，36岁～45周岁之间1人，46周岁及以上1人。

四、徂汶景区财政局

至2021年年底，徂汶景区财政局及辖区乡镇（片区）财政所共有工作人员20人。其中，正科1名，副科1名；拥有高级职称资格1人，中级职称资格6人，初级职称资格2人；拥有研究生学历1人，本科学历19人，本科以上学历人员占比100%。

第六编　县（市、区）及功能区财政概况

第一章　泰山区

泰山区是泰安市市中区，泰安市委、市政府驻地，是全市政治、经济、科技、文化中心。1985年3月设立，总面积336.86平方公里，人口80万人。辖财源、岱庙、泰前、上高、徐家楼5个街道办事处，省庄、邱家店2个镇，2个国家级农业园区、1个省级经济开发区、1个省级旅游度假区。1985年5月，成立泰山区财政局。2016—2021年，泰山区财政局在区委、区政府的坚强领导和上级财政部门的指导帮助下，紧紧围绕全区中心工作，始终坚持依法理财、科学理财、民主理财，不断提高财政管理的科学化、规范化、精细化水平，全力促进财政增收，着力保障和改善民生，推进财税体制改革，财政综合实力显著增强，为推动宜居宜业宜游的新时代现代化强区建设提供了坚实的财力保障。2016年，被山东省人力资源和社会保障厅、省财政厅、省公务员局授予全省财政系统工作先进集体称号；2017年，被泰安市政府授予全市综合治税和地方税收保障工作先进单位称号；2021年，被国家机关事务管理局、中央直属机关事务管理局、国家发改委、财政部授予节约型机关称号。2016—2021年，连年通过省级文明单位复审。

第一节　财政收入

2016年以来，泰山区坚持把抓收入放在工作的首要位置，虽然受"营改增"、大规模减税降费及新冠肺炎疫情的冲击，但财政综合实力仍始终保持稳定增长态势。2016—2021年，泰山区一般公共预算收入总量由31.39亿元增加至34.59亿元，增长10.19%。坚持优化收入结构，提升收入质量，6年来，税收收入占一般公共预算收入的比重由87.61%提升至90.16%，始终保持全省前10位。

2016年，泰山区财政局办公大楼

2016年5月起，经国务院批准，全面实行"营改增"，试点范围扩大到建筑业、房地产业、金融业、生活服务业，并将所有企业新增不动产所含增值税纳入抵扣范围，确保所有行业税负只减不增。泰山区认真研究国家税收政策变化，定期召开财税联席会议，研判分析收入征缴重点，强化政府督导措施，增强各方抓增收提质量的主动性，确保了税收应征尽征。当年，泰山区实现一般公共预算收入31.39亿元，较上年同口径增长 7.76%。其中，税收收入 27.5 亿元，占一般公共预算收入的比重达 87.61%。

2017 年，泰山区财政局面对错综复杂的国内国际经济形势，始终牢牢抓住财政增收这个核心任务，确保了全区收入总量稳定增长。泰山区实现一般公共预算收入 30.86 亿元，较上年同口径增长 5.3%。其中，税收收入 28.26 亿元，占一般公共预算收入的比重 91.58%。

2018 年，泰山区财政局面对国地税征管体制改革，进一步完善财税联合办税工作机制，强化部门联动，推进信息共享，分析财税形势，密切掌握入库动态和进度，抓牢收入主动权，确保完成收入任务。当年，泰山区实现一般公共预算收入 32.75 亿元，较上年同口径增长 7.19%。其中，税收收入 30.27 亿元，占一般公共预算收入的比重达 92.41%。

2019 年，国家实施更大规模的减税降费政策，实行普惠性减税与结构性减税并举，重点降低制造业和小微企业税收负担，大力支持实体经济发展。泰山区财税部门准确研判形势，提前谋划，以税收稽查和会计信息质量检查为抓手，开展“清漏查补、稽查增收、契税促收”三大增收攻坚战，清理漏管户 5800 余家，稽查入库税款 3.5 亿元，契税收入突破 3 亿元，增长 23.04%。当年，泰山区实现一般公共预算收入 33.59 亿元，较上年同口径增长 4.82%。其中，税收收入 30.88 亿元，占一般公共预算收入比重为 91.93%。

2020 年，国家持续加大减税降费力度，又突遇新冠肺炎疫情，导致经济社会发展下行压力增大。疫情得到控制后，泰山区恢复财税联席会议制度，加强财税部门协同配合，强化契税促收和土地增值税稽查，一般公共预算收入实现正增长。当年，泰山区实现一般公共预算收入 33.79 亿元，较上年同比增长 0.59%。其中，税收收入 30.33 亿元，占一般公共预算收入比重 89.8%。

2020 年 12 月 31 日，中共泰山区委书记王爱新（右三，女）到泰山区财政局慰问全体人员。区财政局党组书记、局长冯立（前排，左三）汇报财政工作情况

2021 年，泰山区实施“培财源、稳收入”攻坚行动。开展“转作风、送服务、惠企业”集中调研活动，对区内 22 家先进制造业、高成长性企业、实施“机器换人”的企业及税收增幅大、科技型、有技术改造项目的企业，进行走访座谈，为企业送政策、解答疑，聚焦解决实际困难，对企业实施精准帮扶，进一步培植财源。成立收入调研工作专班，调动各街道镇抓收入的积极性，发挥税收稽查作用，推进土地增值税汇算清缴。全年土地增值税完成 3.64 亿元，增长 78.14%，拉动税收收入增长。当年，泰山区实现一般公共预算收入 34.59 亿元，较上年同比增长 2.37%。其中，税收收入 31.19 亿元，占一般公共预算收入比重 90.16%。

2016—2021年泰山区一般公共预算收入统计表

表6-1　单位：万元

年份＼项目	合计	税收收入	专项收入	行政性收费收入	罚没收入	国有资源有偿使用收入	其他收入
2016	313868	274993	20003	4029	1447	12929	467
2017	308602	282633	19447	3275	1597	1591	59
2018	327504	302655	18248	2839	2483	1204	75
2019	335936	308835	17958	3174	2052	3869	48
2020	337931	303317	18800	5094	1770	8888	62
2021	345929	311889	18761	5679	3729	5845	26

第二节　财政支出

2016年以来，泰山区坚持抓好财力统筹，持续增强支出保障能力，支出规模逐年发力。2016—2021年，全区支出规模由21.55亿元提升至28.18亿元，增长30.77%，有力保障了各项事业的发展需要。高标准落实各项民生政策，基本民生保障有力，民生支出由17.48亿元增至21.74亿元，增长24.37%，占比始终保持在75%以上。

2016年，泰山区实现一般公共预算支出21.55亿元。其中，民生类支出17.48亿元，占一般公共预算支出的比重达81.09%，同比提高4.84个百分点。教育科技支出方面，拨付专项经费0.03亿元，用于减轻家庭经济困难学生负担；拨付资金0.52亿元，用于落实生均公用经费支出，小学、初中标准分别提高至每生每年810元、1010元；融资到位资金2亿元，用于落实解决“大班额”学校建设支出；拨付资金0.08亿元，用于扶植科技型企业创新发展，企业自主研发和科技成果转化能力逐步攀升。社会保障和就业支出方面，拨付资金0.54亿元，用于落实居民基本养老保险政策，并提高标准至每人每月100元，惠及全区参保人员5.4万人；拨付资金0.28亿元，用于落实城乡低保救助支出，并提高补助标准至城市每人每月500元、农村每人每年3600元，惠及全区城乡低保人群8201人；拨付资金0.3亿元，落实各类扶孤济困及优抚政策，惠及全区孤儿、五保户、残疾人、退役军转伤残军人及烈士家庭成员9605人；安排资金0.04亿元，用于落实创业带动就业政策，支持大众创业、万众创新；拨付资金0.03亿元，支持企业稳定就业岗位；发放小额担保贷款0.26亿元，用于扶持430名自主创业人员创业和支持14家劳动密集型企业发展。医疗卫生事业支出方面，拨付资金1.89亿元，用于落实居民基本医疗保险支出，财政补助标准提高至每人每年420元，惠及参保人员33万人；拨付资金0.09亿元，支持全面实施城市公立医院综合改革；拨付资金0.05亿元，继续巩固完善基本药物制度，保障基层医疗卫生机构正常运转；拨付资金0.34亿元，进一步推进基本公共卫生服务均等化建设。基础设施建设支出方面，拨付资金0.57亿元，用于万官路、佛光路、东湖路东延及“三路一河”提升工程建设支出；拨付资金0.22亿元，推进中小河流治理、小农水项目、病险水库除险加固等水利基础设施建设。

2017年，泰山区实现一般公共预算支出23.5亿元，较上年同口径增长9.05%。其中，民生类支出17.65亿元，占一般公共预算支出的比重为75.1%。科教与文化服务支出方面，拨付资金0.61亿元，用于落实生均公用经费；拨付资金0.18亿元，用于上高街道桑家疃小学薄弱学校改造建设；拨付资金0.49亿元，用于解决普通中小学“大班额”项目建设；拨付资金0.05亿元，用于落实民办教师补助。社会保障和就业支出方面，拨付资金0.7亿元，用于发放城乡居民养老金；拨付资金0.28亿元，用于城乡居民最低生活保障、困难救助及残疾人救助；拨付资金0.23亿元，用于社区建设；拨付资金0.11亿元，用于村级组织运转保障；拨付资金0.28亿元，用于退役士兵自主就业补助、伤残金、安置和权益保障等；拨付资金0.08亿元，用于创业型街道社区奖补资金、公益性人员岗位补贴、小额担保贷款贴息等。医疗卫生和计划生育支出方面，拨付资金1.81亿元，用于居民基本医疗保险财政补助；拨付资金0.37亿元，用于基本公共卫生服务补助；拨付资金0.02亿元，用于乡村医生补助；拨付资金0.1亿元，用于公立医院改革补助资金；拨付资金0.12亿元，用于基层医疗卫生机构基本药物制度补助。农业支持和精准扶贫方面，在对每个贫困村、贫困户进行建档立卡的基础上，拨付扶贫资金0.03亿元，用于扶持优势扶贫产业；拨付市级以上专项扶贫资金0.04亿元，用于省级贫困村的脱贫攻坚和少数民族村帮扶项目；拨付资金0.1亿元，用于“乡村环境连片治理”项目建设；拨付资金0.15亿元，用于农村改厕、美丽乡村建设及落实农业支持保护补贴；拨付资金0.17亿元，用于农田水利项目建设；拨付资金0.09亿元，用于扶持高效特色农业及畜牧业发展、农业技术推广等。

2018年，泰山区实现一般公共预算支出21.76亿元。其中，民生类支出17.64亿元，占一般公共预算支出的81.08%。教育支出方面，拨付教育类资金4.98亿元，同比增长6.75%。生均公用经费达到省级示范标准，薄弱学校办学条件得到改善，“大班额”建设稳步推进，建档立卡贫困学生资助、助学金、高校生源地贷款等教育惠民政策得到落实。社会保障和就业支出方面，社保拨付资金5.67亿元，同比增长16.66%；发放城乡低保和特困供养救助资金0.22亿元，全区5599名低保人员基本生活得到保障。通过扶持残疾人就业、扶残助学、残疾儿童免费康复救助、重度残疾人托养等扶持方式，拨付资金0.14亿元，不断提升残疾人保障水平。落实就业政策，创业担保贷款基金增加至0.18亿元，共扶持自主创业人员132名，发放贷款0.13亿元，扶持劳动密集型小企业14家，发放贷款0.35亿元，共贴息资金0.01亿元。医疗卫生支出方面，不断提高医疗卫生补助标准，居民基本医疗保险财政补助标准由每人每年450元提高至490元，基本公共卫生服务人均补助标准由每人每年50元提高至55元。拨付资金0.13亿元，继续支持推进公立医院综合改革。支持乡村振兴方面，拨付农林水支出1.25亿元，扶持发展高效特色农业、生态循环农业，打造苗木花卉、泰山茶、生态奶牛、有机蔬菜四大优势主导产业。争取上级资金0.57亿元，打造国家级农业产业园区。加快推进涉农资金整合，将整合后的涉农资金全部纳入乡村振兴“资金池”，解决涉农资金多头管理、交叉重复、使用分散等问题，集中财力支持乡村振兴。

2019年，泰山区实现一般公共预算支出25.89亿元，其中，民生类支出19.88亿元，占一般公共预算支出的76.77%。教育支出方面，拨付资金0.69亿元，用于落实生均公用经费支出，确保经费标准达到省级示范标准；拨付资金1.04亿元，用于东岳中学、南关中学等5所学校教育基础设施建设。社会保障和就业支出方面，拨付资金0.78亿元，用于发放城乡居民养老金；拨付资金0.86亿元，用于全区机关事业单位各项社保缴费补助；拨付资金0.21亿元，用于落实公益性岗位补贴和社保补贴；拨付资金0.28亿元，用于落实城乡低保和五保供养；拨付资金0.71亿元，用于落实军转干部及伤残军人各项优抚权益保障；拨付资金0.08亿元，用于全区困难残疾人和重度残疾人补贴。医疗卫生支出方面，拨付资金0.37亿元，用于落实居民基本医疗保险财政补助；拨付资金0.41亿元，用于落实基本公共卫生服务均等化补助；拨付资金0.17亿元，用于落实药品零差价制度和乡医补助；拨付资金0.21亿元，用于持续推进公立医院综合改革。支持城市建设方面，通过PPP模式引入社会资本用于芝田河、明堂河、梳洗河山水林田湖草修复工程，至2019年年底，完成项目投资3.67亿元。争取上级专项棚改奖补资金0.42亿元，申请新增棚改专项债券7.42亿元，为全区棚改项目的顺利实施提供了有力保障。投入资金1.29亿元，全力保障灵山大街、北上高大街、环山路东延、万官大街、擂鼓石大街东段等道路建设。

2020年3月12日，泰山区财政局党组书记、局长冯立（左四）到泰安市骏鸣新材料有限公司调研企业生产经营情况

2020年，泰山区实现一般公共预算支出27.57亿元，其中，民生类支出21.22亿元，占一般公共预算支出的76.96%。疫情防控保障方面，制定患者救助费用补助、医务人员和防疫工作者补助、医疗机构采购补助三大补助政策，投入疫情防控资金0.64亿元，有力保障了医疗救治、集中隔离、防疫监测、防疫物资供应、防疫宣传、防疫人员补贴等疫情防控工作的顺利开展。教育支出方面，拨付资金0.77亿元，落实生均公用经费支出；拨付资金0.14亿元，改善学校办学条件。社会保障和就业支出方面，拨付低保补助、特困供养、救助类资金0.5亿元；拨付资金0.08亿元，落实困难群体救助和基础养老金两项

民生提标政策；基本公共卫生人均补助标准提高为74元，新增的5元用于加强基层疫情防控支出；拨付基本公共卫生、基层药物和乡村卫生室、公立医院改革补助等资金1.03亿元；拨付各类优抚安置资金1.17亿元；拨付医保配套资金0.37亿元，城乡居民医疗保险一档提高至270元，二档提高至380元；拨付就业补助资金0.04亿元，企业稳岗补贴资金0.11亿元，拨付贴息资金0.03亿元，扶持自主创业人员227名，扶持劳动密集型小企业17家，缓解了因新冠肺炎疫情带来的就业压力。重点项目和支持乡村振兴方面，调整原博阳路改造工程政府专项债券1.15亿元，用于S237章新线邱家店至埠阳庄大桥段改建工程项目和泰安市第二污水处理厂配套湿地工程项目。统筹整合各级涉农资金1.47亿元，用于保障乡村振兴示范区创建、农村基础设施建设、美丽村居示范点建设、农村道路改善及危房改造等。拨付专项扶贫资金0.13亿元，支持打赢脱贫攻坚战。拨付资金1.73亿元，支持文明城市创建。筹措资金1.37亿元，保障了北上高大街、擂鼓石大街、灵山大街、迎胜路南延等市级重点道路建设。

2021年，泰山区实现一般公共预算支出28.18亿元。其中，民生类支出21.74亿元，占一般公共预算支出的77.14%。民生投入方面，拨付生均公用经费0.86亿元；拨付教育惠民资金0.06亿元；拨付疫情防控资金0.27亿元；拨付各类就业补助资金0.08亿元；拨付基本公共卫生、基层药物和乡村卫生室、公立医院改革补助等资金1.16亿元，基本公共卫生人均补助标准提高为79元，城乡居民医疗保险一档提高至310元、二档提高至420元；拨付低保补助、特困供养、残疾人两项补贴、儿童类基本生活费等各项补助救助类资金0.52亿元；拨付各类优抚安置资金1.06亿元。城市建设方面，全力保障山水林田湖草生态保护修复工程，完成投资6.3亿元，占计划总投资的76.8%，顺利通过省级专项审计检查。争取专项债券资金9.5亿元，为泰山科技文化产业园区配套基础设施工程建设提供了资金保障。落实资金来源，推进清洁取暖改造项目顺利实施。争取上级资金0.6亿元、专项债券0.34亿元，全力保障老旧小区改造，切实改善人民群众居住环境。

6年来，泰山区一般公共预算支出规模逐年增长，2021年财政支出规模较2015年增长4.76亿元，年均增长3.13%。

2016—2021年，一般公共预算年度上解财力由21.13亿元增加至25.23亿元，增长19.4%，上解市级财力超过其他县（市、区）上解之和。

2016—2021 年泰山区一般公共预算支出统计表

表 6-2　单位：万元

项目＼年份	2016	2017	2018	2019	2020	2021
一般公共服务支出	21882	26709	21436	35040	32897	34565
国防支出	190	188	316	304	1337	843
公共安全支出	6816	7019	7018	10744	8585	8547
教育支出	44755	46618	49764	61695	60586	61423
科学技术支出	1090	3964	2288	1812	5168	1963
文化体育与传媒支出	2125	2867	2667	3748	2775	2317
社会保障和就业支出	50910	48598	56695	59806	69011	70512
医疗卫生与计划生育支出	35789	32723	22747	21238	30858	27212
节能环保支出	2859	2688	5854	1123	3668	10132
城乡社区支出	13999	17938	1954	7745	10015	5306
农林水支出	15294	13944	12515	25399	18409	18830
交通运输支出	3539	2141	1674	2008	2179	2064
资源勘探信息等支出	2878	10732	4402	6878	9160	16931
商业服务业等支出	1055	2488	4096	2659	3816	1328
金融支出	20	134	319	111	293	159
援助其他地区支出	—	—	—	—	860	879
自然资源海洋气象等支出	20	334	7933	687	946	1168
住房保障支出	4214	5934	12390	11272	7259	12442
粮油物资储备支出	—	—	50	212	1244	578
灾害防治及应急管理支出	—	—	—	2004	3440	3230
其他支出	6957	8207	2564	4459	3172	1399
债务付息支出	1153	1822	947	—	—	—
合计	215545	235048	217629	258944	275678	281828

第三节　财政管理

泰山区财政局始终坚持新发展理念，以推动高质量发展为主题，以深化供给侧结构性改革为主线，以改革创新为根本动力，持续深化财税体制改革攻坚行动，坚持实施以“两放权、两统筹、两转变、两规范”为主要内容的预算管理改革，预算管理更加科学规范，财政治理效能不断提升。

一、财税体制改革

2016 年，根据《关于泰安高新区东部开发区划转泰山区有关财税事项的意见》，泰安高新技术产业开发区东部开发区内企业整体划转到泰山区，并以 2012—2014 年缴纳税收收入形成的地方财力三年平均数为基数，调增泰山区财政体制上解支出 0.23 亿元。

2017 年，根据泰安市委《关于调整泰

安高新技术产业开发区和泰山风景名胜区管辖范围有关事宜的通知》，按照泰山区划转高新区 11 个村所得财力和民生事业支出为基数，调增泰山区财政体制上解基数 0.07 亿元。

2018 年，将已搬迁至岱岳区进行生产的泰山玻璃纤维有限公司形成的体制上解支出予以调整，以该企业 2017 年形成上解支出 1.25 亿元为基数，划转至岱岳区，并上解该企业在泰山区已入库税款 0.7 亿元。根据泰山玻璃纤维有限公司及其满庄分公司历年纳税抵扣及财力保障情况，给予泰山区财力补助 0.75 亿元。

2019 年，省、市、县调整财政体制，根据《山东省人民政府关于省以下财政管理体制改革的实施意见》和《关于贯彻落实鲁政发〔2019〕2 号文件财政预算管理等事项的通知》，对市、县增值税、企业所得税、个人所得税和资源税、房产税、城镇土地使用税、土地增值税、耕地占用税、契税收入比 2017 年增长部分，调整省与市、县税收分成比例为 20 ∶ 80；以 2017 年为基数，对市、县增值税、企业所得税、个人所得税、资源税（不含水资源税）、房产税、城镇土地使用税、土地增值税和契税 8 项税收收入决算数的 5% 部分，核定 2019 年省级分享收入体制改革基数，以后每年定额补助市、县，其中，对增值税改革基数单独核定。

以 2018 年为基期，对义务教育公用经费保障、家庭经济困难学生生活补助、中等职业教育国家助学金、中等职业教育免学费补助、普通高中教育国家助学金、普通高中教育免学杂费补助、学前教育政府助学金、高校国家助学金、城乡居民基本养老保险补助、城乡居民基本医疗保险补助、基本公共卫生服务、计划生育扶助保障、基层医疗卫生机构实施基本药物制度补助、产前筛查、新生儿遗传代谢性疾病免费筛查、退役军人优抚补助 16 项民生政策对因省级补助比例调整导致支出负担变化的，逐项政策核定省与市的定额补助（上解）基数。其中，省级补助比例上调的，核定市、县对省级的上解基数；省级补助比例下降的，核定省级对市、县的补助基数。其中，因医疗保险实行市级统筹，省级转移支付直接下达到市，该项资金补助（上解）基数直接与市结算。

是年，泰安市对泰山区财政体制上解比例由 12% 调整为 8%，并给予泰山区财力补助 0.8 亿元。

2020 年，受新冠肺炎疫情影响，当年市区财政体制上解支出以 2019 年上解数扣除当年财力补助 0.8 亿元后，作为市区财政体制上解基数，极大地缓解了泰山区当年财力保障压力。

2021 年，市区财政体制继续执行 2020 年政策，市对区财政体制上解仍按照上年规模执行。

二、支出保障

加大涉农资金整合力度，统筹推进乡村振兴，全力做好脱贫攻坚。重点用于村级组织运转保障经费、重点水利工程建设、衔接推进乡村振兴 3 项约束性任务，以及乡村建设行动、农业高质量发展、农村危房改造、农村环境综合治理、农村安全饮水等乡村振兴重点任务。充分发挥中央涉农资金带动作用，地方配套资金 12 亿元，单位自筹资金 8.24 亿元，实现总投资 21.24 亿元，成功打造泰山茶核心区种植基地升级改造、科技孵化器建设、亚奥特乳业设备升级改造等重点项目。2018年，泰山区被财政部和农业农村部批准创建国家现代农业产业园，2019年，以全国第二名的成绩通过认定。至2021年年底，已建成中国高纬度绿茶示范区、乡村振兴齐鲁样板区、江北最大的现代农业科技孵化器，培育壮大了一批像宝来利来、亚奥特等具有带动作用的龙头企业，实现了农业增效、农民增收的预期目标。

2021年7月26日，财政部副部长、党组成员朱忠明（前左）调研泰山区国家现代农业产业园项目。泰山区政府党组成员、农高区管委会副主任吴杰（前右）介绍农业产业园建设情况

2016—2021年，泰山区全面落实减税降费政策，激发市场活力。为企业争取资金支持，累计争取涉企专项资金5.2亿元，为12家企业争取泰安市重点企业财源建设基金额度14.92亿元。成功组建泰山区财源投资集团有限公司，顺利通过AA信用评级。充分发挥财源投资集团对全区重点项目的推进作用，推进国创中心产业基地、农商行金融大厦、泰山金融港等项目的建设实施，顺利完成7-ELEVEN便利店项目的签约落地，不断拓展泰城东部新区发展空间。

多渠道筹集资金，全力支持重点项目建设。通过PPP模式引入社会资本支持山水林田湖草生态保护修复工程，总投资8.2亿元。累计发行地方政府专项债券30.44亿元，为棚户区改造、重点道路建设提供了充足资金保障。政府性基金预算收入从2016年的1.24亿元增加至2021年的29.11亿元，实现跨越式增长，为全区经济社会持续健康发展提供坚实财力基础。

三、财政改革

2016—2021年，泰山区推进财税体制改革，不断完善公共财政体制，财政管理水平跃上新台阶。

坚持全面预算。泰山区通过全口径、一体化编制“四本预算”，加强一般公共预算、政府性基金预算、国有资本经营预算、社会保险基金预算收入征管，加大“四本”预算统筹融合力度，2016—2021年，政府性基金、国有资本经营预算调入一般公共预算规模达18.92亿元。

坚持透明预算。全面严格落实预算法及财政法规规章制度要求，及时公开政府预决算并指导部门预决算公开，除涉密信息外，所有使用财政资金的部门，全部公开部门预决算。同时，将政府债务情况与财政预算同编制、同公开，接受社会监督，增强防范政府债务风险意识，杜绝了系统性债务风险的发生。

坚持绩效预算。通过预算绩效管理信息系统，全面推进预算绩效全流程管理，逐步实现绩效目标编制、运行监控、绩效自评全覆盖，建立起“预算编制有目标，预算执行有监控，预算完成有评价，评价结果有反馈，反馈结果有应用”的全过程预算绩效管理机制。2020年，泰山区被省财政厅选为全省预算绩效管理重点示范县。

坚持节约预算。围绕中央和省、市、区财税重大决策部署，结合各级巡视巡察工作，按照整顿和规范财经秩序的总要求，进一步加强财政监督管理，加大专项检查力度，致力于财政科学化、规范化管理。加大投资评审力度，进一步规范投资评审流程，2016—2021年，泰山区完成747个项目评审工作，涉及资金266亿元，审减节约资金35.64亿元。规范政府采购行为，不断提高资金使用效率，2016—2021年，泰山区通过集中采购节约资金0.86亿元。

第二章　岱岳区

岱岳区地处泰山之阳、汶水之滨，居齐鲁腹地，是新石器时代“大汶口文化”的发祥地。1985 年 3 月，撤销泰安地区设地级泰安市后，原泰安市（县级）分设泰山区、郊区。2000 年 4 月，郊区更名为岱岳区。全区总面积 917.2 平方千米。辖山口、大汶口、祝阳、范镇、角峪、马庄、满庄、夏张、道朗 9 个镇，粥店、天平 2 个街道，471 个行政村（社区），常住人口为 67.52 万人。2016—2021 年，岱岳区财政局在区委、区政府的坚强领导和上级财政部门的指导帮助下，不断提升财政资源配置效率，加大“三保”等重点支出保障力度，推进财税改革，努力规范财政管理，为全区经济社会高质量发展提供了有力支撑。2016 年，岱岳区财政局被泰安市人民政府授予全市社会综合治税暨地方税收保障工作先进单位称号；2018 年，被山东省委宣传部授予山东省文明单位称号；2019 年，被山东省人力资源和社会保障厅、山东省财政厅授予山东省财政系统先进集体称号；2020 年，被泰安市委、市政府授予创建全国文明城市先进单位称号。

第一节　财政收入

2016 年以来，岱岳区财政局坚持稳中求进工作总基调，抓关键、建机制、强监控、促增收，抓实各项促收入制度机制，收入规模稳中有进，收入结构持续优化。

2016 年，岱岳区财政局办公楼

2016 年，全区累计完成一般公共预算收入 16.53 亿元，完成预算的 100.1%，超全年预算 0.1 个百分点，同口径增长 11.1%。收入结构质量持续改善，全区完成税收收入 14.56 亿元，完成预算的 101.3%，同口径增长 12.4%；税收占一般公共预算收入的比重为 88.06%，比上年同期提高 0.96 个百分点；完成主体税收收入 8.09 亿元，完成预算的 113.7%，同口径增长 27.8%；主体税收占税收收入的比重为 55.58%，比上年同期提高 6.71 个百分点；非税收入完成 1.97 亿元，完成预算的 92.1%，增长 2.9%。

2017 年，全区累计完成一般公共预算收入 18.91 亿元，完成调整预算的 100.7%，同比增长 28.6%，增幅列全市第一位。全区完成税收收入 16.37 亿元，完成调整预算的 100.9%，同比增长 26.4%，增幅列全市第一位；税收占一般公共预算收入的比重为 86.6%，增幅列全市第二位，完成主体税收收入 8.07 亿元，完成调整预算的 100.1%，同比增长 20.3%，主体税收占税收收入的比重为 49.3%，增幅列全市第三位；完成非税收入 2.54 亿元，增长 45.4%。

2018 年，全区累计完成一般公共预算收入 23.25 亿元，完成调整预算的 100.7%，增长 23%，增幅列全市第一位。自中共十八大以来，用 6 年的时间实现了一般公共预算收入翻一番（2012 年全区一般公共预算收入 10 亿元）。全区完成税收收入 19.81 亿元，完成调整预算的 100.4%，同比增长 21%，增幅列全市第一位；税收占一般公共预算收入的比重为 85.2%，增幅列全市第二位；完成主体税收收入 9.68 亿元，完成调整预算的 100.1%，同比增长 19.9%，主体税收占税收收入的比重为 48.9%，完成非税收入 3.44 亿元，完成调整预算的 102.3%，增长 35.6%。镇街级收入实现新突破。镇街级完成一般公共预算收入 20.78 亿元，完成预算的 114.5%，增长 24.7%。11 个镇街实现一般公共预算收入增幅，其中增幅超过 20% 的镇街有 8 个，最快的山口镇增长 55.9%。有 10 个镇街税收收入实现正增长，最快的山口镇增长 48.2%。

2019 年，在采矿业、制造业、建筑业和金融业等行业较快增长拉动下，全区累计完成一般公共预算收入 25.85 亿元，完成预算的 100.9%，增长 11.2%，增幅列全市第一位。全区完成税收收入 22.88 亿元，完成预算的 103.5%，增长 15.5%，增幅列全市第一位；税收收入占一般公共预算收入的比重为 88.5%，比上年同期提高 3.3 个百分点，增幅列全市第二位；完成主体税收收入 12.17 亿元，完成预算的 112.8%，增长 25.7%，增幅列全市第二位；主体收入分别占一般公共预算收入和税收收入的比重为 47.1% 和 53.2%，分别比上年同期提高 5.5 个和 4.5 个百分点，主体税收占一般公共预算收入的比重列全市第四位；完成非税收入 2.98 亿元。

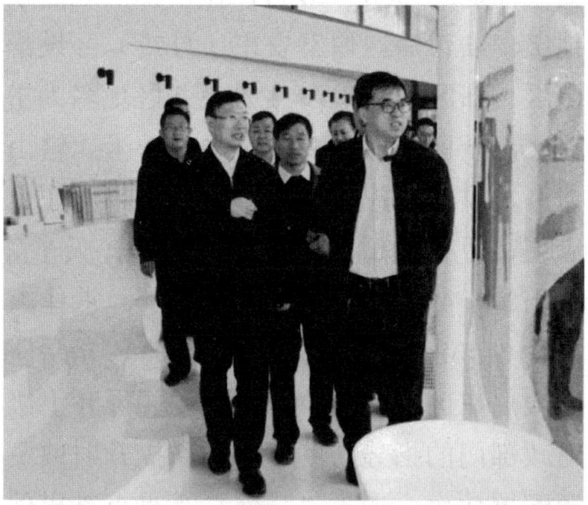

2020 年 10 月 22 日，财政部山东监管局党组书记、局长王振东（右前）到岱岳区调研财政经济运行情况

2020 年，全区累计完成一般公共预算收入 26.08 亿元，完成调整预算的 100.4%，同口径增长 4.0%，增幅列全市第二位；全区实现税收收入 23.8 亿元，增长 4.0%，增幅列全市第一位；税收收入占一般公共预算收入的比重为 91.3%，比上年同口径提高 3.1 个百分点，增幅列全市第一位；完成主体税收收入 14.29 亿元，完成调整预算的 99.8%，同口径增长 22.1%，增幅列全市第一位；完成非税收入 2.28 亿元。受新冠肺炎疫情影响，多行业税收下滑，第三产业受新冠肺炎疫情影响最大，1—12 月实现税收收入 14.33 亿元，下降 4.3%，占全区税收收入的

60.2%，其中，房地产业实现税收7.27亿元，占全区税收收入的30.5%；金融业减收0.09亿元。

2021年，全区累计完成一般公共预算收入24.01亿元，完成预算的100.1%，同口径增长7.1%，增幅列全市第四位；全区完成税收收入21.1万元，完成预算的100.0%，同口径增长4.3%，增幅列全市第五位；税收收入占一般公共预算收入的比重为87.9%，税收收入占比列全市第二位；完成主体税收收入13.24亿元，完成预算的101.4%，同口径增长5.3%，增幅列全市第三位；完成非税收入2.91亿元，增长33.8%。第三产业税收增长放缓，完成20.73亿元（以下数据全口径），结构占比54.6%，比上年同期增长3.2%。其中，金融业入库各项税收3.5亿元，同比下降10.5%。房地产业入库各项税收7.48亿元，同比增长3.4%。

2016—2021年岱岳区一般预算收入统计表

表6-3　单位：万元

项目＼年份	2016	2017	2018	2019	2020	2021
合　计	165337	189056	232516	258517	260816	240112
一、税收收入	145591	163691	198121	228762	238017	211049
其中：主体税收收入	80913	80747	96809	121701	142927	132381
二、非税收入	19746	25365	34395	29755	22799	29063
专项收入	9277	11234	16956	12390	10326	10800
国有资源有偿使用收入	2746	4227	4572	5343	5200	11077
行政性收费收入	4678	5094	4093	2379	1918	3224
罚没收入	1132	3663	8526	9433	4816	3841
捐赠收入	1913	1147	248	210	496	105
其他收入	—	—	—	—	43	16

第二节　财政支出

2016—2021年，岱岳区财政局不断发扬“埋头苦干、勇挑重担、永不懈怠、一往无前”的新时代泰山“挑山工”精神，坚持民生优先导向，优化财政支出，保障民生福祉，牢固树立过“紧日子”的思想，保重点、压一般，优先保障“三保”等重点事项，科学合理安排支出，为“活力岱岳、秀美强区”建设提供有力支撑。

2016年，全区累计拨付各类财政资金36.48亿元。其中，一般公共服务支出3.46亿元，国防及公共安全支出0.91亿元，教育支出8.02亿元，科学技术支出0.04亿元，文化体育与传媒支出0.5亿元，社会保障和就业支出8.07亿元，医疗卫生与计划生育支出5.48亿元，节能环保支出0.5亿元，城乡社区支出0.93亿元，农林水支出5.35亿元，交通运输支出0.87亿元，资源勘探信息等支出0.48亿元，商业服务业及金融支出0.3亿元，住房保障支出0.99亿元，债务付息及其他支出等0.5亿元。民生政策得到较好落实，全区民生支出31.1亿元，占一般公共预算支出的比重为85.3%。推动解决城镇普通中小学“大班额”问题，安排学校建设资金0.59亿元，开工校园建设项目18个。支持社会保障和就业工作，深化医药卫生体制改革。居民养老保险基础养老金发放标准、重度残疾人护理补贴分别由每人每月85元、60元提高至100元、80元。农村低保、农村五保集中供养、分散供养、居民医疗保险政府补助、基本公共卫生服务补助标准分别由每人每年3400元、5200元、4000元、380元、40元提高至3600元、6200元、5000元、420元、45元。强化脱贫攻坚投入保障，拨付0.26亿元，推动实施了97个产业扶贫项目。推进城乡协调发展，拨付0.59亿元，支持一事一议、美丽乡村、农村公共维护等项目实施。

2018年9月27日，省财政厅农村综合改革办公室主任韩志毅（前左一）在满庄镇满北村调研乡村振兴工作，区财政局党委书记、局长钱振华（左二）陪同调研并作情况汇报

2017年，全区累计完成一般公共预算支出33.28亿元。其中，一般公共服务支出3.01亿元，国防及公共安全支出1亿元，教育支出6.77亿元，科学技术支出0.12亿元，文化体育与传媒支出0.37亿元，社会保障和就业支出6.49亿元，医疗卫生与计划生育支出4.02亿元，节能环保支出0.41亿元，城乡社区支出1.36亿元，农林水支出4.75亿元，交通运输支出1.44亿元，资源勘探信息等支出0.26亿元，商业服务业及金融支出0.43亿元，国土海洋气象及粮油物资储备支出0.13亿元，住房保障支出2.08亿元，债务付息及其他支出等0.64亿元。民生政策全面落实，全区民生支出28.3亿元，占财政支出的比重达到85.1%。进一步健全了农村特困人员救助供养制度，保障基本生活与提供差异化服务并重，以适应不同救助供养服务需求。基本公共卫生服务补助、居民医疗保险政府补助标准、农村低保保障线分别由每人每年45元、420元、3600元提高至50元、450元、3800元。筹措资金0.59亿元，支持学校建设，解决“大班额”项目和全面改薄校舍建设项目分别竣工48个和164个。投入0.15亿元实施了113个“一事一议”财政奖补项目。拨付专项扶贫资金0.25亿元，整合资金0.65亿元，实施各类扶贫项目233个，助推脱贫攻坚取得明显成效。投入0.81亿元，支持农田水利项目、农村安全饮水巩固提升、粮改饲等惠农项目实施。

2018年，全区累计完成一般公共预算支出36.73亿元。其中，一般公共服务支出3.69亿元，国防及公共安全支出1.18亿元，教育支出7.65亿元，科学技术支出0.1亿元，文化体育与传媒支出0.34亿元，社会保障和就业支出7.39亿元，医疗卫生与计划生育支出3.74亿元，节能环保支出0.53亿元，城乡社区支出

1.36亿元，农林水支出4.87亿元，交通运输支出0.76亿元，资源勘探信息等支出0.17亿元，商业服务业及金融支出0.46亿元，国土海洋气象等支出0.62亿元，住房保障支出3.37亿元，粮油物资储备支出0.16亿元，债务付息及其他等支出0.35亿元。脱贫攻坚、人才发展和棚户区改造等重点领域给予充分保障，全区民生的支出31.34亿元，占一般公共预算支出的85.3%。落实人才优先发展引领新旧动能转换有关要求，设立了2018年人才专项资金0.1亿元。拨付各级财政专项扶贫资金0.22亿元。推进涉农资金统筹整合，共整合涉农资金0.19亿元。拨付1.9亿余元，重点支持义务教育、学前教育、高中教育、职业教育协调发展。投入0.16亿元，保障区图书馆、文化馆公共设施免费开放、“千村扶贫”健身场地硬化、健身器材管理维护等。拨付“一事一议”财政奖补资金0.13亿元，完成项目61个。安排0.13亿元，实施美丽乡村项目36 个。下达各级改厕资金0.25亿元，改造农村厕所6万家。

2019年，全区累计完成一般公共预算支出38.96亿元，增长6.1%。其中，一般公共服务支出3.91亿元，公共安全支出0.96亿元，教育支出8.18亿元，科学技术支出0.15亿元，文化旅游体育与传媒支出0.48亿元，社会保障和就业支出8.11亿元，卫生健康支出2.81亿元，节能环保支出0.63亿元，城乡社区支出1.81亿元，农林水支出4.89亿元，交通运输支出1.54亿元，资源勘探信息等支出1.13亿元，商业服务业等支出0.31亿元，金融支出0.1亿元，自然资源海洋气象等支出0.91亿元，住房保障支出2.33亿元，灾害防治及应急管理支出0.26亿元，其他支出0.28亿元。全区民生支出32.2亿元，占一般公共预算支出的82.7%。通过支出结构优化调整，加大对重点领域的优先保障和薄弱环节的补短板力度，兜牢“三保”底线，优先支持“三大攻坚战”，建立健全乡村振兴战略财政投入保障制度，重点保障乡村振兴领域资金需求。按照集中统一管理原则，整合涉农资金4.1亿元，统筹用于支持乡村振兴战略。加大脱贫攻坚资金投入，拨付各级财政专项扶贫资金0.26亿元。投入0.58亿元，保障“四好农村路”建设。加大创新驱动扶持投入力度，设立0.1亿元人才工作专项资金，支持人才优先发展，引领新旧动能转换，促进创新驱动和结构调整。

2019年3月7日，山东省人民政府副省长于国安（右三）在岱岳区道朗镇八楼村考察乡村振兴工作

2020年，全区累计完成一般公共预算支出38.39亿元。其中，一般公共服务支出3.82亿元，公共安全支出0.96亿元，教育支出8.82亿元，科学技术支出0.25亿元，文化旅游体育与传媒支出0.35亿元，社会保障和就业支出9.16亿元，卫生健康支出3.24亿元，节能环保支出0.36亿

元，城乡社区支出1.58亿元，农林水支出4.51亿元，交通运输支出2.45亿元，资源勘探信息等支出0.64亿元，商业服务业等支出0.19亿元，自然资源海洋气象等支出0.26亿元，住房保障支出0.86亿元，粮油物资储备支出0.13亿元，灾害防治及应急管理支出0.36亿元。全区民生支出31.82亿元，占一般公共预算支出的82.89%。继续不断优化调整支出结构，加大对重点领域的优先保障和薄弱环节的补短板力度，兜牢“三保”底线，优先支持“三大攻坚战”，完善乡村振兴战略财政投入保障制度，重点保障乡村振兴领域资金需求。全年共整合涉农资金3.97亿元，用于乡村振兴领域。财政支持脱贫攻坚工作成效显著，拨付各级财政专项扶贫资金0.29亿元。推动城乡路网建设提升，安排“四好农村路”和“三通”工程等项目资金0.85亿元。加大创新驱动扶持投入力度，继续设立0.1亿元人才专项资金，全力支持科技和人才事业创新发展。支持新冠肺炎疫情防控保障工作，累计拨付疫情防控资金0.62亿元。

2020年11月15日，中共岱岳区委书记刘昌松（前左三）到夏张镇刘家庄村调研脱贫攻坚工作。区财政局局长张和江（左二）陪同

2021年，全区累计完成一般公共预算支出37.32亿元。其中，一般公共服务支出3.81亿元，公共安全支出0.73亿元，教育支出9.11亿元，科学技术支出0.27亿元，文化旅游体育与传媒支出0.29亿元，社会保障和就业支出9.61亿元，卫生健康支出3.08亿元，节能环保支出0.33亿元，城乡社区支出1.68亿元，农林水支出4.51亿元，交通运输支出0.62亿元，资源勘探信息等支出0.55亿元，商业服务业等支出0.12亿元，自然资源海洋气象等支出0.2亿元，住房保障支出1.71亿元，灾害防治及应急管理支出0.28亿元。全区牢固树立过“紧日子”的思想，坚持保重点、压一般，不断优化支出结构，坚持实施大额支付报备制度，科学合理安排支出，优先保障“三保”等重点事项。用于民生的支出达到31.57亿元，占一般公共预算支出的84.6%。同时，稳步推进财政直达资金下达使用，至12月底，中央、省、市共拨付资金6.8亿元。

2016—2021 年岱岳区一般预算支出统计表

表 6-4　单位：万元

项目＼年份	2016	2017	2018	2019	2020	2021
合计	360079	326685	364214	386778	380919	370445
一般公共服务支出	34554	30135	36882	39085	38206	38078
国防支出	148	604	512	487	353	227
公共安全支出	8906	9440	11260	9630	9634	7257
教育支出	80238	67683	76543	81757	88197	91071
科学技术支出	409	1185	991	1519	2457	2728
文化体育与传媒支出	4978	3676	3353	4779	3523	2936
社会保障和就业支出	80657	64855	73907	81129	91562	96106
卫生健康支出	54763	40216	37427	28113	32396	30776
节能环保支出	5038	4056	5298	6271	3615	3332
城乡社区支出	9317	13581	13615	18130	15758	16822
农林水支出	53509	47533	48684	48926	45105	45125
交通运输支出	8670	14427	7606	15426	24528	6216
资源勘探信息等支出	4822	2631	1660	11281	6398	5500
商业服务业等支出	2683	3776	4476	3132	1891	1237
金融支出	401	488	102	1018	409	108
援助其他地区支出	291	277	349	357	750	797
自然资源海洋气象等支出	35	761	6186	9094	2621	1985
住房保障支出	9940	20829	33726	23340	8611	17063
粮油物资储备支出	720	532	1637	667	1280	281
灾害防治及应急管理支出	—	—	—	2637	3625	2800

第三节　财政管理

2016 年以来，岱岳区财政局坚持稳中求进工作总基调，按照区委、区政府及上级财税部门决策部署，着眼新形势，适应新要求，全面落实各项财税改革政策，深化财税体制改革，努力规范财政管理，财政管理的科学化、精细化水平持续提升。

一、财政管理体制

通过合理调整区与镇街财政管理体制，进一步理顺区与镇街财政分配关系，切实增强财政体制对转变经济发展方式的引导功能，激励镇街加快发展，不断壮大财政实力，持续提升镇街财政公共服务能力和保障水平。

在现行财政体制划分原则的基础上，按照“合理划分支出、定额补助、比例分成”的原则，完善财政体制。

合理划分支出责任。在民生上解支出中，政策明确规定由镇街负担的、政策规定由同级政府负担的和应由镇街负担区级列支的项目，按照财权与事权统一的原则分级负担。以 2017 年为基数，按照当年财政收支平衡的原则，粥店、满庄和天平因体制调整增加的财力上解区级。严格按照上级政策负担民生支出，减少镇街民生支出负担，实现财权与支出责任相统一。将 2017 年区级对镇街的补助转为定额补助。在明确镇街民生负担的基础上，将 2017 年对镇街的补助转为定额补助，平衡镇街之间财力差异。之后，镇街缺口自行负担。

重新划分区与粥店、满庄、天平分成比例，区级负担的三个镇街的教师工资性支出全部由镇街自己承担。将现行的区与镇街分成比例由 7:3，调整为 6:4，超任务目标增长部分，区与镇街 3:7 分成。按照当年财政平衡的原则，天平因体制调整增加的财力上解区级，用于补助因体制调整出现缺口的满庄和粥店。

招商引资新增项目涉及对项目对企业的税收优惠政策由项目所在地负担，涉及各级制定的对企业奖励政策，按照“谁受益、谁负担”的原则负担。在粥店、满庄和天平实行分成政策的基础上，区级对其他 8 个镇的财政收入补贴根据年度收支情况进行动态调整。

二、预算绩效管理

岱岳区财政局在抓绩效制度建设的同时，重点加强了区直部门整体评价，扩展了绩效评价范围。

注重专业化管理，成立机构。2021 年 4 月，成立岱岳区财政绩效评价中心，从预算科独立出来。配备专职工作人员，绩效工作实现专职专业化管理。强化预算单位绩效管理人员业务培训，除按计划开展政策、业务等培训外，针对预算绩效管理改革实践中遇到的难点问题开展针对性培训，全面强化预算单位工作人员工作能力建设。理念固化、系统运用、操作实务均有了质的提升。

注重制度框架建设。构建“1+N”绩效管理制度体系，2021 年，区财政局印发《岱岳区区级预算绩效管理结果应用暂行办法》《岱岳区区直部门和单位整体绩效管理暂行办法》《项目支出绩效评价管理办法》等一系列制度文件，搭建起了覆盖所有财政资金支出渠道的绩效评价制度框架，健全了全过程预算绩效管理机制，规范部门整体绩效管理，健全了单位间工作协调机制和工作程序等，为全面推进预算绩效管理提供了制度支点。2021 年，区财政局、审计局联合印发《财政审计协同联动推进全面预算绩效管理实施方案》，借助审计等方面的力量，加大工作推进合力。

注重运用绩效评价，开展预算编制、执行工作。严把预算编制“入门关”，严格预算政策到期退出机制，新增项目或政策全部纳入事前绩效管理。严把监督预算“执行关”，对纳入绩效目标管理的全部项目进行监控跟踪，对重大政策和项目实施财政重点监控，督促预算部门及时纠正预算执行的偏差，防止预算绩效运行偏离原定绩效目标，确保绩效目标的实现。2021 年，完成项目预算绩效目标 513 个，资金执行率达到了 90% 以上。严把预算执行“质量关”，区财政局聘请中介机构对不同行业的 16 个项目实施财政重点绩效评价。评价情况与高质量发展综合考核得分挂钩，评价结果与预算安排及预算调整挂钩，取得明显成效。

注重部门整体绩效评价。2021 年，区

财政局全面推行部门整体绩效评价，印发《岱岳区区直部门和单位整体绩效管理暂行办法》，进一步落实部门预算绩效管理责任，健全包括指标体系建立、绩效目标编制、绩效评价等在内的闭环管理体系，规范了区直部门整体绩效管理，强化部门绩效管理主体责任。全区68个一级预算单位全部开展部门整体支出绩效目标编报工作，实现区级部门绩效管理全覆盖。同时，将部门整体绩效目标、整体绩效自评情况、部门整体绩效评价情况随预决算报区人大常委会，进一步提升部门整体履职成效和核心业务实施效果。注重绩效评价试点工作开展。选取两个镇街开展政府财政运行综合绩效评价试点，取得镇街财政增收、节支、促发展的努力程度及投入产出成效、提升财政保障能力的经验。选取“城乡环卫一体化托管费用和基本公共卫生服务”两个项目试点，开展成本绩效评价，探索开展预算执行中的成本控制，以及预算执行后的成本目标评价。选取“民师补助政策”试点，开展全周期跟踪问效政策管理，推动政策实施与预算的有机融合。在政府债券项目方面，对新入库的项目全部开展事前绩效评估，对2020年以来的所有专项债项目全部开展绩效评价。

三、地方政府债务风险防范

2016年以来，区财政局主要围绕“开好前门、堵严后门、强化支出、注重绩效”四个方面开展工作。

加大债券申报力度。全面提升债券储备项目库规模和质量，扩大项目储备范围，加大项目前期手续审查力度，做好项目搭配包装，争取更多债券资金支持。

稳步化解隐性债务。锁定隐性债务规模，严格落实新增政府债务报告制度，严禁任何单位以任何形式新增政府隐性债务。大力推动融资平台公司转型，厘清企业债与政府债界限，防止企业风险向政府转移。稳定化债资金来源，继续安排部分预算资金化解政府购买服务支出责任，明确园区和开发区土地收益优先偿还债务，安排部分盘活的存量资金用于债务压减。按照“统筹谋划、严控增量、压减存量”的工作思路，压减政府隐性债务。

加强债券资金支出监管。建立常态化债券资金调度通报机制，开展专项债券支出进度督导，严格落实债券资金结转结余收回制度，以督促支、以收促支。规范账务处理，建立财政部门与项目单位间债券资金“收、支、用”定期对账机制，清晰、准确反映专项债券资金使用情况。

实施债券项目绩效管理。将绩效理念引入政府专项债券管理，新增政府专项债项目全部开展绩效评价并加大财政重点评价力度，评价结果与下年度债券额度挂钩，压实主体责任，做到“举债必问效，无效必问责”。至2021年年底，全区地方政府债务余额39.29亿元。

四、财政管理制度

建立职工工资统发管理机制。严格按照“编制部门核准编制、人事部门核定工资、财政部门核拨经费、银行及时代发到人”的管理办法，规范工资管理，严格统发范围。建立人员流动申报制度，达到工资数据变动信息准确、调整及时、工资发放及时准确。

健全完善厉行节约反对浪费的制度体系。贯彻落实上级关于加强厉行节约反对浪费制度建设的要求，先后印发区直机关培训费、差旅费、会议费等管理办法，健全完善厉行节约制度体系，严格预算控制，加强支出管理，从源头规范公务开支和公款消费。

认真落实会议定点管理制度。2015年，区财政局印发《岱岳区党政机关会议定点管理实施办法》，区财政局严格按照政府采购有关程序，通过招投标确定区党政机关会议定点场所，并在网站公示，接受社会监督。

2021年7月26日，财政部党组成员、副部长朱忠明（左二）到岱岳区道朗镇里峪村就农村综合性改革试点试验工作开展进行调研

五、预算管理一体化

全区政府预算管理一体化。统一全区各级财政预算管理规则和管理要素，建立健全上下级预算的衔接机制，实现逐级汇总编制真实完整的全区预算。各部门预算管理一体化。各部门及所属单位依法依规将取得的各类收入纳入部门和单位预算，执行统一的预算管理制度。预算全过程管理一体化。整合预算编制、预算执行、决算和报告、政府采购、资产管理等预算管理环节，强化顺向环环相扣的控制机制和逆向动态可溯的反馈机制。预算项目全生命周期管理一体化。预算管理各环节以预算项目为基本单元，依托项目库对预算项目全生命周期实施管理。全区预算数据管理一体化。在坚持部门和单位财务管理主体责任的基础上，集中单位会计核算、资产管理、账户余额等预算数据，达到财政部门与单位主管部门共享共用，实现各级财政预算数据生产和对接传输的标准化。

第三章　新泰市

新泰市地处鲁中腹地、泰山东麓，是泰山山脉和沂蒙山脉的交会处、齐文化和鲁文化的交会处、黄河流域和淮河流域的交会处。辖岳家庄、翟镇、泉沟、羊流、果都、西张庄、宫里、谷里、楼德、禹村、石莱、放城、刘杜、小协、东都、汶南、龙廷17个乡镇，青云、新汶、新甫3个街道办事处和1个省级经济开发区、1个省级旅游度假区，864个村（社区），136.51万人，总面积1787.14平方公里。抗日战争时期，建立新泰县抗日民主政府二科（财政科）。1958年，设立新泰县财政局。1983年10月县改市，建立新泰市财政局。2016—2021年，新泰市财政局在市委、市政府坚强领导和上级财政部门关心支持下，围绕中心、服务大局，推动发展、保障民生，深化改革、提高效能，为新泰市经济社会健康有序发展提供了有力支持。2021年，新泰市实现地区生产总值573.9亿元，同比增长5.3%，完成一般公共预算收入37.5亿元（其中，税收26.5亿元），居2021全国综合实力百强县市第66位、全国投资潜力百强县市第36位。新泰市财政局各项工作，受到社会各界高度评价。2016年，被泰安市委评为五星级党组织；2018年，被山东省财政厅评为全省社保信息宣传先进单位；2019年，被山东省人社厅、山东省财政厅授予全省财政系统先进集体；2020年，被山东省档案局评为全省档案工作业务建设先进单位；2021年，蝉联山东省精神文明建设指导委员会省级精神文明单位称号。

2016年，新泰市财政局办公楼

第一节　财政收入

2016—2021年，新泰市财政局坚持稳中求进工作总基调，围绕总量与质量并重的原则，“压水分、稳总量、提质量”，通过开展社会综合治税专项行动、大力发展总部经济税收、挖掘资源性收入潜力、强化重点非税收入征管、对上争取，充分调动各方面组织收入的积极性，全市一般公共预算收入保持平稳有序发展，分别完成42.26亿元、40.64亿元、40.68亿元、40.68亿元、40.9亿元、37.5亿元；税收收入分别完成31.64亿元、30.97亿元、29.31亿元、26.29亿元、23.74亿元、26.49亿元。

2016年，在“营改增”过程中，新泰市财政局配合税务部门开展了“税收清理突击月”活动，累计清理入库税收2亿元。

推进重点煤炭企业税收清欠，12 月协助税务部门清理重点企业欠税 1.8 亿元。严格落实非税收入征管责任制和督导通报制，清缴重点项目欠费 1.7 亿元，全年累计完成非税收入 15.1 亿元。通过财政系统争取到位上级无偿资金 28.2 亿元，其中，社会保障类转移支付资金 5.8 亿元、资源枯竭城市转移支付 2.6 亿元、节能环保资金 2.4 亿元、支农资金 2.2 亿元、保障性住房资金 2 亿元。

2017 年，抓好土地使用税专项治理、企业欠税专项清理、总部经济发展等重点任务。其中，清缴企业欠税 2.95 亿元，实现总部经济税收 0.22 亿元，城镇土地使用税增收 0.12 亿元。抓好重点建设项目规费清欠、土地出让金征收等 27 项工作，清理重点建设项目规费 1.5 亿元。全市对上争取到位资金 35.5 亿元，其中，争取到位资源枯竭城市补助资金 2.6 亿元、上级财力性转移支付资金 2.5 亿元、采煤塌陷地补助资金 0.57 亿元，提升了财政综合保障能力。

2018 年，强化综合治税，推进水资源税、环保税改革，强化建筑房地产业税收控管，抓好企业欠税专项清理、总部经济发展等重点任务。其中，建筑房地产业实现税收 3.8 亿元，同比增长 44.5%；全面清理企业欠税 1.7 亿元。各乡镇街道实现总部经济税收 1.1 亿元。

2019 年，全市建筑安装房地产业实现税收 8.34 亿元，同比增收 0.83 亿元。车船税完成 0.92 亿元，车辆购置税完成 1.5 亿元，分别增长 17.8% 和 20.3%。各乡镇街道实现总部经济税收 2 亿元。新矿集团实现总部经济税收 4 亿元。累计完成非税收入 14.4 亿元，增长 26.5%。全市获批无偿资金 41.8 亿元。

2020 年，推进建筑房地产业税收专项治理，建筑房地产业入库税款 10.85 亿元，同比增长 30%。砂石资源综合收益实现 1.15 亿元，河砂综合收益实现 1.5 亿元。2020 年，新泰市财政局制定《关于鼓励发展总部经济的相关财税政策》，鼓励乡镇街道大力发展总部经济。各乡镇街道和开发区实现总部经济税收 4.43 亿元，完成年初指导计划的 174.41%。全年争取到位上级无偿资金 27.7 亿元，争取各类专项债券资金 13 亿元，新冠肺炎疫情防疫特别国债 2.64 亿元。

2020 年 12 月 31 日，中共新泰市委书记刘钦海（右一）到市财政局调研。局党组书记、局长杨新斌（左一）陪同

2021 年，把组织收入作为核心任务，密切协调配合，依法征税管费，收入结构持续优化，收入质量显著提升。

加强督导调度。新泰市财政局多次召开财税工作会议，科学研判收入形势，理清工作思路，完善激励政策，提高各级各部门单位组织收入积极性。

突出专项治税。围绕建筑房地产行业税收、土地房产税收、车船税、光伏企业税收等治税重点，开展专项治税行动，分别实现税收9.6亿元、2.2亿元、0.65亿元、0.3亿元。全市税收收入完成26.5亿元，同比增长1.6%；税收占一般公共预算收入的70.6%，同比提高12.6个百分点。

2021年12月27日，中共新泰市委书记宋鸿鹏召开专题会议，调度财税收入工作。

发展总部经济。鼓励乡镇街道和市开发区结合自身产业特色，大力发展实体性总部经济，累计实现总部经济税收3.1亿元；加强总部在新重点企业税收协作，新矿集团实现总部经济税收5.3亿元。

强化非税征管。提升非税收入收缴管理水平，强化土地出让金等重点非税收入征缴，完成非税收入42亿元（含政府性基金）。

对上争取。成功争取获评省级财政金融政策融合支持乡村振兴战略制度试点项目，做好工业强县（市）申报争取相关工作。围绕资源枯竭城市、沂蒙革命老区等政策，全年争取到位上级无偿资金24亿元，政府专项债券资金额度13.1亿元，缓解了财政支出压力。

2016—2021年新泰市地方财政收入完成统计表

表6-5　　单位：万元

项目＼年份	2016	2017	2018	2019	2020	2021
收入合计	422609	406370	406776	406789	409226	375068
一、税收收入	316424	309699	293077	262927	237351	264905
其中：主体税收收入	98579	102974	126150	122067	121130	130071
二、非税收入	106185	96671	113699	143862	171875	110163
专项收入	12455	12091	16419	15082	14923	14013
行政性收费	41626	25608	55499	81253	100834	48344
罚没收入	8974	10446	9746	20794	12972	30879
国有资本经营收入	2293	973	—	—	—	—
国有资源有偿使用收入	34034	44321	30813	24665	41143	14168
捐赠收入	599	78	285	341	1580	378
政府住房基金收入	—	56	8	4	40	26
其他收入	6204	3098	929	1723	383	2355

第二节 财政支出

2016年以来，新泰市财政局坚决兜牢民生底线，带头树立过“紧日子”思想，印发《新泰市财政局关于贯彻落实过“紧日子”要求 进一步加强和规范部门预算管理的通知》，严格按照上级要求压减一般性支出和非重点、非刚性项目支出。2016—2021年，全市财政支出分别完成65.3亿元、64.7亿元、62.8亿元、71.6亿元、72.1亿元、76.1亿元，累计完成412.6亿元；民生支出分别完成50.2亿元、50.5亿元、49.8亿元、57.4亿元、58.4亿元、61.8亿元，累计完成328.1亿元，占财政总支出的比重为79.5%。

2016年，民生支出完成50.2亿元，同比增长2.1%，占财政支出的77%。涉农方面，落实专项资金0.34亿元，支持扶贫开发工作；落实资金0.45亿元，用于大中型水库库区移民补贴、农机购置补贴；落实资金0.1亿元，用于农业产业结构调整；兑现资金0.4亿元，对31万亩、15.8万户种粮农户给予财政补贴。教育方面，落实义务教育保障经费1.28亿元；投入资金3.7亿元，着力解决“大班额”问题；拨付资金0.29亿元，用于实施校舍安全工程、薄弱学校改造及校舍标准化建设；安排资金0.1亿元，对4749名农村原民办代课教师发放生活补助。社会保障和就业方面，发放城乡居民养老保险基础养老金2.2亿元，发放城乡低保资金0.9亿元，落实退役安置、社会福利、残疾人事业保障资金0.56亿元，落实就业保障资金0.1亿元。医疗保障方面，报销城乡居民基本医疗医药费6.2亿元，拨付县级公立医院改革资金0.25亿元，落实基本公共卫生服务项目资金0.6亿元，实施基本药物制度及村卫生室补偿资金0.45亿元。保障性住房方面，筹措廉租住房保障基金、公租房、棚户区和危房改造建设资金1.6亿元，新建保障性住房5348套。同时，落实资金2.2亿元，用于机关事业单位工作人员工资晋档、职级并行、交通和取暖补贴等改革性政策兑现。

2017年12月，财政支持建设的新泰市小协镇初级中学实验办公综合楼竣工

2017年，民生支出完成50.5亿元，占财政支出的78.1%。扶贫攻坚方面，安排扶贫专项资金0.53亿元，整合行业扶贫资金0.6亿元，支持扶贫项目137个。整合财政涉农资金0.43亿元，重点支持了“良心谷”、长兴现代农业、惠美农牧等农业产业项目发展。文教事业方面，教育投入13.8亿元。其中，用于义务教育学校保障经费及高中段学校公用经费1.6亿元，用于“大班额”、薄弱学校改造及校舍标准化建设资金1.5亿元，发放教育助学金和农村原民办教师生活补助0.25亿元。投入资金0.75亿元，支持文化、体育、传媒事业发展。社会保障和就业方

面，社会保障和就业支出10.7亿元。其中，发放城乡居民养老保险基础养老金2.3亿元，发放义务兵家庭优待金0.13亿元，落实就业保障资金0.08亿元。医疗保障方面，医疗卫生支出8.1亿元。其中，报销城乡医保医药费6.2亿元，安排乡镇卫生院及村卫生室基本药物制度补偿资金0.45亿元。保障性住房方面，筹措廉租住房保障基金、公租房、老旧小区改造、棚户区和危房改造建设资金1.1亿元，保障性住房建设顺利开展。投入5.4亿元，支持滨湖新区、城乡道路、基础设施等重点项目建设。

2018年，民生支出完成49.8亿元，占财政支出的79.2%。精准扶贫和乡村振兴方面，整合涉农和扶贫资金2.6亿元。其中，整合各级涉农资金0.93亿元，重点支持了益客产业园、光伏产业园、惠美农牧产业园等项目平台配套建设。整合各级各类资金1.7亿元，支持全市脱贫攻坚工作。教育事业方面，教育支出完成13.8亿元。其中，拨付资金1.7亿元，用于保障义务教育和职业学校公用经费；拨付资金2.9亿元，用于实施解决“大班额”、薄弱学校改造及校舍维修。社会保障体系建设方面，社会保障和就业支出完成10.3亿元。其中，拨付资金8.7亿元，用于机关事业单位养老保险和城乡居民养老保险支出；拨付资金0.53亿元，落实城乡低保、五保扶助政策；拨付资金0.65亿元，用于军转干、退役士兵等涉军人员权益保障工作。医疗保障方面，医疗卫生与计划生育支出完成6.9亿元。其中，居民和职工医疗保险财政补贴3.9亿元；落实基本公共卫生服务项目资金0.72亿元；兑现基本药物制度财政补贴0.4亿元；公立医院改革财政补助资金0.19亿元。保障性住房方面，筹措廉租住房保障资金、公租房、老旧小区改造、棚户区和危房改造建设资金2.5亿元。同时，全年安排资金23.8亿元，保障人员经费和机关运转，并及时兑现上级增资政策。

2019年，民生支出57.4亿元，占一般公共预算支出的80.2%。乡村振兴方面，整合各级各类财政涉农资金6.4亿元，支持乡村振兴省级示范区建设和精准扶贫工作。教育事业方面，教育支出完成15.7亿元。其中，拨付资金1.5亿元，保障义务教育和职业学校公用经费；拨付资金0.9亿元，用于实施解决“大班额”、薄弱学校改造及校舍维修。社会保障体系建设方面，社会保障和就业支出完成12.6亿元。其中，拨付资金8.8亿元，用于机关事业单位养老保险和城乡居民养老保险支出；拨付资金0.97亿元，落实城乡低保、五保扶助政策；拨付资金0.56亿元，用于军转干、退役士兵等涉军人员权益保障工作。医疗保障体系方面，卫生健康支出完成6.8亿元。其中，居民和职工医疗保险财政补贴2.6亿元；落实基本公共卫生服务项目资金0.83亿元；兑现基本药物制度财政补贴0.42亿元；公立医院改革财政补助资金0.16亿元。保障性住房方面，筹措廉租住房保障资金、公租房、老旧小区改造、棚户区和危房改造建设资金2.3亿元，保障性住房建设顺利开展。

2020年，民生支出58.4亿元，占一般公共预算支出比重的81%。乡村振兴方面，整合各级乡村振兴重大专项资金5.7

亿元，打造省级和市级乡村振兴样板示范区、先行区；落实各级专项资金 0.58 亿元，保障扶贫项目顺利实施。教育事业方面，教育支出完成 15.8 亿元。其中，拨付资金 2.05 亿元，用于保障义务教育、学前教育、高中教育和职业学校公用经费；拨付资金 2.3 亿元，用于实施解决“大班额”、薄弱学校改造及校舍维修；拨付各项教育助学金 0.22 亿元，减轻困难学生家庭经济负担。社会保障体系建设方面，社会保障和就业支出完成 16 亿元。其中，机关事业单位养老保险财政补贴支出 4.65 亿元；城乡居民养老财政支出 3.35 亿元；城乡最低生活保障和五保供养支出 1.07 亿元；优抚安置支出 0.86 亿元。医疗保障体系方面，卫生健康支出完成 5.88 亿元。其中，围绕新冠肺炎疫情防控，拨付资金 0.47 亿元，专项用于抗疫设备物资购置、医疗救治和人员补助等；城乡居民基本医疗财政支出 1.62 亿元；基本公共卫生服务及卫生院和村卫生室基本药物财政补偿支出 1.09 亿元。保障性住房方面，筹措廉租住房保障资金、公租房、老旧小区改造、棚户区和危房改造建设资金 0.8 亿元。同时，筹集资金 3.9 亿元，用于兑现文明单位奖、物业补贴、提高取暖补贴和住房公积金标准、乡镇事业人员交通补贴、退休人员一次性补贴等增资政策。

2021 年，民生支出 61.8 亿元，占一般公共预算支出的 81.3%。

支持乡村振兴战略。发挥财政政策对乡村振兴工作的支持和引导作用，统筹整合各级涉农资金 5.4 亿元，集中投入乡村振兴先行区及“五大振兴”重点项目建设，稳步推进脱贫攻坚与乡村振兴有效衔接。

支持教育事业发展。教育支出完成 16.4 亿元，用于保障义务教育、学前教育、高中教育和职业教育公用经费，困难学生教育助学金，实施解决“大班额”、薄弱学校改造及校舍维修建设等。

支持社会保障和就业工作。社会保障和就业支出完成 15.4 亿元，用于机关事业单位养老保险支出、城乡居民养老保险支出，落实城乡低保、五保扶助政策、优抚安置等。

支持医疗保障体系建设。卫生健康支出完成 6.2 亿元，用于城乡居民基本医疗支出和基层医疗卫生支出。另外，上解泰安基本医疗保险基金 2.6 亿元，为构筑全民疫情屏障提供资金支持。

支持保障性住房建设。筹措资金 0.3 亿元，保障棚户区改造、老旧小区改造、廉租住房租赁、农村危房改造等工作开展。

健全财政资金直达机制。落实中央直达资金 9.56 亿元，惠及企业 396 家、群众 76.5 万人次，确保直达基层、惠企利民。

2016—2021 年新泰市地方财政支出完成统计表

表 6-6　单位：万元

项目＼年份	2016	2017	2018	2019	2020	2021
支出合计	653177	646636	628006	716116	721100	760877
一般公共服务支出	45808	49139	55798	65458	64758	57850
外交支出	—	—	—	—	—	—
国防支出	803	492	594	1348	590	282
公共安全支出	22233	24088	25925	31333	28975	20547
教育支出	138821	137475	137576	156977	158282	164415
科学技术支出	6452	4324	4341	8203	5263	5813
文化旅游体育与传媒支出	5851	7538	7997	8039	7940	8097
社会保障和就业支出	124092	107395	102713	126282	160196	154293
卫生健康支出	72905	80680	69255	67719	58791	61513
节能环保支出	26212	8233	18892	20208	13598	17927
城乡社区支出	42143	40165	43933	51585	51859	98739
农林水支出	65872	67213	76822	78247	79432	84198
交通运输支出	12297	17951	16490	24799	21792	21767
资源勘探工业信息等支出	45476	41104	7501	20159	18415	27068
商业服务业等支出	4105	5274	7384	2583	3133	1807
金融支出	88	132	147	172	144	236
援助其他地区支出	—	—	—	—	—	—
自然资源海洋气象等支出	11464	21645	12118	9394	14582	9982
住房保障支出	17198	17646	27249	29965	16498	16492
粮油物资储备支出	1085	1423	2207	4508	3500	1650
灾害防治及应急管理支出	—	—	—	3024	3693	2638
债务付息支出	6389	11009	—	—	—	—
债务发行费用支出	—	—	—	—	—	—
其他支出	3883	3710	11064	6113	9659	5563

第三节　财政管理

2016—2021 年，新泰市财政局按照建立现代财政制度目标要求，以深化财政管理创新为抓手，调整完善财政体制，加快推进财源建设，全面推进预算绩效管理，严格支出行为管控，不断提升财政科学化、精细化和可持续发展水平。

一、市乡财政管理体制

2016 年以来，执行“分灶吃饭”的县、乡财政体制。按照事权与财权相统一、激励与保障相结合的原则，明确收支范围，重新核定收支基数，基本思路是“划分税种，核定收支，总额加比例分成、定额上解或定额补助，一定五年不变”。收入方面，税种为地税部门征收的除教育费附加和政府性基金等非税收入外的其他各项税收收入；财政部门征收的国有资本经营收入、国有资源有偿使用收入、其他收入等。在税种划分的基础上，依据各乡镇街道地方财政收入实际完成数、增量和增幅情况，结合收入的努力程度和一次性因素等，调整、核定各乡镇街道收入基数。支出方面，按照保工资、保运转、保法定支出、保重点支出、保事业发展的顺序，合理确定支出基数，重点考虑人员经费支出、其他必保支出及机关运转经费、偿债基金。在核定收支基数的基础上，对青云、新甫、新汶、开发区（以下简称“三处一区”）实施总额加比例分成；其他乡镇中，对收入基数大于支出基数的乡镇实行定额上解，对支出基数大于收入基数的乡镇实行定额补助。2021 年，果都、楼德、禹村、宫里、谷里、石莱、放城、刘杜、岳家庄、龙廷10个乡镇定额补助 0.48 亿元，翟镇、泉沟、羊流、西张庄、汶南、东都、小协 7 个镇“定额上解” 1.81 亿元，“三处一区”总额加比例分成上解 5.41 亿元。

按时发放乡镇教师工资。体制调整后，新泰市在泰安市范围内率先将乡镇教师工资统一纳入市级财政预算，统一市乡两级工资水平，统一由市财政发放；并由市财政统一缴纳养老金、医疗金、失业金、住房公积金，将离退休人员工资交由机关事业处统一发放，彻底消除了前期乡镇教师工资发放的不平衡，极大地提高了乡镇教师的工作积极性，得到了广大乡镇教师的高度评价。

提高乡镇增收积极性。地税及财政部门征收的收入中，除专项收入及基金外，市级分享部分全部划归乡镇，多收多得，少收不补，进一步激发了乡镇培植财源、强化征管的积极性。另外，除乡镇教师工资，以及城乡医疗、城乡低保、基本公共卫生服务等民生支出全部由市级财力负担之外，乡镇只负担机关人员工资和运转经费，切实减轻了乡镇支出压力。同时，针对不同类型的乡镇区别对待、分类指导，既鼓励经济强镇继续做大做强、快速发展，也激励经济薄弱乡镇加快发展、自求平衡，从而促进全市各乡镇协调发展。

二、财源体系建设

2016—2021 年，新泰市财政局聚焦产业兴市和工业强市，用好各类政策、资金工具，着力支持新旧动能转换和产业转型升级，先后印发《新泰市加快工业经济发展十条意见》、加快工业经济突破发展、支持民营经济高质量发展、《关于培植工业领军企业和科技创新型企业“双 20 强”的实施意见》等系列政策，筹集落实各级各类扶持资金，改革财政支持实体经济发展方式，切实为企业减负松绑、助力发展。全市 317 家重点纳税企业实现税收从 2016 年的 19.32 亿元增长到 2021 年的 33.9 亿元，年均增长 11.9%；纳税过千万元的企业从 2016 年的 42 家增加到 2021 年的 71 家，财源体系实现了由“一煤独大”向“多轮驱动”的转变。筛选优势企业项目组建全市重点企业项目库，实行动态管理，对纳入项目库的企业优先扶持，至 2021 年，共储备华能光纤预制棒等重点财源项目 50 个。

自 2016 年以来，累计整合筹集各级各类资金 24.01 亿元，重点支持润通齿轮、特变鲁缆、新巨丰、润德生物等“双 20”企业和全市重点产业链发展，提升资金使用效益。2021 年，印发《新泰市关心关爱企业家实施意见》《新泰市支持实体经济高质量发展政策清单》等文件，及时兑现奖励资金 0.18 亿元。新冠肺炎疫情防控期间，印发《新泰市财政局涉企政策清单》，设立1亿元小微企业短期纾困专项资金，帮助企业渡过难关，支持企业复工复产。累计落实减税降费资金21.49亿元，企业负担明显减轻，发展活力进一步释放。用好小微企业增信集合债，累计对51家企业投放4.74亿元小微企业增信集合债，为推动小微企业快速发展、加快产业结构调整注入了强劲动力。大力推进“鲁担惠农贷”业务，累计为1966家经营主体发放贷款9.9亿元，重点支持农业产业化经营和转型升级。成立金控集团，发挥“基金+担保+投资”三大主业，全力扶持实体经济发展。基金方面，累计参股和设立中关村协同创新投资基金、东岳财源股权投资基金、山水林田湖草股权投资基金等8支基金，为推动重点产业发展、促进新旧动能转换提供有力保障。担保方面，成立金控融资担保有限公司，加入省政府性融资担保体系，将“双20”企业担保费率降至1%，累计为市内企业提供担保融资18.49亿元。投资方面，设立新泰市新动能应急转贷金融服务有限公司，将中小企业资金使用费率降至0.05%以下，累计为企业提供应急转贷92.34亿元。

三、预算绩效管理

自2016年以来，新泰市财政局从抓预算绩效目标编制入手，强化绩效管理意识，夯实绩效管理基础，落实绩效管理主体责任，将“花钱先问效，无效必问责”的绩效理念融入预算管理的每个环节，落实到每一个预算部门，不断提高预算绩效管理工作质量和水平，全市预算绩效管理工作取得较大进步。

做“强”保障机制。2019年，成立正科级预算绩效评价中心，印发《中共新泰市委　新泰市人民政府关于全面推进预算绩效管理的实施意见》等相关制度办法26个。建立全面推进预算绩效管理工作台账任务清单。加强信息化建设，2019年建立了预算绩效管理信息系统，通过信息系统，完成绩效目标的填报审核、绩效跟踪监控、绩效自评等工作。

做“优”绩效目标。明确“谁申请资金，谁申报绩效目标”和“谁分配资金，谁审核绩效目标”，所有项目必须先通过预算绩效管理信息系统上报绩效目标，财政部门全面梳理、加强审核、合理保障。2021年，市级部门共编制项目绩效目标474个，涉及资金11.43亿元，覆盖所有项目支出。

做“真”跟踪监控。建立由预算科牵头、业务科室配合、预算单位为主体的分工协作机制，对重大政策和项目实施全周期跟踪问效。每年10月，对市级项目支出绩效目标实现情况和预算执行进度开展运行跟踪监控工作，提高项目执行率，就项目实施过程中存在的问题予以指出并督促整改。

做“全”评价覆盖。构建单位自评、部门评价、财政重点评价“三位一体”的绩效评价体系，提升绩效管理效能。自2018年开始评价范围逐步扩大，2018年选取2个项目，2019年选取20个项目，2020年选取了31个项目、1项政策和6个部门开展财政重点评价。2021年，在单位自评全覆盖、部门评价重点项目全覆盖基础上，财政部门选取14个项目开展财政重点评价，选取2个项目分别开展全周期跟踪问效试点、全成本预算绩效管理试点，1个街道开展政府预算绩效管理试点；选取56个部门开展部门整体绩效管理，覆盖率达到50%以上。

做“实”结果应用。建立管理结果反馈整改和报告机制，把绩效管理结果作为以后年度财政预算安排和政策制定的参考，真正将预算绩效评价结果与预算安排挂钩；自2019年开始，在市政府门户网站，设立预算绩效信息公开专栏，集中公开单位项目自评、财政重点评价报告以及相关制度信息，同时在组织市直各预算单位公开部门预决算信息时，制定了统一的公开模板，规范信息公开。

四、政府债务风险防控

2016—2021年，新泰市财政局围绕健全债务机制、强化债务管理、严控债务规模、化解存量债务、规范债券使用等重点工作，守牢债务红线底线，防范债务风险。

建立风险防控体系。2017年，印发《新泰市政府性债务风险应急处置预案》，对政府性债务的举借、使用、偿还、化解、预算管理、监督问责等方面作出明确规定。成立政府性债务管理领导小组，负责政府性债务日常管理工作。并成立政府投融资决策委员会，统筹谋划全市投融资工作，建立科学规范的政府举债融资机制。

化解存量债务。按照“谁举债、谁使用、谁偿还”原则，制定了隐性债务化解工作方案。针对不同类型债务的具体情况，按照分类施策的原则，分别研究具体化解措施。通过统筹预算安排、政府债券、土地出让收益、市场化融资平台承接有现金流项目等多渠道落实还款资金来源，最大限度防止债务违约风险。

严控债务规模。严格落实政府债务限额管理和预算管理制度，严控新项目举债规模，将债务余额严控在政府限额之内。充分发挥投融资决策委员会的作用，对政府举债融资项目实行规模控制和分类管理，筛选优化新增投资，严控新增投资规模。全面排查民生等建设领域政府举债投资项目，逐项评估风险状况，研究提出具体处理意见，消除风险隐患。

五、政府专项债券

2016—2021年，新泰市财政局充分发挥政府专项债券在支持重大项目建设中的支撑作用，对上争取力度，累计争取地方政府专项债券额度35.6亿元，有力支持了中小学“大班额”教育资金项目、泰安市工商中等专业学校新校区建设、齐鲁医药学院直属附属医院院区建设项目、汶南镇借庄村棚户区改造项目等41个重点项目建设。

建立多部门联动机制。与发改、审计、自然资源和规划等部门沟通对接，及时解决项目建设中难点，加快项目建设进度。

落实包保项目责任制。将债券资金项目进行分组，由局负责人牵头相关科室包保项目，加强与市债券工作专班对接沟通，全面包保项目建设、资金使用、绩效管理等各方面工作。

加强债券项目管理。协调上级部门为各单位建立项目库账户，确保债券需求项目在登记发改系统项目库的同时第一时间录入财政系统项目库。配合发改部门做好项目储备，全力争取债券资金。

加强债券资金管理。定期通报新增地方政府债券资金使用情况，加快资金使用进度。加强检查指导，规范债券资金的账务处理。加强专项债券“借、用、管、还”全周期管理，将到期债券本息需求资金编入年初预算。将政府债券项目全面纳入预算绩效管理，对申报下年新增地方政府债券需求项目开展事前绩效评估，结合绩效管理结果分配新增债券资金，提高资金使用绩效。

六、支出控管

2016—2021年，新泰市财政局全面加强支出控管，大力压减一般性支出，切实规范财务管理行为，提升行政事业单位对财经法规的遵从度和严肃性。市财政局加强财政拨款结转和结余资金管理，减少资金沉淀，推进财政资金统筹使用，提高财政资金使用效益，每年对结余资金和连续2年未用完的结转资金进行收回，2016—2021年，分别收回财政存量资金1.26亿元、2.25亿元、1.47亿元、2.34亿元、2.33亿元、7.16亿元。存量资金的收回，增加了可用财力，进一步提高了财政保障能力。2016—2021年，市财政局不断规范政府采购行为，着力构建公平竞争、规范透明、廉洁高效的政府采购管理机制，政府采购规模累计41.04亿元，节约资金1.23亿元，节支率2.91%。2020年制定实施《新泰市关于加强政府采购工作的通知》《新泰市关于实施政府采购流程再造进一步完善政府采购机制的实施方案》等一系列规范性制度，加大对政府采购工作的领导，全面规范政府采购行为。完善电子采购平台建设，全面取消政府采购项目中的企业性质、所在地等限制性规定和隐性门槛，保障供应商公平参与市场竞争。严格落实上级扶持中小企业发展政策，全面支持中小企业参与政府采购。建立拖欠账款约束惩戒机制，及时将政府采购活动中涉及的中小企业重大违法记录归集，反馈至市信用服务中心。按照“不越位、不缺位”的基本原则，科学定位政府采购监管职能，提升监管层次。健全采购单位内控机制，强化采购单位主体责任，配合上级开展监督检查活动，对发现的问题及时予以整改。同时，做好法律咨询服务，确保政府采购活动依法规范进行。2016—2021年，新泰市财政局以服务全市财政投资项目建设为切入点，做好项目投资评审工作，提高财政资金的使用效率，共完成评审项目461个，评审金额68.86亿元，审减金额10.7亿元，平均审减率15.58%。2011年，印发《新泰市财政投资评审管理办法》《新泰市财政投资项目资金拨付流程及管理暂行规定》等一系列文件制度，完善财政投资评审工作制度体系，明确评审范围和工作程序，规范项目资金拨付流程。建立项目复审复核制度，围绕评审质量、评审时效、基础管理，完善中介机构的准入条件，确定评审中介目录，做到一年一考核一更新，规范中介机构评审业务委托和管理，规避评审风险。将投资评审同预算编制、绩效评价、政府采购、资金支付“四个方面”相结合，确保财政投资评审的科学性和准确性。2016—2021年，新泰市财政局加强财政监督，组织开展6次会计信息质量检查，涉及71家企事业单位，加强会计信息监管，规范了会计人员的工作行为，进一步提高全市会计信息工作质量。组织开展5次预决算公开检查，对新泰市人民政府及138个部门预决算公开及时性、内容完整性、细化程度、公开方式及真实性等方面进行了全面检查。组织开展3次“小金库”专项治理工作，采取自查自纠、重点检查、集中整改相结合的方式进行，纳入自查范围单位150家，未发现“小金库”现象。组织开展4次严肃财经纪律专项治理工作，对138家单位重点检查，84个单位1304人完成清理清退通讯费，入库0.03亿元。结合检查的实际情况及发现的问题，2017年编制《全市行政事业单位财务人员培训手册》，规范单位财务管理行为。

第四章　肥城市

肥城市地处山东中部、泰山西麓，总面积1277平方公里。因西周时肥族人散居于此而得名，西汉设县，已有2200多年的历史。1992年8月，经国务院批准，撤销肥城县，设立肥城市，属省直辖，由泰安市代管。辖潮泉、湖屯、石横、桃园、王庄、安临站、孙伯、安驾庄、边院、汶阳10个镇，老城、新城、王瓜店、仪阳4个街道办事处，1个国家级高新技术产业开发区（分区）、1个省级经济开发区，605个村（居）民委员会，户籍人口95.9万人。1992年8月肥城县财政局更名为肥城市财政局，是市政府工作部门，为正科级。2016—2021年，肥城市财政局在市委、市政府的坚强领导和上级财政部门的大力支持帮助下，以习近平新时代中国特色社会主义思想为指导，紧紧围绕肥城市中心工作，着力稳增长、促改革、调结构、惠民生、防风险，各项财政工作取得显著成效，为肥城市经济社会高质量发展提供了强力支撑。2016年，被山东省人力资源和社会保障厅、山东省财政厅、山东省公务员局授予全省财政系统先进集体称号；2018年，被山东省爱国卫生运动委员会授予省级卫生先进单位称号；2019年，被山东省人力资源和社会保障厅、山东省财政厅授予全省财政系统先进集体称号；2021年，被国家机关事务管理局、中共中央直属机关事务管理局、国家发展改革委、财政部授予节约型机关称号，被山东省财政厅授予全省财政“七五”普法表现突出单位等称号。

2016年，肥城市财政局办公大楼

第一节　财政收入

2016年以来，肥城市财政局始终将组织收入作为履职尽责、积极作为的第一要务，不断推动财政收入总量稳定增长，收入结构不断优化，地方财力日益增强。2016—2021年，肥城市一般公共预算收入累计完成248.93亿元，分别为42.15亿元、40.38亿元、40.42亿元、40.42亿元、40.86亿元和44.7亿元，收入规模稳中有进，收入结构持续优化。其中，税收收入累计完成206.52亿元，主体税收累计完成123.25亿元。税收收入占一般公共预算收入、主体税收占税收收入的比重分别由2015年的72.7%、35.9%提高到2021年的85.7%、68.9%。

2016年，面对经济下行和全面推开营改增等政策性减收效应逐步显现的双重压力，肥城市财政局始终把组织收入作为财政工作的头等大事，全力做好聚财征收，财政收入实现平稳增长。当年，肥城市一般公共预算收入42.2亿元，完成调整预算的100%，同口径增长4.9%。其中，税收收入31.7亿元，完成预算的96.4%，同口径增长7.2%；税占比75.2%，同比提高1.6个百分点；主体税收完成12.14亿元，同口径增长5.7%；非税收入10.5亿元，完成预算的109.2%，下降1.5%。政府性基金收入10.6亿元，完成预算的168.9%，增长48%（受青兰高速划拨土地收入增加影响）。社会保险基金收入25亿元，完成预算的101.2%，增长1.8%。

2017年，面对营改增翘尾、降费力度加大、重点行业去产能以及上年营业税清缴造成收入基数较高等不利因素，肥城市财税部门强化责任担当，密切协调配合，创新工作思路抓征管、促增收，财政收入质量显著提升。当年，肥城市一般公共预算收入40.38亿元，完成调整预算的100%。其中，税收收入32.67亿元，完成调整预算的100%，同比增长22.42%；税占比80.9%，同比提高5.6个百分点；主体税收完成14.29亿元，同口径增长16.6%；非税收入7.71亿元，完成调整预算的100%，下降26.23%。政府性基金收入7.31亿元，完成调整预算的109.6%，下降31.3%（主要是2016年青兰高速划拨土地一次性收入影响）。社会保险基金收入27.47亿元，完成预算的102.29%，增长2.28%。

2018年，面对国地税合并、减税降费力度不断加大和重点行业去产能等不利因素，肥城市财政局紧紧抓住营改增政策红利期，创新思路举措，财政收入实现持续增长。当年，肥城市一般公共预算收入40.42亿元，完成调整预算的100.1%。其中，税收收入34.1亿元，完成调整预算的100.1%，增长4.4%；税占比84.4%，同比提高3.5个百分点；主体税收收入完成21.3亿元，增长49.1%；非税收入6.32亿元，完成调整预算的100.3%，下降18%。政府性基金收入23.95亿元，完成调整预算的111.3%。社会保险基金收入23.2亿元，完成预算的106.7%。

2019年7月19日，省财政厅政府债务评价中心主任丁福亮（左三）到肥城市调研减税降费开展情况

2019年，面对复杂严峻的经济形势和减税降费力度加大的双重压力，财政系统干部职工紧紧围绕肥城市工作大局，强化责任担当，推动财政收入质量稳步提升。当年，肥城市一般公共预算收入40.42亿元，与上年持平，完成调整预算的100%。其中，税收收入34.53亿元，完成调整预算的100.1%，增长1.3%；税占比85.4%，比上年提高1个百分点；主体税收收入24亿元，同比增长12.7%，绝对额居泰安各

县（市、区）第一位；非税收入5.89亿元，完成调整预算的99.3%，下降6.8%。政府性基金收入27.58亿元，完成调整预算的100.7%，增长15.2%。社会保险基金收入14.23亿元，完成调整预算的100.7%，下降38.7%。

2020年，面对突如其来的新冠肺炎疫情和复杂严峻的宏观经济形势，肥城市财政局统筹推进疫情防控和经济社会发展，全力以赴组织收入，实现财政收入稳步增长。当年，肥城市一般公共预算收入40.86亿元，完成调整预算的100%，增长1.1%。其中，税收收入35.2亿元，完成调整预算的100.1%，增长2%；税占比86.1%，比上年提高0.7个百分点，收入结构进一步优化；非税收入5.66亿元，完成调整预算的99.2%，下降3.9%。政府性基金收入32.87亿元，完成调整预算的100.5%，增长19.2%；抗疫特别国债等转移支付2.3亿元。国有资本经营预算收入2450万元，完成调整预算的100%；社会保险基金收入10.27亿元，完成调整预算的101.5%，下降27.8%。

进入"十四五"时期，肥城市财政系统干部职工坚决贯彻落实市委、市政府决策部署，勠力同心，勇担重任，全力推动财政政策提质增效、更可持续，财政收入实现大幅增长。2021年，肥城市一般公共预算收入44.7亿元，完成调整预算的99.9%，增长9.4%，总量和增幅均居泰安各县（市、区）第1位。其中，税收收入38.33亿元，居泰安各县（市、区）第1位，完成调整预算的99.9%，增长8.9%；税占比达到85.7%；主体税收收入26.4亿元，同比增长5.1%；非税收入6.37亿元，完成调整预算的100.1%，增长12.6%。政府性基金收入21.09亿元，完成调整预算的101.1%。国有资本经营预算收入1.75亿元，完成调整预算的100%。社会保险基金收入10.92亿元，完成预算的99.5%，增长6.3%。

2016年—2021年肥城市一般公共预算收入统计表

表6-7　　单位：万元

项目＼年份	2016	2017	2018	2019	2020	2021
一、税收收入	316921	326640	340967	345286	352039	383270
增值税	70625	118789	171551	206680	213456	231929
营业税	22730	—	—	—	—	—
企业所得税	22955	18434	26835	33031	29723	25499
个人所得税	5070	5662	14580	310	8083	6528
资源税	46322	45812	29582	14023	12381	14510
城市维护建设税	14006	17991	28524	27416	30380	35479
房产税	6887	8581	7505	6655	6345	7449
印花税	2638	3761	3996	3782	3960	6517
城镇土地使用税	31262	30667	14020	12767	10324	13883

续表 6-7

项目 \ 年份	2016	2017	2018	2019	2020	2021
土地增值税	6976	9401	13444	8989	7635	9343
车船税	2182	2473	2376	2146	2583	3255
耕地占用税	77530	54522	13717	4645	3008	10446
契税	7738	10547	13177	22676	22785	16950
环境保护税	—	—	1660	2166	1376	1481
其他税收收入	—	—	—	—	—	1
二、非税收入	104548	77127	63212	58901	56597	63747
专项收入	16789	17341	24069	22927	25263	28972
行政事业性收费收入	5474	6868	7053	6581	2933	10526
罚没收入	7984	9604	9172	10120	7024	15583
国有资源（资产）有偿使用收入	71004	41002	19876	15217	19881	5281
其他收入	3297	2312	3042	4056	1496	3385
一般公共预算收入合计	421469	403767	404179	404187	408636	447017

第二节　财政支出

肥城市财政局坚持发展和保障并举，以发展促保障，以保障助发展，顺应新旧动能转换大势，统筹优化资金导向，培强做大实体经济；坚持“为民理财、为民用财”宗旨，持续加大民生投入，公共财政保障能力显著提升，人民获得感、幸福感、安全感大为提高。

2016 年，肥城市一般公共预算支出 59.46 亿元，完成预算的 106.3%，增长 10.7%。其中，各项民生支出 46.56 亿元，占一般公共预算支出的比重达 78.3%，较上年提高 1.3 个百分点，增长 11.9%。教育方面，全面落实义务教育经费和各项资助政策，支持普通中小学“大班额”项目建设、义务教育学校“全面改薄”，新建续建学校、幼儿园 57 处，共计 35.2 万平方米，促进城乡教育一体化均衡发展。社会保障方面，将居民基础养老金标准提高到每人每月 100 元，城镇、农村低保保障标准分别提高到每人每年 6000 元、3600 元，五保集中和分散供养补助标准分别提高到每人每年 6500 元、5200 元。医疗卫生方面，将城乡居民医疗保险政府补助标准提高到每人每年 420 元，公共卫生服务经费标准提高到年人均 45 元，实施公立医院综合改革，落实老年乡村医生补助政策。住房保障方面，建成各类保障性住房 2426 套，有效改善困难群众住房条件。支持农业农村发展方面，实施新型农民经营主体试点，发放耕地地力保护、新型经营主体补贴 0.61 亿元；投入资金 0.43 亿元，实施村级一事一议奖补、“乡村连片治理”“强村固基”工程、农村厕所无害化改造等。

2017年，肥城市一般公共预算支出56.72亿元，完成预算的100%，下降4.6%。其中，各项民生支出44.64亿元，占一般公共预算支出的比重为78.7%，比上年提高0.4个百分点。教育方面，保障教师工资、义务教育经费和各项资助补助政策全面落实，将中小学生均公用经费分别提高到每生每年1010元、810元；全力支持26个中小学“全面改薄”。社会保障方面，将农村居民最低生活保障标准提高到每人每年3800元；全面落实农村特困人员基本生活、照料护理和优抚安置、退役士兵权益、就业补助、“三支一扶”等政策。医疗卫生方面，将城乡居民基本医疗保险政府补助标准提高到每人每年450元；将基本公共卫生服务经费标准提高到年人均50元；支持基本药物制度、公立医院改革和计划生育事业发展，落实乡村老年医生生活补助政策。住房保障方面，全年实施棚户区改造6760套、农村危房改造841户，建设公租房40套。在支持农业农村发展方面，争取上级财政资金0.84亿元，实施国家山水林田湖生态保护修复、省级村级集体经济发展试点；投入资金0.27亿元，支持17个省市级美丽乡村示范村建设和农村无害化厕所改造，农村人居环境更加优美，村集体经济收入大幅增加。

2018年，肥城市一般公共预算支出59.44亿元，完成调整预算的102.2%，增长4.8%。其中，各项民生支出46.89亿元，增长5.1%，有力保障各项民生政策扩面提标。教育方面，支持20个中小学“全面改薄”、解决“大班额”、维修改造项目建设等工程。社会保障方面，将居民基础养老金标准提高到每人每月118元，城乡居民最低生活保障标准分别提高到每人每月550元、每人每年4680元。医疗卫生方面，将城乡居民基本医疗保险政府补助标准提高到每人每年490元；将基本公共卫生服务经费标准提高到年人均55元。住房保障方面，支持棚户区改造项目61个，开工建设14952套、基本建成5442套；完成510户农村危房改造，提升居民住房保障水平。乡村振兴方面，拨付资金1.65亿元，支持农业技术推广、畜禽粪污资源利用和农田水利建设等；拨付资金0.16亿元，支持36个美丽乡村示范镇、村建设；拨付资金0.15亿元，实施村级集体经济发展试点和强村固基工程；拨付资金0.1亿元，打造“乡村连片治理”精品工程。

2019年，肥城市一般公共预算支出59.92亿元，完成调整预算的100%，增长0.8%。其中，各项民生支出47.34亿元，增长1%。教育方面，重点支持25处校舍、塑胶操场和维修改造项目建设。社会保障方面，将农村居民最低生活保障标准提高到每人每年5160元，农村特困人员基本生活标准提高到每人每年6840元。医疗卫生方面，将城乡居民基本医疗保险政府补助标准提高到每人每年520元；将基本公共卫生服务经费标准提高到年人均69元。住房保障方面，支持棚户区改造项目5个，开工建设并完工950套；拨付资金0.01亿元，完成79户农村危房改造；拨付奖补资金0.75亿元，支持农村无害化卫生厕所改造。乡村振兴方面，率先实施乡村振兴重大专项资金整合，统筹整合各类财政资金7.45亿元，用于五大振兴工程和重点项目、示范片区、园区建设。拨付奖补资金0.29亿元，支持潮泉、老城、桃园、汶阳和边院5个镇街区、58个村发展壮大集体经济。污染防治方面，全年拨付资金1.38亿元，支持山水林田湖草生态保护、节能与新能源城市公交推广、水污染防治和水乡田园城市等项目建设。基础设施建设方面，投入资金10亿元，开工建设济微路东移、泰肥一级路西延和肥梁路、老泰临路大修改造。

2020年，肥城市一般公共预算支出60.65亿元，完成调整预算的100%，增长1.2%。其中，各项民生支出48.1亿元，增长1.6%。2020年执行的基本民生政策全部按照国家和省、市保障标准全额落实到位。在乡村振兴方面，统筹整合资金4.99亿元，支持实施乡村振兴先行区建设、现代农业产业发展等12项重点任务、67个重点项目。投入0.15亿元，奖补2个镇街、30个村发展壮大集体经济。在新冠肺炎疫情防控方面，投入0.59亿元，专项用于疫情防控应急支出，第一时间开启国库集中支付快速通道、政府采购绿色通道，支持疫情防控救治及应急物资保障。在基础设施建设方面，投入4.3亿元，新建改扩建国省干线公路64.9公里，实现一级公路绕城，解决交通拥堵问题。在助力生态环保攻坚行动方面，投入资金0.45亿元，支持生态环境不断改善，打赢“蓝天、碧水、净土”保卫战；投入2.63亿元，支持山水林田湖草生态保护修复工程。

2021年，肥城市一般公共预算支出59.32亿元，完成调整预算的100.5%，下降2.2%。其中，各项民生支出48.2亿元，占一般公共预算支出的81.2%、比上年提高2个百分点。教育方面，重点支持3所市直中小学校改扩建、6个镇街学校塑胶操场建设及110套教师周转宿舍建设等项目，资助20430人次家庭经济困难学生接受教育。社会保障方面，2021年7月将居民基础养老金标准提高到每人每月150元，进一步保障居民基本养老保险补助、困难群众救助、落实退役士兵安置和各项优抚保障政策落实。医疗卫生方面，将城乡居民基本医疗保险政府补助标准提高到每人每年580元，进一步完善基本公共卫生服务体系，推动公立医院和基层医疗卫生机构综合改革等。乡村振兴方面，整合各级财政资金5.06亿元，支持“减垄增地”示范区、农民田间学校、农村饮水安全攻坚工程等70个“五大振兴”项目和2个巩固拓展脱贫攻坚和乡村振兴有效衔接项目。建立村级运转保障经费稳定增长机制，2021年保障经费达到1.21亿元，村均20.01万元，高出全省标准9.01万元，同比增长34.74%，切实保障村级组织正常运转。

2016—2021 年肥城市一般公共预算支出统计表

表 6-8　　单位：万元

项目 \ 年份	2016	2017	2018	2019	2020	2021
一般公共服务支出	34944	28030	28858	31148	36787	27131
国防支出	695	201	267	604	161	76
公共安全支出	16366	18913	21630	23964	28213	25807
教育支出	143474	149982	157725	163195	167597	184404
科学技术支出	9157	9076	9237	9287	5586	6174
文化体育与传媒支出	8087	3488	4145	4375	6414	6393
社会保障和就业支出	71893	79232	89579	111417	121890	121405
卫生健康支出	71090	73167	58552	42987	50136	46710
节能环保支出	20933	18611	11825	11932	12021	11405
城乡社区支出	18359	19285	14850	14895	19090	8688
农林水支出	155341	115231	119310	120843	120905	121282
交通运输支出	20702	18754	15620	15658	9448	3583
资源勘探信息等支出	4107	1228	2206	3217	4070	14861
商业服务业等支出	3485	1868	3620	1144	2489	1706
金融支出	285	—	50	35	151	—
援助其他地区支出	—	1126	1105	1104	1100	1100
国土海洋气象等支出	2649	10903	11940	13416	7642	2363
住房保障支出	4557	10193	36699	20707	2783	5169
粮油物资储备支出	623	694	946	4875	2014	246
灾害防治及应急管理支出	—	—	—	729	1422	1013
其他支出（类）	3819	1127	3006	3664	6596	3716
债务付息支出	4020	6086	3180	—	—	—
一般公共预算支出合计	594586	567195	594350	599196	606515	593232

第三节　财政管理

肥城市财政局始终坚持新发展理念，用创新的思路引领发展，用改革的办法破解难题，持续推进预算管理改革、深化财税体制改革、加强预算绩效管理、严格政府债务管理，财政管理科学化、精细化水平不断提高，各项改革走深走实，财政治理效能持续提升。

一、市镇财政管理体制

2016 年以来，按照上级财政体制改革精神，肥城市财政局不断调整完善镇街财政体制，进一步理顺县以下财政分配关系。下划部分市直企业、市直收入，壮大镇街财政收入规模；建立健全税收增量分享机制，缓解财政平衡压力；调整社保分担比例，明晰事权责任，极大调动了各镇街培植财源、发展经济的积极性，有力促进了肥城市经济持续健康发展。

二、预算管理改革

2016年以来，按照中央、省、市相关要求，不断推进预算管理改革，着力健全完善标准科学、规范透明、约束有力的现代预算制度，促进财政监督、绩效管理与预算编制、执行全面深度融合。

稳步推进预算改革。深化预算管理体制改革，着力完善一般公共预算、政府性基金预算、社保基金预算、国有资本经营预算编制工作，完整编制“四本”预算并向市人大常委会报告，完善政府预算体系，为进一步深化预算改革奠定了坚实基础。

强化财政支出管理。坚决树牢“政府过‘紧日子’”思想，严格执行“零基预算”“刚性预算”，坚持“无预算不支出、超预算不支出”，建立财政支出禁止、限制和调整三类管控清单，全面落实“五个严控”，切实兜牢“三保”支出底线。同时，加大财政存量资金统筹力度，2016—2021年，共收回结余结转资金5.4亿元，统筹用于重点领域、重点项目建设。

深化预算公开。严格按照《中华人民共和国预算法》（2018年修正）和省、市有关文件要求，健全预决算公开工作制度，加强单位公开进度调度，将肥城市政府预决算、部门预决算等信息，向社会全面公开。在财政部2019年、2020年和2021年全国县级财政管理绩效综合评价考核中，分别获全国第26名、第5名、第60名的优异成绩，累计获得中央奖补资金0.18亿元。

三、预算绩效管理

紧紧围绕“打造高绩效财政、赋能高质量发展”的目标，坚持把预算绩效管理作为规范资金管理、提高财政资金使用效益的重要手段，不断完善预算绩效管理体系建设，推动预算绩效管理改革走向深入。

完善体制机制建格局。2019年，肥城市委、市政府印发《关于全面推进预算绩效管理的实施意见》。肥城市财政局先后印发关于市直部门预算和市对下转移支付两个绩效管理办法，完善贯穿事前评估、绩效目标、绩效监控、绩效评价和结果应用全过程的制度体系。2021年，肥城市设立编制51人的财政绩效评价中心，推动预算绩效评价工作，印发《财政审计协同联动推进全面预算绩效管理实施方案》《肥城市市级部门和单位整体绩效管理暂行办法》，基本建成“全方位、全过程、全覆盖”的预算绩效管理体系。

狠抓关键环节谋实效。聚焦教育、卫生、农业等重点领域，选取部分与民生关系密切、社会关注度高、资金规模大的项目，做好绩效跟踪评价工作。2019年，审核下达331个预算项目绩效目标，涉及资金2.79亿元。2020年，审核下达288个预算项目绩效目标，涉及资金15.71亿元，对29个重点项目、3个部门整体开展财政重点评价。2021年，审核下达431个预算项目绩效目标，涉及资金18.08亿元，对46个重点项目、50个部门整体开展财政重点评价，选取2个镇街试点开展乡镇政府财政运行综合绩效评价，选取2个项目试点开展项目成本和项目全周期管理绩效评价，为深化“三全”预算绩效管理积累经验。

强化结果应用促落实。坚持以结果为导向，建立绩效评价结果与预算安排挂钩机制，将绩效理念贯穿预算管理全过程，深化预算和绩效一体化，推动预算编制水平提升，对绩效好的政策和项目优先保障，对绩效一般的政策和项目督促改进，对低效无效资金削减或取消，切实提高财政资金配置效率。2021年，将预算绩效管理工作纳入肥城市《2021年度党建统领高质量发展综合考核办法》，以考核推动绩效责任落实，初步形成了“花钱必问效、无效必问责”预算绩效管理格局。

四、国库集中支付改革

为加强财政资金使用监管，构建现代财政制度，按照上级国库管理制度改革工作要求，肥城市自2006年开始启动国库集中支付改革。

全面推进国库集中支付建设。建立了以国库单一账户体系为基础、以国库集中支付为主要方式、以信息技术为支撑的国库集中支付管理制度。将所有财政性收支都在国库单一账户体系中进行，实现了财政资金支付效率和资金安全的“双飞跃”。

制定完善国库管理规章制度。2016年以来，为优化国库集中收付流程，提升国库运行的质量和效率，印发《市级预算单位公务卡管理暂行办法》《关于进一步加强财政部门和预算单位资金存放管理的实施意见》《市级财政预算执行动态监控管理暂行办法》等一系列管理制度，使业务工作有章可循、有据可依。

启动国库集中支付电子化改革。2021年，按照省财政厅和泰安市财政局统一部署要求，依托“预算管理一体化系统”，稳步推进国库集中支付电子化建设工作。通过国库集中支付电子化财政、人民银行和代理银行“环环相扣、互相牵制、有始有终”的链条式管理方式，在确保财政资金安全的前提下，实现了支付信息从“人工处理”到“信息跑路”的转变，极大提升资金支付效率。

认真编制总决算和部门决算。按照肥城市财政系统决算编制工作任务要求，准确把握编制口径，及时准确做好国库集中支付年终结账、对账工作，为决算编制工作打下坚实基础。决算编制过程中，严把逻辑性和数据质量审核关，加强相关指标分析，从数据的有效性、合理性以及报表的完整性等方面进行详细审核，确保决算数据的完整、真实、准确。

2021年12月31日，中共肥城市委书记张莉（左二）到财政局慰问奋战在年终结算一线的财政干部职工

大力推广公务卡结算制度。根据肥城市市级预算单位公务消费实际及用卡环境需要，全面推广使用公务卡，将办理市级国库集中支付业务的工行、建行、农行纳入公务卡发卡范围。至2021年12月31日，肥城市办理公务卡3667张，暂定强制性结算项目2项，鼓励性结算项目13项。

五、地方政府债务管理

2016年起，肥城市财政局始终坚持把防范和化解政府债务风险作为整个政府债务管理的重中之重，加强制度建设，加大财政监督力度，逐步构建起举借有度、管理有序、监管有力的政府性债务监管体系。

强化源头管控。落实事前审批管理、单独编列收支计划、融资负面清单、财政承受能力评估报告等制度，对超出财政承受能力、没有落实资金来源和制定融资平衡方案的项目，坚决不予立项。坚决制止违法违规融资担保行为，严禁以政府投资基金、政府购买服务等名义变相举债，牢牢守住不发生系统性风险的底线。

严格债券资金管理使用。根据中央、省、市各级文件精神，制定地方政府新增债券资金使用管理办法，从债券资金项目谋划、拨付使用和监督管理三方面规范债券资金使用管理，加强地方政府专项债券资金和项目管理，不断提高债券资金使用效率。

加强监督问责追责。严格落实政府债务追责问责机制，明确任何部门和单位均不得以任何方式违规举借政府债务；严格落实地方政府属地管理责任，加强财政监督检查，做到终身问责，倒查责任。

六、财源培植

2016 年起，肥城市财政局始终将财源建设作为财政工作的主旋律，顺应新旧动能转换大势，抢抓政策机遇，认真落实各项财税、金融政策，统筹优化资金导向，在企业培植上持续发力，更高质量培强做大实体经济。2016—2021 年，肥城市百强企业税收总额分别实现 27.21 亿元、33.6 亿元、48.68 亿元、54.34 亿元、57.45 亿元、59.89 亿元，年均增长 17.1%。

全面落实减税降费政策。自减税降费政策实施以来，肥城市财政局自觉提高政治站位，不折不扣推动减税降费政策落实落地。企业负担明显减轻、活力进一步释放，实体经济可持续发展的内生动力不断增强。

全面兑现财政奖补政策。2016—2021 年，累计拨付 14.35 亿元，落实泰安市“双 50 强”扶持政策和肥城市委、市政府鼓励企业发展相关政策，兑现科学发展考核奖励，助推各类企业加快新旧动能转换和产业优化升级。强化对接争取，2016—2021 年累计争取资金 16.9 亿元，支持企业技术改造、规模发展、对外贸易等。深度培植产业新业态、税源新渠道，推动印发《建筑安装业健康发展的实施意见》，2016—2021 年累计拨付 5.72 亿元，在产业政策上引导、品牌创建上支持、工作机制上保障，加快建筑业建链、延链、补链、强链，打造发展“新极点”。

全面优化经济发展环境。2016 年起，累计设立产业发展、山水林田湖草等 7 只基金，规模 40 多亿元，在企业规模发展、产业结构升级、环境优化提升等方面发挥了财政乘数效应。至 2021 年年底，肥城市拥有国家级制造业单项冠军 5 家、绿色工厂 5 家、知识产权优势企业 5 家，“小巨人”企业 3 家，省制造业单项冠军 11 家、瞪羚企业 10 家、专精特新企业 72 家。

七、脱贫攻坚战

2016 年起，肥城市财政局学习习近平总书记关于扶贫工作重要论述，坚决贯彻落实市委、市政府打赢脱贫攻坚战系列决策部署，忠实履行资金保障、资金监管工作职责，综合施策、多措并举，为肥城市决战决胜脱贫攻坚提供了强大财政支持。2016—2020 年，肥城市对上争取，增列专项扶贫资金预算，累计落实扶贫专项资金 1.63 亿元，其中，省级以上资金 0.76 亿元，市级资金 0.57 亿元，县级资金 0.3 亿元。各类财政扶贫资金主要用于各镇街（区）

扶贫产业项目发展、雨露计划、少数民族发展帮扶、金融扶贫、特惠保、特钢资金委托项目、金辉助老等方面。2016年以来，肥城市累计建成554个产业项目，吸纳贫困劳动力7180人次，实现项目收益0.3亿元，带动贫困群众人均增收1705元。2020年，肥城市35个省级贫困村、41个泰安市级贫困村全部如期摘帽，5个省、市级扶贫工作重点镇、69个省、市级扶贫工作重点村整体工作持续提升。建档立卡贫困人口9593户、19040人，脱贫享受政策5633户、10852人，全部实现稳定脱贫。进入“十四五”新时期，根据中央、省、市关于扶贫开发的部署要求，肥城市设立五年“过渡期”，落实“四个不摘”要求，做好巩固拓展脱贫攻坚成果同乡村振兴有效衔接工作。2021年，落实各级衔接资金0.32亿元，实现乡村产业兴旺、生态宜居、乡风文明、治理有效、生活富裕五大战略目标，推动乡村振兴战略实施。

2020年9月23日，肥城市财政局党组书记、局长姜世文（右）到汶阳镇北店村走访慰问困难群众

八、财政监督管理

2016年起，肥城市财政局不断完善监管制度，深化内部监督、强化外部检查，大力推进财政监督长效机制建设，推动依法理财和源头治理工作，保障财政资金安全、高效运转和各项财政政策的落实。2016年，按照肥城市委办公室、市政府办公室《关于进一步加强防治“小金库”长效机制建设的通知》，肥城市财政局进一步强化“小金库”专项清理。2017年，按照“分事行权、分岗设权、分级授权，强化流程控制、依法合规运行”的要求，制定印发《肥城市财政局内部控制风险事件处置办法（试行）》和《肥城市财政局内部控制制度执行考评办法（试行）》，梳理财政业务风险点，构建起包括一个基本制度、八类专项风险管理办法和其他内部控制措施在内的财政内控体系，切实防范财政业务风险。2018年，根据市委办公室、市政府办公室《关于开展全面自查自纠持续推进财务管理问题整改落实的方案》等文件精神，进一步规范风险事件处置，强化问责机制，提升内控管理水平。同时将财政专项检查和日常监管结合，加大事前、事中、事后监督力度，加强资金安排、资金拨付等关键环节的约束，真正形成财政监督与财政管理的紧密融合，实现对财政资金运行全过程的动态监控。6年来，通过大力开展局机关科室和镇街区财政内部监督检查、农村“三资”专项审计、会计信息质量检查、违规滥发津贴补贴和“小金库”专项清理、“三公”经费和财政专项资金检查、预决算公开情况专项检查、“双随机、一公开”监管等多项检查监督工作，累计补缴税费等达2亿多元。

2021 年 4 月 20 日，肥城市财政局举办财会人员综合能力提升培训班

九、会计管理

2017 年起，肥城市财政局充分发挥职能作用，贯彻落实《中华人民共和国会计法》（2017 年修订）和财政部发布的《政府会计准则制度》等各项法律法规，不断提升会计管理质量和服务水平。认真组织实施各类会计制度，大力普及会计法规知识，加大会计法规宣传力度，统筹推进会计人才队伍建设，开展会计专业技术资格报名和会计领军人才推荐选拔工作，提高会计人才队伍建设水平，引领肥城经济社会高质量发展。2016—2021 年，开展会计人员继续教育工作，持续强化对机关事业单位和企业会计人员的管理。采取外部学和内部学、引进来和走出去相结合的方式，抓好培训学习，提高财务人员的综合业务素质，6 年累计培训各类会计人员 42134 人次；加强对代理记账机构行业指导和执业监督，规范肥城市代理记账机构从业质量，至 2021 年年底，肥城市代理记账机构完成备案 39 家。持续加强内控制度建设，每年定期开展内部控制报告编报工作，在制度上防范会计违规行为发生，从源头上防范和制止消极腐败行为；同时注重会计职业道德素质的培养，定期开展政治思想教育和财政干部职业道德主题教育活动，完善理论学习、组织生活、绩效考核等各项制度，真正做到制度健全、运行规范，为社会经济发展提供财政财务人才保障。

第五章 宁阳县

宁阳县位于鲁中偏西，泰安市南部，西汉时汉高祖于宁山（今前伏山村南）之南置县，因山南为阳，故名宁阳。总面积1125平方公里。辖文庙、八仙桥2个街道，乡饮、堽城、华丰、磁窑、伏山、蒋集、葛石、东疏、东庄、泗店、鹤山11个乡镇，1个省级开发区；村委会553个、城市社区12个。2021年年底，户籍人口82.47万人。1956年11月，宁阳县人民政府财政局成立。2016—2021年，宁阳县财政局在县委、县政府的坚强领导和上级财政部门的指导帮助下，以习近平新时代中国特色社会主义思想为指引，紧紧围绕全县改革发展中心任务，全力做好增收节支、民生保障、财源建设、资金管理等各项工作，财政保障服务能力稳步增强，有力助推了全县经济社会事业高质量发展。2016年，宁阳县财政局被山东省人力资源和社会保障厅、山东省财政厅、山东省公务员局授予全省财政系统先进集体称号。2017年，被山东省财政厅授予全省财政信息工作优秀单位、全省财政新闻宣传工作优秀单位称号。2021年，被山东省财政厅授予全省财政“七五”普法工作表现突出单位称号。

第一节 财政收入

2016—2021年以来，宁阳县财政局坚持把组织收入作为重中之重，紧盯收入总量增长和结构优化目标，全力加强各类税费收入征管，确保各项财政收入足额入库，有力地支持和保障了全县各项重点事业发展。

2021年，宁阳县财政局办公楼

2016年5月1日起，按照上级统一要求，宁阳县全面实施“营改增”，营业税、营改增增值税由原来的100%地方级、增值税中央与地方75:25分成，统一变为中央与地方五五分成。宁阳县一般公共预算收入12.71亿元，同口径增长5%。政府性基金收入7.95亿元，同比增长62.8%。全县税收收入完成9.25亿元，营改增增值税完成0.9亿元，同口径增长29.38%。

2017年，宁阳县一般公共预算收入11.49亿元，剔除电力企业“子改分”等因素，同口径增长5.7%。面对营改增翘尾、减税降费力度加大，以及重点行业去产能等不利因素，全县财税部门突出质量效益导向，着力稳增长、调结构、提质量，在确保应收尽收的同时，对全县重点税种、重点行业、重点纳税大户纳税情况及时跟进分析，加大税收清查、清缴、清欠力度。全县税收收入完成8.62亿元，同比增长14.4%。召开全县综合治税工作推进暨河砂、石材以及“两税”清查清缴工作会议，强化土地出让金、城市基础设施配套费等各类非税收入征管，政府性基金收入完成6.43亿元。

2018年，宁阳县一般公共预算收入12.3亿元，同比增长7%；面对国内外经济环境稳中有变、实体经济同比增长乏力、减税降费力度加大的形势，财税部门完善综合治税齐抓共管和协调共享机制，抓好新开征的环境保护税、水资源税征收，倒逼高污染、高能耗企业转型升级。开展4期“发票摇奖”活动，实现社会力量协税征管。税收收入完成9.7亿元，同比增长12.55%。落实省财政厅“非税收入管理提升年”活动，加大对土地出让金、基础设施配套费、城市污水处理费等费用的征缴力度，政府性基金收入完成13.19亿元。

2019年，宁阳县一般公共预算收入12.7亿元，同比增长3.74%。政府性基金收入11.36亿元。全县财税部门在落实上级减税降费政策的基础上，依法加强收入征管，把该减的减到位、把该收的收上来。推动涉税信息互联互通，建立“以地控税”信息管理系统，确保各项税收应收尽收。开展“发票有奖”活动，调动广大消费者索取发票主动性，推动经营者依法开具发票和纳税人依法履行纳税义务。全县税收收入完成10.26亿元，同比增长5.78%。税收收入占一般公共预算收入的比重达到80.81%，比上年提高1.55个百分点。

2019年12月31日，中共宁阳县委书记毕黎明（右二）、宁阳代县长王立军（右三）到宁阳县财政局走访慰问。宁阳县财政局党组书记、局长武启军（右一）陪同活动

2020年，宁阳县一般公共预算收入13.17亿元，同比增长3.73%。政府性基金收入11.39亿元，同比增长0.26%。全县各级财税部门坚持把组织收入作为重中之重，应对新冠肺炎疫情、减税降费等不利因素影响，县政府印发《宁阳县企业纳税贡献奖励办法》，调动纳税企业做大做强、依法纳税的积极性。县财政局密切关注煤炭、化工、建材等支柱产业复工复产情况，加强重点企业经营情况跟踪，及时做好收入调度和分析预测。全年税收收入完成10.82亿元，同比增长5.5%，税收收入占一般公共预算收入的比重达到82.2%，较上年增加1.39个百分点。

2021年3月2日，宁阳县人民政府召集财政、税务等县直部门，以及全县15个乡镇（街道、园区）召开全县财税工作推进会，安排部署全年财税工作。加强对规模以上工业企业跟踪调度，和重点项目、重点行业监控检查，确保重点税源稳定增长。宁阳县一般公共预算收入14.2亿元，同比增长7.82%。其中，税收收入12.21亿元，同比增长12.79%。政府性基金收入11.5亿元，同比增长1%。税收收入占一般公共预算收入的比重达85.99%，较上年增加3.8个百分点。

2016—2021年宁阳县一般公共预算收入执行统计表

表6-9 单位：万元

项目＼年份	2016	2017	2018	2019	2020	2021
一、税收收入	92469	86185	97005	102608	108254	122103
增值税	22883	39814	44179	47428	44512	55950
其中：营改增增值税	8974	8605	11901	15924	15406	—
营业税	31796	359	159	-1	-1	—
企业所得税	5403	8692	8307	9437	13364	20780
个人所得税	1582	2794	4287	3867	2421	3412
资源税	4770	6270	7946	7617	6509	8439
城市维护建设税	4668	5183	5626	5287	5303	6635
房产税	2059	2448	2716	2918	11615	2951
印花税	906	1422	1373	1440	1375	2019
城镇土地使用税	5230	6507	6287	5708	5582	5621
土地增值税	5594	4296	4220	4898	3909	6464
车船税	1319	1513	1538	1648	1864	2224
耕地占用税	2306	1694	2045	2577	3149	2233
契税	3953	5193	7686	9017	8268	5019
其他税收收入	—	—	636	767	384	356
二、非税收入	34610	28733	25384	24362	23446	19898
专项收入	8164	6807	9596	7333	6721	7671
行政事业性收费收入	7413	4490	3884	4363	2928	3382
罚没收入	5167	6535	6263	4892	5715	2557
国有资源（资产）有偿使用收入	10775	8357	4059	7052	4269	5953
其他收入	3091	2544	1582	722	3813	335
一般公共预算收入合计	127079	114918	122389	126970	131700	142001

第二节 财政支出

2016年以来，随着县域经济社会稳健发展，财政支出逐年增加，为全县各项事业发展和重点支出提供了有力支撑。宁阳县财政局立足全县财力状况，坚持量入为出、量力而行，牢固树立过“紧日子”思想，始终把保障改善民生作为头等大事，大力压减“三公”经费等一般性支出，降低行政运行成本，腾出财力优先“保工资、保运转、保民生”。2017年后，社保、教育、医疗等民生领域支出占全县一般公共预算支出的比例均保持在80%以上，有力推动了县域基本公共服务均等化。

2016年，全县一般公共预算支出35.16亿元，比上年增长5.15%，用于民生领域支出24.85亿元，占一般公共预算支出的70.67%。其中，农林水事务方面，粮食直补和农资综合补贴标准达到每亩125元；社会保障和就业方面，将基础养老金发放标准由每人每月85元提高至100元，城乡低保标准分别提高至每人每月470元和每人每年3450元；提高五保供养标准，集中供养、分散供养分别达到每人每年5700元和4700元；医疗卫生方面，将城乡居民基本医疗保险政府补助标准由每人每年380元提高至420元；基本公共卫生服务经费标准提高至年人均45元；教育方面，将民转公教师纳入机关养老保险参保范围，义务教育小学、初中保障经费按照生均710元、910元的补助标准落实。住房保障方面，规划实施工矿棚户区改造项目，对磁窑镇国家庄、西磁村进行异地搬迁安置，建设安置住宅楼57栋，安置棚户区居民1490套。

2017年，全县一般公共预算支出36.41亿元，同比增长3.56%。农业农村领域，保障村级组织运转，村均组织运转经费水平进一步提升，达到年均9.6万元；社会保障和就业方面，居民基础养老金发放标准达到每人每月100元，城乡低保标准分别达到每人每月470元和每人每年3450元；提高五保供养标准，确保基本生活费标准达到每人每年5200元；建立照料护理制度，一、二、三档护理费标准分别达到4320元、2160元、1200元；医疗卫生方面，将城乡居民基本医疗保险政府补助标准由每人每年420元提高至450元，基本公共卫生服务经费标准由每人每年45元提高至50元；全面落实义务教育经费保障机制改革政策，义务教育小学和初中保障经费按照生均710元和910元的补助标准落实到位。

2018年，全县一般公共预算支出36.98亿元，同比增长1.55%。其中，用于教育、社保、医疗和农林水等民生领域支出30.92亿元，占一般公共预算支出比重达到83.61%，有力保障了民生事业发展。社会保障和就业方面，将基础养老金发放标准由每人每月100元提高至118元，将城乡低保标准分别由每人每月470元提高至550元和每人每年3450元提高至4680元，将农村五保供养基本生活费标准由每人每年5200元提高至6084元；医疗卫生方面，将城乡居民基本医疗保险政府补助标准由每人每年450元提高至490元，基本公共卫生服务经费标准由每人每年50元提高至55元；教育方面，义务教育小学和初中保障经费按照生均810元和1010元的补助标准落实到位；住房保障方面，支持棚户区改造项目7个共3650套，完成725户农村危房改造任务。

2019年，全县一般公共预算支出40.06亿元，同比增长8.33%。其中，用于医疗、社保、教育、农林水等民生领域支出32.84亿元，占一般公共预算支出的82%。特别是7月乡镇取暖补贴补齐发放和全县年终一次性奖金政策的执行，在全县范围内实现了“同职级同待遇、乡镇略高于县”，激发了全县干部职工干事创业积极性。社会保障和就业方面，将城乡低保标准分别提高至每人每月580元和每人每年5160元，将农村五保供养基本生活费标准提高至每人每年6840元；卫生健康方面，将城乡居民基本医疗保险政府补助标准由每人每年490元提高至520元；基本公共卫生服务经费标准由每人每年55元提高到69元；住房保障方面，支持棚户区改造项目3个共2730套，完成83户农村危房改造任务。

2020年，全县一般公共预算支出42.27亿元。其中，教育、社保、医疗、农林水等民生领域支出35.5亿元，占一般公共预算支出比重达83.98%。农林水事务方面，耕地地力保护补贴标准提升至每亩137元；社会保障和就业方面，从2020年7月1日起将居民基本养老保险补助标准由每人每月118元提高至142元；将城乡低保标准分别由每人每月580元、430元提高至每人每月719元、537元，将农村五保供养基本生活费标准由每人每月570元提高至760元；住房保障方面，支持棚户区改造1388套，完成362户农村危房改造。

2021年，全县一般公共预算支出39.1亿元。根据财政部规定，宁阳县取消国库集中支付结余权责发生制列支，县级财政部门按照收付实现制核算财政支出事项，一般公共预算支出下降7.5%。全县教育、社保、医疗等民生领域支出32.12亿元，占一般公共预算支出比重达82.16%。在确保县乡工资按时足额发放的同时，安排0.15亿元用于提高乡镇工作补贴标准，落实基层待遇提升政策。社会保障和就业方面，将居民基本养老保险补助标准由每人每月142元提高至150元，将城乡低保标准分别由每人每月719元、537元提高至每人每月791元、593元，将农村五保供养基本生活费标准由每人每月760元提高至836元；卫生健康方面，将城乡居民基本医疗保险政府补助标准提高至每人每年580元，基本公共卫生服务经费标准提高至每人每年79元。

2016—2021 年宁阳县一般公共预算支出执行统计表

表 6-10　单位：万元

项目＼年份	2016	2017	2018	2019	2020	2021
一般公共服务支出	19097	20642	24391	26670	31855	35243
外交支出	—	—	—	—	—	—
国防支出	146	150	216	178	203	318
公共安全支出	11656	13991	17427	18169	18068	17497
教育支出	85477	90137	97687	108291	114865	127317
科学技术支出	2666	2683	1212	2619	2780	3140
文化旅游体育与传媒支出	3916	4138	4129	4847	4980	2805
社会保障和就业支出	44540	48637	46404	49134	73120	78206
卫生健康支出	49957	34540	33821	25133	34850	25500
节能环保支出	8276	8529	6812	8415	8629	4709
城乡社区支出	31083	39702	29998	30478	20900	9388
农林水支出	37284	49586	51529	55733	57500	57848
交通运输支出	16200	17360	18480	10088	19800	8166
资源勘探信息等支出	10527	7818	8154	3031	3100	2517
商业服务业等支出	6816	3851	3075	2847	1560	463
金融支出	35	2	100	—	360	150
援助其他地区支出	—	—	—	614	—	440
自然资源海洋气象等支出	380	378	495	14552	4251	1839
住房保障支出	8689	5405	5825	16882	11750	2183
粮油物资储备支出	8078	8153	11281	602	1657	173
灾害防治及应急管理支出	1036	600	571	7704	3136	3577
预备费	—	—	—	—	—	—
债务付息支出	4013	6407	7567	8281	8316	8677
其他支出	1739	1420	617	6332	1029	850
一般公共预算支出合计	351611	364129	369791	400600	422709	391006

第三节　财政管理

2016—2021 年，宁阳县财政局坚持以财政管理为抓手，推动财政重点改革，开源节流抓好收支，提质增效强化管理，为推动宁阳经济社会高质量发展贡献财政力量。

一、县乡财政体制

2016 年以来，宁阳县财政局在改革发展中逐渐形成了“乡财县管乡用”的财政运行机制。县乡两级财政部门职能大致相同，主要承担本级一般公共预算资金的收支管理，部门预算综合管理、国有资产管理等职能。作为山东省第一批 20 个财政直管改革试点县之一，中央、省级转移支付资金直接分配和下达到县，调度款资金通过省国库直接划拨到县国库，资金运作更加快捷。省财政由于对直管县各项转移支付力度不断加大，宁阳县作为中部地区，也享受到省财政对西部地区的高比例补助标准，补助范围和金额逐年提高。同时，市级不再参与省直管县收入分享，增加了县级可用财力。2019 年 5 月，宁阳县在全省财政直管县改革暨做好县级“三保”工作会议上作了典型发言。2016—2021 年，宁阳县依托省财政直管县体制优势，争取到更多的政策扶持和资金倾斜，在提高财政保障水平、缓解县乡财政困难等方面奋力攻坚，各项工作取得明显成效。

二、预算管理改革

作为山东省县级现代预算管理制度改革试点县，2016 年以来，宁阳县财政局认真贯彻落实深化财税体制改革的战略部署，以预算管理制度改革和预算绩效管理改革为重点，不断提高预算管理和依法行政水平。健全政府预算体系，将政府所有收入和支出全部纳入预算管理，实现了全口径预算编制的完整性，实现资金统筹使用、支出综合平衡发展，增强了政府财力综合运筹能力。推行“零基预算”，达到有保有压，有增有减，统筹安排使用。推进预决算公开，严格按照预算法要求，将县政府预决算以及预算执行情况相关报表通过政府网站向社会全面公开。2018 年，宁阳县被财政部评为全国财政管理工作绩效考核激励县，获得 2000 万元奖励资金。2016—2021 年，宁阳县财政局全面实施预算绩效管理，依托“绩效管理信息系统”软件，把预算绩效管理嵌入预算管理事前、事中、事后全过程，促进预算与绩效管理深度融合，构建了全方位、全过程、全覆盖的预算绩效管理体系。

三、财源建设

2016 年以来，宁阳县财政局坚持把培植基础财源作为财政可持续发展的“主引擎”，紧紧围绕全县发展大局，强化“放水养鱼”意识，全面落实减税降费政策，加强涉企收费管理，降低实体经济运行成本，持续增强财政造血功能。为重点财源企业争取能源消耗、环境容量和建设用地等指标，以及各类优惠贷款和股权投资，把更多、更有效资源应用于大企业、大项目，为全县财源建设争取更广阔的发展空间。2016 年，为山东晋煤明升达有限公司争取到 2.69 亿元国家开发银行国开发展基金；2017 年，为金明热电有限公司争取到 0.68 亿元财政部清洁发展机制基金贷款；2019 年，经县政府批准同意，依托县金财公司为超威电源、天源服装、晟泰工贸 3 家企业提供过桥资金 1.24 亿元，并全部到期收回，实现了政府资金收益与帮扶企业解决资金难题的双赢；2020 年，设立 0.2 亿元工业发展基金和 0.1 亿元招商引资专项奖励资金，全力支持全县工业经济和招商引资。2019—2021 年，抓住市政府设立 100 亿元重点企业财源建设基金的机遇，先后为天源服装有限公司、鲁阳金属制品有限公司、碧蓝生物有限公司争取到 4.8 亿元投资，为企业更好更快发展注入了强劲动力。

四、股权投资惠企

围绕支持实体经济发展，2016 年 3 月，宁阳县财政局设立政府引导基金管理办公室，探索股权投资扶持实体经济新路径。

2016 年 7 月，宁阳县财政局注资 1 亿元成立山东智基控股有限公司，后增资扩股至 5 亿元。山东智基控股有限公司作为股权投资专业平台，对骨干企业及其他有潜力的企业以股权投资的方式进行扶持，解决县域企业融资困难。2017 年 5 月，山东智基控股有限公司与泰安东岳财富投资基金、深圳红塔资产管理公司等四方合作，联合成立 10 亿元的宁阳东岳财富股权投资基金，首笔 1.5 亿元投向海斯摩尔生物科技公司，支持医卫用生物质新材料项目建设，使其成为全国纺织行业转型升级的示范企业。2019 年，山东智基控股有限公司与济南润启集团合作设立 0.6 亿元泰安宁阳润富股权投资基金。至 2021 年年底，宁阳县财政局已累计为 5 家县内企业提供股权投资 2.9 亿元，加速了骨干企业成长壮大，助推新兴产业做大做强。

五、财金政策融合

2016 年以来，宁阳县财政局不断完善财政金融政策体系，加快财金政策融合创新。拓宽农业保险覆盖面，农业保险险种从 2016 年的 5 个增加至 11 个，财政保费补贴从 0.15 亿元增加至 0.37 亿元，有力保障全县农业保险稳健发展；开展创业担保贷款贴息，不断提高贷款额度，放宽担保条件，个体创业担保贷款额度由最高 10 万元提高至 20 万元，小微企业贷款额度由最高 200 万元提高至 300 万元；加快“政银保”工作推进力度，至 2021 年，已办理“政银保”贷款业务 680 万元，支付财政保费补贴 10.2 万元。通过“政府 + 基金 + 金融”模式，运用融资担保、应急转贷等手段，撬动更多社会资本聚力新旧动能转换。

2017 年，宁阳县财政局成立政策性融资担保机构——山东迪润融资担保有限公司，发挥连接银企桥梁纽带作用，为县内企业提供高质量、低费率的担保增信服务，稳步化解企业担保风险，吸引各类资金向实体经济聚集。至 2021 年年底，已累计为企业办理投融资担保业务 127 笔，担保金额 12.37 亿元。

六、国有资本运营

2017 年 5 月，宁阳县在山东宁阳统筹城乡发展有限公司运作经验的基础上，成立国投实业有限公司、鲁居建设发展有限公司，重组了城市发展投资有限公司，明确其企业性质和独立法人地位，厘清政府与企业的关系，做到政企分离。依法将优质资产、经营性资产，分别注入四家国资运营公司，使静止的资产流动起来，沉淀的资产活起来，实现了从传统的投融资平台向实体化国资运营公司的转型。四家国资运营公司坚持以融资促项目，以项目促收益，实现“借用管还”良性循环。根据全县城乡建设、民生事业等发展需要，四家国资运营公司各有侧重，分别承担相应的投融资建设任务。山东宁阳统筹城乡发展有限公司先后实施了复圣公园、金桥学校、文庙历史文化街区、文化艺术中心等城建项目；城市发展投资有限公司与上市公司岭南园林合作开发洸河生态综合项目，进行洸河河道治理、绿化景观建设及土地收储、商业地产开发；国投实业有限公司先后实施彩山苑二期、东疏锈石开发等项目；鲁居建设发展有限公司实施了磁窑工业水厂、污水管网、华阳热力供汽供暖等项目，加快宁阳经济开发区基础设施建设。2019 年，严格落实县委关于砂石资源扎口管理、规范开发利用的要求，整合重组山东鲁岭建设发展有限公司，负责全县砂石土地资源运营，提高砂石矿产资源开发管理效能。

七、PPP 模式运作

2016 年以来，宁阳县财政局坚持“政府主导、政企合作、放管结合、重诺履约”的原则，在前期探索运用政府和社会资本合作（PPP）模式的基础上，广泛吸引社会资本投向基础设施和公共服务等领域。2016 年，文庙历史文化街区、工矿棚户区改造 2 个项目被列入财政部第二批 PPP 示范项目。2017 年，宁阳县建立城乡环卫一体化市场化运作模式，与上市公司北京启迪桑德有限公司和安徽盛运环保有限公司合作，将全县 562 个村的垃圾清运、日常保洁托管给两家公司运营管理，形成环卫保洁常态长效机制。2018 年，与上市公司龙元建设有限公司合作推进宁阳文化艺术中心项目，解决了文化基础设施建设投入不足的问题，让人民群众享受到了更多更好的公共服务。2016—2021 年，在严格进行财政可承受能力论证的基础上，全县共有 5 个项目被纳入财政部 PPP 综合信息平台，总投资额 34 亿元。

八、政府债务管理

2016 年以来，宁阳县财政局坚持把防范政府债务风险作为一项政治任务来抓，强化红线意识和底线思维，正确处理举债与发展、稳增长与防风险的关系。严格风险源头管控，规范政府举债融资行为，加强政府债务限额管理，强化债务预算管理，杜绝突破限额举债和变相举债行为发生。建立政府债务预警和风险应急处置预案制度，落实主体责任，运用负债率、债务率、偿债率等监控指标，对政府性债务的规模、结构和安全性进行动态监测。做好全口径债务月报统计工作，推进政府融资平台公司市场化转型发展，细化落实化解方案，大力压减债务规模，成果显著。2019 年 10 月，山东省财政厅以《宁阳县三项措施推动融资平台脱虚向实》为题，印发推广了宁阳县融资平台市场化转型先进经验。2020 年 9 月，宁阳县在省委组织部、省委党校举办的财政改革发展专题研讨班上，就政府债务管理及风险防范作了典型发言。2016—2021 年，宁阳县政府债务余额始终严格控制在上级核定的限额之内，债务风险总体可控。

九、国库集中支付改革

宁阳县建立健全覆盖县乡所有单位和资金的国库集中支付业务体系。2017 年，将乡镇支出和社保基金所有险种的支出，全部纳入国库集中支付范围，实现了国库集中支付改革“横向到边、纵向到底”的总体目标，确保财政资金封闭运行、闭环管理，让信息多跑路、让单位少跑腿，实现支付效率和资金安全质的飞跃。全面推广使用公务卡，先后将工行、农行、农信社 3 家银行纳入公务卡发卡范围，开通公务卡模块，公务卡支付报销业务纳入国库集中支付系统统一管理。2017 年 3 月，召开全县结转结余资金回收动员大会，将 2015、2016 年县级自有财力安排给预算单位形成的结余资金以及预算单位结转两年以上的资金进行全部清理盘活，并建立长效常态机制，每年年底对结转结余资金进行一次清理盘活。2017—2021 年，已累计收回部门结转结余资金 15.8 亿元，缓解了国库资金支付压力。

十、内控外查

2016 年以来，宁阳县财政局全面完善内控制度，不断强化政府采购、投资评审、资产管理、监督检查等职能，财政资金使用效益显著提升。发挥政府采购节支功能，2016—2021 年，共完成各类进场采购 1049 次，完成采购金额 35.97 亿元，节约资金 2.62 亿元，资金节约率 6.8%。严格按照《宁阳县政府投资项目管理办法》，开展政府投资评审。2016—2021 年，共完成 454 个项目预算控制价的评审工作，核减投资 4.1 亿元。全面规范和加强行政事业国有资产管理，2019 年 6 月，宁阳县财政局作为唯一的县级代表参与财政部资产司座谈会，并就国有资产管理方面作了交流发言。持续推动建设“厉行节约、反对浪费”制度体系，不断完善公务接待、会议费、培训费、差旅费等制度规定。全面推进行政事业单位内部控制建设，提升行政事业单位财务管理水平。2018 年 8 月，举办政府会计准则制度实施动员大会暨培训班；2019 年 3 月，举办全县行政事业单位财务人员能力提升班；2019 年 9 月，举办行政事业单位财务人员账务处理能力培训交流班。宁阳县财政局联合县纪委、县审计局等部门开展财政收入专项审计、会计信息质量检查、非税收入检查等专项整治。2016—2021 年，对 48 家企事业单位开展会计信息质量检查，查出违规资金 0.49 亿元，补缴税费 0.26 亿元。

十一、会计管理

2016 年以来，宁阳县财政局不断提升会计管理和服务水平。开展新《中华人民共和国会计法》《政府会计准则制度》及相关法规政策宣传贯彻，开展会计专业技术资格报名和会计领军人才推荐选拔工作。2019 年，在全县范围内开展会计人员信息采集，共采集会计人员信息 1800 多条。把服务理念贯穿于会计管理工作始终，建立宁阳会计交流 QQ 群，开通“宁阳会计之家”微信公众号，设置了包括会计从业资格证、中（高）级会计职称报名、会计人员继续教育、考试成绩查询、财政政策数据库查询等十余项专题服务，致力于会计信息、法律、法规和制度、准则的宣传。全县会计从业人员通过公众号及时收悉财经政策、报名参与会计考试，享受便捷服务，成为县财政局与会计人员内外沟通、互动服务的桥梁和窗口。至 2021 年年底，全县共有会计从业人员约 5000 人。

第六章 东平县

东平县位于泰安市西南部，西临黄河，东望泰山。东平，古称东原，秦代设县建制，迄今近2000年。辖大羊、梯门、接山、银山、斑鸠店、沙河站、新湖、戴庙、老湖9个镇，旧县、商老庄2个乡、东平、彭集、州城3个街道办事处，下辖716个村（居）、面积1343平方公里，总人口80万人。抗日战争时期设立东平县抗日民主政府财政科，1956年成立东平县人民政府财政局。2016—2021年，东平县财政局在县委、县政府的坚强领导和上级财政部门的指导下，围绕全县改革发展中心任务，全力做好增收节支、民生保障、脱贫攻坚、生态环境整治等各项工作，财政保障服务能力稳步增强，财税改革不断向纵深推进，助推全县经济社会事业高质量发展。2016年12月，被山东省档案局评为山东省档案工作科学化管理示范单位等称号。

2016年，东平县财政局办公楼

第一节 财政收入

2016年以来，东平县财政局把组织收入作为首要任务，千方百计拓宽收入渠道，财政收入总量持续增长，收入结构不断优化，地方财力日益增强。2016—2021年，东平县一般公共预算收入由11.93亿元增加到14.13亿元，增长18.44%。其中，税收收入由7.89亿元增加到11.96亿元，增长51.58%。

2016年，东平县人民政府印发《关于进一步涵养税源挖潜增收工作的意见》，寓管理于服务之中，堵漏增收。应对收入增长新常态，县财政、国税、地税、人行等部门数据实现共享，及时发现财税运行中的新情况、新问题，为财政收支走势提出合理化建议。源头控费，坚持“分次限量、核旧领新、票款同步”的以票管费原则，收效较大。2016年，全县一般公共预算收入11.93亿元，增长2.2%。其中，税收收入7.89亿元，非税收入4.04亿元。全县政府性基金收入4.23亿元；社会保险基金收入16.15亿元。

东平县财政局始终以“开源与节流并重、增收节支与更新理念并重、谋划与征管并重、扶持与监管并重”为主线，始终坚持“抓大不放小”的原则，推广联合办税的模式，实现了收入总量和质量的双提高。2017年，全县一般公共预算收入11.48亿元。其中，税收收入8.07亿元、增长12%，非税收入3.41亿元。全县政府性基金收入6.75亿元，增长59.6%，社会保险基金收入17.04亿元，增长6.8%。

面对错综复杂的经济形势，东平县财政局坚持以推进供给侧结构性改革为主线，实施财政政策，深化财税体制改革，支持实体经济发展，切实加强预算管理，千方百计增收节支。2018年，全县一般公共预算收入11.76亿元，增长2.4%。其中，税收收入8.96亿元、非税收入2.8亿元。2018年，全县政府性基金收入11.93亿元，增长76.9%，社会保险基金收入18.49亿元，增长11.9%。

东平县财政系统干部职工以大局为重，强化责任担当，推动财政收入持续增长。2019年，县一般公共预算收入12.46亿元。其中，税收收入10.02亿元，非税收入2.44亿元。全县政府性基金收入10.51亿元；社会保险基金收入20.22亿元。

面对新冠肺炎疫情冲击及减税降费政策等影响，东平县财政系统干部职工紧扣年初目标，全力以赴抓收入，财政收入保持稳步增长。2020年，全县一般公共预算收入13.09亿元，增长5%。其中，税收收入10.65亿元，非税收入2.43亿元。全县政府性基金收入16.36亿元；社会保险基金收入19.33亿元。

东平县财政系统干部职工凝心聚力，攻难克坚，拓渠道、挖潜力，推动财政政策落地生效，财政收入实现大幅度增长。2021年，全县一般公共预算收入14.13亿元，增长8%。其中，税收收入11.96亿元，非税收入2.17亿元。全县政府性基金收入29.95亿元，增长83%。机关事业单位和城乡居民基本养老保险基金收入9.61亿元，增长8%。

2016—2021年东平县一般公共预算收入统计表

表6-11　单位：万元

项目＼年份	2016	2017	2018	2019	2020	2021
一般公共预算收入	119336	114816	117557	124616	130867	141337
税收收入	78901	80682	89560	100169	106526	119588
增值税	15067	27443	36938	48925	46224	47777
营业税	20396	628	52	—	—	—
企业所得税	2316	1698	2442	5661	10619	11915
个人所得税（款）	1581	2696	2526	1458	2695	2570
资源税	17181	15017	9551	9156	13349	12986
城市维护建设税	2718	2641	3682	4795	4836	5037
房产税	2197	2387	3277	2828	2148	3095
印花税	767	1103	1392	1432	1567	1792
城镇土地使用税	5666	9672	8581	4607	5679	4320
土地增值税	3307	5293	6651	6132	5177	6463
车船税（款）	3097	6064	5784	5933	4419	2931

续表 6-11

项目 \ 年份	2016	2017	2018	2019	2020	2021
耕地占用税（款）	1673	2083	2129	1014	1308	1763
契税（款）	2935	3957	6338	7909	8331	18727
环境保护税（款）	—	—	217	319	174	213
非税收入	40435	34134	27997	24447	24341	21749
专项收入	5009	4109	4807	6061	6888	6290
行政事业性收费收入	15772	12745	3920	3335	3950	4303
罚没收入	11834	8259	7632	7741	6366	7684
国有资本经营收入	—	—	—	—	—	3213
国有资源（资产）有偿使用收入	6880	8108	10717	6754	5454	—
捐赠收入	724	641	348	401	1584	187
政府住房基金收入	81	1	171	154	99	73
其他收入（款）	135	271	402	1	—	—

第二节　财政支出

2016—2021 年，东平县财政保障能力为全县经济社会事业发展提供了有力支撑。东平县财政局坚持量入为出、量力而行、过“紧日子”思想，压减“三公”经费等一般性支出，优先“保工资、保运转、保民生”。社保、教育、医疗等民生领域支出占全县一般公共预算支出的比例在 80% 以上，有力推动了县域基本公共服务均等化。

2016 年，东平县一般公共预算支出 34.77 亿元，增长 2.9%。其中，全县教育、医疗、社保、住房、农林水、科技、节能环保、城乡社区、交通运输等事务支出累计完成 30.5 亿元，占全县支出比重达 87.8%。优先保证库区移民搬迁、产业扶贫等项目建设和各项惠民政策落实，及时拨付资金兑现离退休人员养老金增长、机关事业人员增资，公务员职级并行、公车改革补贴等与个人利益息息相关的支出。2016 年，发放个人惠农补贴资金 2.17 亿元，拨付移民避险解困搬迁工程补助资金 3.82 亿元、棚改补助资金 0.89 亿元、政策性贷款 2.1 亿元，用于农村综合改革的资金达到 0.75 亿元。

2017 年，东平县一般公共预算支出 38 亿元，增长 9.3%。其中，脱贫攻坚、教育均衡、社会保障、医疗卫生等民生支出达到一般公共预算支出的 88%，较 2016 年提高了 3 个百分点。棚户区改造、“十三五”易地扶贫搬迁、黄河滩区脱贫与迁建民生工程住房保障支出 1.71 亿元。

2018 年，东平县一般公共预算支出 42.43 亿元。其中，一般公共服务支出 2.07 亿元，公共安全支出 1.24 亿元，教育支出 7.38 亿元，文化体育与传媒支出 0.37 亿元，社会保障和就业支出 7.42 亿元，医疗卫生与计划生育支出 3.85 亿元，节能环保支出 1.05 亿元，城乡社区支出

0.87 亿元，农林水支出 11.69 亿元，交通运输支出 1.51 亿元，资源勘探信息等支出 0.11 亿元，商业服务业等支出 0.29 亿元，国土海洋气象等支出 1.01 亿元，住房保障支出 3.18 亿元，粮油物资储备支出 0.1 亿元，其他支出 0.22 亿元。

2019 年，东平县一般公共预算支出 39.47 亿元。县级支出主要项目完成情况：教育支出 7.98 亿元，科学技术支出 0.08 亿元，文化旅游体育与传媒支出 0.56 亿元，社会保障和就业支出 7.9 亿元，卫生健康支出 2.06 亿元，节能环保支出 1.29 亿元，城乡社区支出 0.64 亿元，农林水支出 5.34 亿元，交通运输支出 0.69 亿元，住房保障支出 1.48 亿元。

2020 年，东平县一般公共预算支出 41.39 亿元。县级支出主要项目完成情况：教育支出 8.4 亿元，科学技术支出 0.04 亿元，文化旅游体育与传媒支出 0.31 亿元，社会保障和就业支出 10.43 亿元，卫生健康支出 2.51 亿元，节能环保支出 0.83 亿元，城乡社区支出 0.64 亿元，农林水支出 5.42 亿元，交通运输支出 0.99 亿元，住房保障支出 0.86 亿元。

2021 年，东平县一般公共预算支出 38.77 亿元。县级支出主要项目完成情况：教育支出 9.3 亿元，科学技术支出 0.04 亿元，文化旅游体育与传媒支出 0.24 亿元，社会保障和就业支出 11.18 亿元，卫生健康支出 2.13 亿元，节能环保支出 0.19 亿元，城乡社区支出 0.54 亿元，农林水支出 5.93 亿元，交通运输支出 0.48 亿元，住房保障支出 0.7 亿元。

全县一般公共预算支出中用于民生的支出达到 33.9 亿元，占一般公共预算支出的 87.5%。东平县坚持把直达资金作为防控疫情、支持经济的重要抓手，全年共拨付直达资金 11.7 亿元。

2016—2021 年东平县一般公共预算支出统计表

表 6-12　　单位：万元

项目＼年份	2016	2017	2018	2019	2020	2021
一般公共预算支出	347735	379962	424318	394738	413873	387669
一般公共服务支出	20803	21900	20676	23840	25059	22948
国防支出	98	47	346	714	233	230
公共安全支出	15310	11519	12376	13367	15475	12901
教育支出	84101	85558	73751	81919	85423	94465
科学技术支出	768	745	406	881	467	448
文化体育与传媒支出	2287	3818	3725	6596	4000	3210
社会保障和就业支出	50968	56962	74161	86685	113392	116243
医疗卫生与计划生育支出	44320	45708	38526	24206	28137	24023
节能环保支出	6500	8156	10495	14702	8463	2033
城乡社区支出	20641	20944	8656	11913	10816	7306

续表 6-12

项目 \ 年份	2016	2017	2018	2019	2020	2021
农林水支出	76271	85541	116931	73773	77020	74925
交通运输支出	5621	7898	15125	6896	9878	4833
资源勘探信息等支出	1532	1508	1118	1488	3907	2596
商业服务业等支出	4014	3368	2931	977	620	1587
金融支出	13	20	—	76	30	—
国土海洋气象等支出	1144	3810	10085	27915	4759	2296
住房保障支出	10027	17061	31796	15652	9282	7598
粮油物资储备支出	853	375	1001	465	688	232
灾害防治及应急管理支出	—	—	—	1608	1881	2297
其他支出（类）	838	1934	2213	1028	7565	651
债务付息支出	1626	3090	—	37	6778	6847

第三节 财政管理

东平县财政局坚持以习近平新时代中国特色社会主义思想为指导，不断深化管理体制改革，实行预算绩效管理，完善现代预算管理制度，运用信息技术对预算执行全过程实施监控，财政管理的科学化、精细化水平不断提高，形成了“花钱必问效、无效必问责”的管理格局。

一、财政管理体制

2019 年起，根据山东省政府《关于深化省以下财政管理体制改革的实施意见》要求，东平县纳入省财政直接管理范围。

基层财政管理，对 14 个乡镇（街道）财政管理中心和工业园区、物流园区、旅游管委财税分局，实行现行财政体制和政策不变，以乡镇为独立核算主体，监督乡镇财政资金使用的“乡财县管”管理体制。县乡镇财政管理服务中心行使监管乡镇预算执行、监管涉农资金使用，进行规范化财政所建设的职责。

2021 年 12 月 31 日，中共东平县委书记马焕军（中）在县财政局主持召开财税金融工作座谈会

二、预算绩效管理

2016 年以来，东平县政府印发《关于进一步深化预算管理制度改革的实施意见》《关于深化县级预算管理改革的意见》等文件，推动构建权责清晰、协同高效、运行规范的预算管理新格局。

坚持“量入为出、收支平衡”原则，基本支出实行定员定额编制，项目支出实行项目库管理和绩效管理，编制方法实行综合预算和零基预算。

2018年，东平县政府印发《关于切实做好财政资金统筹使用工作的实施意见》，加强各类资金的统筹衔接。完善政府预算体系，统筹使用各类资金，盘活存量资金，建立结转结余资金定期清理机制，提高财政资金使用效益。

2018年，东平县委办公室、县政府办公室印发《东平县预算公开实施方案》，以“公开为原则、不公开为例外”工作要求，预决算公开逐步实现由分散向规范、粗放向细化、单一向整体转变，预决算内容不断细化，提升了政府形象和公信力。

2018年，东平县财政局印发《东平县预算绩效评价共性指标体系框架的通知》，明确预算绩效评价共性指标体系框架、预算项目支出绩效目标模板及样表，东平县财政局与4个县直部门联合印发了分部门指标框架体系文件，完善指标体系。2019年，东平县委办公室、县政府办公室印发《关于全面推进预算绩效管理的实施意见》等一系列政策文件，对绩效管理工作的组织实施、工作模式、保障机制等进行全面规范。

东平县财政局预算科启用预算绩效管理信息系统，实现绩效目标编审、运行监控、评价和结果运用的全过程信息化管理。并结合部门预算，推进绩效目标管理。

按照“谁申请资金，谁设置目标”原则，财政资金安排的项目全部纳入绩效目标管理，开展部门整体支出绩效目标编报试点工作。经审核后的绩效目标，随同经县人大审批后的部门预算一并批复。

选取部分单位项目进行跟踪监控，并从中确定重点项目进行跟踪评价项目，密切关注项目实施、进展情况，对存在偏差的及时进行纠偏改进。

各部门对实行绩效目标管理的项目全面开展绩效自评，并根据管理需要选择部分资金规模大、社会关注度高的重点项目开展绩效评价。同时，开展部门整体支出绩效目标编报试点工作的部门进行部门整体支出自评。推行第三方机构独立评价，提高评价质量和公信度。

建立评价结果报告、反馈、公开和问题整改制度，以及与预算安排挂钩机制，将预算安排与部门预算绩效管理挂钩，把绩效评价结果作为年度预算调整、专项资金分配和以后年度预算资金安排的重要依据，不断提升预算部门绩效管理意识。

2019年3月，成立县预算绩效管理中心。2020年2月，对减税降费、企业贷款贴息、防控资金保障、医疗人员补助等财政资金进行检查，督导疫情防控财税政策落实工作。5月，对全县2016年至2019年207个扶贫项目进行督导检查。10月，对中央财政直达资金和政府专项债券督导检查。2020年，财政投资评审中心完成建设和绿化等项目评审148宗，评审金额23.49亿元，审定金额19.36亿元；土地收储地上附属物评审22宗，审定金额1亿元。

三、国库管理

2016年以来，东平县国库管理工作夯实国库管理基础，加强国库管理制度，加强和规范财政专户与预算单位账户管理，完善预算执行动态监控体系。

2016年政府财务报告开始试点，2018年政府财务报告系统上线到2020年正式编报政府财务报告。

县级所有预算单位和14乡镇全部纳

入动态监控范围。提高预算执行统筹平衡力度，加强财政暂付款管理，优化支出结构，保民生，压减三公经费等一般性支出。

发挥决算审核平台作用，优化审核流程，规范业务对账，保障全县总决算报表编制工作质量。严格执行《中华人民共和国预算法》规定的两个“20日”要求，指导各级各部门按时完成决算公开，加强审核，保障公开质量。

2017年，按照财政部要求开展财政专户全面清理工作，撤销账户3个。2020年，纳入财政专户编制合规存量财政专户目录的账户13个，其中，常规类11个，专项支出2个。

根据东平县县级公务消费实际及用卡环境需要，暂定强制性结算项目2项，鼓励性结算项目13项。2020年，县乡两级全面实行公务卡强制结算目录，全县开立公务卡5047张，结算金额0.44亿元。

四、地方政府债务风险防控

2017年，东平县政府印发《东平县政府性债务风险应急处置预案》。县财政局作为政府性债务风险应急处置牵头管理部门，按照“谁举债、谁偿还”的原则，对政府性债务风险实行动态监控。举借或使用政府性债务资金的有关单位是风险防控责任主体，县级审计、人民银行、金融监管等部门对政府性债务监管。2020年9月，省财政厅通报东平县政府债务率为100.8%，属于绿色等级。政府综合债务率为169.6%，属于黄色等级。

五、财政管理制度

2018年3月，东平县财政局制定内部控制基本制度（试行），从业务分类、岗位廉政风险、流程控制、预防措施等，将内控制度予以细化和分解，责任到岗、到人、到事，全过程全方位加强风险控制。

2016年以来，东平县不断完善县直单位及全县教育系统全额财政供养人员工资统发管理机制，东平县财政局严格按照东平县人力资源和社会保障局审批的《机关事业单位人员工资变动审批花名册》，及时调整兑现统发人员工资待遇。2019年，东平县财政局将财政一体化管理系统工资统发部分维护权限下放到单位，2020年改革原有工资发放资金拨付方式，工资发放直接结转数据，形成支付申请，打印支付凭证，由代理银行向代发银行打款转账，完成资金拨付。

六、预算管理一体化

2021年，东平县按照省财政厅预算管理一体化上线应用工作的要求，制定《东平县预算管理一体化系统部署实施工作方案》，对全县预算管理一体化建设作出全面部署。东平县财政局预算科牵头，科室配合，指导部门、单位安装一体化系统软件，5月底实现数据上传。10月底各预算单位正式通过一体化系统进行2022年预算编制。

第七章　泰安高新技术产业开发区

泰安高新技术产业开发区筹建于1992年，正式成立于1994年，1995年被省政府批准为省级高新区，2012年被国务院批准为国家高新技术产业开发区。2021年底，辖区总面积277平方公里，人口26.8万人。辖良庄、房村2个镇，北集坡街道办事处，规划定位为泰安城市的副中心和绿色生态新城、产业科技新区，是泰安市经济建设的主战场、新旧动能转换的主阵地、双招双引的主平台。1994年5月，高新区下设财政税务局。1997年10月，成立高新区财政局。2020年1月，改为高新区财政财务管理部，对外仍称高新区财政局。2016年以来，在高新区党工委、管委会的坚强领导和市财政局的指导帮助下，紧紧围绕跨越发展、争先进位的总目标，大力组织财政收入、优化财政支出、科学培植财源、对上争取、加强监督监管，充分发挥了财政金融服务于经济和社会事业发展的重要职能作用。2010年，被山东省精神文明建设委员会授予省级文明单位称号。

2016年，泰安高新技术产业开发区财政局所在办公楼

第一节　财政收入

2016年以来，在上级领导的指导帮助下，高新区财政局大力培植财源，组织财政收入，取得了显著成效。2016—2021年，一般公共预算收入累计完成121.81亿元。

面对“营改增”的全面实施，高新区财政局及时做好征管调整工作，保障了税收来源。2016年，高新区完成一般公共预算收入20.55亿元，同比增长3.65%。其中，税收收入完成16.1亿元，同比增长11.13%。主要税种完成情况是：增值税3.55亿元、营业税0.98亿元，同比增长13.13%；企业所得税1.34亿元，同比增长23.53%；个人所得税1.01亿元，同比增长7.35%。

高新区财政局推进供给侧结构性改革，提升经济发展质量和效益，拓宽税源。同时，着力实施减税降费政策，大力推进招商引资行动。2017年，高新区完成一般公共预算收入20.3亿元。其中，税收收入完成16.74亿元，同比增长3.94%。主要税种完成情况是：增值税4.89亿元、营业税0.11亿元；企业所得税1.1亿元；个人所得税0.95亿元。

高新区财政局抢抓新旧动能转换重大机遇，持续推进减税降费政策及招商引资政策，推动高新区经济持续健康发展。2018年，高新区完成一般公共预算收入20.68亿元，同比增长1.88%。其中，税收收入完成18.32亿元，同比增长9.44%。主要税种完成情况是：增值税5.18亿元，同比增长3.6%；企业所得税1.77亿元，同比增长60.29%；个人所得税1.13亿元，同比增长19.48%。

高新区财政局发挥职能抓收入，财政收入实现历史性突破。2019年，高新区完成一般公共预算收入22.22亿元，同比增长7.45%。其中，税收收入完成19.06亿元，同比增长4.05%。主要税种完成情况是：增值税10.41亿元；企业所得税1.68亿元；个人所得税0.82亿元。

面对突发新冠肺炎疫情、宏观经济下行压力加大等不利形势，高新区财政局主动作为，加大帮扶力度，区内企业及时恢复生产经营，大部分骨干企业经营纳税实现了逆势增长。2020年，高新区完成一般公共预算收入21.13亿元。其中，税收收入完成18.39亿元。主要税种完成情况是：增值税9.62亿元；企业所得税1.98亿元，个人所得税0.96亿元。

高新区财政局强化预算管理，增加对小微企业扶持力度，联合税务部门加强税收征管工作，拓宽税收来源，保障财政工作顺利运行。2021年，高新区完成一般公共预算收入16.92亿元，剔除一次性因素后比上年同比增长1.51%。其中，税收收入完成15.5亿元。主要税种完成情况是：增值税6.18亿元，同比下降35.71%；企业所得税2.95亿元；个人所得税1.1亿元。

2016—2021年泰安高新区一般公共预算收入统计表

表6-13 单位：万元

项目＼年份	2016	2017	2018	2019	2020	2021
一、税收收入	161008	167359	183162	190581	183903	154933
增值税	35516	48864	51759	104067	96205	61848
营业税	9819	1138	44	—	—	—
企业所得税	13429	11026	17674	16753	19803	29488
个人所得税	10149	9458	11300	8152	9620	10988
资源税	—	245	9	12	18	123
城市维护建设税	6542	7470	8728	14947	12428	10055
房产税	3492	4405	4571	5125	5369	5403
印花税	1335	1716	2149	2537	2428	2857
城镇土地使用税	13773	14506	15971	12839	16963	12449
土地增值税	1652	5193	10301	6908	8151	7904
车船税	193	429	637	559	1279	2308
耕地占用税	62856	59015	48111	2189	786	397
契税	2252	3894	11625	16204	10547	10803
环境保护税	—	—	283	289	302	293
其他税收收入	—	—	—	—	4	17

续表 6-13

项目 \ 年份	2016	2017	2018	2019	2020	2021
二、非税收入	44462	35630	23646	31640	27436	14304
专项收入	7202	7316	8059	13605	16446	7985
行政事业性收费收入	36096	26029	14231	11848	8678	1672
罚没收入	861	1088	674	1319	597	470
国有资源（资产）有偿使用收入	255	684	586	2295	1441	4079
捐赠收入	—	—	—	—	35	—
其他收入	48	513	96	2573	239	98
一般公共预算收入合计	205470	202989	206808	222221	211339	169237

第二节　财政支出

2016 年以来，高新区财政局不断优化支出，有力保障刚性支出，严格预算管理，有保有压，突出做好“三保”支出和重点工作资金，保障了高新区经济社会事业持续健康发展。

2016 年，高新区财政局优化支出结构，全力惠民生保稳定。2016 年，一般公共预算支出 19.11 亿元。其中，一般公共服务支出 1.06 亿元，教育支出 1.29 亿元，科学技术支出 0.45 亿元，社会保障和就业支出 0.55 亿元，医疗卫生与计划生育支出 0.46 亿元，城乡社区支出 12.94 亿元。

随着 5 个乡镇的划转，高新区财政局合理调度，确保各类民生政策落实。同时，坚决贯彻厉行节约各项规定，着力压一般、保重点。2017 年，一般公共预算支出 23.93 亿元，同比增长 25.25%。其中，一般公共服务支出 1.94 亿元，教育支出 2.36 亿元，科学技术支出 0.51 亿元，社会保障和就业支出 2.19 亿元，医疗卫生与计划生育支出 2.18 亿元，城乡社区支出 9.72 亿元。

高新区财政局坚持以《中华人民共和国预算法》为准绳，以建立规范透明、标准科学、约束有力的预算制度为目标，严格预算项目执行管理。2018 年，一般公共预算支出 22.84 亿元。其中，一般公共服务支出 1.4 亿元，教育支出 4.21 亿元，科学技术支出 0.22 亿元，社会保障和就业支出 3.79 亿元，医疗卫生与计划生育支出 1.71 亿元，城乡社区支出 7.22 亿元。

2020 年 2 月 28 日，中共泰安市委常委、市政府副市长宋洪银（二排左三）出席“战疫情、勇担当，银企合作保发展”高新区银企签约仪式，工行高新区支行与京卫制药公司、农行高新区支行与华鲁锻压公司进行签约

高新区财政局不断优化支出结构，强惠民生，刚性支出得到保障有力。同时，

严格预算执行，树立过“紧日子”的思想，大力压减一般性支出。2019年，一般公共预算支出30.16亿元，同比增长32.04%。其中，一般公共服务支出3.61亿元，教育支出4.69亿元，科学技术支出0.78亿元，社会保障和就业支出4.3亿元，卫生健康支出1.36亿元，节能环保支出0.34亿元，城乡社区支出5.26亿元。

高新区财政局大力压减一般性支出，联合高新区综合管理部制定下发了《关于进一步压减机关经费的通知》，兜牢“三保”底线，疫情防控及重点工作支出得到有力保障。2020年，一般公共预算支出19.21亿元。其中，一般公共服务支出2.67亿元，教育支出3.03亿元，科学技术支出0.42亿元，社会保障和就业支出2.3亿元，卫生健康支出1亿元，节能环保支出0.21亿元，城乡社区支出4.75亿元。

高新区财政局大力压减一般性支出和非急需非刚性支出，不断压减行政运行成本。2021年，一般公共预算支出25.19亿元，同比增长31.14%。其中，一般公共服务支出2.08亿元，教育支出2.21亿元，科学技术支出0.5亿元，社会保障和就业支出2.97亿元，卫生健康支出0.69亿元，节能环保支出0.47亿元，城乡社区支出12.09亿元。

2016—2021年泰安高新区一般公共预算支出统计表

表6-14 单位：万元

项目 \ 年份	2016	2017	2018	2019	2020	2021
一般公共服务支出	10643	19400	14040	36148	26698	20840
国防支出	18	—	80	50	50	90
公共安全支出	3132	3391	102	4740	3587	3569
教育支出	12904	23638	42129	46915	30318	22100
科学技术支出	4472	5120	2158	7793	4170	5007
文化体育与传媒支出	93	793	342	822	979	465
社会保障和就业支出	5480	21886	37882	43039	22973	29681
医疗卫生与计划生育支出	4601	21772	17115	13561	10005	6903
节能环保支出	635	711	849	3423	2119	4705
城乡社区支出	129383	97187	72237	52636	47538	120895
农林水支出	1470	11610	18846	26086	9830	9500
交通运输支出	292	112	1091	5444	877	2096
资源勘探信息等支出	13383	15677	7652	29481	10152	11380
商业服务业等支出	149	1721	1388	1097	720	1577
金融支出	7	27	—	43	—	3
援助其他地区支出	451	443	449	471	470	457
国土海洋气象等支出	263	246	1478	14987	2860	1594

续表 6-14

项目＼年份	2016	2017	2018	2019	2020	2021
住房保障支出	1684	10334	8955	11981	11876	6568
粮油物资储备支出	—	—	—	—	715	—
灾害防治及应急管理支出	—	—	—	2341	2083	1244
其他支出（类）	132	412	255	512	4042	3196
债务付息支出	1876	4825	1346	—	—	—
一般公共预算支出合计	191068	239305	228394	301570	192062	251870

第三节　财政管理

2012 年 3 月 15 日，市政府印发《关于进一步完善市以下财政管理体制的通知》。高新区区内企业实现的地方税收收入（不含耕地占用税和契税），由市与高新区“四六”分成调整为“五五”分成。高新区地方税收收入（不含耕地占用税和契税）比上年增长低于 15% 时，市财政按 15% 的比例结算；比上年增长超过 15% 时，按实际增长比例结算。

一、财政体制

2017 年，为进一步理顺高新区与乡镇财政体制，在确保乡镇街道正常运转基础上，激励乡镇街道加快经济发展，促进社会和谐进步，结合管辖范围调整后各乡镇财力情况，对新划入乡镇及北集坡办事处进行财政体制调整。结合乡镇街道经济发展水平、税源基础、财政收支规模等因素，针对不同类型的乡镇街道，实行区别对待，分类指导。既鼓励经济强镇继续做大做强、快速发展；又激励经济薄弱乡镇加快发展、自求平衡，从而促进全区各乡镇街道协调发展。该体制使用至今。

2021 年 1 月 15 日，泰安高新区召开“大调研、大讨论、大建言”活动暨安全生产工作部署会，党工委书记、管委会主任刘斌（中）出席会议并讲话

二、财政保障

高新区财政局始终把组织财政收入作为核心工作，以服务发展大局为根本，加大财政收入组织力度，不断提高财政保障能力。2016 年以来，努力克服经济下行不利因素的影响，不断创新聚财思路，强化征管手段，加强与税务部门沟通协作，及时做好征管任务的细化、调整、均衡入库工作。坚持不懈地推进企业会计信息质量检查，与税务部门联合开展清缴欠税、综合治税等活动，努力以查促管、以查促收，确保应收尽收。同时，规范非税收入管理，

围绕资源变财源、资产变资金，努力拓宽增收渠道，增强政府调控能力。

三、优化财政支出结构

面对因高新区管辖范围调整、新冠肺炎疫情等空前加大的支出压力和资金支付压力，高新区财政局严格预算管理，优化支出结构，有保有压，突出做好“三保”支出和重点工作资金保障。2020年，制定印发《关于进一步压减机关经费的通知》，机关运行经费压减不低于30%，出国经费压减50%，大力压减一般性支出。2021年，区级部门日常公用经费定额标准压减20%，好钢用到刀刃上，保障“三保”支出以及双招双引等重点工作支出。在节约资金的同时，认真践行党的群众路线，集中财力优先安排社会保障、医疗卫生、教育、征地拆迁补偿、精准扶贫等民生支出，每年财政预算安排的民生支出占年总支出的80%以上，确保了各项民生政策的全面落实，民生补助标准位居全市前列，没有因资金问题引发社会矛盾，确保了高新区稳定发展的大局。全面贯彻落实党的十九大和中央、省、市扶贫工作会议精神，坚持精准扶贫、精准脱贫的基本方略。2017年10月，制定《高新区财政局精准扶贫精准脱贫工作规划（2017年—2020年）》，为确保全面完成全区脱贫攻坚任务提供强有力的资金保障，使群众的满意度和幸福感显著提高。

四、财源建设

抢抓新旧动能转换重大机遇，对企业实施精准帮扶。强化专项资金整合，科学统筹、集中使用战略性新兴产业、新动能培育、梯次培育、科技创新发展、高端人才引进培养等专项资金，平均每年兑现区级各项扶持资金3亿元以上，激发企业发展动力和创新活力。2021年，兑现战略性新兴产业引导资金、科技创新发展、新动能培育、人才引进培养、重点企业财政贡献递增奖励等扶持政策资金共计5.7亿元。其中，惠企政策集中兑现发布会及《问政山东》栏目承诺的2.9亿元未及时兑现惠企政策资金全部按时拨付，支持企业不断科技创新、产业升级、做大做强。实施税收培育计划，坚持每年开展重点税源企业摸底调查，通过对上百家重点企业发放调查问卷、召开座谈会等方式，了解掌握企业生产经营现状并在此基础上做好全区税收分析预测，发现问题及时帮助协调解决。丰富扶持手段，承接落实市“财政＋基金＋金融”模式，先后帮助盛德大业、力博重工、路德新材料争取市财源建设基金投资合计8.9亿元，缓解了企业融资难、融资贵问题，增强了企业开拓市场和新上项目的信心，助推企业尽快做大做强。

2021年11月3日，泰安高新区党工委书记、管委会主任刘斌（左六），中国工商银行泰安分行党委书记、行长马庆东（左七）出席签约仪式，党工委委员、管委会副主任张安富（左五），高新区财政局局长韩炳奎（右三）陪同活动

五、保障发展资金需求

为弥补财政预算资金的不足，不断加大政府投融资工作力度，保障高新区跨越发展资金需求，2016年以来，累计争取省政府置换债券及专项债券资金36.98亿元，大大减轻了财政支出压力。

推动政策性银行贷款申报，组织申报国家开发银行、农业发展银行等棚户区改造项目贷款，至2021年，10个棚改项目共获得银行授信33.94亿元，贷款到位29.11亿元，高新区棚户区改造进度明显加快，改变了过去征地群众长期无法安置的局面。

创新政府投融资模式，尝试政府购买服务、投资基金、PPP等方式，引导社会资本进入公共服务、生态建设、基础设施建设等领域，为高新区经济社会发展提供新的动力来源。

六、精细化管理

按照“规范、精细、长效”的思路，推进改革创新，加快建立现代财政制度，倡导精细化管理，财政管控水平不断提高。推进预算绩效管理改革，2018年，启动预算绩效考评机制，对项目类支出实行第三方绩效考评。2019年，制定了《泰安高新区党工委、管委会关于全面推进预算绩效管理的实施意见》，当年采购了预算绩效管理系统，改进年度预算控制方式，实行“预算编制有目标、预算执行有监控、预算完成有评价、评价结果有反馈、反馈结果有应用”的预算绩效管理，不断提高预算的科学性和精准度。

强化财政投资评审职能，规范优化评审工作流程，发挥投资评审在预算编制、政府投资项目建设等环节的重要作用，工程类资金审减率10%左右，真正达到了“少花钱、多办事”的目的。

强化政府采购管理，紧紧围绕“扩大规模、规范管理、提高效率、稳步推进”的工作方针，财政资金节约率超过5%，在节约资金的同时实现了“阳光采购”。

对政府性债务实行动态化管理，充分发挥财政警示器作用，在上级批准的举债规模和方式下开展适度融资，认真落实隐性债务化解计划，高新区政府性债务规模平稳下降，债务结构不断优化，债务成本大幅降低，财政运行质量明显提高。

七、深化项目改革

认真贯彻落实上级各项涉企收费清理政策，加强源头管控，打造阳光收费。建立收费项目目录清单“一张网”制度。制定了高新区涉企收费目录清单，明确收费依据、方式和标准等内容，并在高新区网站进行公布，提高收费透明度，做到“涉企收费进清单，清单之外不收费”。同时，做好收费目录清单的动态更新，确保目录清单的时效性。规范票据管理，坚持依法征收，对财政票据使用实施全程监控，实行“单位开票、银行代收、财政统管、政府统筹”的征管模式，收费项目更加公开透明，源头控收，以票管收，从源头上预防和治理了乱收费。严格落实国家明令取消、停征、免征以及降低收费标准的各项收费项目，该取消的项目坚决取消，该减免的项目及时减免，杜绝了乱收费现象，营商环境不断优化。

八、盘活闲置资产

高新区财政局按照管委会的统一部署，联合国土、税务、招商、公安等部门，采取资产转让、股权转让、土地收储、招商引进等方式，加大闲置低效土地盘活力度，与清理规范进区项目优惠政策和财政暂付款等工作形成组合拳，取得了成效。2018年，成功处置青年汽车项目闲置低效土地688亩、房产9.3万平方米，为钜成未来信息产业园项目入驻创造了条件。2019年，成功处置现代重工项目闲置低效土地427亩、厂房4.5万平方米，并收回管委会扶持资金0.77亿元，为兴合环保科技、中翔（山东）重工设备制造等项目入驻创造了条件；采取股权转让方式，由上海顶泰科技公司控股明天房地产公司，盘活光彩工业园闲置低效土地193亩，为华夏康宁高端制造产业园项目入驻创造了条件。2020年，成功处置双驰汽车项目闲置低效土地498亩、建筑物10万平方米，收回管委会扶持资金1.78亿元，并且清缴欠税0.51亿元，最大限度维护了政府权益，为新项目入驻创造了条件。2021年，按照区土地、矿产、房屋清查和开发利用工作领导小组的部署要求，开展了闲置低效土地和国有房屋资产调查摸底工作。牵头对区属国有企业及乡镇街道的国有房屋资产进行了全面调查摸底，对排查出的102宗国有房屋资产建立起台账，进行了汇总分析，形成了工作报告；配合国土部门对50平方公里建成区土地利用情况进行了调查摸底，初步排查出了74宗、7410亩低效利用土地，会同有关部门对用地项目固定资产投资、纳税、享受扶持政策等情况进行了综合分析。

九、金融服务

不断加大金融机构引进力度，完善金融服务功能，健全金融服务体系。2016年以来，高新区新引进泰山农商行、莱商银行、民生银行、亚泰财险、国任保险、汇智民资、泰安市融资担保、点石融资租赁等金融机构。至2021年年底，高新区已有金融机构28家，包括9家银行分支机构、5家民间融资机构、5家融资租赁公司、3家小额贷款公司、3家保险公司、2家融资担保公司、1家证券公司。

2021年12月27日，泰安高新区党工委书记、管委会主任刘斌（右二）带队调研

搭建完善政金企合作平台，举办了“聚力双招双引加快高质量发展推进会暨政银企合作签约仪式”，推动管委会与工商银行签订战略合作协议，新引进齐鲁银行在高新区设立支行且年内实现营业。通过金企点对点对接、为企业上门服务等方式，协调推动金融机构加大对区内企业的信贷支。2021年，高新区财政局帮助企业与金融机构达成融资合作意向24.82亿元，到位资金20.38亿元。同时，不断降低企业融资成本，鼓励引导融资担保机构降低担保费率。市融资担保公司针对“双五十强”企业的担保费率，已由1.8%降低至1%。

加快推动企业上市挂牌，高新区财政局联合安信证券等券商机构到上市后备资源企业实地调研座谈，对接上市政策、程序并提供上市前辅导服务，组织开展了企业上市辅导培训活动，推动众诚自动化创业板上市进入省证监局辅导程序，泰盈科技上海主板上市、泰邦生物香港上市、泰山恒信创业板上市、蓬勃生物北交所上市进入券商辅导程序。持续优化营商环境，开展“增信贷、降不良、打逃债、树诚信”优化金融生态环境专项行动。对符合条件的小微企业，实现区内银行机构自企业提交贷款申请至贷款发放，平均办理环节不超过 4 个、办理时间不超过 6 个工作日、申请材料不超过 6 件的目标，营商环境持续优化。

十、地方金融监管

高新区财政局加强金融风险研判，防范处置重点领域风险，坚决守住不发生系统性金融风险的底线。加强金融监管，规范金融市场秩序，打击各类金融违法违规行为，维护高新区良好的金融环境。打击和防范非法集资，按照上级统一部署做好“e 租宝”、团贷网、晋商贷、钱宝系等系列全国重点网络借贷案件善后处置、信访和教育疏导工作。强化对地方金融组织的监管，确保其制度建立健全、业务运营规范。并加强对各类涉金融类企业的市场准入管理，严把准入关口，严格控制新设登记，做到源头控制、事前防范。至 2021 年年底，高新区未发生系统性金融风险。

第八章　泰山风景名胜区

1985年，泰山风景名胜区管理委员会成立。2009年，省政府批准泰山景区升格为副厅级机构。辖大津口乡，下港、黄前2个镇，泰前办事处4个村居（泰前、迎胜、艾洼、上梨园），岱岳区2个村（马套、曹家庄）。总面积125平方公里，泰山景区管委会管辖总面积452平方公里。2005年1月，泰山风景名胜区财政局成立。2020年，泰山风景名胜区体制机制改革完成，景区财政局调整为景区计划财务部（对外仍称财政局），为副县级。2016年以来，景区财政局在景区党工委、管委会坚强领导下，以支持经济建设和社会事业发展为中心，以重点任务落实、重点项目建设和财政改革为重点，创新理财思路，着力提高财政资金使用效益，财政工作稳步推进。2021年，被评为全省内部审计工作先进集体、泰安市新时代泰山“挑山工”先进集体等称号。

2016年，泰山风景名胜区财政局所在办公楼

第一节　财政收入

泰山景区计划财务部始终把组织收入作为履职尽责的第一要务，盯紧收入总量同比增长和结构化目标，确保各项财政收入足额入库。2016年以来，面对经济下行和减税降费的双重压力，景区计划财务部千方百计抓征管、促增收。

强化调研分析。认真执行制度规定，定期下基层、摸实情，及时召开专题分析会、财税联席会，对财政经济运行中的问题共同把脉、集中会诊，掌握工作主动权。

强化协调配合。财税部门坚持依法治税、强化责任担当、密切协调配合、大力推进联合办税、努力挖潜增收。

争取上级各项资金。转移支付补助、地方政府债券逐年增加，对促进景区经济和社会发展发挥了重要作用。

泰山旅游人数和门票收入持续保持与上年持平略有增长，带动相关产业销售收入及利润稳定快速增长，泰山周边游也呈火爆态势。在经济快速稳定发展的基础上，景区财税部门紧紧抓住收入征管不放松，大力推行科学管税，落实税收责任制，促进了收入的及时足额入库。2016年，泰山景区完成一般公共预算收入6.17亿元，完成全年预算的88.84%。其中，税收收入完成1.64亿元，完成全年预算的79.37%；非税收入完成4.53亿元，完成全年预算的92.85%。

泰山景区整体经济形势下行明显，国家继续执行减税让利政策，营改增企业普遍税负下降，中央地方分成比例降低，税收收入受影响较大。2017 年，泰山景区完成一般公共预算收入 6.21 亿元，完成全年预算的 91.3%。其中，税收收入完成 1.78 亿元，完成全年预算的 98.62%；非税收入完成 4.43 亿元，完成全年预算的 88.65%。

泰山景区在全国旅游竞争激烈、山岳观光型景区游客量普遍下降较大的总体形势下，继续保持高位客流量运行。实施品牌和强势促销战略，充分发挥春晚效应，以“互联网 +”思维指导营销宣传，开展“春雨行动”，开通高铁直通车、大力推进网上售票、免取票刷身份证快速进山等新业务，景区软硬件环境得到进一步提升，便捷了游客购检票，提升了景区吸引力，增强了市场竞争力，较好地保持了泰山旅游的热度。2018 年，泰山景区完成一般公共预算收入 5.63 亿元，完成全年预算的 86.83%。其中，税收收入完成 1.31 亿元，完成预算的 69.62%；非税收入完成 4.33 亿元，完成全年预算的 93.83%。

泰山景区克服企业减税降费等政策性减收、泰山门票整合降价、全国五岳观光型景区接待游客普遍大幅下滑等不利因素，较好地保持了收入稳定。2019 年，泰山景区完成一般公共预算收入 5.58 亿元，完成全年预算的 110.42%，同比下降 0.81%。其中，税收收入完成 1.51 亿元，完成全年预算的 123.05%。非税收入完成 4.07 亿元，完成全年预算的 106.36%。

新冠肺炎疫情对全国旅游服务业带来巨大冲击，泰山景区经历了一系列政策性减收影响，2020 年 1 月 25 日停止运营，57 天后恢复开放，8 月 1 日起执行门票半价，在全年门票税收减少 2 亿元的情况下，最终完成收入任务。2020 年，泰山景区完成一般公共预算收入 5.76 亿元，完成全年预算的 101.51%。其中，税收收入完成 1.63 亿元，完成全年预算的 101.74%。非税收入完成 4.13 亿元，完成全年预算的 101.42%。

2021 年 5 月 19 日，泰山景区党工委书记亓利群（左三）、景区计划财务部部长高燕（左一）等实地查看招商引资企业建设情况

泰山景区坚持“以政领财，以财辅政”工作总基调，实现管理效能和资金效益的“双提升”。2021 年，泰山景区完成一般公共预算收入 5.3 亿元，完成全年预算的 85%。其中，税收收入完成 1.88 亿元，完成全年预算的 107.4%；非税收入 3.42 亿元，完成全年预算的 79%。

2016—2021 年泰山景区一般公共预算收入统计表

表 6-15　　单位：万元

项目＼年份	2016	2017	2018	2019	2020	2021
一般公共预算收入	61700	62114	56312	55858	57676	52986
税收收入	16371	17844	13045	15145	16332	18759
增值税	7016	6568	5198	5993	5927	6900
消费税	—	—	—	—	—	—
企业所得税	4297	5213	1483	1552	1425	3077
企业所得税退税	—	—	—	—	—	—
个人所得税	1150	1087	877	605	437	477
资源税	—	—	2	2	8	4
城市维护建设税	858	905	814	867	853	1040
房产税	424	419	613	504	337	399
印花税	87	131	102	96	152	165
城镇土地使用税	605	699	846	644	880	870
土地增值税	303	946	1068	1023	968	1375
车船税	867	919	869	1220	1773	2352
船舶吨税	—	—	—	—	—	—
车辆购置税	—	—	—	—	—	—
关税	—	—	—	—	—	—
耕地占用税	—	226	—	67	584	715
契税	764	731	1173	2571	2985	1383
烟叶税	—	—	—	—	—	—
环境保护税	—	—	—	1	2	2
其他税收收入	—	—	—	—	1	—
非税收入	45329	44270	43267	40713	41344	34227
专项收入	735	737	680	855	894	881
行政事业性收费收入	14	5	24	—	1257	885
罚没收入	94	44	19	57	96	335
国有资本经营收入	160	200	160	—	300	—
国有资源（资产）有偿使用收入	44310	43230	42355	39502	38567	31837
捐赠收入	—	54	29	299	230	289
政府住房基金收入	—	—	—	—	—	—
其他收入	16	—	—	—	—	—

第二节　财政支出

泰山景区计划财务部在财政收支矛盾十分突出的情况下，优化财政收支结构，盘活财政存量，用好财政增量，促进各项社会事业发展，着力改善民生，落实中央厉行节约的要求，从严控制“三公经费”等一般性支出。大力压减一般性开支。严格执行会议费、接待费、出国经费等管理制度，从严从紧控制公务支出。着力保障民生支出。确保民生政策全面落实，保障标准稳步提高。持续加大对下帮扶力度，缓解基层财政困难和压力，增强了基层财力支配的自主权。

2016 年，泰山景区完成一般预算支出 4.53 亿元，完成预算的 94.77%。教师工资实现了县级统一发放。加大社会保障和就业支出，保证了城乡低保、五保户供养、离休人员医疗费、农村优抚及新型农村合作医疗等重点需要。

2017 年，泰山景区完成一般预算支出 7.58 亿元，完成预算调整数的 87.53%，用于乡镇管辖范围调整，景区增加 2 个乡镇，预算支出比上年增长 53%。

2018 年，泰山景区完成一般公共预算支出 7.14 亿元，完成预算的 86%。在政策减收的形势下，做到支出有保有压，确保了人员工资、民生、教育、卫生等法定支出，以及扶贫攻坚、污染防治、森林防火和重点项目等工作的开展。

2019 年，泰山景区完成一般公共预算支出 7.81 亿元，完成预算调整的 102%。在政策减收形势下，做好“保工资、保运转、保基本民生”等“三保”工作，做好乡村振兴、扶贫攻坚、污染防治、森林防火等各项工作的开展。

2020 年，泰山景区完成一般公共预算支出 8.44 亿元，完成预算调整的 115%。新冠肺炎疫情对景区带来巨大冲击，疫情加剧了景区财政收支矛盾，落实“三保”政策压力巨大。对上争取特殊转移支付资金 0.66 亿元，全部用于保基本民生，缓解了“三保”支出压力。上级下达地方政府专项债券 2.23 亿元，保障了市级重点项目工程泰山景区红门游客中心项目以及景区重点项目建设，并在规定期限内保质保量完工。

2021 年，泰山景区完成一般公共预算支出 8.86 亿元，完成预算调整的 99%。落实“三保”政策压力巨大，其中工资及社保支出 3.4 亿元、运转支出 0.74 亿元、民生支出 2.71 亿元。

2016—2021年泰山景区一般公共预算支出统计表

表6-16　　单位：万元

项目＼年份	2016	2017	2018	2019	2020	2021
一般公共服务支出	27205	28035	25379	19942	28988	31919
外交支出	—	—	—	—	—	—
国防支出	—	—	—	—	970	499
公共安全支出	220	703	68	—	—	172
教育支出	2441	5379	8508	11008	9479	9239
科学技术支出	150	168	210	21	24	38
文化旅游体育与传媒支出	3041	2653	3967	2689	1908	1747
社会保障和就业支出	3374	4976	6941	7782	17319	16938
卫生健康支出	1834	6600	5811	4758	4926	5273
节能环保支出	31	172	279	9487	2280	2192
城乡社区支出	208	10151	607	398	303	538
农林水支出	5796	13493	13869	13927	11083	14882
交通运输支出	34	250	1102	821	980	288
资源勘探信息支出	10	228	9	—	2	3
商业服务业等支出	303	860	2,127	246	278	1655
金融支出	—	—	10	10	10	10
援助其他地区支出	—	—	—	—	—	—
自然资源海洋气象等支出	—	57	2070	6758	4201	66
住房保障支出	6	196	131	5	77	108
粮油物资储备支出	—	—	—	—	—	49
灾害防治及应急管理支出	—	—	—	81	272	838
预备费	—	—	—	—	—	—
其他支出（类）	643	1827	308	210	1267	2194
一般公共预算支出合计	45296	75748	71396	78143	84367	88648

第三节　财政管理

泰山景区在体制调整、深化公共财政改革的过程中，探索建立了“体制明确、关系顺畅、管理科学”的财政管理体制。泰安市委、市政府对泰山景区实行准一级财政管理，泰山景区财政局负责景区范围内财政收支预决算、税收征管、财政非税收入管理、国有资产管理等财政管理工作。泰山景区年初预算和年终决算经市财政局审查汇入市级财政预决算，报经市政府研究通过后向市人大常委会报告。大津口乡、黄前镇、下港镇划归景区管理，单独设立一级财政，为泰山风景名胜区财政的组成部分，实行“收入全留（中央、省、市分成部分除外）、定额补助”的财政体制。

泰山门票收入（含旅游车收入）作为泰山景区财政收入的主要来源，2005—2012年，实行“定额上解、比例递增、超收全留”管理体制。2013—2021年，实行市区四六分成的管理体制，形成了管理高效、实用性强、利益优化的管理模式。对门票优惠政策的制定与执行实行从紧控制，对特定社会群体实行减免优惠，明确减免对象和优惠幅度，适时创新出台优惠政策、吸引客源，在确保门票收入应收尽收的同时，兼顾提升景区的社会影响力，实现了社会效益与经济效益双丰收。

一、财政体制改革

全面梳理本单位的现有制度，紧紧围绕部门预决算、国有资本经营预决算、财政资金绩效评价、评审管理、财政体制调整、政府采购、财政监督等方面建立健全制度体系。2016年以来，景区财政局（计划财务部）先后制定印发《泰山景区财政投资评审管理办法》《泰山景区国有企业重大事项审批与备案实施方案》《泰山景区公务出差管理规定》《泰山景区厉行节约反对浪费管理办法》《泰山景区房产出租管理办法（试行）》等制度，进一步理顺机制，加强监管力度，为严格规范管理提供了重要保障。

深化财政改革，把握工作重点，财政运行机制进一步完善。景区计划财务部坚持“整体推进，讲求规范，注重实效”的原则，推进财政改革，财政监管力度不断加大，财政运行机制进一步完善。政府采购进一步深化，投资评审效果明显，强化国库集中支付改革，票证管理工作有序进行。

二、财源建设

强化门票收入管理，夯实财政收入基础。景区计划财务部在票务管理、应收尽收、科学增收方面多措并举，积极应对。使用电子门禁系统，作为数字泰山建设的重要组成部分，防范门票收入的“跑、冒、滴、漏”；与美团签署战略合作协议，以门票预约为合作基础，从景区智慧建设、数字化营销等方面展开合作，共同探索疫情防控新常态下山岳型景区营销新模式。加大票证稽查力度，严格票务工作流程控制，确保了门票收入应收尽收。

挖掘税源，加强税收征管。景区重点挖掘新的经济收入增长点，努力提高信息化水平和纳税服务水平，在税收征管上实现了新的突破。2021年，实现税收收入3.07亿元，是2016年的1.03倍。税源企业由2016年的1016家增加至2021年的2371家，2021年，景区纳税过百万的企业达到40家。

加强国有资产监管，规范企业经营管理。实施国有资产收益管理改革，编制国有资本经营预算，将企业考核与负责人薪酬相结合，加大扶持力度，多措并举，促进企业做大做强。全面清查、盘点景区各部门、单位管理使用的国有房产，开展景区国有房产租赁规范整治行动，避免了国有资产流失，确保了国有资产的保值增值。

三、项目建设

泰山景区在资金流向上本着“保重点、压一般”的原则，在确保刚性开支的同时，统筹项目建设、资源保护利用、社会事业保障等重点支出，深挖旅游资源，集中搞好项目建设。

重点建设项目，实行专班推进、挂图作战、插旗考核。红门广场建设和虎山公园改造提升、引水上山污水下山及岱庙南门广场改造、智慧泰山、泰山·金谷、文物古建保护提升、钟秀山庄养老中心、桃花源游客中心、迎胜居委会城中村改造、农村道路“三通”建设等10个项目完成插旗考核，泰山森林防火安全和泰山区域森林火灾应急能力建设等项目有序推进。2021年，景区山水林田湖草项目已完成投资6.73亿元，占计划投资的83.9%，4个项目、19个子项目已全面竣工。与山东慧商集团深度合作，引进外资1706万美元；投资1.38亿元参股青岛康隆投资合伙企业，实现营收3.4亿元，上缴税金0.19亿元。成功签约山东国欣颐养健康产业发展集团有限公司、香港康弘控股集团有限公司等9个项目。

2020年12月9日，完成红门广场改造工程

四、资源保护

泰山景区大力开展涉及文物古建保护维修、水利维修建设、危石险段治理等资源资产保护维修工作，开展公路盘道、景区景点、公共设施等美化绿化环境提升工作。加大景区资源保护利用支出，设置森林防火、防虫、文物维修、危石排险等专项资金。

2016年，投资530万元强化森林防火基础设施建设，完善松材线虫病等重大林业有害生物防控体系。完成天贶殿屋面维修等文保工程，岱庙消防安防工程投入运行，“泰山世界遗产保护利用提升工程”列入全省文物事业“十三五”规划基本任务之一。对景区内公共资源资产进行投保，完成中天门客运索道设备检修，启动中天门停车场及游人中心改造工程。2017年，完成全国第一次可移动文物普查。岱顶原垃圾中转站、天门居基础施工已全面完成。2018年，世界地质公园顺利通过联合国中期评估，自然保护区总体规划获省林业厅批复，泰山文化遗产保护传承工程、泰山文物“天网工程”被国家文物局、省政府纳入规划。开展岱顶等7大片区绿化美化，成功申报“山东省林业科技创新工程”中的3个科研试验示范基地。2019—2021年，建成泰山古树健康监测系统，成立泰山森林病虫害防治院士工作站，投入0.33亿元完成综合防控病虫害45000亩，无公害防治率达100%。全国重点区域松材线虫病防治现场会在泰山召开，国家林草局连续三年推广泰山松材线虫病“精准防控”做法，泰山景区实现连续14年“将美国白蛾挡在景区之外”和连续34年“有虫不成灾”目标。实施211株古树保护复壮，策划“泰山云植树”项目。投资0.34亿元实施红门宫、万仙楼、竹林寺、后石坞、碧霞祠等古建修缮和泰山古建筑群消防安全工程，确保文物古建安全。做好中央和省级环保督察反馈意见整改，突出抓好违法建设、泰山石、水资源等重点领域执法。

五、新农村建设

增进民生福祉是发展的根本目的。景区全力实施“中路优化、两翼突破，景乡一体、共建共赢”乡村振兴战略，聚力“双招双引”，推进全域提升，农村发展旅游、农业融入旅游、农户支撑旅游，使荒山变花园、田园变公园、乡村变乐园。大力发展现代农业和生态旅游，推动农产品“三品一标”创建，统筹推进一二三产业融合发展、“一村一品”培育、优势旅游项目引入，把乡村生态优势转化为绿色发展动能。突出现代农业、光伏产业、生态旅游三大产业，重点扶持螭霖鱼、有机茶、电商村等富民强村示范项目，持续推进农民致富、农业增效。做细精准扶贫工作，落实金融扶贫、特惠保险、雨露计划、“两不愁三保障”等措施，进一步提高脱贫质量、巩固减贫成效。加大教育、医疗、救助等民生投入，深化农村污水治理，加快农户卫生厕所改造和农村“三通”工程，实施农村清洁取暖项目，落实退役军人相关政策，推进美丽乡村和人居环境示范镇建设，打造乡村振兴齐鲁样板的泰山典范。

第九章　泰安旅游经济开发区

泰安旅游经济开发区（简称旅游经济开发区），2002年8月，经泰安市委、市政府批准设立。前身为泰安泰山旅游度假区，是山东省政府批准设立的省级旅游度假区。2002年，泰安市委、市政府批准设立泰安旅游经济开发区党工委、管委会为其派出机构。2004年5月，设立泰安旅游经济开发区计划财务处。

2016年，泰安旅游经济开发区财政局所在办公楼

2016年以来，泰安旅游经济开发区财政局在区党工委、管委会坚强领导下，自觉服从和服务于全市经济社会发展大局，大力组织财政收入，发挥财税职能，不断强化资金保障，加快推进财政体制改革，各项工作有序开展，有力地促进了全区经济社会可持续发展。2017年，被中央精神文明建设指导委员会授予全国文明单位，2019年，被中共山东省委、山东省人民政府授予山东省人民满意的公务员先进集体，2020年，被中共泰安市委授予新时代泰山“挑山工”十面红旗。

第一节　财政收入

2016—2021年，旅游经济开发区经济社会协调发展，综合实力明显增强。通过加强税源综合控管、拓宽聚财渠道，提高财政收入组织能力，壮大发展力量。2016—2021年，共实现地方级财政收入67.05亿元，形成一般公共预算收入50.45亿元。其中，2021年实现地方级财政收入16.06亿元，是2016年的2.5倍，年均增长21.87%，连年保持快速增长态势。

2016年，旅游经济开发区财政局紧紧围绕招商引资、项目建设、社区建设等重点工程建设，将财政增收作为首要工作目标，不断加大协调财政税收收入征管力度，努力提高财政收入质量，优化财政支出结构，确保完成全年财政收入目标。是年，完成总财政收入9.82亿元，同比增长46.12%，实现地方级财政收入6.5亿元，同比增长17.59%。其中，一般公共预算收入4.61亿元，政府性基金收入1.9亿元。

2017年，旅游经济开发区财政局把组织收入作为财税工作的核心任务，增强地方可用财力，认真抓好项目建设，增强开发区发展活力与后劲，做好“营改增各项后续工作，确保改革平稳运行。是年，完成总财政收入8.64亿元，实现地方级财政收入 6.46 亿元。其中，一般公共预算收入 4.61 亿元，政府性基金收入 1.85 亿元。

2018年，在上级党委的坚强领导和省、市财政部门的支持帮助下，旅游经济开发区财政局以高度的责任感和使命感，凝心聚力，鼓足干劲，完成了全年工作任务。是年，完成总财政收入 13.66 亿元，同比增长 58.08%，实现地方级财政收入 10.37 亿元，同比增长 60.37%。其中，一般公共预算收入 7.91 亿元，政府性基金收入 2.46 亿元。

2019 年，面对复杂严峻的经济形势和减税降费力度加大的双重压力，旅游经济开发区财政局紧紧围绕全区重点工作，组织收入，全力服务全局工作。是年，完成总财政收入 18.05 亿元，同比增长 32.08%，实现地方级财政收入 13.86 亿元，同比增长 33.72%。其中，一般公共预算收入 10.41 亿元，政府性基金收入 3.46 亿元。

2020 年，面对新冠肺炎疫情对经济社会发展前所未有的冲击，旅游经济开发区财政局统筹推进疫情防控和经济社会发展，坚持稳中求进工作总基调，做好“六稳”工作，全面落实“六保”任务。是年，完成总财政收入 17.65 亿元，实现地方级财政收入 13.81 亿元。其中，一般公共预算收入 11.22 亿元，政府性基金收入 2.6 亿元。

2021 年，在区党工委、管委会的坚强领导下，旅游经济开发区财政局坚持稳中求进的工作总基调，进一步深化财税体制改革，坚决落实各项减税降费政策，全面加强收入征管，提升收入管理水平。是年，完成总财政收入 20.11 亿元，同比增长 13.94%，实现地方级财政收入 16.06 亿元。其中，一般公共预算收入 11.69 亿元，政府性基金收入 4.37 亿元。

2016—2021 年泰安旅游经济开发区财政收入统计表

表 6-17　单位：万元

项目 / 年份	总财政收入		地方级财政收入	
	数额	增幅（%）	数额	增幅 (%)
2016	98224	46.12	65032	17.59
2017	86441	-12.00	64647	-0.59
2018	136644	58.08	103675	60.37
2019	180478	32.08	138639	33.72
2020	176491	-2.21	138143	-0.36
2021	201095	13.94	160628	16.28
合计	879373	—	670764	—

第二节 财政支出

2016—2021年，旅游经济开发区财政局统筹优化资金支出导向，优化支出结构，坚持把棚户区改造、基础设施和公共设施配套、生态环境打造、教育卫生提升作为重中之重，各项支出得到有力保障，各项工作顺利开展。

2021年，泰安西部新城风貌

2016—2019年，为泰安旅游经济开发区管委会、高铁新区建设发展中心两部门总支出，2020年、2021年为泰安旅游经济开发区财政支出。

2016年，两部门累计支出1.29亿元。其中，一般公共服务支出505万元，社会保障和就业支出32万元，医疗卫生与计划生育支出33万元，城乡社区支出1.15亿元，其他支出880万元。

2017年，两部门累计支出2.1亿元。其中，一般公共服务支出533万元，社会保障和就业支出100万元，医疗卫生与计划生育支出58万元，城乡社区支出1.31亿元，商业服务业支出665万元，住房保障支出6497万元。

2018年，两部门累计支出14.04亿元。其中，一般公共服务支出657万元，教育支出1153万元，社会保障和就业支出103万元，医疗卫生与计划生育支出61万元，节能环保支出67万元，城乡社区支出5.39亿元，商业服务业支出38万元，国土海洋气象等支出5亿元，住房保障支出3.35亿元，其他支出1000万元。

2019年，两部门累计支出6.73亿元。其中，一般公共服务支出992万元，教育支出2568万元，科学技术支出128万元，社会保障和就业支出98万元，卫生健康支出60万元，节能环保支出27万元，城乡社区支出4.08亿元，商业服务业支出2000万元，住房保障支出2.07亿元，其他支出21万元。

2020年，全区一般公共预算支出3.7亿元。其中，一般公共服务支出844万元，教育支出3467万元，文化旅游体育与传媒支出4018万元，社会保障和就业支出68万元，卫生健康支出101万元，节能环保支出50万元，城乡社区支出2.8亿元，商业服务业支出179万元，金融支出60万元，其他支出214万元。

泰安文旅城项目之泰山老街、爱琴海购物公园分别于2020年5月28日、10月30日投入运营

2021年，全区一般公共预算支出5.51亿元。其中，一般公共服务支出1494万元，教育支出7154万元，科学技

术支出 45 万元，文化旅游体育与传媒支出 317 万元，社会保障和就业支出 101 万元，卫生健康支出 1143 万元，节能环保支出 20 万元，城乡社区支出 4.4 亿元，商业服务业等支出 100 万元，金融支出 60 万元，援助其他地区支出 409 万元，灾害防治及应急管理支出 260 万元。

2016—2021 年泰安旅游经济开发区财政支出统计表

表 6-18　　单位：万元

项目 年份	支出	增幅
2016	12906	-32.7
2017	20964	62.4
2018	140420	569.8
2019	67344	-52.0
2020	37040	-45.0
2021	55115	48.8
合计	333789	

2021 年 7 月 6 日，中共泰安市委副书记、市政府市长张涛（前左三）到旅游经济开发区泰山文旅健身中心项目建设现场调研，旅游经济开发区党工委书记张书祥（前左四）和旅游经济开发区党工委副书记、管委会主任邱仲慧（前左五）陪同调研

第三节　财政管理

2016 年以来，旅游经济开发区按照中央和省、市统一部署，不断深化财税体制改革，设立了国库，规范了收入征管机制，改变收入征缴两边管、财力分成两边算的现状，实现了由部门预算向财政预算的转型升级，财政实力显著增强。同时，加强预算管理、债务管理、会计管理、制度管理、监督管理等财政管理，着力提升科学化、规范化理财水平。

一、财税体制管理

2010 年 5 月，按照泰安市人民政府印发《关于进一步完善泰安旅游经济开发区财税管理体制的通知》，旅游经济开发区财税体制实行封闭管理体制，在不改变旅游经济开发区现行行政区划的前提下，泰安旅游经济开发区管委会对规划区内的地方财政收入统一管理，负责财政收支预决算、预算外资金、行政事业性收费、政府性基金和国有资产管理工作。市税务部门在旅游经济开发区设立税收征管机构，负责旅游经济开发区区内的各项税费征管工作，实现的税费直接上缴市财政国库。2020 年 8 月，泰安市人民政府印发《泰安市人民政府关于明确泰安旅游经济开发区财政管理体制的通知》，明确旅游经济开发区财政管理体制，确定旅游经济开发区实行准一级财政管理，设立国库。

二、预算管理

2016—2019 年，旅游经济开发区预决算作为市直部门预决算上报市级财政，由市财政局研究同意后向市人代会报告。2020 年预算作为市直部门上报市级财政，2020 年决算按照准一级财政管理要求，做财政决算，由市财政局汇总并入市级财政决算，按规定程序研究同意后向市人代会报告。

2016 年 9 月 27 日，泰安市财政局党委委员、副局长孙磊（左六）与外商等一行调研和园一期建设项目，泰安市城市发展投融资管理中心党委委员、副主任张书祥（左二）等陪同调研

预算管理严格贯彻《中华人民共和国预算法》和《中华人民共和国预算法实施条例》，将单位和部门的全部收入和支出纳入一般公共预算和政府性基金预算管理，执行统一的预算管理制度。规范收入预算管理，考虑经济运行和减税降费政策等因素合理测算，按照以收定制、量入为出的原则，确定预算支出规模，同时优化财政支出结构，预算安排突出重点，坚持“三保”支出在财政支出中的优先顺序，严格控制一般性支出。强化预算执行，严格执行市人大常委会批准的预算，对预算指标实行统一的核算管理，加强支出审核、明确报销流程、做好核算和归档，坚持先有预算后有支出。

2018 年起，按照上级预算绩效管理的要求，开始推进和落实预算绩效管理改革，针对 2017 年度重点资金进行绩效监控和评价，并对以后每年度重点项目资金编报绩效目标、重点监控和重点评价。2020 年，开始扩大绩效管理范围，聘请第三方专业机构对 2019 年度 6 个重点项目资金开展重点绩效评价。2021 年，深化预算绩效管理，对年初预算 32 个项目、上级补助、债券资金及年度预算追加的 14 个项目分别编制了年度绩效目标申报表，同步进行运行监控；对 2020 年全部支出项目开展自评，并对 7 个项目开展重点绩效评价，资金规模 7.64 亿元；另外，对 3 个重点债券项目实行事前绩效评估，涉及项目投资金额 33.85 亿元，争取债券资金 5.69 亿元，实现了预算绩效管理的全流程、全覆盖。

三、债务管理

2016 年以来，旅游经济开发区强化政府性债务管理，防范债务风险。

对各项政府性债务摸清底数，做到心中有数、化解有策、兜底有方，严格控制政府债务余额在债务限额范围内。

坚持举债与偿还能力相匹配的原则，通过拓展合法合规的政府性融资渠道、开源节流、盘活存量资金等多措并举，全面防范化解融资风险，实现投入与收益的总体平衡，确保资金借得来、用得好、还得上。

稳妥化解政府隐性债务，通过建立问题台账，隐性债务管控调度和工作统筹，坚持一笔一策，逐项制定化解措施，如期完成债务化解任务目标。

2018 年 3 月 24 日，泰安旅游经济开发区财政局召开财务人员培训会，财政局局长李安元（中）主持会议

四、会计管理

2016 年以来，按照上级要求，每年度开展会计信息质量检查。2016—2021 年，对区内房地产、工业、高新技术企业、国有企业、医院等各类区内企业单位进行会计监督检查。会计人员方面，加强对机关事业单位和企业会计人员的管理，每年初做好全年人员培训计划，采取外部学和内部学、引进来和走出去相结合的方式，抓好培训学习，提高财务人员的综合业务素质。同时，注重会计职业道德素质的培养，定期开展政治思想教育和财政干部职业道德主题教育活动，完善理论学习、组织生活、绩效考核等各项制度，做到制度健全、运行规范，为发展提供财政财务人才保障。

五、制度管理

根据国家有关法律、法规和财务规章制度，建立健全财政财务管理制度，从制度上规范财政、财务收支行为，促进开发区财政财务健康、规范、有序发展。2018 年，聘请专业机构对两区内部控制进行分析评价指导，编制了内部控制管理制度手册（试行）、内部控制手册（试行）等手册，作为区内部控制规范文件。2019 年，对内部控制执行效果进行检验，对内部控制文件进行完善，保证了内部控制目标的实现。2020 年 2 月，对公务活动管理办法进行再次修订，加强公务活动工作中的制度化、规范化建设。同年，随着旅游经济开发区体制机制改革的逐步到位，按照财经政策和法人治理结构的要求，优化财政预算资金的支付签批流程，确保及时、科学调配资金和防范各项风险。

第十章 徂汶景区

徂徕山汶河风景名胜区位于泰安东南部，是国家AAAA级旅游景区。景区内徂徕山、大汶河山水呼应，浑然一体，生态环境优良，自然景观秀丽，人文底蕴丰富，地理区位优越，旅游资源种类丰富。徂汶景区成立于2019年9月，辖徂徕镇、天宝镇，化马湾乡，滨河片区。总规划面积293平方公里。其中，徂徕山景区185平方公里，汶河景区108平方公里。2019年9月，成立徂汶景区财政财务管理部，同年12月，加挂徂汶景区财政局牌子。徂汶景区财政局成立以来，在区党工委、管委会坚强领导下，健全激励约束机制，调动各级科学发展、壮大财源、组织收入的积极性，增强财政造血保障能力，促进经济社会健康可持续发展。2020年，被山东省精神文明建设委员会授予省级文明单位。

2019年，徂汶景区财政局所在办公楼

第一节 财政收入

2019年以来，徂汶景区财政局始终坚持把强化征管、组织收入作为一项重要的财政工作来抓，不断加大对重点行业、重点税源、重点企业的监控，牢牢把握收入主动权。落实减税降费政策，降低企业涉税负担，激发市场主体活力，促进企业转型发展。通过抓征管、促增收，提质量、调结构，财政收入保持均衡入库、平稳发展的良好态势。2020—2021年，完成一般公共预算收入1.58亿元。

2020年5月，设立徂汶景区国库，6月1日正式运行。2020年1—5月，财政收入0.21亿元缴入高新区国库；同年6—12月，财政收入0.37亿元缴入徂汶景区国库。2020年，徂汶景区累计完成一般公共预算收入0.58亿元，同口径增长19.1%；完成税收收入0.51亿元，增长17.6%，税收收入占一般公共预算收入的比重为88.7%。

2021年，徂汶景区累计完成一般公共预算收入1亿元，同口径增长73%；完成税收收入0.81亿元，增长58.1%，税收收入占一般公共预算收入的比重为81%；完成非税收入0.19亿元，增长189.2%。分级次看，区本级完成一般公共预算收入0.26亿元；乡镇级完成一般公共预算收入0.74亿元。

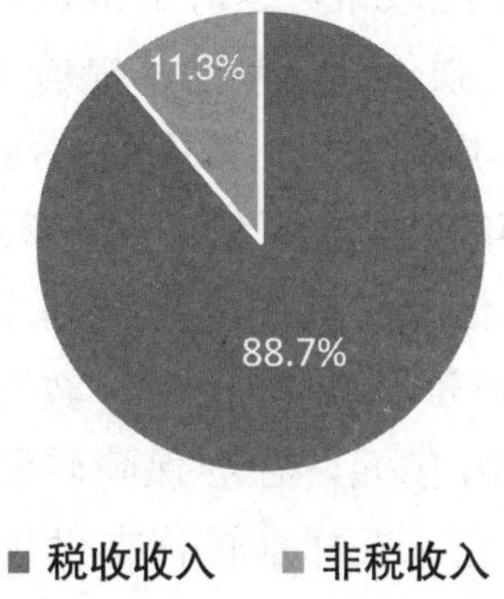

图6-1　2020 年一般公共预算收入构成表

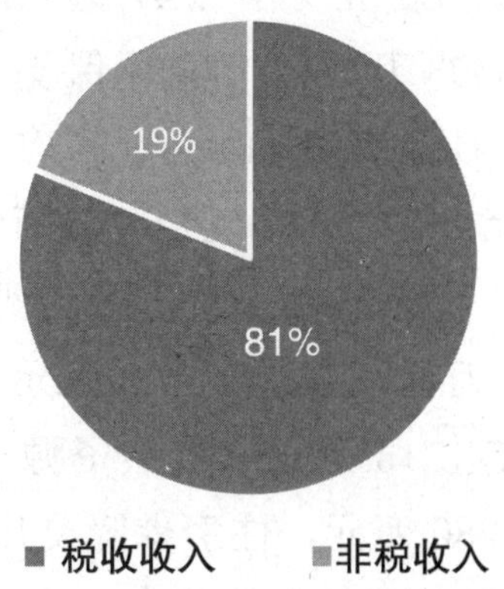

图6—2　2021 年一般公共预算收入构成表

第二节　财政支出

2020 年以来，徂汶景区财政局始终坚持以优先“保工资、保运转、保民生”为总基调，牢固树立过“紧日子”思想，按照量入为出、量力而行的原则，持续压减“三公”经费、会议费、培训费等一般性支出，降低行政运行成本，强化预算执行管理，增强资金聚拢效应，优先支持“三大攻坚战”，紧紧兜牢“三保”底线，集中财力保障民生等重点事业发展。

2020 年 1—5 月，通过高新区国库办理财政支出 1.77 亿元。当年，徂汶景区累计一般公共预算支出 7.46 亿元。其中，用于教育文化、社保医疗和农林水等民生事业支出 6.81 亿元，占一般公共预算支出的比重 91.36%。分科目看，一般公共服务支出 5215 万元，国防支出 50 万元，公共安全支出 293 万元，教育支出 1.49 亿元，科学技术支出 3 万元，文化旅游体育与传媒支出 180 万元，社会保障和就业支出 2.68 亿元，卫生健康支出 7307 万元，节能环保支出 371 万元，农林水支出 1.77 亿元，交通运输支出 616 万元，资源勘探信息等支出 2 万元，商业服务业等支出 5 万元，自然资源海洋气象等支出 30 万元，住房保障支出 85 万元，粮油物资储备支出 155 万元，灾害防治及应急管理支出 162 万元，其他支出 714 万元。

2021 年 7 月 12 日，徂汶景区财政局召开财政业务会

2021 年，徂汶景区累计一般公共预算支出 8.57 亿元。其中，用于教育文化、社保医疗和农林水等民生事业支出 7 亿元，占一般公共预算支出的比重 81.7%。分科目看，一般公共服务支出 8971 万元，国防支出 25 万元，公共安全支出 740 万元，教育支出 1.72 亿元，科学技术支出 4 万元，文化旅游体育与传媒支出 621 万元，

社会保障和就业支出 2.47 亿元，卫生健康支出 8693 万元，节能环保支出 303 万元，城乡社区支出 314 万元，农林水支出 1.29 亿元，交通运输支出 415 万元，资源勘探信息等支出 50 万元，商业服务业等支出 731 万元，金融支出 2 万元，援助其他地区支出 13 万元，自然资源海洋气象等支出 4280 万元，住房保障支出 4118 万元，灾害防治及应急管理支出 1279 万元，其他支出 291 万元。

2021 年 8 月 18 日，中共泰安市委常委、市政府常务副市长宋洪银（前右二）到徂汶景区调研蓄能电站建设情况

第三节 财政管理

徂汶景区在市委、市政府的坚强领导下，勇做新时代泰山“挑山工”，牢牢把握高质量发展主线，聚焦重点任务，坚持生态环境保护优先，突出医疗康养、教育文化、体育休闲、设施农业四大产业，坚持一手抓基础设施建设、一手抓招商引资，全力推动景区实现高质量发展。

一、增财聚力

徂汶景区财政局坚持把对上争取作为弥补地方财力不足的有效办法之一，认真研究各类财经政策，紧盯上级扶持重点和投资导向，强化部门联动，提前谋划，积极对接，形成跑项目、争资金的强大合力。

2021 年，争取到位各类转移性补助资金 2.38 亿元。其中，县级基本财力保障机制奖补资金 0.13 亿元，教育转移支付收入 0.16 亿元，社会保障转移支付收入 1.37 亿元，农林水转移支付收入 0.12 亿元。

争取发行政府专项债券资金 3.27 亿元。其中，用于大汶河流域泮河（天泽湖）人工湿地水质净化工程改造提升项目 0.32 亿元，用于农村饮水安全项目 0.34 亿元，用于徂徕镇中心社区棚改项目 2.61 亿元。

二、债务控制

徂汶景区财政局坚持把防范政府债务风险作为一项政治任务来抓，牢固树立债务风险责任意识，严守债务“红线意识”和“底线思维”，按照“控制新增、化解存量、加强管理、防范风险”的原则，正确处理举债与发展、稳增长与防风险的关系，规范政府举债融资行为，强化债务预算管理。至 2021 年年底，政府债务余额 3.27 亿元，均为用于公益性民生项目建设而发行政府专项债券形成的债务。

2021 年 11 月 9 日，徂汶景区党工委书记、管委会主任田庆勇（右二）到博阳路现场调研

三、资金效益

徂汶景区财政局坚持建立全方位、全过程、全覆盖的预算绩效管理体系和“花钱必问效、无效必问责”的工作机制，引导各级各部门树立全员抓绩效的理念。建立健全项目事前绩效论证和重大决策机制，完善以绩效结果为导向的预算资金分配模式，对绩效目标实现程度和预算执行进度实行“双监控”，促进预算管理与绩效管理深度融合，提高财政资源配置效率和使用效益。2021 年，对困难群众救助补助资金等 93 个项目编制了绩效目标，涉及资金 1.64 亿元，并全部纳入绩效监控管理范围，进一步节约了预算支出成本，发挥和提高了资金使用效益。

人物简介

一、泰安市财政局历任主要领导

刘少华，男，汉族，1929年3月生，山东省宁阳县人，1949年4月加入中国共产党。1946年8月至1949年1月，为鲁中行署粮食局、鲁中支前司令部政工队员。1949年1月至1949年7月，任泰宁县民政局会计。1949年7月至1950年6月，任泰宁县秘书处总会计。1950年6月至1951年7月，任泰宁县财政科科员。1951年7月至1952年9月，上海财经学院专修班学员。1952年9月至1953年3月，任徂阳县财政科副科长。1953年3月至1958年8月，任泰安专署财政科股长。1958年8月至1959年1月，任济南市财政局科员。1959年1月至1961年7月，任中共济南市委农委干事。1961年7月至1962年5月，任中共泰安地委农村工作部干事。1962年5月至1963年12月，任中共泰安地委办公室秘书。1963年12月至1969年10月，任中共泰安县粥店公社党委副书记。1969年10月至1970年10月，在泰安地区“五七”干校劳动。1970年10月至1975年12月，在泰安专署财税局工作。1975年12月至1984年4月，任泰安专署财税局局长、党组书记。1984年4月至1985年8月，任泰安地区财政局局长、党组书记。1985年8月至1987年7月，任泰安市财政局局长。1987年7月至1988年8月，任泰安市财政局党委书记。1988年1月起，任泰安市人大常委会委员。1994年11月离休。1997年6月去世。

张振宗，男，汉族，1940年9月生，山东省肥城市人，大学文化，1960年8月参加工作，1981年12月加入中国共产党。1960年8月至1961年11月，任海军高级专科学校学员、团支部宣传委员。1961年11月至1962年7月，在济南市第一中学学习。1962年7月至1967年12月，在山东财经学院会计专业学习。1967年12月至1968年3月，任肥城县供销社会计。1968年3月至1982年12月，任肥城县造纸厂会计、财务科科长。1982年12月至1983年4月，任肥城县造纸厂厂长。1983年5月至1983年10月，任肥城县财税局副局长。1983年10月至1984年5月，任肥城县财税局局长。1984年5月至1986年5月，任肥城县人民政府副县长。1986年5月至1987年7月，任泰安市财政局副局长、党组副书记。1987年7月至1988年8月，任泰安市财政局局长、党委副书记。1988年8月至1993年3月，任泰安市财政局局长、党委书记。1993年

3月至1998年3月，任泰安市人民政府副市长、党组成员。1998年3月，在泰安市第十三届人民代表大会第一次会议上，当选为泰安市人大常委会副主任，市十三届人大代表。2008年3月退休。

杨世荣，女，汉族，1943年12月生，泰安市岱岳区人，大专学历，高级会计师。1971年3月加入中国共产党。1964年7月至1967年2月，任东平县商业局打字员。1967年2月至1969年1月，任东平县饮食服务公司东方红照相部收款员。1969年1月至1975年10月，任东平县财税局打字员、预算会计。1975年10月至1978年5月，任东平县财税局副局长。1978年5月至1983年8月，任河北省石家庄地区财税局副科长。1983年8月至1988年1月，任河北省石家庄地区财税局副局长、党组成员。1988年1月至6月，任泰安市财政局副局长、党委委员。1988年6月至1993年3月，任泰安市财政局副局长、党委副书记。1993年3月至2000年11月，任泰安市财政局局长、党委书记。2000年11月至2001年3月，任泰安市财政局党委书记。2001年3月至2004年2月，任泰安市人大专职常委。2004年2月退休。

任先德，男，汉族，1955年11月生，山东省章丘市人，大学学历，1986年5月加入中国共产党。1974年10月至1975年10月，任章丘县文祖公社沙湾学校教师。1975年10月至1977年7月，山东省济宁商业学校学生。1977年7月至1984年6月，任泰安市财政局企业财务科科员。1984年6月至1987年2月，任泰安地区（市）财政局驻厂员管理所副所长。1987年2月至1990年10月，任泰安市财政局驻厂员管理处副主任（正科）。1990年10月至1991年10月，任泰安市财政局预算外资金管理科科长。1991年10月至1993年1月，任泰安市财政局办公室主任。1993年1月至1993年11月，任山东省世界银行贷款项目培训中心副主任（1992年3月至1993年9月挂职泰安毛纺厂副厂长）。1993年11月至1994年9月，任宁阳县人民政府副县长。1994年9月至1995年12月，任宁阳县委常委、县政府副县长。1995年12月至1996年7月，任泰安市信托投资公司党委副书记、副经理（主持全面工作）。1996年7月至2000年11月，任泰安市财政局党委副书记、副局长。2000年11月至2001年3月，任泰安市财政局党委副书记、局长。2001年3月至2005年4月，任泰安市财政局党委书记、局长。2005年4月至2010年1月，任泰安市人民政府党组成员、市长助理，市财政局党委书记、局长。2010年1月至2011年4月，任泰安市人民政府党组成员、市长助理，泰山景区党工委书记（副厅级）。2011年4月至2015年2月，任泰安市政协副主席，党组成员。2015年2月退休。

李诚实，男，汉族，1962年12月生，济南市莱芜区人，省委党校研究生学历，1986年12月加入中国共产党。1983年7月至1985年3月，任泰安市畜牧局兽医检疫站化验员、团支部书记。1985年3月至1987年12月，任泰安市畜牧局秘书、团支部书记。1987年12月至1991年3月，任泰安市畜牧局畜牧兽医站副站长、团支部书记、助理兽医师。1991年3月至1998年11月，任泰安市种鸡场场长、党支部副书记、党支部书记。1998年11月至1999年9月，任泰安市菜篮子工程办公室党组书记、主任（1998年9月至1999年1月，在市委党校中青班学习）。1999年9月至2006年3月，任泰安市财政局党委委员、副局长（2001年9月至2004年6月，在省委党校在职干部研究生班经济管理专业学习）。2006年3月至2006年12月，任泰安财政局党委委员、副局长，市政府投融资管理中心主任。2006年12月至2009年9月，任泰安市财政局党委副书记、副局长，市政府投融资管理中心主任。2009年9月至2010年1月，任泰安市财政局党委副书记、副局长，市政府投融资管理中心主任、党支部书记。2010年1月至2010年7月，任泰安市财政局党委书记、局长，市政府投融资管理中心主任、党支部书记。2010年7月至2015年6月，任泰安市财政局局长、党委书记。2015年6月至2015年8月，任泰安市财政局局长。2015年8月起，任泰安市人民政府秘书长。

刘斌，男，汉族，1964年9月生，泰安市岱岳区人，省委党校研究生学历，1985年6月加入中国共产党。1985年7月至1989年3月，任省交通职工中专教师（1987年8月至1988年8月，在西安公路学院经济系学习）。1989年3月至1990年1月，任泰山区财政局农财所科员。1990年1月至1990年12月，任泰山区财政局预算外科副科长。1990年12月至1992年1月，任泰山区财政局秘书科科长。1992年1月至1994年2月，任泰安市财政局预算外科科员。1994年2月至1995年8月，任泰安市财政局办公室副主任，在市政府驻京办工作。1994年9月至1997年7月，在山东财政学院会计专业学习。1995年8月至1997年3月，任泰安市财政局农税科副科长（主持工作）。1997年3月至2002年3月，任泰安市财政局农税科科长。2002年3月至2008年12月，任泰安市财政局副局长、党委委员（2002年3月至2002年9月，挂职广东省广州市越秀区区长助理。2004年9月至2007年6月，在山东省委党校在职干部研究生班经济管理专业学习）。2008年12月至2010年2月，任泰安市财政局副局长、党委委员，市农业税收征收管理局局长。2010年2月至2010年7月，任泰安市财政局副局长、党委委员（正处级）。2010年7月至2015年6月，任泰安市财政局党委副书记（正处级）、副局长。2015年6月，任泰安市财政局党委书记。2015年

8月，任泰安市财政局局长。2020年10月，任泰安高新技术产业开发区党工委书记、管理委员会主任。

孙磊，男，汉族，1968年1月生，山东省宁阳县人，大学学历，经济学学士，1993年10月加入中国共产党。1990年7月至1997年3月，任泰安市财政局预算科科员。1997年3月至2001年7月，任泰安市财政局预算科副科长。2001年7月至2002年12月，任泰安市财政局国库科副科长，主持工作。2002年12月至2003年7月，任泰安市财政局国库科科长。2003年7月至2008年12月，任泰安市财政局预算科科长。2008年12月至2009年6月，任泰安市财政局党委委员、副局长兼预算科科长。2009年6月至2018年12月，任泰安市财政局党委委员、副局长（2011年2月至2013年2月挂职岱岳区人民政府副区长）。2018年12月至2019年2月，任泰安市财政局党组成员、副局长。2019年2月至2021年5月，任泰安市财政局党组副书记、副局长，市国库集中支付管理办公室主任。2021年5月至2021年10月，任泰安市财政局党组副书记、副局长，市国库集中支付中心党总支书记、主任。2021年10月20日起，任泰安市财政局党组书记、局长，市国库集中支付中心党总支书记、主任。

二、市财政局领导成员

孙磊 （其简历同上）

张焕杰，男，汉族，1963年7月生，济南市莱芜区人，省委党校研究生学历，1991年12月加入中国共产党。1985年7月至1988年7月，任泰安市财政干部学校教师。1988年7月至1994年9月，任泰安市财政局人事监察科科员。1994年9月至1997年3月，任泰安市国有资产管理局行政事业科副科长（1994年7月至1997年7月，在山东财政学院会计学专业学习）。1997年3月至1998年12月，任泰安市财政局机关党总支专职副书记（正科）。1998年12月至1999年5月，任泰安市财政局人事教育科长、机关党总支副书记。1999年5月至2001年7月，任泰安市财政局人事教育科长、纪委副书记、机关党总支副书记。2001年7月至2003年6月，任泰安市财政局人事教育科科长、纪委副书记。2003年6月至2010年1月，

任泰安市农业税收征收管理局副局长。2010年1月至2012年11月，任泰安市财政局副调研员（2010年9月至2013年6月，山东省委党校在职干部研究生班经济管理学习）。2012年11月至2015年12月，任泰安市财政局党委委员、总会计师。2015年12月至2018年12月，任泰安市财政局党委委员、副局长。2018年12月至2019年2月，任泰安市财政局党组成员、副局长。2019年2月至2019年6月，任泰安市财政局党组成员、调研员。2019年6月起，任泰安市财政局党组成员、二级调研员。

王庆涛，男，汉族，1970年5月生，山东省新泰市人，省委党校研究生学历，1998年11月加入中国共产党。1992年8月至1997年7月，任泰安市经济开发投资公司会计。1997年7月至2002年3月，任泰安市财政局机关服务中心科员。2001年12月至2003年12月，在山东省委党校经济管理专业学习。2002年3月至2005年2月，任泰安市财政局机关服务中心副主任。2005年2月至2005年7月，任泰安市财政局机关服务中心主任。2005年7月至2007年12月，任泰安市财政局企业管理处综合科科长。2007年12月至2009年6月，任泰安市财政局办公室主任、企业管理处综合科科长。2009年6月至2009年9月，任泰安市财政局办公室主任。2009年9月至2010年6月，任泰安市财政局副调研员、办公室主任。2010年6月至2014年1月，任泰安市财政局副调研员。2014年1月至2017年2月，任泰安市财政局党委委员、副调研员。2017年2月至2018年12月，任泰安市财政局党委委员、副局长。2018年12月起，任泰安市财政局党组成员、副局长。

刘振乾，男，汉族，1964年3月生，济南市莱芜区人，省委党校研究生学历，1993年11月加入中国共产党。1986年7月至1988年4月，任泰安市财政局人秘科科员。1988年5月至1994年9月，任泰安市财政局农业财务科科员。1994年9月至1997年3月，任泰安市财政局驻厂处副科级驻厂员。1997年3月至1998年12月，任泰安市财政局办公室副主任。1998年12月至2001年7月，任泰安市财政局办公室副主任、团委书记。2001年7月至2005年7月，任泰安市财政局企业管理处统计评价科科长（2004年3月至2005年3月，任肥城仪阳乡刘台村包村组组长）。2005年7月至2012年11月，任泰安市财政局企业管理处企业科科长。2012年11月至2014年1月，任泰安市财政局人事科科长。2014年1月至2015年12月，任泰安市财政局党委委员、人事科科长。2015年12月至2018年7月，任泰安市财政局党委委员、市财政干部教育中心党支部书记。2018年7月至2018年12月，任泰安市财政局党委委员、机关党委

书记、市财政干部教育中心党支部书记。2018年12月至2019年4月，任泰安市财政局党组成员、机关党委书记、市财政干部教育中心党支部书记。2019年4月至2021年5月，任泰安市财政局党组成员、机关党委书记、市财政金融运行评价中心党支部书记。2021年5月起，任泰安市财政局党组成员、机关党委书记（副县级）。

王燕，女，汉族，1968年5月生，泰安市岱岳区人，省委党校研究生学历，1995年6月加入中国共产党。1988年7月至1989年5月，任泰安市财政局办公室科员。1989年5月至1997年3月，任泰安市财政局行政科科员（1990年8月—1992年12月，任山东泰安会计师事务所会计）。1997年3月至2002年12月，任泰安市财政局预算科副主任科员。2002年12月至2004年11月，任泰安市财政局预算科副科长。2004年11月至2005年7月，任泰安市财政局预算科副科长、主任科员。2005年7月至2012年11月，任泰安市财政局国库科科长。2012年11月至2016年1月，任泰安市国库集中支付管理办公室副主任。2016年1月至2019年2月，任泰安市国库集中支付管理办公室副主任、泰安市财政局总会计师。2019年2月至2020年4月，任泰安市财政局党组成员、副局长、总会计师。2020年4月起，任泰安市财政局党组成员、副局长。

时峰祥，男，汉族，1963年10月生，济南市莱芜区人，大学学历，1994年10月加入中国共产党。1983年7月至1997年3月，任泰安市财政局商贸科科员。1997年3月至2000年9月，任泰安市财政局外经科副科长（1998年1月至2001年1月，挂职泰山旅游集团财务总监）。2000年9月至2001年7月，任泰安市财政局工资发放管理科科长。2001年7月至2003年7月，任泰安市财政局机关服务中心主任。2003年7月至2010年6月，任泰安市财政局人事教育科科长。2010年6月至2012年11月，任泰安市财政局人事科科长。2012年11月至2019年6月，任泰安市财政局副调研员。2019年6月起，任泰安市财政局四级调研员。

谭伟，男，汉族，1974年11月生，山东省莱州市人，省委党校研究生学历，1993年5月加入中国共产党。1991年12月至1994年9月，任二十六集团军某连战士。1994年9月至1996年7月，在蚌埠坦克学院坦克分队指挥专业学习。1996年7月至1997年6月，任二十六集团军某排长。1997年6月至1998年5月，任二十六集团军团司令部作训股正排职参谋。1998年5月至1999年5月，任新泰

市人武部军事科正排职参谋。1999年5月至1999年9月，任泰安市军分区警备勤务队副队长（1996年9月至1999年7月，在蚌埠坦克学院军事指挥专业学习）。1999年9月至2002年1月，任山东省泰安军分区司令部作训科副连职参谋。2002年1月至2005年1月，任泰安军分区警备勤务队队长（1999年9月至2002年6月，在蚌埠坦克学院军事指挥专业学习）。2005年1月至2005年3月，任泰安军分区司令部副营职参谋。2005年3月至2007年1月，任泰安陆军预备役高炮团司令部通信股股长。2007年1月至2008年12月，任泰安陆军预备役团营长。2008年12月至2010年3月，任泰安军分区司令部正营职参谋。2010年3月至2011年6月，任肥城市人武部副部长（2008年9月至2011年6月，在山东省委党校在职干部研究生班法学理论专业学习）。2011年6月至2015年2月，任肥城市人民武装部副部长兼军事科长。2015年2月至2018年3月，任泰安陆军预备役团团长兼山东省泰安军分区副参谋长。2018年3月至2018年12月，转业待安置。2018年12月至2019年6月，任泰安市财政局副调研员。2019年6月起，任泰安市财政局四级调研员。

徐西才，男，汉族，1968年8月生，济南市钢城区人，大学学历，经济学学士，1994年12月加入中国共产党。1990年7月至1996年1月，任新泰市财政局预算科科员。1996年1月至1999年3月，任新泰市财政局预算科副科长。1999年3月至2003年8月，任新泰市财政局预算科科长。

2003年8月至2006年5月，任新泰市农税局副局长。2006年5月至2006年9月，任泰安市财政局干部（副科级）。2006年9月至2009年6月，任泰安市财政局预算科副科长。2009年6月至2010年6月，任泰安市财政局预算科副科长、主任科员。2010年6月至2014年1月，任泰安市财政局预算科科长。2014年1月至2016年1月，任泰安市财政局预算科科长、市国库集中支付管理办公室工资统发科主任科员。2016年1月至2019年2月，任泰安市财政局预算科科长。2019年2月至2019年6月，任泰安市财政局副调研员、预算科科长。2019年6月至2019年10月，任泰安市财政局四级调研员、预算科科长。2019年10月起，任泰安市财政局四级调研员。

三、市财政局在职县级干部

一、正县级干部

亓永军，男，汉族，1965年2月生，济南市莱芜区人，大学学历。1992年12月加入中国共产党。1985年7月至1993年2月，任泰安市财政局商贸科科员。1993年2月至1994年9月，在泰安市财政局人事教育监察科工作。1994年9月至1997年3月，任泰安市财政局人事教育监察科副科长。1997年3月至2001年7月，任泰安市财政局商贸金融科科长（1999年10月至2001年10月，在新泰市岳家庄乡任挂职副书记、副乡长）。2001年7月至2002年3月，任泰安市财政局企业管理处经济建设科科长。2002年3月至2003年7月，任泰安市财政局社会保障科科长。2003年7月至2005年1月，任泰安市财政局企业管理处经济建设科科长。2005年1月至2005年7月，任泰安市财政局监督检查处处长（副县级）、经济建设科科长。2005年7月至2018年12月，任泰安市财政局监督检查处处长。2008年12月至2019年2月，任泰安市财政局副县级干部。2019年2月至2021年5月，任泰安市财政资产管理中心（市政府与社会资本合作管理办公室）主任、党总支书记。2021年5月起，任泰安市财政投资评审中心（泰安市财政资产管理服务中心）党支部书记、主任（正县级）。

李清明，女，汉族，1965年3月生，山东省新泰市人，省委党校研究生学历。1988年1月加入中国共产党。1981年7月至1982年8月，任新泰小协镇税务所专管员。1982年8月至1993年8月，任泰安市财政局秘书科、预算科科员（1986年9月至1988年7月，在山东大学经济系财税专业脱产学习）。1993年8月至1997年3月，任泰安市财政局预算科副科长（1993年9月至1996年6月，参加山东财政学院财税专业函授本科班学习）。1997年3月至2002年3月，任泰安市财政局预算科副科长（正科级）。2002年3月至2003年7月，任泰安市财政局教科文科科长。2003年7月至2005年7月，任泰安市财政局国库科科长（2001年9月至2004年6月，参加省委党校经济管理专业研究生班学习）。2005年7月至2007年11月，任泰安市人民政府采购中心主任（副县级）。2007年11月至2011年5月，任泰安市政府采购管理办公室主任（副县级）。2011年5月至2019年2月，

任泰安市国库集中支付管理办公室副主任。2019年2月至2019年6月，任泰安市国库集中支付管理办公室调研员。2019年6月至2021年5月，任泰安市国库集中支付付管理办公室二级调研员。2021年5月起，任泰安市国库集中支付中心二级调研员。

二、副县级干部

黄海涛，男，汉族，1962年11月生，泰安市泰山区人，大学学历，文学学士，1988年5月加入中国共产党。1985年7月至1989年6月，任泰安市财政干部学校教师。1989年6月至1997年3月，任泰安市财政干部学校办公室副主任。1997年3月至2002年12月，任泰安市财政干部学校副校长兼办公室主任。2002年12月至2004年5月，任泰安市财政干部教育中心副主任、党支部委员。2004年5月至2019年4月，任泰安市财政干部教育中心党支部副书记、主任。2019年4月至2021年5月，任泰安市财政金融运行评价中心党支部副书记、主任。2021年5月起，任泰安市预算执行管理服务中心党总支书记、主任。

冯德庆，男，汉族，1963年8月生，泰安市岱岳区人，中央党校大学学历，1988年12月加入中国共产党。1983年7月至1984年9月，在泰安市财政干部学校干部工作。1984年9月至1992年11月，在泰安市财政局人秘科、农业财务科工作。1992年11月至1995年10月，任泰安市财政局农业财务科副科长。1995年10月至1997年3月，任宁阳县堽城镇挂职副书记、副镇长。1997年3月至2002年3月，任泰安市财政局会计管理科科长。2002年3月至2003年7月，任泰安市财政局农业税收管理科科长。2003年7月至2006年9月，任泰安市财政局企业管理处债务金融科科长。2006年9月至2011年5月，任泰安市财政局社会保障科科长。2011年5月至2015年12月，任泰安市经济开发投资公司副经理。2015年12月至2021年5月，任泰安市财政资产管理中心（市政府与社会资本合作管理办公室）党总支委员、副主任。2021年5月起，任泰安市财政投资评审中心（市财政资产管理服务中心）干部（原副县级不变）。

孙炎，男，汉族，1962年11月生，泰安市岱岳区人，中央党校大学学历，1993年11月加入中国共产党。1985年7月至1987年9月，任泰安市财政局商贸科科员。1987年9月至1997年2月，任泰安市财政局行政科科员。1997年3月至2002年12月，任泰安市财政局社保科

副科长。2002年12月至2004年3月，任泰安市财政局社保科副科长、主任科员。2004年3月至2009年6月，任泰安市财政局行政政法科科长。2009年6月至2014年1月，任泰安市财政局农业科科长。2014年1月至2015年12月，任泰安市政府投融资管理中心总经济师。2015年12月至2021年5月，任泰安市政府投融资管理办公室党总支委员、总经济师。2021年5月起，任泰安市财政绩效评价中心（泰安市政府投融资管理服务中心）党总支委员（副县级）。

徐军锋，男，汉族，1965年10月生，济南市莱芜区人，大学学历，1994年12月加入中国共产党。1985年8月至1987年12月，任泰安市财政局预算外科科员。1987年12月至1988年9月，任泰安市建设银行职员。1988年9月至1989年12月，任泰安市建设银行营业部综合科副科长。1989年12月至1992年4月，任泰安市财政局城建科科员。1992年4月至1997年3月，任泰安市财政局预算科科员。1997年3月至2001年7月，任泰安市财政局基本建设科副科长。2001年7月至2002年12月，任泰安市财政局经济建设科副科长。2002年12月至2005年1月，任泰安市财政局经济建设科副科长、主任科员。2005年1月至2009年6月，任泰安市财政投资评审中心副主任、主任科员。2009年6月至2015年12月，任泰安市财政投资评审中心主任。2015年12月至2021年5月，任泰安市政府投融资管理办公室党总支委员、副主任。2021年5月起，任泰安市财政绩效评价中心（泰安市政府投融资管理服务中心）党总支委员、副主任。

凌德福，男，汉族，1963年3月生，山东省平阴县人，中央党校大学学历，1994年6月加入中国共产党。1984年7月至1987年12月，任泰安市财政局驻厂员管理处科员。1987年12月至1989年2月，任泰安市财政局办公室科员。1989年2月至1997年3月，任泰安市财政局农业科科员。1997年3月至2003年7月，任泰安市财政局农业科副科长。2003年7月至2006年9月，任泰安市农业税收征收管理局农税科科长。2006年9月至2009年6月，任泰安市财政局农业科科长。2009年6月至2015年12月，任泰安市财政局教科文科科长。2014年2月至2015年12月，主持市国库集中支付管理办公室经济建设科工作。2015年12月至2021年5月，任泰安市政府投融资管理办公室党总支委员、副主任。2021年5月起，任泰安市财政绩效评价中心（泰安市政府投融资管理服务中心）党总支委员、副主任。

张永刚，男，汉族，1970年12月生，山东泰安岱岳区人，大学学历，1997年8月加入中国共产党。1990年9月至1994年7月，在山东大学经济系财政学专业学

习。1994年7月至1999年3月，在泰安市泰山区财政综合服务中心工作。1999年3月至2003年4月，在泰安市泰山区经济开发投资公司工作。2003年4月至2004年4月，任泰安市泰山区财政局科员、会计局副局长。2004年4月至2005年1月，在泰安市泰山区委组织部工作。2005年1月至2006年12月，任泰安市泰山区委组织部干部监督办公室主任、党政干部办公室副主任。2006年12月至2008年6月，任泰安市泰山区委组织部党政干部办公室主任。2008年6月至2012年8月，任泰安市泰山区委组织部副部长。2012年8月至2013年12月，任泰安市泰山区委组织部副部长、区委党史办主任。2013年12月至2019年1月，任泰山区委组织部副部长、老干部局局长、老年大学副校长。2019年1月至2020年1月，任泰山区委组织部（区公务员局）副部长（副局长），老干部局局长、老年大学副校长。2020年1月至2020年5月，任泰安市泰山区委组织部副部长，泰安市泰山区委老干部局局长、一级主任科员。2020年5月至2021年12月，任泰安市泰山区委组织部分管日常工作的副部长、一级主任科员。2021年12月，任泰安市国库集中支付中心副主任。

四、泰安市泰山财金投资集团有限公司领导班子成员

秦玉昌，男，汉族，1963年5月生，泰安市泰山区人，大专学历，1994年12月加入中国共产党。1983年7月至1992年11月，在泰安化肥厂从事计量、企管工作。1992年11月至1993年12月，任泰安化工总厂筹建处办公室科员。1993年12月至1999年7月，任泰安化工总厂筹建处办公室副主任。1999年7月至1999年11月，任泰安经济开发区管委会副科级干部。1999年11月至2000年12月，任泰安市经济开发区发展研究中心副主任（正科）。2000年12月至2002年3月，在泰安市城建国有资产经营有限公司办公室主持工作，任机关支部书记。2002年3月至2003年6月，任泰安市城建国有资产经营有限公司办公室主任、机关支部书记。2003年6月至2006年3月，任泰安市城建国有资产经营有限公司副总经理、党委委员、机关支部书记（2003年4月至2003年10月，国家开发银行济南分行客户二处挂职副处长）。2006年3月至2009年9月，任泰安市政府投融资管理中

心副主任。2009年9月至2014年4月，任泰安市财政局党委委员，市政府投融资管理中心副主任、党支部副书记。2014年4月至2015年12月，任泰安市政府投融资管理中心副主任、党支部副书记。2015年12月至2017年7月，任泰安市财政资产管理中心（市政府与社会资本合作管理办公室）党总支副书记。2017年7月起，任泰安市泰山财金投资集团有限公司党委书记、董事长。

范晓焱，女，汉族，1964年8月生，山东省新泰市人，省委党校研究生学历，1990年12月加入中国共产党。1984年7月至1991年2月，任泰安市财政局驻厂员管理处科员。1991年2月至1994年10月，任泰安市财政局商贸科科员。1994年10月至1997年3月，任泰安市财政局商贸科副科级驻厂员。1997年3月至1998年5月，任泰安市财政局企业管理处对外经济贸易科副科长。1998年5月至2001年7月，任泰安市财政局企业管理处对外经济贸易科科长。2001年7月至2003年7月，任泰安市财政局企业管理处债务金融科科长。2003年7月至2006年3月，任泰安市财政局教科文科科长。2006年3月至2009年9月，任泰安市政府投融资管理中心副主任。2009年9月至2015年12月，任泰安市政府投融资管理中心副主任、党支部委员。2015年12月至2017年7月，任泰安市政府投融资管理办公室副主任、党总支委员。2017年7月起，任泰安市泰山财金投资集团有限公司党委副书记、董事、总经理。

邓继胜，男，汉族，1962年3月生，泰安市岱岳区人，中央党校大专学历，1992年9月加入中国共产党。1984年7月至1985年9月，任泰安市饮食服务公司会计。1985年9月至1988年3月，任泰安市泰山区财政局预算科会计。1988年3月至1988年9月，任泰安市泰山区财政局行政事业财务管理科副科长。1988年9月至1993年8月，任泰安市财政局行政事业财务管理科科员。1993年8月至1997年3月，任泰安市财政局行政事业财务管理科副科长。1997年3月至1998年12月，任泰安市财政局社会保障科科长。1998年12月至2001年7月，任泰安市财政局文教行政科科长。2001年7月至2004年1月，任泰安市财政局行政政法科科长。2004年1月至2011年5月，任泰安市财政局企业管理处（泰安市住房资金管理办公室）主任。2011年5月至2017年7月，任泰安市国库集中支付管理办公室副主任。2017年7月起，任泰安市泰山财金投资集团有限公司党委委员、监事长。

张曾彬，男，汉族，1967年11月生，山东省宁阳县人，大学学历，1997年11月加入中国共产党。1989年7月至2002年12月，任泰安市财政干部学校教师。

2002年12月至2005年2月，任泰安市财政干部教育中心干训科副科长。2005年2月至2007年10月，任泰安市财政干部教育中心行政科副科长。2007年10月至2009年6月，任泰安市财政干部教育中心行政科科长。2009年6月至2010年6月，任泰安市政府投融资管理中心投资管理科副科长（正科级）。2010年6月至2016年9月，任泰安市政府投融资管理中心投资管理科科长。2016年9月至2017年7月，任泰安市政府投融资管理办公室综合科科长。2017年7月起，任泰安市泰山财金投资集团有限公司党委委员、副总经理。

林楠，男，汉族，1974年1月生，福州市闽侯区人，大学学历，2004年2月加入中国共产党。1991年9月至2002年12月，在泰安市审计局工作。1991年9月至2002年12月，任泰安市审计局科员。2002年12月至2005年1月，任泰安市审计局派出审计科副科长。2005年1月至2005年9月，任泰安市审计局派出科副科长。2005年9月至2006年12月，任泰安市政府投资审计专业局综合科副科长。2006年12月至2007年11月，任泰安市政府投资审计专业局综合科主任科员。2007年11月至2012年3月，任泰安市政府投资审计专业局审计一科科长。2012年3月至2019年12月，任泰安市政府投资审计专业局副局长。2019年12月起，任泰安市泰山财金投资集团有限公司党委委员、副总经理（聘）。

张霞，女，汉族，1975年12月生，泰安市岱岳区人，大学学历，2001年11月加入中国共产党。1994年7月至1994年8月，待业。1994年8月至2003年6月，任泰安市信息中心科员、助工（1999年9月至2001年12月，在山东省委党校函授经济管理本科班学习；2000年9月至2003年7月，在山东行政学院函授计算机本科班学习）。2003年6月至2004年10月，任泰安市信息中心技术科副科长、工程师。2004年10月至2005年10月，在泰安市纪委办公室工作。2005年10月至2007年10月，任泰安市纪委办公室副科级纪检监察员。2007年10月至2008年12月，任泰安市纪委办公室正科级纪检监察员（2005年9月至2008年3月，在东北大学软件学院软件工程硕士专业学习）。2008年12月至2016年4月，任泰安市纪委办公室副主任。2016年4月至2019年10月，任泰安市纪委纪检监察干部监督室副主任。2019年10月至2019年12月，任泰安市纪委市监委纪检监察干部监督室副主任。2019年12月起，任泰安市泰山财金投资集团有限公司党委委员、纪委书记、监察专员。

姜汉卿，男，汉族，1972年3月生，菏泽市东明县人，大学学历，1997年12月加入中国共产党。1992年7月至2003年7月，任泰安市财政局工交科、税政科科员（2000年9月至2003年6月，在山东财政学院会计学专业学习）。2003年7月至2008年8月，任泰安市财政局企业管理处企业科副主任科员。2008年8月至2012年11月，任泰安市财政局企业管理处企业科主任科员。2012年11月至2019年12月，任泰安市国库集中支付管理办公室企业科科长。2019年12月起，任泰安市泰山财金投资集团有限公司党委委员、副总经理。

五、市财政局离休干部及退休县级干部

一、离休干部简介

何香亭，女，汉族，1930年2月生，山东省平阴县人。初中文化，1946年9月加入中国共产党。1946年9月至1948年7月，在抗日中学上学。1948年7月至1949年，任泰西专署财政科办事员。1949年至1963年，任团泰安地委副部长。1963年至1976年，任泰安专署商业局副科长。1976年至1985年4月，任泰安地区财政局副科长。1985年5月离休。

二、退休县级干部简介（以退休时间为序）

（一）正县级干部

刘芳荫，男，汉族，1938年11月7日生，山东省章丘市人，大专学历，1982年6月加入中国共产党。高级会计师。1958年7月至1964年10月，为惠民地区利津县农业局技术员。1964年10月至1965年5月，为山东省物资厅干训班学员。1965年5月至1985年6月，任泰安地区（市）物资服务公司财务科科长。1985年6月至1995年1月，在泰安地区（市）财政局驻厂处、外贸组省以上企业科中企处工作，先后任组长、科长、副处长（1988年10月至1990年3月，在山东财政职工

大学财税专业学习）。1988年5月被评为会计师，1992年5月被评为高级会计师。1995年1月至1998年12月，在财政部驻山东省财政监察专员办事处泰安组任副处长、调研员。1998年12月退休。

张恩培，男，汉族，1942年10月生，济南市长清区人，高中学历，1975年1月加入中国共产党。1962年9月至1964年3月，任宁阳县小学教师。1964年3月至1964年6月，在泰安行政干校学习。1964年6月至1976年12月，任新泰县人民银行会计、信贷股副股长。1976年12月至1988年4月，任泰安地区（市）财政局科员、秘书科科长、预算科科长。1988年4月至1996年，任中央企业财政驻厂员处处长。1996年3月至1999年4月，任财政部驻山东财政监察专员办事处泰安组组长。1999年4月退休。

高盛平，男，汉族，1942年10月生，泰安市岱岳区人，大学学历，1965年9月加入中国共产党。高级会计师。1968年8月至1975年11月，任莱芜县农机厂财务会计。1975年11月至1981年6月，任莱芜县重工业局财务主管。1981年6月至1988年4月，任莱芜县财政局预算科科长、副局长。1988年4月至1994年12月，任泰安市财政局预算科科长、国资局局长。1994年12月至1997年8月，任泰安市城市信用社中心社副董事长、党委书记、总经理。1997年8月至2002年12月，任泰安市住房公积金管理中心副主任（正县级）。2002年12月退休。

尹逊祥，男，汉族，1951年10月生，山东省肥城市人，大学学历，1979年12月加入中国共产党。高级会计师。1971年9月至1973年8月，在肥城县石横供销社工作。1973年9月至1975年7月，在山东省财政学校学习。1975年8月至10月，任肥城县石横公社会计员。1975年10月，调入肥城县财税局工作。1983年10月，任肥城县财政局副局长。1987年2月，任肥城县财政局局长、党组书记。1996年1月，任泰安市财政局副局长、党委委员。2001年12月，任泰安市财政局党委副书记、副局长、农税局局长。2006年11月，任泰安市财政局调研员。2011年12月退休。

许光明，男，汉族，1951年11月生，东营市广绕县人，大专学历，1969年9月加入中国共产党。1968年9月至1969年3月，为宁阳县农药厂工人。1969年4月入伍，在陆军步兵某师服役。1990年9月起，先后任泰安市税收财务物价大检查办公室副主任、市财政局行政事务管理科科长、局人事监察科科长、市经济开发投资

公司副总经理、副书记、市人民政府采购中心主任、市财政局党委副书记。2005年3月至2006年11月，任泰山风景名胜区管理委员会副主任、副书记。2005年7月至2006年3月，兼任国家文物局泰安培训中心（泰安市泰山研究院）党委书记。2006年4月至11月，兼任泰山风景名胜区管理委员会教育中心（泰安市泰山研究院）党总支书记。2006年12月至2007年9月，任泰安市农业税收管理局局长。2007年10月至2011年12月，任泰安市财政局调研员。2011年12月退休。

韩成柱，男，汉族，1951年10月生，山东省肥城市人，大学学历，1973年3月加入中国共产党。1973年9月，为肥城县交通局安站运管站会计。1976年5月，任肥城县安站公社团委书记、管区副主任、公社党委副书记。1979年5月，任肥城县五里后管区书记。1981年11月，任肥城县城关公社党委副书记。1983年9月，在山东农业大学学习。1985年8月，任肥城县新城镇镇长。1986年1月，任肥城县老城镇党委书记。1987年8月，任肥城县新城镇党委书记。1989年4月，任肥城县县委常委、县政府副县长。1992年4月，任泰安市驻海南办事处主任。1994年5月，任泰安市经济开发投资公司总经理。1998年起，任泰安市财办副主任、泰安市贸易局副局长。2000年8月，任泰安市城市信用社党委书记、理事长、主任。2001年10月，任泰安市城市信用社党委书记、理事长。2003年12月，任泰安市财政局调研员。2011年12月退休。

张道民，男，汉族，1958年2月生，山东省东平县人，大专学历，1981年12月加入中国共产党。1980年7月至1981年12月，任东平县花兰店公社团委干事。1981年12月至1984年5月，任东平县团县委干事。1984年5月至1988年1月，任东平县团县委副书记（1985年8月至1987年7月，在中国青年政治学院政治教育专业学习）。1988年1月至1990年12月，任东平县团县委书记。1990年12月至1992年8月，任东平县戴庙乡党委副书记、乡长。1992年8月至1994年11月，任东平县戴庙乡党委书记。1994年11月至1995年1月，任东平县文体委主任、党组书记。1995年1月至1995年5月，任东平县体委主任、党组书记。1995年5月至1997年12月，任东平县大羊乡党委书记。1997年12月至1999年5月，任东平县县委常委、宣传部部长。1999年5月至2003年1月，任东平县县委副书记（1999年6月至2002年6月，在新疆喀什麦盖提挂职、任县委副书记）。2003年1月至2006年12月，任新泰市委副书记兼纪委书记（2004

年2月至2006年2月，在德州宁津县挂职，任县委副书记、副县长）。2006年12月至2007年1月，任新泰市市委副书记。2007年1月至2010年1月，任泰安市农业综合开发办公室党组书记、主任。2010年1月至2010年7月，任泰安市财政局党委委员、市农业综合开发办公室党组书记、主任。2010年7月起，任泰安市财政局党委委员、市农业综合开发办公室党支部书记、主任。2018年3月退休。

李天义，男，汉族，1958年6月生，山东省新泰市人，大学学历，1987年3月加入中国共产党。1976年1月至1978年9月，新泰县羊流小学，民办教师。1978年9月至1980年7月，在山东省财政学校学习。1980年7月至1987年3月，在泰安市财政局农业财务科工作。1987年3月至1989年6月，任泰安市财政局农业财务科副科长。1989年6月至1990年12月，任岱岳区道朗乡起驾店村包村组组长。1990年12月至1992年2月，任泰安市财政局农业财务科副科长。1992年2月至1993年7月，在泰安市财政局农业税征收管理科主持工作。1993年7月至1994年4月，任泰安市财政局农税科科长。1994年4月至1996年6月，任泰安市财政局办公室主任。1996年6月至2002年4月，任泰安市财政干校校长。2002年4月至2004年5月，任泰安市财政干部教育中心主任。2004年5月至2006年3月，任中共泰安市财政干部教育中心支部委员会书记。2006年3月至2013年6月，任泰安市财政局党委委员、纪委书记。2013年6月，任泰安市财政局调研员。2018年8月退休。

刘兴强，男，汉族，1959年4月生，济南市莱芜区人，大学学历，1981年12月加入中国共产党。1979年12月至1984年4月，在新泰市财税局工作。1984年4月至1985年7月，任新泰市经委财贸科副科长。1985年7月至1987年6月，在泰安师专干部专修科中文系学习。1987年6月至1988年5月，任新泰市财政局人监科科长。1988年5月至1993年5月，任新泰市财政局副局长。1993年5月至1994年10月，任新泰市财政局副局长、经济开发投资公司经理。1994年10月至1999年10月，任新泰市市政府党组成员，新泰市财政局局长、党组书记。1999年10月至2001年3月，任新泰市市政府市长助理、党组成员，新泰市财政局局长、党组书记。2001年3月至2007年1月，任新泰市市政府副市长、党组成员。2007年1月至2010年7月，任泰安市财政局副局长、党委委员。2010年7月至2014年4月，任泰安市财政局副局长、党委委员，泰安市政府投融资管理中心主任、党支部书记。2014年4月至2014年6月，任泰安市市政府投融资管理中心主任、支部书记。2014年6月起，任泰安市财政局调研员。2019年6月退休。

刘丽珍，女，汉族，1961年8月生，山东省东平县人，省委党校大学学历，1987年9月加入中国共产党。1977年7月至1979年8月，东平县城关公社下乡。1979年8月至1981年12月，在东平县水河粮库工作。1981年12月至1989年9月，任东平县粮油供应公司主管会计。1989年9月至1994年9月，泰安市财政局商贸科科员。1994年9月至1997年3月，任泰安市财政局商贸科副科级驻厂员。1997年3月至1998年12月，任泰安市财政局企业管理处商贸金融科副科长。1998年12月至2001年7月，任泰安市财政局商贸科副科长、主任科员。2001年7月至2003年7月，任泰安市财政局经济建设科科长。2003年7月至2006年7月，任泰安市财政局社会保障科科长。2006年7月至2015年12月，任泰安市财政干部教育中心党支部书记。2015年12月至2019年2月，任泰安市财政局副调研员。2019年2月，任泰安市市政府投融资管理办公室主任、党总支书记。2021年9月退休。

（二）副县级干部

亓玉珍，女，汉族，1935年2月生，济南市莱芜区人，1956年6月加入中国共产党，大专学历。高级会计师。1951年3月，在新泰县人民银行工作。1951年3月至1953年8月，在省人民银行学校学习。1953年8月至1955年，在日照人民银行工作。1955年至1958年5月，在泰安县人民银行工作。1958年5月至1961年5月，在济南人民银行天桥区办事处工作。1961年5月至1977年3月，在泰安地区人民银行中心支行工作。1977年3月至1988年12月，在泰安地区（市）财政局预算、行财、人事监察科工作，先后任副科长、科长。1988年12月，任市财政干部学校党支部书记。1990年11月退休。

侯启生，男，汉族，1936年2月生，泰安市岱岳区人，中专学历，1965年5月加入中国共产党。高级会计师。1953年7月至1958年10月，在济南市税务局五分局工作。1958年10月至1960年6月，在莱芜县水河炼铁厂工作。1960年7月至1962年12月，在济南红旗钢铁厂工作。1963年1月至1973年8月，在莱芜县财政局工作。1973年8月至1984年7月，任泰安地区财税局副科长。1984年7月至1992年9月，任泰安地区（市）财政局科长。1992年9月至1996年7月，任市财政干部学校校长。1996年7月退休。

明延泉，男，汉族，1939年2月生，泰安市岱岳区人，中专学历，1977年1月加入中国共产党。1962年10月至1971年7

月，在菏泽行署财政局预算科工作。1971年7月至1980年4月，在泰安地区财税局企业管理科工作。1980年4月至1981年7月，任泰安地区财税局预算科副科长。1982年10月，被评为会计师。1984年7月，任预算外科科长。1986年7月，任泰安市财政学会副秘书长。1988年4月，任泰安市财政局办公室主任。1990年7月，任泰安市税收财务物价大检查办公室主任。1993年12月，任高级会计师。1994年2月，被中国注册会计师协会批准为注册会计师。1996年6月离岗。1999年3月退休。

王级兰，女，汉族，1942年12月生，淄博市张店区人，1975年7月加入中国共产党，大专学历。高级会计师。1962年11月，为泰安建行会计。1968年9月至1984年6月，为泰安地区财政（税）局总预算科预算会计。1984年6月至1992年8月，任泰安地区（市）财政局行政事业财务科科员、副科长、科长。1992年8月至2003年1月，任泰安市经济开发投资公司副总经理。1993年12月被评为高级会计师。2003年1月退休。

倪正春，男，汉族，1943年12月生，泰安市岱岳区人，本科学历，1965年12

月加入中国共产党。1961年8月入伍，在67军某师任战士、通讯员、班长。1966年4月至1968年7月，在军委工程兵第二工程兵学校学习。1968年8月至1974年12月，任工程兵区技术员、作训参谋。1975年1月起，历任新疆军区军政干校兵种教员、教务参谋，乌鲁木齐陆军学校副团参谋、副团秘书、办公室主任、校党委委员。1987年3月至1990年6月，任泰安市财政局党委委员、市财政干校校长。1990年7月至1991年11月，任市财政局党委委员、市财政干校党支部书记。1991年11月，任市财政局纪委书记。1996年7月至1998年12月，任市财政局党委副书记。2004年4月退休。

郑春祥，男，汉族，1949年3月生，泰安市岱岳区人，大专学历，1985年3月加入中国共产党。高级会计师。1968年1月至1969年2月，在山东省财政学校学习。1969年3月至1972年12月，在山东省泰安地区钢铁厂工作。1972年12月，在泰安地区重工业局清产核资办公室工作。1973年1月，在泰安地区财税局企业财务管理科工作。1977年5月至1985年2月，任泰安地区财政局人事秘书科副科长。1985年2月至1988年5月，任泰

安地区财政局人事秘书科副科长。1988年6月，任泰安地区财政局农业财务管理科副科长。1990年10月至1996年10月，任泰安市财政局农业财务管理科科长。1996年11月至2001年12月，任市财政局总会计师。2002年1月，任市财政局助理调研员。2005年3月离岗，2009年5月退休。

李福忱，男，汉族，1949年4月生，山东省乳山市人，本科学历，1970年1月加入中国共产党。1968年3月至1971年3月，为海军广州军舰战士、班长。1971年3月至1972年4月，为海军4291部队鱼雷技师。1972年5月至1975年6月，任海军某舰军士长、副政治指导员。1975年7月至1978年8月，任海军37561部队政治部组织干事。1978年9月至1982年7月，任海军某舰政治教导员。1982年8月至1984年5月，任海军某舰副政治委员。1984年6月至1989年4月，任海军某舰上校政治委员。1989年5月，在泰安市财政局办公室工作。1989年11月至1992年6月，任市财政局人事监察科科长。1992年7月至2004年6月，任市财政干部教育中心党支部书记。2009年6月退休。

孙瑞昌，男，汉族，1950年6月生，山东省昌邑县人。大专学历，1972年7月加入中国共产党。高级会计师。1969年12月，应征入伍。1969年12月至1973年5月，为解放军第88医院战士、班长。1973年6月至1987年12月，任解放军第88医院财务助理员（1984年9月至1986年7月，在中国人民解放军军事经济学院学习。1985年9月至1988年7月，在四川大学函授学习）。1988年1月至1989年3月，任解放军第88医院副处长。1989年4月至1990年2月，任解放军第88医院处长、少校军衔。1990年3月至1992年8月，任解放军第88医院副院长、中校军衔。1992年9月至1997年6月，任泰安市财政局行政科科长、办公室主任（1993年被评为高级会计师）。1997年7月至2010年8月，任泰安市经济开发投资公司副总经理、副书记，主持工作。2010年8月退休。

武国志，男，汉族，山东省肥城市人，1955年5月生，大专文化，1975年5月加入中国共产党。1972年入伍，历任战士、班长、排长、连长、参谋、营长、科长，中校军衔。1993年7月，转业到泰安市财政局财政干校，任行政科科长。1997年7月至2000年6月，任市财政局生活服务中心主任。2000年7月至2002年6月，任市经济开发投资公司经理助理兼办公室主任。2002年7月至2010年7月，任市

经济开发投资公司副经理。2010年7月离岗。2015年7月退休。

王国强，男，汉族，1956年7月生，山东省新泰市人，大学学历，1978年6月加入中国共产党。1974年8月至1976年2月，新泰县楼德公社埠前大队下乡。1976年3月至1976年9月，部队战士。1976年10月至1977年12月，在第二炮兵技术学校学习。1978年1月至1978年8月，在80413部队任班长。1978年9月至1982年7月，西安二炮工程技术学院学习，任班长、副区队长。1982年8月至1984年5月，任第二炮兵指挥装备研究所助理工程师。1984年6月至1989年9月，任第二炮兵司令部作战部参谋。1989年10月至1992年11月，泰安市财政局办公室工作。1992年11月至1997年3月，任泰安市财政局办公室副主任。1997年3月至2001年7月，任泰安市财政局条法税政科科长。2001年7月至2004年1月，任泰安市财政局税政科科长。2004年1月至2011年5月，任泰安市预算外资金管理处主任。2011年5月至2011年8月，任泰安市国库集中支付管理办公室副主任。2011年8月起，任泰安市国库集中支付管理办公室副调研员。2016年8月退休。

赵衍杰，男，汉族，1956年9月生，泰安市岱岳区人，大学学历，1986年5月加入中国共产党。1974年5月至1978年3月，岱岳区汶口镇土门村民办教师。1978年3月至1979年12月，山东省财政学校学习。1979年12月至1984年5月，任泰安市财政局办事员。1984年5月至1988年3月，任泰安市财政局企财科副科长。1988年3月至1989年9月，任泰安市财政局办公室副主任。1989年9月至1991年3月，任泰安市财政局财政信用处主任。1991年3月至1992年3月，任泰安市财政局商贸科科长。1992年3月至1993年7月，任泰安市糖酒采购供应站挂职副经理。1993年7月至1997年2月，任泰安市财政局预算科科长。1997年2月至2003年7月，任泰安市预算外资金管理处主任兼预算科科长。2003年7月至2011年10月，任泰安市财政局党委委员、总会计师。2011年10月起，任泰安市财政局副调研员。2016年10月退休。

顾汉松，男，汉族，1956年11月生，江苏省武进县人，大学学历，1977年7月加入中国共产党。1976年2月至1978年9月，某团炮连战士。1978年10月至1981年1月，某团炮连干部。1981年2月至1984年8月，在某师政治部财务工作。1984年9月至1986年7月，济南军区陆军学校中专学习毕业。1986年8月至1987

年12月，在某师后勤部财务科工作。1988年1月至1991年6月，任泰安市农业局财务科主管会计。1991年7月至1993年10月，在泰安市财政局农财科工作。1993年11月至1997年2月，任泰安市财政局农财科副科长。1997年3月至2002年3月，任泰安市财政局农业科科长。2002年3月至2005年7月，任泰安市人民政府采购中心主任。2005年7月起，任泰安市财政局副调研员。2016年12月退休。

魏杰，女，汉族，1956年11月生，山东省宁阳县人，大学学历，1981年11月加入中国共产党。1971年4月至1975年8月，宁阳县木器厂工人。1975年9月至1977年6月，山东省济宁商业学校学生。1977年7月至1977年12月，任宁阳县供销社会计。1978年1月至1986年4月，任宁阳县农机公司财务科副科长。1986年5月至1992年5月，任宁阳县财政局行财科副科长。1992年6月至1994年9月，任泰安市财政局行财科科员。1994年9月至1997年3月，任泰安市财政局驻厂处副科级驻厂员。1997年3月至1998年12月，任泰安市财政局农业科副科长。1998年12月至2001年7月，任泰安市财政局农业科副科长、主任科员。2001年7月至2002年3月，任泰安市财政局教科文科科长。2002年3月至2006年7月，任泰安市财政局农业科科长。2006年7月至2006年9月，任泰安市经济开发投资公司副总经理、泰安市财政局农业科科长。2006年9月至2010年11月，任泰安市经济开发投资公司副总经理。2010年11月起，任泰安市经济开发投资公司副县级干部。2016年12月退休。

王兆义，男，汉族，1957年8月生，泰安市岱岳区人，大学学历，1985年2月加入中国共产党。1980年7月至1983年1月，岱岳区范镇小学教师、范镇教委会计。1983年1月至1988年9月，任泰山区教委会计、计财科科长。1988年9月至1990年5月，任泰山区财政局人教科科长。1990年5月至1992年5月，任泰山区财政局监察室主任。1992年5月至1994年11月，任泰山区财政局副局长。1994年11月至1997年11月，任泰山区经济开发投资公司经理。1997年11月至1999年6月，任泰安市财政局条法税政科副科长。1999年6月至2003年7月，任泰安市人民政府采购中心副主任。2003年7月至2005年1月，任泰安市财政局机关服务中心主任。2005年1月至2009年6月，任泰安市财政投资评审中心主任。2009年6月至2010年7月，任泰安市政府投融资管理中心副总经济师。2010年7月至2012年9月，任泰安市政府投融资管理中心总经济师。2012年9月起，任泰安市政府投融资管理中心副县级干部。2017年9月退休。

六、市财政局中级以上专业技术人员名录

泰安市财政局高级专业技术人员一览表

表 7-1

姓　名	职　称
张焕杰	高级会计师
刘振乾	高级会计师
时峰祥	高级会计师
王　燕	高级会计师
孙　炎	高级会计师
冯德庆	财税高级经济师
凌德福	财税高级经济师
黄海涛	高级讲师
李尊良	高级会计师
赵　虎	高级会计师
戚永红	高级会计师
李学珍	高级会计师
亓永军	高级会计师
赵同岱	高级会计师
王爱荣	高级会计师
王建云	高级会计师
刘　华	高级会计师
李清明	高级会计师
任　洁	高级会计师
徐衍军	高级会计师
胡　冰	高级会计师
杨秀丽	高级会计师
张　皓	高级会计师
龚敬华	高级会计师
杨立福	高级会计师
王　伟	高级会计师
于秀玲	高级会计师
刘玉军	高级会计师
燕荣勇	高级会计师
任风华	高级会计师
张庆东	高级会计师

续表 7-1

姓　名	职　称
李秋松	高级会计师
吕传梅	高级讲师
吴　刚	高级讲师
刘方东	高级讲师
万惠孜	财税高级经济师
白　雪	高级会计师
徐建强	高级会计师
孙爱军	高级会计师
刘　戈	高级审计师
房绪红	高级讲师
王　鹏	高级讲师
张风梅	高级讲师
熊爱华	高级讲师

说明：此表统计时间截止到 2021 年年底，范围为市财政局局机关及下属事业单位在岗在编人员

泰安市财政局中级专业技术人员一览表

表 7-2

姓　名	职　称
徐西才	会计师
吕学成	会计师
赵　峰	会计师
司　媛	经济师
徐军锋	会计师
廉秀军	会计师
阴冬杰	房地产经济师
李　升	讲师
王启玲	会计师
安晓燕	讲师
王　璐	经济师
熊晓华	经济师
张昌军	经济师
李　佳	经济师
曾　炜	经济师
靳　莉	经济师
高　昆	经济师、工程师
张　兵	经济师、工程师

续表 7-2

姓　名	职　称
高　磊	经济师
张　绪	经济师
任　猛	经济师
翟军峰	工程师
蔡强生	工程师
汪　婷	档案馆员
贾代国	会计师
刘　文	会计师
孙　颖	讲师
刘　晨	经济师
杨夫社	经济师
高伟红	审计师
韩　新	审计师
罗文亮	会计师
胡斐斐	注册会计师
臧　静	审计师、二级建造师
王登波	讲师
孙文斌	讲师

说明：此表统计时间截止到 2021 年年底，范围为市财政局局机关及下属事业单位在岗在编人员

七、市财政局先进个人

2016—2021 年获国家级、中直部门荣誉

表 7-3

姓名	授予时间	授予单位	授予称号
高　磊	2018 年	财政部	全国财政系统信息工作先进个人

2016—2021 年获省级、省直部门荣誉

表 7-4

姓名	授予时间	授予单位	授予称号
毕泗新	2016 年	山东省财政厅 山东省人力资源和社会保障厅	全省社会保险基金预决算编报工作优秀个人
耿化勇	2017 年	山东省财政厅社会保障处	2016 年度全省财政社会保障信息工作优秀信息联络员

续表 7-4

姓名	授予时间	授予单位	授予称号
孙明珍	2017 年	省总工会	富民兴鲁劳动奖章
孙　磊	2018 年	省人社厅	全省就业工作先进个人
龚敬华	2018 年	省委	山东省生态环境保护先进个人
毕泗新	2018 年	山东省财政厅社会保障处	2017 年度全省财政社会保障信息工作优秀信息联络员
高　磊	2019 年	省财政厅	全省财政信息工作先进个人
徐衍军	2019 年	省普法办	全省“七五”普法先进个人
陈绪凯	2019 年	省人社厅、省委组织部、省委老干部局	山东省老干部工作先进个人
王庆涛	2020 年	省卫健委	全省抗击新冠肺炎疫情先进个人
李学珍	2020 年	省卫健委	全省抗击新冠肺炎疫情先进个人
秦海彬	2020 年	省委组织部、省人社厅、省卫健委	山东省抗击新冠肺炎疫情先进个人
高　磊	2020 年	省财政厅	全省财政信息工作先进个人
冯德庆	2020 年	省人社厅、省扶贫办	全省脱贫攻坚记大功
陈祥云	2020 年	省政府研究室	全省政府系统优秀调研成果一等奖
戚永红	2020 年	省人社厅、省信访局	山东省信访工作先进个人
王　璐	2021 年	省人社厅、省妇女儿童工作委员会	山东省妇女儿童工作先进个人
李文峰	2021 年	省委、省政府	脱贫攻坚工作先进个人
龚敬华	2021 年	省委	全省生态环境工作先进个人
		省妇女联合会	山东省三八红旗手
王慧婷	2021 年	省财政厅	全省财政信息工作优秀个人

2016—2021 年获市级荣誉

表 7-5

姓名	授予时间	授予单位	授予称号
魏立成	2018 年	市委、市政府	2017 森林火灾扑救工作突出贡献个人
张焕杰	2018 年	市委、市政府	央视春晚泰安分会场工作先进个人
李思臣	2018 年	市委、市政府	央视春晚泰安分会场工作先进个人
张昌军	2018 年	市委、市政府	央视春晚泰安分会场工作先进个人
刘方东	2018 年	市委、市政府	央视春晚泰安分会场工作先进个人
杨秀丽	2018 年	市委、市政府	央视春晚泰安分会场工作先进个人
孙卫臣	2018 年	市委、市政府	央视春晚泰安分会场工作先进个人
张焕杰	2019 年	市委	文明城市创建先进个人
王庆涛	2019 年	市委	卫生城市先进个人

续表 7-5

姓名	授予时间	授予单位	授予称号
池庆喜	2019 年	市委	文明城市创建先进个人（记三等功）
孙明珍	2019 年	市委	文明城市创建先进个人
魏立成	2019 年	市委	新时代泰山“挑山工”标兵
李学珍	2019 年	市委	卫生城市先进个人
李　升	2019 年	市委	卫生城市先进个人
贾代国	2019 年	市委	文明城市创建先进个人
李　升	2019 年	市委、市政府	泰安市迎接国家卫生城市复审和全国文明城市创建工作先进个人（嘉奖）
单　杉	2019 年	市委	“不忘初心、牢记使命，勇做新时代泰山挑山工演讲比赛”二等奖
冯德庆	2020 年	市委	挑山工先进个人
王庆涛	2020 年	市委、市政府	创建全国文明城市先进个人
孙明珍	2020 年	市委、市政府	创建全国文明城市先进个人
池庆喜	2020 年	市委、市政府	创建全国文明城市先进个人
戚永红	2020 年	市委、市政府	创建全国文明城市先进个人
魏立成	2020 年	市委、市政府	创建全国文明城市先进个人
文　锋	2020 年	市委、市政府	创建全国文明城市先进个人
龚敬华	2020 年	市委、市政府	创建全国文明城市先进个人
任　洁	2020 年	市委、市政府	创建全国文明城市先进个人（记嘉奖）
张昌军	2020 年	市委、市政府	创建全国文明城市先进个人
刘振乾	2020 年	市委、市政府	全市脱贫攻坚工作先进个人
王　恒	2020 年	市委、市政府	创建全国文明城市工作先进个人，并记嘉奖
王　燕	2021 年	市委	泰安市先进工作者
杨立福	2021 年	市委	泰山“挑山工”先进个人
汪　炎	2021 年	市委、市政府	泰安市劳动模范

附 录

一、市委、市政府、市委办公室、市政府办公室文件选辑

泰安市人民政府关于公布2017年度泰安市政府采购目录的通知

泰政字〔2016〕53号

各县、市、区人民政府，市政府各部门、直属单位：

市政府同意《2017年度泰安市政府采购目录》（以下简称“采购目录”），现予公布，请认真贯彻落实。

一、政府采购范围

凡使用财政性资金（指纳入财政预算管理的资金）以及以财政性资金作为还款来源的借贷资金，采购本目录以内货物、工程和服务的，均应按规定实行政府采购。

二、政府采购方式

（一）公开招标方式。同一预算项目下，单项或批量采购金额一次性达到200万元以上（含）的货物、服务类项目［工程勘察、设计、监理项目为30万元以上（含）］、200万元以上（含）的工程类项目，采用公开招标方式采购。具体采购活动可由预算单位组织，也可委托采购代理机构组织。

政府购买服务、政府和社会资本合作项目（PPP）根据项目特点，可采用公开招标或竞争性磋商方式采购。达到公开招标数额标准以上的货物、服务类项目，因特殊情况需采用公开招标以外采购方式的，应报市财政局核准。

（二）非招标采购方式。同一预算项目下，单项或批量采购预算金额在公开招标数额标准以下的项目，采用竞争性谈判、询价、单一来源采购等非招标采购方式采购，具体采购活动可由预算单位组织，也可委托采购代理机构组织。

经相关行政主管部门依法认定可以不进行招标的工程以及与工程建设相关的货物、服务项目，应按照政府采购法律法规规定采用竞争性谈判或者单一来源采购方式采购。

（三）其他采购形式。符合下列情形的采购项目，可以采用自行采购、定点采购、小额零星采购形式进行采购。

1. 自行采购。同一预算项目下，单项或批量采购预算20万元以下的货物、30万元以下的工程、10万元以下的服务采购项目，预算单位可以按照《泰安市政府采购采购人自行采购操作规程》（泰财采

［2016］9号）的规定自行组织采购。

预算单位在一个预算年度内，货物、工程类项目自行采购总额累计分别不得超过100万元，服务类项目自行采购总额累计不得超过50万元。

2. 定点采购。单项或批量采购预算10万元以下的法律服务、公务印刷、工程监理、公务车辆维修以及年度内同级财政部门公布的其他定点采购项目，预算单位可以从定点供应商中自主选择供应商并签订政府采购合同。

3. 小额零星采购。单项或批量采购预算5000元以下且单项产品均不形成固定资产的低值易耗品，实行小额零星采购，预算单位可以直接购买。

三、政府采购进口产品

预算单位申请购买的进口产品，属于《2017年度山东省省级政府采购进口产品目录》以内，或者《2017年泰安市政府采购目录》A02051314“架空索道输送设备”品目的，应当在编制政府采购预算时选择“允许采购进口产品”。不在上述品目之内，或者在预算编制时未选择“允许采购进口产品”的，应当在采购活动开始前报市财政局核准。

四、政府采购政策功能

政府采购应当有助于实现国家经济和社会发展政策目标，包括支持本国产品、节能环保产品、促进中小企业发展、扶持监狱企业、推广新技术新产品应用等。对属于上述范围内的产品，预算单位应当按照国家有关规定，实行优先采购或者强制采购。

五、工作要求

政府采购要严格按照批准的政府采购预算执行，预算单位应当在预算批复后15个工作日内编制年度政府采购计划，并报同级财政部门备案。开展政府采购绩效评价工作，确保政府采购活动符合国家利益、社会公共利益和群众利益。

根据政府采购法律法规规定和年度预算执行进度需要，并报请市政府同意后，市财政局可对采购目录做出调整并另行公布。

各县（市、区）可根据本通知规定制定具体实施细则。

附件：

1.2017年度泰安市政府采购目录

2.2017年度山东省省级政府采购进口产品目录

泰安市人民政府

2016年10月24日

附件 1

2017 年度泰安市政府采购目录

附表 -1

编码	品目名称	采购形式
A	货物	
A01	土地、建筑物及构筑物	
A02	通用设备	
A0201	计算机设备及软件	
A020101	计算机设备	
A020102	计算机网络设备	
A020103	信息安全设备	
A020104	终端设备	
A020105	存储设备	
A02010508	移动存储设备	5000 元以下小额零星采购
A020106	输入输出设备	
A02010607	一般输入设备	
A0201060701	键盘	5000 元以下小额零星采购
A0201060702	鼠标器	5000 元以下小额零星采购
A0202	办公设备	
A0203	车辆	
A0204	图书档案设备	
A0205	机械设备	
A020513	输送设备	
A020514	架空索道输送设备	
A0206	电气设备	
A0207	雷达、无线电和卫星导航设备	
A0208	通信设备	
A0209	广播、电视、电影设备	
A0210	仪器仪表	
A0211	电子和通信测量仪器	
A0212	计量标准器具及量具、衡器	
A03	专用设备	
A04	文物和陈列品	
A05	图书和档案	
A06	家具用具	

续附表 -1

编码	品目名称	采购形式
A07	纺织原料、毛皮、被服装具	
A08	纸、纸制品及印刷品	
A09	办公消耗用品及类似物品	
A0901	纸制文具及办公用品	5000 元以下小额零星采购
A0902	硒鼓、粉盒	5000 元以下小额零星采购
A0903	墨、颜料	5000 元以下小额零星采购
A0904	文教用品	5000 元以下小额零星采购
A0905	清洁用品	5000 元以下小额零星采购
A10	建筑建材	
A11	医药品	
A12	农林牧渔业产品	
A13	矿与矿物	
A14	电力、城市燃气、蒸汽和热水、水	
A15	食品、饮料和烟草原料	
A16	炼焦产品、炼油产品	
A17	基础化学品及相关产品	
A18	橡胶、塑料、玻璃和陶瓷制品	
A19	无形资产	
A99	其他货物	
B	工程	
B01	建筑物施工	
B02	构筑物施工	
B03	工程准备	
B04	预制构件组装和装配	
B05	专业施工	
B06	建筑安装工程	
B07	装修工程	
B08	修缮工程	
B09	工程设备租赁（带操作员）	
B99	其他建筑工程	
C	服务	
C01	科学研究和试验开发	
C02	信息技术服务	

续附表 -1

编码	品目名称	采购形式
C03	电信和其他信息传输服务	
C04	租赁服务（不带操作员）	
C05	维修和保养服务	
C0503	车辆维修和保养服务	
C050301	车辆维修和保养服务	10 万元以下定点采购
C06	会议和展览服务	
C07	住宿和餐饮服务	
C08	商务服务	
C0814	印刷和出版服务	
C081401	印刷服务	10 万元以下定点采购
C09	专业技术服务	
C10	工程咨询管理服务	
C1006	工程监理服务	10 万元以下定点采购
C11	水利管理服务	
C12	房地产服务	
C13	公共设施管理服务	
C14	能源的生产和分配服务	
C15	金融服务	
C1504	保险服务	
C15040201	机动车保险服务	
C16	环境服务	
C17	交通运输和仓储服务	
C18	教育服务	
C19	医疗卫生和社会服务	
C20	文化、体育、娱乐服务	
C21	农林牧副渔服务	
C22	采矿业和制造业服务	
C23	批发和零售服务	
C99	其他服务	

备注：以上目录按照财政部《政府采购品目分类目录》（财库〔2013〕189 号）制定。

附件 2

2017 年度山东省省级政府采购进口产品目录

附表 -2

品目编码	品目名称	进口产品设备名称	备注
A03	办公自动化设备及耗材	PC 服务器	
		小型机	
		网络设备	包括负载均衡设备
		系统软件	
		工具软件	
		应用软件	
		杀毒软件	
		数据库软件	
		存储区域网络设备 SAN	
		网络附属存储设备 NAS	
		直接附属存储设备 DAS	
		磁带机	
		磁带库	
		磁盘阵列	
		移动存储设备	
		打印机	
		速印机	
		扫描仪	
		不间断电源（UPS）	
		卡片机	包括存储卡、存储设备
		普通单反相机	包括存储卡、存储设备
		全画幅单反相机	包括存储卡、存储设备
		数码摄像机	包括存储卡、存储设备
A08	音、视频设备	音频处理器	
		多媒体接入小盒	
		音频编码器	
		音频解码器	
		音频复用器	
		音频处理器	
		响度控制器	
		音频切换器	
		话筒线路分配器	
		电话耦合器	
		音频处理器	
		音频测试仪	

续附表 -2

品目编码	品目名称	进口产品设备名称	备注
A08	音、视频设备	音频信号发生器	
		音频矩阵	
		音频监测仪	
		高频监测仪	
		音频报警器	
		高频报警器	
		配电监测仪	
		综合测试仪	
		周边机箱	
		各类视音频周边板卡	
		监视器	
		精密监视器	
		标清多格式放像机、录像机	
		高清多格式放像机、录像机	
		摄像机电缆	
		专业摄像机三脚架	
		摇臂	
		触摸屏	
		话筒	
		无线话筒接收机	
		无线话筒及接收机	
		采访用电容话筒	
		采访用动圈话筒	
		话筒挑杆	
		鹅颈话筒	
		专用话筒防风套件	
		各类指向话筒	
		耳机	
		耳机信号分配器	
		音频信号放大器	
		硬盘播放器	
A12	疫苗	脊髓灰质炎灭活疫苗（预填充注射器型）	
A15	消防设备	消防头盔	
		消防手套	
		消防员灭火防护靴	
		正压式消防空气呼吸器	
		消防轻型安全绳	
		消防护目镜	
		抢险救援头盔	

续附表 -2

品目编码	品目名称	进口产品设备名称	备注
A15	消防设备	抢险救援手套	
		抢险救援靴	
		消防员隔热防护服	
		消防员避火防护服	
		二级化学防护服	
		一级化学防护服	
		特级化学防护服	
		核沾染防护服	
		防爆服	
		电绝缘装具	
		防高温手套	
		防化手套	
		消防通用安全绳	
		消防Ⅰ类安全吊带	
		消防Ⅱ类安全吊带	
		消防Ⅲ类安全吊带	
		消防防坠落辅助部件	
		空气充填泵	
		移动供气源	
		正压式消防氧气呼吸器	
		强制送风呼吸器	
		潜水装具	
		消防员呼救器后场接收装置	
		无线视频传输系统	
		无线通信装置	
		防爆手持电台	
		消防员单兵定位装置	
		有毒气体探测仪	
		略	
		可燃气体检测仪	
		水质分析仪	
		电子气象仪	
		无线复合气体探测仪	
		生命探测仪	
		消防用红外热像仪	
		漏电探测仪	
		核放射探测仪	
		电子酸碱测试仪	
		移动式生物快速侦检仪	

续附表 -2

品目编码	品目名称	进口产品设备名称	备注
A15	消防设备	便携危险化学品检测片	
		消防救生气垫	
		气动起重气垫	
		救援支架	
		救生抛投器	
		水面漂浮救生绳	
		电动剪扩钳	
		液压动力源	
		液压破拆工具组	
		液压万向剪切钳	
		双轮异向切割锯	
		机动链锯	
		无齿锯	
		气动切割刀	
		重型支撑套具	
		冲击钻	
		凿岩机	
		玻璃破碎器	
		手持式钢筋速断器	
		多功能刀具	
		混凝土液压破拆工具组	
		便携式汽油金属切割器	
		手动破拆工具组	
		便携式防盗门破拆工具组	
		毁锁器	
		内封式堵漏袋	
		外封式堵漏袋	
		捆绑式堵漏袋	
		金属堵漏套管	
		堵漏枪	
		阀门堵漏套具	
		注入式堵漏工具	
		强磁堵漏工具	
		粘贴式堵漏工具	
		电磁式堵漏工具	
		气动吸盘式堵漏器	
		移动发电机	
		移动式排烟机	
		移动照明灯组	

续附表 -2

品目编码	品目名称	进口产品设备名称	备注
A15	消防设备	手动隔膜抽吸泵	
		防爆输转泵	
		黏稠液体抽吸泵	
		坑道小型空气输送机	
		排污泵	
		公众洗消站	
		单人洗消帐篷	
		生化洗消装置	
		有机磷降解酶	
		消防排烟机器人	
		大流量移动消防炮	
		消防灭火机器人	
		多功能消防水枪	
		移动式细水雾灭火装置	
		机动消防泵（含手抬泵、浮艇泵）	
		移动式消防炮	
		城市主战消防车	
		水罐消防车	
		泡沫消防车	
		压缩空气泡沫消防车	
		多剂联用消防车	
		干粉消防车	
		高层供水消防车	
		登高平台消防车	
		云梯消防车	
		举高喷射消防车	
		抢险救援消防车	
		照明消防车	
		排烟消防车	
		化学事故抢险救援消防车	
		防化洗消消防车	
		核生化侦检消防车	
		通信指挥消防车	
		隧道专用消防车	
		路轨两用消防车	
		强臂破拆消防车	
		供气消防车	
		器材消防车	
		供液消防车	

续附表 -2

品目编码	品目名称	进口产品设备名称	备注
A15	消防设备	供水消防车	
		自装卸式消防车	
		装备抢修车	
		远程供水系统	
		车辆底盘	
		取力器	
		消防泵及泵系统	
		泡沫比例混合器	
		空气压缩泡沫系统	
		车载炮	
		牵引绞盘	
		车载发电机	
		车载升降照明灯	
		消防泵压力平衡控制装置及控制系统	
D03	广播电视电影设备	ISDN、DDN、S20、S25 设备接、发器	
		专业 CD、DVD、MD、MPS、硬盘录放机	
		专业声卡	
		广播级摄录一体机	
		其他摄像机配套设备	
		广播级演播室摄像机	
		分路放大器	
		广播级摄像机镜头	
		调音台及配套设备	
		混音器	
		延时器	
		监听音箱	
		画面分割器	
		电话耦合器	
		监听选择切换器	
		端子排	
		中波发射机	
		中波天线	
		调频发射机	
		调频天线	
		调频、中波信号指标测试仪	
		音频、网络分析仪	
		高频功率测试仪	
		舞台用专业扬声器	
		测光表	

续附表 -2

品目编码	品目名称	进口产品设备名称	备注
D03	广播电视电影设备	光功率计	
		示波器	
		频谱仪	
		数字电桥	
		播出切换台及及其配套系列产品	
		高清、标清编解码器	
		高标清上下变换器	
		制式转换器	
		专业接口跳线架	
		加嵌器	
		解嵌器	
		D/A 转换器	
		A/D 转换器	
		多格式处理器	
		L-Band 矩阵及其配套系列产品	
		广播级视频切换台	
		播出矩阵、交换器及其显示、通讯接口等系列	
		键控器	
		高清播出视频服务器配套系列产品	
		高标清兼容播出视频服务器配套系列产品	
		高标清上载视频服务器配套系列产品	
		二级备播存储体配套系列产品	
		数字切换矩阵及其配套系列产品	
		切换开关及其配套系列产品	
		高标清垫片服务器	
		调光台	
		演播室 DLP 拼接大屏幕	
		防雷器	
		专业灯光设备	
		舞台灯光	
		对讲系统交换和终端	
		视频特技台	
		无线图像传输发射机 + 天线	
		无线图像传输接收机	
		视频分配器	
		无线图像传输天线	
		对讲系统交换和终端	
		通话矩阵	
		转播车卫星车专用车体	

续附表 -2

品目编码	品目名称	进口产品设备名称	备注
D03	广播电视电影设备	通话接口箱	
		通话控制面板	
		通话天线系统	
		通话系统基站	
		便携卫星上行系统	
		车载卫星天线	
		外拍用灯光套件	
		摄像机无线微波系统	
		同步机	
		帧同步	
		同步信号自动倒换器	
		标清卫星接收机	
		高清卫星接收机	
		高标清兼容卫星接收机	
		中频调制器	
		上变频器	
		速调管功放	
		行波管功放	
		固态功放	
		信标接收机	
		SDI/ASI 分配器	
		ASI 信号自动切换器	
		测试转发器	
		码流适配器	
		波导倒换开关	
		数字卫星接收机	
		视频质量监测仪	
		内容监测仪	
		波形监测仪	
		音频分析仪	
		视音频综合测试仪	
		编码器	
		复用器	
		天线跟踪控制器	
		恒压充气机	
		软波导	
		视频光端机	
		L 波段光端机	
		SDI/ASI 光端机	

续附表 -2

品目编码	品目名称	进口产品设备名称	备注
D03	广播电视电影设备	码流分析仪	
		频谱分析仪	
		视频信号发生器	
		卫星信号放大器	
		卫星信号接收机	
		卫星信号调制器	
		卫星信号解调器	
		卫星天线	
		Ku 波段射频单元	
		软波导	
		射频连接电缆	
		中频连接电缆	
		多工器	
		假负载	
		馈管	
		馈线	
		转换开关	
		功分器	
		反射板	
		天线控制器	
		视频矩阵（地球站使用设备）	
		音视频分配器（地球站使用设备）	
		音视频切换开关（地球站使用设备）	
		L 波段矩阵（地球站使用设备）	
		数字微波设备	
		电视天线	
		数字电视发射机	
D04	仪器仪表	偏振光显微镜	
		金相显微镜	
		荧光分光光度计	
		紫外—可见分光光度计	
		便携式分光光度计	
		便携式水质快速测定仪	
		电感耦合等离子子质谱仪	
		液相色谱—电感耦合等离子体质谱仪	
		液相色谱质谱联用仪	
		气相色谱质谱联用仪	
		飞行时间质谱	
		同位素质谱仪	

续附表 -2

品目编码	品目名称	进口产品设备名称	备注
D04	仪器仪表	磁质谱仪	
		离子迁移谱仪	
		X- 射线粉末衍射仪	
		X 射线荧光光谱仪	
		液闪计数仪	
		γ 计数仪	
		能量色散 X 射线荧光光谱仪	
		X 荧光光谱仪	
		便携式 X 射线荧光测定仪	
		中红外柴油分析仪	
		液体颗粒污染物测定仪	
		电感耦合等离子体发射光谱仪	
		便携式拉曼光谱	
		便携式光谱仪	
		原子吸收分光光度计	
		红外光谱仪	
		便携式傅立叶红外气体分析仪	
		全自动汞仪	
		激光粒径分析仪	
		便携式红外水中油快速测定仪	
		便携式红外总油脂 / 总石油烃分析仪	
		便携式重金属测定仪	
		流动注射分析仪	
		离子色谱仪	
		氨基酸分析仪	
		气相色谱仪	
		液相色谱仪	
		非甲烷总烃色谱分析仪	
		高频红外氧氮氢联测仪	
		高频红外碳硫仪	
		核磁共振波谱仪	
		暗管探测仪	
		便携式流速流测定仪	
		地下水位测定仪	
		氮分析仪	
		COD 测定仪	
		多功能水质分析仪	
		自动电位滴定仪	
		纳米粒度及 ZETA 电位和绝对分子量分析仪	

续附表 -2

品目编码	品目名称	进口产品设备名称	备注
D04	仪器仪表	便携式多功能烟气测试仪	
		便携式重金属分析仪	
		插入式遥控快速烟气测试仪	
		便携式生物毒性分析仪	
		场发射扫描电镜	
		电子探针	
		倒置显微镜	
		正置显微镜	
		高倍光学显微镜系统	
		高倍荧光显微镜系统	
		激光共聚焦显微镜	
		透射电镜	
		小动物活体成像系统	
		全自动全息数字切片扫描分析系统	
		石蜡包埋机	
		冷冻切片机	
		全自动染色机	
		显微注射仪	
		化学发光，荧光和可见光成像系统	
		同步热分析—质谱联用仪	
		同步热分析—红外联用仪	
		差示扫描量热仪	
		热重分析仪	
		全自动病原微生物检测系统	
		全自动生化分析仪	
		全自动菌落计数仪	
		流式细胞仪	
		荧光定量 PCR 仪	
		超声细胞粉碎系统	
		高速冷冻离心机	
		电泳系统	
		酶标仪	
		高效毛细管电泳仪	
		薄层色谱分析仪	
		蛋白质纯化系统	
		核酸蛋白测定仪	
		自动原位杂交仪	
		全自动免疫组化染色仪	
		冷冻干燥机	

续附表 -2

品目编码	品目名称	进口产品设备名称	备注
D04	仪器仪表	细胞融合系统	
		基因枪	
		多功能活体 / 单细胞基因电转化仪	
		移液器	
		移液枪	
		蛋白质表达差异分析系统	
		凝胶成像系统	
		基因测序仪	
		多肽合成仪	
		核酸提取纯化系统	
		蛋白质—细胞实时相互作用分析系统	
		细胞代谢检测仪	
		全自动跨膜电阻测量仪	
		叶绿素荧光分析仪	
		开路式土壤碳通量测量系统	
		光合作用测量系统	
		土壤非饱和导水率测量系统	
		叶面积根系统分析仪	
		远红外谷物分析仪	
		植物冠层分析仪	
		总有机碳分析仪	
		细菌检定分类系统	
		生物发光测量仪	
		发光细菌毒性检测仪	
		PID 检测仪	
		普通地物光谱仪	
		光合系统测定仪	
		便携式水质多参数测定仪	
		低本底 α、β 计数器	
		氡钍分析器	
		高纯锗 γ 谱仪	
		液体闪烁测量仪	
		重金属在线连续监测仪	
		生物毒性在线分析仪	
		化学需氧量在线监测仪	
		氨氮在线分析仪	
		叶绿素水质在线监测仪	
		总磷水质在线监测仪	
		总氮水质在线监测仪	

续附表 -2

品目编码	品目名称	进口产品设备名称	备注
D04	仪器仪表	高锰酸盐指数水质自动分析仪	
		总有机碳水质自动分析仪	
		挥发性有机物水质在线监测仪	
		水质五参数在线监测仪	
		烟气在线连续监测仪	
		颗粒物（PM_{10}）分析仪	
		颗粒物（$PM_{2.5}$）分析仪	
		颗粒物（PM_{1}）分析仪	
		总悬浮颗粒物分析仪	
		二氧化硫分析仪	
		氮氧化物分析仪	
		臭氧分析仪	
		一氧化碳分析仪	
		挥发性有机气体分析仪	
		硫化氢分析仪	
		黑炭仪	
		能见度仪	
		酸沉降监测设备	
		在线离子色谱	
		氨气监测仪	
		颗粒物粒谱分析仪	
		一氧化二氮分析仪	
		在线重金属监测仪	
		颗粒物手工采样器	
		颗粒物滤膜自动称重系统	
		动态气体校准仪	
		零气发生器	
		微波消解仪	
		全自动冷冻研磨仪	
		酸纯化仪	
		消解罐	
		全自动固相萃取仪 - 氮吹浓缩联机系统	
		全自动样品净化浓缩联用仪	
		旋转蒸发器	
		均质器	
		精密电子稀释仪	
		电子分析天平	
		放射性气溶胶自动连续监测仪	
		气溶胶大流量采样器	

续附表 -2

品目编码	品目名称	进口产品设备名称	备注
D04	仪器仪表	GPC 凝胶净化系统	
		快速溶剂萃取仪	
		固相萃取装置	
		有机样品浓缩仪	
		自动顶空进样器	
		吹扫捕集浓缩仪	
		热脱附仪	
		大气预浓缩系统（苏玛罐）	
		冷冻喷雾干燥机	
		高温高剪切试验仪	
		纤维素分析仪	
		氧气分析仪	
		脂肪测定仪	
		全自动膳食纤维测定仪	
		油脂分析仪	
		啤酒泡持性测定仪	
		全自动凯氏定氮仪	
		高压蒸气灭菌器	
		紫外老化试验箱	
		锥形量热仪气体分析柜	
		有机卤素分析仪	
		土壤呼吸观测系统	
		芯片扫描仪	
		芯片洗涤机	
		EBC 比色计	
		罗维朋比色计	
		电子测氡仪	
		钠度计	
		超低温冰箱	
		芯片杂交仪	
		质构仪	
		手持超声波 C 扫描系统	
		便携式磁粉探伤仪	
		TOFD 探伤仪	
		数字式磁粉探伤机	
		棉花大容量自动测试仪	
		国际标准水洗机	
		水冷日晒色牢度仪及配件	
		超声波疲劳试验机	

续附表 -2

品目编码	品目名称	进口产品设备名称	备注
D04	仪器仪表	导热系数测定仪	
		动态光散射粒度表征系统带自动加样器	
		热性质测试系统	
		旋转流变仪	
		便携式测距仪	
		30 米高档金属盒尺	
		表面粗糙度测量仪	
		光栅式指示表检定装置	
		激光干涉仪测量直线度棱镜组	
		无线型回转轴校准装置	
		激光干涉仪	
		测厚仪	
		高温干体校验炉	
		黑体炉	
		高精测温仪	
		小型三相点瓶及保存装置	
		无传输线温度记录仪	
		数字式高温湿度计	
		温湿度检定箱	
		标准辐射温度计	
		精密表面温度计	
		精密露点仪	
		质量比较仪	
		全自动砝码检测系统	
		液体超声波流量计	
		气体腰轮流量计	
		称重显示仪	
		力传感器	
		数字密度仪	
		水蒸气透过率测试仪	
		立式金属罐容量计量系统	
		组合式硬度计	
		流量计算机	
		电磁流量计	
		电气安全分析仪	
		数字多用表	
		电能质量分析仪	
		多功能电气综合测试仪	
		声级计	

续附表 -2

品目编码	品目名称	进口产品设备名称	备注
D04	仪器仪表	色差计	
		电脑焦度计	
		大型标准光源箱	
		示波器检定装置	
		CT 机质量检测仪	
		多参数监护仪检定装置	
		血液透析机质量检测检定装置	
		X 射线机多功能质量检测仪	
		转速表	
		生命体征模拟器	
		血氧饱和度模拟仪	
		电波暗室	
		精密露点仪	
		核磁性能检测模体	
		雷达测速仪	
		电子式接地电阻测试仪	
		漏电流测试仪	
		静电电阻测试仪	
		电视信号发生器	
		梳妆波发生器	
		太赫兹扩频收发系统（110-330GHz）	
		毫米波矢量网络分析仪	
		便携式 x-γ 剂量率仪	
		高压电离室	
		便携式合金分析仪	
		便携式超小型工业 X 光机	
		高精度裂纹快速探测仪	
		储罐底板漏磁检测系统	
		测管仪	
		听漏仪	
		管道自动爬行连续测厚系统	
		工频场强仪	
		电磁干扰测量仪	
		选频分析仪	
		超声波高温探头	
		声发射仪	
		便携式可燃气体检测仪	
		应力测定仪（残余应力分析仪）	
		内窥镜	

续附表 -2

品目编码	品目名称	进口产品设备名称	备注
D04	仪器仪表	红外热成像仪	
		密间距管地电位检测仪	
		直流电压梯度检测仪	
		综合气象仪	
		扶梯带度测试仪	
		变频钳形电流表	
		电梯综合检测仪	
		密间隔管地电位检测仪	
		埋地管道外防腐层检测仪	
		接地电阻测试仪	
		地下管道探测定位仪	
		电火花检测仪	
		电梯振动分析仪	
		3D 塑形机	
		电梯数字化综合检测系统	
		便携式氡钍测量仪	
		中子剂量率仪	
		α、β 表面污染测量仪	
		放射源搜寻系统	
		放射性核素识别仪	
		灭菌探头	
		除颤监护仪	
		细丝热电偶焊接机	
		自平衡式光学平台	
		除颤效应检测仪	
		超纯水系统	
		层析系统	
		多功能电穿孔系统	
		动态热机械分析仪	
		全自动比表面积和孔径分析仪	
		矿相显微镜	
		光量计	
		256 通道神经信号处理器	
		U 盘式土壤温度记录仪	
		土壤气体采样器	
		土壤养分测定仪	
		元素分析仪	
		土壤紧实度仪	
		微生物鉴定系统	

续附表 -2

品目编码	品目名称	进口产品设备名称	备注
D04	仪器仪表	植物生理生态监测系统	
		磁力搅拌低温槽	
		旋片式真空油泵	
		斑马鱼幼鱼心电图系统	
		二氧化碳细胞培养箱	
		土壤养分测定仪	
		水质分析仪	
		植物荧光成像仪	
		多通道热流仪	
		多气体分析仪	
		高光谱成像系统	
		扫描电子显微镜能谱仪	
		红外照相机	
		激光清洗机	
		电子鼻	
		电子舌	
		便携式 X 射线衍射仪 /X 射线荧光光谱联用仪	
		傅里叶显微红外光谱分析仪	
		激光诱导击穿光谱仪	
		台式 X 射线衍射仪	
		台式 X 射线荧光光谱仪	
		X-CT 计算机断层扫描系统（工业 CT）	
		X 射线探伤仪	
		便携 X 射线探伤仪	
		便携激光分析仪	
		低场强核磁共振波谱仪	
		高效液相色谱仪	
		制备型液相色谱仪	
		近红外分析仪	
		便携式近红外分析仪	
		材料力学试验机	
		材料可靠性测试系统	
		全自动切胶仪	
		蠕动泵	
		分子杂交炉	
		PCR 仪	
		真空离心浓缩仪	
		连续稀释器	
		样品快速制备系统	

续附表 -2

品目编码	品目名称	进口产品设备名称	备注
D04	仪器仪表	全自动组织染色封片一体机	
		平行旋转蒸发器	
		氮吹浓缩器	
		织物渗水性测试仪	
		无菌隔离系统	
		MTS 多通道电液伺服加载系统	
		便携式溶氧仪	
		便携式氧化还原电位仪	
		槽式转印仪	
		草坪测度仪	
		差分 GPS 手持机	
		沉降值测定仪	
		串联四级杆液质联用仪	
		垂直雾滴分布测量仪	
		动静态激光光散射仪	
		动态力学热分析仪	
		多模式读板机	
		多功能土壤钻孔采集挖掘机	
		多通道蛋白质分组系统	
		多样品研磨珠均质仪	
		高速自动比表面与空隙度分析仪	
		高通量测序仪	
		根系分析仪	
		混合型球磨仪	
		小区条播机	
		冷榨油机	
		快速粘度分析仪	
		近红外面粉分析仪	
		吹泡仪	
		粉质仪	
		面团拉伸仪	
		手持式元素分析仪	
		三相电能质量分析仪	
		变压器油介损测试仪	
		电参数测试仪	
		多联式过滤系统	
		氙灯老化试验箱	
		便携式夜视仪	
		手持远程测距仪	

续附表 -2

品目编码	品目名称	进口产品设备名称	备注
D04	仪器仪表	水面拖曳式负脉冲浅地层剖面仪	
		侧扫声呐	
		海洋磁力仪	
		购置多波束条带测深系统（含船用高精度激光陀螺）	
		多普勒海流计	
		测深仪	
		水下测距仪	
		便携式海图导航手持 GPS	
		r 能谱仪	
		x 线（CT）输出评价系统	
		X 线机性能检测设备	
		γ 刀头部检测模体	
		放疗定位智能检测仪	
		放射活度计	
		个人剂量仪	
		剂量率仪	
		热释光剂量仪	
		乳腺性能检测仪	
		甲醛测定仪	
		颗粒物采样切割器	
		挥发性有机毒气体检测仪	
		智能定标仪	
D05	医疗设备	MRI（磁共振成像设备）	
		CT（X 线计算机断层扫描仪）	
		ECT（单光子发射计算机断层扫描仪）	
		X 线机	
		DSA（数字减影血造影 X 线机）	
		数字胃肠 X 线机	
		乳腺钼钯 X 线机	
		C 型臂 X 线机	
		彩色超声诊断仪	
		动态心电图机	
		颅脑多普勒诊断仪	
		电脑验光仪	
		胎心监护仪	
		中央多参数监护仪	
		脑电图机	
		肺功能诊断仪	

续附表 -2

品目编码	品目名称	进口产品设备名称	备注
D05	医疗设备	心电图分析系统	
		血液动力学检测仪	
		动态血压仪	
		麻醉深度检测仪	
		骨密度仪	
		直接数字化 X 射线摄影系统（DR）	
		计算机放射摄影仪（CR）	
		肌电图记录仪	
		运动平板试验系统	
		神经功能检测仪	
		LA（医用电子直线加速器）	
		机器人导航手术系统	
		眼科准分子激光仪	
		美容激光仪	
		co2 激光仪	
		超声碎石机	
		前列腺治疗机	
		牙科综合治疗台	
		耳鼻喉科治疗台	
		新生儿培养箱	
		排（咳）痰机	
		高频电刀	
		氩气刀	
		离子刀	
		床边持续血滤机	
		血液透析机	
		乳腺微创旋切系统	
		超声刀	
		超声乳化吸引刀	
		双极电凝器	
		静脉曲张激光治疗系统	
		手术动力系统	
		电动手术床（含无影灯、麻醉设备）	
		大型生化分析仪	
		流式细胞仪	
		血流变检测仪	
		电子显微镜	
		尿液分析仪	
		显微镜	

续附表 -2

品目编码	品目名称	进口产品设备名称	备注
D05	医疗设备	计数器	
		放射免疫诊断仪	
		病理切片机	
		脱水机	
		包埋机	
		全自动血球仪	
		血小板聚集仪	
		生物安全柜	
		酶标仪	
		洗板机	
		全自动血型配血仪	
		血气分析仪	
		电解质分析仪	
		自动盖片机	
		荧光 PCR 仪	
		核酸抽提仪	
		紫外分光光度计	
		凝胶图像分析系统	
		血标本涂片机	
		X 线辐照仪	
		实时荧光定量扩增仪	
		核酸冷冻离心干燥机	
		病毒载量测定装置	
		DNA 测序仪	
		真空冷冻干燥机	
		高精度恒温恒湿箱	
		微波消解器	
		1/100 万电子天平	
		等离子光谱分析系统	
		等离子发射光谱 - 质谱联用仪	
		石墨炉原子吸收分光光谱仪	
		气相色谱 - 质谱联用仪	
		液相色谱 - 质谱联用仪	
		毛细管电泳仪	
		制备色谱仪	
		逆流色谱仪	
		飞行时间质谱仪	
		磁质谱仪	
		分离质谱仪	

续附表 -2

品目编码	品目名称	进口产品设备名称	备注
D05	医疗设备	核磁共振波谱仪	
		流动注射分析仪	
		双向蛋白电泳仪	
		低本底谱仪（高纯锗）	
		便携式谱仪	
		低本底液体闪烁测量仪	
		神经信号处理器	
		除颤监护仪	
		细胞牵张仪	
		全自动细菌鉴定仪	
		全自动血培养仪	
		超声波细胞破碎仪	
		粪便分析工作站	
		低温高速离心机	
		图像采集显微镜	
		厌氧微需氧培养系统	
		全自动血液分析仪	
		能量平台	
		小儿精细手术器械	
		钬激光	
		小儿泌尿综合手术台	
		体外膜肺氧合（ECMO）	
		新型三维电生理导航系统	
		糖尿病的一体化管及血管神经诊治系统	
		血管组织凝闭系统	
		电子结肠镜	
		内镜自动清洗设备	
		Cool-tip 技术的 Valleylab 射频消融系统	
		RIT113 放疗质控软件及验证模体	
		Eclipse 治疗放疗计划系统	
		饵激光皮肤治疗系统	
		内窥镜手术器械控制系统	
		生化辐射仪	
		动物血液分析仪	
		组织处理器	
		眼底多波长激光仪	
		全自动染色体图像分析系统	
		脑室镜系统	
		脉冲染料激光仪	

续附表 -2

品目编码	品目名称	进口产品设备名称	备注
D05	医疗设备	外周神经刺激器	
		复苏安妮全身 / 带电子显示器	
		光纤麻醉喉镜	
		微量注射泵	
		单臂立体定位仪	
		小动物麻醉机	
		生物刺激反馈仪	
		心肺复苏机	
		除颤仪	
		胚胎培养及观察系统	
		多功能称重翻身 ICU 病床	
		染色体自动扫描分析系统	
		快速血液浓度检测仪	
		高清电子腹腔镜系统	
		超声高频外科集成系统的超声刀头	
		手柄	
		智能双极电刀	
		人工肝血液净化装置	
		电子荧光支气管镜	
		内科电子胸腔镜	
		呼吸内镜工作站	
		超声波治疗系统	
		口腔全景 X 光机	
		数字化平板胃肠机	
		麻醉超声引导系统	
		麻醉输注工作站	
		纤维喉镜工作站	
		激光疼痛治疗仪	
		电疗组合工作台	
		移动数字化 X 射线摄影机	
		电子胃镜	
		电子结肠镜	
		电刀	
		水刀	
		胃肠动力学检查系统	
		全自动凝血分析仪	
		电化学发光分析仪	
		射频消融仪	
		全数字化乳腺钼靶摄影系统	

续附表 -2

品目编码	品目名称	进口产品设备名称	备注
D05	医疗设备	鼻内窥镜	
		移动 C 型臂	
		高清小关节镜系统	
		电脑曲率验光仪	
		多功能冷冻治疗仪	
		栓子检测诊断仪	
		准分子激光治疗仪	
		低温等离子耳鼻喉科手术系统	
		耳鼻喉综合动力系统	
		听力检测设备	
		皮肤镜	
		靶控输注泵	
		手术放大镜	
		可视喉镜	
		麻醉多功能监护仪	
		腹腔镜 B 超	
		电子胆道镜	
		电子胃镜及氩离子凝固器	
		双能 x 射线骨密度仪	
		乳管镜	
		事件相关电位系统（Neuroscan ERP）	
		眼动追踪系统 1（SMI RED500）	
		眼动追踪系统 2（Eyelink 1000 Plus）	
		呼吸带（ADInstrument MLT1132 Piezo Respiratory Belt Transducer）	
		VoceVista 喉头仪［VoceVista Electroglottograph（EGG）Model］	
		多通道信号采集仪（ADInstrument PowerLab 16/30）	
		308 紫外线准分子照射系统	
		ATP 荧光检测仪	
		气密性压力测试仪器	
		BPPV 眩晕诊疗系统	
		CO_2 浓度测定仪	
		压平眼压计	
		Mimics 交互式医学影像控制系统（快速成型（RP）模块和手术模拟模块）	
		Mi-to 筋膜体位治疗床	
		OSCE 考试平台	

续附表 -2

品目编码	品目名称	进口产品设备名称	备注
D05	医疗设备	PACS 系统	
		pH 计	
		Powerlab 数据采集分析系统	
		Retro c 80 平板涂抹器	
		Rota-Rod 转棒仪	
		VIP 眼科综合检查台	
		阿基米德悬吊及运动康复工作站	
		白内障超声乳化系统	
		白内障手术模拟训练系统	
		半导体激光治疗系统	
		膀胱镜、镜鞘	
		鼻声反射仪	
		鼻阻力计	
		病理标本钙化成像系统	
		病理带锯 / 骨组织病理切割机	
		病理分析处理装置	
		病人加温系统	
		病原微生物快速筛选系统	
		玻片打号机	
		激光疼痛治疗仪	
		超声根管治疗仪	
		超声骨刀	
		超声骨切割系统	
		晨检仪	
		程序降温仪	
		充气加温仪	
		床边 ACT 检测仪	
		单细胞膜片钳系统	
		蛋白半干转系统	
		蛋白干转仪	
		氮气发生器	
		等离子空气消毒机	
		等离子空气消毒机洁净罩	
		低速冷冻离心机	
		电刀功能检测仪	
		电动肌肉振动及测试系统	
		电动降温毯	
		电动取皮刀	
		电动取皮机	

续附表 -2

品目编码	品目名称	进口产品设备名称	备注
D05	医疗设备	电动手术位置固定架系统	
		电动移液器	
		电外科工作站	
		电子腔镜及配套器械	
		吊塔、吊桥	
		动态光散射粒度仪	
		动物鼠尾血压测定仪	
		多标记耐药检测仪	
		多功能读板机	
		多功能皮肤测试仪	
		多种废液回收系统	
		耳科电钻	
		耳声发射测试仪	
		二氧化碳培养箱（三气）	
		发光免疫分析仪	
		放射治疗配套软件	
		放射治疗配套设备	
		非接触性眼压计	
		非镇静听性脑干反应	
		分子杂交仪	
		妇科工作站	
		腹腔镜虚拟训练系统	
		干扰电疼痛治疗仪	
		干式生化分析仪	
		肝纤维化扫描仪	
		肝脏测量检测仪	
		高档影像尿动力学平台	
		高内涵细胞成像分析系统	
		高清宫腔镜	
		高清肾镜	
		高通量组织粉碎仪	
		根管测量治疗仪	
		根管长度测量仪	
		功率自行车（上肢）	
		功率自行车（下肢）	
		宫腔电切镜	
		宫腔检查镜	
		共聚焦显微镜系统	
		关节活动训练器	

续附表 -2

品目编码	品目名称	进口产品设备名称	备注
D05	医疗设备	关节镜等离子汽化仪	
		光刻机	
		光学相干断层扫描仪（OCT）	
		光学相干生物测量仪	
		恒温水浴	
		恒温箱	
		红外线热影像摄影系统	
		喉内镜	
		化学发光检测系统	
		活细胞工作站	
		肌电诱发电位仪	
		肌松监测仪	
		激光破膜及精子放大系统	
		激光治疗系统	
		脊柱微创 Quadrant 通道系统	
		加压冷疗系统	
		间接免疫荧光法标本及载片全自动操作仪	
		肩关节镜修复系统	
		检测计量仪	
		交叉韧带钻	
		经皮测胆红素仪	
		经皮肾镜	
		经皮氧／二氧化碳分压监测仪	
		康复训练系统	
		可调节脊柱矫形床	
		可视纤维支气管镜	
		空气净化器	
		空氧混合仪	
		口腔 X 线数字成像系统（CBCT）	
		口腔种植系统	
		框架拉钩	
		冷冻台	
		连续心排量监测仪 （移植）	
		颅内压监护仪	
		脉搏氧饱和仪	
		脉冲场凝胶电泳仪	
		脉冲磁场治疗仪	
		免疫分析仪	
		免疫印迹电泳仪（Western Blot）	

续附表 -2

品目编码	品目名称	进口产品设备名称	备注
D05	医疗设备	免疫印迹判读仪	
		模拟仿真测试评价训练系统	
		内镜送水泵	
		内镜用二氧化碳泵	
		内脏脂肪检测装置	
		男科工作站	
		脑中风检测筛查评估系统	
		皮肤荧光检测系统	
		平衡测试仪	
		平滑肌张力测定系统	
		起搏器兼分析仪	
		气动咬骨钳	
		气动肢体循环促进装置	
		气流分析仪	
		全身姿势矫正评估与训练系统	
		全自动 Western blot 分析系统	
		全自动革兰染片仪	
		全自动精子分析仪	
		全自动切胶系统	
		全自动食品微生物定量分析系统	
		全自动液基薄层细胞制片染色系统	
		全自动荧光免疫分析仪	
		染色体分散室	
		人体成分分析仪	
		人体功能扫描仪	
		人体姿态稳定性分析诊断系统	
		乳腺触诊成像系统	
		三气细胞培养箱	
		射波刀	
		深静脉血栓防治系统	
		神经手术电磁导航系统	
		神经外科头架	
		肾脏灌注运输器	
		声波振动步行训练机	
		声波振动起立床	
		实时动态血糖监测胰岛素泵系统	
		实时动态胰岛素泵系统	
		实验室全自动洗瓶机	
		实验室用纯水机	

续附表 -2

品目编码	品目名称	进口产品设备名称	备注
D05	医疗设备	手术计划系统	
		手术数字一体化设备	
		输尿管镜	
		输血输液加温系统	
		输液泵	
		输液设备分析仪	
		数码裂隙灯	
		数字化打印装置	
		数字化肌肉功能评估系统	
		数字化手术室	
		数字化医疗体检车	
		数字震动阈值检查系统	
		双目间接检眼镜	
		双腔起搏器	
		双色红外荧光成像系统	
		双通道纤维输尿管肾镜	
		水激光口腔治疗仪	
		水疗设备	
		体外冲击波治疗仪	
		体外培养细胞机械加力装置	
		体外循环静脉血氧饱和度监测仪	
		听觉神经生理工作站	
		通用气管支气管镜（硬质气管镜）系统	
		吞咽言语治疗仪	
		微电极记录系统	
		微生物基因指纹鉴定系统	
		微型微孔板离心机	
		温度振荡器	
		下排风式不锈钢取材台	
		下肢动静脉加压泵或加压足泵	
		下肢连续性被动活动运动康复器	
		纤维宫腔镜工作站	
		显微操作仪	
		小儿尿道电切、切开系统	
		小儿输尿管镜	
		小儿一体化膀胱镜（Fr11）	
		小儿一体化膀胱镜（Fr7.9）	
		心电模拟器	
		心肺运动联合测试机	

续附表 -2

品目编码	品目名称	进口产品设备名称	备注
D05	医疗设备	心输出量测量仪 PICCO2	
		心脏临时起搏器	
		新生儿黄疸治疗仪	
		新生儿快速脑干诱发电位	
		旋磨治疗仪	
		血管内皮功能检测仪	
		血管内热交换控制器	
		血培养仪	
		血栓弹力图检测仪	
		血透内瘘修护仪（远红外线治疗仪）	
		血细胞分离机	
		牙周治疗仪	
		眼表综合分析仪	
		眼底造影机	
		眼科广域成像系统（含眼底造影）	
		眼科裂隙灯	
		眼震电图仪	
		厌氧工作站	
		样品试管分拣核对系统	
		药敏分析仪	
		液氮罐	
		一体化手术间	
		医用 3D 打印机系统	
		医用臭氧治疗仪	
		医用射线防护用品	
		医用射线质控设备	
		医用生物力学检测系统（美国，INSTRON）	
		医用图像采集、分析系统	
		医用制冰机	
		胰岛素泵	
		影像后处理设备及软件	
		硬质胸腔镜	
		杂交手术间	
		掌式 CO_2 监测仪	
		真空静脉回流辅助装置（VAVD）	
		支气管镜下治疗系统	
		中央纯水系统	
		主动脉内球囊反搏泵	
		椎间孔镜手术系统	

续附表 -2

品目编码	品目名称	进口产品设备名称	备注
D05	医疗设备	自动气体灭菌器	
		自体血回输仪	
		综合弱视治疗机	
D06	医用器械及耗材	乳腺活检枪	
		精密手术器械	
		玻璃体切割仪	
		角膜板层刀仪	
		角膜板层刀刀柄	
		冠脉搭桥手术器械	
		膨宫机	

市委办公室　市政府办公室
印发《关于完善财政科研项目资金管理政策的实施意见》的通知

泰办发〔2017〕19号

各县（市、区）党委和人民政府，市委各部委，市政府各部门，各人民团体，市直及省属以上驻泰各有关单位：

《关于完善财政科研项目资金管理政策的实施意见》已经市委、市政府同意，现印发给你们，请结合实际，认真贯彻执行。

中共泰安市委办公室
泰安市人民政府办公室
2017年4月13日

关于完善财政科研项目资金管理政策的实施意见

为进一步完善财政科研项目资金管理政策，根据《省委办公厅、省政府办公厅印发〈关于完善财政科研项目资金管理政策的实施意见〉的通知》（鲁办发〔2016〕71号）文件精神，结合我市实际，制定本实施意见。

一、总体要求和基本原则

（一）总体要求。全面贯彻党的十八大和十八届三中、四中、五中、六中全会及全国科技创新大会精神深入贯彻习近平总书记系列重要讲话精神，认真落实省委、省政府和市委市政府关于深化科技体制改革加快创新发展的战略部署，进一步推进简政放权、放管结合、优化服务，改革和创新科研项目资金使用和管理方式，充分激发广大科研人员的积极性、创造性，加快形成充满活力的科技管理和运行机制，为我市加快实施创新驱动发展战略提供有力保障。

（二）基本原则

坚持以人为本。以调动科研人员积极性和创造性为出发点和落脚点，强化激励机制，加大激励力度，激发创新创造活力。

坚持遵循规律。按照科研活动规律和财政预算管理要求，完善管理政策，优化管理流程，改进管理方式，适应科研活动实际需要。

坚持“放管服”结合。进一步简政放权、放管结合优化服务，赋予高等院校、科研院所更大自主权，为科研人员潜心研究营造良好环境。同时，加强事中事后监管，严肃查处违纪违法问题。

坚持政策落实落地。细化实化政策规定，加强督查，狠抓落实，打通政策执行中的“堵点”，增强科研人员改革的成就感和获得感。

二、改进科研项目资金管理

（一）简化项目预算编制。根据科研活动规律和特点，改进预算编制方法，对符合条件的科研项目，可实行部门预算批复前资金预拨。简化预算编制科目，合并会议费、差旅费国际合作与交流费科目，由科研人员结合科研活动实际需要编制预算并按规定统筹安排使用，其中不超过直接费用 10% 的，不需提供预算测算依据。

（二）下放预算调剂权限。在项目总预算不变的情况下，直接费用中的材料费、测试化验加工费、燃料动力费出版 / 文献 / 信息传播 / 知识产权事务费及其他支出的预算调剂由项目承担单位负责。

（三）改变项目资金支付方式。科技部门要做好项目立项和预算执行的衔接，会同财政部门及时批复项目和预算。取消科研项目资金财政直接支付管理方式，实行财政授权支付。项目主管部门和单位结合项目实施和资金使用进度，及时办理资金支付。

（四）改进项目结转结余资金留用处理方式。项目实施期间，年度剩余资金可结转下一年度继续使用。项目完成任务目标并通过验收后，结余资金按规定留归项目承担单位继续使用，在 2 年内由项目承担单位统筹安排用于科研活动的直接支出；2 年后仍未使用完的，按规定收回。

（五）扩大劳务费开支范围。劳务费预算不设比例限制，由项目承担单位和科研人员据实编制。参与项目研究的研究生、博士后、访问学者以及项目聘用的研究人员、科研辅助人员等的劳务费，均可在项目经费中开支。项目聘用人员劳务费开支标准，可根据当地科学研究、技术服务业从业人员平均工资水平和其在项目研究中承担的工作任务确定，其社会保险补助纳入劳务费科目列支。

（六）提高间接费用比重。间接费用核定比例可以提高到不超过直接费用扣除设备购置费的一定比例 500 万元以下的部分为 20%，500 万元至 1000 万元的部分为 15%，1000 万元以上的部分为 13%。

（七）取消绩效支出比例限制。加大

对科研人员的激励力度，取消绩效支出占间接费用比例限制。项目承担单位在统筹安排间接费时，应处理好合理分摊间接成本和对科研人员激励的关系，绩效支出安排与科研人员在项目工作中的实际贡献挂钩。

（八）自主规范管理横向经费。项目承担单位以接受委托、利用社会资金开展技术攻关、提供科技服务等市场委托方式取得的横向经费，签订委托合同，纳入单位财务统一管理，由项目承担单位按照委托方要求或合同约定管理使用。

三、赋予高等院校、科研院所更大自主权

（一）下放差旅费、会议费、咨询费管理权限。高等院校、科研院所可根据教学、科研等活动实际需要，按照精简高效厉行节约的原则，研究制定差旅费、会议费、咨询费管理办法，合理确定教学科研人员乘坐交通工具等级和住宿费标准，会议次数、天数、人数和会议费开支范围、标准，以及咨询费开支标准。对于难以取得住宿费发票的，在确保真实性的前提下，据实报销城市间交通费，并按规定标准发放伙食补助费和市内交通费。对于因工作需要，邀请国内外专家、学者和有关人员参加会议，确需负担的城市间交通费国际旅费，可由主办单位在会议费等费用中报销。

（二）对教学科研人员因公临时出国实行区别管理。高等院校、科研院所教学科研人员因公临时出国开展教育教学活动科学研究、学术访问、出席重要国际学术会议以及执行国际学术组织履职任务等学术交流合作任务，单位与个人的出国批次数、团组人数、在外停留天数根据实际需要安排。教学科研人员出国开展学术交流合作年度计划由各高等院校、科研院所负责管理，并按外事审批权限报备，不列入国家工作人员因公临时出国批次限量管理范围。对科研经费中列支的国际学术交流费用管理区别于一般出国经费，可根据预算据实安排。

（三）简化科研仪器设备政府采购管理。高等院校、科研院所可自行采购科研仪器设备，自行选择科研仪器设备评审专家。在政府采购预算内，高等院校、科研院所可根据需要自主调整采购项目。采购进口仪器设备由审批制改为备案制管理，落实进口科研教学用品免税政策。项目承担单位应制定科研仪器设备采购管理规范，切实做到公开透明、便捷高效、可追溯。

（四）扩大基本建设项目自主权。对于利用自有资金、不申请政府投资的科研基本建设项目，由高等院校科研院所自主决策，报投资主管部门备案，不再进行审批。高等院校、科研院所主管部门应指导高等院校、科研院所编制五年建设规划，对列入规划的基本建设项目不再审批项目建议书。简化基本建设项目城乡规划、用地以及环评、能评等审批手续，缩短审批周期。

（五）鼓励科技成果转移转化。落实高等院校、科研院所科技成果转化收益自主处置有关政策。对高等院校科研院所建立的科技成果转移转化机构，应给予政策和资金支持鼓励高等院校、科研院所对科研仪器设备购置、科技成果转移转化开展社会融资。

四、提升科研项目资金管理服务水平

（一）健全政府科技决策工作机制。完善科技工作重大问题沟通机制，科技部门要加强科技发展优先领域重点任务重大项目等方面的统筹协调。建设高水平科技智库，健全由技术专家、企业家、科研人员和政府部门共同参与的科技决策及论证机制，提升重大科技决策的科学性。

（二）拓展财政科研经费投入渠道。发挥财政政策的杠杆效应和导向作用，引导民间资本开展科技创新创业。积极推广政府和社会资本合作（PPP）、科技贷款风险补偿等模式在科技领域的应用。加大政府股权引导基金支持科技创新力度，推动更多具有重大价值的科技成果转化应用。

（三）优化财政科技资金投入结构与方式。对需要长期投入的基础研究、原始创新和公益性科技事业以及共性关键技术研究，注重定向委托和竞争性选择相结合，以无偿资助方式给予持续稳定支持。对市场导向明确的技术创新项目，注重发挥市场配置技术创新资源的导向作用，综合运用股权投资、风险补偿、贷款贴息等资助方式予以支持。对符合条件的科研项目，鼓励通过自主选题，开展前瞻性、储备性研究。

（四）创新财务服务方式。建立健全科研财务助理制度，为科研人员在项目预算编制和调剂、经费支出、财务决算和验收等方面提供专业化服务。聘请科研财务助理所需费用，可由项目承担单位根据情况通过科研项目资金等渠道解决。充分利用信息化手段，建立单位内部科研、财务部门和项目负责人共享的信息平台，提高科研管理效率。制定符合科研实际需要的内部报销规定，切实解决野外考察、心理测试等科研活动中无法取得发票或财政性票据，以及邀请外国专家来华参加学术交流发生费用等报销问题。

（五）强化项目法人责任。项目承担单位是科研项目实施和科研经费管理使用的责任主体，应切实履行在项目申请组织实施、验收和资金使用等方面的管理职责，强化自我约束和自我规范，确保接得住、管得好。加强预算审核把关，规范财务支出行为，完善内部风险防控机制，强化项目绩效目标管理和资金使用绩效评价，保障资金使用安全规范有效。落实科技报告制度，按规定及时向项目主管部门提交科技报告。实行内部公开制度，主动公开项目预算、预算调剂、资金使用（重点是间接费用、外拨资金结余资金使用研究成果等情况，让项目单位和科研人员取得放心、用得安心。

（六）加强督查指导。财政部门、科技部门要对本意见贯彻落实情况适时组织督促检查，并将督查结果纳入信用管理，与间接费用核定、结余资金留用等挂钩。科技部门项目主管部门要加快清理规范与科研项目有关的各种检查评审推进检查结果共享，减少检查数量，避免重复检查、多头检查、过度检查。审计机关要依法开展对政策措施落实情况和科研项目资金的审计监督。对发现的违规违纪违法问题，有关部门要按照有关规定严肃查处。

本意见发布之日起3个月内，项目主管部门应制定出台相关实施方案，并督促指导所属单位完善内部管理。高等院校、科研院所应制定出台差旅费、会议费、咨询费等相关内部管理制度，项目承担单位应制定或修订科研项目资金内部管理制度。各县（市区）要结合实际，加快推进科研项目资金管理改革工作。

此前有关文件规定与本意见不一致的，以本意见为准。

泰安市人民政府
关于推进泰安市泰山区域山水林田湖草生态
保护修复工程的实施意见

泰政发〔2018〕9号

各县、市、区人民政府，市政府有关部门、直属单位，省属以上驻泰有关单位：

实施泰安市泰山区域山水林田湖草生态保护修复工程，是深入贯彻党的十九大和习近平总书记重要指示精神、落实党中央和国务院关于生态文明建设决策部署的重大举措，是解决泰山区域生态环境突出问题、保障南水北调干线水质、推进生态文明建设的重要抓手，是加快新旧动能转换实现高质量发展、满足人民日益增长的美好生活需要、保护中华文化和华夏文明重要发祥地的战略工程，影响深远，意义重大。根据《山东省人民政府办公厅关于推进泰山区域山水林田湖草生态保护修复工程的实施意见》（鲁政办字〔2018〕70号）精神，为加快推进泰山区域山水林田湖草生态保护修复工程建设，现结合我市实际，提出如下实施意见。

一、指导思想和目标任务

（一）指导思想。以习近平总书记“山水林田湖是一个生命共同体”重要理念为根本遵循，深入贯彻落实党的十九大精神，坚持以人民为中心的发展思想，紧紧围绕建设生态泰安、美丽泰安的总体部署，注重整体性、系统性、协同性、关联性，坚持修山、治污、增绿、整地、扩湿并举，着力构建完善生态系统修复、保护、管理“三位一体”的体制机制，大力提升泰山区域对华北平原的生态屏障功能，切实保障南水北调水质安全、国家重要交通干线运行安全和中华文化永续发展，努力将泰山大生态带打造成“山青、水绿、林郁、田沃、湖美”的生命共同体，充分发挥经济社会效益，为全国生态文明建设作出示范和贡献。

（二）总体布局和主要任务。泰安市泰山区域山水林田湖草生态保护修复工程划分为泰山生态区、大汶河—东平湖生态区两个片区，统筹安排地质环境、土地整治、水环境、生物多样性和监管能力建设等5大类工程，形成“一山两水、两域一线”总体布局。

1. 泰山生态区：以水源地保护、生物多样性恢复和水生态环境保护修复为主。涵盖泰山区、岱岳区、泰山景区、泰安旅游经济开发区，面积574平方千米。

主要保护修复任务为：加强饮用水水源保护区内违法违规项目清理，加大水源保护力度；划定山体保护红线，制定山体保护规划，保护山体自然形态和生态景观；提升山体的水土保持及水源涵养能力，增强雨水下渗功能；实施地质灾害防治工程，消除地质灾害隐患。

2. 大汶河—东平湖生态区：以水生态环境保护修复、矿山生态环境修复和土地整治为主。涵盖泰山区、岱岳区、高新区、新泰市、肥城市、宁阳县、东平县，面积7188平方千米。

主要保护修复任务为：完成大汶河、东平湖水体生态修复及人工湿地建设工程；完善“治用保”治污体系，试点建设“收转用”的农业废弃物综合利用模式；实施破损山体与采煤塌陷地治理工程，修复矿区生态环境；完成矿山废弃工矿地治理，强化土地整理工作；加强地质灾害防治，消除地质灾害隐患；加强文物保护、文化旅游资源整合；推进高效生态农业示范园区建设。

（三）绩效目标和实施计划。按照国家确定的工程绩效目标要求，到2020年，水环境保护治理方面，国控断面水质优良比例达到100%，东平湖湖南断面、湖北断面、大汶河王台大桥断面水质均达到Ⅲ类标准。矿山环境治理和土地整治方面，完成采煤塌陷地治理面积9090.12公顷，完成矿山生态修复面积990公顷，实施地质灾害防治工程6个，实施地质公园及地质遗迹保护241.58平方千米，实施土地整治面积25878.42公顷，新增耕地面积2658.39公顷。生态环境治理修复方面，新增湿地面积630公顷，城市建成区无黑臭水体，城镇集中式饮用水水源水质达标率100%。工程建设期限为2018—2020年。

二、全面夯实工程实施基础

（一）优化工程实施方案。各县（市、区）、泰安高新区、泰山景区、泰安旅游经济开发区和市直有关部门要根据国家、省政府要求，按照“一山两水、两域一线”总体布局，以工程建设目标为导向，按照综合性、系统性、整体性、关联性的原则，对工程实施方案涉及项目进行具体调整、优化、细化。要统筹矿、水、林、地、田等各类专项规划，树立“共同体”理念，优化工程实施方案项目结构，形成以项目为核心有机统一的系统工程方案，提高可行性、科学性。

（二）科学筛选安排项目。加强对项目实施影响和作用的论证，因地制宜、各有侧重地安排不同类别项目。坚持保证重点、兼顾各方，实事求是、量力而行，坚决剔除与工程关联度低或预期治理效果不明显的项目，聚焦生态环境问题突出、保护修复要求迫切的重点区域，补充优选影响力大、实施效果好、可以充分利用中央和省级财政补助资金的核心项目，提高项目安排的关键性、有效性。

（三）健全项目管理制度。完善工程项目管理和绩效考评办法，围绕工程项目前期、实施、验收全过程，建立健全调度、通报、检查、监督、评估等具体制度，严格执行项目法人制、建设监理制、招投标制以及动态评估制。项目建设、审批等信息要按规定及时向社会公开，接受社会监督。

三、多方整合筹集资金

（一）统筹用好中央、省财政补助资金。制定工程资金筹集和管理办法，健全资金使用管理制度。市领导小组办公室会同市财政局及时研究提出资金分配方案，报市政府批准后，在规定时限内下达。及时将中央、省财政补助资金分解落实到具体项目，优先支持亟需开展生态环境保护修复的重点区域，优先支持与规划目标关联度高、治理效果明显具备示范性的工程项目，确保资金发挥最大效益。

（二）筹集整合各级财政资金。各县（市、区）、泰安高新区、泰山景区、泰安旅游经济开发区和市直有关部门要加强对发展改革、国土资源、环保、农业、林业、水利渔业等方面资金的整合力度，将工矿废弃地、破损山体修复产生的用地指标收益主要用于项目建设，形成“上下联动、统筹整合、集中投入、综合考评”的工作机制，集中资金加大对山水林田湖草生态保护修复工程和重点项目投入，建立专项资金，列入本级预算予以保障。

（三）拓宽社会筹资融资渠道。各县（市、区）、泰安高新区、泰山景区、泰安旅游经济开发区和市直有关部门在加大财政资金投入的同时，要注重拓宽筹资渠道，创新投融资机制，发挥社会融资功能。积极利用PPP、政府引导基金等方式，吸引社会资本参与项目建设。对部分水源地保护、水质净化、畜禽养殖综合治理、在建矿山的破损山体和采煤塌陷地治理等项目，按照“谁污染，谁治理”“谁破坏，谁治理”的原则，督导责任企业出资治理。

四、建立完善生态保护长效机制

（一）健全生态保护红线管控机制。工程区域内各级政府要严格遵守国家、省和市关于划定并严守生态保护红线的有关规定，加强对具有重要水源涵养、生物多样性维护、水土保持等生态功能区域和已经出现突出问题的生态环境脆弱区域的监督管控，严禁不合理开发建设活动，严肃核查处理违法违规行为。支持生态保护修复示范，创新生态保护激励约束机制，实行奖优罚劣。落实耕地保护制度，优先在工程区域内安排土地整治项目。

（二）落实河（湖）长制管理制度机制。认真贯彻落实国家和省关于全面推行河（湖）长制有关部署要求，完善工作体制机制。严格落实水资源管理制度和《泰安市落实〈水污染防治行动计划〉工作方案》。严格控制涉河建设项目，完善县（市、区）流域水污染排放标准体系，控制农业面源和养殖污染。编制三年生态清洁小流域专项建设方案，实施湿地保护修复工程，推进水产种质资源保护区建设。

（三）加快构建生态保护修复机制。一是探索构建“政府主导、政策扶持、社会参与、开发式治理、市场化运作”的矿山地质环境恢复和综合治理新模式，推进矿山地质环境恢复治理与地产开发、养老疗养、旅游、养殖、种植等产业业态融合发展。二是加强水资源保护，严禁在饮用水水源保护区设置排污口，一级保护区内禁止新建、改建、扩建与供水设施和保护水源无关项目，二级保护区内禁止新建、改建、扩建排放污染物的项目。鼓励发展专业化、规模化城市污水处理企业。三是大力开展扩林增绿，采用工程和非工程措施治理水土流失，提高植被覆盖率。有序开展退耕还林还草。抓好森林抚育和退化林修复，加强森林防火和林业有害生物防控。工程区域内湿地公园率先探索建立生态效益补偿机制，扩大湿地面积，改善湿地生态质量，推进湿地可持续利用。

（四）完善生态环境执法问责机制。落实《泰安市各级党委、政府及有关部门环境保护工作职责（试行）》，执行党政同责、一岗双责制度，建立健全条块结合、各司其职、权责明确、保障有力、权威高效的环境保护管理体制。落实《山东省党政领导干部生态环境损害责任追究实施细则（试行）》，开展领导干部自然资源资产离任审计，完善党政领导干部生态环境损害责任追究联席会议制度，加强环保执法检查、监察和督察力度，对生态文明建设和环境保护工作中的失职渎职及不作为、乱作为问题进行问责。

五、加强组织领导和考评激励

（一）加强组织领导。坚持“生命共同体”理念，统筹山水林田湖草综合治理总体目标，打破部门各自为战局面，齐心协力，共同推进。成立泰安市泰山区域山水林田湖草生态保护修复工程领导小组，组织领导、统筹协调山水林田湖草生态保护修复工程项目建设，研究确定重要工作任务，协调解决重大问题。领导小组下设办公室，督导调度工程项目实施，协调解决实施中的重大事项，建立完善相关规章制度，组织绩效评价，开展工程监督检查，承办市委、市政府和领导小组交办的其他事项等。办公室下设综合协调组、规划计划组、项目管理组、财务审计组4个工作组。市财政局主要负责中央财政、省级财政和市级资金的筹集和管理；市国土资源局主要负责国土资源方面的资金整合和项目实施、推进；市环保局主要负责环保治污方面的资金整合和项目实施、推进；市发展改革委、经济和信息化委、旅游发展委、住房城乡建设局、文化广电新闻出版局、水利渔业局、农业局、林业局、畜牧局根据各自职能，负责有关资金的整合和项目实施、推进工作。

（二）落实主体责任。实行“市级统筹、县（市、区）为主体”的工作责任机制，各县（市、区）、泰安高新区、泰山景区、泰安旅游经济开发区和市直有关部门是工程实施的责任主体，要建立协调机制，统筹抓好本地区方案编制、项目筛选、立项审批和组织实施等工作任务。优化生态保护修复工程管理体制机制，加强生态保护工程管理工作。每个具体工程项目分别制定具体实施方案，明确节点目标，责任落实到人。

（三）强化考核评价。积极引入第三方机构开展独立评价，实行工程前、工程中、工程后全过程全方位监管。加强结果应用，对绩效考核成绩优秀的，优先安排中央财政、省级财政和市级资金；对绩效考核成绩较差的，提出批评、责令整改，并减少中央、省市资金安排额度。

（四）统筹协调推进。各县（市、区）、泰安高新区、泰山景区、泰安旅游经济开发区和市直有关部门要把实施泰安市泰山区域山水林田湖草生态保护修复工程同贯彻落实省、市“十三五”规划纲要、实施新旧动能转换重大工程结合起来，提高站位，主动担当，加强协作，凝聚合力，全方位推进多规合一、资金整合、政策集合，确保高质量完成国家确定的各项工作任务，为打造“泰山样板”作出积极贡献。

附件：泰安市泰山区域山水林田湖草生态保护修复工程示意图

泰安市人民政府
2018年6月19日

附件略

中共泰安市委　泰安市人民政府
关于全面推进预算绩效管理的实施意见

泰发〔2019〕13号

为全面推进预算绩效管理，加快构建全方位、全过程、全覆盖的预算绩效管理体系，着力提高财政资源配置效率和使用效益，根据《中共山东省委、山东省人民政府关于全面推进预算绩效管理的实施意见》（鲁发〔2019〕2号）精神，现结合我市实际，制定如下实施意见。

一、总体要求

（一）指导思想。以习近平新时代中国特色社会主义思想为指导，全面贯彻党的十九大和十九届二中、三中全会精神，坚持总体设计、统筹兼顾，全面推进、突出重点，科学规范、公开透明，权责对等、约束有力，创新预算管理方式，更加注重结果导向、强调成本效益、硬化责任约束，推动绩效理念和方法深度融入预算管理，改变预算资金分配的固化格局，着力提高财政资源配置效率和使用效益。

（二）目标任务。以建立现代财政制度为目标，以全面实施预算绩效管理为突破口，创新预算管理方式，将预算绩效理念和方法嵌入预算管理全过程，力争市级用3年时间、县（市、区）用4～5年时间，基本建成全方位、全过程、全覆盖的预算绩效管理体系。

二、构建全方位预算绩效管理格局

（一）实施政府预算绩效管理。将各级政府收支预算全面纳入绩效管理。收入预算要实事求是、积极稳妥、讲求质量，必须与当地经济社会发展水平相适应，严格落实各项减税降费政策，严禁脱离实际制定增长目标，严禁虚收空转、收取过头税费，严禁超出限额举借政府债务。预算支出要坚持统筹兼顾、突出重点、量力而行，紧紧围绕市委、市政府重大决策部署，集中财力办大事，同时不得设定过高民生标准和擅自扩大保障范围，确保财政资源高效配置，增强财政可持续性。

（二）实施部门和单位预算绩效管理。将部门和单位预算收支全面纳入绩效管理，赋予部门和资金使用单位更多管理自主权，积极推进部门和单位整体绩效管理。2019年，继续开展市级部门整体评价试点工作，逐步建立部门单位整体绩效报告制度，推动提高部门和单位整体绩效水平。

（三）完善政策和项目预算绩效管理。将政策和项目全面纳入绩效管理。从数量、质量、时效、成本、效益等方面，综合衡量预算资金使用效果。对实施期超过一年的重大政策和项目实行全周期跟踪问效。建立动态评价调整机制，对政策到期、绩效低下的政策和项目要在次年预算安排中剔除。

三、建立全过程预算绩效管理链条

（一）建立绩效评估机制。年度预算编制前，各部门各单位要围绕市委、市政府工作部署，结合预算评审、项目审批等，对新出台的重大政策、项目开展绩效评估，重点论证立项必要性、投入经济性、绩效目标合理性、实施方案可行性、筹资合规性等。各级财政部门要加强对新增重大政策和项目预算的审核，必要时可以组织第三方机构独立开展绩效评估，审核和评估结果作为预算安排的重要参考依据。

（二）强化绩效目标管理。各级各部门各单位在编制预算时，要贯彻落实中央和省、市决策部署，分解细化工作任务，结合实际，设置部门和单位整体绩效目标、政策和项目绩效目标。绩效目标要包括产出、成本、经济效益、社会效益、生态效益、可持续影响和服务对象满意度等绩效指标。各级财政部门要将绩效目标设置作为预算安排的前置条件，加强绩效目标审核，将绩效目标与预算同步批复下达。

（三）加强绩效运行监控。各级各部门各单位要对绩效目标实现程度和预算执行进度实行“双监控”，发现问题及时纠正，确保绩效目标实现。各级财政部门建立重大政策、项目绩效跟踪机制，对存在严重问题的政策、项目要暂缓或停止预算拨款，督促及时整改落实。要按照预算绩效管理要求，加强国库现金管理，降低资金运行成本。

（四）建立绩效评价和结果应用机制。绩效评价采取自评和外部评价相结合的方式进行。各部门各单位按年度对预算执行情况以及政策、项目实施效果开展绩效自评，评价结果报送本级财政部门。各级财政部门建立重大政策、项目预算绩效评价机制，逐步开展部门整体绩效评价，对下级政府财政运行情况实施综合绩效评价，必要时可以引入第三方机构参与绩效评价。健全绩效评价结果反馈制度和绩效问题整改责任制，加强绩效评价结果应用。

四、完善全覆盖预算绩效管理体系

（一）完善一般公共预算绩效管理体系。各级政府要加强一般公共预算绩效管理。收入方面，要重点关注收入结构、征收效率和优惠政策实施效果。支出方面，要重点关注预算资金配置效率、使用效益，特别是重大政策和项目实施效果，其中转移支付预算绩效管理要符合市以下财政事权和支出责任划分规定，重点关注促进县域间财力协调和区域均衡发展。同时，积极开展政府投资基金、政府和社会资本合作（PPP）、政府采购、政府购买服务、政府债务项目绩效管理。

（二）建立其他政府预算绩效管理体系。除一般公共预算外，各级政府要将政府性基金预算、国有资本经营预算、社会保险基金预算全部纳入绩效管理，加强四本预算之间的衔接，并根据不同预算资金的性质和特点统筹实施。政府性基金预算绩效管理，要重点关注基金政策设立延续依据、征收标准、使用效果以及对专项债务的支撑能力等情况。国有资本经营预算绩效管理，要重点关注贯彻国家战略、收益上缴、支出结构、使用效果等情况。社会保险基金预算绩效管理，要重点关注各类社会保险基金收支政策效果、基金管理、精算平衡、地区结构、运行风险等情况。

五、健全预算绩效管理制度体系

（一）完善预算绩效管理流程。各级财政部门要完善涵盖绩效评估、绩效目标管理、绩效运行监控管理、绩效评价管理、评价结果应用等各环节的管理流程。建立专家咨询机制，组建预算绩效管理专家库，为全面推进预算绩效管理提供智力支持。引导和规范第三方机构参与预算绩效管理，严格执业质量监督管理。各级财政部门要加快推进预算绩效管理信息系统建设，力争2019年市县两级预算绩效管理信息系统全覆盖。

（二）完善预算绩效标准体系。各级财政部门要健全定量和定性相结合的共性绩效指标框架。各部门要按照职责分工，加快构建分行业、分领域、分层次的核心绩效指标和标准体系，实现科学合理、细化量化、可比可测、动态调整、共建共享。建立的绩效指标和标准体系要与基本公共服务标准、部门预算项目支出标准等衔接配套，突出结果导向，重点考核实绩。

（三）健全预算绩效信息公开机制。各级财政部门要推进绩效信息公开，重点支出项目绩效目标、绩效评价结果要与预决算草案同步报送同级人大，及时向社会公开，主动接受人大和社会监督。各部门各单位要随部门单位预决算草案向同级人大报告重大政策和项目绩效目标、绩效自评情况和重点绩效评价结果，并按要求主动向社会公开。

（四）建立预算绩效激励约束机制。各级财政部门要建立绩效评价结果与预算安排和政策调整挂钩机制，将本级部门整体绩效与部门预算安排挂钩，将下级政府财政运行综合绩效与转移支付分配挂钩。对绩效好的政策和项目原则上优先保障，对绩效一般的政策和项目要督促改进，对交叉重复、碎片化的政策和项目予以调整，对低效无效资金一律削减或取消，对长期沉淀的资金一律收回并按照有关规定统筹使用。

六、保障措施

（一）加强组织领导。各级各部门各单位要加强对预算绩效管理工作的组织领导，切实转变思想观念，牢固树立绩效意识，结合实际制定实施办法，统筹谋划推进措施。各级财政部门要加强预算绩效管理力量，充实预算绩效管理人员，督促指导有关政策措施全面贯彻落实，确保预算绩效管理延伸至基层单位和资金使用终端。建立健全财政部门牵头组织，主管部门和资金使用单位具体实施，审计部门参与监督，社会公众广泛参与的预算绩效管理工作推进机制，形成齐抓共管、多方联动的工作格局。各部门各单位要建立绩效管理改革承接机制，完善财务管理机构，配强配齐财务人员，确保各项绩效管理业务有人管、接得住、落实好，适应全面推进预算和预算绩效管理改革的新形势和新要求，为各项改革顺利推进提供组织保障。

（二）明确主体责任。各级政府和各部门各单位是预算绩效管理的责任主体。各级党委和政府主要负责同志对本地预算绩效负总责，部门和单位主要负责同志对本部门本单位预算绩效负责，项目责任人对项目预算绩效负责，对重大项目的责任人实行绩效终身责任追究制。厘清财政与部门绩效管理的职责边界，财政部门负责本地预算绩效管理的总体规划、制度设计和组织推动，重点关注地方、部门整体绩效，突出抓好重大政策和项目绩效管理，减少对微观事项的介入。各部门负责制订本部门预算绩效管理制度办法，组织实施本部门及所属单位全过程预算绩效管理，并对本部门事前绩效评估、绩效目标、绩效运行监控、绩效自评等绩效结果的真实性负责。项目实施单位按要求做好预算绩效管理相关工作。

（三）强化考核推动。建立预算绩效结果与政府绩效和干部政绩考核挂钩机制，将政府财政运行综合绩效作为政府绩效考核的重要内容，将部门整体绩效评价结果纳入对党群机关、政府部门及事业单位绩效考核范围，作为领导干部选拔任用、公务员考核的重要参考。各级财政部门负责对本级部门和预算单位下级财政部门预算绩效管理工作情况进行考核。建立考核结果通报制度，对工作成效明显的地方和部门按规定予以通报表彰，对工作推进不力的进行约谈并责令限期整改。

（四）加强监督问责。审计机关要依法对预算绩效管理情况开展审计监督，重点审计预算支出绩效、政策实施效果、绩效责任落实和部门绩效自评等内容，并将预算绩效管理情况纳入领导干部经济责任审计范围。财政、审计等部门发现违纪违法问题线索，应当及时移送纪检监察机关。

中共泰安市委办公室

2019年6月21日

泰安市人民政府办公室关于应对新型冠状病毒感染的肺炎疫情支持中小企业渡难关稳发展的实施意见

泰政办发〔2020〕2号

各县、市、区人民政府，市政府有关部门、直属单位，省属以上驻泰有关单位：

为深入贯彻习近平总书记关于坚决打赢疫情防控阻击战的重要指示精神，全面落实党中央、国务院和省委、省政府关于疫情防控的决策部署，支持中小企业共渡难关、稳定发展，特制定本意见。

一、强化财政支持

1. 加大财政贴息支持。对生产疫情防控物资重点保障企业贷款给予贴息扶持，在人民银行专项再贷款支持金融机构提供优惠利率信贷基础上，市、县财政按人民银行再贷款利率的50%给予贴息（市、县两级各承担50%），贴息期限不超过1年。经市新型冠状病毒感染的肺炎疫情处置工作领导小组确定的生产疫情防控物资重点保障企业，凭2020年1月1日后疫情防控期内新生效的贷款合同，向所在地县（市、区）财政部门申请贴息支持，县（市、区）财政部门先行兑付市县贴息资金，市级财政负担部分通过体制结算补助县（市、区）。（责任单位：市财政局、人行泰安市中心支行，各县市区及功能区）

2. 提供过桥还贷资金支持。市财政设立总规模1亿元的应急周转资金池，对短期内资金周转困难企业的还贷、续贷提供过桥资金。申请过桥还贷资金支持的企业，应向所在地财政部门申请，由所在地财政

部门向市财政申请过桥还贷支持，市财政对符合条件的企业提供“绿色支持通道”。（责任单位：市财政局）

3. 加快财政资金拨付。对已有明确政策标准并列入2020年度预算的、用于支持企业发展的资金，各主管部门要尽快组织企业申报，建立绿色审核通道，加快资金审核进度。各级财政部门要配合主管部门及时拨付资金，确保资金“早拨付”、企业“早受益”，切实帮助企业渡过难关。（责任单位：市财政局、市发展改革委、市科技局、市工业和信息化局、市商务局、市市场监管局、市贸促会）

二、加大金融支持

4. 加强信贷支持。各银行机构要采取无还本续贷、延期还贷、展期续贷、降低利率、减免逾期利息、信贷重组以及企业首贷培植、增加信用贷款和中长期贷款等措施，进一步加大对小微企业的支持，确保2020年小微企业信贷余额不低于2019年同期余额。对受疫情影响较大，以及具备发展前景但暂时受困的小微企业，不得盲目抽贷、断贷、压贷，允许其适当延期还款，做好续贷服务。（责任单位：市地方金融监管局、人行泰安市中心支行、泰安银保监分局）

5. 降低融资成本。鼓励各银行机构最大限度降低成本费率、减免逾期利息，贷款利率要在原有贷款利率基础上下浮至少10%，确保2020年小微企业融资成本不高于2019年同期融资成本。对疫情防控重点保障企业和受疫情影响较大的中小企业提供信用贷款支持，政府性融资担保机构要大幅压减审批流程和审批时间，取消反担保要求，对有充足订单、市场前景好、信用程度高的企业可采取信用担保，减半收取担保费。（责任单位：市地方金融监管局、人行泰安市中心支行、泰安银保监分局）

三、减轻企业负担

6. 延期缴纳税款。因疫情导致无法按期办理纳税申报或者扣缴税款申报的，可申请办理延期申报，资料不全的可容缺办理；对确有困难不能按期缴纳税款的，可申请延期缴纳，最长期限为3个月。（责任单位：市税务局）

7. 减免中小企业税费。因受疫情影响遭受重大损失，缴纳城镇土地使用税、房产税确有困难的，经税务机关核准，减征或者免征城镇土地使用税、房产税。（责任单位：市税务局）

8. 落实抗疫物资免税政策。自2020年1月1日至3月31日，对捐赠用于疫情防控的进口物资，按规定免征进口关税和进口环节增值税、消费税。对卫生健康主管部门组织进口的直接用于防控疫情物资免征进口关税，对已征收的应免税款要予以退还，免税进口物资可先登记放行，再按规定补办相关手续。（责任单位：市财政局、市卫生健康委、市税务局、泰安海关）

9. 降低小微企业租金。疫情期间，国有、集体及享受过财政支持政策的民营科技企业孵化器、众创空间等各类小微企业创新创业载体要带头减免承租的小微企业房租，由政府举办的创新创业载体在疫情期间可为承租的小微企业及团队减免3个月房租。对租用其他经营用房的，鼓励业主（房东）为租户减免租金。（责任单位：市科技局、市国资委，各县市区及功能区）

四、支持企业复工生产

10. 实施援企稳岗政策。对不裁员或少裁员的参保企业，可返还其上年度实际缴纳失业保险费的50%。对面临暂时性生产经营困难且恢复有望、坚持不裁员或少裁员的参保企业，返还标准可按6个月的当地月人均失业保险金和参保职工人数确定，政策执行期限按照国家规定执行。（责任单位：市人力资源社会保障局、市财政局）

11. 缓缴社会保险费。对受疫情影响，连续3个月以上无力支付职工最低工资或3个月以上无法正常生产经营仅为职工发放生活费的企业，可申请缓缴企业养老、医保、失业、工伤保险费。缓缴期间免收滞纳金，职工相关社会保险待遇不受影响。因疫情原因，不能按期办理企业社保、医保缴费申报的，可申请办理延期申报。（责任单位：市人力资源社会保障局、市医保局、市财政局）

受疫情影响面临暂时性生产经营困难，确实无力足额缴纳住房公积金的中小企业，在疫情防控期间，可缓缴住房公积金。疫情解除后，企业及时足额补缴的，可视同连续正常缴存。（责任单位：市公积金管理中心）

五、优化企业服务

12. 建立企业应对疫情帮扶机制。各行业主管部门要根据疫情发展情况，加强对经济运行、企业生产调度监测，建立“一业一策”精准扶持机制，及时协调解决中小企业遇到的困难和问题。要加强煤电油气运供应保障，提高行政审批服务效能，支持中小企业复工复产，引导企业化危为机、共克时艰、稳定发展。（责任单位：市工业和信息化局、市发展改革委、市商务局、市农业农村局、市人力资源社会保障局、市行政审批服务局、市市场监管局、市公安局、市交通运输局、市能源局等有关部门）

（此件公开发布）

泰安市人民政府办公室

2020年2月4日

二、市财政局文件辑录

关于印发《泰安市政府采购绩效评价暂行办法》的通知

泰财采〔2016〕10号

各县、市、区财政局，泰安高新区、泰山景区、泰安旅游经济开发区财政局，市直各部门、单位：

现将《泰安市政府采购绩效评价暂行办法》印发给你们，请遵照执行。

附件：泰安市政府采购绩效评价暂行办法

泰安市财政局

2016年10月20日

附件：

泰安市政府采购绩效评价暂行办法

第一章　总 则

第一条　为加强政府采购监督管理，规范政府采购行为，提高财政资金使用效益，推动政府采购管理从程序导向型向结果导向型转变，根据《中华人民共和国预算法》《中华人民共和国政府采购法》《党政机关厉行节约反对浪费条例》《中华人民共和国政府采购法实施条例》等法律法规规定，制定本办法。

第二条　本办法所称政府采购绩效评价，是指评价主体根据设定的绩效目标，运用科学、合理的绩效评价指标、评价标准和评价方法，对政府采购活动的经济性、效率性、有效性和公平性进行的评价，是财政支出绩效评价的重要组成部分。

第三条　对泰安市区域内的政府采购活动开展绩效评价的，适用本办法。

第四条　政府采购绩效评价应当以物有所值为基本目标，遵循客观公正、科学规范、公开透明的原则。

第五条　采购人是政府采购绩效评价的责任主体，采购专管员是具体责任人。

第六条　各级财政部门负责对本级政府采购绩效评价工作的监督管理。

第二章　评价内容及方法

第七条　政府采购绩效评价的内容是政府采购项目的执行情况和采购结果。主要包括：

（一）政府采购法律法规和相关政策、制度的执行情况；

（二）政府采购活动的专业性、效率性、公开性、公平性和公正性；

（三）政府采购结果的需求相关性、经济性、效益性和有效性；

（四）政府采购当事人和服务对象满意度；

（五）政府采购当事人诚实信用情况；

（六）其他需要绩效评价的内容。

第八条 政府采购绩效评价实行定性评价和定量评价相结合的方式进行。

财政部门应当根据物有所值的绩效目标，科学、合理地制定绩效评价指标、评价标准和评价方法，并向社会公布。

第九条 政府采购绩效评价实行百分制。根据得分情况将绩效评价结果划分为四个等级：90 分以上（含）为优秀；80-89 分为良好；60-79 分为一般；59 分以下为不合格。

第三章 组织实施

第十条 政府采购绩效评价原则上由采购人委托第三方评价机构（以下简称“评价机构”）组织实施。

本办法所称评价机构，是指依法设立，具有独立法人资格和良好商业信誉，具备开展绩效评价工作专业能力的企业及其他社会组织。

评价机构与被评价项目之间存在利害关系的，应当回避。

第十一条 政府采购绩效评价一般在项目执行完毕后进行，并在 30 日内完成。对跨年度的重大（重点）项目，可以根据项目进展情况实施阶段性评价。

第十二条 评价机构应当根据财政部门确定的评价内容、评价方法和标准等，分类制定绩效评价工作方案。

第十三条 评价机构在实施绩效评价时，应当以事实为依据，以法律法规为准绳，综合运用数据对比、市场调研、社会调查、专家论证等手段，对项目作出全面、客观分析，确保评价结果的有效性。

对政府向社会公众提供的公共服务项目，应当邀请服务对象参与并出具意见。

第十四条 绩效评价完成后，采购人、评价机构应当向财政部门提交绩效评价报告。绩效评价报告至少应当包括以下内容：

（一）项目基本情况；

（二）绩效评价的组织实施情况；

（三）绩效评价指标体系、评价标准和评价方法；

（四）绩效目标的实现程度；

（五）存在问题及原因分析；

（六）评价结论及建议；

（七）其他需要说明的问题。

第十五条 绩效评价报告应当依据充分、真实完整、数据准确、分析透彻、逻辑清晰、客观公正。对绩效评价报告中所涉及的扣分事项，要逐一列明扣分依据和责任人。

采购人应当对绩效评价报告涉及基础资料的真实性、合法性和完整性负责。采购人在绩效评价中提供虚假资料的，应当承担责任。

第十六条 采购当事人对评价内容或结果有异议的，可以以书面形式向同级财政部门提出，财政部门应当进行复核并做出最终结论。

第十七条 绩效评价结果应当按照政府采购信息公开和预算公开有关规定予以公开。

第四章 评价结果应用

第十八条 财政部门应当及时整理、归纳、分析、反馈绩效评价结果。

绩效评价工作中发现政府采购当事人存在违法违规行为的，由财政部门及相关主管部门依法追究责任。

第十九条 绩效评价结果应当作为完善政府采购制度、改进预算管理、安排项目预算的重要依据。

对于绩效评价优良率较高的部门、单位，财政部门可予以通报表扬，并在预算安排等方面优先给予支持；

对于绩效评价中存在问题较多，不合格率较高的部门、单位，财政部门给予通报批评，并责令限期整改。不进行整改或整改不到位的，可以根据情况调整项目或调减、取消项目预算。

第二十条 绩效评价结果应当作为考察采购专管员、代理机构项目经理履职情况和代理机构执业情况的重要指标。

对于所负责项目绩效评价优良率较高的采购专管员和代理机构项目经理，财政部门可予以通报表扬。

对于所负责项目绩效评价不合格率较高的采购专管员和代理机构项目经理，财政部门给予通报批评，并责令相关部门、单位调整采购专管员人选，或者取消代理机构项目经理资格。

第二十一条 采购人、采购代理机构应当根据绩效评价情况，不断改进内部管理、完善内部控制机制，确保政府采购活动依法、高效、规范进行。

采购人应当优先选择绩效评价优良率较高的采购代理机构代理政府采购项目。

第二十二条 政府采购项目存在附3情形之一的，绩效评价结果为不合格。

第五章 附 则

第二十三条 本办法由泰安市财政局负责解释。

第二十四条 本办法从2017年1月1日起实施。

关于印发《泰安市财政局“四化”管理绩效考评办法（试行）》的通知

泰财办〔2017〕23号

局机关各科室、局属各单位：

《泰安市财政局“四化”管理绩效考评办法（试行）》已经局长办公会研究审定，现予以印发，请抓好贯彻落实。

泰安市财政局

2017年7月18日

泰安市财政局“四化”管理绩效考评办法（试行）

一、总则

第一条　为推进工作项目化、项目目标化、目标责任化、责任绩效化（简称“四化”）管理，进一步提速提效，根据《泰安市财政局关于推行“四化”管理的意见（试行）》（泰财办〔2015〕24号），特制定本办法。

第二条　“四化”管理绩效考评坚持公开公平公正和定量与定性相结合的原则。

第三条　每年度绩效考评原则上于年度结束后2个月内完成。

二、考评主体和考评对象

第四条　考评主体。重大工作项目和重点工作项目的考评主体为局项目办考评组，全局性、综合性常规工作项目的考评主体为主管或主办科室（单位），独立性常规工作项目的考评主体为各科室（单位）。各项目协办科室（单位）的考评主体，为项目主管或主办科室（单位）。

第五条　考评对象。绩效考评的对象为局机关全体在职在岗人员及各科室、单位（包括有相对固定工作职责、固定工作人员和固定工作场所的局机关临时机构）。

三、考评方式

第六条　定量考评。由各考评主体根据项目目标完成情况、项目组验收结果等，对各考评对象主办的项目逐项考评计分。

第七条　定性考评。按优秀、良好、一般、较差四个等次，由各考评主体分别采取无记名投票方式，组织对各考评对象主办的项目进行考评。原则上，定性考评尽量一次性集中组织进行。

四、计分方式和标准

第八条　项目计分采取百分制。凡纳入“四化”管理的项目，无论全局性、综合性、独立性，重大、重点、常规，以及主管、主办或是协办，每个项目的满分分值均为100分。

第九条　定量考评项目，按目标完成率（实际完成值 ÷ 既定目标值 ×100%）计分。其公式为：

项目得分＝100× 目标完成率。

当目标完成率≥100% 时，计 100 分。

第十条　定性考评项目，按优秀率（优秀等次得票数 ÷ 总得票数 ×100%，良好率、一般率、较差率计算办法相同）、良好率、一般率、较差率折算计分。其公式为：

项目得分＝100×（优秀率＋良好率 ×80%＋一般率 ×60%－较差率）。

当项目得分≥90 分时，认定为项目完成既定目标。

五、个人和科室（单位）计分方式

第十一条　个人年度项目考评得分。为所承担的本科室（单位）主管、主办或协办的所有项目得分的加权平均分。其公式为：

个人年度项目考评得分＝个人年度承办项目得分之和 ÷ 个人年度承办项目个数

第十二条　个人年度考评加（减）分。为鼓励干部职工创先争优、勇于担当，对承担本科室（单位）主管或主办的全局性、综合性工作项目的干部职工，根据既定目标完成情况，实行年度考评加、减分；对所主管或主办项目受到国家和省、市表彰的干部职工，实行年度考评加分；对在招商引资工作中做出突出贡献的职工，实行年度考评加分。其中：

（一）对承担本科室（单位）主管的全局性重大、重点和常规工作项目的干部职工，按照既定目标，每完成（或未完成）1 项，年度考评分别加（或减）9 分、6 分、3 分；对承担本科室（单位）主办的综合性重大、重点和常规工作项目的干部职工，按照既定目标，每完成（或未完成）1 项，年度考评分别加（或减）6 分、3 分、1 分。

（二）所主管或主办的项目，受到国家和省、市政府级表彰的，年度考评分别加 24 分、6 分和 3 分；受到国家和省、市部门表彰的，年度考评分别加 6 分、3 分和 1 分。奖项分等次的，一、二、三等奖分别按表彰层级加分值的 3/3、2/3 和 1/3 加分；奖项排名次的，对第一名至第十名分别按表彰层级加分值的 10/10、9/10、8/10 直至 1/10 加分。同一项目考评年度内受到多次表彰的，当年只按最高层级奖项加一次分，以后年度再次受到更高层级表彰的，可在受奖年度继续实行年度考评加分，但必须扣减以前年度考评加分。跨考评年度受到表彰的项目，可在受奖年度实行年度考评加分，并按前述原则处理。

（三）招商引资年度考评加分。凡是引进市外社会资本在我市投资落地实体经济项目的干部职工，市外社会资本到位资金达到 2000 万元的，年度考评加 2 分；到位资金 2000 万元以上部分，每增加 1000 万元，年度考评加 1 分；年度考评累计加分不超过 12 分。凡是引进市外社会资本在我市设立投资基金（不含作为上级政府产业投资基金承接平台引进的资金）的干部职工，市外社会资本到位资金达到 4000 万元的，年度考评加 2 分；到位资金 4000 万元以上部分，每增加 2000 万元，年度考评加 1 分；年度考评累计加分不超过 12 分。

第十三条　个人年度考评得分，为个人年度项目考评得分与个人年度考评加（减）分之和。

第十四条 科室（单位）年度考评得分。为干部职工年度考评平均分与对上争取年度考评加分之和。

（一）干部职工年度考评平均分。为本科室（单位）所有干部职工年度考评得分的加权平均分。其公式为：

科室（单位）年度考评得分＝本科室（单位）干部职工年度考评得分之和÷本科室（单位）干部职工人数

（二）对上争取年度考评加分。凡是争取到的上级试点项目在全省范围内试点单位不超过5个的科室（单位），每争取到1个全国、全省试点项目，年度考评分别加5分、3分。凡是通过竞争性分配或其他非因素法分配方式争取到的省以上财政补助资金5000万元以上（含5000万元）的重大项目，每争取到1个年度考评加5分；省以上财政补助资金分年度到位的，只在项目争取到的第一年，按项目补助资金合计额给予一次性年度考评加分。既符合试点项目争取年度考评加分，也符合补助资金争取年度考评加分的，按加分高者执行，不重复加分。

第十五条 各科室（单位）主要负责人年度考评综合得分。为个人年度考评得分的60%，加本科室（单位）干部职工年度考评平均分的40%，加对上争取年度考评加分。

第十六条 局领导（包括有分工的领导干部等）年度考评得分。为所分管科室（单位）年度考评得分的加权平均分（参照执行局属独立法人事业单位年度考评得分，报局项目办考评组审核确认后，视同局机关科室处理），加年度考评加分。其中，年度考评加分包括：

（一）创先争优考评加分。所分管的工作或者科室（单位）及其干部职工受到国家和省、市政府级表彰的，年度考评分别加8分、2分和1分；受到国家和省、市部门表彰的，年度考评分别加2分、1分和0.5分。奖项分等次或者排名次的，参照第十二条第二款办法处理。

（二）招商引资年度考评加分。为所分管科室（单位）干部职工招商引资年度考评加分之和的20%。

（三）对上争取年度考评加分。为所分管科室（单位）对上争取年度考评加分之和的20%。

六、考评程序

第十七条 自查自评。考评前，各考评对象要对照既定工作目标，对主办的项目逐项做好自查自评，形成书面报告，经分管局领导签字确认后，报各考评主体和局项目办。局项目办对各科室（单位）自查自评报告集中在局内网网站或办公自动化系统上进行公示，公示期不少于3个工作日。

第十八条 组织考评。各科室（单位）自查自评报告公示期满后，由各考评主体依据各自考评办法实施细则组织考评，提出考评结果建议和说明，经分管局领导签字确认后报局项目办考评组。

第十九条 集中公示。局项目办考评组对考评结果建议和说明在局内网网站上集中进行公示，公示期不少于3天。对考评结果建议有异议的，由考评组集中登记备案后分别反馈各考评主体。各考评主体对考评结果建议和说明进行修正并经分管局领导签字确认后，重新报局项目办考评组。

第二十条 审核确认。局项目办考评组汇总各考评主体考评结果建议和说明后，连同公示情况说明，集中提交领导小组会议研究审定最终考评结果。对考评结果建议有异议的，领导小组会议有权进行修正或退回相关考评主体重新考评，经项目办考评组评定后再次提交会议审议。

七、结果运用

第二十一条　考评结果科室（单位）、科室（单位）主要负责人和干部职工得分由高到低分别排名，并在一定范围内进行通报。

第二十二条　年度绩效考评结果，按70%的权重，计入各科室（单位）、干部职工个人年度综合考核结果，作为全局确定年度机关事业单位工作人员考核等次和评选先进科室（单位、集体）、先进个人的重要依据；条件成熟时，将作为提拔、重用和调整干部的重要依据。

第二十三条　干部职工所受党政纪律处分或者其他负面情况，将作为决定考评结果应用的一项重要因素。

八、附则

第二十四条　各项目申报科室（单位）依据本办法，于每年项目申报结束后2个月内，对所申报的全局性、综合性项目逐项制定考评实施细则，报局项目办考评组责任科室备案。

第二十五条　干部职工（不含科室、单位主要负责人和局领导）工作岗位年度中间发生调整的，其承担的项目在调整前已完成或者按项目进度安排应完成而未完成的，仍将其作为主体责任人实施年度考评；按项目进度安排应于调整后完成（不含已提前完成）且仍需继续实施的项目，由岗位替代人员作为主体责任人实施年度考评。

第二十六条　农业综合开发办公室、财政金融运行评价中心、财政资产管理中心等局属独立法人事业单位参照本办法执行。

第二十七条　本办法自2017年1月1日起试行，试行期一年。

第二十八条　本办法由局项目办负责解释。

关于印发《泰安市市直机关基层党组织党建活动经费管理办法》的通知

泰财行〔2018〕14号

市直各部门、单位：

现将《泰安市市直机关基层党组织党建活动经费管理办法》印发给你们，请结合实际认真抓好贯彻落实。

泰安市财政局
中共泰安市委市直机关工委
2018年4月15日

泰安市市直机关基层党组织党建活动经费管理办法

第一章 总 则

第一条 为深入贯彻落实党的十九大精神，按照新时代党的建设的总要求，进一步加强市直机关基层党组织建设，扎实推进“两学一做”学习教育常态化制度化，保障党组织工作需要，规范党建活动经费管理，根据《中华人民共和国预算法》《中国共产党党和国家机关基层组织工作条例》以及《山东省财政厅、山东省委省直机关工委关于印发〈山东省省直机关基层党组织党建活动经费管理办法〉的通知》（鲁财行〔2017〕69号）等有关法律法规规定，制定本办法。

第二条 市直机关基层党组织使用财政资金开展的党建活动，适用本办法。

本办法所称市直机关基层党组织，是指党的关系隶属于市直机关工委的市直各部门、单位（以下简称各单位）按照《中国共产党党和国家机关基层组织工作条例》设置的机关党的基层组织（包括党的基层委员会、党总支、党支部），不包括各单位机关党委（总支）。

本办法所称党建活动，是指基层党组织开展的“三会一课”、主题党日活动、党员和入党积极分子教育培训、党建学习调研等活动。

第三条 各单位基层党组织开展党建活动，必须坚持厉行节约、反对浪费的原则，统筹使用财政资金和党费，结合党建工作要求和机关工作实际，按年度编制计划，实行审批备案管理。

第二章 计划管理

第四条 各单位基层党组织开展党建活动，应当按年度编制党建活动计划（包括活动内容、形式、时间、地点、人数、所需经费及列支渠道等），报单位机关党委（总支）审核。

第五条 各单位基层党组织编制党建

活动计划，应当充分听取党员意见，并经基层党的委员会或支部(总支)委员会讨论。

第六条　各单位机关党委（总支）汇总并审核所属基层党组织年度党建活动计划，经单位财务部门审核后，报单位党组（党委）批准。

各单位机关党委（总支）要严格控制到常驻地以外开展的党建活动规模、时间和数量。

第七条　各单位基层党组织根据党建工作需要，临时增加使用财政资金开展的党建活动，应当报单位机关党委（总支）和财务部门批准。

第八条　各单位应当于每年3月31日前按党组织隶属关系，将党建活动计划报市直机关工委备案。

第三章　开支范围和标准

第九条　本办法所称党建活动经费支出项目包括：租车费、城市间交通费、伙食费、住宿费、场地费、讲课费、资料费和其他费用。

（一）租车费是指开展党建活动需集体出行发生的租车费用。

（二）城市间交通费是指到常驻地以外开展党建活动发生的城市间交通支出。

（三）伙食费是指开展党建活动期间发生的用餐费用。

（四）住宿费是指开展党建活动期间发生的租住房间的费用。

（五）场地费是指用于党建活动的会议室、活动场地租金。

（六）讲课费是指请师资为党员授课所支付的费用。

（七）资料费是指为党员学习教育集中购买的培训资料费用。

第十条　党建活动经费按支出项目，分别执行下列标准：

（一）城市间交通费、住宿费，参照泰安市直机关差旅费有关规定，按标准执行；个人不得领取交通补助。

（二）伙食费，参照泰安市直机关差旅费有关规定，在差旅费伙食补助费标准内据实报销；一天仅一次就餐的，人均伙食费不超过40元；个人不得领取伙食补助。

（三）讲课费，参照泰安市直机关培训费有关标准执行。

（四）租车费，参照泰安市公车改革后定点租赁汽车服务的有关规定执行。

（五）场地费，每半天人均不得超过50元。

（六）资料费和其他有关费用经批准后据实报销。

第四章　活动组织

第十一条　开展党建活动，要突出增强党员的政治意识、大局意识、核心意识、看齐意识，同时注重与中心工作结合，注重质量效果，防止形式主义。

第十二条　开展主题党日活动，应当有详细的活动方案，明确主题，注重活动的政治性和庄重感。

第十三条　开展党建活动，要充分发挥党员的主体作用，必须自行组织，不得将活动组织委托给旅行社等其他单位。

第十四条　开展党建活动，要因地制宜，充分利用本地条件；每个基层党组织到常驻地以外开展党建活动原则上每两年不超过一次；要严格控制租用场地举办活动，确需租用的，要选择安全、经济、便捷的场地。

第十五条　开展党建活动，要根据实际情况集体出行。集体出行确需租用车辆的，应当视人数多少租用大巴车或中巴车，不得租用轿车（5座及以下）。到常驻地以外开展党建活动，一般不得乘坐飞机。

第十六条　开展党建活动，要严格遵守中央八项规定精神，严格执行廉洁自律各项规定。

严禁借党建活动名义安排公款旅游；严禁到党中央、国务院明令禁止的风景名胜区开展党建活动；严禁借党建活动名义组织会餐或安排宴请；严禁组织高消费娱乐健身活动；严禁购置电脑、复印机、打印机、传真机等固定资产以及开支与党建活动无关的其他费用；严禁套取资金设立“小金库”；严禁发放任何形式的个人补助；严禁转嫁党建活动费用。

第五章　报销结算

第十七条　报销党建活动经费，需经单位机关党委（总支）审核后履行报销程序。

各单位财务部门应当严格按照规定进行审核报销。

第十八条　党建活动的资金支付，应当执行国库集中支付和公务卡管理有关制度规定。

第十九条　党建活动所需财政资金，原则上在部门预算公用经费中列支，由各单位在年度部门预算中予以合理保障。

第六章　监督检查

第二十条　各单位应当将党建活动经费开支情况以适当方式公开。

第二十一条　各单位应当于每年3月31日前将上年度党建活动开展情况（包括活动形式、内容、时间、地点、人数、经费开支及列支渠道等）按党组织隶属关系，报市直机关工委备案。

第二十二条　市直机关工委、市财政局等有关部门对各单位党建活动经费管理使用情况进行监督检查。重点关注以下问题：

（一）党建活动计划的编报是否符合规定。

（二）临时增加党建活动是否报单位机关党委（总支）批准。

（三）党建活动经费开支范围和开支标准是否符合规定。

（四）党建活动经费报销和支付是否符合规定。

（五）是否存在奢侈浪费现象。

（六）是否存在其他违反本办法的行为。

第二十三条　有违反本办法的行为，由市直机关工委、市财政局等有关部门追回资金，按照《中华人民共和国预算法》《财政违法行为处罚处分条例》（国务院令第427号）等有关规定进行处理，并依法追究有关单位及其相关人员责任；涉嫌违法的，移交司法机关处理。

第七章　附则

第二十四条　各单位应当按照本办法，结合本单位业务特点和工作实际，制定基层党组织党建活动经费管理具体规定。

第二十五条　事业单位参照本办法执行。

第二十六条　本办法由市财政局会同市直机关工委负责解释。

第二十七条　本办法自2018年4月16日起施行，有效期至2022年12月31日。

关于印发《泰安市财政局预算绩效管理改革工作方案》的通知

泰财办〔2019〕6号

各科室、单位：

《泰安市财政局预算绩效管理改革工作方案》已经局长办公会研究同意，现印发给你们，请认真贯彻执行。

泰安市财政局

2019年3月21日

泰安市财政局预算绩效管理改革工作方案

为全面贯彻落实中共中央、国务院《关于全面实施预算绩效管理的意见》（中发〔2018〕34号）和省委、省政府《关于全面推进预算绩效管理的实施意见》（鲁发〔2019〕2号），扎实推进预算绩效管理改革，力争预算绩效管理改革走在全省前列，现制定如下工作方案。

一、总体要求和目标任务

以建立现代财政制度为目标，以全面实施预算绩效管理为突破口，将预算绩效理念和方法嵌入预算管理全过程，创新预算管理方式，更加注重结果导向，强调成本效益，强化责任约束，坚持全面实施，统筹推进，通过建机制、扩范围、抓重点、补短板，按照走在全省前列的要求，力争用4～5年时间基本建成全方位、全过程、全覆盖的预算绩效管理体系，实现预算和绩效管理一体化，改变预算资金分配的固化格局，提高预算管理水平和政策实施效果，为促进全市经济社会发展提供有力保障。

二、改革内容

（一）实施全方位管理，实现预算绩效全覆盖。按照中央、省全面实施预算绩效管理的要求，将预算绩效管理实施对象从项目支出为主向政策、部门整体绩效拓展，从转移支付为主向政府财政运行综合绩效拓展，从一般公共预算为主向“全口径”预算拓展，并延伸至政府投资基金、政府与社会资本合作（PPP）、政府采购、政府购买服务、政府债务项目绩效管理等方面，加快构建政府预算、部门预算、政策和项目预算全方位预算绩效管理格局，形成纵向贯穿各级政府，横向覆盖所有部门（单位）的预算绩效管理体系。

（二）健全完善绩效链条，实行全过程预算绩效管理。把绩效理念和方法深度融入预算管理全过程，将绩效管理关口前移，构建事前、事中、事后“三位一体”预算绩效管理闭环系统，实现预算与绩效管理一体化运行。

（三）加强基础支撑体系建设，提高

绩效管理规范化水平。以标准科学、制度完备、规范高效为目标，加快预算绩效管理基础支撑体系建设，推动预算绩效管理标准科学、程序规范、方法合理、结果可用，不断提高预算绩效管理的科学化、规范化水平。

（四）明确权责，强化预算绩效硬约束。坚持权责对等、约束有力，进一步明确各方预算绩效管理职责，清晰界定权责边界，增强预算绩效管理的约束力，切实做到花钱必问效、无效必问责。

三、具体工作措施

（一）完善制度体系。根据中共中央、国务院《关于全面实施预算绩效管理的意见》（中发〔2018〕34 号）和省委、省政府《关于全面推进预算绩效管理的实施意见》（鲁发〔2019〕2 号），研究起草具体实施意见，报市委、市政府批准后印发实施。根据省政府《山东省省级部门单位预算绩效管理办法》和《山东省省对下转移支付资金预算绩效管理办法》，结合我市实际，研究制定我市有关管理办法。

责任单位：预算科

完成时限：2019 年 3 月 10 日前完成初稿，征求有关部门意见；3 月底前报市委、市政府研究同意后印发实施。

（二）加强学习培训。组织局各科室（单位）、各县（市、区）到预算绩效管理工作开展较早、较好的省市进行考察，学习绩效目标评估、绩效指标体系、绩效评价等方面的先进经验和做法；邀请财政部、省财政厅以及预算绩效管理领域的专家学者，对市级部门、县（市、区）、局各科室（单位）和中介机构进行培训指导，提高各方面预算绩效管理意识和业务水平，为推进改革营造良好氛围。

责任单位：预算科

完成时限：2019 年 4 月底前完成学习考察；2 月份已邀请省财政厅领导对各科室（单位）进行专题授课；5 月份邀请财政部领导或预算绩效管理专家进行专题授课。

（三）强化业务支撑。加强第三方机构培育，在政府采购入库中介机构的基础上，对中介机构绩效评价工作进行考核，绩效评价机构的选择使用与考核结果挂钩，确保中介机构从业水平和绩效评价工作质量不断提升。建立专家咨询机制，组建市级预算绩效管理专家学者库，为全面推进预算绩效管理提供人才支撑。

责任单位：预算科

完成时限：在 2018 年底已完成预算绩效管理专家征集上报的基础上，2019 年 3 月 20 日前完成绩效管理专家学者库筛选，并对社会公布；根据 2018 年财政重点绩效评价情况，2019 年 4 月底前完成对中介机构绩效评价工作的考核，并向有关中介机构反馈考核结果。

（四）细化工作流程。根据中央和省工作要求和工作进展，在《泰安市市级财政支出绩效评价操作规程（试行）》（泰财预〔2018〕51 号）基础上，研究拟定《市财政局预算绩效管理内部工作规程》，明确财政部门内部工作分工、细化工作措施、强化工作落实，建立适应预算绩效管理最新要求的工作机制。

责任单位：预算科牵头　各预算管理科室配合

完成时限：2019 年 3 月 8 日前形成初稿征求各科室意见，3 月底前印发实施。

（五）开展评价结果运用。强化绩效评价结果应用，建立评价结果报告、反馈、公开和问题整改制度。建立绩效评价结果与预算安排和政策调整挂钩机制，将部门整体绩效与部门预算安排挂钩，将下级政府财政运行综合绩效及预算绩效管理改革推进情况与转移支付分配挂钩，将分区域项目绩效与专项资金分配挂钩。

责任单位：预算科牵头 各预算管理科室配合

完成时限：2019 年 3 月底，完成 2018 年财政重点绩效评价结果的反馈工作；及时跟踪省级改革导向，根据最新工作要求逐步完善挂钩机制。

（六）强化信息化平台支撑。依托市级预算绩效信息系统，进一步拓展功能、优化流程，把全过程预算绩效管理深度融入预算管理各个环节，通过信息系统强化绩效管理的刚性约束，实现预算与绩效管理一体化。加强对县（市、区）预算绩效管理信息化平台建设的业务指导，尽快实现市、县预算绩效信息系统全覆盖。

责任单位：预算科

完成时限：在 2018 年底启用市级预算绩效管理信息系统的基础上，启用绩效监控、绩效自评等信息系统子功能模块，实现预算信息系统和绩效信息系统的一体化管理功能；2019 年 4 月底前，请系统开发商对市直部门（单位）和预算管理科室进行绩效监控、绩效自评等信息系统子功能模块的使用培训。2019 年底前，县（市、区）全面启用预算绩效管理系统。

（七）推动绩效信息公开。建立重点评价结果向社会公开机制，推动部门重点评价结果向社会公开。建立绩效目标和绩效自评报告随预决算公开机制，部门随同部门预算，向社会公开重点项目绩效目标；随同部门决算，向社会公开绩效自评结果。建立绩效信息向人大报送机制，将重点项目专项资金绩效目标全部报送市人大审议，将重点绩效评价报告报送市人大审议。

责任单位：预算科 国库科 各预算管理科室配合

完成时限：2019 年 5 月底前，将 2018 年重点绩效评价结果向社会公开；按照法定公开时限，随部门决算公开 2018 年项目支出自评报告，随部门预算公开 2019 年项目支出绩效目标；选择 2019 年部分项目绩效目标和 2018 年重点绩效评价报告报市人代会审议。

四、保障措施

（一）加强组织领导。市财政局成立预算绩效管理工作领导小组，加强对全市财政部门预算绩效管理改革的组织领导，领导小组下设办公室，负责全局预算绩效管理改革组织和综合协调工作，推动全市预算绩效管理改革扎实开展。按照中央和省精神，结合实际制定实施办法，加强财政部门预算绩效管理力量，指导县（市、区）健全完善预算绩效管理机构，充实配备专业人员，上下联动共同推动全市预算绩效管理工作深入开展。

（二）明确工作分工。财政部门发挥好总体规划、制度设计、组织推动和考核督导的职责，树立全员抓绩效的理念，围绕预算编制、执行、决算各环节，清晰界定预算、绩效、预算评审、预算管理科室等各科室的绩效管理职责，建立责任明确、流程清晰、运转有序的内部工作规程，形成各司其职、齐抓共管的良好格局。各部门（单位）落实好绩效管理的主体责任，厘清部门内部财务与业务管理科室的职责分工，部门（单位）财务负责本部门预算绩效的组织、督导、审核，牵头建立部门重点评价机制，部门（单位）业务管理科室负责绩效目标编报、开展绩效监控和绩效自评、牵头负责绩效问题整改等。

（三）完善财务管理机构。建立预算管理改革和绩效管理改革承接机制，市直部门（单位）完善财务管理机构，配强配齐财务人员，确保各部门（单位）预算和绩效管理业务有人管、接得住、落实好，切实强化部门（单位）的财务、预算和绩效管理主体责任，适应预算管理和预算绩效管理改革全面推进的新形势和新要求，为各项改革顺利推进提供组织保障。

（四）强化考核推动。向市委、市政府提出建议，建立预算绩效结果与政府绩效和干部政绩考核挂钩机制，将政府财政运行综合绩效作为政府绩效考核的重要内容，将部门整体绩效评价结果纳入对党群机关、政府部门及事业单位绩效考核范围，作为领导干部选拔任用的重要参考。各级财政部门负责对本级部门和预算单位、下级财政部门预算绩效管理工作情况进行考核。建立考核结果通报制度，对工作成效明显的地区和部门予以通报表彰，对工作推进不力的进行约谈并责令限期整改。根据《泰安市县级财政部门预算绩效管理工作评价办法》（泰财预〔2018〕36号），落实考核结果奖励和通报制度，强化对县（市、区）的考核督导，确保市县预算绩效管理工作同向同步、协调推进。同时，发挥市人大预算工委的监督作用，将部门（单位）预算绩效管理工作进展情况纳入人大审查范围，定期对部门（单位）开展专项审查。

关于印发《泰安市财政局关于做好新型冠状病毒感染的肺炎疫情防控生活物资供应财政保障工作方案》的通知

泰财办企〔2020〕1号

局有关科室、单位：

现将《泰安市财政局关于做好新型冠状病毒感染的肺炎疫情防控生活物资供应财政保障工作方案》印发给你们，请按照方案要求，抓好落实，切实做好疫情防控生活物资供应财政保障工作。

泰安市财政局

2020年1月30日

泰安市财政局关于做好新型冠状病毒感染的肺炎疫情防控生活物资供应财政保障工作方案

为全面落实市委、市政府关于做好新型冠状病毒感染的肺炎疫情防控生活物资供应保障工作的安排，根据《泰安市新型冠状病毒感染的肺炎疫情防控生活物资供应保障组工作方案》和《关于印发〈泰安市财政局关于做好新型冠状病毒感染的肺炎疫情防控应急经费保障工作方案〉的通知》（泰财办〔2020〕3 号），结合具体工作实际，制定生活物资供应财政保障工作方案。

一、组织机构

成立市财政局疫情防控生活物资供应财政保障工作领导小组，局党组书记、局长刘斌任组长，相关分工领导任副组长，有关科室（单位）负责人任成员（领导小组名单见附件），具体负责疫情防控生活物资供应的财政保障工作。

二、工作责任及分工

按照市委、市政府及市新型冠状病毒感染的肺炎疫情防控工作领导小组的决策部署，根据生活物资供应保障组的任务安排，市财政积极主动配合有关单位，在发挥市场对资源的配置作用基础上，充分发挥财政职能，为有关单位在做好疫情防控物资供应各环节的畅通有序运行提供财政保障。

企业科总牵头，负责根据生活物资保障组的要求，汇总相关科室提供资料信息，每天按时向生活物资保障组上报财政保障工作进展情况。负责对接市商务局、市场监管局，为生活物资商贸流通和市场监管等环节的畅通运行提供好财政保障。

经济建设科牵头负责对接市发展改革委、市交通运输局，为生活物资的综合协调、市场监测、运输保障等环节的畅通运行提供财政保障。

农业农村科牵头负责对接市农业农村局，为生活物资的源头供给等环节的畅通运行提供财政保障。

其他有关科室、单位根据生活物资保障组相关部门、单位的需求，认真履行好工作职责。

三、工作要求

各有关科室（单位）要充分认识疫情防控工作的极端重要性，牢固树立全局“一盘棋”思想，敢于担当、主动配合、全力做好疫情防控生活物资供应财政保障工作，为坚决打赢疫情防控阻击战贡献财政力量。

关于印发《泰安市市级行政事业性国有资产管理绩效评价暂行办法》的通知

泰财资〔2020〕37号

市直各部门、单位：

为进一步规范和加强市级行政事业性国有资产监管，促进资产科学配置、有效使用和规范处置，根据《中华人民共和国预算法》《中共泰安市委泰安市人民政府关于全面推进预算绩效管理的实施意见》（泰发〔2019〕13号）等法规制度，我们制定了《泰安市市级行政事业性国有资产管理绩效评价暂行办法》，现予印发，请认真贯彻执行。

泰安市财政局

2020年8月26日

泰安市市级行政事业性国有资产管理绩效评价暂行办法

第一章 总则

第一条 为进一步规范和加强市级行政事业性国有资产监管，强化资产管理内部流程控制，促进资产科学配置、有效使用和规范处置，降低行政运行成本，根据《中华人民共和国预算法》《山东省省级行政事业性国有资产管理绩效评价暂行办法》（鲁财资〔2019〕49号）、《中共泰安市委泰安市人民政府关于全面推进预算绩效管理的实施意见》（泰发〔2019〕13号）等法规制度，制定本办法。

第二条 本办法评价对象为市级行政事业单位，包括党的机关、人大机关、行政机关、政协机关、监察机关、审判机关、检察机关、群团机关、民主党派机关，以及市属事业单位。

第三条 资产管理绩效评价应当坚持客观公正、严格规范、注重实效的原则。

第二章 评价内容和指标

第四条 资产管理绩效主要评价市级行政事业单位资产制度建设、管理机构设置、资产配置、资产使用、资产存量盘活、信息化建设等内容。

第五条 资产管理绩效评价设置定性指标和定量指标。

第六条 定性指标主要包括：

（一）资产制度管理；

（二）资产配置管理；

（三）资产使用管理；

（四）资产处置管理；

（五）资产产权管理；

（六）资产统计管理。

第七条 定量指标主要包括：

（一）闲置资产变化率。考核闲置一年以上的资产盘活情况。

闲置资产变化率＝（本年闲置资产账面价值 ÷ 本年总资产账面价值）÷（上一年度闲置资产账面价值 ÷ 上一年度总资产账面价值）×100%。

（二）通用资产增长率。考核通用资产变化情况。分为通用办公家具增长率和通用办公设备增长率。

通用办公家具增长率＝（年末办公家具账面价值—年初办公家具账面价值）÷年初办公家具账面价值 ×100%。

通用办公设备增长率＝（年末办公设备账面价值—年初办公设备账面价值）÷年初办公设备账面价值 ×100%。

（三）人均通用资产占有率。考核各部门办公家具、办公设备等通用资产的人均占有水平。分为人均办公家具占有率和人均办公设备占有率。

人均办公家具占有率＝（年末部门办公家具账面价值 ÷ 年末部门在职人员实有数）÷（年末市级单位办公家具账面价值 ÷ 年末市级单位在职人员实有总数）。

人均办公设备占有率＝（年末部门办公设备实有数量 ÷ 年末部门在职人员实有数）÷（年末市级单位办公设备实有总量 ÷ 年末市级单位在职人员实有总数）

（四）超最低使用年限资产利用率。考核内部资产延长资产使用年限的情况。分为办公家具超最低使用年限资产利用率和办公设备超最低使用年限资产利用率。

办公家具超最低使用年限资产利用率＝超最低使用年限的通用办公家具账面价值 ÷通用办公家具账面价值 ×100%。

办公设备超最低使用年限资产利用率＝超最低使用年限的通用办公设备账面价值 ÷通用办公设备账面价值 ×100%。

（五）信息化应用率。考核利用信息化手段进行资产管理的程度。分为信息系统时间节点完成率、信息数据完整率、条形码或电子标签应用程度和资产信息数据与账实相符程度。

（六）资产共享共用率。考核资产统一调配工作开展的情况。

第八条 定性和定量评价实行百分制。同时设加分项和扣分项，在资产管理方面获得市级以上奖励、制度创新取得重大突破、资产盘活效果良好的，给予加分；在巡视、审计、监督检查工作中发现资产管理存在问题的，给予扣分。

第三章 组织实施

第九条 资产管理绩效评价分部门单位自评、市财政局抽评和重点评价三种方式。

第十条 各市级主管部门负责本部门及所属单位资产管理绩效评价工作。各市级主管部门于每年5月底前填报本部门《泰安市市级行政事业性国有资产管理绩效评价表》，并撰写自评报告，报送市财政局。

第十一条 市财政局每年根据工作需要，按照10%—20%的比例对部门实施抽评，根据工作需要对重大资产管理事项开展重点评价。

第十二条 市财政局抽评或重点评价采取实地查看、核实数据、听取汇报、组织座谈、问卷调查等方式进行。

第十三条　市财政局根据抽评情况，按照评价内容和评分标准确定抽评部门得分，并进行反馈。

第十四条　市财政局按照得分确定评价结果。评价结果分为优秀、良好、一般、较差四个等次。

第四章　结果应用

第十五条　市财政局对评价结果进行通报，对存在的问题下达整改意见书，各部门应按要求认真整改。

第十六条　市财政局将评价结果列入市级部门预算管理绩效综合考核评价指标，作为对市直机关、市属事业单位绩效考核以及资产配置预算安排和审计监督的重要依据。

第十七条　市级各部门要高度重视资产管理绩效评价工作，加强组织领导，指定专人负责，严格按照考核办法要求，做好相关资料收集、整理和汇总工作，在规定时间内按要求报送自查评分表和自查报告，单位负责人应当对本单位提供的相关绩效考评资料的真实性和完整性负责。

第五章　附则

第十八条　市级各主管部门要结合本部门实际，制定本部门资产管理绩效评价实施办法，并报市财政局备案。

第十九条　本办法由市财政局负责解释。

第二十条　本办法自2020年1月1日起施行。

附件：泰安市市级行政事业性国有资产管理绩效评价表

附件

泰安市市级行政事业性国有资产管理绩效评价表

附表 -3

指标类型	考评目标内容	评分标准（绩效目标值）	自评得分	考评得分
定性指标（40分）	1. 资产制度管理（5分）	1. 建立健全资产管理及内控制度，计1分； 2. 设立资产管理机构或实行专人管理，计1分； 3. 发挥民主、集体决策，召开涉及资产的管理工作会议并且存有会议记录、会议决策文件，计1分； 4. 认真组织年度资产清查，计1分； 5. 开展资产安全检查，清除各类隐患，并有相关安全检查记录，计1分。		
	2. 资产配置管理（4分）	1. 实行资产配置计划预算管理，计1分； 2. 严格执行资产配置标准，计1分； 3. 严格执行政府采购规定，计1分； 4. 建立共享共用制度，明确资产配置时优先调剂使用闲置资产，计1分。		
	3. 资产使用管理（5分）	1. 建立资产日常使用管理制度和问责制，计1分； 2. 资产出租出借事项按规定报批，计1分； 3. 对外投资或担保事项按规定报批，计1分； 4. 资产出借、对外投资、出租等实行专项管理，计1分； 5. 建立低值材料易耗品等物资的采购领用内控监督管理制度，定期进行财务核查，有核查记录的，计1分。		
	4. 资产处置管理（5分）	1. 资产处置按规定权限报批、报备，计1分； 2. 资产处置按规定办理鉴定或鉴证手续，计1分； 3. 资产处置依法进行评估或备案，计1分； 4. 资产收入管理符合相关规定，计1分； 5. 涉密资产按保密工作要求报批处理，计1分。		
	5. 资产产权管理（3分）	1. 及时办理产权占有、变动登记和注销手续，计1分； 2. 按时报送产权年度检查资料，计1分； 3. 产权年度检查报送资料真实、完整，计1分。		
	6. 资产统计管理（18分）	1. 资产月报按时报送，计5分； 2. 资产年报及时报送，计5分； 3. 国资报表和报告及时报送，计5分； 4. 报表数据准确，计1分； 5. 报送范围全面，计1分； 6. 对重大或异常数据做出说明并提供相关材料，计1分。		

续附表 -3

指标类型	考评目标内容		评分标准（绩效目标值）	自评得分	考评得分
定量指标（60分）	1. 闲置资产变化率（10分）	闲置资产变化率（10分）	设闲置资产变化率为X，则X ≥ 100%，计0分；90% < X < 100%，计3分；80% < X ≤ 90%，计5分；70% < X ≤ 80%，计8分；X ≤ 70%，计10分；两年均无闲置资产或上年有闲置资产考核年度无闲置资产的，计10分；上年无闲置资产考核年度出现闲置资产的，计0分。		
	2. 通用资产增长率（10分）	（1）通用办公家具增长率（5分）	以市级行政事业单位办公家具平均增长率N作为参照值，单位通用办公家具增长率为X，则X ≤ 0，计5分；0 < X ≤ N，计3分；N < X ≤ 2N，计2分；2N < X ≤ 3N，计1分；X > 3N，计0分。		
		（2）通用办公设备增长率（5分）	以市级行政事业单位办公设备平均增长率N作为参照值，单位通用办公设备增长率为Y，则Y ≤ 0，计5分；0 < Y ≤ N，计3分；N < Y ≤ 2N，计2分；2N < Y ≤ 3N，计1分；Y > 3N，计0分。		
	3. 人均通用资产占有率（10分）	（1）人均办公家具占有率（5分）	设人均办公家具占有率为X，则X > 1且部门所考核资产人均占有量与自身前一年度的数值相比仍有升高或持平的，计0分；X > 1且部门所考核资产人均占有量与自身前一年度的数值相比的有所降低的，计2分；X ≤ 1的，计4分。		
		（2）人均办公设备占有率（5分）	设人均办公设备占有率为Y，则Y > 1且部门所考核资产人均占有量与自身前一年度的数值相比仍有升高或持平的，计0分；Y > 1且部门所考核资产人均占有量与自身前一年度的数值相比的有所降低的，计2分；Y ≤ 1的，计4分。		
定量指标（60分）	4. 超最低使用年限资产利用率（10分）	（1）办公家具超最低使用年限资产利用率（5分）	设办公家具超最低使用年限资产利用率为X，则X ≥ 30%，计5分；20% ≤ X<30%，计3分；10% ≤ X<20%，计2分；5% ≤ X<10%，计1分；X < 5%，计0分。		
		（2）办公设备超最低使用年限资产利用率（5分）	设办公设备超最低使用年限资产利用率为Y，则Y ≥ 30%，计5分；20% ≤ Y < 30%，计3分；10% ≤ Y<20%，计2分；5% ≤ Y < 10%，计1分；Y < 5%，计0分。		

续附表 -3

指标类型	考评目标内容		评分标准（绩效目标值）	自评得分	考评得分
定量指标（60 分）	5. 信息化应用率（10 分）	（1）信息系统时间节点完成率（3 分）	资产发生变化，1. 实时更新资产信息数据的，计 3 分；2. 半个月之内更新数据的，计 2 分；3. 一个月之内更新数据的，计 1 分；4. 一个月之后更新数据的，计 0 分。		
		（2）信息数据完整率（3 分）	资产管理信息系统中所列资产科目，1. 全部字段信息完整的，计 3 分；2. 80% 以上字段信息完整的，计 2 分；3. 50% 以上字段信息完整的，计 1 分；4. 50% 以下字段信息完整的，计 0 分。		
		（3）条形码或电子标签应用（2 分）	1. 凡资产管理中使用条形码或电子标签等可记录资产管理全过程新技术的，计 2 分；2. 未使用的计 0 分。		
		（4）信息化管理与账实相符（2 分）	1. 凡资产管理信息系统管理事项一卡一物，账卡齐全的，计 2 分；2. 凡不齐全的，计 0 分。		
	6. 资产共享共用率（10 分）	资产共享共用率（10 分）	1. 凡部门、单位实现跨部门资产调配使用 2 次及以上的，计 10 分；2. 凡部门、单位实现跨部门资产调配使用 1 次的，计 8 分；3. 凡部门、单位实现内部资产调配使用 2 次及以上的，计 6 分；4. 凡部门、单位实现内部资产调配使用 1 次的，计 3 分；5. 凡未实现内部资产调配使用的，计 0 分。		
加分项（10 分）	获得市级以上奖励、工作中有重大创新、资产盘活效果良好（10 分）		1. 凡资产管理工作获得市级以上奖励的，每项奖励，计 4 分；2. 在资产管理工作中有重大创新的，每个创新点，计 2 分；3. 盘活资产效果良好的，计 5 分。		
扣分项（10 分）	巡视、审计、监督检查工作中发现资产管理存在问题（10 分）		在巡视、审计、监督检查工作中发现资产管理存在问题的，1. 每一次行政处罚，扣 5 分；2. 每一次行政处理，扣 3 分；3. 巡视、审计、监督检查工作中发现问题属于部门责任的，每次扣 2 分；4. 问题性质特别严重的，扣 10 分。		

关于印发《泰安市市级安全生产和应急管理资金管理暂行办法》的通知

泰财建〔2021〕6号

各县（市、区）及功能区财政局：

为进一步规范市级安全生产和应急管理专项资金管理使用，提高资金使用效益，研究制定了《泰安市市级安全生产和应急管理资金管理暂行办法》，现印发给你们，请遵照执行。

泰安市财政局

2021年5月18日

泰安市市级安全生产和应急管理资金管理暂行办法

第一章 总 则

第一条 为规范和加强安全生产和应急管理资金管理，提高财政资金使用绩效，发挥激励引导作用，根据《中华人民共和国预算法》《山东省安全生产条例》《自然灾害救助条例》《山东省人民政府办公厅关于印发山东省自然灾害救助应急预案的通知》（鲁政办字〔2012〕86号）、《中共泰安市委市政府关于深入推进安全生产领域改革发展的意见》(泰发〔2018〕31号)、《泰安市人民政府关于深化市级预算管理改革的意见》（泰政发〔2019〕3号）、《中共泰安市委泰安市人民政府关于全面推进预算绩效管理的实施意见》（泰发〔2019〕13号）等相关法律法规和政策规定，制定本办法。

第二条 泰安市市级安全生产和应急管理资金（以下简称“专项资金”）是指由市级一般公共预算安排，统筹用于支持全市安全生产、应急救援、自然灾害风险防治等方面的资金。

第三条 专项资金由市级财政、业务主管部门按照职责分工进行管理。市业务主管部门包括市应急局、市消防救援支队、市能源局等。其中，安全生产、应急救援、自然灾害风险防治、防震减灾能力提升等资金由市应急局负责；消防装备能力建设资金由市消防救援支队负责；煤矿安全生产资金由市能源局负责。

市财政局负责组织专项资金预算编制，对支出政策进行审核，牵头预算绩效管理，下达拨付资金等。

市应急管理局等业务主管部门按照工作职能分工，分别负责专项资金预算编制和具体执行，研究制定专项资金分配使用方案、任务清单、项目实施方案，组织项目立项和验收等，对项目支出进度、使用绩效以及专项资金安全性、规范性负责。

县（市、区）财政部门和业务主管部门应当加强协调配合，保证补助地方资金及时足额拨付，在规定权限内安排使用资金，具体负责项目的立项、实施和验收等，并对项目安排和资金使用的真实性、合规性及有效性负责。

第二章 预算编制

第四条 市应急管理局等业务主管部门按照市级预算编制有关要求，提前做好项目论证、评估和年度资金需求测算、绩效目标设定等基础性工作，研究提出专项资金中期财政规划和年度预算安排建议，制定资金绩效目标，并及时将相关信息纳入市级预算管理系统，向市财政局提报预算申请。预算编制中，对中央、省、市委市政府确定的重大改革、重大政策和重点项目支出要应编尽编，不得出现遗漏。

第五条 市财政局按照预算编制要求和资金管理规定，对市应急管理局等业务主管部门提报的资金预算进行审核，综合考虑支出政策、资金需求、财力可能、上年绩效等因素，研究提出年度预算安排意见，按程序报市人大审议批准。

第六条 建立重大政策和项目事前绩效评估机制。市应急管理局等业务主管部门申请通过专项资金安排新增重大政策和项目支出预算时，应进行事前绩效评估，重点论证实施必要性、投入经济性、绩效目标合理性、实施方案可行性、筹资合规性等，并出具评估报告。市财政局根据市应急管理局等业务主管部门提报的预算申请、事前绩效评估报告等，对新增重大政策和项目支出预算进行审核，必要时组织第三方机构独立开展绩效评估，并依据审核和评估结果安排预算。未开展事前绩效评估或绩效评估结果较差的政策和项目，不得列入中期财政规划和年度预算。

第七条 按照“谁申请资金，谁编制目标”的原则，市应急管理局等业务主管部门应当健全绩效目标内部编报机制，组织所属单位或项目实施单位编制项目绩效目标，并作为申请预算和项目入库的前置条件。对下转移支付资金，市应急管理局等业务主管部门应当编报对下转移支付整体绩效目标，并按预算编制管理程序报送市财政局。市财政局和市应急管理局等业务主管部门按照各自职责对绩效目标进行审核。

第八条 市应急管理局等业务主管部门对专项资金实行任务清单管理模式，明确每项任务的具体支出事项、资金规模、绩效目标等内容。根据任务内容不同，将任务清单划分为约束性任务和指导性任务。允许县（市、区）和功能区在完成约束性任务后，将剩余资金在专项资金使用范围内统筹使用。

第九条 专项资金任务清单具体包括：

（一）安全生产基础建设。用于落实完善风险分级管控和隐患排查治理双重预防机制政策，支持重点安全生产领域行业安全标准体系建设，开展安全生产巡查、执法检查，落实安全生产责任保险奖补、安全生产举报奖励，开展非煤矿山、工贸行业、危险化学品等重点领域隐患治理，政府性突发安全生产事故处置，信息化建设、安全生产体系建设等。

（二）应急救援能力建设。用于支持应急救援体系建设、应急救援装备建设、应急救援机制建设、应急管理信息化建设，开展应急管理和安全生产公益宣传，组织应急预案演练、应急技能竞赛、政府性突发应急事件处置等。

（三）煤矿安全生产。用于煤矿领域安全风险管控和隐患排查治理，对重点煤矿实施安全检查和评价等。

（四）自然灾害风险防治。用于支持自然灾害风险普查，组织开展风险评估，自然灾害防治体制机制建设等。

（五）防震减灾服务能力提升。支持建设工程抗震设防要求的监督管理，地震监测、应急救援、信息化建设等。

（六）消防装备能力建设。用于市消防救援支队为履行职责及完成重点任务所需的工程建设、装备购置、器材设备购置、应急救援储备物资购置等。

（七）市委、市政府确定的其他安全生产和应急管理相关的重点工作。

严禁将专项资金用于行政事业单位人员经费、公用经费、“三公”经费、平衡本级预算等支出。

第十条　属于政府采购范畴的货物、服务和工程项目，以及纳入政府购买服务目录内的服务项目，应当同时编制政府采购预算或及政府购买服务计划。对下转移支付资金，按照政府集中采购目录和限额标准要求执行，不列入市级政府采购预算及购买服务计划编制范围。

第三章　预算执行

第十一条　市应急管理局等业务主管部门根据专项资金年度预算规模和任务清单，研究制定资金分配方案，确保市委市政府确定的重点支出不留“硬缺口”。在预算执行过程中，定期对照分析，评估专项资金使用、项目实施和绩效目标实现情况。

第十二条　专项资金一般采取项目法和因素法的分配管理方式。市本级支出的资金应明确到具体项目，纳入市直预算单位部门预算，按照预算管理相关规定批复下达。市应急管理局等业务主管部门要确保项目安排合理合法，提前做好项目申报、评估论证、年度资金需求测算等工作，做实做细项目库，确保专项资金项目全部按规定列入项目库，并按照轻重缓急排序，实现定期更新和滚动管理。未纳入项目库管理的项目原则上不安排预算。

对下转移支付资金主要采取因素法分配方式，市应急管理局等业务主管部门科学遴选确定分配因素和权重，研究制定资金分配方案。资金下达后，县（市、区）和功能区应及时制定资金使用方案并拨付资金，对项目安排实施、预算执行进度和资金使用的真实性、合规性及有效性负责。采取项目法分配资金的，市应急管理局等业务主管部门按相关规定及确定的资金数额组织项目申报，通过专家评审或委托第三方机构评审等方式择优遴选项目，并根据评审意见，对项目进行公示，确定项目名单，提出资金分配方案。

第十三条　各业务主管部门资金分配方案，由市应急局负责汇总，经市财政局合规性审核后，由市应急局负责报其分管市领导同意，在规定时限内以正式文件报送市财政局。市财政局按照程序下达预算指标分配文件，同步下达专项资金任务清单和绩效目标。按因素法分配的专项资金，同时下达区域绩效目标，或者提出区域绩效目标编报要求，县（市、区）和功能区业务主管部门要会同同级财政部门按要求编报区域绩效目标，按预算管理程序报送市应急管理局等业务主管部门和市财政局。

市财政局对资金分配方案的合规性审核，主要包括：中央、省和市委市政府确定的硬性支出事项是否足额安排，市级资金是否与中央、省级资金统筹使用，任务清单是否完整，项目确定和资金分配的范围、依据是否符合资金管理办法规定、是否履行“三重一大”决策程序，支出事项是否存在政策过时情形和违规配套要求，资金分配是否根据需要对各地财力状况作出充分考虑等。

第十四条　专项资金不得要求县（市、区）和功能区安排配套投入。县（市、区）和功能区在分配资金时，除国家、省和市规定的共同财政事权外，不得要求乡镇（街道）安排配套资金，不得将乡镇（街道）投入情况作为资金分配的前置条件。

第十五条　市应急管理局等业务主管部门根据专项资金预算安排情况，结合专项业务工作特点，制定具体实施方案或工作指南，明确专项资金具体支出政策、项目申报指南、资金分配因素、绩效管理等具体要求。县（市、区）和功能区业务主管部门申报项目时，应当会商财政部门同意，同时将项目及绩效目标报市应急管理局等业务主管部门。

第十六条　市应急管理局等业务主管部门要严格按照政府采购法及政府购买服务等相关法律法规及制度办法规定，规范有序开展政府采购及政府购买服务活动，竞争择优确定供应商。

第十七条　专项资金支付按照国库集中支付、政府采购、政府购买服务等有关规定执行。

第十八条　专项资金原则上应于当年形成支出。结转结余资金按照财政部门相关规定执行。

第十九条　专项资金严格按预算执行。应列未列年度预算以及年度执行中新出台的支出事项，原则上列入以后年度预算安排；确需当年安排的，优先通过现有专项资金统筹解决。严禁超预算或无预算支出。

第四章　资金监督管理

第二十条　各级应急管理等业务主管部门和项目实施单位要加快预算执行进度，严格按照资金管理以及财务管理有关规定使用资金，确保专款专用，不得挤占、挪用，不得任意改变资金用途和扩大使用范围，不得虚假列支，不得任意变更预算支出科目。年度执行中确需调整预算和绩效目标的，应当按照预算管理有关规定报批。市财政局建立健全预算执行动态监控机制，定期通报资金分配进度和本级预算支出进度。

第二十一条　各级应急管理等业务主管部门是绩效运行监控的责任主体，应对绩效目标实现程度和预算执行进度实行“双监控”。健全绩效运行监控机制，定期采集项目绩效信息，动态掌握政策和项目进展以及资金使用和绩效目标完成情况，对监控中发现的管理漏洞和绩效目标偏差，及时采取有针对性的措施予以纠正，情况严重的，调整、暂缓或者停止执行。市财政局根据管理需要进行重点监控，对发现的问题及时通报部门单位进行整改，对问题严重或整改不到位的暂缓或停止预算拨款。

第二十二条　年度预算执行完毕，各级应急管理等业务主管部门组织项目实施单位，对照事先确定的绩效目标开展绩效自评。市应急管理等业务主管部门、市财政局根据管理需要分别对专项资金进行重点评价。绩效评价结果作为以后年度资金安排和分配的重要依据。

第二十三条　市应急管理局等业务主管部门对专项资金的支出进度、使用绩效以及安全性、规范性负责，对市本级资金负主体责任，对对下转移支付资金负监管责任；对转移支付资金，县（市、区）和功能区业务主管部门与财政部门按照职责分工，对项目安排和资金使用的真实性、合规性、有效性负责；专项资金申报单位对提供申报材料的真实性、完整性负责；专项资金项目承担单位对资金使用的合规性、有效性负责。

第二十四条　加大专项资金信息公开力度，除涉密信息外，市财政局、市应急管理局等业务主管部门按照“谁主管、谁负责、谁公开”的原则，建立健全专项资金信息公开机制，自觉接受社会监督。市财政局按规定主要公开专项资金目录、资金管理制度和财政重点绩效评价结果等；市应急管理局等业务主管部门主要负责公开专项资金任务清单和具体支出政策、项目申报指南、资金分配因素和分配结果、相关绩效信息等。

第二十五条　各级业务主管部门、财政部门要主动接受人大、纪检监察、审计等方面的监督。对在各项审计和监督检查中发现存在违规违纪问题的，按照《中华人民共和国预算法》《中华人民共和国公务员法》《中华人民共和国监察法》《财政违法行为处罚处分条例》（国务院令第427号）等国家有关规定，追究相应责任；涉嫌犯罪的，移送司法机关处理。

第五章　附　则

第二十六条　市应急管理局等业务主管部门根据本办法，结合工作需要制定具体资金管理实施细则。

第二十七条　本办法自2021年1月1日起施行，有效期至2022年12月31日。本办法印发之日起，《关于印发市级安全生产专项资金管理办法的通知》（泰财企〔2018〕24号）办法同时废止。

三、市财政局长在市人代会上的报告

关于泰安市 2015 年预算执行情况和 2016 年预算（草案）的报告

——2016 年 1 月 18 日在泰安市第十六届人民代表大会第五次会议上

泰安市财政局局长　刘斌

各位代表：

受市人民政府委托，现将泰安市 2015 年预算执行情况和 2016 年预算（草案）提请市十六届人大五次会议审议，并请市政协委员和列席会议的同志提出意见。

一、2015 年全市和市级预算执行情况

2015 年，在市委的坚强领导下，全市上下深入贯彻党的十八大和十八届三中、四中、五中全会精神，认真落实市十六届人大四次会议及其常委会各项决议，紧紧围绕“富民强市”奋斗目标，务实担当、砥砺奋进，着力稳增长、促改革、调结构、惠民生、防风险，经济运行稳中有进，预算执行稳中向好，圆满完成了全年预算任务。

（一）一般公共预算执行情况

全市一般公共预算收入 205.3 亿元，完成预算的 100%，增长 9.6%。其中，税收收入 145.9 亿元，完成预算的 99.4%，增长 7.9%；非税收入 59.4 亿元，完成预算的 101.6%，增长 13.9%。全市一般公共预算支出 326.9 亿元，完成预算的 109.3%，增长 14.4%。

按现行财政体制，全市一般公共预算收入，加税收返还收入、各项转移支付、债务转贷收入、上年结余、调入资金，减各项上解、债务还本支出和调出资金后，全市一般公共预算总财力为 339.2 亿元，减去当年一般公共预算支出 326.9 亿元和补充预算稳定调节基金 3.3 亿元，结转下年支出 9 亿元。

市级一般公共预算收入 51 亿元，完成预算的 99%（主要是县级收入超收，相应压减市级收入所致），增长 7.5%。其中，税收收入 23.1 亿元，完成预算的 98.5%，增长 9.4%；非税收入 27.9 亿元，完成预算的 99.5%，增长 6%。市级一般公共预算支出 82.5 亿元，完成预算的 106.4%，增长 10.9%。

按现行财政体制，市级一般公共预算收入，加税收返还收入、各项转移支付、债务转贷收入、上年结余、调入资金，减各项上解、债务还本支出和调出资金后，市级一般公共预算总财力 119.2 亿元，减去一般公共预算支出 82.5 亿元、对下转移支付 32.5 亿元、补充预算稳定调节基金 1.6 亿元，结转下年支出 2.6 亿元。

（1）市级收入主要项目完成情况

税收收入 23.1 亿元，完成预算的

98.5%，增长9.4%。其中：增值税3.2亿元，完成预算的97.2%，增长6.7%；营业税6.1亿元，完成预算的101.5%，增长10.2%；企业所得税2.3亿元，完成预算的80.5%，下降6.8%（主要是煤炭、钢铁等支柱税源行业生产经营困难、企业效益下滑影响）；个人所得税7419万元，完成预算的155.9%，增长66.8%；其他税收收入10.7亿元，完成预算的99.6%，增长11.4%。非税收入27.9亿元，完成预算的99.5%，增长6%。

（2）市级支出主要项目完成情况

一般公共服务支出10亿元，完成预算的104.2%，增长19%。主要是落实工资、养老保险、津补贴及物业补贴改革增加了人员支出，剔除上述因素后，同口径下降3.2%。

教育支出9.5亿元，完成预算的121.3%，增长53.6%。加对下转移支付6.4亿元，这方面支出共计15.9亿元。其中：投入2.1亿元，促进了农村义务教育经费保障机制改革顺利实施，全市中小学生均公用经费分别达到910元和710元；投入5158万元，保证全市37.3万名学生继续享受免费教科书政策；投入1431万元，全面落实家庭经济困难学生资助政策；投入1.1亿元，支持农村义务教育全面改善薄弱学校办学条件，建设面积79.2万平方米；投入1.1亿元，支持了泰安一中新校区建设。

科学技术支出1.3亿元，完成预算的100.2%，增长7.3%。加对下转移支付6375万元，这方面支出共计1.9亿元。其中：投入3363万元，用于应用技术研发；投入4083万元，用于科技重大专项成果转化，重点支持了158个自主创新科技项目、96个关键性技术研发和产业化示范项目。

文化体育与传媒支出2.2亿元，完成预算的122.9%，下降34.4%（主要是2014年一次性拨付报业大厦建设资金1.2亿元）。加对下转移支付7166万元，这方面支出共计2.9亿元。其中：投入2000万元，支持了文化产业和文化事业发展。投入1200万元，支持了文化资源信息共享、乡镇综合文化站和基层文化阵地、农村电影放映、农家书屋等基层公共文化基础设施建设。投入3287万元，支持了世界文化遗产及重点文物保护。

社会保障和就业支出7.1亿元，完成预算的121.4%，增长10.2%。加对下转移支付13.9亿元，这方面支出共计21亿元。其中：投入5.3亿元，完善居民基本养老保险制度，将基础养老金发放标准由每人每月75元提高至85元；投入1.1亿元，支持了社会养老服务体系建设（其中投入4000万元支持泰山社会福利中心建设），全市新增养老床位1.3万张，新建城市社区老年人日间照料中心72处，建成农村幸福院506处、县级养老服务信息平台1个；投入2.8亿元，支持县级将城乡低保标准分别提高至每人每月499元和每人每年3350元，为全市10.9万户城乡低保户发放低保补贴；投入1403万元，提高了五保供养标准，集中供养、分散供养分别达到每人每年5763元和4550元，全市1.3万名五保供养对象受益；投入2902万元，为全市26.2万户城乡低保户和五保户发放免费用电补助；投入5157万元，完善了就业创业扶持政策，将创业岗位开发补贴、一次性创业补贴、创业人员小额担保贷款额度分别提高至每人2000元、

1.2万元和10万元。

医疗卫生与计划生育支出5.6亿元，完成预算的110.1%，增长13.6%。加对下转移支付13.4亿元，这方面支出共计19亿元。其中：投入10亿元，健全完善城乡居民基本医疗保险制度，政府补助标准达到每人每年380元，并按人均32元筹资标准用于大病医疗保险；投入1800万元，支持了县级公立医院改革试点；投入1.2亿元，将基本公共卫生服务经费标准提高到年人均40元；投入5716万元，支持实施基本药物制度改革；投入3140万元，为6.2万人次农村计划生育夫妻发放奖励扶助金；投入861万元，支持县级为285万人次农村育龄夫妇免费提供计生技术和孕前优生健康检查服务。投入3276万元，支持了市妇幼保健院新院建设；投入2000万元，支持市中医院归还新建病房楼基建欠款。

节能环保支出1.3亿元，完成预算的92.7%，下降35.7%（主要是2014年省级下达南四湖流域生态环境保护资金7516万元所致）。加对下转移支付4.3亿元，这方面支出共计5.6亿元。其中：从地方政府债券资金中安排5000万元，支持了市第四污水处理厂建设；投入8966万元，支持了企业节能减排治污和资源综合利用；投入2606万元，支持既有居住建筑供热计量及节能改造；投入5800万元，用于节能和新能源城市公交车购置补贴；投入3698万元，兑现黄标车提前淘汰补贴政策。

城乡社区支出20亿元，完成预算的100.8%，增长10.5%。加对下转移支付6900万元，这方面支出共计20.7亿元。其中：投入2.7亿元（从地方政府债券中安排2.6亿元），用于城市基础设施建设；投入1.8亿元，支持推动省“两区一圈一带”区域规划目标任务落实；投入8385万元，支持纳入全省“百镇建设示范行动”的9个示范镇、2个新型城镇化试点镇建设；投入9163万元，用于市区污水处理；从地方政府债券中安排资金2000万元，用于市环湖水厂建设。

农林水支出3.2亿元，完成预算的107.5%，增长11.8%。加对下转移支付15.6亿元，这方面支出共计18.8亿元。其中：投入3.2亿元，支持实施病险水库除险加固、中小河流治理及小农水项目（其中投入1.1亿元，支持了大汶河综合开发）；投入1亿元，兑现各项支农惠农补贴政策；投入7400万元，支持纳入“强村固基”工程的小农水、乡村公益事业、土地整理等项目建设；投入5950万元（其中市级投入500万元、上级专款5450万元），支持落实各项扶贫政策；投入3720万元，支持实施农村饮水安全工程；投入2000万元，支持推进农业产业化。

交通运输支出3.5亿元，完成预算的117.8%，增长19.9%。加对下转移支付3.9亿元，这方面支出共计7.4亿元。其中：投入4.5亿元，支持了公路等基础设施建设；投入4800万元，支持了村级公路网化示范县建设；投入3642万元，用于城市公交、出租车和农村道路客运补贴；投入2086万元，用于公路养护和运输管理。

住房保障支出9117万元，完成预算的282.4%，增长184.8%（主要是省级下达的保障性住房建设计划和资金增加），加对下转移支付3.2亿元、政府性基金安排3.3亿元、省级直接列支拨付的棚户区改造补助资金3.4亿元，这方面支出共计10.8亿元。其中：投入9.4亿元，支持开工建设城镇保障性住房35143套，基本建成23262套，超额完成省下达的建设任务；投入8408万元，支持县级改造农村危房5039户；投入2200万元，支持了城镇老旧小区改造。另外，争取国家开发银行棚户区改造专项贷款68.8亿元，支持了9个棚户区改造项目建设。

2015年，市及以上对下税收返还和一般公共预算转移支付补助108.9亿元，增长20.8%。其中，税收返还7.7亿元，一般性转移支付68.7亿元，专项转移支付32.5亿元。一般性转移支付占全部转移支付的67.9%，比上年提高4.6个百分点。

（二）政府性基金预算执行情况

全市政府性基金收入78.9亿元，完成预算的80.7%，下降32.2%（主要是受房地产行业下滑影响，国有土地出让收入仅完成63.7亿元、下降32.1%）。全市政府性基金支出89.6亿元（包括上年结转财力安排），完成预算的69.6%，下降32.2%。全市政府性基金收入，加省级补助收入、债务转贷收入、上年结转收入及调入资金，减上解省级支出、债务还本支出及调出资金后，全市基金预算总财力108亿元，减去基金预算支出89.6亿元，结转下年支出18.4亿元。

市级政府性基金收入46.5亿元，完成预算的101%，下降24.5%（主要是受房地产行业下滑影响，市级国有土地出让收入仅完成35.6亿元、下降25.8%）。市级政府性基金支出39亿元，完成预算的82.2%，下降31.6%。市级政府性基金收入，加省级补助收入、债务转贷收入、上年结转收入及调入资金，减上解省级支出、债务转贷支出、调出资金后，市级基金预算总财力64亿元，减去基金预算支出39亿元和对下转移支付16.6亿元，结转下年支出8.4亿元。

市级政府性基金主要支出项目情况是：城乡社区支出37亿元，完成预算的81.7%，未完成预算主要是部分土地收储成本及国有土地收益基金结转下年使用；其他政府性基金支出1.8亿元，完成预算的223.2%，主要是彩票销售机构业务费、污水处理费、水土保持补偿费纳入政府性基金管理。

（三）国有资本经营预算执行情况

全市国有资本经营预算收入1.1亿元（其中县级400万元），完成预算的46.2%，下降48.9%（主要是受国家限制国有股减持政策影响，浪潮软件股份未按计划全部转让，市级仅实现收入2017万元，比年初预算减收1.3亿元）。全市国有资本经营预算支出1.3亿元（其中县级300万元），完成预算的52.8%，下降31%。全市国有资本经营预算收入，加上年结转收入3163万元，减去按照10%的比例调入一般公共预算1099万元、国有资本经营预算支出1.3亿元，结转下年支出60万元。

市级国有资本经营预算收入1.1亿元，完成预算的45.2%，下降42.5%。市级国有资本经营预算支出1.3亿元，完成预算的52.4%，下降19.4%。市级国有资本经营预算收入，加上年结转收入3163万元，减去按照10%的比例调入一般公共预算1059万元、国有资本经营预算支出1.3亿元，收支平衡。

主要支出项目情况是：拨付3346万元，用于国泰民安投资集团资本性支出；拨付9229万元，用于财源建设支出。

（四）社会保险基金预算执行情况

全市社会保险基金收入142.8亿元，完成预算的100.4%，增长11.4%，其中社会保险费收入105.5亿元。全市社会保险基金支出139亿元，完成预算的107.3%，增长21.3%，其中社会保险待遇支出136.8亿元。当年收支结余3.9亿元，年末滚存结余145.8亿元。

市级社会保险基金收入44.1亿元，完成预算的98.2%，增长7.6%，其中社会保险费收入36.3亿元。市级社会保险基金支出42.4亿元，完成预算的111%，增长24%，其中社会保险待遇支出40.3亿元。当年收支结余1.7亿元，年末滚存结余51.9亿元。

需要说明的是，上述“四本”预算执行数据是初步汇总数，待2015年财政决算编制完成后，部分数据将会有所变化。届时，我们将按照规定及时向市人大常委会报告有关情况。

（五）积极落实市十六届人大四次会议决议、推进财政管理改革情况

一年来，在人大依法监督和政协大力支持下，各级政府及其财税部门按照中央和省、市决策部署，全面落实人大决议，着力深化财税改革，加强财政管理，有力保障了预算执行，促进了经济社会发展。

1. 收入目标圆满实现。面对经济下行和减税降费的双重压力，各级始终把组织收入作为头等大事，围绕完成全年收入目标，着力抓征管、促增收。一是加强调研分析。市政府定期召开专题分析会、财税联席会，对财政经济运行中的突出问题共同把脉、集中会诊；财税部门每季度下基层、搞调研、摸实情，并及时召开研判会、座谈会，积极主动应对经济下行压力。二是密切协调配合。各级财税部门强化责任担当、通力配合协作，大力推进联合办税，深入开展税务稽查、专项检查以及欠税集中清理等活动，最大限度挖潜增收、以查促收。三是强化激励引导。按照科学发展综合考核导向，进一步调整完善收入考核体系，并制定了促进县（市、区）税收增收的激励政策，调动了各级聚财增收的积极性。经过共同努力，全市一般公共预算收入突破200亿元大关，达到205.3亿元，增长9.6%。其中，税收收入145.9亿元，增长7.9%；税收收入比重同口径达到73.3%，较上年提高1.1个百分点，顺利实现全年收入预期目标。

2. 财政杠杆灵活运用。创新政府调控方式，更多利用市场的办法，引导各类资本投向稳增长、促转调、培财源领域。一是强化政银合作。综合运用贷款贴息、信用担保、以存引贷、过桥还贷等方式，撬动银行增加信贷投放。特别是创新政银合作模式，着力加强与驻泰金融机构的战略合作，通过整合存量资金和预算安排，设立了政银合作风险保证金，引导银行扩大贷款规模、放宽贷款条件、下调贷款利率，努力帮助企业缓解融资难、融资贵和担保链风险问题。其中，已与工行达成合作协议，财政注入风险保证金4亿元。二是强化政企合作。认真落实结构性减税和普遍性降费政策，共为全市企业减负让利42.2亿元；利用财政部门网站、政策下基层等

平台，及时发布涉企信息，帮助企业掌握政策、用好政策。全方位对接省政府稳增长、调结构的20条财税政策，共争取到位资金10.3亿元；大力支持创业创新，东岳金财联合北京丽泰金控共同出资6123万元，打造了“丽泰泰山创业梦工场”。三是强化政社合作。大力推进政府和社会资本合作，出台了PPP项目管理办法，建立了市级PPP项目储备库。全市共储备PPP项目85个，总投资估算1239亿元，其中宁阳引汶工程入围“全国第二批PPP示范项目”。发挥政府引导基金的“种子”和“杠杆”放大作用，积极争取省财政支持，已就共同设立80亿元的PPP基金达成了合作意向。

3.重点支出保障有力。面对收入增速放缓、刚性增支膨胀的突出矛盾，各级坚持统筹兼顾、有保有压，着力压一般、保重点。一是行政成本有效控制。严格执行会议费、接待费、出国经费等管理制度，从严控制楼堂馆所建设和节会、庆典等活动支出。全市财政拨款安排的“三公”经费同比压减3450万元、下降10.7%，其中市级压减1431万元、下降11.4%。二是重点支出优先保障。全市一般公共预算中用于民生方面的支出达到261.3亿元，同口径增长18.4%，高于财政支出增幅4个百分点；占财政支出的比重达到79.9%，较上年提高2.7个百分点，确保了民生政策全面落实。市财政筹集资金10.3亿元，保障支持市县两级机关事业单位工资、养老及津补贴改革政策落实；筹集资金4.3亿元，保障了“创城”建设；筹集资金5.9亿元，支持了东平库区移民避险解困工程建设；筹集资金33.6亿元，保障了全市义务教育、城乡居民医疗和基本养老保险等政策兑现。加大“十件实事”建设投入，各级落实财政资金30.3亿元，比上年增加10.3亿元，确保了实事办好、好事办实。另外，市级投融资总平台共融通到位资金131.7亿元，比上年增加47.6亿元。其中，拨付资金42.2亿元，保障了棚户区改造等重点工程建设。三是对下帮扶力度持续加大。坚持财力向基层倾斜，通过积极对上争取和统筹市级财力，加大对下帮扶力度，市及以上财政共安排对下各项转移支付117.8亿元（其中一般公共预算101.2亿元、政府性基金16.6亿元），比上年增加17.6亿元；安排县级地方政府债券53.1亿元，缓解了县乡财政困难和偿债压力。

4.财税改革扎实推进。坚持用法治思维和改革精神来引领财政发展，破解管理难题。一是健全政府预算体系。市县两级建立起“全口径”政府预算体系，将政府收支全部纳入了预算管理。同时，加大预算之间的统筹力度，将国有资本经营预算收入的10%调入一般公共预算统筹安排；按照上级规定，将地方教育附加等11项政府性基金，纳入一般公共预算管理，增强了政府财力统筹调控能力。二是加快构建透明财政。按照法定要求，及时公开了全市及市级财政预决算、市直部门的部门预决算和“三公”经费预决算，并指导和督促各县（市、区）做好预决算公开工作，主动接受社会监督。在全国294个地级及以上市政府财政透明度排名中，我市居第18位，较上年前移42个位次。三是深化支出管理改革。严格按照《预算法》规定，坚持无预算不支出，当年超收收入全部用于补充预算稳定调节基金和偿还政府债务。完善了预算绩效管理制度和管理办法，积极推进绩效目标管理和绩效评价。科学调度资金，着力加快支出进度，在全省每月的支出进度考核通报中，我市均位居前列。按照上级统一部署，大力盘活存量资金，强化资金统筹使用，全市共收回暂付款 22.6 亿元、压减结转结余资金 16.7 亿元。全市通过政府采购和财政投资评审，分别节约资金 7.5 亿元、7.1 亿元。四是积极推进“营改增”试点。积极应对“营改增”改革，各级财税部门通过重点排查、集中清欠，深入挖掘营业税增收潜力。全市营业税完成 40.9 亿元，增长 3.3%，努力做到应收尽收，为后续改革奠定了基础。

各位代表，2015 年全市预算执行情况总体是好的，但也面临一些矛盾和问题。突出表现在：经济发展和财税增收的基础还不够稳固，质量效益需进一步提高；财政收入增长乏力，而财政刚性支出不断膨胀，政府债务压力较大，财政保障任务非常繁重；县乡财政仍比较困难，基本公共服务保障能力有待提高；财经秩序需进一步规范，个别部门、单位执行财经纪律不够严格，部分企业会计信息失真等现象仍时有发生，等等。对此，我们将高度重视，认真加以解决。

二、2016 年预算草案

2016 年是“十三五”规划开局之年，也是深入贯彻十八届五中全会精神、全面深化改革的关键一年，编好今年预算，做好财政工作，任务艰巨、责任重大。

（一）全市财政形势预测分析

今年，我市财政经济形势不容乐观，各种困难和挑战明显增多。经济层面，下行压力依然较大。我市传统产业特别是煤炭、钢铁、化工、装备制造等支柱行业，受产业结构调整等因素的影响，依然面临不少困难。加之，房地产行业去库存压力偏大，新兴产业发展相对较慢，支撑财税增收的税源基础仍比较薄弱。收入方面，政策性减收因素增多。随着供给侧结构性改革的推进，中央将进一步采取扩张性财政政策，持续加大减税降费力度。特别是全面推行“营改增”改革，继续出台支持创业创新的减税政策等，都将直接影响财政收入增长。支出方面，刚性增支有增无减。民生政策继续扩面提标，新的实事建设陆续启动，进一步落实机关事业单位增资和养老保险等改革政策，以及加大实体经济支持力度、实施精准扶贫战略、保障国家文明城市创建、防范政府债务风险等，都将大幅度增加财政支出。初步测算，扣除预计对下转移支付后，2016 年市级可用财力预计增加 6.7 亿元，仅落实工资养老保险和津补贴、物业补贴改革政策就比上年预算增加支出 7.8 亿元，财政收支矛盾十分突出。

（二）2016 年预算编制的指导思想

按照新《中华人民共和国预算法》规定和中央、省、市深化财税改革的安排部署，今年我市预算安排的指导思想是：全面贯彻党的十八大和十八届三中、四中、五中全会精神，适应经济发展新常态，围绕提升政府治理能力，着力推进财税体制改革，加快建立现代财政制度；着力强化政府资源和资金统筹管理，加大投入培财源稳增长；着力推进依法治税管费，努力完成全年收入预算；着力加强财政风险管控，推动政府投融资持续健康发展；着力加强政府综合调控，盘活存量、用好增量，集中财力保障重点支出，为“富民强市”提供有力保障。

（三）2016年一般公共预算安排意见

1. 代编全市一般公共预算情况

根据上述指导思想和全市经济社会发展预期目标，综合考虑税制改革和减税降费等因素，2016年全市一般公共预算收入预期增长8.5%左右，税收比重适当提高；按照“统筹兼顾、量力而行、收支平衡”的原则，全市一般公共预算支出增长8.8%左右。以上收支计划安排是预期性的，待各级预算经同级人代会批准后，再及时汇总报市人大常委会备案。

2. 市级一般公共预算安排情况

2016年，市级一般公共预算收入预期目标53.6亿元，增长5.2%，其中市直一般公共预算收入预计24.2亿元，下降1.8%（主要是一次性收入减少）。按照收入预算和现行财政体制计算，预计2016年市级一般公共预算总财力112.9亿元，按照收支平衡原则，市级总支出安排112.9亿元，下降5.3%。其中，市级一般公共预算支出安排82.1亿元，扣除2015年一次性调入资金3.3亿元后，同口径增长3.7%，对下转移支付安排30.8亿元。主要支出项目安排情况是：

一般公共服务支出10.6亿元，增长5.6%；国防及公共安全支出8.1亿元，增长5.5%；教育支出9亿元，剔除土地收入计提教育资金下降等因素后，同口径增长5.1%；科学技术支出1.3亿元，增长1.9%；文化体育与传媒支出1.9亿元，下降14%（主要是2015年用地方政府债券安排报业大厦建设资金3000万元所致）；社会保障和就业支出7.2亿元，增长1.3%；医疗卫生与计划生育支出5亿元，下降11.6%（主要是2015年用地方政府债券安排中医院、肿瘤医院、妇幼保健院建设资金6000万元所致）；城乡社区支出17亿元，下降15%（主要是2015年用地方政府债券安排投融资平台付息资金2.6亿元，自来水公司基础设施建设2000万元所致）；农林水支出3.3亿元，增长1.6%；交通运输支出3.5亿元，增长0.6%；住房保障支出3.2亿元，增长255.6%（主要是政府住房基金纳入一般公共预算管理）。

安排预备费8700万元（含高新区、景区安排），占市级一般公共预算支出的1.1%，符合《预算法》的规定，用于当年预算执行中的自然灾害等突发事件处理增加的支出及其他难以预见的开支。

市对下转移支付30.8亿元，占总支出的27.3%。其中：一般性转移支付29亿元、专项转移支付1.8亿元。一般性转移支付占转移支付的比重符合上级不低于60%的要求。

另外，2016年归还政府融资贷款本息压力较大。初步测算，市财政需归还借款本息72.9亿元，其中归还债务本金56亿元、利息16.9亿元。今年，国家将加大地方政府债券发行力度，下一步将继续加大对上争取，更多地置换存量债务、节省利息支出。

3. 市级支出预算保障重点

2016年，市级支出着力保障以下“四个”重点：

一是保障人员经费和机关运转。这方面的资金共安排28.3亿元，比上年增加

6.4亿元。其中：安排人员经费25.4亿元（含预留增人增资支出3800万元、公车改革补助3764万元），占市级支出的30.9%；安排运转经费2.9亿元，占市级支出的3.5%。

二是保障民生政策兑现落实。这方面的资金共安排17.5亿元，比上年增加4.5亿元。主要项目是：安排2.84亿元，支持县级将居民基本医疗保险政府补助标准，由每人每年380元提高至410元；安排2592万元，支持县级将基本公共卫生服务人均经费标准，由40元提高到45元。安排7799万元，支持县级将居民基本养老保险基础养老金政府补助标准，由每人每月85元提高至100元；安排5500万元，支持县级将城乡最低生活保障标准，分别提高每人每月20元和每人每年300元。安排2000万元，支持城市公立医院改革。安排1.57亿元，用于解决义务教育大班额问题和改善办学条件；安排3384万元，落实农村义务教育经费保障政策；安排4574万元，用于落实中职免学费政策；安排2590万元，落实城市义务教育、高中和中等职业学校生均公用经费政策。安排9000万元，用于企业破产改制职工安置；安排7500万元，用于破产改制企业、困难企业等人员医疗费；安排2亿元，用于弥补机关事业单位养老保险缺口。安排3000万元，支持泰山社会福利中心建设。筹集3.6亿元，支持保障性住房建设及维护。安排7395万元，用于泰城公共汽车运行补贴、车辆更新及老年人免费乘车补贴；安排6154万元，用于泰城供热设施建设及居民供热补贴；安排3294万元，用于泰城社区工作经费。安排2400万元，用于村级公益事业“一事一议”财政奖补试点；安排2550万元，用于落实精准扶贫政策；安排2000万元，支持东平县库区移民避险解困工程；安排1000万元，用于保障村级组织运转；继续整合专项资金7400万元，推动“强村固基”工程深入开展。

三是保障稳增长、调结构、培财源。这方面的资金共安排4.9亿元，比上年增加1.2亿元。其中，安排财源建设资金3亿元（含外经贸发展专项资金2600万元）；安排小微企业发展资金1000万元、服务业发展资金3000万元、文化产业和事业发展资金2000万元、农业产业化资金2000万元、旅游业发展资金1600万元，与财源建设资金配合使用，采取政府与银行合作、建立风险保证金等方式，放大财政资金乘数效应，撬动更多信贷资金投入实体经济，优先支持重点财源建设项目。安排1.13亿元，落实市重点建设项目优惠政策；安排4100万元，用于落实“营改增”财政扶持政策。安排2800万元，支持应用技术研究与开发；安排人才工作经费1580万元，支持高端人才引进和培养；安排节能专项经费1140万元，支持节能技术研发和应用。

四是重点保障城区基础设施建设及维护。安排5798万元，支持“创城”建设及城区环境改善；安排5803万元，支持城区老旧小区综合整治；安排1.9亿元，支持市政环卫设施建设及维护；安排7136万元，用于城区污水处理。

（四）政府性基金预算安排情况

2016年，全市政府性基金收入预期目标76.9亿元，下降2.6%（主要是政府住房基金等3项基金纳入一般公共预算管理所致）。当年政府性基金收入，加上年结转及省级补助收入28.5亿元，减上解省级支出、调出资金及债务还本等17.1亿元，全市政府性基金总财力为88.3亿元，下降1.5%。按照以收定支的原则，全市政府性基金支出预算安排88.3亿元，下降1.5%。

市级政府性基金收入预期目标41.9亿元，下降9.9%（主要是政府住房基金等3项基金纳入一般公共预算管理所致）。加上年结转和省级补助收入，减调出资金，市级政府性基金总财力为58.3亿元。按照以收定支的原则，市级政府性基金支出预算相应安排58.3亿元。其中，市本级支出37.8亿元，下降3.1%；补助县（市、区）等转移性支出20.5亿元。

（五）国有资本经营预算安排情况

2016年，全市国有资本经营预算收入预期目标1.6亿元（其中县级200万元），增长43%。加上年结转收入60万元，全市国有资本经营预算收入总计为1.6亿元，扣除按照19%的比例调入一般公共预算2985万元后，按照收支平衡的原则，安排国有资本经营预算支出1.3亿元（其中县级222万元），与上年基本持平。

市级国有资本经营预算收入预计为1.6亿元，增长46.5%（主要是浪潮软件股权转让预计增加9983万元），扣除调入一般公共预算2947万元，安排国有资本经营预算支出1.3亿元，与上年基本持平（主要是2015年支出中包含上年结转安排3163万元）。

（六）社会保险基金预算安排情况

2016年，全市社会保险基金收入预计165.8亿元，增长16.5%，其中社会保险费收入115.4亿元。全市社会保险基金支出预算安排161.8亿元，增长16.5%，其中社会保险待遇支出150.1亿元。当年收支结余4亿元，年末滚存结余149.8亿元。

市级社会保险基金收入预计53.4亿元，增长21.1%，其中社会保险费收入40.5亿元。市级社会保险基金支出预算安排50.6亿元，增长19.3%，其中社会保险待遇支出46.8亿元。当年收支结余2.8亿元，年末滚存结余54.7亿元。

根据《中华人民共和国预算法》第54条规定，在本草案经本次大会审议批准前，截至1月15日，市级拨付资金1.1亿元，主要是参照上年同期预算支出数额拨付的本年市级部门工资及运转支出。

需要说明的是，为切实保障重点支出需求，加快财政支出进度，今年预算中提前列入地方政府新增债券额度5.81亿元。预算执行中，我们将按照《中华人民共和国预算法》和《国务院关于加强地方政府性债务管理的意见》（国发〔2014〕43号）规定，在省级下达我市的债务限额内，按规定程序做好政府债券分配、资金使用监管等相关工作，确保相关项目早实施、资金早到位、效益早发挥，为稳增长、调结构、惠民生、促改革贡献力量。

三、全面深化财税管理改革，确保完成2016年预算任务

为确保上述预算任务完成，今年将重点抓好以下工作：

（一）着力培植壮大财源基础。积极运作市级产业扶持基金，并争取省级在我市设立股权投资引导子基金，以市场化手段支持稳增长、培财源。大力推广政府和社会资本合作模式，设立、运作好80亿元的PPP基金，并以高铁片区为载体，筹集部分社会资本支持基础设施建设。进一步强化政银合作，通过整合和安排财政专项资金，扩大风险保证金规模，由银行按照1:10的比例，加大对企业的信贷投放，帮助企业更好缓解担保难、贷款难等问题。认真落实减税降费各项优惠政策，继续争取省政府出台的20条财税政策，促进实体经济发展；制定和完善针对“双创”主体的财税扶持政策，大力支持创业创新，培育新的经济增长点。

（二）着力提升聚财增收水平。围绕财政可持续发展，将促增收、调结构、提质量作为收入工作长期坚持的指导思想，密切财税协调配合，坚持依法治税管费，着力加强工商税收特别是主体税收的征管，以税收的较快增长带动财政收入结构质量持续改善。健全税收保障机制，加快统一涉税信息平台，完善涉税信息指标体系，形成社会综合治税的强大合力。加大税式支出改革推进力度，力争实现改革区域和级次、税收政策管理范围以及纳税对象“三个全覆盖”。大力支持、深入推进国地税联合办税，不断提高征管效率、防止跑冒滴漏。

（三）着力深化财政管理改革。进一步完善政府预算体系，2016年起将水土保持补偿费、政府住房基金、无线电频率占用费等3项基金转列一般公共预算；将国有资本经营预算调入一般公共预算的比例由10%提高到19%；取消矿产资源补偿费、探矿权采矿权使用费和价款、排污费等收入专款专用规定，统筹安排使用。改进预算控制方式，加大非税收入统筹力度，部门非税收入年度执行中超预算部分，按规定统筹使用，实现收支脱钩，增强政府综合调控能力。适应公车改革新形势，加强行政事业单位差旅费管理，从严控制公务支出增长。深入推进预算信息公开，进一步做好财政政策、专项资金、预算绩效等信息公开工作。同时，密切关注上级增值税、营业税、消费税、企业所得税、个人所得税等税制改革动向，及时采取应对措施，力争工作主动。

（四）着力增强财政保障能力。牢固树立“时间就是效益”的观念，大力盘活财政存量资金，继续加快预算执行进度，防止形成新的资金沉淀和结余；严格贯彻上级关于财政资金统筹使用的政策规定，进一步优化财政资源配置。健全厉行节约长效机制，完善预算支出标准，严格控制机关运行经费，从严控制楼堂馆所建设，从严控制外出培训，进一步降低行政运行成本。优化支出结构，集中财力优先保障民生政策落实，保障工资、津补贴、机关事业养老保险及公车制度等改革落实，保障财源建设及重点项目建设。另外，密切关注地方政府融资平台政策动向，通过片区开发、土地储备等，增强平台自身造血功能，为转型发展、市场化运作创造有利条件；认真落实政府债务限额管理，深化政府投融资体制改革，积极争取地方政府债券额度，加大存量债务置换力度，努力降低政府融资成本、化解政府债务风险。

各位代表，2016年全市财政改革发展任务艰巨，责任重大。我们将认真落实本次大会决议，按照市委总体部署，进一步振奋精神、开拓创新、真抓实干，确保圆满完成全年预算任务，为推进富民强市、建设幸福泰安，加快全面建成小康社会进程做出新的更大贡献！

关于泰安市2016年预算执行情况和2017年预算草案的报告

——2017年2月22日在泰安市第十七届人民代表大会第一次会议上

泰安市财政局局长　刘斌

各位代表：

受市人民政府委托，现将泰安市2016年预算执行情况和2017年预算草案提请市十七届人大一次会议审议，并请市政协委员和列席会议的同志提出意见。

一、2016年全市和市级预算执行情况

2016年，在市委的坚强领导下，全市上下深入贯彻党的十八大和十八届三中、四中、五中、六中全会精神，全面落实市十六届人大及其常委会决议，坚持稳中求进工作总基调，以供给侧结构性改革为主线，着力稳增长、调结构、促改革、惠民生、防风险，全市经济运行实现缓中趋稳、稳中向好，圆满完成了全年预算任务。

（一）一般公共预算执行情况

1. 全市一般公共预算执行情况

据财政快报统计，2016年，全市一般公共预算收入206.7亿元，完成调整预算的100.2%，同口径增长3.6%。其中，税收收入145.4亿元，完成调整预算的101.9%，同口径增长4.8%；非税收入61.3亿元，完成调整预算的96.3%，增长1%。全市一般公共预算支出330.6亿元，完成调整预算的105.4%，增长1.1%。

按现行财政体制，全市一般公共预算收入，加税收返还收入、各项转移支付、债务转贷收入、上年结余、调入资金，减各项上解、债务还本支出和调出资金后，全市一般公共预算总财力为343.5亿元，减去当年一般公共预算支出330.6亿元和补充预算稳定调节基金3.9亿元，结转下年支出9亿元。

2. 市级一般公共预算执行情况

2016年，市级一般公共预算收入49.7亿元（其中市直23亿元、高新区20.5亿元、景区6.2万元），完成预算的101.9%，同口径下降0.1%。其中，税收收入22.8亿元，完成调整预算的100.1%，同口径增长10%；非税收入26.9亿元，完成调整预算的103.5%，下降7.4%。市级一般公共预算支出77.8亿元（其中市直54.2亿元、高新区19.1亿元、景区4.5万元），完成调整预算的101.2%，下降5.6%。

按现行财政体制，市级一般公共预算收入，加税收返还收入、各项转移支付、债务转贷收入、上年结余、调入资金，减各项上解、债务还本支出和调出资金后，市级一般公共预算总财力84.9亿元，减去一般公共预算支出77.8亿元、补充预算稳定调节基金2.4亿元，结转下年支出4.7亿元。

（1）市级收入主要项目完成情况

税收收入22.8亿元，完成调整预算的100.1%，同口径增长10%。其中：增值税4.6亿元，完成调整预算的137.9%（主

要是受营改增后税收分享体制调整影响），同口径增长9.1%；营业税2.9亿元，完成调整预算的71.4%（主要是受营改增后税收分享体制调整影响），同口径增长4.6%；企业所得税3.6亿元，完成预算的103.8%，增长56.1%；个人所得税1.2亿元，完成预算的150.1%，增长61.7%；其他税收收入10.5亿元，完成预算的94.7%，下降1.7%。非税收入26.9亿元，完成调整预算的103.5%，下降7.4%。

（2）市级支出主要项目完成情况

教育支出8.7亿元，完成预算的96%，下降8.6%（主要是因土地收益下降，从土地收益中计提的教育资金比上年减少8476万元，相应减少支出）；加对下转移支付6.9亿元，这方面支出共计15.6亿元。其中：投入4.7亿元，支持了城乡义务教育经费保障机制改革深入推进，全市中小学生均公用经费分别达到910元和710元；投入4389万元，保证全市50.3万名学生继续享受免费教科书政策；投入1654万元，提高寄宿制学校公用经费保障水平；投入3808万元，全面落实家庭经济困难学生资助政策；投入3588万元，对农村家庭经济困难寄宿生发放生活费补助，免除高校、高中建档立卡家庭经济困难学生学费，足额落实各项学生资助政策经费，惠及家庭经济困难学生1.3万人。投入1.7亿元，支持全面改善农村义务教育薄弱地区办学条件，新建改扩建校舍60.4万平方米，建设运动场地49.6万平方米；完成投资38.3亿元，积极解决城镇普通中小学“大班额”问题，累计新建改建学校273所。

科学技术支出1.4亿元，完成预算的105.9%，增长7.9%；加对下转移支付4360万元，这方面支出共计1.8亿元。其中：投入2800万元，用于应用技术研发；投入3255万元，用于科技重大专项成果转化，重点支持了10个自主创新科技项目、110个关键性技术研发和产业化示范项目。

文化体育与传媒支出1.9亿元，完成调整预算的99.5%，扣除上年地方政府债券因素后，同口径增长1.8%；加对下转移支付3549万元，这方面支出共计2.3亿元。其中：投入3260万元，支持了文化产业和文化事业发展。投入1700万元，支持了文化资源信息共享、乡镇综合文化站和基层文化阵地、农村电影放映、农家书屋等基层公共文化基础设施建设。投入3800万元，支持了世界文化遗产及重点文物保护。

社会保障和就业支出8亿元，完成预算的111.5%，增长12.9%；加对下转移支付14.7亿元，这方面支出共计22.7亿元。其中：投入6.4亿元，完善居民基本养老保险制度，将基础养老金发放标准由每人每月85元提高至100元；投入6270万元，支持了社会养老服务体系建设；投入3.5亿元，用于社会救助；投入4201万元，完善和落实就业创业扶持政策，创业岗位开发补贴、一次性创业补贴、创业人员小额担保贷款额度分别达到每人2000元、1.2万元和10万元。

医疗卫生与计划生育支出5.2亿元，完成调整预算的104.8%，扣除上年地方政府债券因素后，同口径增长3.8%；加对下转移支付14.7亿元，这方面支出共计19.9亿元。其中：投入10.9亿元，健全完善居民基本医疗保险制度，政府补助标准达到每人每年420元，并按人均52元筹资标准用于大病医疗保险；投入5200万元，支持了市县公立医院改革试点；投入1.1亿元，将基本公共卫生服务经费标准提高到年人均45元；投入4772万元，支持实施基本药物制度改革；投入1270万元，支持县级为农村育龄夫妇免费提供计生技术和孕前优生健康检查服务。投入2400万元，支持了市妇幼保健院新院建设；投入3000万元，支持市中医院归还新建病房楼基建欠款。

节能环保支出5484万元，完成预算的119.2%（主要是上级下达我市的专项转移支付比年初预算增加较多），扣除上年地方政府债券等因素后，与上年基本持平；加对下转移支付5.2亿元，这方面支出共计5.7亿元。其中：投入3亿元，用于工业企业结构调整专项奖补；投入3553万元，支持既有居住建筑供热计量及节能改造；投入5750万元，用于节能和新能源城市公交车购置补贴；投入5150万元，用于水污染防治。

城乡社区支出16.1亿元，完成调整预算的127.2%（主要是上级下达我市专项转移支付比年初预算增加较多），扣除上年地方政府债券等因素后，同口径增长2.8%；加对下转移支付495万元，这方面支出共计16.2亿元。其中：投入2.4亿元，用于城市基础设施建设及维护；投入1.5亿元，支持推动省“两区一圈一带”区域规划目标任务落实；投入7495万元，用于市区污水处理；投入5803万元，用于泰城老旧小区综合整治。

农林水支出3.9亿元，完成调整预算的122.2%（主要是上级下达我市的专项转移支付资金比年初预算增加较多），增长20.3%；加对下转移支付15.2亿元，这方面支出共计19.1亿元。其中：投入1.6亿元，支持实施病险水库除险加固、中小河流治理及小农水项目；投入1.3亿元，兑现各项支农惠农补贴政策；投入1.3亿元，支持村组织运转及“强村固基”项目建设；投入1.4亿元，支持落实各项扶贫政策；投入4560万元，支持实施农村饮水安全工程；投入2000万元，支持推进农业产业化。

交通运输支出2.9亿元，完成调整预算的81.3%（主要是上级下达我市的专项转移支付比年初预算减少），下降18.1%（主要原因是2015年省一次性下达普通国省道安全生命防护工程9100万元）；加对下转移支付3.5亿元，这方面支出共计6.4亿元。其中：投入3.7亿元，支持了公路等基础设施建设；投入1100万元，支持了村级公路网化示范县建设；投入7201万元，用于城市公交、出租车和农村道路客运补贴；投入8592万元，用于公路养护和运输管理。

住房保障支出1.7亿元，完成预算的58.5%（主要是受工程进度影响，年初预算安排的部分资金结转下年），增长84.3%（主要是廉租住房建设资金由政府性基金调整到一般公共预算列支，增加市级支出1.1亿元）；加对下转移支付2.6亿元、政府性基金安排2.4亿元、省级直接列支拨付的棚户区改造补助资金4.5亿元，这方面支出共计11.2亿元。其中：投入6.5亿元，支持全市开工建设24587套棚户区改造住房；投入3941万元，支持县级改造农村危房1750户；投入7981

万元，支持了城镇老旧小区改造。另外，争取国家开发银行棚户区改造专项贷款33.7亿元，支持了20个棚户区改造项目建设。

2016年，市及以上对下税收返还和一般公共预算转移支付补助117.9亿元，增长8.2%。其中，税收返还11.5亿元、一般性转移支付74.7亿元、专项转移支付31.7亿元。一般性转移支付占全部转移支付的70.2%，比上年提高2.3个百分点。

（二）政府性基金预算执行情况

2016年，全市政府性基金收入66.6亿元，完成调整预算的106.9%，下降13.1%（主要是受房地产行业下滑影响，国有土地出让收入完成46.8亿元、下降26.5%）。全市政府性基金支出85.4亿元，完成调整预算的103.2%，下降4.7%。全市基金预算总财力100.6亿元，减去基金预算支出85.4亿元，结转下年支出15.2亿元。

市级政府性基金收入31.3亿元（其中市直27.6亿元、高新区3.7亿元），完成调整预算的97.7%，下降29.4%（主要是受房地产行业下滑影响，市级国有土地出让收入完成18.2亿元、下降49%）。市级政府性基金支出32.3亿元（其中市直28.1亿元、高新区3.6亿元、景区6101万元），完成调整预算的90.1%，下降17.3%。市级基金预算总财力51.6亿元，减去基金预算支出32.3亿元和对下转移支付11.7亿元，结转下年支出7.6亿元。

（三）国有资本经营预算执行情况

2016年，全市国有资本经营预算收入1.9亿元（其中县级200万元），完成预算的122.4%，增长75%。全市国有资本经营预算支出1.1亿元(其中县级222万元)，完成预算的85.7%，下降15.4%。全市国有资本经营预算收入，减去按照19%的比例调入一般公共预算3654万元、国有资本经营预算支出1.1亿元，结转下年支出4655万元。

市级国有资本经营预算收入1.9亿元，完成预算的122.7%，增长79.7%（主要是国泰民安公司出让浪潮集团股份收入1.2亿元）。市级国有资本经营预算支出1.1亿元，完成预算的85.8%，下降15.1%。市级国有资本经营预算收入，加省级补助收入15万元，减去按照19%的比例调入一般公共预算3616万元、国有资本经营预算支出1.1亿元，结转下年支出4655万元。

主要支出项目情况是：拨付9720万元，用于国泰民安公司资本性支出；拨付1039万元，用于破产改制企业资金兑付。

（四）社会保险基金预算执行情况

2016年，全市社会保险基金收入159.2亿元，完成预算的103%，增长4.1%，其中社会保险费收入111亿元。全市社会保险基金支出149亿元，完成预算的97.9%，增长10.8%，其中社会保险待遇支出145.4亿元。当年收支结余10.2亿元，年末滚存结余170.7亿元。

市级社会保险基金收入47.2亿元，完成预算的104%，增长8.9%，其中社会保险费收入36.4亿元。市级社会保险基金支出41.3亿元，完成预算的95.7%，下降1.5%，其中社会保险待遇支出40.2亿元。当年收支结余5.9亿元，年末滚存结余57.9亿元。

需要说明的是，上述“四本”预算执行数据是初步汇总数，2016年财政决算编制完成后，部分数据会有所变化。届时，我们将按照规定及时向市人大常委会报告有关情况。

（五）市十六届人大五次会议决议落实情况

过去的一年，在市人大依法监督和市政协大力支持下，全市各级政府及其财税部门按照中央和省、市决策部署，全面落实人大决议，着力深化财税改革，加强财政管理，有力地保障了预算执行，促进了全市经济社会发展。

1. 收入目标圆满完成。去年，受经济下行和减税降费等因素叠加影响，特别是5月份全面推开营改增试点后带来的巨大减收压力，财政收入工作遇到前所未有的困难。针对这种局面，各级各有关部门尤其是税务部门强化依法治税，深入推进联合办税、税务稽查和专项检查，促进了税收收入平稳增长；财政部门强化激励约束，结合上级政策，出台了收入专项奖励、税收超收奖励等6项具体措施，使各级各方面有动力抓收入、有压力提质量。经过共同努力，圆满完成了全年收入调整预算目标，并且税收收入比重达到70.3%，列全省第10位，较上年分别提高1.1个百分点、前移5个位次，实现了控总量、调结构、提质量的目标要求。

2. 财政调控灵活有力。全面落实减税降费政策。通过营改增等各项税收优惠政策，为全市企业减轻税负53.7亿元；通过停征、降低和整合部分政府性基金，扩大18项行政事业性收费免征范围，进一步减轻了企业负担；通过置换债券资金，市县两级兑付拖欠及到期工程款31.1亿元，既帮助企业降低了财务成本，又维护了政府诚信和社会稳定。放大财政资金乘数效应。运用政银合作、过桥还贷、贷款贴息、融资租赁、保证保险等多种方式，引导撬动金融和社会资本投向实体经济。其中，仅通过政银合作，就撬动银行贷款13亿元、支持企业50余家。做活借势借力发展文章。市政府全面加强与省财金集团的合作，联合设立了全省首支市级PPP基金，规模达到80亿元。在此基础上，省财金集团出资18亿元、市财政出资7亿元，签约设立泰安市产业投资“母基金”，引入金融和社会资本，再发起设立总规模150亿元的文化旅游发展投资、实体经济产业投资和战略性产业直投三支“子基金”。积极探索与兖矿集团的合作，兖矿集团出资7亿元、市财政出资3亿元，注册成立了“中垠（泰安）融资租赁公司”，设立100亿元规模的融资租赁基金，支持我市实体经济发展和基础设施建设。

3. 政府融资积极稳妥。用好当前政策快融资、控风险。市级总平台共融通到位资金177.5亿元（含政府置换债券104.4亿元）。其中，拨付资金31.1亿元，支持了历史文化轴、王家院水库、万官大街、引黄入泰等重点工程项目建设。拨付资金41.4亿元（不含帮助分平台融资部分，下同），支持了高铁新区率先突破；拨付资金4.9亿元，支持了徂汶景区开发建设。同时，严格落实政府债务限额管理、预算管理和风险管理制度，并通过加大置换债券争取力度、对接银行降低贷款利率等途径，降低融资成本，防控债务风险。全市共争取置换债券213.7亿元，保证了年度到期本金全额置换、以后年度部分债务提前置换；市级总平台综合融资成本率由2015年底的5.7%降至去年底的4.2%，全年节省利息支出7.4亿元。着眼长远发展促转型、可持续。积极探索融资平台市场化运作路子，市级总平台通过参与高铁新区、徂汶景区等开发建设，共收储土地1.2万亩；着力支持高铁新区城市发展投资公司通过片区开发做大做强，既推动了棚改项目建设、促进了土地收储，又成为财税增收的一大亮点。

4.支出结构不断优化。民生支出得到优先保障。始终坚持为民理财、民生优先的用财导向，全市一般公共预算中用于民生方面的支出达到264.1亿元，占财政支出的79.9%，高于全省1个百分点，保证了民生政策全面落实，保障标准不断提高。行政成本得到有效控制。其中，全市财政拨款安排的“三公”经费支出，比预算压减7476万元、下降24.2%，比上年决算压减5808万元、下降19.8%。财力下移得到充分体现。发挥基层与群众联系最直接、最密切的优势，市级共安排对下税收返还和一般公共预算及政府性基金转移支付129.7亿元、地方政府债券102.6亿元，比上年分别增加4.1亿元、49.5亿元，缓解了基层财政困难，减轻了县乡政府债务压力。

5.财税改革深入推进。深化预算管理改革。市县两级按时公开了2016年政府总预决算和92个市级部门、524个县级部门的部门预决算及“三公”经费预决算。特别是将部门预决算公开范围扩大至所有使用财政资金的非涉密部门，预算信息透明度显著提高。强化政府财力统筹。市县两级建立健全“全口径”政府预算体系，将政府收支全部纳入预算管理，将转列一般公共预算的政府性基金扩大至13项，市级国有资本经营预算调入一般公共预算的比例提高至19%。建立了跨年度预算平衡机制，市级预算稳定调节基金规模达到2.4亿元，编制了2016～2018年中期财政规划。稳步推进税制改革。2016年5月1日起，全面推开了营改增试点，将全市建筑业、房地产业、金融业和生活服务业“四大行业”的2.7万户企业全部纳入改革范围，新旧税制实现平稳过渡。同时，制定了市以下收入划分改革方案，将省级下划的增值税和改征增值税全部下划县级，与中央5∶5分享。从7月1日起，实施了资源税从价计征改革。扎实推进支出管理改革。着力加快支出进度，在省对各市每月支出进度情况通报中，我市均位居前列。建立盘活存量资金常态化机制，采取分类压减措施，积极盘活存量资金，市级共收回结转结余资金4.4亿元。另外，加快建立县级现代预算制度，宁阳县、东平县被确定为全省县级现代预算管理制度改革试点县。

各位代表，2016年全市预算执行情况总体是好的，但也面临一些矛盾和问题。主要是：经济综合实力不够强，质量效益有待提高，财税收入总量偏小、质量结构有待进一步改善；受经济下行、减税降费等因素影响，财政收入增速不断放缓，而刚性支出持续增加，财政收支矛盾日益突出，特别是部分县市财政运行困难加剧；一些单位会计核算、财务管理、资产管理薄弱问题仍然存在，依法理财意识需要进一步增强，财经秩序需要进一步规范，等等。对此，我们将高度重视，采取有力措施，认真加以解决。

二、2017年预算草案

2017年，是实施“十三五”规划的重要一年，也是供给侧结构性改革的深化之年，编好今年预算、做好财政工作至关重要。

（一）全市财政形势预测分析

今年，我市经济发展面临的外部环境依然错综复杂，各项改革进入深水区和攻坚期，经济下行压力依然较大，财政减收增支因素叠加积聚，财政保障和改革发展的任务十分繁重。经济层面，下行压力依然较大。我市传统产业特别是煤炭、钢铁、化工、装备制造等支柱行业，受供给侧结构性改革的影响，短期内将面临更大困难。加之，新上项目大多处于成长期和税收抵扣期，支撑财税增收的税源基础仍比较薄弱。收入方面，政策性减收因素增多。国家将实施积极的财政政策，继续落实和完善营改增政策，实施促进中小企业发展、科技创新等税收优惠政策，进一步取消、调整和规范一批行政事业性收费项目，加上营改增翘尾因素，以及化解过剩产能带来的短期内财政减收，都将直接影响今年财政收入增长。支出方面，刚性增支有增无减。调整机关事业单位退休人员养老金标准、提高城乡居民基本医疗保险财政补助标准、加大扶贫开发力度、支持供给侧结构性改革、防范政府债务风险以及2016年工资改革形成的翘尾因素，都需要增加大量支出。初步测算，2017年市级财力预计增加4.7亿元，仅落实工资、养老保险改革政策等就比上年预算增加8.8亿元，财政收支矛盾十分突出。

（二）2017年预算编制的指导思想

按照《预算法》规定，结合中央和省、市深化财税改革的安排部署，我市财政预算安排的指导思想是：全面贯彻党的十八大和十八届三中、四中、五中、六中全会精神，以新发展理念为指导，适应经济发展新常态，坚持稳中求进工作总基调，紧紧围绕市委“四个一”的总体思路和“三强”企业标准，大力支持深化供给侧结构性改革，实施更加积极有效的财政政策，着力深化财税体制改革，加快建立现代财政制度；着力强化政府资源和资金统筹管理，支持做大做强实体经济；着力推进依法治税管费，确保完成全年收入预算；着力加强财政风险管控，推动政府投融资持续健康发展；着力加强政府综合调控，盘活存量、用好增量，集中财力保障重点支出，为建设富裕文明幸福新泰安提供有力保障。

（三）2017年一般公共预算安排意见

1. 代编全市一般公共预算情况

根据上述指导思想和全市经济社会发展预期目标，综合考虑税制改革和减税降费等因素，2017年全市一般公共预算收入预期增长6.5%左右，税收比重适当提高；按照“统筹兼顾、量力而行、收支平衡”的原则，全市一般公共预算支出增长7%左右。

2. 市级一般公共预算安排情况

2017年，市级一般公共预算收入预期目标50.1亿元（其中市直21亿元、市高新区22.6亿元、泰山景区6.5亿元），增长4.4%。按照收入预算和现行财政体制计算，预计2017年市级一般公共预算总财力118.8亿元，按照收支平衡原则，市级总支出安排118.8亿元，增长5.5%。其中，市级一般公共预算支出安排85.3亿元（其中：市直58.9亿元、市高新区

21.7亿元、泰山景区4.7亿元），增长9.6%，对下转移支付安排33.5亿元。主要支出项目安排情况是：

安排一般公共服务支出10.2亿元，增长6.4%；国防及公共安全支出9亿元，增长1%；教育支出9.3亿元，增长7.4%；科学技术支出2.1亿元，增长52%（主要是高新区设立专项资金加大对科技创新的支持力度）；文化体育与传媒支出1.9亿元，与上年基本持平；社会保障和就业支出6亿元，下降24.3%（主要是2016年拨付弥补机关事业单位养老保险资金缺口2亿元）；医疗卫生与计划生育支出7.7亿元，增长46.9%（主要是2017年城乡居民医疗补助调整为市级列支）；城乡社区支出15.9亿元，同口径增长4.1%；农林水支出3.8亿元，同口径增长8.1%；交通运输支出2.7亿元，同口径增长3.1%；住房保障支出1.6亿元，下降2.7%（主要是住房公积金增值收益计提的保障性住房建设资金下降）。

安排预备费9000万元（其中市直6500万元、高新区2000万元、景区500万元），用于当年预算执行中的自然灾害等突发事件处理增加的支出及其他难以预见的开支。占市级一般公共预算支出的1.1%，符合《预算法》的规定。

安排市对下转移支付33.5亿元，占市直总支出的36.3%。其中一般性转移支付31.7亿元、专项转移支付1.8亿元。

3. 市级支出预算的保障重点

2017年，市级支出安排着力保障以下“四个”重点：

一是保障人员经费和机关运转。这方面的资金共安排34.1亿元，比上年增加5.8亿元，其中市直30.9亿元、高新区5000万元、泰山景区2.7亿元。其中：调整“精神文明奖”发放办法增加支出约1.9亿元；2016年国家政策性增资翘尾增加支出1.3亿元；离休人员待遇由单位发放，不再从养老基金中列支增加支出5000万元；享受退休时提高退休费比例人员，改发一次性退休补贴增加支出5000万元；市直部门提高公用经费定额标准增加支出2978万元。

二是保障民生政策兑现落实。这方面的资金安排18.5亿元，比上年增加1亿元。其中：安排3.1亿元，支持将居民基本医疗保险政府补助标准由每人每年420元提高至450元；安排2880万元，支持将基本公共卫生服务人均经费标准由45元提高到50元；安排7799万元，用于居民基本养老保险基础养老金政府补助；安排1860万元，支持城市公立医院改革；安排3075万元，用于农村最低生活保障。安排5320万元，用于落实精准扶贫政策；安排3200万元，用于“一事一议”财政奖补；安排3000万元，用于“强村固基”小型农田水利建设补助。安排3358万元，用于农村义务教育经费保障；安排9515万元，用于解决大班额问题及改善办学条件；安排3312万元，用于落实中职免学费政策。安排3000万元，支持泰山社会福利中心建设；安排1.2亿元，支持保障性住房建设及维护。安排7350万元，用于泰城公共汽车运行补贴、车辆更新及老年人免费乘车补助；安排4300万元，用于泰城居民供热补贴；安排3844万元，用于泰城社区工作经费。安排1.3亿元，用于企业破产改制；安排8200万元，用于行政事业离退休人员、破产改制企业、困难企业和军休人员医疗费；安排2000万元，用于弥补机关事业单位养老保险资金缺口。

三是保障稳增长、调结构、培财源。这方面的资金共安排7.9亿元，比上年增加3亿元。主要是：安排产业投资基金资本金2亿元、泰山投资有限公司及国泰民安公司资本性支出1亿元、财源建设资金8000万元、落实市重点建设项目优惠政策5000万元、服务业发展资金3158万元、创建国家文明城市专项资金3000万元、应用技术研究与开发资金2800万元、文化产业和事业发展资金2000万元、旅游业发展资金1600万元、普惠金融发展专项资金1540万元、农业产业化资金1500万元、人才工作专项经费1450万元、市级节能专项资金1140万元、小微企业发展专项资金1000万元、散煤清洁化治理奖励资金2000万元。

四是保障政府债务还息。安排政府债务偿还利息资金5.2亿元。

（四）政府性基金预算安排情况

2017年，全市政府性基金收入预期目标66.8亿元，增长0.4%。当年政府性基金收入，加上年结转、省级补助收入及新增专项债券转贷收入35亿元，减上解省级支出、调出资金3.5亿元，全市政府性基金总财力为98.3亿元。按照以收定支的原则，全市政府性基金支出预算安排93.1亿元，增长9%，结转下年支出5.2亿元。

市级政府性基金收入预期目标33.7亿元（其中市直27.5亿元、高新区6.2亿元），增长7.5%。加上年结转、新增专项债券转贷收入9.6亿元，减调出资金2.1亿元，市级政府性基金总财力为41.1亿元。按照以收定支的原则，市级政府性基金支出预算安排33.9亿元（其中市直27.4亿元、高新区6.5亿元），增长5.2%，补助县（市、区）等转移性支出3.2亿元，结转下年支出4亿元。

（五）国有资本经营预算安排情况

2017年，全市国有资本经营预算收入预期目标9.5亿元（其中县级200万元），增长393.8%。加上年结转收入4655万元，扣除按照19%的比例调入一般公共预算1.8亿元后，全市国有资本经营预算总财力为8.2亿元。按照收支平衡的原则，安排国有资本经营预算支出8.2亿元（其中县级162万元），增长641.8%。

市级国有资本经营预算收入预期目标9.5亿元（其中市直9.4亿元、高新区287万元），增长397.9%（主要是泰山投资、东岳金财和市城乡发展投资有限公司上缴国有资本经营收益8亿元），加上年结转收入4655万元，扣除按照19%的比例调入一般公共预算1.8亿元后，市级国有资本经营预算总财力为8.1亿元。按照收支平衡的原则，安排国有资本经营预算支出8.1亿元（其中市直8.1亿元、高新区232万元），增长655.6%。

（六）社会保险基金预算安排情况

2017年，全市社会保险基金收入预计178.8亿元，增长12.3%，其中社会保险费收入121.1亿元。全市社会保险基金支出预算安排178亿元，增长19.5%，其中社会保险待遇支出170.2亿元。当年收支结余8195万元，年末滚存结余171.5亿元。

市级社会保险基金收入预计57.1亿元（其中市直56.3亿元、高新区6293万元、景区1355万元），增长21%，其中社会保险费收入42.5亿元。市级社会保险基金支出预算安排56.1亿元（其中市直55.5亿元、高新区4961万元、景区1354万元），增长36%，其中社会保险待遇支出54.8亿元。当年收支结余9547万元，年末滚存结余58.9亿元（其中市直58.3亿元、高新区6006万元）。

根据《中华人民共和国预算法》第54条规定，在本草案经本次大会审议批准前，截至2月17日，市级拨付资金2.7亿元，主要是参照上年同期预算支出数额拨付的本年市级部门工资及运转支出。

三、确保完成2017年预算任务的主要措施

为确保完成上述预算任务，今年将重点抓好以下工作：

（一）强化财政调控，着力促发展、培财源。在资金布局上，统筹利用政府性基金、政策性贷款以及政银合作、过桥还贷、融资租赁和PPP模式，健全完善大小结合、长短结合的资金保障体系。特别是按照“财政+基金+金融”的思路，借助与省财金集团的合作，经营运作好三支“子基金”，并着眼风险防控和长远可持续发展，建立健全基金退出机制。在培植重点上，坚持问题导向，聚焦实体领域，着重支持工业经济尤其是区域拉动力强、行业竞争力强、财税贡献能力强的“三强”企业发展，加快打造大个头税源企业；大力支持旅游和文化产业提升，打造我市经济发展、财源培植新优势。在项目筛选上，牢固树立“抓发展就要抓项目、抓项目就是抓发展”的理念，根据行业现状、企业大小，建立健全以工业、服务业为支撑，大、中、小型企业兼顾的综合性项目库特别是基金投资项目备选库，防止出现“资金等项目”问题。在政策调控上，围绕供给侧结构性改革，着重支持做好“降成本”的文章，继续落实好营改增政策，积极引导企业用足用好高新技术企业、中小微企业、节能减排、环境保护等税费优惠及政府采购政策，大力清理行政事业性收费，以政府收入的“减法”，换取企业效益的“加法”和市场活力的“乘法”。

（二）强化收入征管，着力稳增长、提质量。正确处理减税降费与依法组织收入的关系，突出税收全面抓好收入征管，确保该收的收足收好，不该收的一分也不多收。强化财税协同配合，联合税务部门积极落实全年税收收入预算，分级落实责任、传导压力。大力支持深化联合办税、开展税务稽查以及土地使用税专项调查、停车场专项整治，严厉打击偷逃骗税行为，千方百计堵塞征管漏洞。提高税源管控能力，健全税收保障机制，用好涉税信息共享平台，密切跟踪重点税源变化和税收缴纳情况，通过提高征管效率来挖掘增收潜力。完善激励约束办法，针对财政收入历史性问题和结构性矛盾，研究制定切实管用的收入激励约束政策措施，进一步调动各级各部门抓征管、促增收、调结构、提质量的积极性。

（三）强化支出管理，着力抓统筹、提绩效。优化支出结构，进一步盘活存量资金，用好增量资金，集中财力保工资、保运转、保民生、保改革。牢固树立过紧日子的思想，大力压减一般性支出，严格控制“三公”经费，降低行政运行成本。硬化预算约束，严格控制预算调整事项，年度预算执行中，除救灾等应急支出及市委、市政府确定的重大事项外，原则上不再追加预算。加快预算执行进度，通过超前论证、加快项目实施，避免“钱等项目”问题。特别是对部门结余资金及连续两年未用完的结转资金，一律按规定收回统筹使用；对预算执行进度缓慢或预计年内难以执行的资金，及时调整用途、用于急需支出，避免资金沉淀，提高支出效率。另外，加快推进预算绩效管理改革，强化绩效评价结果运用和公开，倒逼各方面加强管理，提高资金使用效益。

（四）强化改革引领，着力强管理、上水平。预算管理改革方面，全面推进预决算公开，2017年起市直部门预决算在市政府门户网站集中公开；深入开展县级现代预算管理制度改革试点，加快提升县级预算管理水平；强化财力统筹，进一步加大一般预算与其他预算之间和各类资金的统筹力度，将新增建设用地土地有偿使用费、南水北调工程基金转列一般公共预算统筹使用，并取消排污费、水资源费等以收定支、专款专用的规定。财政体制改革方面，进一步理顺市与县（市、区）财政分配关系，增强市级财政统筹调控能力。根据省财政事权与支出责任划分改革情况，合理确定市县两级的财政事权，理顺市县两级支出责任。税收制度改革方面，密切关注个人所得税、环境保护税、消费税等改革动态，提前做好改革准备，努力健全完善地方税收调控体系和收入稳定增长机制。政府债务管理方面，强化政府债务限额管理，完善债务风险预警办法，加大政府存量债务置换力度，加强风险防范和应对，牢牢守住不发生区域性、系统性风险的底线。另外，按照政企分开、市场化运作的思路，进一步完善政府投融资体制机制，依法厘清政府债务与企业债务的边界，积极防范融资平台债务风险；扎实推进市级总平台转型升级，围绕改造提升西部新城、隆起拓展东部新城，积极参与片区开发建设和城中村改造，确保提前介入、跟踪服务，尤其是加大土地收储和运作力度，拓宽偿债资金来源渠道。

各位代表，今年全市财政改革发展任务艰巨、责任重大。我们将认真落实本次会议决议，在市委的坚强领导下，自觉接受市人大监督指导，虚心听取市政协意见建议，凝心聚力、勇于担当、真抓实干，不断推动各项财政工作再上新台阶，为建设富裕文明幸福新泰安做出新的更大贡献！

关于泰安市2017年预算执行情况和2018年预算草案的报告

——2018年1月6日在泰安市第十七届人民代表大会第二次会议上

泰安市财政局局长　刘斌

各位代表：

受市人民政府委托，现将泰安市2017年预算执行情况和2018年预算草案提请市十七届人大二次会议审议，并请市政协委员和列席会议的同志提出意见。

一、2017年全市和市级预算执行情况

2017年，在新一届市委的坚强领导下，全市上下深入学习贯彻党中央提出的一系列新理念新思想新战略和市第十一次党代会精神，认真落实市十七届人大及其常委会决议，牢固树立新发展理念，坚持稳中求进工作总基调，以供给侧结构性改革为主线，着力稳增长、促改革、调结构、惠民生、防风险，全市经济社会平稳健康发展，财政预算目标圆满实现。

（一）一般公共预算执行情况

1. 全市一般公共预算执行情况

据财政快报统计，2017年全市一般公共预算收入207.1亿元，完成调整预算的100%，同口径增长3.9%。其中，税收收入146.8亿元，完成调整预算的100%，同口径增长6.2%；非税收入60.3亿元，完成调整预算的100%，下降1.6%。全市一般公共预算支出356亿元，完成调整预算的105.9%，增长7.7%。

全市一般公共预算收入，加税收返还和转移支付补助140亿元、上年结转9.5亿元、新增一般债券转贷收入4.7亿元、调入资金及预算稳定调节基金35亿元，全市一般公共预算总收入396.3亿元。全市一般公共预算支出，加上解支出17.4亿元、补充预算稳定调节基金6.9亿元、债务还本支出1.4亿元，全市一般公共预算总支出381.7亿元。收支相抵，结转下年支出14.6亿元。

2. 市级一般公共预算执行情况

2017年，市级一般公共预算收入53.4亿元（其中市直26.9亿元、市高新区20.3亿元、泰山景区6.2亿元），完成调整预算的101.2%，同口径增长8.6%。其中，税收收入21.8亿元，完成调整预算的98.9%，同口径下降0.7%；非税收入31.6亿元，完成调整预算的102.8%，增长16%。市级一般公共预算支出103.4亿元（其中市直71.9亿元、市高新区23.9亿元、泰山景区7.6亿元），完成调整预算的107.7%，增长29.8%。

市级一般公共预算收入，加税收返还和转移支付补助16.2亿元、上年结转5.1亿元、新增一般债券转贷收入2亿元、县（市、区）上解收入28.2亿元、调入资金及预算稳定调节基金17.5亿元，市级一般公共预算总收入122.4亿元。市级一般公共预算支出，加上解支出3.3亿元、补充预算稳定调节基金4亿元、债务还本支出1.2亿元，市级一般公共预算总支

出111.9亿元。收支相抵，结转下年支出10.5亿元。

（1）市级收入主要项目完成情况

税收收入：增值税6.2亿元，完成调整预算的105%，同口径增长16.6%；企业所得税2.6亿元，完成调整预算的97.3%，下降29.6%；个人所得税1.2亿元，完成调整预算的103.8%，下降4.5%；其他税收收入11.8亿元，完成调整预算的95.8%，增长7.4%。非税收入31.6亿元，完成调整预算的102.8%，增长16%。

（2）市级支出主要项目完成情况

教育支出11.3亿元，完成调整预算的102.1%，增长29.1%；加对下转移支付6.2亿元，这方面支出共计17.5亿元。其中：投入4.5亿元，支持城乡义务教育经费保障机制改革和“两免一补”政策落实，全市中小学生均公用经费分别达到910元和710元；投入1亿元，用于学前教育、中等职业学校、普通高中、普通高校等学生奖学金、助学金和免学费补助；投入1174万元，提高寄宿制学校公用经费保障水平。投入2.7亿元，支持解决中小学大班额问题，全市新建、改扩建校舍28.7万平方米，泰安一中新校区、市特教中心建成启用；投入5030万元，采取“以奖代补”方式支持“全面改薄”工作开展。

科学技术支出1.8亿元，完成调整预算的82.6%，增长25.3%（主要是市高新区年初预算安排的部分科技创新发展资金和科技企业孵化资金当年未支出）；加对下转移支付4197万元，这方面支出共计2.2亿元。其中：投入1.5亿元，支持应用技术研究与开发，推动科技创新驱动发展；投入100万元，将泰山科技创业资金规模扩大至3000万元；投入950万元，支持特色塔型科技创新平台建设；投入200万元，支持发明创新；投入3663万元，用于科技重大专项成果转化，重点支持了46个自主创新科技项目、12个关键性技术研发和产业化示范项目。

文化体育与传媒支出2.3亿元，完成调整预算的110.6%，增长17%；加对下转移支付7740万元，这方面支出共计3.1亿元。其中：投入2979万元，用于创建全国文明城市。投入1600万元，落实文艺院团经费，鼓励优秀传统剧目传承和新剧目创作；投入3263万元，支持农家书屋、送戏下乡、农村电影放映和基层文化服务中心等公共文化服务工程建设；投入618万元，支持图书馆、文化馆（站）、博物馆免费开放；投入300万元，支持开展泰安首届文化惠民消费季活动；投入2000万元，支持文化事业和文化产业协调发展；投入3781万元，支持遗址保护、文物维修、考古发掘和规划编制等。投入1770万元，支持体育事业发展。

社会保障和就业支出10.1亿元，完成调整预算的115.9%，增长23.8%；加对下转移支付14.7亿元，这方面支出共计24.8亿元。其中：投入7.3亿元，完善居民基本养老保险制度；投入2611万元，支持社会养老服务体系建设；投入5.2亿元，用于社会福利救助、优抚对象保障等政策落实；投入1328万元，为18791名有需求的残疾儿童和持证残疾人提供基本康复服务；投入3879万元，支持稳定和促进就业；投入9515万元，用于退役士兵安置和权益保障政策落实；投入1.1亿元，解决军队离退休干部和机构管理经费。

医疗卫生与计划生育支出10.2亿元，完成调整预算的190.2%，增长84.1%（主要是宁阳县城乡居民医疗保险省级配套资金改列市级支出）；加对下转移支付12.6亿元，这方面支出共计22.8亿元。其中：投入11.7亿元，完善居民基本医疗保险制度，将政府补助标准由每人每年420元提高到450元；投入1.5亿元，将基本公共卫生服务经费标准由年人均45元提高到50元；投入1.1亿元，用于公立医院和基层医疗卫生机构综合改革；投入3689万元，支持泰山社会福利中心和残疾人康复中心建设；投入3992万元，支持创建省级食品安全城市。

节能环保支出9192万元，完成调整预算的133.6%，增长67.3%（主要是省级下达的专项转移支付资金增加）；加对下转移支付2.3亿元，这方面支出共计3.2亿元。其中：投入1.7亿元，用于大气、水、土壤污染防治及自然保护区和农村环境治理；投入5292万元，用于绿色建筑和建筑节能改造等。

城乡社区支出18.1亿元，完成调整预算的98.2%，增长12.1%；加对下转移支付2.9亿元，这方面支出共计21亿元。其中：投入11.7亿元，用于泮河大街改造和万官大街上跨京沪铁路立交桥等重点城建项目建设；投入3.1亿元，用于城市基础设施维护；投入1.9亿元，推动省“两区一圈一带”区域规划目标任务落实；投入9984万元，用于市区污水处理；投入1.1亿元，支持城镇垃圾处理和污水管网建设；投入4100万元，支持新型城镇化建设。

农林水支出5.2亿元，完成调整预算的99.4%，增长9.6%；加对下转移支付19.9亿元，这方面支出共计25.1亿元。其中：投入专项扶贫资金2.7亿元，支持脱贫攻坚；投入2890万元，支持高效特色农业及农村三次产业融合发展。投入2.1亿元，支持全面实行河长制以及病险水库除险加固、中小河流治理、水肥一体化、农村饮水安全、引水上山等水利工程建设。投入7145万元，支持造林绿化、林业资源修复、生态效益补偿等绿色生态发展。投入1.4亿元，用于库区移民易地扶贫搬迁。投入1.1亿元，用于农村公益事业建设“一事一议”财政奖补；投入5700万元，支持“强村固基”工程实施；投入4300万元，开展美丽乡村示范村建设试点，纳入省级和市级试点的村分别达到28个、50个；投入3175万元，支持41个村开展扶持村级集体经济发展试点；投入7334万元，支持农村无害化卫生厕所改造。

交通运输支出3.4亿元，完成调整预算的124.3%，增长16.3%；加对下转移支付4.6亿元，这方面支出共计8亿元。其中：投入2.3亿元，支持公路等基础设施建设；投入3980万元，支持村级公路网化示范县建设；投入3610万元，用于公路养护和运输管理；投入1.1亿元，用于城市公交、出租车和农村道路客运补贴；投入1.7亿元，用于新能源公交车购置及运行补贴等。

住房保障支出2.2亿元，完成调整预算的112.5%，增长28.8%；加对下转移支付4.9亿元、政府性基金安排1000万元、省级直接列支拨付的棚户区改造补助资金2.8亿元，这方面支出共计10亿元。其中：投入5.8亿元，支持全市实施棚户区改造

34039套；投入5246万元，支持县级改造农村危房3147户；投入3102万元，支持城镇老旧小区改造；投入636万元，用于发放租赁住房补贴。另外，争取国家开发银行棚户区改造专项贷款39.6亿元，支持24个棚户区改造项目建设。

2017年，市及以上对下税收返还和一般公共预算转移支付补助123.8亿元，增长4.9%。其中，税收返还13亿元、一般性转移支付73.2亿元、专项转移支付37.6亿元。

（二）政府性基金预算执行情况

2017年，全市政府性基金收入86.6亿元，完成调整预算的107.3%，增长30.1%。全市政府性基金支出105.4亿元，完成调整预算的88%，增长23.6%。全市政府性基金收入，加省级补助和新增专项债券转贷收入31.3亿元、上年结转和调入资金15.3亿元，全市政府性基金总收入133.2亿元。全市政府性基金支出，加调出资金及上解支出11.3亿元，全市政府性基金总支出116.7亿元。收支相抵，结转下年支出16.5亿元。

市级政府性基金收入42.4亿元（其中市直39.9亿元、市高新区2.4亿元、泰山景区818万元），完成调整预算的104.9%，增长35.2%。市级政府性基金支出42.9亿元（其中市直37.8亿元、市高新区4.9亿元、泰山景区1843万元），完成调整预算的82.9%，增长32.8%。市级政府性基金收入，加省级补助和新增专项债券转贷收入18.1亿元、上年结转7.6亿元，市级政府性基金总收入68.1亿元。市级政府性基金支出，加补助县（市、区）支出8.3亿元、上解支出及调出资金6.4亿元，市级政府性基金总支出57.6亿元。收支相抵，结转下年支出10.5亿元。

（三）国有资本经营预算执行情况

2017年，全市国有资本经营预算收入1.3亿元（其中县级200万元），完成调整预算的99.1%，下降32.7%（主要是市级国有股权转让收入比上年减少）。全市国有资本经营预算支出1.7亿元（其中县级320万元），完成调整预算的112%，增长55.1%。全市国有资本经营预算收入，加上年结转4655万元、省级补助收入7056万元，减去按照19%的比例调入一般公共预算2458万元、国有资本经营预算支出1.7亿元，结转下年支出0.5亿元。

市级国有资本经营预算收入1.3亿元（市直1.3亿元），完成调整预算的99.1%，下降33.1%。市级国有资本经营预算支出1.7亿元（市直1.7亿元），完成调整预算的111.1%，增长55.4%。市级国有资本经营预算收入，加上年结转4655万元、省级补助收入7056万元，减去按照19%的比例调入一般公共预算2420万元、补助下级支出158万元、国有资本经营预算支出1.7亿元，结转下年支出0.5亿元。

（四）社会保险基金预算执行情况

2017年，全市社会保险基金收入175.4亿元，完成调整预算的102.2%，增长8.3%，其中社会保险费收入120.6亿元。全市社会保险基金支出165.7亿元，完成调整预算的100.1%，增长11.7%，其中社会保险待遇支出160.4亿元。当年收支结余9.7亿元，年末滚存结余183.7亿元。

市级社会保险基金收入81.9亿元（其中市直77.9亿元、市高新区3.1亿元、泰山景区8970万元），完成调整预算的158.1%，增长85.8%（主要是“两区”管辖范围调整影响），其中社会保险费收入50.6亿元。市级社会保险基金支出74亿元（其中市直70.6亿元、市高新区2.7亿元、泰山景区7208万元），完成调整预算的165.5%，增长76.6%，其中社会保险待遇支出69.8亿元。当年收支结余7.9亿元，年末滚存结余61.9亿元。

需要说明的是，上述“四本”预算执行数据是初步汇总数，2017年财政决算编制完成后，部分数据将会有所变化。届时，我们将按照规定及时向市人大常委会报告有关情况。

（五）市十七届人大一次会议决议落实情况

过去的一年，在市人大依法监督和市政协大力支持下，全市各级政府及其财税部门按照中央和省、市委决策部署，全面落实人大决议，加快推进财税改革，依法加强财政管理，认真执行积极的财政政策，促进了全市经济社会平稳健康发展。

1. 收入质量稳步改善。面对营改增翘尾、降费力度加大、重点行业去产能以及上年营业税清缴造成收入基数较高等不利因素，各级财税部门强化责任担当，密切协调配合，想方设法抓征管、促增收。财政部门发挥牵头抓总作用，着力强化组织协调、调研分析、激励约束和调度指导，及时发现问题，制定应对措施。税务部门积极创新征管手段，通过深化联合办税，强化综合治税以及开展发票摇奖和“最美纳税人”评选等活动，促进了税收收入平稳增长，带动了财政收入结构和质量稳步改善。全市税收收入占一般公共预算收入的比重达到70.9%，比上年提高0.6个百分点，同口径提高1.6个百分点。

2. 杠杆作用充分发挥。以供给侧结构性改革为主线，着力增强运用财政杠杆支持和引导发展的能力。强化政策调控。着重在“降成本”上下功夫，通过营改增等各项税收优惠政策，为全市企业减轻税负60多亿元；通过取消、停征、调整53项行政事业性收费和政府性基金项目，进一步减轻了企业负担。组建财金集团。加快推进政府融资平台市场化转型，统筹整合泰山投资、东岳金财等平台公司资产，成立注册资本100亿元的市财金集团，搭建促发展、培财源的国有资本投资运营平台。设立直投基金。市县财政共同出资，撬动金融资本在5个县（市、区）及市高新区各设立10亿元的产业直投基金，并确定两批、7个项目的股权投资方案，总投资额11.4亿元。其中，4个项目的7.5亿元投资全部到位，后续项目投资正有序办理。用好组合工具。综合运用融资租赁、政银合作、融资担保等方式，着力缓解实体企业融资难、融资贵问题。其中，中垠（泰安）融资租赁公司10亿元的注册资金全部到位，完成项目资金投放12.5亿元。

3. 重点支出保障有力。坚持统筹兼顾、有保有压，着力压一般、保重点。加大民生事业投入。全市一般公共预算中用于民生的支出达到282.2亿元，占财政支出的比重为79.3%，高于全省平均水平0.3个百分点，确保了各项民生政策落实。其中，围绕打好精准脱贫攻坚战，市及以上财政落实资金7.6亿元，支持产业扶贫、金融扶贫、易地扶贫搬迁等各类项目加快实施。围绕打好污染防治攻坚战，落实资金3亿元，支持大气、水、土壤等污染防治和生态环境保护；成功争取泰山山水林田湖生态保护修复工程纳入国家第二批试点范围，中央和省财政下达首批补助资金9.6亿元。严控行政运行成本。严格执行会议费、接待费、出国经费等管理制度，从严控制楼堂馆所建设和节会、庆典等活动支出。其中，全市财政拨款安排的“三公”经费同比压减4560万元、下降20.9%。依法依规做好政府投融资工作。市级总平台全年融集到位资金127.1亿元（含政府置换债券资金56.1亿元），有力保障了棚改、水利等重点工程建设和还本付息需要。大力推广政府和社会资本合作，全市共储备PPP项目68个，概算总投资额1086亿元。其中，已签约并开工项目12个，合同吸引社会资本投资83.6亿元，投资19亿元的博阳路改造项目，已进入工程招标阶段。

4.财税改革深入推进。预算管理方面，扎实推进预决算公开，其中市级公开了2016年政府决算、部门决算和“三公”经费决算以及2017年相应预算，并建立了预决算公开平台，实行集中公开。完善跨年度预算平衡机制，市级预算稳定调节基金规模扩大至4亿元。财力统筹方面，将新增建设用地土地有偿使用费、南水北调工程基金转列一般公共预算统筹使用，并取消排污费、水资源费等以收定支、专款专用规定，政府财力统筹能力进一步增强。建立健全预算支出进度和盘活财政存量资金激励约束机制，全市一般公共预算支出进度始终居全省前列；市直共清理回收结转结余资金6.8亿元。税制改革方面，严格落实营改增、简化合并增值税税率及小微企业税收优惠等政策。认真研究水资源税、环境保护税改革政策，加强调研分析，做好征收准备。财政体制方面，结合市高新区、泰山景区管辖范围调整，核定了区（市）和市直下划单位财政划转基数，调整了市级收支预算，明确了划转后各区的财政体制。积极稳妥推进市以下财政事权和支出责任划分改革，出台了具体实施意见。债务管理方面，严格按照财政部统一部署，积极开展政府债务违规问题整改，并制定出台进一步加强政府性债务管理的实施意见，切实防范化解政府债务风险。全市政府债务率较上年压减5.59个百分点，低于省核定我市政府债务率上限5.61个百分点。加大政府债券资金争取力度，全市争取新增债券30.3亿元、置换债券100亿元，既支持了重点项目建设，又缓解了还本付息压力，节约利息支出5亿元。

各位代表，2017年全市预算执行情况总体是好的，但也面临一些矛盾和问题。主要是：经济综合实力不够强，质量效益有待提高，财税收入总量偏小、结构质量有待进一步改善；受重点行业去产能和结构性减税、普遍性降费等因素影响，财政收入增速放缓，而刚性支出持续增加，加之政府债务压力较大，财政收支矛盾不断加剧；财经秩序需进一步规范，个别单位在会计核算、财务管理、资产管理方面仍存在薄弱环节，依法理财意识需进一步增强，等等。对此，我们将高度重视，认真加以解决。

二、2018年预算草案

2018年是贯彻党的十九大精神的开局之年，是改革开放40周年，是决胜全面建成小康社会、实施“十三五”规划承上启下的关键一年。编好2018年预算，做好财政工作，任务艰巨、责任重大。

（一）全市财政形势预测分析

今年，我市经济发展面临的外部环境依然错综复杂，尤其是财政减收增支因素叠加积聚，财政保障和改革发展的任务十分繁重。经济层面，转型升级压力较大。我市传统产业特别是煤炭、钢铁、化工、装备制造等支柱行业，受环保督查、行业整治和安全生产、重点行业去产能等因素影响，短期内转型升级仍面临较大压力。同时，新兴产业尚处于起步和成长阶段，短期内对财税增收难以形成有力支撑。收入方面，政策性减收因素增多。国家将继续实施积极的财政政策，维持减税降费总趋势，加之化解过剩产能带来的短期内财政减收，都将直接影响今年的财政收入增长。支出方面，刚性增支有增无减。打好防范化解重大风险、精准脱贫、污染防治“三大攻坚战”，提高民生保障水平、助力乡村振兴战略、支持供给侧结构性改革和新旧动能转换等，都需要增加大量支出。初步测算，2018年市级财力预计增加8亿元，支持新旧动能转换、落实民生政策、归还地方政府债券本息等就需要增加支出17.7亿元，财政收支矛盾十分突出。

（二）2018年预算编制的指导思想

根据中央和省预算安排及深化财税改革的总体部署，我市财政预算安排的指导思想是：全面贯彻党的十九大精神，以习近平新时代中国特色社会主义思想为指导，坚持稳中求进工作总基调，坚持新发展理念，坚持以人民为中心的发展思想，严格按照市委、市政府决策部署，继续认真落实积极的财政政策，着力支持深化供给侧结构性改革，加快推进新旧动能转换；着力深化财税体制和政府投融资体制改革，加快建立现代财政制度；着力强化财政资金统筹使用，调整优化财政支出结构，大力压减一般性支出，集中财力保障重点支出；着力推进依法治税管费，确保完成全年收入预算；着力加强财政风险管控，防范和化解政府债务风险，为建设富裕文明幸福新泰安提供有力保障。

（三）2018年一般公共预算安排意见

1. 代编全市一般公共预算情况

根据上述指导思想和全市经济社会发展预期目标，综合考虑税制改革和减税降费等因素，2018年全市一般公共预算收入预期增长6%，税收比重适当提高；按照统筹兼顾、量力而行、收支平衡原则，全市一般公共预算支出安排增长6.5%左右。需要说明的是，以上收支计划安排是预期性的，待各级预算经同级人大批准后，我们将及时汇总，报市人大常委会备案。

2. 市级一般公共预算安排情况

2018年，市级一般公共预算收入预期目标58.6亿元（其中市直29.9亿元、市高新区22.2亿元、泰山景区6.5亿元），增长9.8%。根据收入预算和现行财政体制计算，预计2018年市级一般公共预算总财力134.5亿元，按照收支平衡原则，市级总支出安排134.5亿元，增长4.8%。其中，市级一般公共预算支出119.3亿元（其中市直83.4亿元、市高新区27.6亿元、泰山景区8.3亿元），增长15.4%，对下转移支付安排15.2亿元。主要支出项目安排情况是：

一般公共服务支出11.1亿元，下降2.3%；国防及公共安全支出10亿元，增长3.8%；教育支出14.5亿元，增长28.7%；科学技术支出1.8亿元，增长4.8%；文化体育与传媒支出3.1亿元，增长33%（主要是泰山景区安排博物馆建设资金1亿元）；社会保障和就业支出10.7亿元，增长5.3%；医疗卫生与计划生育支出16.9亿元，增长66%（主要是县（市、区）城乡居民医疗保险省级配套资金调整为市级列支）；城乡社区支出15.8亿元，同口径增长9.9%；农林水支出5.3亿元，增长1.5%；交通运输支出1.8亿元，同口径增长3.6%；住房保障支出2.4亿元，增长9.2%。

预备费1.2亿元（其中市直7500万元、市高新区3180万元、泰山景区1500万元），用于预算执行中难以预见的其他开支。占市级一般公共预算支出的1%，符合《预算法》的规定。

市对下转移支付15.2亿元，占市级总支出的11.3%。其中，一般性转移支付12.1亿元、专项转移支付3.1亿元。

3. 市级支出预算保障重点

2018年，市级支出安排着力保障以下“四个”重点：

一是人员经费和机关运转。这方面的资金共安排46.5亿元，比上年增加7.7亿元，其中安排人员经费39.5亿元、运转经费7亿元。为提高财政资金使用效益，今年对市直培训费、办公用房维修费、信息化建设经费、通用办公设备购置经费实行统一管理。即：不在部门预算中细化安排，由财政统一预留，部门按规定程序报批后，再安排预算。

二是民生政策兑现落实。这方面的资金安排21.5亿元，比上年增加3亿元。其中：安排3.1亿元，用于城乡居民基本医疗保险政府补助，将补助标准由每人每年450元提高至490元；安排3186万元，用于基本公共卫生服务，将人均经费标准由50元提高至55元；安排1亿元，用于居民基本养老保险基础养老金政府补助；安排2440万元，支持城市公立医院改革；安排4247万元，用于城乡居民最低生活保障。安排8540万元，用于落实精准扶贫政策；安排3200万元，用于“一事一议”财政奖补；安排3000万元，用于“强村固基”小型农田水利建设补助。安排3358万元，用于农村义务教育经费保障；安排3亿元，用于解决大班额问题及改善办学条件；安排1010万元，落实中职免学费政策。安排2300万元，支持泰山社会福利中心建设；安排2.2亿元，支持保障性住房建设及维护。安排7266万元，用于泰城公共汽车运行补贴、车辆更新及老年人免费乘车补助；安排5052万元，用于泰城居民供热补贴；安排3844万元，用于泰城社区工作经费。安排1.4亿元，用于企业破产改制；安排8500万元，用于机关事业单位、困难企业和破产改制企业离休人员及军队离退休人员医疗费；安排1亿元，用于弥补机关事业单位养老保险基金缺口。

三是稳增长、调结构、培财源。这方面的资金共安排9.7亿元，比上年增加1.8亿元。其中：新旧动能转换基金及财源建设资金4.6亿元、国有企业资本注入7100万元、应用技术研究与开发资金5000万元、服务业发展资金3300万元、泰山山水林田湖生态保护修复工程配套资金3100万元、落实市重点建设项目优惠政策资金3000万元、文化产业和事业发展资金2000万元、农业产业化资金2000万元、人才工作专项经费2000万元、旅游业发展资金1600万元、普惠金融发展专项资金1250万元、节能专项资金1100万元、小微企业发展专项资金1000万元。

四是政府债务付息。安排支付政府债务利息资金8亿元。

（四）政府性基金预算安排情况

2018年，全市政府性基金收入预期目标111.1亿元，增长28.3%。加上年结转、省级补助收入及新增专项债券转贷收入41.7亿元，减上解支出和调出资金16.8亿元，全市政府性基金总财力为136亿元。按照以收定支原则，全市政府性基金支出预算安排126.4亿元，增长19.9%，结转下年支出9.6亿元。

市级政府性基金收入预期目标54.5亿元（其中市直43.4亿元、市高新区11.1亿元），增长28.7%。加上年结转和新增专项债券转贷收入26.9亿元，减调出资金6.7亿元，市级政府性基金总财力为74.7亿元。按照以收定支原则，市级政府性基金支出预算安排59.4亿元（其中市直47.5亿元、市高新区11.9亿元），增长38.6%，补助县（市、区）支出8.6亿元，结转下年支出6.7亿元。

（五）国有资本经营预算安排情况

2018年，全市国有资本经营预算收入预期目标9580万元（其中县级200万元），下降25.9%。加上年结转0.5亿元，扣除按照20%的比例调入一般公共预算1916万元后，全市国有资本经营预算总收入为1.3亿元。按照收支平衡原则，安排国有资本经营预算支出1.3亿元（其中县级160万元），下降25%。

市级国有资本经营预算收入预期目标9380万元（其中市直8880万元、市高新区500万元），下降26.4%。加上年结转0.5亿元，扣除按照20%的比例调入一般公共预算1876万元后，市级国有资本经营预算总收入1.3亿元。按照收支平衡原则，安排国有资本经营预算支出1.3亿元（其中市直1.2亿元、市高新区400万元），下降24.5%。

（六）社会保险基金预算安排情况

2018年，全市社会保险基金收入预期目标202.7亿元，增长15.6%，其中社会保险费收入132.1亿元。全市社会保险基金支出预算安排197.9亿元，增长19.5%，其中社会保险待遇支出190.9亿元。当年收支结余4.8亿元，年末滚存结余188.5亿元。

市级社会保险基金收入预期目标100.7亿元（其中市直96.3亿元、市高新区3.5亿元、泰山景区9252万元），增长23%，其中社会保险费收入60.3亿元。市级社会保险基金支出预算安排96.8亿元（其中市直92.9亿元、市高新区3.1亿元、泰山景区8350万元），增长30.8%，其中社会保险待遇支出92.8亿元。当年收支结余3.9亿元，年末滚存结余65.8亿元（其中市直64.4亿元、市高新区1.2亿元、泰山景区1634万元）。

根据《中华人民共和国预算法》第54条规定，在本草案经本次大会审议批准前，截至1月5日，市级拨付资金1.1亿元，主要是参照上年同期预算支出数额拨付的本年市级部门工资及运转支出。

三、确保完成2018年预算任务的主要措施

（一）狠抓财源培植，着力夯实财税增收基础。在继续落实好各项减税降费政策，支持供给侧结构性改革和新旧动能转换的基础上，发挥好市财金集团的平台作用，着力培财源、促发展。突出扶持重点。坚持工业强市和主体支撑作用不动摇，大力支持“一高三强两突破”工业布局落实落地。立足现有资源禀赋和产业基础，支持打造特高压输变电设备、新型建材、现代物流、文化旅游“四大”优势产业集群。健全基金体系。坚持“财政＋基金＋金融”市场化运作模式，将产业直投基金规模扩大至70亿元，并按照积极稳妥、分批到位原则，设立总规模80亿元的新旧动能转换基金，支持“四大”优势产业集群和网信安全、生物医药等战略性新兴产业以及“三强”企业发展；设立文化旅游发展投资基金，支持做强文化和旅游产业；设立20亿元的风险投资基金，支持“双创”、小微种子和上市后备等企业加速成长；设立人才科技基金，支持人才引进、人才培养和高科技产业发展。联合北京天星资本等国内知名投资机构，设立100亿元的泰山云安智能小镇基金，支持镇内项目填充、企业发展，着力打造网络信息安全产业高地。用好PPP基金，支持城市、园区基础设施改善和生态文明建设。用好融资租赁、融资担保、过桥还贷等工具，为企业技术改造和转型升级提供融资支持。防控投资风险。研究制定市级政府引导基金管理办法，建立健全项目筛选、论证、决策和投资监管、退出等长效机制，严格防范基金投资风险，保障投资安全，确保投资效益。

（二）狠抓收支管理，着力增强财政保障能力。收入方面，坚持依法治税。大力支持税务部门深化联合办税，开展纳税评估和税务稽查，全面推行社区综合治税；针对小餐饮、小运输和土地使用税、土地增值税等征管薄弱环节，组织开展专项清理清查，严厉打击偷逃骗税行为，堵塞跑冒滴漏。强化税源监控。利用涉税信息共享平台和大数据手段，密切跟踪重点税源变化和税收缴纳情况，有针对性地加强税源管控，挖掘税收增长潜力。完善激励机制。继续开展好发票摇奖、“最美纳税人”评选等活动，落实好“百强纳税企业”和“三强”企业纳税定期发布制度，引导纳税人增强社会责任感和纳税遵从度。研究建立税收总量和税收占比争先进位激励机制，调动各级培植财源、强化征管的积极性和主动性，使经济发展的成果充分体现到税收上来。强化非税收入管理，完善国有资本经营预算制度，2018年将国有资本经营预算调入一般公共预算的比例提高至20%。支出方面，严格执行支出进度通报、约谈等制度，加快支出预算执行进度，压减结转结余和暂付款，减少资金滞留，提高使用效益。加大各类预算及项目资金之间的统筹和行政事业资产盘活力度，增强政府调控能力。硬化预算刚性约束，严格控制预算调整事项，年度预算执行中原则上不再追加预算。牢固树立过“紧日子”的思想，大力压减一般性支出，严格执行各项经费管理制度，从紧从严控制“三公”经费，集中财力保工资、保运转、保民生、保改革。积极推进预算绩效管理改革，健全以结果导向配置公共资源的绩效管理机制，推进绩效管理与预算编制、执行、监督有机结合。

（三）狠抓改革创新，着力提升科学理财水平。深化财政体制改革。积极推进财政事权和支出责任划分改革，合理确定市县两级财政事权，理顺支出责任。统筹推进县域基本公共服务均等化，加强域内公共资源优化整合，加快建立“限高、托低”调节机制，推进“五个基本统一”政策落实。积极构建透明财政。严格执行《泰安市预算公开实施方案》，进一步扩大公开范围、细化公开内容、规范公开程序，提高预算透明度。深化政府投融资体制改革。加快融资平台市场化转型，通过依法注入优质资产、引入战略投资者等方式，推动现有平台重组整合为国有资本运营公司，更好服务经济社会发展。加大土地收储力度，依托泰城发展框架，配合济泰高速、泰山慢谷、泰城水系等重大项目建设，着力加大对泰城东部、徂汶景区、旅游经济开发区以及水系和主干道两侧等重点区域的土地收储力度；积极参与土地收储和项目开发建设，在确保工程项目建设收支平衡的前提下，努力提高土地增值收益和项目经营收益，化解政府存量债务。加强财政监督管理。增强预算法治意识，引导各级各部门把落实《预算法》作为预算和财务管理的基本遵循。健全财政专项资金监管制度，重点加强对泰山山水林田湖生态保护修复工程建设资金的监管，确保资金安全和绩效。抓好审计问题整改，加强财政监督检查，严肃财经纪律，整饬财经秩序，提高依法行政、依法理财水平。

（四）狠抓风险防控，着力推动财政持续健康发展。严防债务风险。严格落实政府债务限额管理、预算管理等制度，健全风险预警、风险防控、应急处置、考核问责等长效机制，规范举债融资行为，力争全市政府债务率压减 3 个百分点，牢牢守住不发生区域性风险的底线。进一步规范 PPP、政府投资基金、政府购买服务等市场化合作行为，融资建设政府公益性和准公益性项目必须充分考虑财政未来偿还能力，进行财政可承受能力论证。严控投资规模。严格执行政府投资年度计划，对纳入盘子的建设项目，联合相关部门从项目策划、决策到项目立项、实施，直至项目竣工、决算，实行全过程跟踪监管，严禁擅自变更建设规模、内容、施工方式等，杜绝工程造价超预算现象；对未纳入盘子的项目，原则上不予安排政府投资。

各位代表，今年全市财政改革发展任务艰巨、责任重大。我们将认真落实本次会议决议，在市委的坚强领导下，自觉接受市人大监督指导，虚心听取市政协意见建议，锐意进取、埋头苦干、狠抓落实，不断推动各项财政工作再上新台阶，为建设富裕文明幸福新泰安做出新的更大贡献！

关于泰安市2019年预算执行情况和2020年预算草案的报告

——2020年1月9日在泰安市第十七届人民代表大会第五次会议上

泰安市财政局局长　刘斌

各位代表：

受市政府委托，现将全市2019年预算执行情况和2020年预算草案提请市十七届人大五次会议审议，并请市政协委员和列席会议的同志提出意见。

一、2019年全市和市级预算执行情况

过去的一年，在市委坚强领导下，全市各级坚持以习近平新时代中国特色社会主义思想为指导，深入贯彻党的十九大和十九届二中、三中、四中全会精神，认真执行市十七届人大及其常委会决议，坚持稳中求进工作总基调，全面落实高质量发展要求，以供给侧结构性改革为主线，统筹推进稳增长、促改革、调结构、惠民生、防风险、保稳定，扎实做好“稳就业、稳金融、稳外贸、稳外资、稳投资、稳预期”工作，全市经济实现协调稳定发展，财政收支运行总体较好。

（一）一般公共预算执行情况

1. 全市一般公共预算执行情况

2019年，全市一般公共预算收入224.7亿元，完成调整预算的99.8%，增长2.36%。其中：税收收入164.2亿元，完成调整预算的103.3%，增长3.9%，税收收入比重达到73%，比上年提高1个百分点；非税收入60.5亿元，完成调整预算的91.4%，下降1.7%。全市一般公共预算支出414.5亿元，完成调整预算的101.6%，增长8.8%。

全市一般公共预算总收入463.8亿元，其中，当年收入224.7亿元，税收返还和转移支付收入162.2亿元，动用预算稳定调节基金6.7亿元，调入资金55.9亿元，上年结转收入14.2亿元。全市一般公共预算总支出454亿元，其中，当年支出414.5亿元，债务还本支出（不含置换债券）4620万元，上解支出29.6亿元，补充预算稳定调节基金9.4亿元。收支相抵，结转下年支出9.8亿元。

2. 市级一般公共预算执行情况

2019年，市级一般公共预算收入59亿元（市直31.2亿元、市高新区22.2亿元、泰山景区5.6亿元），完成调整预算的98.9%，增长1%；加税收返还和转移支付收入222.9亿元、调入资金18.9亿元（预算稳定调节基金调入、政府性基金调入、国有资本经营预算调入等）、上年结转收入8.7亿元，减市对县（市、区）税收返还和转移支付补助133.1亿元、上解省级支出29.6亿元后，市级总收入146.8亿元。市级一般公共预算总支出141.5亿元，其中：当年支出138.6亿元（市直100.7亿元、市高新区30.1亿元、泰山景区7.8亿元），完成调整预算的103.1%，增长14.7%；补充预算稳定调节基金2.6亿元，债务还本支出3449万元。收支相抵，结转下年支

出5.3亿元。

（1）市级一般公共预算收入主要项目完成情况

税收收入29.3亿元，完成调整预算的115.2%，增长13.6%。其中：增值税12.6亿元，完成调整预算的104%，增长92.9%；企业所得税3.4亿元，完成调整预算的112.9%，增长9.7%；个人所得税9202万元，完成调整预算的104.4%，下降30.7%（主要是受提高个人所得税起征点及专项附加扣除影响）；其他税收收入12.4亿元，完成调整预算的131.2%，下降16.4%。非税收入29.7亿元，完成调整预算的86.8%，下降9%。

（2）市级一般公共预算支出主要项目完成情况

教育支出16.6亿元，完成调整预算的106.7%，增长3.5%；加对下转移支付6.2亿元，这方面支出共计22.8亿元。主要支出项目是：投入4.7亿元，支持城乡义务教育经费保障机制改革，落实“两免一补”、生均公用经费等政策，全市义务教育中小学生均公用经费分别达到1010元和810元；投入1.6亿元，支持全面落实教育资助政策，帮助家庭经济困难学生完成学业；投入1.2亿元，支持解决“大班额”问题；投入5348万元，支持中职学校品牌专业建设和高职学校改善办学条件；投入5422万元，落实幼儿园生均公用经费补助政策；投入4948万元，支持义务教育薄弱环节改善与能力提升。

科学技术支出1.9亿元，完成调整预算的106%，增长41.6%；加对下转移支付1.4亿元，这方面支出共计3.3亿元。主要支出项目是：投入7700万元，支持重大科技创新工程实施；投入3590万元，支持创新企业研发；投入2293万元，支持科技创新平台建设。

文化旅游体育与传媒支出2.8亿元，完成调整预算的96.8%，同口径增长3.6%（2019年政府预算收支科目进行调整）；加对下转移支付3.8亿元，这方面支出共计6.6亿元。主要支出项目是：投入8378万元，支持文化旅游事业与产业发展；投入5776万元，支持公共文化服务体系建设；投入2436万元，支持遗址保护、文物维修、考古发掘和非物质文化遗产保护与传承等；投入1693万元，落实文艺院团经费，鼓励优秀传统剧目传承和创新。投入5423万元，支持体育事业发展。投入2000万元，支持泰城全国文明城市创建工作。

社会保障和就业支出12.7亿元，完成调整预算的96.6%，同口径增长13.8%；加对下转移支付17.1亿元，这方面支出共计29.8亿元。主要支出项目是：投入9.7亿元，用于居民基本养老保险补助，基础养老金标准由每人每月100元提高到118元；投入4.7亿元，用于社会福利救助；投入4910万元，支持社会养老服务体系建设；投入1233万元，为残疾人提供基本康复服务。投入5719万元，支持稳定和促进就业。

卫生健康支出24.8亿元，完成调整预算的94.1%，同口径增长48.3%；加对下转移支付6亿元，这方面支出共计30.8亿元。主要支出项目是：投入17.6亿元，用于居民基本医疗保险补助，政府补助标准由每人每年490元提高到520元；投入2.9亿元，完善基本公共卫生服务体系；投入1.1亿元，支持公立医院和基层医疗卫生机构综合改革；投入2670万元，为城乡低保、特困供养对象提供医疗救助。投入1493万元，用于食品药品监督检测。

节能环保支出2.7亿元，完成调整预算的167.3%，同口径增长239.4%；加对下转移支付4.9亿元，这方面支出共计7.6亿元。主要支出项目是：投入1.5亿元，用于重点流域水环境综合治理；投入1.3亿元，支持大气、水、土壤污染防治；投入1.3亿元，用于采煤塌陷地和矿山地质环境治理；投入1亿元，用于全市节能及新能源公交车运营补贴；投入2398万元，支持推广洁净型煤和节能炉具、开展生物质能取暖试点，推进散煤清洁化治理；投入1078万元，支持节能技术改造、节能产业化及循环经济发展。

城乡社区支出11.9亿元，完成调整预算的96.3%，下降1.7%；加对下转移支付5712万元，这方面支出共计12.5亿元。主要支出项目是：投入4.1亿元，支持学院路等城市道路建设；投入2.9亿元，用于城市绿化、道路保洁、垃圾和污水处理等；投入7416万元，支持海绵城市、特色城镇和绿色建筑发展等；投入3200万元，用于泰城街道办事处城市管理奖补。投入6752万元，用于供热、供气补贴。

农林水支出8.7亿元，完成调整预算的125.4%，增长72.6%；加对下转移支付11.2亿元，这方面支出共计19.9亿元。主要支出项目是：投入3.6亿元，支持灾后重点防洪减灾工程项目建设；投入专项扶贫资金2.4亿元，支持脱贫攻坚；投入2.2亿元，统筹用于支持农村公益事业、美丽乡村、村集体经济发展等农村综合改革项目；投入1.5亿元，用于农村道路“三通”建设；投入1.3亿元，支持保障村级组织运转；投入1亿元，支持乡村振兴齐鲁样板示范区建设；投入5000万元，支持农村饮水安全保障工程；投入1955万元，支持“厕所革命”整村推进和后期管护长效机制建设。

交通运输支出3.2亿元，完成调整预算的109.7%，增长8.1%；加对下转移支付3.5亿元，这方面支出共计6.7亿元。主要支出项目是：投入1亿元，支持京杭运河大清河航道工程建设；投入8587万元，用于普通国省道建设养护；投入3568万元，用于城乡公交运营和泰城老年人免费乘车补助；投入1285万元，用于成品油价格补贴。

住房保障支出4亿元，完成调整预算的104.6%，下降16.7%；加对下转移支付8.6亿元，这方面支出共计12.6亿元。主要支出项目是：投入11.1亿元，用于全市棚户区改造补助、保障性安居工程以及配套基础设施建设；投入2917万元，支持农村危房改造；投入1724万元，用于城镇老旧小区改造和发放租赁住房补贴；投入320万元，支持泰城既有住宅增设电梯。

（二）政府性基金预算执行情况

2019年，全市政府性基金总收入319.5亿元。其中：当年收入239.6亿元，完成调整预算的98.2%，增长37.5%；转移支付和新增专项债券转贷收入65.1亿元，上年结转收入14.8亿元。全市政府性基金总支出301.1亿元，其中：当年支出260.2亿元，完成调整预算的92.7%，增长23.8%；调出资金及上解支出39亿元，债务还本支出1.9亿元。收支相抵，结转下年支出18.4亿元。

市级政府性基金总收入178.2亿元。其中：当年收入137.8亿元（市直116.8亿元、市高新区20.9亿元、泰山景区733万元），完成调整预算的101.1%，增长76.6%；转移支付和新增专项债券转贷收入32.6亿元，上年结转收入7.8亿元。市级政府性基金总支出172.1亿元，其中：当年支出151.3亿元（市直124.7亿元、市高新区26.4亿元、泰山景区2152万元），完成调整预算的91.7%，增长78.3%；补助县（市、区）支出11.6亿元，调出资金及上解支出8.8亿元，债务还本支出4032万元。收支相抵，结转下年支出6.1亿元。

（三）国有资本经营预算执行情况

2019年，全市国有资本经营预算总收入1.9亿元。其中：当年收入1.5亿元，完成调整预算的99.4%，增长18.2%；转移支付及上年结转收入3523万元。全市国有资本经营预算总支出1.2亿元，其中：当年支出7925万元，完成调整预算的93.4%，下降34%（主要是部分资金结转下年支出）；调出资金3853万元。收支相抵，结转下年支出7075万元。

市级国有资本经营预算总收入1.6亿元。其中：当年收入1.2亿元（市直12019万元、市高新区400万元），完成调整预算的99.2%，增长31.2%；转移支付及上年结转收入3523万元。市级国有资本经营预算总支出9317万元，其中：当年支出6191万元（市直5911万元、市高新区280万元），完成调整预算的98.2%，下降32.8%；调出资金及补助县级支出3126万元。收支相抵，结转下年支出6625万元。

（四）社会保险基金预算执行情况

2019年，全市社会保险基金收入206.5亿元，完成调整预算的100.2%，下降7.8%。全市社会保险基金支出214.4亿元，完成调整预算的100.4%，增长16.5%。年末滚存结余215.1亿元。

市级社会保险基金收入139亿元（市直134亿元、市高新区3.5亿元、泰山景区1.5亿元），完成调整预算的100.4%，增长18.3%。市级社会保险基金支出152.4亿元（市直148.6亿元、市高新区3亿元、泰山景区8324万元），完成调整预算的99.7%，增长90%（主要是受企业职工养老保险政策性统筹影响）。年末滚存结余161.8亿元。

需要说明的是，上述“四本”预算执行数据是初步汇总数，2019年财政决算编制完成后，部分数据可能有所变化。届时，我们将按照规定及时向市人大常委会报告有关情况。

（五）市十七届人大三次会议决议落实情况

2019年，在市人大依法监督和市政协大力支持下，全市各级政府及其财税部门按照中央决策部署和省市委工作要求，全面落实市人大决议，依法加强收支管理，深入推进财税改革，有力推动了全市经济社会事业发展。

1. 收支矛盾有效化解。面对大规模减税降费、经济下行造成的财政减收压力，各级积极担当作为，确保财政平稳运行。强化预算统筹，加大“四本”预算统筹力度，扩大存量资金回收范围、开展集中清理，集中财力办大事。强化依法征管，坚持一手抓政策落实、一手抓组织收入，既确保减税降费有温度、能感知，又实现财政收入稳增长、提质量。特别是通过全面推行社区综合治税、健全税收保障机制、扎实开展月份“发票摇奖”活动等，减少跑冒滴漏，促进应收尽收。全市税收收入、主体税收收入占一般公共预算收入的比重分别达到73%和42.4%，比上年提高1个、4.6个百分点。强化厉行节约，大力压减一般性支出，腾出资金用于保民生、促发展。其中，全市财政拨款安排的“三公”经费比去年压减1160万元，下降7.6%。强化对上争取，共争取上级各类转移支付167.8亿元，增长11.2%；我市成功进入财政部土地储备专项债改革试点，开辟了新的融资渠道。强化市场运作，借助市财金集团，采取发行企业债、土地市场化运作等手段，积极破解重点项目筹资难题。

2. 重点支出较好保障。各级统筹政府可用财力，着力保重点、办大事。在保障改善民生方面，全市各项民生支出达到321.6亿元，占一般公共预算支出的77.6%。特别是通过争取专项债券、预算安排等渠道，筹集资金85.8亿元，保障了农村敬老院“四改一定”工程、乡镇卫生院建设工程等10件民生实事落实落地。在脱贫攻坚和污染防治方面，全市统筹整合财政扶贫资金12.4亿元，进一步巩固提升精准扶贫成果；筹集资金19亿元，支持大气、水、土壤污染防治以及清洁取暖改造、农村环境整治、重点生态保护修复、节能减排等项目实施。在乡村振兴方面，坚持农业农村优先发展，设立乡村振兴重大专项资金，全市统筹整合资金39亿元，支持农村改厕、乡村连片治理、“四好农村路”和农村道路“三通”工程等深入推进。加强农业信贷担保体系建设，县级产业集群项目获授信金额4.9亿元。在生态保护修复重大工程方面，围绕保障泰山区域山水林田湖草生态保护修复工程实施，共争取到位上级专项资金19.4亿元，帮助县（市、区）组建6只总规模60亿元的专项基金，泰城水生态环境治理PPP项目18.5亿元的资本金全部到位。截至去年底，全市山水林田湖草生态保护修复工程累计完成投资105.8亿元；已开工项目65个、子项目315个，分别占总计划的97%和96.6%。在城市基础设施建设方面，全市争取到位新增债券60.1亿元，比上年增加19亿元，保障棚户区改造、环山路东延、擂鼓石大街中段贯通等重点项目建设。市级筹集资金4.6亿元，支持青兰高速穿城高架桥、岱庙广场、龙潭路与灵山大街路口渠化及道路改造、生态停车场等项目建设；通过土地市场化运作，保障北上高大街东段、灵山大街东段、擂鼓石大街东段“三条路”和长城西路、天平大街建设。

3. 财源建设扎实推进。用好政策工具，坚决落实减税降费政策，全市新增税费减免46.7亿元。认真落实新旧动能转换和“双50强”企业培植、民营经济发展、人才新政“金十条”等相关财税政策，制定出台“双招双引”、金融信贷奖励等办法，积极助推经济高质量发展。扎实开展为企业“送政策上门”活动，打通了政策落实的“最后一公里”。用好引导基金，重点企业财源建设基金分三批投资30.3亿元，支持了16个企业项目。其中，前两批项目企业营业收入、净利润和税收，均保持两位数以上增长。市级招才引智基金累计投放

6515万元，支持人才新政“金十条”落实。探索“基金+项目”模式，投资8100万元，引进深圳优必选、北京云汉通航2家高科技企业项目。用好运作平台，发挥市财金集团的市场化平台功能，通过融资担保、融资租赁、过桥还贷等方式，帮助企业融通资金162.2亿元，有效缓解了企业融资难融资贵问题。

4. 财税改革不断深化。深化市级预算管理改革，以“两放权”“两统筹”“两转变”“两规范”为主要内容，加快构建权责清晰、协同高效、运行规范的预算管理新格局。尤其是优化预算管理职权，推进“放管服”改革，将专项资金分配权交给部门、项目确定权交给基层，财政部门聚焦预算编制、支出政策审核和预算绩效管理，提高行政管理效能和体制运行效率。全面推进预算绩效管理，出台实施意见及预算绩效管理办法，配套制订绩效目标、绩效监控、绩效评价和事前评估管理办法，加快构建“全方位、全过程、全覆盖”的预算绩效管理体系。市级将财政拨款安排的支出项目全部纳入绩效目标管理，进行“双监控”；选取26个市级部门开展整体绩效目标试编，并首次将152个重点预算项目的绩效目标提交市人代会。市财政组织对34个项目、8个市级部门、9项财政转移支付资金、2项财政政策和1个县级财政部门开展重点评价。我市预算绩效管理工作得到省里充分肯定。加强政府债务管理，将政府隐性债务压减率与政府债务率一并纳入市对下经济社会发展综合考核体系，并将隐性债务压减目标列入市重点督查项目，压实各级各部门风险防控责任。全市政府债务率降至95.32%，低于省核定目标值2.68个百分点，同口径比上年压减1.42个百分点。深化行政事业性国有资产管理改革，主动接受监督，向市人大常委会提交了全市及市级行政事业性国有资产管理情况专项报告。政府综合财务报告试编质量逐步提高。

各位代表，2019年全市预算执行情况总体较好，但面临的矛盾和问题也不容忽视。主要表现在：受经济下行和政策性减税降费集中实施影响，财政收入增速放缓，加之刚性支出有增无减，财政收支运行压力加大；财政收入结构性矛盾仍相对突出，结构质量有待进一步改善；预算管理和绩效管理还不够到位，需要进一步加强；一些部门单位财务机构不健全，人员配备不充足，财务管理力量薄弱，等等。对此，我们将高度重视，认真加以解决。

二、2020年预算草案

2020年是全面建成小康社会和“十三五”规划收官之年，是省委确定的“重点工作攻坚年”，也是市委“12355”发展思路开篇布局、破题起势之年，编制好财政预算、保障服务好全市工作大局责任重大。

（一）全市财政形势预测分析

总体来看，我市经济稳中向好、长期向好的基本趋势没有改变。尤其今年是新旧动能转换三年初见成效之年，随着各项决策部署落地落实、重点项目建设加快推进，我市高质量发展的动力活力将进一步增强和释放，为财政经济持续健康发展奠定较好基础。但是制约财政收支运行的因素仍然较多：收入方面，除经济下行压力制约财政增收外，政策性因素的影响更为直接。特别是巩固和拓展减税降费成效，预计减税规模将超过去年。地产严调控、环保严标准等政策影响也将持续深化，对财税增收造成较大压力。支出方面，如期打赢三大攻坚战、全面完成泰山区域山水林田湖草生态保护修复工程建设目标任务，支持动能转换、乡村振兴、城市提升“三大战略”实施，进一步提高居民基本医疗保险、养老保险、基本公共卫生服务政府补助标准，以及保障就业、教育、科技、优抚等重点民生事业，都需要大量增加财政支出。另外，化解政府债务风险、弥补机关事业单位养老保险缺口、落实退役军人权益保障政策等，相应刚性支出也将大幅度增长，财政预算平衡难度很大。

（二）2020年预算编制指导思想

根据中央、省预算安排和深化财税改革的总体要求，我市财政预算编制指导思想是：以习近平新时代中国特色社会主义思想为指导，全面贯彻党的十九大和十九届二中、三中、四中全会精神，紧扣全面建成小康社会目标任务，按照市委、市政府安排部署，坚持稳中求进工作总基调，坚持新发展理念，坚持以供给侧结构性改革为主线，坚持以改革开放为动力，深化预算管理改革，强化预算绩效管理，明确预算管理权责，加快建立规范透明、标准科学、约束有力的现代预算管理制度；坚持过“紧日子”思想，认真贯彻“以收定支”原则，大力优化财政支出结构，切实做到有保有压；坚持底线思维，支持打赢三大攻坚战；坚持统筹政府综合财力，集中财力办大事，着力支持“12355”发展思路落实和“六稳”政策落地，为全市经济社会事业发展和全面建成小康社会提供有力保障。

（三）2020年预算安排意见

1. 一般公共预算安排意见

（1）代编全市一般公共预算情况

根据上述指导思想和全市经济社会发展预期目标，综合考虑税制改革和减税降费等因素，2020年全市一般公共预算收入预期目标229.2亿元，增长2%，收入质量进一步提升；按照统筹兼顾、量力而行、收支平衡原则，全市一般公共预算支出安排423.7亿元，增长2.2%。需要说明的是，以上收支计划安排是预期性的，待各级预算经同级人民代表大会批准后，我们将及时汇总，报市人大常委会备案。

（2）市级一般公共预算安排情况

2020年，市级一般公共预算收入预期目标60.9亿元（市直31.4亿元、市高新区23.8亿元、泰山景区5.7亿元），增长3.2%。根据收入预算和现行财政体制计算，预计2020年市级一般公共预算总财力284.9亿元，按照收支平衡原则，市级总支出安排284.9亿元。其中：市级一般公共预算支出143.3亿元（市直105.7亿元、市高新区30.3亿元、泰山景区7.3亿元），增长3.4%，对县（市、区）税收返还和转移支付141.6亿元。主要支出项目安排情况是：一般公共服务支出14.4亿元、国防及公共安全支出11.2亿元、教育支出17.8亿元、科学技术支出1.9亿元、文化旅游体育与传媒支出2.6亿元、社会保障和就业支出14亿元、卫生健康支出24.9亿元、城乡社区支出12亿元、农林水支出7.7亿元、交通运输支出1.8亿元、住房保障支出2.4亿元。预备费1.55亿元（市直1亿元、市高新区4000万元、泰山景区1500万元），占市级一般公共预算支出的

1.1%，符合预算法的规定。

2. 政府性基金预算安排情况

2020年，全市政府性基金收入预期目标212.2亿元，下降11.4%。加上年结转收入、省级补助收入，减上解支出、调出资金、专项债券还本支出后，全市政府性基金总财力为211.4亿元。全市政府性基金支出预算安排211.4亿元，下降18.7%（根据省里要求，专项政府债券额度下达前不列政府债券收支预算）。

市级政府性基金收入预期目标118亿元（市直97.3亿元、市高新区20.7亿元），下降14.3%。加上年结转收入6.1亿元、转移支付收入5.3亿元，减调出资金9.4亿元、补助下级支出16.5亿元，市级政府性基金总财力为103.5亿元。市级政府性基金支出预算安排103.5亿元（市直78.1亿元、市高新区25.4亿元、泰山景区478万元），下降31.6%。

3. 国有资本经营预算安排情况

2020年，全市国有资本经营预算收入预期目标7784万元，下降49.2%（主要是上年国有股权转让一次性收入5917万元）。加上年结转收入7075万元，扣除按照30%的比例调入一般公共预算2335万元后，安排国有资本经营预算支出12524万元，增长58%。

市级国有资本经营预算收入预期目标6584万元（市直6084万元、市高新区500万元），下降47%。加上年结转收入6625万元，扣除按照30%的比例调入一般公共预算1975万元后，安排国有资本经营预算支出11234万元（市直10884万元、市高新区350万元），增长81.5%。

4. 社会保险基金预算安排情况

2020年，全市社会保险基金收入预期目标150.2亿元，同口径增长6.9%（自今年起，企业职工养老保险实行省级统筹，基金收支相应列省级预算）。全市社会保险基金支出预算安排142亿元，同口径增长8.4%。年末滚存结余120.4亿元。

市级社会保险基金收入预期目标77.4亿元（市直72.7亿元、市高新区3.7亿元、泰山景区1亿元），同口径增长6.1%。市级社会保险基金支出预算安排74.8亿元（市直70.6亿元、市高新区3.3亿元、泰山景区9319万元），同口径增长8.4%。年末滚存结余61.6亿元（市直56.9亿元、市高新区3.8亿元、泰山景区7772万元）。

（四）市级支出预算保障重点

一是安排资金52.4亿元，保障人员经费和机关运转。

二是安排资金24.2亿元，保障民生政策兑现落实。其中：安排3.3亿元，用于城乡居民基本医疗保险政府补助；安排3801万元，用于基本公共卫生服务政府补助；安排3554万元，用于支持公立医院综合改革及基层医疗机构发展。安排1.2亿元，用于居民基本养老保险政府补助；安排3330万元，用于城乡居民最低生活保障；安排2000万元，用于支持养老事业发展。安排2000万元，用于残疾人康复中心二期工程建设。安排9750万元，用于解决教育“大班额”问题及改善办学条件；安排5462万元，用于城乡义务教育经费补助。安排6226万元，用于泰城社区工作经费补助。安排4亿元，用于弥补机关事业单位养老保险基金缺口；安排8315万元，用于机关事业单位、困难企业和破产改制企业离休等人员医疗费。安排1.6亿元，用于供热、供气、供水企业和城市公共交通补贴补助等。安排1300万元，用于泰城优秀物业管理奖补及既有多层住宅加装电梯；安排5513万元，用于保障性住房建设及维护。安排3.2亿元，用于城市公共设施维护；安排5000万元，用于文明城市创建。安排3000万元，用于泰山大型奇石整治贷款贴息。

三是安排资金9.1亿元，支持新旧动能转换。其中：对重点财源建设基金出资3亿元、北航泰山科创园出资1亿元，安排新旧动能转换资金1亿元、应用技术研究与开发资金6000万元、规划编制费3800万元、节能和能源发展资金3500万元、企业改革改制及企业家培训资金2806万元、落实市重点建设项目优惠政策资金2000万元、旅游业发展专项资金1600万元、普惠金融发展专项资金1200万元、应急管理及安全生产专项资金1000万元、文化产业和事业发展资金800万元。

四是安排资金8.2亿元，支持乡村振兴。其中：安排1.6亿元、整合涉农资金4.5亿元，支持县乡统筹用于村级组织运转、脱贫攻坚、重点水利工程、“四好农村路”、粮食生产“十统一”、农村饮水安全、农村污水治理、农村危房改造、乡村振兴示范区等项目；安排1.5亿元，用于农村道路“三通”工程；安排3193万元，用于“万名干部下基层”经费补助；安排2000万元，用于汶阳田农高区等项目建设；安排1040万元，支持镇街机关“五小”场所建设。

五是安排资金9.2亿元，用于支付政府债券利息。

根据预算法第54条规定，在本草案经本次大会审议批准前，截至1月7日，市级一般公共预算支出1亿元，主要是市级部门人员工资支出。

三、确保完成2020年预算任务的主要措施

（一）坚定不移培植壮大财源。聚焦产业兴市，发挥财政职能，多措并举支持促发展、培财源。充分发挥政策杠杆作用，坚决落实好减税降费政策，确保该减的税减到位、该降的费降到位，巩固和拓展政策成效，进一步减轻企业负担。继续认真落实新旧动能转换和“双50强”企业培植、民营经济发展等涉企财税政策，以及支持企业家干事创业、实体经济发展和“双招双引”等奖励办法，助推经济转型升级和高质量发展。继续组织开展“送政策上门”活动，帮助企业充分掌握政策、用好政策。充分发挥基金引导功能，健全“财政+基金+金融”模式，引导撬动更多社会资本投向实体经济。用好重点企业财源建设、招才引智等现有基金，联合省内外知名国企，推动更多高质量发展基金落地，力争年内各类基金对实体经济投资不低于30亿元。充分发挥工具“组合”效应，综合运用融资担保、融资租赁、过桥还贷等工具，帮助中小企业缓解融资难融资贵问题。通过信贷投放奖励、风险补偿、贷款贴息等方式，进一步撬动信贷投放，支持企业发展壮大。另外，强化“双招双引”，深化与北航、360集团、中创投、皇氏集团、洪泰资本等方面的合作，采取“基金+项目”模式，加快北航泰山科创园一、二期建设步伐，引进更多高科技产业项目落地。

（二）坚定不移抓好增收节支。增收

方面，抓好一般公共预算收入，坚持促增收、调结构、提质量的指导思想不动摇，进一步健全税收保障机制，用好信息技术手段，严格依法治税、加强税收征管，以优质增量支撑财政收入平稳增长、结构改善和质量提升。推进全口径预算一体化编制，强化政府性基金预算、国有资本经营预算、社会保险基金预算收入征管，并将国有资本经营预算调入一般公共预算的比例由25%提高到30%，将市属资源类、竞争类企业税后利润上缴比例分别提高到25%和20%。部门单位项目结余和结转超过1年的资金全部收回，调入预算稳定调节基金，用于弥补预算收支缺口。节支方面，牢固树立政府带头过“紧日子”的思想，厉行节约、精打细算，一般性支出继续压减10%，严控“三公”经费、会议费、培训费支出。对绩效评价结果为优良等次以下的部门单位项目压减20%。今年不再安排一般公务用车购置经费。严格行政事业资产管理，提高资产配置使用效率。

（三）坚定不移保障重点支出。强化财力统筹，将各类预算资金、上级补助资金、政府债券资金等所有政府性资金捆绑起来、统筹安排，着力保障市委、市政府确定的重点工作、重点项目和重点任务落实。着力保障和改善民生，坚持以人民为中心的发展思想和民生优先的用财导向，积极筹措资金保障民生实事建设。进一步加大就业、社保、教育、医疗、住房等领域普惠性、基础性、兜底性民生支出，不断增强人民群众的获得感、幸福感和安全感。着力支持打赢脱贫攻坚战，加大财政扶贫投入力度，完善扶贫资金动态监管机制，全面解决影响“两不愁、三保障”的突出问题，确保实现脱贫攻坚目标任务。同时，大力支持打好“蓝天、碧水、净土”保卫战，深入落实“四减四增”三年行动计划。着力支持提升城市品质，通过争取政府专项债券、土地市场化运作、政府和社会资本合作、融资租赁等方式多方筹集资金，重点保障泰城快速通道、迎胜路南延、明堂路以及灵山大街、泮河大街、北上高大街等东部“断头路”打通提升工程建设，支持泰城西部热源、河道治理、城中村改造和小区物业管理攻坚等工程实施，并全力保障文明城市创建。用好泰山区域山水林田湖草生态保护修复工程专项基金和PPP资金，进一步加大对上争取力度，确保全面完成工程建设目标任务。

（四）坚定不移深化财税改革。财政体制改革方面，进一步理顺市县财政分配关系，合理确定市县两级财政事权和支出责任，增强基层财政调控能力。预算管理改革方面，赋予部门和县级更充分的决策权、自主权，并指导其全面落实预算管理职权。全面实施预算绩效管理，推动预算与绩效深度融合，将绩效理念和方法深度嵌入财政管理全过程、各环节。强化绩效评价结果运用，做到花钱要问效、有效多安排、低效多压减、无效要问责。政府债务管理方面，坚持依法依规举债融资，严格落实新增政府债务事前审批管理、单独编列政府债务收支计划、政府举债融资负面清单、财政承受能力评估报告等制度，进一步加强政府举债融资源头管控。全面落实隐性债务化解方案，积极探索利用市场化手段化解隐性债务的新途径，多渠道筹措偿债资金，分类处置隐性债务。大力推进政府融资平台公司市场化转型，增强其市场化融资能力。进一步抓好土地储备专项债券改革试点，为在全市推开创造条件。制度创新方面，分类构建“5+X”流程再造工作体系，实现财政业务上下贯通，财政服务全面优化，运转效率不断提升。

各位代表，今年全市财政改革发展任务艰巨、责任重大。我们将在市委的坚强领导下，深入贯彻习近平新时代中国特色社会主义思想，认真落实本次大会决议，强化责任担当，积极主动作为，勇做新时代泰山“挑山工”，不断推动各项财政工作再上新台阶，为全市经济社会事业发展和全面建成小康社会作出新的更大贡献！

关于泰安市2020年预算执行情况和2021年预算草案的报告

——2021年1月25日在泰安市第十七届人民代表大会第六次会议上

泰安市财政局局长　刘斌

各位代表：

受市政府委托，现将全市2020年预算执行情况和2021年预算草案提请市十七届人大六次会议审议，并请市政协委员和列席会议的同志提出意见。

一、2020年全市和市级预算执行情况

过去的一年，面对突如其来的新冠肺炎疫情和严峻复杂多变的宏观经济形势，在市委坚强领导下，全市上下坚持以习近平新时代中国特色社会主义思想为指导，深入贯彻中央决策部署和省委、省政府工作要求，认真执行市十七届人大及其常委会决议，统筹推进疫情防控和经济社会发展，扎实做好“六稳”工作，全面落实“六保”任务，全市经济运行回稳向好、预算执行好于预期、各项任务较好完成。

（一）一般公共预算执行情况

1. 全市一般公共预算执行情况

2020年，全市一般公共预算收入229.2亿元，完成调整预算的100%，增长2%。其中：税收收入165.1亿元，完成调整预算的100.4%，增长0.5%；非税收入64.1亿元，完成调整预算的99%，增长5.9%。全市一般公共预算支出434.8亿元，完成调整预算的102%，增长4.9%。

全市一般公共预算总收入538亿元。其中：当年收入229.2亿元，税收返还和转移支付收入154.9亿元，动用预算稳定调节基金9.3亿元，调入资金81.6亿元，政府债务转贷收入51.4亿元（含再融资债券50.5亿元）、上年结转收入11.6亿元。全市一般公共预算总支出527.1亿元，其中：当年支出434.8亿元，债务还本支出51.8亿元（含再融资债券还本50.5亿元），上解支出34.6亿元，补充预算稳定调节基金5.9亿元。收支相抵，结转下年支出10.9亿元。

2. 市级一般公共预算执行情况

2020年，市级一般公共预算收入61.3亿元（市直33.8亿元、市高新区

21.7亿元、泰山景区5.8亿元），完成调整预算的99.5 %，增长3.8%。其中：税收收入30.5亿元，完成调整预算的101.6%，增长4%（增值税12.6亿元，完成调整预算的101.1%，下降0.2%；企业所得税3.7亿元，完成调整预算的95.1%，增长8.2%；个人所得税1.1亿元，完成调整预算的102.8%，增长18.1%；其他税收收入13.1亿元，完成调整预算的103.9%，增长6.1%）；非税收入30.8亿元，完成调整预算的97.5%，增长3.6%。市级一般公共预算支出152.4亿元（市直117.3亿元、市高新区26.7亿元、泰山景区8.4亿元），完成调整预算的104.2%，增长9.9%。

市级一般公共预算总收入162.9亿元。其中：当年收入61.3亿元，税收返还和转移支付收入24.6亿元（不含对下税收返还和转移支付支出130.2亿元），动用预算稳定调节基金2.6亿元，调入资金42亿元，新增一般债券2600万元，下级上解收入26.6亿元，上年结转收入5.6亿元。市级一般公共预算总支出155.6亿元。其中：当年支出152.4亿元，债务还本支出5818万元，补充预算稳定调节基金2.6亿元。收支相抵，结转下年支出7.3亿元。

市级一般公共预算支出主要项目完成情况：

教育支出19.6亿元，增长18.1%；加对下转移支付5.8亿元，这方面支出共计25.4亿元。投入4.7亿元，支持城乡义务教育经费保障机制改革，落实“两免一补”、生均公用经费等政策；投入1.5亿元，支持全面落实教育资助政策，帮助家庭经济困难学生完成学业；投入5783万元，支持学前教育健康发展，各级均按省定生均710元标准落实幼儿园公用经费补助政策；投入1亿元，支持义务教育薄弱环节改善与能力提升；投入1.1亿元（加市场化融资3亿元，共计4.1亿元），支持学前教育和城区小学教育扩容工程实施；投入5928万元，支持进一步解决“大班额”问题；投入5211万元，支持中职学校品牌专业建设和高职院校改善办学条件；投入488万元，支持市直中小学开展校内课后延时服务，解决家长无法按时接送孩子难题。

科学技术支出1.3亿元，下降27.7%（主要是省级科技经费支出自2020年起列入省本级，相应减少市级支出）；加对下转移支付3901万元，这方面支出共计1.7亿元。投入4830万元，支持企业创新研发；投入1931万元，支持创新创业共同体建设；投入1021万元，支持“创新50强”企业发展和高新技术企业培育。

文化旅游体育与传媒支出2.8亿元，与上年基本持平；加对下转移支付4522万元，这方面支出共计3.3亿元。投入4071万元，支持文化旅游事业与产业发展；投入5985万元，支持公共文化服务体系建设；投入1829万元，支持遗址保护、文物维修、考古发掘和非遗保护与传承等；投入2045万元，落实文艺院团经费，鼓励优秀传统剧目传承和创新；投入1.5亿元（加市场化融资3.7亿元，共计5.2亿元），支持城乡体育惠民工程实施。

社会保障和就业支出22.4亿元，增长77.2%；加对下转移支付20.1亿元，这方面支出共计42.5亿元。投入10.8亿元，用于居民基本养老保险补助，基础养老金标准从2020年7月起由每人每月118元提高到142元；安排9.3亿元，补充机关事业单位养老保险，确保养老金及时足额发放；投入5.9亿元，用于社会福利救助，全面提高城乡低保对象、特困人员、困难及重度残疾人、困难儿童“四大类”困难群体救助保障水平；投入5654万元，支持稳定和促进就业；投入1900万元，为残疾人提供基本康复服务。

卫生健康支出26.6亿元，增长7%；加对下转移支付5.9亿元，这方面支出共计32.5亿元。投入18.6亿元，用于居民基本医疗保险补助，政府补助标准由每人每年520元提高到550元；投入3.1亿元，完善基本公共卫生服务体系；投入2.9亿元，支持公立医院和基层医疗卫生机构综合改革；投入5464万元，为城乡低保、特困供养对象提供医疗救助。

节能环保支出3.5亿元，增长31.8%；加对下转移支付3.1亿元，这方面支出共计6.6亿元。投入3.2亿元，用于支持大气、水、土壤污染防治；投入1.25亿元，用于新能源公交车运营补助；投入1亿元，支持山水林田湖草生态保护修复工程；投入3515万元，用于采煤塌陷地综合治理和矿山地质环境恢复治理；投入1110万元，用于农村环境整治。

城乡社区支出14.4亿元，增长20.8%；加对下转移支付9262万元，这方面支出共计15.3亿元。投入2.6亿元，用于城市基础设施建设；投入4.5亿元，用于城市绿化、环卫保洁、垃圾和污水处理等，并将泰城环卫工人月人均待遇提高200元；投入3200万元，用于市区城市管理奖补；投入5052万元，用于城市公用事业补贴；投入3089万元，用于民兵训练基地升级改造。

农林水支出6.1亿元，下降30.1%（2019年一次性拨付王家院水库工程建设资金1.3亿元、大汶河拦河闸等灾后重点防洪减灾工程8761万元）；加对下转移支付12.1亿元，这方面支出共计18.2亿元。投入专项扶贫资金2.5亿元，支持脱贫攻坚；投入2.2亿元，用于农村道路“三通”、农村饮水安全、粮食生产“十统一”等民生实事；投入1.6亿元，支持重点水利工程建设和水利事业发展；投入1.5亿元，支持高标准农田建设；投入1.1亿元，保障村级组织运转；投入5400万元，用于农村公益事业、美丽乡村、村集体经济、“厕所革命”等项目；投入5000万元，支持乡村振兴齐鲁样板示范区建设。

交通运输支出3.2亿元，与上年基本持平；加对下转移支付3亿元，这方面支出共计6.2亿元。投入1.05亿元，用于104国道改建工程还款；投入5616万元，用于支持S104济微线泰安段建设；投入6008万元，用于普通国省道养护等支出；投入3600万元，用于天颐湖旅游公路等建设；投入2440万元，用于支持“国三”及以下排放标准营运柴油货车淘汰补贴。

（二）政府性基金预算执行情况

2020年，全市政府性基金总收入365.5亿元。其中：当年收入266.3亿元，完成调整预算的99.7%，增长11.1%；抗疫特别国债等转移支付15.6亿元，政府债务转贷收入65.2亿元（含新增专项债券收入64亿元），上年结转收入18.4亿元。全市政府性基金总支出333.3亿元。其中：当年支出278.6亿元，完成调整预算的95.9%，增长7.1%；调出资金及上解支出53.1亿元，债务还本支出1.5亿元。收支相抵，结转下年支出32.2亿元。

市级政府性基金总收入216.2亿元。

其中：当年收入125.9亿元（市直116.8亿元、市高新区9.1亿元），完成调整预算的99.2%，下降8.6%；抗疫特别国债等转移支付15.6亿元，下级上解收入3.4亿元，政府债务转贷收入65.2亿元，上年结转收入6.1亿元。市级政府性基金总支出199亿元，其中：当年支出104.8亿元（市直84.4亿元、市高新区17.7亿元、泰山景区2.7亿元），完成调整预算的89.9%（主要是部分土地出让金12月底入库，支出结转下年），下降30.7%；补助县级支出18.4亿元，债务转贷支出51.4亿元，债务还本支出2500万元，调出资金及上解支出24.2亿元。收支相抵，结转下年支出17.2亿元。

（三）国有资本经营预算执行情况

2020年，全市国有资本经营预算总收入4.5亿元。其中：当年收入3.6亿元，完成调整预算的100.2%，增长132.3%；转移支付及上年结转收入9352万元。全市国有资本经营预算总支出3.9亿元。其中：当年支出2.8亿元，完成调整预算的85.7%，增长257.1%；调出资金1.1亿元。收支相抵，结转下年支出5983万元。

市级国有资本经营预算总收入3.8亿元。其中：当年收入2.9亿元（市直2.8亿元、市高新区515万元），完成调整预算的100.2%，增长132.3%；转移支付及上年结转收入8902万元。市级国有资本经营预算总支出3.3亿元，其中：当年支出2.3亿元（市直2.3亿元、市高新区361万元），完成调整预算的86.9%，增长275.7%；调出资金及补助县级支出9813万元。收支相抵，结转下年支出4683万元。全市及市级收支增幅较高，主要是受市属国有企业上缴一次性利润收入影响。

（四）社会保险基金预算执行情况

2020年，全市社会保险基金收入157.8亿元，完成调整预算的103.7%，下降25.4%。全市社会保险基金支出136.1亿元，完成调整预算的95.4%，下降35.4%。年末滚存结余137.8亿元。

市级社会保险基金收入105.1亿元（市直100.5亿元、市高新区3.1亿元、泰山景区1.5亿元），完成调整预算的103.2%，下降26.7%。市级社会保险基金支出90.3亿元（市直86.7亿元、市高新区2.8亿元、泰山景区7939万元），完成调整预算的92.7%，下降39.5%。年末滚存结余92.8亿元。全市及市级收支降幅较大，主要是受企业职工养老保险省级统筹影响。

需要说明的是，上述“四本预算”执行数据是初步汇总数，2020年财政决算编制完成后，部分数据可能有所变化。届时，我们将按规定及时向市人大常委会报告。

（五）市十七届人大五次会议决议落实情况

2020年，在市人大依法监督和市政协大力支持下，全市各级政府及财税部门坚持依法行政、依法理财，全面加强收支管理，严格规范预算执行，有力保障了疫情防控和经济社会发展统筹推进。

1. 积极化解收支矛盾。针对疫情冲击、经济下行、减税降费等带来的减收增支压力，各级迎难而上、担当作为，逐步扭转财政收支困局。依法治税管费，在坚决落实好减税降费政策的基础上，重点健全税收保障、信息共享、调度分析等机制，确保该减的减到位、该收的收上来。厉行勤俭节约，牢固树立政府过“紧日子”的思想，坚决压减一般性支出，市直带头开展“厉行节约、勤俭办事”专项行动，严格执行“5个30%、1个50%”等压减规定。全市一般性支出比上年压减4.8亿元、下降10.2%，其中“三公”经费压减5859.2万元、下降34.9%。抢抓政策机遇，抓住特殊时期的特殊政策机遇，全市争取各类财政性资金153.3亿元，其中抗疫特别国债12.3亿元、特殊转移支付15.4亿元；争取地方政府债券资金116.6亿元，其中新增专项债券64亿元。强化资本撬动，通过政府引导基金、“财银保”联动、PPP等方式，以财政杠杆撬动社会资本，保障重点工程项目建设。

2. 支持打好重大战役。深入贯彻上级决策部署，强化财政保障，着力支持打赢疫情防控阻击战和三大攻坚战。围绕疫情防控，全市拨付资金7.2亿元，专项用于抗疫设备物资购置、医疗救治、人员补助及市传染病医院扩建、市疾控中心能力提升等，确保不因资金问题而影响医疗救治和疫情防控；第一时间开启国库集中支付快速通道、政府采购绿色通道，确保抗疫一线资金使用和物资采购快捷便利。围绕脱贫攻坚，全市落实财政专项扶贫资金3.1亿元，支持如期打赢脱贫攻坚战。同时，统筹整合涉农资金29.3亿元，保障了美丽乡村、“四好农村路”、高标准农田、乡村振兴先行区、农村饮水安全、粮食生产“十统一”等重点项目推进。围绕污染防治，全市筹集资金10.7亿元，支持推进“四减四增”行动，打赢“蓝天、碧水、净土”保卫战。围绕风险防控，健全政府债务管理考核机制，加大隐性债务压减力度，并将化债成效与新增债务限额、对下转移支付等挂钩。全市政府综合债务率控制在省核定目标值之内，低于上年4.9个百分点，确保了风险可防可控。

3. 着力保障改善民生。各级牢固树立以人民为中心的发展思想，始终将民生作为财政支出的优先选项，全市民生支出达到339.2亿元，占一般公共预算支出的78%，保障了教育、就业、社保、医疗卫生、农林水、住房等各类民生政策落实。尤其是在财政收支异常紧张的情况下，各级咬紧牙关、放大格局，想方设法筹集资金，保障困难群体救助和居民基础养老金等提标政策落地见效，体现了对人民群众特别是困难群众的关心关爱。同时，坚决兜牢“三保”底线，坚持财力下移，市财政共落实各类对下转移支付135.7亿元，着力帮助基层缓解收支矛盾，统筹做好“保基本民生、保工资、保运转”和经济社会发展工作。大力支持实事建设，通过市场化融资、预算安排等，全市筹集资金59亿元，保障了农村道路“三通”、泰城河道治理、城乡体育惠民等“10件实事”落地实施。大力支持居民就业，坚持就业优先，市财政拨付资金2.6亿元，用于职业技能、社会保险、就业创业等补贴政策落实；发放稳岗补贴1.1亿元、失业保险金1.2亿元，发挥了稳定就业和保障失业人员基本生活的作用。大力支持城市建设，市级筹集资金35亿元，支持了迎胜路南延、擂鼓石大街东段、灵山大街东段、北上高大街等重点项目建设及泰城绿化工程；筹集资金13.9亿元，支持了53个棚改项目实施；采取PPP模式，撬动社会资本10.4亿元，用于泰城西部热源项目建设。市区两级筹集资金10.7亿元，保障了全国文明城市成功创建。大力支持生态保护，泰山区域山水林田湖草生态保护修复工程累计完成投资144.8亿元，工程绩效目标值全面完成。市工程领导小组办公室被省委、省政府表彰为“勇于创新奖”先进集体。

4. 大力支持企业发展。聚焦聚力“产业兴市”，按照“重点工作攻坚年”尤其是加快工业经济发展的部署要求，综合运用政策性和市场化手段，支持实体经济高质量发展。用好惠企政策，把减税降费作为政治任务，从严从细抓落实，全市共减免税费143.6亿元，其中新增减免16亿元；快速落实援企稳岗等阶段性政策，为全市1.5万余家企业减免养老、工伤、失业三项社保缴费22.1亿元，为929户符合条件的市场主体减免租金2586万元，发挥了助力企业减负纾困、稳住经济基本盘的重要作用。用好产业基金，聚焦工业特别是“双50强”企业培植发展，重点企业财源建设基金完成投资31.3亿元，支持了21家企业、23个项目；市级招才引智基金完成投放6700万元，支持人才“金十条”落实。市级出资3.95亿元，吸引社会资本19.05亿元，分别设立规模10亿元的康平纳乐康智造基金、10亿元的福瑞达医药并购基金、3亿元的健通生物基金，定向支持重点产业发展；组建10亿元的创新引领基金，用于支持科技型企业项目。用好金融工具，市财金集团通过融资租赁、融资担保、应急转贷等方式，帮助企业融集资金165.8亿元，有效缓解了企业融资难、融资贵问题。

5. 持续深化财税改革。按照省市统一部署，扎实推进财税金融改革攻坚行动。强化专项资金统筹，对市级产业、环保、教育和科技领域的全部既有专项资金进行系统梳理，整合设立产业发展、环境保护、教育发展、科技创新四大专项资金，推行“大专项＋任务清单”管理模式，握指成拳办大事。推进股权投资改革，聚焦新旧动能转换“10+1”产业及“四新”“四化”等领域，积极推行改革试点，探索变“奖补”为“股权”，变财政“口粮”为发展“种子”。深化财政体制改革，健全市区财政管理体制，设立旅游经济开发区和徂汶景区国库，调整理顺相关区之间的财政体制。加快市县事权和支出责任划分改革，制定了教育、科技、医疗卫生领域的改革意见。全面实施预算绩效管理，对列入市级2020年预算的1149个项目，编制了年度绩效目标，预算资金规模47.7亿元；全面推进绩效评价，2019年市直项目支出绩效实现自评全覆盖，并对61个项目开展重点评价；扎实推进信息公开，在门户网站开设专栏，有序推进预算绩效信息的依法公开、完整公开。加强国有资产管理，出台市级国有资本经营预算、国有资产绩效评价及处置等管理办法，提升了资产管理水平。

各位代表，随着2020年预算任务的完成，“十三五”规划确定的财政改革发展目标较好实现。一是财政收入平稳增长。“十三五”时期，在实施大规模减税降费政策的情况下，全市一般公共预算收入累计完成1087.3亿元，较“十二五”时期增加228.8亿元，年均增长2.2%。二是民生支出优先保障。始终把保障改善民生作为财政的出发点和落脚点，顺应群众期盼、聚焦短板弱项，持续加大民生投入。“十三五”时期，全市一般公共预算支出累计完成1916.9亿元，较“十二五”时期增加594.2亿元，年均增长5.9%。其中，民生支出累计达到1510.6亿元，占比稳定在80%左右，基本养老、基本医疗、城乡低保、基本公共卫生等政策逐年提标扩围，使改革发展成果更多更公平地惠及广大群众。三是服务发展积极有为。聚焦“产业兴市”“工业强市”，灵活运用财政体制、财税政策、产业基金和市场化平台公司等，着力支持新旧动能转换和产业转型升级，加快培植高质量财源。特别是重点企业财源建设基金，自2018年底组建运营以来，已累计投资74.6亿元，支持了40家企业的44个项目。市财金集团成立以来，通过市场化手段帮助企业融集资金408.7亿元。四是财税改革蹄疾步稳。按照中央和省、市统一部署，积极推进预算管理、税收制度、财政体制、支出管理等新一轮财税体制改革，现代财政制度框架基本建立。

各位代表，当前我市财政运行中还存在一些矛盾和问题，主要是：经济恢复的基础尚不稳固，加之总量偏小、实力偏弱特别是支撑带动能力强的税源企业偏少等问题还未根本解决，财税增收难度加大，而刚性支出有增无减，财政运行仍处于“紧平衡”状态；绩效观念尚未牢固树立，预算绩效管理有待进一步加强；预算执行还存在一些薄弱环节，财政、财务管理水平有待进一步提升，等等。对此，我们将高度重视，认真加以改进和解决。

二、2021年预算草案

（一）全市财政形势预测分析

总体来看，今年经济形势依然错综复杂，存在诸多不确定性，但与全国全省一样，我市经济逐步企稳、稳中向好的基本面没有改变。特别是国家将继续实施积极的财政政策和稳健的货币政策，保持对经济恢复的必要支持力度。我市新旧动能转换加快推进，一批大项目、好项目加速落地，重点领域、关键环节的改革不断深化，为财政经济高质量发展注入了“源头活水”。同时，也要看到制约财政收支运行的因素仍然较多：收入方面，当前我市正处于转型升级、爬坡过坎的紧要关口，还面临传统产业占比高、制造业占比低、资源环境约束趋紧等问题，加之疫情变化和外部环境的不确定性以及减税降费政策的持续推进，财税增收的基础还不稳固。支出方面，除“三保”等必保支出外，支持扩大内需、动能转换、科技创新以及全面推进乡村振兴、提高各类困难群众救助保障标准、扩大困难职工帮扶救助范围、实施新冠病毒疫苗全民免费接种等，都将大量增加财政支出。并且，今年政府债务进入还款高峰期，企业养老保险基金收支矛盾仍然尖锐，财政刚性支出有增无减，预算平衡难度加大。

（二）2021年预算编制指导思想

根据中央、省预算安排和深化财税改革的总体要求，我市财政预算编制指导思想是：以习近平新时代中国特色社会主义思想为指导，坚持稳中求进工作总基调，立足新发展阶段，贯彻新发展理念，构建新发展格局，紧紧围绕市委、市政府决策部署，坚持积极的财政政策要提质增效、更可持续，增强对“五个名地”等重大战略任务的财力保障；坚持党政机关过紧日子，加强财政资源统筹，大力优化支出结构，着力保障改善民生；坚持系统观念、底线思维，统筹发展与安全，有效防范化解政府债务风险；坚持推动改革攻坚，创新财政支出方式，强化预算约束和绩效管理，加快建立现代财税体制，确保“十四五”开好局、起好步，以优异成绩庆祝建党100周年。

（三）2021年预算安排意见

1. 一般公共预算安排意见

根据上述指导思想和全市经济社会发展预期目标，综合考虑各方面因素，2021年全市一般公共预算收入增长5%左右；按照统筹兼顾、量力而行、收支平衡原则，全市一般公共预算支出增长6%。需要说明的是，这一收支计划安排是预期性的，待各级预算经同级人民代表大会批准后，我们将及时汇总，报市人大常委会备案。

市级一般公共预算收入预期目标67.1亿元(市直26.2亿元、市高新区22.4亿元、泰山景区6.1亿元、徂汶景区6176万元、旅游经济开发区11.8亿元)，同口径增长3.4%。根据收入预算和现行财政体制计算，预计市级一般公共预算总财力156.5亿元（不含对县级税收返还和转移支付支出142.6亿元），按照收支平衡原则，市级支出安排156.5亿元（市直119.9亿元、市高新区16.3亿元、泰山景区8.1亿元、徂汶景区7.5亿元、旅游经济开发区4.7亿元），增长2.7%。

2. 政府性基金预算安排意见

2021年，全市政府性基金预算收入预期目标249.3亿元，下降6.4%。加上年结转收入、省级补助收入，减上解支出、调出资金等支出后，全市政府性基金总财力219.9亿元。全市政府性基金预算支出安排219.9亿元，下降21.1%。

市级政府性基金预算收入预期目标102.1亿元（市直95.3亿元、市高新区4.2亿元、泰山景区1500万元、徂汶景区4724万元、旅游经济开发区2亿元），下降18.9%。加上年结转收入、转移支付收入，减调出资金、补助下级支出后，市级政府性基金总财力79亿元。市级政府性基金预算支出安排79亿元（市直68.1亿元、市高新区6.7亿元、泰山景区1.3亿元、徂汶景区6211万元、旅游经济开发区2.3亿元），下降24.7%。全市及市级收支降幅较大，主要是预计国有土地出让收入比上年减少。

3. 国有资本经营预算安排意见

2021年，全市国有资本经营预算收入预期目标1.7亿元，下降52.8%。加上年结转收入，减调出资金后，全市国有资本经营预算总财力1.8亿元。全市国有资本经营预算支出安排1.8亿元，下降35.7%。

市级国有资本经营预算收入预期目标1.1亿元（市直1亿元、市高新区550万元），下降64.5%。加上年结转收入，减调出资金后，市级国有资本经营预算总财力1.2亿元。市级国有资本经营预算支出安排1.2亿元（市直1.19亿元、市高新区402万元），下降47.3%。全市及市级收支降幅较大，主要是受上年一次性收入影响。

4. 社会保险基金预算安排意见

2021年，全市社会保险基金预算收入预期目标160.7亿元，增长1.9%。全市社会保险基金预算支出安排152亿元，增长11.8%。年末滚存结余146.4亿元。

市级社会保险基金预算收入预期目标105.8亿元（市直101.4亿元、市高新区3.5亿元、泰山景区1亿元），与上年基本持平。市级社会保险基金预算支出安排102亿元（市直98亿元、市高新区3.1亿元、泰山景区8801万元），增长13%。年末滚存结余96.6亿元。

（四）市级预算统筹安排支出情况

按照“综合预算”和“集中财力办大事”原则，统筹安排一般公共预算、政府性基金预算和国有资本经营预算财力，主要用于以下支出：

一是安排59.9亿元，保障人员经费和机关运转。

二是安排19.7亿元，落实民生政策。社会保障和就业方面：安排5.8亿元，用于机关事业单位养老保险基金，确保离退休人员待遇按时兑付；安排1.3亿元，用于居民基本养老保险政府补助，自2021年7月起将人均补助标准由142元提高到147元；安排7310万元，用于困难群众救助；安排2358万元，用于支持养老事业发展；安排2861万元，用于市残疾人康复中心二期工程建设。卫生健康方面：安排3.3亿元，用于城乡居民基本医疗保险政府补助，将人均补助标准由550元提高到580元；安排6600万元，用于疫情常态化防控；安排3801万元，用于基本公共卫生服务，人均经费由每人每年74元提高到79元；安排2630万元，用于支持公立医院综合改革及基层医疗机构发展。教育方面：安排9750万元，用于解决教育“大班额”问题及改善办学条件；安排5507万元，用于城乡义务教育经费补助；安排4301万元，用于学生资助政策落实；安排1000万元，对市直义务教育阶段学生午餐给予补贴。另外，安排1.2亿元，用于老年人免费乘车及城市供暖、供气等公用事业补贴补助。

三是安排11.7亿元，支持科技创新和企业发展。其中：安排1.5亿元，用于校地战略合作经费；安排1亿元，用于国家先进印染技术创新中心配套扶持资金；安排9000万元，用于科技创新发展资金；安排500万元，用于科创中国泰安试点经费；安排1.8亿元，用于重点企业财源建设基金出资；安排1亿元，用于新旧动能转换资金；安排1.1亿元，用于支持泰山玻纤老厂区搬迁；安排5502万元，用于支持企业改革改制及企业家培训；安排1591万元，用于优化审批流程；安排4769万元，用于增加国有企业资本金。

四是安排7.5亿元，支持乡村振兴。其中：整合涉农资金4.7亿元，支持县乡统筹用于村级组织运转、脱贫攻坚、重点水利工程、“四好农村路”、粮食生产“十统一”、农村饮水安全、农村污水治理、农村危房改造、乡村振兴示范区等项目；安排1.5亿元，用于农村道路“三通”工程奖补；安排3195万元，用于“万名干部下基层”经费补助；安排1000万元，用于汶阳田农高区等项目建设；安排3900万元，用于加强农村基层党组织建设。

五是安排22.5亿元，用于城市建设及维护。其中：安排13.3亿元，用于市级重点工程建设；安排3.2亿元，用于城市运行维护管理等；安排1.3亿元，用于泰汶文化旅游经济带基础设施建设运营项目财政付费；安排1亿元，用于104国道改建工程还款；安排7654万元，用于支持中央商务区建设项目；安排3800万元，用于城市国土空间规划编制；安排2000万元，用于城区老旧小区改造。

六是安排10.7亿元，用于支付政府债券利息。

另外，安排预备费1.6亿元，占一般公共预算支出的1.02%，符合预算法规定。

根据预算法第54条规定，在本草案经本次大会审议批准前，截至1月22日，市级一般公共预算支出1.9亿元，主要是市级部门人员工资、运转支出和政府债务付息。

三、确保完成2021年预算任务的主要措施

（一）在增强聚财能力上狠下功夫。健全完善税收保障和税费协同等机制，依法依规抓征管，促进财政收入稳增长、提质量。在此基础上，坚持“三统筹两强化”，即：统筹政府预算，加强一般公共预算、政府性基金预算、国有资本经营预算、社会保险基金预算和政府债务计划的统筹衔接，完善政府资金运筹体系，集中财力保重点。统筹专项资金，加大涉农、涉企及科技、民生等领域专项资金的统筹整合力度，优化部门“大专项+任务清单”模式，握指成拳办大事。统筹资产资源，加大政府资产处置盘活力度，对闲置资产适时适度出让变现；结合事业单位改革，加大办公用房整合力度，对腾空的房产通过对外出租、部门调剂等予以盘活。强化对上争取，用好提质增效、更可持续的积极财政政策，重点谋划储备好项目，最大限度争取专项债券资金支持。强化资本撬动，通过政府引导基金、财政股权投资和PPP等方式，以财政杠杆撬动更多社会资本。另外，牢固树立“节支也是增收”和“长期过紧日子”的思想，继续大力压减一般性支出。市级会议、差旅、培训、公务接待和因公出国（境）经费，一律较2020年预算压减30%，业务类项目压减10%，并严格控制办公用房维修改造、公务用车购置、信息化建设、资产配置和政府购买服务等支出，腾出资金用于经济社会发展的重点领域和关键环节。

（二）在保障重点支出上狠下功夫。保障改善民生方面，始终坚持民生优先的用财导向，确保民生投入只增不减。特别是兜实兜牢基本民生底线，全面落实好就业、社保、教育、医疗、养老、住房等保障政策，确保困难群众救助、居民基本医疗保险政府补助和养老保险平均待遇水平等各项提标政策落地。聚焦群众关切，积极筹措资金，支持办好“民生实事”及核酸检测“应检尽检”、新冠病毒疫苗免费接种、市直义务教育阶段学生在校午餐补贴等，更好地解决群众的操心事、烦心事。支持城乡统筹方面，加大农业农村投入，巩固拓展脱贫攻坚成果，与乡村振兴一体考虑、有效衔接；深化涉农资金整合，用好土地出让收入计提资金，保障种子和耕地安全、乡村建设行动、新一轮农村人居环境整治等重点工作开展。支持优化提升城市环境，通过土地市场化运作、政府专项债券、PPP等方式，多渠道筹资保障泰城重点工程建设；按照“责权利”相统一、“筹建还”一体化原则，利用国有企业探索城市建设新路子。另外，支持深入打好污染防治攻坚战，做好山水林田湖草生态保护修复工程扫尾和巩固提升工作，确保通过上级验收。

（三）在支持经济发展上狠下功夫。突出高质量发展主题，聚焦“产业兴市”、动能转换和税源培植，进一步用好财税杠杆、放大“乘数”效应。强化政策引导，在持续推进减税降费，保持政策连续性的同时，深入贯彻省市落实“六稳”“六保”促进高质量发展、加快工业经济发展等政策措施，以及家电、汽车消费等扩大内需扶持政策，进一步激发市场主体活力和社会消费需求。坚持用创新引领发展、靠科技赢得未来，大幅增加科技投入，支持企业开展核心技术攻关；采取多种手段，支持国家先进印染技术创新中心、市产业技术创新研究院、国家级现代农业产业科技

园区等平台建设；深化校地战略合作，助推“产学研”向“学研产”转变。强化财金联动，继续管好用好重点企业财源建设等各类政府引导基金，积极推进财政股权投资改革试点，注重投入产出比、讲究税收贡献率，着力支持重点税源企业上台阶、科技型中小企业快成长。灵活运用贷款贴息、应急周转、融资担保、融资租赁等政策工具，健全完善“财银保”联动援企机制，进一步缓解企业融资难、融资贵、融资慢问题。强化正向激励，充分发挥财政体制尤其是转移支付制度的激励作用，积极探索将收入划分、转移支付分配等与经济发展质量效益挂钩，严格落实省工业强县财政激励和高质量发展奖励政策，引导各地优化产业结构、培植壮大税源。

（四）在深化财税改革上狠下功夫。把改革创新作为破解发展难题的关键一招，巩固提升财税金融改革攻坚行动成果。深化税费制度改革，按照省统一部署，重点深化契税、水资源税、城镇土地使用税等方面的改革；健全非税收入管理政策体系，完善基础设施配套费、人防工程收费等管理办法，有序推进相关非税收入征管职能划转。深化市以下财政体制改革，在更多领域推进财政事权和支出责任划分改革。密切关注增值税改革、部分消费税品目下放地方并后移征收环节等改革动向，提前做好改革研判和准备工作，适时完善市以下收入划分机制，调动基层发展积极性。深化预算绩效管理改革，建立健全政府财政运行绩效评价机制，努力提高财政运行综合绩效。加强部门整体绩效管理，特别是强化绩效评价和结果运用，切实将绩效管理结果与预算安排、政策调整挂起钩来，确保绩效管理“真抓、真严、真管用”。同时，着力加强风险防控，严格落实政府债务化解方案，积极推进建制县隐性债务风险化解试点，坚决兜牢政府债务风险底线。科学把握支出顺序，把基层“三保”摆在优先位置，坚决防范“三保”风险。结合建立健全财政资金常态化直达机制，进一步加强直达资金动态监控，确保安全高效运行。加强财政基础管理，实施财政国库、政府采购、投资评审、国有资产等基础管理提升工程，不断提高财政治理能力。加强财政法治建设，严格落实预算法及实施条例等，严肃财经纪律、规范财经秩序，进一步提升依法理财水平。

各位代表，今年全市财政改革发展任务艰巨、责任重大。我们将在市委的坚强领导下，深入贯彻习近平新时代中国特色社会主义思想，认真落实本次大会决议，主动担当作为、认真履职尽责，勇做新时代泰山“挑山工”，为新时代现代化强市建设作出应有贡献！

关于泰安市2021年预算执行情况和2022年预算草案的报告

——2022年2月24日在泰安市第十八届人民代表大会第一次会议上

泰安市财政局局长　孙磊

各位代表：

受市政府委托，现将全市2021年预算执行情况和2022年预算草案提请市十八届人大一次会议审议，并请市政协委员提出意见。

一、2021年全市和市级预算执行情况

2021年，在市委坚强领导下，全市上下坚持以习近平新时代中国特色社会主义思想为指导，全面贯彻党的十九大和十九届历次全会精神，坚持稳中求进工作总基调，扎实做好“六稳”工作、全面落实“六保”任务，经济运行呈现总体平稳、稳中向好态势。在此基础上，全市预算执行基本正常，各项任务较好完成。

（一）一般公共预算执行情况

2021年，全市一般公共预算总收入500.5亿元，其中：当年收入230.5亿元，完成预算的100.1%，比上年增长0.6%；上级税收返还和转移支付收入154亿元，动用预算稳定调节基金6亿元，调入资金98.1亿元，上年结转收入11.9亿元。全市一般公共预算总支出469.3亿元，其中：当年支出428.2亿元，完成预算的100%，同口径增长4.6%（2021年预算执行中，国务院规定市县国库集中支付结余不再按权责发生制列支，剔除这一因素后为同口径数）；地方政府一般债务还本支出1.9亿元，上解省级支出32.6亿元，补充预算稳定调节基金6.6亿元。收支相抵，结转下年31.2亿元。

市级一般公共预算总收入326.3亿元，其中：当年收入61.4亿元（市直26.5亿元、市高新区16.9亿元、泰山景区5.3亿元、徂汶景区1亿元、旅游经济开发区11.7亿元），完成预算的100.3%，下降5.4%；上级税收返还和转移支付收入154亿元，动用预算稳定调节基金2.6亿元，调入资金42.2亿元，下级上解收入58.2亿元，上年结转收入7.9亿元。市级一般公共预算总支出310.6亿元，其中：当年支出149.4亿元（市直101.3亿元、市高新区25.2亿元、泰山景区8.9亿元、徂汶景区8.5亿元、旅游经济开发区5.5亿元），完成预算的99.6%，同口径增长1.9%；对下税收返还和转移支付支出125.4亿元，地方政府一般债务还本支出0.7亿元，上解省级支出32.6亿元，补充预算稳定调节基金2.5亿元。收支相抵，结转下年15.7亿元。

（二）政府性基金预算执行情况

2021年，全市政府性基金预算总收入363亿元，其中：当年收入218.1亿元，完成预算的101.8%，下降18.1%；上级转移支付收入3.8亿元，新增地方政府专项债券转贷收入89.9亿元，调入资金等18.9亿元，上年结转收入32.3亿元。

全市政府性基金预算总支出311.7亿元，其中：当年支出272.8亿元，完成预算的102.3%，同口径下降0.4%；调出资金36.2亿元，地方政府专项债务还本支出2.6亿元，上解省级支出0.1亿元。收支相抵，结转下年51.3亿元。

市级政府性基金预算总收入195.4亿元，其中：当年收入77.9亿元（市直68.9亿元、市高新区2.8亿元、泰山景区1.3亿元、徂汶景区0.6亿元、旅游经济开发区4.3亿元），完成预算的100.2%，下降38.1%；上级补助收入3.9亿元，新增地方政府专项债券转贷收入89.9亿元，下级上解收入4.7亿元，调入资金1.8亿元，上年结转收入17.2亿元。市级政府性基金预算总支出180亿元，其中：当年支出85.7亿元（市直64.7亿元、市高新区10.1亿元、泰山景区3.9亿元、徂汶景区2.1亿元、旅游经济开发区4.9亿元），完成预算的99.6%，同口径下降17.9%；补助下级支出17.4亿元，新增地方政府专项债券转贷下级支出64.2亿元，地方政府专项债务还本支出0.4亿元，调出资金12.2亿元，上解省级支出0.1亿元。收支相抵，结转下年15.4亿元。

（三）国有资本经营预算执行情况

2021年，全市国有资本经营预算总收入6.4亿元，其中：当年收入5.2亿元，完成预算的100.2%，增长46.6%；上级转移支付收入0.6亿元，上年结转收入0.6亿元。全市国有资本经营预算总支出5.4亿元，其中：当年支出3.8亿元，完成预算的99.4%，同口径增长44.6%；调出资金1.6亿元。收支相抵，结转下年1亿元。

市级国有资本经营预算总收入3.7亿元，其中：当年收入2.6亿元（市直2.5亿元、市高新区0.03亿元、泰山景区0.1亿元），完成预算的100.4%，下降8.8%；上级转移支付收入0.6亿元，上年结转收入0.5亿元。市级国有资本经营预算总支出3.4亿元，其中：当年支出2亿元（市直1.9亿元、市高新区0.02亿元、泰山景区0.1亿元），完成预算的100.8%，同口径下降4.7%；对下转移支付支出0.6亿元，调出资金0.8亿元。收支相抵，结转下年0.3亿元。

（四）社会保险基金预算执行情况

2021年，全市社会保险基金预算收入166.2亿元，完成预算的101.3%，增长5.3%。全市社会保险基金预算支出158.3亿元，完成预算的98.4%，增长16.4%。年末滚存结余145.7亿元。

市级社会保险基金预算收入111.2亿元（市直106.8亿元、市高新区1.4亿元、泰山景区1亿元、徂汶景区2亿元），完成预算的102%，增长5.9%。市级社会保险基金预算支出108.1亿元（市直104.1亿元、市高新区1.3亿元、泰山景区0.9亿元、徂汶景区1.8亿元），完成预算的97.5%，增长19.7%。年末滚存结余96亿元。

需要说明的是，上述“四本预算”执行数据（收支具体情况，见《泰安市2021年预算执行情况和2022年预算草案》）是初步汇总数，2021年财政决算编制完成后，部分数据可能有所变化。届时，我们将按规定及时向市人大常委会报告。

（五）政府债务情况

经省核定、市人大常委会批准，2021年我市政府债务限额为748.27亿元，其中市级342.77亿元。当年新增地方政府专项债券89.90亿元，支持了103个重点项目建设，其中市级25.75亿元，支持了25个项目建设；当年发行地方政府再融资债券95.47亿元，其中市级48.09亿元，用于偿还到期政府债务。截至2021年底，全市政府债务余额723.24亿元，其中市级335.17亿元，均控制在政府债务限额以内。

（六）市十七届人大六次会议决议落实情况

2021年，在市人大依法监督和市政协大力支持下，全市各级政府及其财税等部门认真执行市人大及其常委会有关会议决议，全面贯彻提质增效、更可持续的积极财政政策，深入推进财税改革，有力支持了疫情常态化防控和经济社会高质量发展。

1. 强化财力统筹，确保财政平稳运行。面对异常突出的财政收支矛盾，各级牢固树立“大财政、大预算、大统筹”理念，加大对政府各类资金、资产、资源的统筹力度，着力提升财政保障能力。强化政府预算统筹。坚持“四本预算”和政府债务收支计划同步编制、统筹管理，集中财力保重点、办大事。特别是坚持实事求是抓收入、坚定不移提质量，实现了一般公共预算收入量的合理增长、质的稳步提升，其中全市地方税收收入完成173.1亿元，增长4.9%；占一般公共预算收入的比重达到75.1%，为2010年以来最好水平。强化国有资产统筹。围绕提高资产配置使用效益，深入推进行政事业性国有资产管理改革，初步构建起职责清晰、配置合理、运转高效、约束有力的管理运行机制。围绕组建市属四大企业集团，按时高效完成市区污水管网、雨水管道等资产清查评估工作，涉及资产价值82.2亿元。强化存量资金统筹。建立健全存量资金定期核查和清理回收机制，市直通过专项行动盘活结余结转资金8.9亿元。强化对上争取。全市争取各类财政资金247.7亿元，比上年增加38.3亿元，有力缓解了财政困难局面。争取我市跻身北方地区冬季清洁取暖试点城市，中央三年给予奖补资金9亿元，已到位4.8亿元。强化厉行节约。坚持政府带头过“紧日子”，全市一般性支出较上年压减4.7亿元，下降11%，其中“三公”经费压减863.4万元，下降7.9%，腾出财力保民生、促发展。

2. 用活财税杠杆，积极助推高质量发展。充分发挥财税杠杆引导、调节、撬动作用，支持经济持续恢复和高质量发展。用好财税政策。坚决落实减税降费政策，全市仅新增减税就达到26.6亿元，帮助市场主体恢复元气、增强活力。全面贯彻省落实“六稳”“六保”，促进高质量发展四批政策清单，以及支持新旧动能转换46条和开放型经济、工业互联网发展等地方政策，确保了落地见效。用好专项债券。全市争取新增地方政府专项债券89.9亿元，比上年增加25.9亿元、增长40.5%，有力支持了市政基础设施等重点项目建设，发挥了扩投资、稳增长的重要作用。特别是争取地方银行补充资本金专项债券9亿元，支持泰安银行提升综合实力、扩大信贷投放、实现稳健发展。用好专项资金。发挥科技创新、动能转换等专项资金作用，市级整合科技创新发展资金1.1亿元，增长10%，重点用于“科创中国”试点和泰山创新谷、智慧康养创新创业共同体、市产业技术创新研究院建设等；保障“揭榜挂帅”引才机制落实，投入0.4亿元，撬动全市研发投入7.1亿元，用于37个重点产业关键核心技术攻关项目。落实人才政策“金十条”，市级兑现各类奖励补助资金0.9亿元。同时，市级筹集2.8亿元，用于国家先进印染技术创新中心建设；投入1.7亿元，支持骨干企业技改和中小企业高质量发展；投入1.3亿元，支持外经贸发展、企业创新能力建设和电商下乡等。用好市场手段。在继续管好用好重点企业财源建设等现有基金的基础上，组建总规模10亿元的清泰创新引领基金，并申请省新旧动能转换基金出资，组建两支项目基金，实行定向定点、精准扶持。市财金集团通过融资担保、融资租赁和过桥还贷，帮助企业融资128.5亿元，有效缓解了企业融资难、融资贵问题。

3. 坚持理财为民，全力保障改善民生。牢固树立以人民为中心的发展思想，坚持民生优先的用财导向，全市一般公共预算民生支出339.2亿元，占比达到79.2%。并且，通过专项债券、市场化融资、预算安排等方式，全市筹集26.7亿元，保障了市委、市政府为民要办的“10件实事”落实落地。乡村振兴方面，全市统筹整合涉农资金37.6亿元，支持了乡村振兴和高标准农田、水利工程等重点项目建设；其中落实衔接推进乡村振兴补助资金3.5亿元，实现过渡期内稳定投入和政策平滑过渡。市级落实奖补资金1.5亿元、三年累计落实4.5亿元，带动投资41.9亿元，帮助2785个行政村实现道路“三通”。教育方面，全市教育支出91.4亿元，同口径增长10%，促进了教育优先发展。其中，投入10亿元，支持扩大普惠性学前教育资源，改善中小学办学条件，深入推进义务教育改薄与能力提升，全市新建改扩建中小学和幼儿园32所、完成农村办学条件改善项目73个；投入2亿元，落实教育资助政策，建立从学前教育到高等教育的全程资助体系；投入2.3亿元，确保“大班额”动态清零不反弹；投入2.6亿元，支持高职院校专业化特色化发展，实施高水平中职学校和专业群建设；投入0.6亿元，支持中小学午餐保障及食堂改造提升，惠及学生18万余名，既有效解决了学生的“午餐难”问题、缓解了家长的接送压力，又较好保障了学生的用餐安全。社会保障方面，全市投入17.9亿元，用于居民基本养老保险补助，基础养老金最低标准由每人每月142元提高到150元；投入10.1亿元，用于社会福利救助，全面提高九类困难群众救助保障水平；投入2.5亿元，支持稳定和促进就业，惠及退役军人、就业困难人员等1.8万余人。同时，全市发放创业担保贷款9.6亿元，扶持创业、带动就业3.8万余人。卫生健康方面，适应疫情常态化防控形势，全市投入8.1亿元，保障新冠疫苗免费接种、应检尽检人员核酸检测、防疫物资设备采购、定点医疗救治机构运转等；投入23.9亿元，用于居民基本医疗保险补助，政府补助标准由每人每年550元提高到580元；投入4.3亿元，完善基本公共卫生服务体系，年人均标准达到79元；投入4.5亿元，支持公立医院、基层医疗卫生机构综合改革，以及市中医医院、市传染病医院（市中心医院分院）建设等。绿色发展方面，全市投入9.8亿元，支持大气、水、土壤污染防治和农村环境整治、节能减排等工作，为打好“蓝天、碧水、净土”保卫战提供有力保障；筹集6.7亿元，支持20.1万户农村居民实现清洁取暖，超额完成年度目标任务。巩固山水林田湖草生态保护修复工程成果，累计完成投资154.4亿元，打造了“泰山样板”。住房保障方面，全市各类住房保障支出24.9亿元，改造棚户区2148套、老旧小区2.26万户、农村危房449户，发放住房租赁补贴1458户。城市公用设施方面，市级投入21.8亿元，支持双龙路、明堂路改造和迎胜路南延、环山路东延等重点项目建设，畅通了城市路网；投入1亿元，支持岱宗大街等15条道路维修改造、城区13处街角游园及20座公厕改造提升等，优化了城市环境。

4. 推进改革创新，提升财政治理水平。聚焦难点堵点和风险隐患，坚持有解思维、攻坚克难，着力深化财税改革、完善管理机制、提升治理水平。全面推进预算绩效管理改革。市级基本建成“全方位、全过程、全覆盖”的预算绩效管理体系，并在全省率先建立预算绩效指标库，首批开展项目全成本绩效管理试点，为全省财政管理改革提供了“泰安经验”。出台事前评估、绩效目标、绩效监控、绩效评价、结果应用和信息公开6个环节的管理办法，特别是强化结果应用，市级通过事前绩效评估和预算评审，全年审减资金8.1亿元；通过绩效目标实现程度和预算执行进度“双监控”，收回低效预算指标10.8亿元。创新土地资源管理机制。借鉴先进地区经验，进一步规范和加强经营性用地储备出让管理，建立统一规划、统一储备、统一出让、统一管理“四统一”机制，优化土地资源配置。严防政府债务风险。健全规范政府举债融资机制，积极化解存量隐性债务，强化专项债券“借、用、管、还”闭环管理，有序推进融资平台市场化转型，全市政府综合债务率继续保持在合理区间，防风险与促发展统筹兼顾。严防基层“三保”风险。坚持财力下沉，市财政落实各类对下转移支付143.4亿元，帮助基层缓解收支矛盾，增强“三保”能力。健全常态化财政资金直达机制，全市各级分配落实直达资金74亿元，直接惠及企业1279家、群众1382万人次。加强财政基础管理。深入贯彻预算法及其实施条例，大力加强法治财政建设，全面提升依法行政、依法理财水平。推进市县财政事权和支出责任划分改革，出台公共文化、交通运输、应急救援等领域的改革意见。加强国库集中支付、政府采购、财政投资评审和会计等管理，财政管理的科学化、精细化水平不断提升。

各位代表，2021年全市财政运行也面临一些矛盾和问题，主要是：经济总量偏小、结构性矛盾较为突出、税收贡献能力偏弱，财税增收后劲不足；部分国有资产资源配置不够优化，利用不够充分；刚性支出持续增加，财政收支矛盾十分突出，基层“三保”面临较大压力；个别部门单位勤俭节约、过紧日子思想树立得还不够牢固，部分资金使用效益不高，预算绩效管理有待进一步加强；一些部门单位收入管理不够规范、预决算编制不够细化和完整，财务管理水平有待进一步提升，等等。对此，我们将高度重视，采取有效措施，认真加以解决。

二、2022年预算草案

（一）全市财政收支形势预测分析

总体来看，我市经济发展长期向好的基本面没有改变。特别是随着“十四五”规划全面实施、黄河流域生态保护和高质量发展重大国家战略全面展开，以及动能转换加快推进、济泰一体化加速落地等，将为经济发展增添新动力；随着新型工业化强市战略的全面启动，我市经济发展、财税增收的最大短板弱项将加快补齐。但也要清醒地看到，受需求收缩、供给冲击、预期转弱和疫情防控等因素影响，经济运行仍面临一些不稳定、不确定因素，财政收支平衡难度加大。收入方面：经济下行压力和减税降费等减收因素仍然相互叠加，加之我市产业特别是工业结构偏重，在碳达峰、碳中和背景下，资源环境刚性约束更加趋紧，并且疫情持续演变将对供应链、消费、就业等带来不利影响，财政持续增收面临较多困难。支出方面：落实困难群体救助、居民医疗保险和基本公共卫生服务等民生提标政策，推进黄河流域生态保护和高质量发展、推动共同富裕、兜牢基层“三保”底线等，都需要增加财政投入。政府债务还本付息、PPP项目集中付费，以及统筹发展与安全，妥善应对经济、金融、社会等领域风险隐患，也将增加财政支出。综合分析，今年全市财政收支矛盾仍十分突出，将继续保持紧运行状态。

（二）2022年预算编制指导思想

根据中央、省预算安排和深化财税改革总体要求，今年我市预算编制的指导思想是：以习近平新时代中国特色社会主义思想为指导，全面贯彻落实党的十九大和十九届历次全会精神，坚持稳中求进工作总基调，完整、准确、全面贯彻新发展理念，按照市委经济工作会议部署，聚焦“位次前移、争创一流”工作目标和“六项重点任务”，坚持积极的财政政策提升效能，更加注重精准、可持续，促进经济在合理区间运行；坚持“经营财政”理念，加强政府资产资源统筹，增强对重大战略和扩内需稳增长的财力保障；坚持政府过紧日子，调整优化财政支出结构，加大重点支出保障力度；坚持底线思维，支持守牢“五条底线”，坚决防范化解地方政府债务风险；坚持改革创新，深化财税体制改革，强化预算约束和绩效管理，提高财政资金使用效益，为新时代社会主义现代化强市建设提供坚强保障。

（三）2022年全市预算安排意见

1. 一般公共预算。根据上述指导思想和全市经济社会发展预期目标，综合考虑各方面因素，2022年全市一般公共预算收入安排243.3亿元，比上年增长5.5%；一般公共预算支出安排455.6亿元，增长6.4%。按现行财政体制计算，加上级税收返还和转移支付收入等，总收入495.4亿元，总支出492.3亿元，结转下年3.1亿元。

2. 政府性基金预算。2022年，全市政府性基金预算收入安排274.6亿元，比上年增长25.9%。当年收入，加提前下达新增专项债券转贷收入、上年结转及上级转移支付收入等，总收入402.5亿元。全市政府性基金预算总支出安排400.5亿元（当年支出356.2亿元，比上年增长30.5%），结转下年2亿元。

3. 国有资本经营预算。2022年，全市国有资本经营预算收入安排6.8亿元，比上年增长30%。当年收入，加上年结转和上级转移支付收入等，总收入8.5亿元。全市国有资本经营预算总支出安排7.8亿元（当年支出4.2亿元，比上年增长8.3%），结转下年0.7亿元。

4. 社会保险基金预算。2022年，全市社会保险基金预算收入安排175亿元，比上年增长5.3%。全市社会保险基金预算支出安排164.8亿元，增长4.1%。年末滚存结余155.9亿元。

（四）2022年市级预算安排意见

为保障市委、市政府重点工作任务落实，今年市级预算编制主要坚持了以下原则：一是综合预算、强化统筹。全口径、一体化编制“四本预算”和政府债务收支计划，统筹安排使用市级资金与上级资金、当年财力与存量资金、预算资金与债券资金等各类政府性资金，提高综合保障能力；积极推进政策、资金、资产、资源统筹整合，集中财力保重点、补短板、办大事。二是有保有压、突出重点。坚决落实过紧日子要求，大力压减非急需、非刚性、非重点支出，腾出更多资金用于保障新型工业化、黄河战略、文旅融合、城市提升、乡村振兴、共同富裕等重点任务落实。三是留有余地、防范风险。加强资金整合和政策储备，提升财政应急保障能力，确保财政平稳运行、可持续发展。具体安排意见如下：

收入安排意见：2022年，市级一般公共预算收入安排62亿元（市直25亿元、市高新区18.6亿元、泰山景区5.6亿元、徂汶景区1.1亿元、旅游经济开发区11.7亿元），比上年增长1.1%；政府性基金预算收入安排153.9亿元（市直147.6亿元、市高新区3.5亿元、泰山景区0.8亿元、徂汶景区0.5亿元、旅游经济开发区1.5亿元），比上年增长97.4%，主要是受部分收入项目改变入库级次影响，预计收入增加；国有资本经营预算收入安排3.6亿元（市直3.2亿元、市高新区0.03亿元、泰山景区0.4亿元），比上年增长37.1%；社会保险基金预算收入安排116.8亿元，比上年增长5%。考虑全年预期的税收返还和上级转移支付补助、下级上解收入、提前下达新增专项债券收入等，市级全口径预算总收入预计695.6亿元。

支出安排意见：按照以收定支、收支平衡原则，2022年市级全口径预算总支出安排690亿元，结转下年5.6亿元。其中：当年市级社会保险基金支出111.2亿元、对下税收返还和转移支付及上解上级支出等272.3亿元、新增专项债券转贷下级支出54.2亿元、人员工资及正常运转支出56.5亿元、土地收储成本44.6亿元、重点项目支出151.2亿元。市级重点项目支出主要是：

1. 新型工业化等产业发展方面，安排7.6亿元（含提前下达专项债券0.5亿元）。重点支持设立新型工业化发展资金、组建产业投资基金，推动新型工业化强市战略全面实施；支持市属四大企业集团注资及发展壮大，充分发挥“城市建设运营商、产业发展助推器”作用；支持稳定外贸外资、会展业发展、企业上市和泰山控股新动能产业基地建设等，促进经济结构转型升级。

2. 科技创新和人才工作方面，安排5.1亿元（含提前下达专项债券1.2亿元）。重点支持科技创新发展和校地合作，加快推进科技成果转移转化；支持国家先进印染技术创新中心、北航泰山科创园、免疫力经济研究院等科创平台建设，带动相关产业转型发展；保障“人才新政”加强版等政策落实，重点支持泰山智慧谷建设，积极推进“招才引智”，更好服务重点产业发展。

3. 教育事业发展方面，安排5.2亿元。重点支持改善办学条件，保障义务教育薄弱环节改善与能力提升；完善义务教育经费保障机制，全面落实生均经费和各类助学政策，促进教育资源均衡配置；落实高职院校生均经费奖励政策，支持泰山学院等驻泰高校、市属高职院校改革发展；落实财政补贴政策，继续支持中小学午餐保障工程实施。

4. 社会保障和医疗卫生方面，安排38.3亿元（含提前下达专项债券0.6亿元）。重点支持实施城乡公益性岗位扩容行动，落实高校毕业生就业扶持、创业带动就业补助等政策；落实基本养老保险政府补助政策，确保养老金按时足额发放；按国家部署提高居民基本医疗保障补助标准，并将九类困难群众救助标准再提高10%；支持深化公立医院改革，加快推进泰山医养中心二期工程及市传染病医院（市中心医院分院）扩建，保障新冠疫苗免费接种和常态化疫情防控，完善医疗卫生服务体系，提高公共卫生服务能力。

5. 乡村振兴方面，安排8.8亿元（含提前下达专项债券0.5亿元）。重点支持高标准农田建设，落实耕地地力保护补贴等政策，支持开展粮食生产“十统一”，加大农业保险投入，提升农业综合生产能力，保障粮食安全和重要农产品供给；支持完善农村和水利基础设施，保障农村饮水安全；支持打造乡村振兴齐鲁样板先行区，保障乡村建设行动开展，落实农村危房改造、“厕所革命”等补贴政策，推进农村人居环境整治；保障村级组织运转，支持壮大村级集体经济，推进农村基层党组织建设，提升农村治理水平。

6. 生态环境保护方面，安排8.2亿元（含提前下达专项债券0.4亿元）。重点支持巩固扩大山水林田湖草生态保护修复工程成果，保障泰城水生态环境治理工程PPP项目政府付费；支持打好污染防治攻坚战，提升大气、土壤、水污染监测及治理能力，保障市高新区新材料产业园污水处理等项目建设；支持雨污分流、垃圾分类、园林绿化等工作开展；继续落实市级补助政策，持续推进农村地区清洁取暖改造。

7. 公共服务能力提升方面，安排12.2亿元。重点加强公共安全保障，支持深入推进平安泰安建设；统筹政务信息化发展资金，保障市直信息化建设和运维项目支出；支持加快“天眼”护山工程、山东省森林火灾应急救援中心等建设，完善应急救援体系、提升应急救援能力；落实各项补贴政策，保障公交、燃气、热力等公用事业发展；支持加强食品药品等市场监管，维护社会安全和市场秩序。

8. 城市基础设施提升方面，安排33.6亿元（含提前下达专项债券5.8亿元）。重点支持“引黄入泰”工程实施，保障徂汶、山口及沙岭净水厂等项目建设；支持谢过城大街一期、双龙路改造、环山路东延二期等道路工程建设，进一步打通“断头路”“卡脖子路”；支持城市更新维护，推进城市街角游园、口袋公园和公厕等改造提升；加大老旧小区改造力度，支持棚户区改造和保障性租赁住房建设；支持城市空间等规划编制，优化城市空间布局；保障泰汶文化旅游经济带（博阳路）PPP 项目政府付费、G104 国道改建工程还贷等支出。

9. 文旅发展方面，安排 1.9 亿元（含提前下达专项债券 0.5 亿元）。重点支持泰山文化传承发展、文化旅游宣传推广，打造彰显泰山魅力的国际文化旅游“泰安名片”；运用市场化手段，支持泰山博物院、徂徕书院文旅康养特色产业园等项目建设，加快文旅产业融合发展。

10. 政府债券付息和化解暂付款方面，安排 28.2 亿元。包括地方政府债券付息 21.2 亿元（其中市级 12.4 亿元），化解暂付款 7 亿元。

11. 安排预备费 2.1 亿元。

另外，根据预算法第 54 条规定，在本草案经本次大会审议批准前，截至 2 月 21 日，市级一般公共预算支出 17.1 亿元，主要是市级部门人员工资、运转支出和政府债务付息。

三、确保完成 2022 年预算任务的主要措施

（一）精准施策，着力支持经济高质量发展。聚焦工业强市和高质效、可持续税源培植，充分发挥财政职能，坚定不移支持实体经济高质量发展。一是增强预期引导科学性。研究制订税源培强五年计划，明确工作目标、政策措施，努力培植一批骨干税源企业，引导各级切实强化质效思维，将富民富财政作为衡量经济发展质量效益的重要标尺，在高质量发展中提升经济创税能力和政府公共服务水平。二是增强政策调控针对性。结合新型工业化规划制定，全面梳理、深度整合现有财政补助、贷款贴息、综合奖补等各类政策，重点支持企业技改升级、动能转换、上市发展、人才技术引进，以及高端装备、高端化工、新一代信息技术、新材料、新能源等产业补链延链强链和价值链提升等。坚持分类施策、梯次培育，着力支持头部企业巩固壮大、腰部企业发展提升、专精特新和单项冠军企业快速成长。围绕中小微企业、个体工商户和制造业等重点群体及行业，全面落实更大力度减税降费政策，进一步助企纾困、激发市场活力。全面抓好省“稳中求进”高质量发展政策清单落实，并做好后续政策储备。三是增强工具组合灵活性。充分发挥产投集团、泰安银行、金控集团、财金集团等市属国企作用，健全完善“财银保”联动机制，采取贷款贴息、保费补贴、风险补偿、股权投资、融资租赁等方式，撬动更多金融和社会资本投向经济高质量发展领域。充分发挥政府引导基金作用，积极对接国内知名基金管理机构，联合组建产业投资基金，支持新型工业化强市战略实施。另外，积极筹集资金，重点支持数字政府建设和优化营商环境“头号工程”落地生根。积极开展“我为企业办实事”和“送财税政策上门”活动，帮助企业排忧解难。

（二）开源节流，着力做大财政收入“蛋糕”。牢固树立“经营财政”理念，着重在开源节流增效、做大收入“蛋糕”上下功夫见实效，全力缓解收支矛盾、保障发展急需。开源方面：全面提升税费征管能力，完善税收保障机制，提高信息化征管水平，切实把该减的减到位、该收的收上来，确保财政收入平稳增长、全市税收占比保持在75%以上。全面提升资金统筹能力，加强“四本预算”和政府债务收支计划的统筹衔接，加大对部门结余资金、自有收入等资金的统筹力度，完善政府资金运筹体系。全面提升政府资产资源运营能力，对政府掌控的自然资源、有形及无形资产等，利用市属企业集团最大限度开发运营，实现资源变资产、资产变收益、收益壮财政。节流方面，坚持过紧日子思想不动摇，把厉行节约贯彻和体现到财政财务管理的全过程、各方面。特别是积极推进政务信息系统建设“四集中”，坚决杜绝重复建设和资源浪费；强化预算约束，规范部门预算追加程序，预算执行中临时性增支事项，优先通过整合现有预算项目等方式解决。

（三）贴紧中心，着力保障重点支出需求。聚焦黄河战略，统筹使用国土治理、环保、科技、水利等领域资金，并加大市场化融资力度，支持相关重点项目建设。同时，支持开展新一轮“四减四增”行动等，推动生态环境质量持续改善；巩固提升山水林田湖草生态保护修复工程成果，发挥持久综合效益。聚焦文旅融合，发挥文化、旅游等专项资金引导作用，重点支持泰山文化传承创新、文旅资源整合、文旅新业态建设和服务业发展水平提升等。支持文旅集团稳健运营、发展壮大；支持泰山博物院等重点项目加快实施。聚焦城市提升，坚持“财政保‘三保’、国企促发展”，充分发挥市属企业集团的支撑作用，统筹基本建设投资、政府专项债券、引导基金和财政预算等各类资金，结合基础设施“七网”建设，着力支持“引黄入泰”“莱热入泰”等重点工程项目实施。聚焦乡村振兴，完善财政“三农”投入稳定增长机制，稳步提高土地出让收入用于农业农村的比例，并深化涉农资金统筹整合，保障粮食生产和重要农产品供给、重点水利项目、乡村建设行动等重点任务落实。支持巩固拓展脱贫攻坚成果，健全农村低收入人口常态化帮扶机制。聚焦共同富裕，把保障和改善民生建立在经济发展和财力可持续的基础之上，确保全市基本民生投入只增不减、各项提标政策按时落地、民生支出占比稳定在80%左右。坚持尽力而为、量力而行，重点加强基础性、普惠性、兜底性民生保障建设，支持办好民生实事和城乡公益性岗位扩容行动开展。继续坚持财力下沉，强化“三保”在财政支出的优先顺序，坚决兜牢基层“三保”底线。

（四）深化改革，着力提升财政治理水平。瞄准建立现代财税体制目标，紧抓财税改革不放松。一是深化预算管理改革。进一步加强财政资源统筹、完善支出标准体系，重点改进预算编制方式，调整完善定额标准，切实提高部门单位厉行节约的主动性、责任感。二是深化市以下财政体制改革。进一步调整理顺市以下政府间收入划分关系，完善对下转移支付制度；继续分领域推进市县财政事权和支出责任划分改革，充分调动各级各方面高质量发展积极性。三是深化预算绩效管理改革。进一步推动绩效与预算管理深度融合，扩大全成本绩效管理试点范围，全市基本建成“全方位、全过程、全覆盖”预算绩效管理体系。对长期设置的专项资金尤其是大额专项资金全面开展绩效评价，低效无效的坚决予以压减或取消，进一步提高财政资金使用效益。四是深化国有金融资本管理改革。积极履行对泰安银行、财金集团、金控集团等国有金融资本的监管职责，引导企业完善公司治理结构，提高经营管理水平。大力支持市属国企发展壮大，确保国有资产保值增值，努力增加国有资本收益，发挥在全市经济社会高质量发展中的龙头带动作用。五是统筹安全和发展。重点强化政府债务管理，健全风险预警机制，坚决遏制新增隐性债务，守牢政府债务风险底线；加大专项债券争取力度，用足管好债券资金，充分发挥使用效益。坚决贯彻预算法及其实施条例，严肃财经纪律，将财政工作全面纳入法治化轨道。完善常态化财政资金直达机制，促进财政资金规范安全高效使用。

各位代表，今年全市财政改革发展任务艰巨、责任重大。我们将深入贯彻习近平新时代中国特色社会主义思想，在市委的坚强领导下，认真落实本次大会决议，牢记使命、勇挑重担，登高望远、奋力争先，全力支持新时代社会主义现代化强市建设，以优异成绩迎接党的二十大胜利召开！

四、集体荣誉

（一）2016—2021年泰安市财政局获国家级、中直部门荣誉称号

附表-4

时间	授予单位	荣誉名称
2016年	中央精神文明建设指导委员会	全国文明单位
2016年	财政部	全国财政“六五”法制宣传教育先进集体
2016年	财政部	全国财政信息工作先进单位
2016年	财政部	全国财政科研宣传工作一等奖
2016年	财政部	全国“三刊两鉴”宣传工作先进集体
2017年	中央精神文明建设指导委员会	全国文明单位
2017年	中华妇女联合会	全国巾帼建功先进集体
2018年	中央精神文明建设指导委员会	全国文明单位
2018年	财政部	地方财政信息工作先进单位
2019年	中央精神文明建设指导委员会	全国文明单位
2020年	中央精神文明建设指导委员会	全国文明单位
2020年	财政部	全国财政信息工作先进单位
2020年	财政部	全国财政信息工作先进单位
2021年	中央精神文明建设指导委员会	全国文明单位

（二）2016—2021 年泰安市财政局获省级、省直部门荣誉称号

附表 -5

时 间	授予单位	荣誉名称
2016 年	省委、省政府	全省妇女儿童工作先进集体
2016 年	省文明委	省级文明单位
2016 年	省财政厅	全省社会保险基金预决算编报工作优秀单位
2016 年	省财政厅	全省财政新闻宣传工作优秀单位
2016 年	省财政厅	全省财政信息工作优秀单位
2016 年	省财政厅	全省财政系统纪检监察信息工作先进单位
2016 年	省档案局	全省档案工作科学化管理先进单位
2016 年	省财政厅、省税务局	全省税收调查工作先进单位
2016 年	省财政厅	全省财政国库管理工作综合考评先进单位
2016 年	省农业农村厅	农业综合开发重点工作绩效考评第二名
2016 年	省财政厅	全省农业财政工作绩效考核优秀单位
2016 年	省财政厅	全省农业综合开发工作综合绩效考评优秀单位
2016 年	省财政厅	全省行政事业单位国有资产清查成绩突出单位
2017 年	省文明委	全省文明单位
2017 年	省财政厅	全省社会保障财政信息工作优秀单位
2017 年	省财政厅	全省重点企业税源调查快报工作先进单位
2017 年	省财政厅	全省会计管理工作先进单位
2017 年	省财政厅	全省会计管理创新工作先进单位
2017 年	省财政厅	全省会计管理会计信息宣传工作先进单位
2017 年	省财政厅	基层财政管理工作考评一等奖
2017 年	省财政厅	乡镇财政基本信息编报一等奖
2017 年	省财政厅	全省财政信息工作先进单位
2017 年	省财政厅	全省财政新闻宣传工作优秀单位
2017 年	省财政厅	全省营业税改增值税工作先进集体
2018 年	省文明委	全省文明单位
2018 年	省财政厅	会计管理工作先进单位
2018 年	省财政厅	会计管理创新工作先进单位
2018 年	省财政厅	会计管理基础工作先进单位
2018 年	省财政厅	会计信息宣传工作先进单位
2018 年	省财政厅	财政社会保障信息工作先进单位
2018 年	省财政厅	全省行政事业单位国有资产报告编报工作先进单位
2018 年	省财政厅	全省财政企业信息工作先进单位

续附表 -5

时 间	授予单位	荣誉名称
2018 年	省财政厅	乡镇财政基本信息编报工作考评一等奖
2018 年	省财政厅	第三次农业普查先进集体
2018 年	省财政厅	全省重点企业税源调查快报工作先进单位
2018 年	省委宣传部	2017—2018 年度先进县级党委（党组）理论学习中心组
2019 年	省文明委	全省文明单位
2019 年	省财政厅	山东省财政系统先进集体
2019 年	省财政厅	全省财政信息工作优秀单位
2019 年	省经济普查组	全省第四次经济普查先进集体
2019 年	省财政厅	改革开放四十载 财政迈进新时代征文评选优秀组织奖
2019 年	省委组织部、省委宣传部	山东省庆祝中华人民共和国成立 70 周年党史国史知识竞赛活动优秀组织奖
2020 年	省委、省政府	全省“勇于创新奖”先进集体
2020 年	省文明委	省级文明单位
2020 年	省财政厅	全省勇于创新奖先进集体
2020 年	山东省第四次经济普查领导小组	山东省第四次经济普查先进集体
2020 年	省委宣传部	山东省第五届全民阅读书香机关
2021 年	省文明委	省级文明单位

（三）2016—2021 年泰安市财政局获市级荣誉称号

附表 -6

时 间	授予单位	荣誉名称
2016 年	市委、市政府	迎接国家卫生城市复审工作先进集体
2016 年	市委	泰安市爱国拥军模范单位
2018 年	市委、市政府	市直 2017 年度经济社会发展综合考核先进单位
2019 年	市委、市政府	市直 2018 年度经济社会发展综合考核先进单位
2019 年	市委	新时代泰山挑山工先进集体
2019 年	市委	勇于创新奖先进集体
2020 年	市委、市政府	市直机关绩效考核先进单位
2021 年	市委	新时代泰山“挑山工”十面红旗
2021 年	市委、市政府	全市首届“工作创新奖”一等奖

五、传略补记

泰西专署财政科长王应民传略

王应民，又名王宪笃，1918年出生于肥城县三区南虎门村（今肥城市安临站镇南虎门村）一个殷实家庭。自幼聪颖好学，向往光明，追求进步。1933年秋，肥城第一高小师生掀起了反对奴化教育、驱逐反动教员的学潮，他积极参加罢课罢考，与反动教员和学校当局作斗争。1934年高小毕业后，到肥城县政府担任完粮房事录（旧指收交田赋）一年。

1937年7月卢沟桥事变后，日本侵略者的铁蹄踏入山东，国民党山东省各级军政人员纷纷南逃，王应民面对民族危亡、山河破碎的局势，返回家乡。一个偶然机会，他结识了共产党员徐麟村。在其帮助引导下，逐步从苦闷彷徨中解脱出来，拿起武器抵御外侮，走上抗日救国之道。1937年11月，经徐麟村介绍加入中国共产党。其间，他们在肥城三区广泛发动群众，筹集枪支，组织起一支80余人的抗日游击队。

1938年1月11日，在肥城空杏寺被编为共产党领导的山东西区人民抗敌自卫团。随之，王应民被任命为特务队指导员。同月17日晨，山东西区人民抗敌自卫团奇袭肥城县城，全歼城内维持会及其汉奸武装。王应民在战斗中，身先士卒，英勇杀敌。1938年4月6日，日军100余人从泰安出发，途径鱼池村时烧杀抢掠。当地红枪会不畏强敌，奋勇厮杀。自卫团获悉驰援，将日军驱赶至道朗村（今岱岳区道朗镇）一片坟地。王应民与自卫团队员英勇奋战，歼敌20余人。残敌被从泰安出动的日军接走。战斗中，王应民不幸负伤。自卫团领导安排其回家医治。在疗伤期间，王应民不顾家人的劝阻，拖着虚弱的身体坚持发动群众，开展抗日斗争。

1938年6月，中共肥城县委成立。徐麟村任书记，王少芬任组织部部长，王应民任宣传部部长。县委建立后，王应民根据党的指示返回三区，培养骨干，发展党员，建立党的基层组织。他先后发展吴克让、林克等入党，并于7月建立三区区委，担任书记。9月，被选为抗日民主三区区长。在他的领导下，三区葛家台等村党支部先后建立，党在农村的领导力量不断扩大；三区的抗日工作得到进一步发展，成为泰西抗日根据地的模范区。

1939年10月，共产党领导的肥城县抗日民主政府成立，共产党员于会川当选为县长。王应民被任命为县抗日民主政府二科（财政）科长。由于常年战乱，民不聊生，生产力低下，抗日民主县政府的财政工作困难重重。他发扬艰苦创业精神，处处精打细算，从不多花一分钱。他随身携带的算盘是上小学时用过的，早已破烂不堪，经常散架，算珠满地滚，领导和同志们再三劝他换个新的。他总是笑着回答：“没关系，修修还可以用。”就这样日复一日，年复一年，始终不肯花费公款购置。

1941 年 1 月，王应民调任泰西专署财政科长。在此期间，正值抗日战争最困难时期，日本侵略者实行五次“治安强化运动”，对抗日根据地进行政治、军事、经济、文化总力战，不仅“蚕食”“围剿”泰西抗日根据地，还在经济上严加封锁，致使抗日根据地军民缺吃缺穿又缺药。面对种种困难，他和大家同甘共苦，勤俭节约，甚至连自己每天两分钱的菜金也舍不得花，留下来用在最需要的地方，同志们都称他是革命的“红管家”。

1943 年 1 月，冀鲁豫边区泰西与运东两地区合并为泰运地区。同年春，王应民奉调鲁西行署，继续做财政工作。在前往报到途经齐河县三区小孟家庄时，不幸落入“扫荡”的日伪军之手。在狱中，敌人施以种种酷刑，企图撬开他的嘴巴。然而，王应民脸不变色，大义凛然，宁死不屈，无论敌人用什么恶毒手段，始终未吐露一个字的秘密。被捕后的第三天，穷尽伎俩的敌人将王应民押往济南日军总部。但无论怎样严刑拷打、残酷折磨，都没能摧毁一个共产党人的钢铁意志。不久，气急败坏的日军下了毒手，将王应民杀害于济南金牛山附近。

（2019 年 1 月，方志出版社出版的《泰安市财政志》（2015 年前）第 647 页“人物传略”中，没有征集到泰西专署财政科长王应民的传略。在编辑本志时，恰巧征集到其资料，宋元明撰文，遂补之。）

六、泰安市财政志赋

夫财者，乃一国之根基。家之所立，无财入则贫困；邦之所固，无财源则基危。财聚则国泰，国泰则民安。政者，国之本也，善政于国，国之强也，善财于国，国之幸也。国之大政，均起之于财，财为本所需，终为民所用。故财不离政，政出于财，财政者，共流而同源也。

财之所系，国之命脉。

四海为家国之财库，五湖为天下之安澜。“理财正辞，禁民为非曰义”，其说最早见之于《易》矣！《周礼》一书详述理财，史家考定最早发端；《史记·平准书》：述财论赋，扼天下之财脉；铸钱纳税，制群生之命关。洋洋洒洒，气象万千……

夫泰安市财政局李诚实者，熟谙财政为民之道，深知盛世修志镜鉴；常以“欲明大志，必先知史”。欲修其史，必遵实干，唯修史以明志，而万事先开端，因而成财政修志之先遣。修志人刘斌者，以“存史、资治、教化、传承”为纲领，承前启后，继往开来，为实现科学资源，地方年鉴，教学史料，财政指导四大功能于一体，甘愿汗洒春秋润泰安。编委会六十四学士，撰审者六十六干员，线索千头万绪，粗算十万八千。

《泰安市财政志》，涵盖泰山、岱岳、新泰、肥城、宁阳、东平等，全市为纲、为领、总揽；时限溯夏商周，上下五千年。自九州之贡起，历春秋之大观。解“相地衰征”之策，明“寓税于价”毫端；中述“郡守掌财”、连接“黔首自实田”；魏晋屯田均田，轻徭薄赋改观；隋唐从“三省六部”，顶峰到盛世开元；宋元明清，记青苗、均输和方田；大明赋税一条鞭；清代“摊丁入亩”；民国“节制资本，平均地权”；革命根据地财政，统收统支列条款；减租减息开新政，钱粮收支严保管；军需民用，克勤克俭……

至于建国大事，是谓修志峰巅。总计五十一章，纲领分五大编；空前绝后，精准当先；支出收入，诚可对天；开历代之先河，立百代之懿范；连国家之大事，系根本于泰安；问道财政，洋洋大观，古今对比，换了人间……

下限至未羊荷月，志自巳蛇夏月修编；数易其稿，历时五年；集史实可读性于一体，填财政志空白成大千；行文一百二十七万字，照片二百二十五幅，图表若干，图文并茂也；采用编、章、节总体结构；设序言、凡例、概述一条红线牵；记财政收入支出管理队伍；列县（市、区）划人物附录后记，纵横捭阖，迂回插穿；内容翔实，叙写严谨，观点明确，科学分编；一粟一米，一针一线，陋巷缸橱，汉瓦秦砖，岁赋税收寻根溯源；秋成财政钱粮变迁；书法无隐，秉笔直书，绝对经得起历史检验；丹心铸史，抽丝剥茧，为经济腾飞列制宏篇……

煌煌大书，真实客观，涓涓细流，海

纳百川。泰安学者宋元明，与同仁时峰祥，密切配合，南征北访，切磋雕琢。解疑难，寻照片；翻线索，探硝烟。红军财神吕麟，专署科长薛玉，茫茫人海无觅处；泰安专署前身，曾设七县联办，为解结中结，千日寻找赵亦安……只为江河波浪，水从何来？当年财源聚散，流经何川？走泥泞，攀大山，青史不染尘，丹心感云天……

更有孙磊一行，续写新时代财政数年。广征博采，集思广益，众人修志，成书一人，以史为鉴，再创辉煌。

嗟乎！巍巍泰山，拔地通天。群峰拱岱，万笏朝天。汶河西流，万斛飞珠溅玉，人称财源滚滚；东平浩荡，八百里汪洋财涌，可谓金砂腾烟。天聚钟灵之气，地汇物华天宝，神佑天下泰安。名山论剑，初心不改，财政出史志，星集看大观。汗洒春秋，未来垂鉴，信可乐也！

余闻：“盖世必有非常之人，然后有非常之事；有非常之事，然后有非常之功。非常者，固常之所异也。”

吾深以为然也！后之览者，看其激扬文字，悟其创业维艰，必将顿生激励，势必滋发阳刚之气，其势也，“如万斛泉源，在平地滔滔汩汩，虽一日千里无难”。果如斯，则无愧修志者之初心矣……

（作者：张荣才，山东省人民政府办公厅原调研员。系中华诗词协会会员，中国楹联协会会员，山东省楹联艺术家协会理事、诗词歌赋委员会副主任兼省直分会副会长、秘书长，山东省作家协会会员）

编后记

《泰安市财政志》第一卷（2015年前）编印出版后，引起较大反响，普遍反映是一部知往鉴今的好志书。为保持志书的延续性，泰安市财政局党组研究决定，继续编修《泰安市财政志》。于2020年10月印发泰安市财政局《关于认真做好〈泰安市财政志〉（2016—2020）编纂工作的通知》。

为编纂好这部财政志，市财政局成立了编纂委员会。财政局党组书记、局长刘斌任主任；党组副书记、副局长孙磊，四级调研员时峰祥任常务副主任；局办公室主任李民、局机关党委专职副书记池庆喜、局离退休干部科科长陈绪凯、局研究室负责人陈祥云等任副主任。下设办公室，池庆喜兼办公室主任。聘请中共泰安市委原党史办调研员宋元明为编委会副主任，具体指导编修、审核和总纂。

2021年，市财政局主要领导进行调整，孙磊任市财政局党组书记、局长，并任财政志编委会主任。在听取编委会办公室的情况汇报时，决定编纂年限再延长一年，至2021年年底。重新调整了编委会成员，增加几位副主任。并修改了编辑方案。

编写初期，参阅了《山东省志·财政志》（1986—2005）、《山东司法行政志》（2006—2010）、《泰安卫生事业志》（2003—2009）等志书，经多次酝酿修改，形成了《〈泰安市财政志〉（2016—2021）编辑方案》，并以市财政局文件颁发实施。

在领导的大力支持、有关部门的热情帮助和各县（市、区）、功能区财政部门及各科室、单位的共同努力下，经过广泛征集、调整、编纂，完成了《泰安市财政志》初稿。计60余万字、120余幅照片。财政志初稿完成后，印发相关科室、单位进行修改、补充。其间，召开多次调度会，于2022年6月完成《泰安市财政志》送审稿。计70余万字、130余幅照片。

2022年9月，召开《泰安市财政志（2016—2021）》志稿评审会。中共泰安市委党史研究院（泰安市地方史志研究院）院长李洪洲出席并作讲话，对书稿给予肯定的同时并提出原则性修改意见。中共泰安市委党史研究院（泰安市地方史志研究院）副院长、三级调研员曹成义，史志编审室主任王云勇，史志专家马辉（原市史志办主任）、王笃银（原市史志办副主任、山东省党史史志系统修志专家咨询组成员）；泰安市财政局专家赵衍杰（局原党委委员、总会计师）、李天义（局原党委委员、纪委书记、高级会计师）等出席会议，并对志稿提出修改意见。评审会后，通过修改、补充、调整与字斟句酌，然后报送方志出版社。出版社对志稿进行了初审、复审、终审。

《泰安市财政志（2016—2021）》的编修工作，经过搜集资料、建档立卡、分析研究、编写修改、召开座谈会、再次修改、评审修订、送审定稿等阶段，最终形成80万字、

185张照片、153张图表。其间三度寒暑，四易其稿，终付印刷。

编委会主任孙磊宏观调控，多次听取汇报，给予指导。编委会常务副主任时峰祥具体负责，带领编纂人员广泛征集资料，多次召开调度会，协调有关事宜。同时，还邀请在财政战线长期工作的领导及史志专家学者，对志稿予以审核。

在此，谨向大力支持本志编纂工作的山东省财政厅、山东省档案馆、中共山东省委党史研究院（山东省地方史志研究院）、中共泰安市委党史研究院（泰安市地方史志研究院）、泰安市档案局等单位和有关领导、老同志、专家学者，以及其他知情人员等，表示衷心的感谢！

本志的编纂，虽然全体编修人员尽了最大的努力，但限于资料不足，加之水平有限，错讹之处，恳请方家、同仁以及读者批评指正。

《泰安市财政志》编纂委员会

2022年12月